生命，因阅读而美好！

FOR GOD AND KAISER

The Imperial Austrian Army
1619—1918

以上帝和恺撒之名

奥地利皇家军队的崛起与消亡

〔英〕理查德·巴塞特 —— 著

毛岚 罗帅 李慧 —— 译

天地出版社 | TIANDI PRESS

图书在版编目（CIP）数据

以上帝和恺撒之名：奥地利皇家军队的崛起与消亡 /（英）理查德·巴塞特
著；毛岚，罗帅，李慧译. — 成都：天地出版社，2019.6
　ISBN 978-7-5455-3809-0

Ⅰ.①以⋯ Ⅱ.①理⋯ ②毛⋯ ③罗⋯ ④李⋯ Ⅲ.①军队史 – 奥地利
Ⅳ.①E521.9

中国版本图书馆CIP数据核字（2018）第064813号

FOR GOD AND KAISER:THE IMPERIAL AUSTRIAN ARMY,1619—1918 © 2015 by
RICHARD BASSETT

This edition arranged with KATE HORDERN LITERARY AGENCY LTD through BIG APPLE
AGENCY, INC. ,LABUAN, MALAYSIA.

Simplified Chinese edition copyright: 2019 Changsha Senxin Culture Dissemination Limited
Company

All rights reserved.

著作权登记号　图字：21-2018-243

YI SHANGDI HE KAISA ZHI MING: AODILI HUANGJIA JUNDUI DE JUEQI YU XIAOWANG

以上帝和恺撒之名：奥地利皇家军队的崛起与消亡

出 品 人　杨　政
著　　者　[英] 理查德·巴塞特
译　　者　毛岚 罗帅 李慧
责任编辑　张秋红
装帧设计　罗四夕
责任印制　葛红梅

出版发行　天地出版社
　　　　　（成都市槐树街2号　邮政编码：610014）
　　　　　（北京市方庄芳群园3区3号　邮政编码：100078）
网　　址　http://www.tiandiph.com
电子邮箱　tianditg@163.com
经　　销　新华文轩出版传媒股份有限公司

印　　刷　长沙鸿发印务实业有限公司
版　　次　2019年6月第1版
印　　次　2019年6月第1次印刷
开　　本　710mm×1000mm　1/16
印　　张　43
字　　数　700千
定　　价　128.00元
书　　号　ISBN 978-7-5455-3809-0

献给

戈特弗里德·皮尔斯（马勒）

帝国所有人都在军中找到了家。

正是因为这个原因，军队才有如此大的收获。

卡尔一世

1918 年 10 月 24 日

△ 斐迪南二世（1578—1637），他是新教徒和耶稣信徒的祸害。此图背景为布拉格城堡的窗户，他的代表们从此处被扔出窗外，引发了长达 30 年的战争

△ 阿尔布雷希特·文策尔·尤西比乌斯（1583—1634）的《土星之下的士兵》，改变了作战的运输方式。他没能理解对哈布斯堡王朝忠诚的必要性，这是一个致命性的错误

△ 1600 年至 1740 年，从华伦斯坦到玛丽娅·特蕾莎统治之初。火枪手（前排左三）是 1683 年维也纳围攻中一个保护维也纳的典型士兵代表

△ 萨伏依尤金王子（1663—1736），欧洲历史上最伟大的指挥官之一，他在布伦海姆战斗中的迅速行动拯救了马尔堡中心，使其免于崩溃。在森塔，他打败了奥斯曼帝国，为奥地利哈布斯堡向东欧扩张奠定了基础

▷ 伟大的女皇：玛丽娅·特蕾莎
（1717—1780），她发起的改
革所产生的影响持续了数个世
纪，她组建的奥地利军队，成
了欧洲最强大的军队之一，并
且有能力单独对抗普鲁士的弗
莱德里克

△ 特罗西亚和约瑟夫尼军事改革的产物：奥地利龙骑兵、胸甲骑兵、枪骑兵，被认为是世界上最
好的骑兵

△ 卡尔大公（1771—1847），拿破仑最强大的反对者，创造了辉煌的哈布斯堡王朝。他在阿斯佩恩打败了拿破仑，后来当法国军官轻视奥地利的战斗力时，拿破仑用这句话打断了他们："如果你没有看到在阿斯佩恩的奥地利人，那你就什么也没有看到。"

△ 拿破仑战争期间由于战争成本的增加，步兵在 19 世纪初所戴的顶冠头盔被一个钟罩式军帽替代。然而这个头饰直到 1809 年战争结束后才戏剧性地被广泛传播

◁ 在维内津的阿斯佩恩战役细节图。奥地利平面锡制士兵最初是在玛丽娅·特蕾莎统治期间制造的，用以展示她战胜普鲁士的战役，并用于军事院校的教育目的。人物作品在 20 世纪 20 年代，是由舍伊伯特（Scheibert）的维也纳公司制造的。此场景是基于当代对这段战争的描述，苦心雕凿的

△ 拿破仑的耻辱：1814 年 4 月 25 日，拿破仑为了躲避一群愤怒的法国暴徒而寻求避难时穿戴的科勒将军的衣服和帽子。奥地利将军在拉加德的旅馆里欣然应允，然后拿破仑伪装成一个奥地利将军顺利穿越了法国

△ 维也纳"议院"团。右边的将军穿着传统的上衣，以区别于其他普通的士兵。他的姿势可以看作是启蒙运动的一个标志

△ 从七年战争结束到 1840 年的奥地利步兵。在拿破仑战争结束后进入鼎盛的比德梅尔时代，掷弹兵的熊皮高帽越来越奢华，带有 2 种颜色的金属组扣，贴边有 46 种以上不同颜色，以显示每个团的身份

◁ 布拉格为约瑟夫·施特劳斯·拉德茨基（1766—1858）建造的纪念碑，展示了在 1848 年战役中，他站在士兵举着的巨大盾牌上，那是他的士兵从意大利炮兵部队那儿夺过来的。这座纪念碑预计于 2018 年在布拉格城堡原址恢复

▷ 阿尔弗莱德·福斯特·冯·温迪施格雷茨（1787—1862），领导镇压了 1848 年布拉格和维也纳的革命力量。他在布拉格目睹了自己的妻子被一名年轻的叛乱分子开枪打死，这样的经历无疑强化了他对叛军的态度。他帮助弗朗茨·约瑟夫登上了王位。

▷ 用温迪施格雷茨的话来说，"皇帝就是士兵的一面镜子"。弗朗茨·约瑟夫（1830—1916），统治时间长达68年。从他即位第一天到退位的最后一天，几乎很少有人看到他穿过制服，这张明信片是1908年他即位60周年的纪念

△ 路德维格·卡尔·威廉·加布伦茨（1814—1874），在1864年成功地领导奥地利人击败了丹麦人的挑战。他好斗、反应迅速且热爱短兵相接的刺激

△ 路德维格·冯·贝内德克（1804—1881），这位不幸的奥地利诺达梅指挥官是新一代精英主义将军的代表。1859年，他被公认为是带领奥地利人对抗普鲁士的最佳军官，尽管他自己并不这么认为。他在赫拉德茨－克拉洛韦的失败对于奥地利和欧洲来说是灾难性的

◁ 威廉·冯·特格特霍夫海军上将（1827—1871），站在他的"马西米连诺一世"巡洋领航舰甲板上，几秒钟后他就撞上了"意大利"号。1866年，在利萨战役中，奥地利海军的出色表现加强了公众对帝国和皇家海军的支持

△ 军乐队。军乐队在战役中发挥了至关重要的作用，著名的《拉德茨基进行曲》在奥埃菲尔赛和赫拉德茨－克拉洛韦凶残的步兵攻击中也发挥了作用。奥地利的军乐资料是世界上最丰富的

◁ 哨兵值班检查。这张图片很好地说明了守卫的纪律性和敏捷性。这三名步兵的头饰上都有一片橡树叶子，这是哈布斯堡军队的传统

△ 在 1900 年的义和团运动中，奥地利海军支队为保卫欧洲公使馆做出了极大的贡献，在哈布斯堡王朝广泛庆贺。这些维也纳的玩具士兵最初是由沃尔那公司制造的，引起了奥地利人对匈牙利海军的兴趣。马克沁机枪等细节都是从同时期的报道中分析得出的

◁ 1914 年匈牙利轻骑兵。尽管他们穿着红色的马裤，戴着富丽堂皇的头饰，但其他对手仍很钦佩哈布斯堡王朝的锐气和骑术。在第一次世界大战爆发后的半年内，他们大部分都被重组为步兵

▷ 斯蒂芬·蒂萨（1861—1918），
匈牙利总理，被称为在他统治期
间里自施瓦岑贝格时代以来最
强大的政治家。他是弗朗茨·斐
迪南一个公开的敌人，直到最
后他都很享受弗朗茨·约瑟夫
对他的信任

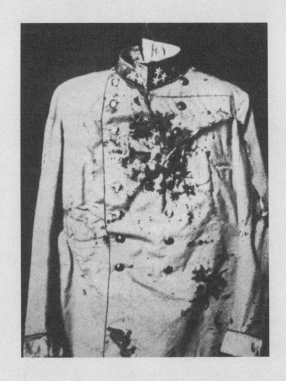

◁ 弗朗茨·斐迪南大公的陆军监察
长制服。他于 1914 年 6 月 28
日在萨拉热窝遇刺身亡。医生们
一开始无法辨认出子弹是从哪里
进入制服的，于是割开了布料

◁ 赫尔曼·库斯曼尼克·冯（1860—1934），他组织了一场英勇但最终毫无希望的防守，在1915年年初被迫投降

▽ 奥匈帝国最后一对皇室夫妇卡尔和齐塔在防御指挥官斯维托扎·波洛维奇·冯·博伊纳的陪同下，在伊森左前线拜访戈里齐亚。斯维托扎·波洛维奇·冯·博伊纳是第一次世界大战期间最优秀的防御指挥官，他的父亲曾是老军事边境的塞尔维亚东正教社区的忠诚成员

◁ 戈特弗里德·班菲尔德（1890—1986），第一次世界大战奥匈帝国王牌飞行员，他出生于奥匈帝国－爱尔兰军官家庭，年轻的班菲尔德是多国部队军官素质的缩影

◁ 班菲尔德和他的炮手在他的飞
艇诺纳的驾驶舱内。到 1918
年班菲尔德在的里雅斯特的防
御中，比奥地利海军航空服务
的任何一个飞行员的飞行次数
都要多

△ 300 年来，不同时期的奥地利炮兵。他们身穿带有红色装饰带的棕色衣服。奥地利炮兵部队通
过改革，成了一支以勇气和效率著称的、首屈一指的海军陆战队

△ 作为一个多民族多宗教的军队成员，士兵的精神需求需要通过牧师的《圣经》来满足。1917年奥匈帝国的穆斯林团的牧师与他的德国基督徒和犹太同事手挽手站在一起

目录　C O N T E N T S

前　言

奥地利作家赫尔曼·巴尔曾写道："奥地利向来不受传记作家们青睐。"[1]
假如这就是奥地利帝国的总体框架，那么支持帝国几个世纪之久的皇家军队自
然也是如此。塔列朗就曾用他一贯讥讽轻蔑的话语为 19 和 20 世纪的奥地利定
下基调，或许正如他所说："让人讨厌的是，奥地利总是习惯挨打。"[2]

19 世纪，英国自由主义者视身着白色军装的军队为囚禁人民的机器。
1866 年以前，没有什么地方比威尼斯更能凸显这一点，奥地利的军官和他们
的军乐队从圣马克广场走过，那是对每一位心怀正义的英国自由主义者的永久
侮辱。罗斯金和其他有影响力的人物经常批判奥地利军的存在。格拉德斯通也
同样强调了这一点，他谴责奥地利军"不论走到哪里"都不会干什么好事。正
如一位历史学家指出的："帝国和皇家军队的白色束腰外套在 19 世纪已经成
为压迫和独裁统治的象征。"[3]

20 世纪，英国自由主义历史学家的论断则得到了德国民族主义历史学家
的认同，而他们当中的许多人其实是变节的奥地利人，他们将奥地利视为德意

志的一部分，将 600 年的奥地利哈布斯堡王朝视为历史的错误。两大学派都认为奥地利军队十分无能。即使是在德英两国充满矛盾的 20 世纪，在这个问题上他们也总是毫无异议。1917 年，德意志帝国前首相冯·比洛认为，即使同伴“只有奥地利”，德意志也“将赢得这场战争”。[4] 显然并不欣赏比洛的 A. J. P. 泰勒则将后来纳粹德国吞并奥地利的事件归结为“历史自然的进程”。[5] 安东尼·艾登在 1938 年向外交部的一名同事总结这一观点时表示了对维也纳被纳粹吞并的遗憾，他说道：“奥地利是什么？奥地利就是 5 个哈布斯堡家族成员和 100 个犹太人。”[6] 在这一点上，艾登同意柏林的看法。而他的这句话后来则经常被认为是希特勒所说。

后来，到了 20 世纪 60 年代，英国小学生在为公共考试学习历史时，会学到“鬣狗”海瑙将军的故事。1849 年，海瑙在镇压匈牙利和意大利起义时，无情鞭打无辜的妇女。之后他去到伦敦时，萨瑟克区啤酒厂的一些工人认出了他并把他扔进了啤酒桶中。时至今日，英国唯一与奥地利帝国军队相关的纪念物就是萨瑟克区的一块匾牌，上面记录了这一独特的事件，而这一事件也让维多利亚女王和她的外交部部长帕默斯顿之间有了一些言辞激烈的对话。附近的小特拉法加街上曾有一家名为“卡尔大公”的酒馆，它能让人们想起过去英国和奥地利联手对抗拿破仑的欢乐时光，但它在几年前关闭了。

海瑙残暴野蛮，用拉德茨基的话来说，是一把“应该尽量少用的剃刀”[7]，他理应遭受比在啤酒厂被打更大的惩罚。而今天，他被列入维也纳军事博物馆的“英雄大厅”则让很多了解历史的英国游客感到强烈不满。在英国的民间故事中，海瑙被塑造成了可怕的形象，而这似乎更符合人们对他的印象。

甚至像路易斯·纳米尔这样爱国的奥地利人，也驳斥了在第二次世界大战期间奥地利的“历史使命”是“反宗教改革的好东西”[8] 这样的言论。纳米尔的学生 A. J. P. 泰勒则认为，奥地利帝国在 1914 年已成为一具“死尸”。[9] 割让部分领土来保留帝国的主体“已经不可能。病人已经死了，而截肢时则意味着它还有生存的可能性”。而当泰勒还在牛津大学任教时，另一名年轻的苏格兰人诺曼·斯通则将这一主题带到了剑桥大学。他为奥地利帝国皇家军队在最后一战中表现出的各种荒诞之事感到高兴："在维也纳，理想和现实之间的鸿沟比其他地方都大。"[10]

而在维也纳居住的五年间，我也发现了像维也纳人那样在挫折中发泄不满是种很好的方法。奥地利人的性情、奥地利的气候、奥地利的政治文化影响了（20世纪）70年代末年少的我，让我倾向于一再强调奥地利的荒唐之事，甚至不惜以牺牲冷静的分析为代价。我带着青年时致命的党派偏见，扔出去一块块又大又沉的砖块。

时间让观点得以形成。本书意在探寻哈布斯堡王朝的军队是否真如人们所说的那样效率低下、能力不足、难以信赖，甚至是残忍无情。这些话公正吗？与他们的对手相比，奥地利的武装力量一直都软弱无力吗？这些有根据吗？面对普鲁士的腓特烈大帝、面对拿破仑、面对毛奇，他们果真不堪一击、注定失败吗？在一战中，他们又是否真如一名历史学家近期指出的那样，表现得"十分可悲"，最终溃败瓦解了呢？[11] 然而一个容纳了如此之多不同民族的军队又是如何维系了这么长的时间呢？哈布斯堡王朝的军队为哈布斯堡家族服务，将中欧和东欧联系在了一起，组成了安全的单一体，其繁荣程度和安全性能在现代也是无法复制的，那么造就这一切的秘诀是什么呢？本书通过叙事的方法回答了这些问题，叙述中也表明了对一些欧洲近代史中重要事件的独特观点，丰富了人们通常认可的说法。

哈布斯堡王朝的军队不同于欧洲其他任何的军队。特蕾莎改革后，军队的凝聚力和效率都有了提升，在拿破仑的军队出现前可谓是首屈一指。凡是皇后玛丽娅·特蕾莎触及的领域，其改革内容都能维持一个多世纪之久。皇后在中欧设立的很多机构甚至完整保存到了今天。那些破坏了欧洲其他国家军队的问题在奥地利的军中总能找到解决的办法。类似于法国调集成千上万心怀不满的爱尔兰士兵去攻打英国这种事（比如丰特努瓦之战），绝对不可能发生在哈布斯堡王朝的军队之中。就像它们守护的国家一样，奥地利军队也向人们证明了王朝、文化、地理和经济间的关系比民族认同更为重要。甚至连1848年至1849年起义的匈牙利军起初在理论上也是为他们的国王即哈布斯堡王朝的皇帝而战斗。帝国的军队超越了民族的限制，军队中有 20 多个不同的民族，只要士兵们能够掌握指挥命令所涉及的 86 个德语单词，都可以受到平等的对待。

这支军队并不怎么在意士兵们个人的宗教信仰。虽然哈布斯堡王朝是反宗教改革的支柱，但其武装力量最终却发展成了一个真正的多教派机构。华伦斯坦手下的许多军官都不是天主教徒，而在玛丽娅·特蕾莎统治时期，军中的新教徒与其他人几乎完全享有同等的机会。在 1778 年约瑟夫二世（1741—1790）推出宗教宽容政策之前，平民百姓都享受不到这些权利。但这并不意味着奥地利军中就没有派系之争，让教派关系变紧张的事件也同样存在。查理六世（1685—1740）统治时期和克尼格雷茨战役之后都有这种事情发生。

然而，到 1918 年，军中最为精锐的军团由波斯尼亚的穆斯林和阿尔卑斯山的天主教徒组成，他们则不同寻常地听从于犹太军官们的指挥，其中一位将军的父亲还是塞尔维亚东正教的坚定信徒。弗朗茨·约瑟夫皇帝担心军中的犹太军官会受到歧视，还特意亲自参与调解。而另一边，德雷福斯事件则让 19 世纪晚期的法国军事系统陷入混乱。德国军队狭隘的排他性和普鲁士军中容克军官（都是路德教派的士兵，听到他们的名字，"就像是听到远处的炮火声"）的等级制度都与哈布斯堡的军队完全不同。

即使是在约瑟夫开明专制的时期，宗教宽容也并不意味着完全的世俗。王朝自己的信仰总是会表现在军队的整体风气和习俗之中。例如，哈布斯堡王朝军队的战斗口号是："上帝和皇帝与我同在，我们要为国家而战。"当才华出众的克罗地亚将军耶拉契希被任命为克罗地亚总督时，他在就职演说中就有多处虔诚地提到了圣母玛利亚。甚至到了 1914 年，总参谋长康拉德与一名已婚女子的公众事件还给他和王储弗朗茨·斐迪南大公的关系蒙上了一层阴影。

通常，军队与王朝的关系超越了教派的重要性。1619 年 6 月 5 日，军队从波希米亚新教贵族的手中救下了虔诚的斐迪南大公，从这一刻开始，国家和士兵之间就建立起了牢不可破的关系。此后，军队的存在就是为了王朝的需要，在必要的情况下，军队还会为了保卫哈布斯堡家族而起来反对自己的贵族。1918 年军队灭亡以前，其构成和作战全都要从哈布斯堡王朝的利益出发。

而这也体现在军事战略上。只要自身会面临被消灭的风险，任何奥地利军队都不会冒险去摧毁敌人，因为冒险的战术会对王朝构成威胁。过度大胆或自发的军事赌博都不是哈布斯堡王朝战术手册中的内容。军队一定要保证自己还能在另一天继续作战，还能继续保卫王朝。战争并不意味着要奋战到最后一人。而拿破仑在军事战术上的改革，尤其是其要求完全摧毁对手的战斗能力，则让哈布斯堡王朝不得不彻底检修它的军事机器。但即使在卡尔大公这样出色将领的带领下，奥地利人也从来没有让军队去冒险。在这种策略的指导下，哈布斯堡王朝的军队不但总能从战役初期的失败中恢复过来，还会从中提升能力，成为一部更为有效的战斗机器。在 1620 年至 1918 年之间，军队获得过350 多个重大胜利，这一数字远远大于失败的次数。[12] 他们也从来没有遇到过像 1806 年普鲁士军在耶拿遇到的那种挫折——普鲁士军在一个下午就被彻底摧毁，其战斗能力在今后的几年中更是十分脆弱。

要保证王朝的利益就要对将领提出很多的要求。贝内德克的命运就反映了王朝要求高级军官们必须绝对服从。1866 年，倒霉的奥地利指挥官贝内德克在克尼格雷茨被普鲁士军打败。事实上，贝内德克只是接受了皇帝一再下达的命令。但当他成为替罪羊后，他从不批评他的国家或是其他没有服从他指令的军官。他全盘接受了失败的责任，甚至还威胁妻子如果不停止抱怨皇帝对他的不公就要离婚。

1866 年后，奥地利开始重新装备军队，但一直到 1914 年，军队却再也没有在愤怒中发射一枪一弹。与他们的对手塞尔维亚和俄国不同，奥匈帝国的军队是在完全没有为现代战争做好准备的情况下就进入了第一次世界大战。然而，与协约国的预期不同，他们并没有在内部的紧张关系和民族主义的对抗中很快被彻底击垮，而是持续战斗了四年多都没有停歇。在连绵起伏的白云石山中战斗的军队则让人不禁为人类耐力的巨大潜力所折服。贫瘠的石灰岩被炮火击中后四分五裂，这使得每一次发射的威力都被增强了 1000 多倍。在几千英尺高的山上，士兵们在零度以下的气温中从两端向中间挖凿隧道。一名历史学家指出：“在如此艰难的条件下生存都是问题，而意大利和奥地利军还要交战，这真是让人惊讶。"那些批评两军战斗素质低下的历史学家和军事评论家对此也感到十分惊异。[13]

哈布斯堡王朝军队最早的队伍是由马克西米利安（1459—1519）所创建的，其第一支步兵队伍则是建立在"雇佣兵团"（字面意思为国土佣仆）的基础之上。中世纪后期，传统的单一骑乘战斗还很盛行，但在佛兰德斯和瑞士爆发的起义显示，一支组织有序的步兵队伍能够击败很多骑兵。于是马克西米利安鼓励创建雇佣兵团并为其提供了完备的军火系统，从因斯布鲁克到格拉茨和维也纳，遍布于领土之上。我们虽不知道第一支步兵队伍建立的准确时间，但可以知道的是1479年他们便已经出现在了胡斯战役的战场上，而1486年，他们更是广泛活动在马克西米利安在意大利的战役之中。

但这些士兵纪律松散。他们既没有正式的军官制度，也没有金字塔式的指挥等级结构。1527年的罗马之劫后，王朝很快意识到自己没有一支像样的、忠诚的武装力量。而要让松散的士兵遵守纪律就要培养一批军事领袖，他们的行为和个人素质能够让各级官兵臣服。因此，王朝急需一批具有最高道德水准的军官，这就让贵族和上流阶级的人们走上了舞台。这些人开始投身于组织和领导活动，很快便成为新军事体系的核心。"三十年战争"前夕，骑兵团和步兵团已经成形，带领他们的便是新一代的贵族军官，这些贵族军官也是普通士兵们学习的典范。在充满宗教巨变的年代，军官与虔诚的天主教王朝建立了更为紧密的关系，但这还不是一个巨大的飞跃，特别是17世纪的前25年，因为那一时期的忠诚还要求有大量的物质奖励。

军队在1619年6月5日及时就位，后来也在维也纳第二次被围困过程中发挥过作用，这些在当时以及此后都被描述成了军队守卫天主教信仰的标志性事件。[14]1848年之后，奥地利政治家菲利克斯·祖·施瓦岑贝格亲王在耶路撒冷创立了领事，用于确认支离破碎但在逐渐复苏的君主制和天主教的根源。施瓦岑贝格曾梦想奥地利能成为天主教的超级大国。哈布斯堡王朝从一开始就展现了其要成为全世界天主教君主政体的使命感。鲁道夫一世（1218—1291）与其他君主相比，是一名虔诚的信徒。他的后代也延续了这一传统。几段哈布斯堡王朝的传奇故事也凸显了这点。鲁道夫一世遇到一位身背圣餐的神父的故事已广为人知。相传，鲁道夫让这位神父骑他的马渡过湍急的河流，而不是用这匹马战斗或打猎，随后又将这匹马赠给了神父，因为"他不愿意再骑一匹驮过圣餐的马去作战或狩猎"。[15]

1291 年，鲁道夫去世，而关于这一故事最为古老的版本大约出现在他去世后的 50 年。再之后的版本则更加凸显了哈布斯堡王朝对圣餐的崇拜，这一崇拜建立在 1264 年教皇乌尔班四世创立的基督圣体节之上。在查理五世（1500—1558）统治时期，这一节日成了军中盛大的节日。另外，当查理听说亨利八世处决了托马斯·摩尔和约翰·费舍尔后，感到十分震惊，他告诉英国大使艾略特："如果我的帝国能有这样两个人出现，那么我甘愿用我最富庶的两个王国来交换。"[16]

再后来，奥地利的天主教徒发现约瑟夫二世的权杖"既是支撑也是灾难"[17]。要不是约瑟夫公然颁布了反对教会干预政治的政策，即使是他也不能将圣母的形象从他的军旗中去掉。他在 1785 年颁布的著名法令让共济会受到了"国家的保护"，但他还警告称，他不会容忍"过度损害宗教"的行为。在他的统治时期，一些军旗上的圣母玛利亚和三位一体，则意味着上帝对世界的统治与哈布斯堡皇帝的主权相联系。

哈布斯堡王朝此后的诸位皇帝保留了这一另类的天主教教义，尽管表面上极度虔诚，但即便在梵蒂冈威胁到王朝的利益时，王朝也绝不会屈服于罗马教廷。尤金亲王的军队不顾教皇的抗议，占领了梵蒂冈的领土。弗朗茨·约瑟夫（1830—1916）毫不犹豫地否决了宗教选举秘密会议在 1906 年选举教皇的权利，因为他相信枢机主教们一定选了一名反对哈布斯堡王朝的人。在德意志帝国"远离罗马教廷"的运动风起云涌之时，他也反对侄子弗朗茨·斐迪南公开支持天主教学校的行为。帕尔指出，弗朗茨·斐迪南很愿意为了三个骑兵军团就放弃"他所有的主教"。

末代皇帝卡尔和历代哈布斯堡家族成员一样，虔诚地信仰王朝中的传统天主教。第一次世界大战期间，他作为一名年轻军官参战，无论走到哪里都会带着他个人的祈祷椅。1922 年，他在马德拉岛去世时，躺在病床上的他眼睛还望着圣餐，人们还发现了一张他写的字条："在任何时候，遇到任何事情，我都会请求上帝为我指引，让我战胜挑战。"[18]

随着第一次世界大战的结束，这种虔诚也对军队产生了影响。1918 年，卡尔拒绝了军队向他提供的帮助，此举无疑加速了军队的解体。当时他的帝国已经四分五裂，但他本可以通过一些部队来保住王位。伊松佐集团军的一些作战部队已做好了前往维也纳支援他的准备。可怕的博罗耶维奇也完成了后勤规划，准备好了强大的军队。然而，没有王朝的命令，他们谁也不能采取行动，即便是"皇帝的军队"也不例外。卡尔比哈布斯堡的任何家族成员都要接近圣洁，他认为自己的使命就是带给人民福祉，而他知道此时部署军队将不可避免地引发一场内战，因此他不愿让这成为哈布斯堡末代皇帝的首选方案。让人充满敬意的奥地利人在 1619 年促成"皇帝的军队"形成，而在 300 年之后，又为"皇帝军队"的谢幕举行了最后的仪式。*

【*命名说明】作者在本书中使用了"恺撒"和"皇帝"两个可以互换的词作为哈布斯堡王朝统治者的名称。一些英国读者习惯于只将"恺撒"一词与德国联系在一起，因此最初可能会稍感困惑。事实上，早在德国霍亨索伦王朝短暂地在 1870 年至 1918 年重新使用"恺撒"一词的几个世纪前，"恺撒"一直是哈布斯堡王朝皇帝的名称。

另外，作者在书中提及哈布斯堡王朝中的人物时都尽量使用他们的英文名字。但弗朗茨·约瑟夫则是个例外，因为在他还在世时，他奥地利语的名字就比英文名字使用得更为广泛。而对于奥地利军队中的人物和匈牙利的人物，作者则毫无例外地使用了他们的德语名字。但对于蒂萨·伊斯特凡，作者则使用了其英文名字斯蒂芬·蒂萨。

第一部分

哈布斯堡王朝

第一章　恺撒的胸甲骑兵

1619 年 6 月 5 日和"皇帝的军队"

哈布斯堡王朝于 1918 年灭亡，在此之前，有一个名称一直与它息息相关，那就是"皇帝的军队"。该名称在 1619 年 6 月那场非同寻常的危机中广为人知，而在危机前，从没有人认为哈布斯堡王朝的军队是君主的个人财产。但一些戏剧性的事件改变了这一切，让士兵与君王之间从此有了一条无形的纽带，而这样新型的关系则维持了三个世纪之久，其威力也很快在"三十年战争"中得到了检验。那个时代最杰出的军阀华伦斯坦参加了战争，在冲突愈演愈烈之时，军队的忠诚显得尤为重要。最终，王朝依赖士兵清除了威胁。而在那一时期末，皇帝军队的存在也成了无可争辩的事实。

6 月的第一周，维也纳笼罩在一片阴霾之中，大街小巷里热浪裹挟着尘土而起，让人们的喉咙感到灼热刺痛。维也纳人向来脾气暴躁，此时推搡着彼此，拨开人群，下意识地不停找寻树荫或其他的容身之处。渐渐地，黑云压城，湿气大得令人喘不上气来，就连鸽子也不愿意动窝，只是懒洋洋地聚集在霍夫堡皇宫那落满灰尘的庭院之中。霍夫堡宫从古到今一直就是哈布斯堡王室的宫苑。

1619年6月，维也纳作为欧洲一大帝国首都的地位尚未确立。事实上，哈布斯堡王朝的建立走过了一段漫长的历程。1218年，一位名叫鲁道夫的谦逊伯爵带领他的家族走出了他的出生地——瑞士狭长的山谷，在经历了一系列的战争和令人眼花缭乱的王室联姻之后，阿尔卑斯山上这一名不见经传的小家族被推到了欧洲的最前沿并建立了历史上最为辉煌的王朝。其他国家虽然也存在很多大家族统治王朝多年的情况，比如说英国，但奥地利和欧洲中心的故事却始终是一个整体，唯独关乎一个家族，那就是——哈布斯堡家族。

17世纪初，拥有世界强权的哈布斯堡王朝已经过了它的顶峰时期。地跨西班牙、拉丁美洲和德意志的"日不落帝国"随着查理五世1556年的退位而一分为二。其中，西班牙领地由查理的儿子腓力二世接管，奥地利及神圣罗马帝国的领地则分给了查理的弟弟斐迪南。而在1554年，当腓力和英国女王玛丽在温彻斯特大教堂举办婚礼之时，就连英国似乎都注定将永久地纳入这一家族的体系之中。

但当西班牙领地逐渐成为一个越发紧密的整体之时，奥地利领地则声称自己有"合乎历史的"权利来继承查理曼大帝的王位和神圣的罗马帝国，因此其分支包含了众多的侯国、小国和小的公爵领地，领地上不同的种族都效忠于神圣罗马帝国的皇帝。然而，无论哈布斯堡家族多么认为这个皇帝称号非他莫属，神圣罗马帝国的皇位都不是世袭的。事实上，这一皇位是由7位选帝侯在法兰克福选举产生。自1453年1月6日开始，哈布斯堡王室就长期占据着这一头衔，他们把皇位当作一种家族权利，并从他们中欧的王室领地上逐渐崛起，还统治了波希米亚王国。尽管奥地利哈布斯堡王朝不期企及他们前一代家族在查理五世的治理下所达到的世界级地位，但他们仍希望能在欧洲的历史中占据强有力的地位。

在查理五世的哈布斯堡王朝一分为二半个世纪后，维也纳依然存有对手。位于东南部的格拉茨和位于西北部的布拉格是两座对于哈布斯堡王朝而言十分重要的城市。鲁道夫二世这位哲学家、占星家和神秘学学者，于1583年在布拉格建都，对"新的"宗教改革教义相当宽容。而出生于格拉茨的斐迪南则是在西班牙度过的童年，他在巴伐利亚接受了耶稣会的教育，因而在统治"下奥地利"的施蒂利亚地区时有着完全不同的作风。维也纳夹在这两种截然不同的统治形式之间，始终没有发展成熟。但在炎热的1619年6月，维也纳即将拥有一项巨大的优势，那就是它将成为一场重大冲突的支点。

6月5日，阵阵催人欲睡的风裹着尘土从霍夫堡皇宫吹向它文艺复兴风格的黑红"瑞士人大门"，深暗的石楼之上，从窗中传来激烈的争吵声。大约100名武装群众怒气冲冲地聚集在大楼下，等待着谈判结果。他们一边恐吓着卫士，一边诅咒着哈布斯堡王朝的名字。

大门的上方是间昏暗的拱形屋顶的房间，屋内的桌旁就坐着所有人共同的敌人——斐迪南二世。他姿势充满挑衅，表情深不可测地面对着起义群众的首领。同突然闯进他房间的暴民相比，格拉茨的斐迪南大公身材矮小，面容僵硬，看着并不是他们的对手。暴民们则身材高大，瘦骨嶙峋，皮肤粗糙，不修边幅，面容也因愤怒和威吓而变得扭曲狰狞，想必他们一定不具备"容忍"的美德。

他们是一群信仰新教的贵族，一年前，就是他们将斐迪南的两名帝国大臣斯拉法塔和马丁内斯从布拉格赫拉德恰尼城堡的窗户扔了出去，这一事件成了武装群众反抗哈布斯堡王朝的开端，更进一步引发了三十年战争。暴民的首领是马赛厄斯·图恩尔，他身材魁伟，当初那两位大臣苦苦扒在窗边时，是他用剑柄的圆头击碎了他们的指节。说来也怪，那两人哭喊着乞求神明的助佑，竟侥幸坠落到了堆肥之中。可见他们得以存活并不是因为图恩尔的网开一面，因为"节制"并不能作为图恩尔强有力的外套。而如今，维也纳的图恩尔同样没有心情进行谈判，他挥起结实的拳头，重重砸在面前的桌上。虽然身为波希米亚最重要的贵族，但他生性易怒急躁，暴力鲁莽。

两个世纪前，捷克的一名神父扬·胡斯号召波希米亚人起义，后因针对天主教会的异端邪说在布拉格被判处火刑，他引发了波希米亚人的宗教叛乱。一个世纪以前，马丁·路德曾顶着风险用实际行动反抗罗马教皇的腐败，反犹太运动也日渐盛行，另外还产生了一批反抗罗马教皇权威的激进分子，种种反抗精神跨过德意志传入到了波希米亚，新的信仰很快激发了好战的胡斯信徒对波希米亚贵族产生了同情。如今，在图恩尔的带领下，禁锢已久的文艺复兴力量再一次爆发，而胡斯留给人们反抗哈布斯堡天主教会的星星之火则有着燎原之势，不久便将照亮整个欧洲。

格拉茨的斐迪南

1540 年，罗马教皇正式批准耶稣会为反对异端、重振罗马教会的组织，而斐迪南从小便接受耶稣会的教育。1595 年，18 岁的他在复活节这天来到"宗教改革"之城——格拉茨。那天他举行了传统信仰的弥撒仪式并邀请当地的人们一同参加，然而令他失望的是，全城竟没有一位市民到来。事实上，在 16 世纪末，施蒂利亚绝大多数的人都是新教徒。对此，有着高贵修养的斐迪南表面上并未表露出一丝不满，但他很快就着手行动，决定彻底改变这种现状。

在西班牙的生活经历和在耶稣会受到的教育无疑只会带来一种结果，那就是斐迪南绝对不会采取折中的对策。他曾公开表示，他宁愿在余生穿上苦行僧的粗毛衣衫，看着广阔的国土被烧成灰烬，也绝不能容忍异端宗教存在一日。仅在八个月内，新教便在施蒂利亚寿终正寝，数以万计的新教徒不是改信天主教，便是被驱逐出境，著名天文学家开普勒就因此而去往了布拉格。所有新教著作和被列为异端的宣传册均被烧毁，新教礼拜的场所也全部被关闭，而新教徒们必须在两个星期内选择是改换信仰还是被驱逐出境。在这场没有流血的交易之中，斐迪南的政策完全没有公平可言，而施蒂利亚的贵族们只好就此投降。后来的复活节，当斐迪南再次举行弥撒仪式时，全城的人们都加入到了他的行列。对此，今天研究捷克和斯洛伐克的历史学家塞顿·沃森这样说道："欧洲历史上，没有什么比奥地利人重新改信天主教来得更具戏剧性了。"[1]

但 1619 年的维也纳并不是格拉茨。波希米亚的贵族和他们上奥地利州的支持者也不像施蒂利亚人那样顺从。1619 年 6 月 5 日，41 岁的斐迪南似乎已被上帝所抛弃。宫殿中，斐迪南的支持者们一个个垂头丧气，士气低落，只有斐迪南和耶稣会的神父还保持镇定。一连几个小时，当人们等待图恩尔时，斐迪南一直拜倒在十字架下，但这看来徒劳无益。欧洲其他地区都已经不再承认斐迪南，就连最强势的天主教国家——法国——也在主动提出给予帮助之后改口。在布鲁塞尔，哈布斯堡的低地地区，斐迪南的家族宣称要罢黜有着"阴险灵魂"的他并让在反宗教改革方面不那么极端狂热的阿尔伯特大公取而代之。与波希米亚相同，匈牙利也承认斐迪南为其理论上的国王，然而连匈牙利也到了公开反叛的边缘。

因情况紧急，斐迪南离开了因生病而奄奄一息的儿子，在1619年的4月底从格拉茨匆匆赶往维也纳并召集了下奥地利的贵族，准备正面迎接波希米亚的起义军。但1619年春季的天气酷热干燥，斐迪南的军队在经历了一连七周的旅途过后，不再威风凛凛，倒像是悲苦之路上的队伍一般。一路上，他们遇见了许多来自波希米亚和摩拉维亚的难民。"掷出窗外事件"发生之后，叛军还掠夺了教堂的财产，因此许多难民都是教堂的修士和修道院里的修女。当皇帝经过时，从上奥地利州驱逐出境的天主教徒们跪在路边，但几乎没有人相信这个身材矮小的人能救他们于危难之中。当斐迪南在1619年5月底抵达维也纳时，炎热的天气又带来了新的灾难——瘟疫。

波希米亚的叛军首领施塔亨贝格、图恩尔和索拉德一路杀进霍夫堡宫，可以说是胜券在握。区区一个大公又怎么会拒绝他们提出的条件呢？他们决定威胁斐迪南，强迫他签署文件，允许恢复信仰新教的自由，赋予新教徒们特权并且让他们深恶痛绝的耶稣会离开施蒂利亚和波希米亚这两块哈布斯堡王朝的领土。如果他拒绝，呵，反正霍夫堡宫殿的窗户又高又大，而且窗外也没有什么粪堆来让人免于一死，相信图恩尔在走上楼梯时看到这情状后定是心满意足的。

于是斐迪南最后一次撤回到了自己的祈祷室，他伏在十字架下轻声地祈祷道："我已准备好为着唯一的真因[2]而死。"但他又接着说道："但若上帝的意愿并非如此，那么就请再仁慈地赐予我一件东西吧——军队。……一定要尽快。"[3] 说着，外面的声响变得嘈杂起来，压过了他的声音。

波希米亚反叛军的首领们闯入斐迪南的房间后，索拉德一把抓住了斐迪南的衣领。据说，当时索拉德强迫斐迪南大公坐在桌前，并从紧身上衣中掏出他们准备好的条约，然后将条约铺在桌上，用拉丁文对着他大叫道："快签，斐迪南！"

就在此时，一阵马蹄声和尖锐的号角声从远方传来，让这场争执戛然而止。而倘若没有这些打扰，谁也不知道这场一边倒的对话将会如何继续。

斐迪南和反叛军的首领们被楼下骑兵的嗒嗒声吸引到了窗前，此刻，或许没人比斐迪南更惊讶于眼前的场景了。吉尔伯特·圣伊莱尔上校带领着几百名帝国骑兵出现在所有人惊异的目光中。这支胸甲骑兵团是以他们首位宗主上校的名字来命名的，这位上校就是海因里希·杜瓦尔·德·当皮耶尔伯爵。

吉尔伯特·圣伊莱尔带领的这支援军是斐迪南的弟弟，家族中唯一没有放弃他的利奥波德，从提洛尔派给他的。这支骑兵团从阿尔卑斯山的西面跨过重重阻碍，通过克雷姆斯，最终在这千钧一发之际抵达了维也纳。此刻，斐迪南挺直了身子，因为就连他最嚣张的敌人也顿时气焰全无。要知道，在被忠诚的骑兵团包围的情况下谈判，图恩尔不能不向现实低头。之后，吉尔伯特·圣伊莱尔的骑兵们跃下马背，拔剑出鞘，快速冲上了楼梯保卫哈布斯堡。与此同时，叛军们的态度也陡然转变，他们希望不要再有流血的事件发生，图恩尔也和其他人一同鞠躬并退下。

现代一些研究耶稣会的历史学家也曾对上述事件的一些细节提出质疑，但不论这次会面的具体顺序是怎样的，有一点毋庸置疑：如果斐迪南在1619年6月的这一天低头认输，在他的领土之上，反宗教改革的行动将会停止，哈布斯堡王朝将不会再在中欧历史上发挥任何重要作用。一旦失去波希米亚和下奥地利州的领土，中欧一些关键地区也会改弦易辙。天主教派甚至有可能就此成为少数人的信仰，这些人分散在阿尔卑斯山的北面，士气十分低落。

1619年6月5日的事件不论对于军队还是王朝，都是同等重要的大事。他们之间建立了一种极为紧密的联系，这种关系一直维持到了1918年。其间

300 多年，王朝和军队彼此支持着对方，王朝和士兵们的关系也经历了欧洲历史上很多风暴的考验，始终牢不可破。而军队存在的首要任务就是服务并保卫王朝。

300 年来，哈布斯堡军队的将领都将 1619 年 5 月发生的事件牢牢记在心上，没有指挥官会冒着牺牲全军的风险作战，因为没有军队，王朝就会处于危险的境地。他们深知作战最好要保留一部分军力以备他用，绝不能用一切做赌注去攻打敌人。而在 1918 年，哈布斯堡王朝最后一任君主冒着风险拒绝使用军队去对付自己的人民，王朝与军队间无声的契约也随之被打破。

王朝与军队紧密的关系曾让军队受益匪浅。作为这种纽带的象征，斐迪南二世赋予了他们很多权利。皮耶尔骑兵团（以及后来的骑兵团）可以吹着号角，挥舞着彩旗自由穿行于霍夫堡宫。大约 200 年后，在 1810 年，皇帝弗朗茨一世确认了这项特权。骑兵团可以在维也纳自由骑行并可在霍夫堡宫的广场内进行为期三天的士兵征兵活动。骑兵团的上校则随时可以在霍夫堡宫住宿，即使未经预约，也可在"全副武装"的情况下与皇帝会面。

这些特权都是给予军队的一定奖赏。皮耶尔骑士团的到来不仅救了斐迪南，还成功扭转了当时的局面。五天后，也就是 1619 年 6 月 10 日，布奎率领的帝国军在波希米亚南部，布德维斯附近的萨布莱特，成功击败了新教最出色的指挥官曼斯菲尔德带领的军队，取得了这场冲突中天主教派的第一次胜利。胜利的消息很快传遍了欧洲，一个月前才被罢黜的斐迪南如今不仅获得了法国国王路易十三的支持，还获得很多德意志诸侯们的支持。然而在此之前，诸侯们对哈布斯堡王朝局势的判断出了差错，曾反对斐迪南获得神圣罗马帝国皇帝的称号。

哈布斯堡家族自 15 世纪起就一直被推选为罗马帝国皇帝，然而这一称号却主要是一种荣耀。神圣罗马帝国本身虽然一再坚持其与查理曼大帝以及更早的西罗马帝国有渊源，却是一个不同独立体组成的若即若离的整体。在一个影响力与权力显得同等重要的世界中，享有神圣罗马帝国皇帝的称号赋予了哈布斯堡家族在德意志事务上更多的主导权。如果 1619 年斐迪南在没有他激进的堂兄马蒂亚斯去世后得到神圣罗马帝国皇帝的称号，那么对于那些反对斐迪南在 1617 年当选波希米亚国王和在 1618 当选匈牙利国王的人而言，这将是釜底抽薪。这些人有理由害怕正统天主教，而这又恰恰是斐迪南的试金石。

如今，特里尔的选帝侯表示支持斐迪南对于神圣罗马帝国的领导。天主教同盟领袖，即巴伐利亚的马克西米利安也表示支持。1619 年的秋季，布拉格传来消息，反叛军们发起最后一搏，选举普法尔茨信奉新教的选帝侯、25 岁的加尔文教的信徒和欧洲新教联盟的神秘主义者腓特烈为国王，但这一切为时已晚。因为就在两天前，斐迪南获得了全票通过（甚至普法尔茨选侯也投了赞成票），当选为神圣罗马帝国的皇帝。很快，新的皇帝就在他的领土上展开了令人印象深刻的行动。

斐迪南的军队组织及华伦斯坦

理论上来说，斐迪南作为神圣罗马帝国的恺撒应该可以任意差遣帝国的军队，但这一想法并无根据，因为并没有明文规定皇帝能有这样的权力。神圣罗马帝国由德意志的众多诸侯组成，长久以来，诸侯们利用地方的武装力量来求得自己的利益，但当恺撒有所需要之时，其调遣地方军队的"权力"却时常引起纷争。宗教改革还迫使斐迪南任命了两名陆军指挥官，一名是天主教徒，一名是新教徒。

然而解决这些纷争并不像想象的那样简单。虽说皇帝名义上至少可以调遣 4 万名士兵，但实际的困难是：地方贵族和教派并不愿意交出长久以来用以保护他们领地和财产的人手。因此，军队迟迟没能形成一个实体。

恺撒要想建立一支属于自己的军队，就只能自己承担所有的费用。但这样一支军队所需要的后勤保障和资金支持对于执政之初的斐迪南实在是一个巨大的问题。[4] 不出所料，感到棘手的斐迪南开始求助国际上的帮助，而这则促使地方性的争端逐渐扩展成为全面的欧洲战争。

普法尔茨的"篡位者"腓特烈和他的妻子伊丽莎白，也就是英国詹姆斯一世的女儿（其"冬日女王"的称号为人们所熟知），就坐上波希米亚宝座一事进一步激化了矛盾。腓特烈的岳父还派出了两支英国骑兵团支持他，但对于斐迪南来说，幸运的是他们没有冒险越过柏林，而是在那里"醉"得一塌糊涂。⁵ [5]

随着敌对势力的增加，缺少战斗力的哈布斯堡家族处境堪忧。斐迪南可以选择依靠天主教联盟，但联盟的首领是巴伐利亚的国王，来自维特尔斯巴赫家族，也可以说是哈布斯堡家族的潜在对手。或者，斐迪南也可以选择与反叛军讲和。再或者，还有第三条道路，他可以寻找一位愿意为他负责军事事务的军阀，并给军阀"赏赐"作为回报。

幸运的是，斐迪南找到了一名愿意用个人资金来为皇帝组建军队的人——阿尔弗雷德·优西比乌·华伦斯坦（1583—1634）。华伦斯坦是瓦尔德斯坦家族支系的后人，参加过与土耳其人的战斗，并在耶稣会的教诲下皈依天主教。他与一位十分富有且人脉很广的寡妇结了婚，1619 年，就在当皮耶尔骑兵团在维也纳救下斐迪南不久，华伦斯坦改为帝国效力并于 1625 被封为弗里德兰公爵。

因为耶稣会的关系，华伦斯坦取得了大公的信任，而他们两人的初次见面无论是对于这位高深莫测的君主还是对于这位初出茅庐的军阀都尤为不易。据说，华伦斯坦性格残暴，在他还是学生的时候，就曾将自己的一位仆人鞭打至半死。而斐迪南则从 1619 年 6 月的事件中得到一个教训：在充满暴力的年代，没有军队就等于孤立无援。华伦斯坦又会是上帝对于他祈祷的回应吗？

后来有本传记称华伦斯坦为"命运由土星主宰的士兵"，在那个年代，他不仅成了出色的指挥官，还前所未有地利用火炮和骑兵为哈布斯堡王朝制订出了全新的作战方式。华伦斯坦的军队不会理会以往的宗教纷争，而是遵从周密的指令，逐渐形成了严格的纪律，军队的将领们也具备出色的领导能力。然而，华伦斯坦并不要求斐迪南赏赐他金钱以作为回报，毕竟国库也是空空如也，但波希米亚的叛乱却让华伦斯坦得到了哈布斯堡王朝颇为丰富的东西——土地和封号。

接下来，波希米亚的斗争持续到了 17 世纪 20 年代，这为彻底重组财富和重绘贵族的版图提供了千载难逢的机会。波希米亚的反叛反倒使哈布斯堡家族在空前广阔的范围内有了重新分配资源的权利。据估算，波希米亚辽阔的领土上约有 670 多处从反叛军那里夺来的庄园被转手赠给了 200 多名投入天主教怀抱的冒险家和军官们，其中有弗留利·科拉尔托、斯特拉索尔多、意大利的加拉斯、科洛雷多、蒙特库科利和皮科洛米尼（他们分别获得了赖兴贝格、纳奇德和奥波克诺地区），还有凯尔特恶棍莱斯利和巴特勒（分别获得了伊施塔特和希施贝格地区）。

其中获利最多的要数华伦斯坦本人，他沿着具有战略地理位置的波希米亚和萨克森边界在欧洲的中心组建起军队，这不但为他带来了极高的声望，也让他拥有了丰富的农业和矿产资源来维持军队巨大的开销，帝国也就无须为此负担任何费用。而华伦斯坦唯一需要的就是得到当局的特许并自由招募士兵，选拔军官。斐迪南很快便答应了这样的条件，还赐予了华伦斯坦一个响亮的头衔——"帝国军最高军事统帅"。

有了这一称号，再加上他本身在军事后勤方面的天赋，华伦斯坦转手将招募士兵的权力下分给了许许多多愿意提供装备并被编入帝国军队的军阀和地主。如此一来，这些人便能集结成军，支持恺撒的战略计划。到这时，恺撒主动支付给士兵们一些费用。但即便恺撒未能支付费用，华伦斯坦也能网罗金融家们的资金，为当前的环境提供必要的款项。这让华伦斯坦成了欧洲阿尔卑斯山北部难得一见的、与文艺复兴早期"雇佣军"军阀最为相似的大军阀。17世纪 20 年代，华伦斯坦建立的金融体系使得欧洲的银行家们都能够有利可图。

有了钱便有了新的组织结构。每个骑兵团都有自己的统领或上校，而每位统领或上校都会得到一个用来征兵的区域。当地的文职政府必须听命于皇帝，竭尽全力支持征兵活动。一旦新兵们得到了他们的"定金"，他们就可以不用再受民法的约束，而只需要遵守战争的规则。然而，这样的体制虽很有成效但也难免导致钱权的滥用。17 世纪 20 年代，在这样的融资制度下，和战争相关的所有事物都被商业化了。一伙伙精明的平民商人把装备和士兵当作商品买卖交易，因为他们深谙一个道理：长官们筹集的装备和士兵越多，获得的利益也就越大。而这或许也解释了为什么很多账目上都将军队的规模大小夸大了35% 左右。[6]

17 世纪 20 年代，筹备庞大的军资离不开哈布斯堡王朝领土上高度一致的税收体系。例如，上奥地利州需要支付 5.3 万基尔德（按 10 基尔德 =1000 美元的汇率计算，约合 5300 万美元），西里西亚需为 28 个军团支付装备费用，而下奥地利州则征收人头税，每位地主要缴 40 基尔德，神父缴 4 基尔德，医生缴 30 基尔德，工匠缴 6 基尔德，甚至佣人也要缴税，只是稍低一些，需要15 十字硬币（100 十字硬币 =1 基尔德）。而一支步兵军团一年的开销是 26 万基尔德，一支骑兵团的年开销是 45 万基尔德，每支军团大概有 1200 至 2000个人。如果一个步兵花费恺撒 8 基尔德，那么一个骑兵则令人咋舌地花费恺撒20 帝国泰勒（合 2 万美元，10 基尔德 =1 帝国泰勒）。但这些开销与某个新部队的花费相比，就相形见绌了，这个部队就是炮兵团。炮兵团里的 12 门大炮和全部士兵一年的开销至少要 60 万基尔德。

军饷在一定程度上反映了军衔的高低，一般来说，上校的年薪为 185 基尔德，中校的为 80 基尔德，依次递减，普通士兵一年可获 3.5 帝国泰勒。根据泽纳姆 1623 年一份文件的记载可知，每位步兵每天可获 2 磅面包、1 磅肉、2 品脱啤酒和 1 品脱红酒，但一名骑兵队长却能获 20 磅面包、12 磅肉、2 只鸡、半只羊或牛，8 品脱红酒和 12 品脱啤酒！在这份文件的最后还有陆军上校蒂利签署的一行字：超出规定给养的开销需军队自己承担。[7]

蒂利及战术的发展

吉恩·采克拉斯·蒂利伯爵（1559—1632）是耶稣会训导下的又一杰出产物。他是瓦隆人，最早为西班牙服务，15 岁的他接触到了战争的艺术并参加了帕尔马公爵攻打荷兰的战争。1610 年，他被任命为天主教联盟军队的指挥官。这些军队创建于 1609 年，是一个由天主教各诸侯及小国组成的松散联盟。蒂利同华伦斯坦一样，在军事方面也做出了重要的改革，而他之前在强大的西班牙步兵团中的作战经验则让他获益匪浅。有着"披着盔甲的修道士"之称的蒂利很快就在步兵战术上显示出了极高的造诣，随即便被赏识，进入了斐迪南的军队。

当时的步兵仍然有长矛兵和火枪手。长矛兵身穿盔甲，手拿长矛。长矛由梣木制成的柄和锋利的金属矛头组成，一般为 15 到 18 英尺长。军官们则手持带彩色缎带的矛，稍短一些。火枪手是轻装步兵的一种，他们戴着由金属制成的轻型头盔，后来又改戴毡帽。开火时，他们需将笨重的火枪架在一支带有铁叉的木杆上。"弹药"和其容器也是多种多样，有子弹带、火药筒，装着易燃材料的黄铜瓶，还有所谓的"火绒草"以及装着小金属球的皮革带。士兵们还会随身携带一小瓶润滑油，以确保射击所需的这种"炼金术"能正常发挥作用。另外，武器的使用步骤十分烦琐，像这种原始火枪的开火和重新装弹就需要 99 条单独的指令。

其他时候如何运用火枪还有另外 41 条指令。由此可见，提高发射速度和简化武器弹药的使用是三十年战争中所有指挥官要解决的首要问题。直到 1630 年，瑞典人率先解决了这一问题。那一年，他们与哈布斯堡王朝交战并在战争中将弹药卷进了纸筒之中。

当时的作战部队以连为单位，部署好的大型方阵一般包括 15~20 个连。50 人站在中心位置，由两翼的 10 排火枪手保护。而人们说的"勃艮第十字旗"和"八角星"的复杂队形虽然经过大量操练，在实际作战中显然不利于调动。另外，按照单拍鼓点来行军的办法被广泛采用，而若要灵活地移动，则需要增大队伍的间隔。

正如蒂利在部署步兵上具有高超的才能，华伦斯坦在指挥骑兵方面也一点都不逊色。骑兵同步兵一样，可以分为轻装和重装两种类型。重装骑兵包括胸甲骑兵和枪骑兵，他们都全副武装，从头到脚穿了盔甲。除了他们的主要武器外，枪骑兵还配有一把剑和两把手枪，这是他们作为战场指挥官的保卫者所拥有的特权。胸甲骑兵则配有很沉的直刃马刀或是单刃剑，可以用于砍杀和刺杀敌人。

"卡宾骑兵"属于轻骑兵，全身唯一的铠甲只有较轻的胸甲和金属头盔，除了配有一把短步枪和18个弹匣外，还配有手枪和短剑。龙骑兵则是火枪骑兵的雏形，也都配有短步枪。由于他们的枪筒上都画有龙的图案，因此以"龙骑兵"的称号而闻名。作为作战的先锋，他们还带着斧头，理论上可以用这些斧头劈开大门。

此外，华伦斯坦为传统的军队加入了新的军种，他们是先锋骑兵中的重要力量，即匈牙利骠骑兵。匈牙利骠骑兵同克罗地亚人一起组成了军队中的灵活元素，不但可以执行侦察或搜索等任务，还能饮血沙场，震慑敌军。

骠骑兵"Hussar"一词的来源至今仍存有争议，这一词很有可能来源于斯拉夫语中的"Gusar"一词，还有一种说法认为它源自德语中的"Herumstreifender"或"Corsaren"一词，而这些流传的版本或许要比匈牙利人承认的版本更接近事实的真相。骠骑兵，以"杀人不眨眼"而扬名在外，在世界最勇猛的轻骑兵中占据着核心地位。

同步兵一样，骑兵也被分为了不同的连队。通常，这些分队称作"旗"，因此，每个连的初级长官也被称为"掌旗官"。当各个连组成一个方形队伍后，人们就习惯于开始称4个连组成的队伍为"squardron"（中队）。这一词来源于意大利语的"quadra"，意思为方阵。理论上来说，每个骑兵团包含十个连，而每个连又包括100名骑手，但事实上，没有哪支骑兵团的人数能够超过500人。

这些编队的操练目标是让他们在距离敌人60步时冲向敌军的长矛兵阵和骑兵阵，从而扰乱对方的步兵团。骑兵们不到"看见敌人的眼白"[8]的关键时刻绝不会浪费一发子弹。勇猛的戈特弗里德·帕彭海姆名不虚传，他驰骋沙场，屡次负伤；让敌军闻风丧胆的约翰·斯波克人高马大，头发如青铜一般。在这些军官的带领下，帝国骑兵训练有素，势如破竹，常常主动出击，出奇制胜，让敌人闻风丧胆。

炮兵则有着严格的等级制度，理论上，每个炮兵作战单位配备有24门不同口径的火炮，还增设有迫击炮和其他火炮。每门炮分属一个小组，小组内配有一名中尉和 11 名炮手。配合他们一同作战的还有作战先锋，即由一名上尉带领的 300 名骑兵。每个作战单位都有一面锦旗，上面有一个铲子的图案，因为这种作战单位里的士兵还是技艺高超的工匠，不仅能摧毁大桥还能修复大桥。

帝国军与反叛军的对抗

这样一支军队从各方面都无法与多年后的军队相提并论，人们也很难清楚地区分不同的军队。在恐怖的三十年战争期间，任何一支从德意志平原践踏而过的军队都鱼龙混杂，随行的有密探，也有无恶不作的歹徒，他们是强盗，是土匪，如同漫天蝗虫一般，大肆扫荡所经之处。

不同的军队还需要用现代军中行话所称的不同的口号来区分敌我双方。1631 年，在著名的布莱登菲尔德战役中，蒂利率领的帝国军队高呼着"耶稣——玛利亚"冲入沙场，而他们的对手——国王古斯塔夫·阿道夫——率领的瑞典人，则呼喊着"上帝与我们同在"。这次战役后，给获胜的军官和士兵们一定的金钱作为奖励则成了惯例。吕岑战役后，勃鲁尔将军就获得了 1 万基尔德的奖励，勇敢的科洛雷多军团则共同获得了 9200 基尔德。

帝国军的军官们的名字有两个来源。其一是那些皈依天主教的贵族，他们充分利用了斐迪南皇帝提供的有利政策。很多军官的名字在接下来的故事里还会一遍又一遍地多次出现，他们是：凯文胡勒，特劳特曼斯多夫，利希腾斯坦，福加奇，艾根贝格和阿尔撒（后两个人的财富和地位则为我们留下了世界级的纪念建筑作品：位于格拉茨市郊的艾根贝格宫以及摩拉维亚的弗拉诺夫 - 费赖恩城堡）。其二是那些在漫长的土耳其战争中度过职业生涯的军官们。他们中不只有斐迪南的敌人图恩尔、霍恩洛厄、施利克和曼斯费尔德，还有很多人是华伦斯坦旗下重要的军事指挥官。

1620 年，斐迪南已准备好发起攻击。此时，他已拥有不少于 5 支独立的军队来重新发动进攻。皮耶尔军团率 5000 名战士守护维也纳。比夸率领 2.1

万名士兵沿着瓦豪河向前挺进；而在上奥地利州，一支西班牙军队入侵了南面的普尔法次，巴伐利亚公爵马克西米利安则带领 2.1 万余人与蒂利并肩前行。曾是新教土地的奥地利州已看不见反叛军们的踪影，60 多名新教贵族举家逃往了雷茨，其中超过一半的人被宣布为罪犯。仅仅一声枪响，两个省就被斐迪南和教会收回。

当军队行进到卢萨蒂亚和摩拉维亚之时，皇帝的非正规军在战争中变得凶残异常，肆意妄为，开始大范围地烧杀抢夺，奸淫掳掠。其中，波兰女王，也就是斐迪南姐姐派出的哥萨克的行为尤为恶劣。反叛军方，匈牙利非正规军的暴行也同样耸人听闻，用斐迪南的话说"战俘遭受了闻所未闻的折磨"，他们杀了孕妇还把孩子直接丢入火堆之中。[9]后来斐迪南这样记录道："敌军实在罪大恶极，人们都不禁认为制造恐惧绝不只是土耳其人的专利。"[10]

这些行径为日后的战争奠定了恐怖的基调。1620 年 11 月 7 日，马克西米利安和蒂利终于抵达了布拉格市郊，在那里他们遇到了新的反叛军指挥官——安哈尔特的克里斯蒂安亲王。他不仅占领了人们口中的白山（其实只是布拉格以西数英里外的一座小山丘），并利用这一有利地形来采取防守态势。

安哈尔特的武装力量有 2 万名士兵，其中骑兵占了一半，包括 5000 名匈牙利轻骑兵，但炮兵部队只有几门火炮。一举摧毁波希米亚叛军的时机就要到了。帝国军的炮兵部队装备精良，战士们更是锐不可当。一时间，指挥官们就下一步该怎么做产生了分歧，直到有一天，加尔文教反偶像崇拜的人们烧毁了圣母玛利亚像的双眼，华伦斯坦的盟友比夸目睹这一场景后突然命令发起攻击。

安哈尔特派出骑兵，却没有对帝国骑兵造成任何影响，仅一场小规模战斗后，他的骑兵就不得不快速撤退逃离，而波希米亚的步兵也很快遭受了相同的命运，蒂利出现后，就连摩拉维亚的步兵也都迅速瓦解。才刚到下午，白山战役便已结束。超过 2000 名新教士兵阵亡，而帝国军仅损失 600 余人。这场战役制胜的关键则是蒂利的决定——在战斗中要使军队保持高昂的劲头以击败士气低落的敌军。在布拉格，随着叛军的节节败退，除了几个防御要塞以外，其他地区全部投降。腓特烈也加入了逃兵的阵营，他将皇冠落在身后，匆匆出城向东边赶去，一心寄希望于欧洲的新教徒们。正如捷克历史学家约瑟夫·佩卡得出的结论，白山战役是一场德意志与罗马世界的对决，而罗马世界获得了胜利。假使德意志获胜，那么新教德意志将很快把波希米亚纳入囊中，捷克文化也将不复存在。[11]

新的信仰在 16 世纪曾一度有成为历史新潮的势头，但现在，冬王与他的妻子逃往荷兰，对于新教徒们而言，过去的日子似乎将要一去不复返。他们越来越意识到，如今的新教，分崩离析，激进极端，并不符合历史的潮流。而他们也没有对那些畏惧无政府主义和极端主义的人采取措施。布拉格的人们纷纷躲进天主教的"避难所"，找寻旧的教条，在传统而安全的真理中求得安慰。仅一年，耶稣会便将这座城市建设成了反宗教改革的坚实堡垒。

正如 R. J. W. 埃文斯教授所指出的，新教士气低落，他们对于耶稣会理智而又切实的方案缺少回应。[12]而那些在神秘主义和玄术世界寻求庇护的人们"充其量只能消极应对反宗教改革的攻击"。

另外，由耶稣会神父拉莫麦尼执笔的《斐迪南二世的美德》广泛传播，[13]让斐迪南个人的宗教虔诚激励了他的臣民。不仅如此，国际的新秩序，例如斐迪南的军队，则是威力强大的智慧武器。格拉茨耶稣大学开学典礼上的开幕词也被翻译成了 18 种语言。1540 年，圣依纳爵·罗耀拉成立耶稣会，并按照最初的构想将其打造成了由理应绝对服从的"将军"所率领的"军队"，要求会员们在智力与精神上都达到最高的标准。这些原则也为斐迪南构想自己的军队提供了指导原则。知识界的主动出击得到了更切实际的措施的支持。1621 年，在斐迪南的命令之下，波希米亚反抗军的全部首领在布拉格的旧城广场被处以死刑。

当"波希米亚殉道者们"被带到绞刑架下时，哈布斯堡家族则开启了一场朝圣之旅，他们来到施蒂利亚玛利亚采尔的圣母教堂为这些灵魂祈祷，这是典型的斐迪南式做法。在之后的几年里，哈布斯堡王朝将"祈祷"与"刀剑"完美地结合在了一起。如果说斐迪南是精神复兴的领袖，那么相应地，在战场上，华伦斯坦则让军队获得了生机。

　　斐迪南身边环绕着众多新崛起的贵族，而华伦斯坦之所以能从中脱颖而出，是因为他在后勤活动上有着无人能及的天赋。虽然华伦斯坦的身体有一定缺陷，常被痛风所困扰，有时还不得不被抬在担架之上，但他总是不停地要求他的下属做好事情的每个细节。在他的治理下，为了有效种植庄稼并饲养动物以确保军队的需要，农业走向了集体化。华伦斯坦第二次的婚姻是幸运的，他娶了斐迪南身边的心腹重臣哈拉赫伯爵的女儿，这也为他在朝中带来了更多的支持力量。1625 年 4 月，斐迪南准许华伦斯坦扩充 6000 名骑兵和将近 2 万名步兵，华伦斯坦的力量也让皇帝的军事调度更具机动性。如今，他的实力足以与蒂利带领的天主教联盟军队相媲美。而种种迹象表明，蒂利似乎更效忠于他巴伐利亚的主人而非斐迪南皇帝。

华伦斯坦的"制度体系"

　　在阿舍尔斯莱本，华伦斯坦征募到了 1.6 万名兵力并仍在不断扩充中。截止到 1628 年，帝国军已拥有士兵 11 万之多，其中骑兵占 1/5。也是从 1628 年开始，华伦斯坦的威望不断提高，他逐渐控制了除王室领地和匈牙利外帝国的全部力量。随着帝国军的不断扩充，很多外国的雇佣兵，包括英国、爱尔兰和苏格兰的军官，甚至是著名的德国新教徒阿尼姆也都加入了华伦斯坦的队伍。"大元帅"抛开了他那个时代的宗教纷争，对于指挥官们的信仰一点都不在乎，而他唯一在乎的是士兵们的忠诚与能力。

　　华伦斯坦的成就很大程度上归功于他在军事后勤上的出色管理。他命令军官们自行负责维持军队的费用和士兵们的军饷，强制村庄和城镇为战争出资做出贡献。因此，资金匮乏的斐迪南可以不动用财政部的一分一毫就发动战争。华伦斯坦还通过向已占领的国家征收款项使掠夺钱财形成了一定的机制。另外，华伦斯坦自己也有广泛的资源，他制订了一个详尽的贷款和融资体系来为他一手挑选的军官们的固定军饷和高级指挥官们的开销提供资助。1628 年，华伦斯坦军团中的一位上校一周可以获取 500 弗罗林（约合 500 美元），这比其他军队军官一个月的军饷还要高。而在当时，一名步兵每月一般只可以获得 8 弗罗林。[14]

向当地人强行征收税款既违反了惯例，也违反了帝国的法律。根据法律，士兵们可以向当地人借宿但必须支付食物的费用。然而事实上这是不可能的，因为华伦斯坦的兵力和随行人员的规模太过庞大。村庄和没有设防的城镇全会被摧毁，一些人拒绝缴税，他们的房屋就会因此被烧毁。军队通过从一些富庶地区获得"贡品"的方式来募集资金，而这些地区也可以通过缴纳大量的金钱来取得免除补给军队和提供军事领地的义务。通常，这可是一笔巨额的费用：例如纽伦堡支付了 50 万弗罗林。但这样的代价远好于因被侵占而带来的破坏。然而，德意志大片的地区都处在近似被永久勒索的状态，在这些地区，帝国的法令条例似乎已经完全被战争的规则所取代。从萨克森州到勃兰登堡和波美拉尼亚，从梅克伦堡到符腾堡，人们对征税已习以为常。而在其他一些地区，如王室领地，征"士兵税"已成为城市生活中每周的惯例。

这样的"制度"也很容易被滥用。在那个买卖雇佣兵的时代，交易的每个环节都大有商机。贿赂，即"西班牙式"的吃空饷，大行其道。拟订账目，让人们有太多利益可图且这些罪行并不专属于某一支军队。三十年战争的时代对于德意志的百姓们真可谓是很糟糕的时代。

此外，哈布斯堡王朝领地上的税收还用于维系奥地利内部地区一些城市的大型军械库和守卫军事边界。截至 16 世纪 70 年代末，哈布斯堡王朝的军事边界已发展成了一条锯齿状的地带，沿奥斯曼边界绵延 50 多英里。这段线路逐渐扩展，囊括了沿瓦拉日丁附近的德瓦拉河通往格拉茨的各条道路、克罗地亚地区的卡尔斯塔特以及匈牙利边界上的三个地区。德意志国会的中央专项资金则包含了主要的边塞驻守费用（120 万弗罗林 / 年）。但在其他地区，政府则鼓励各大家族为个别地区的驻守费用负责，而这也使一些好战的军事家族得以形成，他们有自己的法律、自己的习俗，当然还有自己的方言。（以德意志的军事边境为例，直到 20 世纪 70 年代中期在克罗地亚和斯洛文尼亚东部的科普里夫尼察还能听到 'Ist Gefllig' for 'Izvolite' *。）

华伦斯坦的"制度体系"之所以可以顺利运作则要归功于那些银行家，尤其是贾恩·德·威特，他为华伦斯坦建造了一个庞大的融资网，从伦敦到君士坦丁堡，共覆盖 67 座城市。那个年代实力强大的金融家有德·威特和富格尔，他们都愿意贷款给华伦斯坦却绝不愿借钱给哈布斯堡王朝，因为在过去他们曾多次因为斐迪南的家族无力偿还贷款而尝到苦头。如今，资源丰富且颇具能力的金融家们所构建的金融体系必须要有很高的利率做支撑。渐渐地，这一体系形成了类似于金字塔的庞大结构，而这一结构的维系则要依赖皇家的大片土地。斐迪南要想偿还华伦斯坦的账单只有一种办法——割让更多的土地给这位军阀。

战争中，斐迪南渐渐占了上风，那些反对哈布斯堡王朝的联盟此刻都摇摇欲坠。1620 年，在卢特战役中，蒂利伯爵成功击败了丹麦国王克里斯蒂安四世率领的丹麦军队，蒂利率领的军队伤亡人数为 700 人，丹麦军队伤亡及被俘的人员则多达上千名。对决中，丹麦军队曾一度处于有利地位，但华伦斯坦派遣支援的 700 名重骑兵却戏剧性地扭转了局势。

当时，华伦斯坦还与匈牙利叛军领袖加波尔·拜特伦达成了一份休战协议。加波尔·拜特伦是一名狂热的加尔文教徒，他称自己已经诵读了 25 遍圣经，曾领导一场反哈布斯堡的叛乱，而骑兵军官当皮耶尔正是在那场战争中牺牲的。此时，尽管匈牙利新教徒对哈布斯堡王朝仍有很多不满，但他们没有外在的支援，获胜的希望也就十分渺茫。

与此同时，丹麦军队已经撤离，留下了萨克森和西里西亚两地任凭华伦斯坦处置。1627 年 5 月，皇帝为补偿欠下华伦斯坦的 150850 弗罗林，将萨根公国封给了他。而在接下来的日子里，皇帝也将通过这种方式来偿还欠下华伦斯坦的更多债务。此时，华伦斯坦晋升的速度堪比他在战场上击败敌军的速度。他被晋升为帝国诸侯（同时也就拥有了与皇帝会面的权利），获得了（梅克伦堡）公爵的称号。此外，他甚至有了自己的货币在市面上流通，而这一点却让维也纳王朝十分不满。

---

* 此处是举例说明这些区域的语言混用，Ist 译为"是"，Gefllig 与 Izvolite 皆为人名。——编注

"北方雄师"

毫无疑问，如此多的财富积累必然会招致他人的嫉妒。截至1629年，华伦斯坦的军队已经是蒂利军队的三倍之大。身处欧洲中心舞台的他，思想和行动都变得越发独立。不仅如此，腰缠万贯、特权在握的华伦斯坦还把矛头转向了曾经支持他的人。他开始反对耶稣会，尤其反对耶稣会所支持的归还教产敕令（于1629年3月颁布）。这一敕令规定新教诸侯将侵占的教产全部归还原主，也破坏了斐迪南对军阀的信任。与此同时，华伦斯坦还渐渐对战争和各种教派主义产生了厌倦，他的许多决定也渐渐脱离了他帝国统治者的意见，而这必然引起人们的关注。华伦斯坦的声音在反宗教改革无往不胜之时显得分外刺耳、分外独断。1627年，华伦斯坦"退休"，他的金融体系也随之崩溃。华伦斯坦因为没有钱来付利息给他的银行家们，便以低价卖掉了他的土地，更糟的是，他还开始去借高利贷。

斐迪南则准备任命一位接班人。军队失去了领导者后变得士气低落，甚至完全瘫痪。为此，斐迪南裁减军队至4万士兵，而他所有的领地也都需要缴税来继续维持这些武装力量。在资金短缺时，他还允许像蒂利这样的指挥官们自行征税。

暂不提蒂利是巴伐利亚的主人，他可以说是接替华伦斯坦的不错人选。但现在又有一个新问题摆在面前——矛盾升级了。正当新教势力日益衰竭之时，又一支强大的力量卷入了这场争斗。他就是古斯塔夫·阿道夫率领的瑞典军队。他们眼见天主教在德意志的土地上大获胜利，察觉到了危机，便于1630年加入战争。古斯塔夫·阿道夫一方面具有很高的军事才能，一方面还拥有一批优秀的枪匠，这些技艺纯熟的枪匠让瑞典军队成了"卓越"的代名词。"北方雄师"在这场战斗中展现了北方的军队纪律并投入了大量的金钱，而当蒂利率领军队攻占马格德堡后，战争就进入了充满戏剧的阶段。马格德堡，这座新教的堡垒城市，成了帝国刀俎下的鱼肉，只能任人宰割。

很不幸，赶来救援的瑞典军队来迟了，马格德堡的景象真是惨不忍睹：

其城内大部分的地区都被焚毁，居民们遭到了残忍的大屠杀。而这些战争的罪行将永远载入史册。[15] 没有什么能掩盖事情的真相，据统计，约有 2 万名市民在这场大屠杀中丧命，但在当时，两年后的调查居然显示只有 449 人遇难。

马格德堡发生的暴行将会传遍欧洲，成为令人震惊的惨案，但这却是在 12 年之后了。此时，古斯塔夫·阿道夫下定决心为马格德堡复仇，他要和蒂利以及其他帝国的拥护者们决一死战！事实证明，"北国的冰雪之王"并没有如斐迪南的谋士们所说的那样"融化在德意志的阳光之下"。在 1631 年的布莱登菲尔德战役中，蒂利率领的部队在瑞典和萨克森联军面前溃不成军，战斗中对方所展现出的机动性让蒂利始料不及。而帝国军勇猛向前的指挥官巴本海姆则在 7 次冲锋中身负重伤，险些丧命。[16]

1631 年 4 月，奥得河畔的法兰克福被瑞典军攻陷，这立刻引起了帝国的注意，于是斐迪南与华伦斯坦协商，希望能将其重新召回军中。然而再次任命"大元帅"的文件没能保存下来，或许是与这位大军阀死时悲惨的遭遇有关。[17] 但我们知道，这一次，近乎独裁的华伦斯坦同样招募到了大量的兵力，可理论上来说，军队中的所有高级任命还需经过皇帝的同意。

斐迪南此次恢复华伦斯坦的职位实是迫于无奈，要不是帝国在德意志陷入了绝境，他一定不会这样做。然而，1632 年 4 月 30 日的蒂利之死为华伦斯坦扫清了障碍，使他成了帝国军队指挥官的不二人选。士兵们接受了全新的训练，大家迫不及待地想要一展火枪齐射和从瑞典军那里学到的小单位作战技术。在施泰瑙，这位重新归来的指挥官正在窥伺时机，与此同时，瑞典军也开始扩充力量，而哈布斯堡王朝则显得愤怒而又焦躁，王朝不断从维也纳发出公文，要求华伦斯坦采取行动。但华伦斯坦却淡定地回应说，他要给瑞典国王好好上一课，让他知道，什么是"作战的新方法"。后来，华伦斯坦在纽伦堡包围瑞典军队，一直到近 2.9 万名瑞典士兵死于疾病和饥饿之后，古斯塔夫才得以率军逃脱。同年 11 月 7 日，古斯塔夫在爱尔福特停下脚步，他决定与帝国的追兵来一场正面交锋。1632 年，这场两大战术高手等待已久的战争终于在吕岑爆发。

战争一开始，华伦斯坦就展现了他卓越的军事才能：一方面，帝国军右翼由几排滑膛枪兵保护，另一方面，一旦有需要，华伦斯坦还可将骑兵移至前方。大雾散去，两排向前推进的瑞典步兵突然映入眼帘，他们立刻冲散了华伦斯坦布置的屏障——克罗地亚骑兵阵。瑞典军手拿长矛，逐渐逼近华伦斯坦军队在城周围的防御阵地。在敌国中心交战几小时后，由于瑞典军只知道进行正面攻击，双方士兵开始渐渐失去凝聚力。华伦斯坦在这之前早已命令巴本海姆尽快率军队前来与他的主力军会合。巴本海姆一收到华伦斯坦的书面命令，就连夜骑马赶来支援。当他和所率的增援部队与克罗地亚骑兵会合后便立刻发起反攻，战斗的形势也渐渐向有利于华伦斯坦的一方发展。

古斯塔夫·阿道夫很快察觉了危机，他策马战斗在骑兵的最前方，想要引开巴本海姆的攻击。古斯塔夫因为身上有伤口，没有穿盔甲。虽然他曾很多次表示"上帝就是他的盔甲"，但在没有胸甲保护的情况下就深入欧洲最凶猛的骑兵部队，无疑将会是非常致命的选择。正当这位瑞典国王准备与他的步兵会合之时，他突然中弹身亡。国王的死讯很快将低迷的情绪散播到了瑞典军队之中。

然而华伦斯坦此刻却没有了前进的勇气。由于瑞典军的猛烈进攻，他已损失了超过3000名的兵力，于是他丢弃了火炮，决定开始撤退。与此同时，瑞典军已经丧失了6000兵力，正当他们准备后退时，俘来的士兵告诉他们帝国军正在撤离战场。胜负一时难以分明，吕岑战役就此结束。虽然后来普遍认定是瑞典军队取得了胜利，但事实上，战斗的最后双方陷入了僵局，而真正值得纪念的是——瑞典军伟大的古斯塔夫和帝国军忠诚的巴本海姆双双英勇牺牲。战后，当帝国军的士兵们解开巴本海姆血淋淋的战衣时，华伦斯坦给他下达命令的文件从中掉落（这份文件已被保存至今），上面浸满了鲜血。此前，这位忠诚的中尉在读完文件后就立刻将其揣入怀中，策马疾驰，赶去支援他的将军。

华伦斯坦将克罗地亚骑兵当作散兵来部署可谓是一大创举，在后撤途经卢萨蒂亚时，他利用这些兵力袭击了阿尼姆（此人已再次改变阵营）的军队。在施泰瑙，图恩尔投降了，格洛高和利格尼茨等要塞也同样选择了投降。华伦斯坦的骑兵们越过波美拉尼亚的土地，逐渐向柏林的东部和北部侵袭。但面对这一个个的胜利，华伦斯坦却开始陷入一个怪圈，这在接下来的章节会做出部分的解释，而这与他痴迷的神秘学说有关。[18]

华伦斯坦的占星术

尽管罗马曾公开谴责神秘的巫术，却没什么证据能说明宗教法庭与阿尔卑斯山北部背道而驰。[19] 虽然巫术实不可信，很多有关巫术的书籍也都被列为禁书，但事实上，欧洲巫师们的作品却随处可见，甚至还有一个耶稣会建议研究有关巫术的一些文章。[20] 在斐迪南的军队中，神秘学说的研究也十分普遍。帝国军的蒙特库科利将军就对巫师罗伯特·弗拉德的作品十分熟悉。[21] 在欧洲中部，当时的魔幻文学更是占据了主流位置，而哈布斯堡王朝则引领了对自然奥秘的探究。正如埃文斯教授所言：“要想解释为何反宗教改革的人们如此沉迷于非法艺术的研究，最好的方式是去研究这些非法艺术到底非法到什么程度。”[22]

新教徒约翰·开普勒是著名的天文和占星学家，他在被斐迪南二世从格拉茨驱逐出境后，于1628年正式被华伦斯坦雇佣并负责为其排列算命天宫图。事实上，早在1608年，开普勒就开始为华伦斯坦占卜过。其中一些天宫图还保留至今日，图中星象显示，1634年3月初对于华伦斯坦而言，或将遭遇“非常困难”的事情。[23]

不论华伦斯坦突然没那么卖力的真相是什么，维也纳宫廷都做了最坏的设想，他们认为他之所以不积极响应定是心怀不轨。更糟的是，1628年后，这位大军阀便不怎么与皇帝来往，耶稣会也一直对他心存怨恨。一时间，华伦斯坦寻求和平谈判、有损皇帝利益的谣言闹得满城风雨，据此，大家也都认定这位军阀犯了叛国罪。

而真正决定华伦斯坦命运的一点则是他彻底打破了君主与军阀间的信任：华伦斯坦拒绝皇帝的儿子在他的军中挂帅。他因此触犯了君主制的根基——其合法性和世袭的特权。没有什么比这一点更能直接地打破斐迪南对其的信任、触犯斐迪南的地位乃至权威。华伦斯坦的行为可谓是对皇权的正面挑战。不仅如此，这些行为直接威胁到当皮耶尔的骑兵在 1619 年 6 月冒着酷热赶到维也纳、救下王朝后双方达成的协议。后来的历史学家海因里希·里特·冯·斯尔比克则对斐迪南表示理解，他称：如此不容妥协的挑战必然招致近乎"极端"的回应。[24]

1634 年 1 月 11 日，格拉茨大雪纷飞，斐迪南的心腹大臣艾根伯格不久前在"行星宫位"的中心建成了一座带有占星学设计的城堡。艾根伯格或许这样介绍了他的新城堡：城堡有 4 座塔，代表四季；有 365 扇窗户，代表一年中的每一天；其中，大厅内的 12 扇窗户又代表了一年中的 12 个月。这天，就在这座著名的城堡中，斐迪南听取了他亲信们的意见。在这里，他们做出决定，要将华伦斯坦彻底铲除，[25] 而 17 世纪的神秘学说则让这一决定看似很合理。

随后，阴险的行动便悄悄在施蒂利亚展开。与此同时，在 1634 年 1 月，士兵和军官们对于军中领袖的萎靡不振也终于不再熟视无睹。比如意大利人皮科洛米尼，他在重新分配波希米亚财富的战斗中表现出色。如今，野心十足的他更是想要取代华伦斯坦。于是，他精心策划了一场反对华伦斯坦的运动。另一边，华伦斯坦则释放了反对哈布斯堡王朝的重要人物——新教叛军首领图恩尔。这一行动无疑是明确反抗皇帝指令的表现。由此看来，无须多久，士兵们就会收到君王发出的信号。

皮科洛米尼召集了一伙苏格兰和爱尔兰的军官并组建了一支暗杀小组，小组的主要首领是莱斯利、戈登和德弗罗。1634 年 1 月 24 日，斐迪南签署了一份重要文件，该文件告诫所有士兵应当忠于王朝并解除了华伦斯坦的职务。等华伦斯坦意识到发生了什么时，他便立刻前往埃格尔向他昔日的瑞典敌人寻求庇护。1634 年 2 月 24 日，在这座至今仍保存完好的帕赫贝尔宫中，华伦斯坦因劳累和痛风的关系卧床于二楼。与他随行的还有四位他最信赖的助手，他知道，他们会拼尽性命来保护自己。他的身边会有瑞典人和萨克森人的帮助，而维也纳似乎远在天边。

华伦斯坦助手中的特兹卡、伊洛和金斯基3人受邀前往附近的埃格要塞参加宴会，毫无防备的他们竟未料想到这会是一场阴谋，在入席前都将自己的剑挂在了宴会厅的墙上。宴会上，大家吃吃喝喝，一个小时后，油嘴滑舌的宴会主人莱斯利按预先的计划点头示意，一伙手持刀剑的人便突然高呼着口号"斐迪南万岁"闯了进来。3位华伦斯坦的忠诚之士赶忙推翻桌子、敲碎窗户来保护自己。手无寸铁的金斯基当场死去，只有特兹卡重新从墙上拿到了剑，在倒下前予以了反击，折断了德弗罗的剑，还杀死了3个士兵，但之后还是被对手刺死。地很滑，上面满是酒水和鲜血，刺客们动身前往华伦斯坦所在的地点，而到那还要不了5分钟。在去的路上，他们还刺死了华伦斯坦的第四位助手聂曼上尉。

此时，华伦斯坦对这一切并不知情，他正不安地躺在床上，思考着第二天到瑞典人那里避难时该说些什么。然而，刺杀小组已经杀死了他所有的助手。当他们闯入华伦斯坦的房间时，起先没有一个人敢独自面对这位卧病在床的将军，曾经，整个欧洲最强大的军队都掌握在他的手中。莱斯利和戈登害怕地向后退缩，任务便落在了德弗罗的肩上，他的手还滴着血，血沿着刚刚被特兹卡折断的剑流了下来，接着他匆忙举起一柄长戟，向华伦斯坦刺去。

此时11点刚过。华伦斯坦刚刚喝完佣人送进来的一杯冷饮，他的靴子、剑和外套远离他的床边。第一个让他警醒的信号是楼下卫兵被打倒的声音，几秒过后，他又隐约听到了佣人被捂住嘴后发出的喊声，接着就是有人重重倒在楼梯上的响声——不祥之兆。华伦斯坦很快就察觉到有什么不对，他只好努力着慢慢起身，谁知刚站起来，德弗罗便眼露凶光，破门而入。将军开口说道："饶命？"

然而，那位爱尔兰人则嘶吼道："你这个叛徒！恶棍！老东西！"说着，就将一柄长戟刺进了华伦斯坦的胸膛，可怕的长戟刺穿了将军的身体，从他的肩胛骨穿出一英尺多长。华伦斯坦瞬间像一棵大树般倒在了地上，一动不动。[26]

事成之后，参与刺杀计划的士兵们大多获得了房产或是现金奖励，其中只有莱斯利一人挤进了新贵族中的上层阶级。另外，值得一提的是，所有的主谋在之后的五年内都相继遭遇到了不测，他们或是死在了战场之上，或是被瘟疫夺去了性命。

华伦斯坦的土地则全部被他的部下们瓜分，变得四分五裂。如果说士兵们曾希望能够从清除他们昔日效忠的领袖的事件中获得好处的话，那他们恐怕要失望了，因为庞大而复杂的金融系统一夕间丧失了金字塔的顶端，许多曾为华伦斯坦压上全部家当的年轻军官也很快破产，变得一贫如洗。而类似的事情在此后哈布斯堡王朝军事的历史上还会发生。

对于斐迪南来说，金融崩溃导致的财政紧缩还是次要的。3月2日，当刺杀小组其中的一员将统帅的金羊毛衣领递给斐迪南时，斐迪南不禁大呼："啊！我的华伦斯坦！""人们的确是夸大了你的罪行。"他喃喃地说道。而在此之前，皇帝还为其举行了3000多人参与的弥撒仪式，希望能让他的灵魂得到安息。这位17世纪最伟大的军阀也被冠以"不忠"的名号，而"不忠"是整个哈布斯堡王朝都不会忘记也不能原谅的行为。哈布斯堡王朝后来的一位皇帝在得知某位臣民是位坚定的爱国者时，留下了那句戏谑的名言："但他是效忠于我吗？"华伦斯坦死后，斐迪南重申了王朝和军队之间的基本规则。无论王朝与军队的关系有多紧密、无论他们有多么需要彼此，后者的存在都是为了服务于前者。

斐迪南迅速行动，任命他的儿子，也就是他的继承人斐迪南大公为军队的新任总司令；任命加拉斯，即华伦斯坦手下曾经一个不怎么引人注意的属下为第二指挥官。而华伦斯坦的众多财产则极大地安抚了怨声载道的高级军官，让他们能够遵守纪律。另外，皇帝也没有必要将高级将领们重新洗牌，因为所有的矛头都指向了华伦斯坦一人，是他向帝国的权威发起了挑战，并且他也并没有获得广泛的支持。

华伦斯坦和他统帅的军队虽然没能使德意志在他的有生之年获得统一，但至少保存了德意志并确保了它不再受到瑞典的侵扰。幸而有帝国军队，斯堪的纳维亚的国家再也没有在德意志的事务上扮演重要的角色。

之后，帝国在西班牙的帮助下赢得了讷德林根战役，再次巩固了自己的地位。然而，华伦斯坦所担心的事也随之发生。随着瑞典势力的削弱，法国被迫投入上万名兵力加入了战斗。枢机主教黎塞留不愿看到哈布斯堡王朝的势力逐渐掌控整个欧洲，因此为确保巴黎能有足够的力量与之抗衡，黎塞留让法国也卷入了纷争。就这样，德意志再一次成了国外野心家们的广阔战场。

1637 年斐迪南二世去世后，他的儿子斐迪南三世继位，成为神圣罗马帝国的皇帝。这位新皇同他的父亲一样，出生于格拉茨并接受了耶稣会的教育。此外，他对耶稣会关于时间问题的理论与实践较感兴趣，而且同华伦斯坦一样，炼金术的世界也吸引了他的注意。但战争依旧是他需要处理的主要事务。德意志的土地再三遭到蹂躏，斐迪南三世不得不一步步接受 14 年前华伦斯坦就曾暗中向其父亲提出过的政策。1629 年的归还教产敕令终于被废止，为保全王朝，这位年轻的皇帝在 1648 年的和平到来前一直倾尽全力。

1648 年《威斯特伐里亚和约》签署之时，神圣罗马帝国的势力已明显被削弱，数以百万的士兵们在战争中牺牲，帝国的各个组成地区也分裂为一个个独立的小国，而它们的重新统一要到 200 年后才能实现。帝国希望建立"基督教、大范围、永久"和平的理念为欧洲各国的关系提供了新的基础，然而却无法结束冲突和战争。国家的主权原则虽然在建立之初都值得称颂，但从过去到现在，它都是最妨碍国际关系基础的因素之一。和平并不意味着哈布斯堡王朝的军队可以退休。正如托尔斯泰后来谈到的："必须有数百万手中握有实力的人存在——他们就是士兵——而他们又必须同意执行个别软弱的人的意志。"[27]

无论是斐迪南三世，还是他的继承人，即因哥哥过早去世而于 1658 年即位的利奥波德一世，他们在军队开支上都十分节省。如今，哈布斯堡王朝看似将要卷入两场持久的战争：西面是与法国的战争，东面是与土耳其的战争。而帝国在 1619 年 6 月与军队达成的协议将会继续维持。

斯波克与蒙特库科利

德意志已是一片荒凉之地，瑞典军转而将矛头对准波兰并于 1657 年占领了波兰的土地，土地远至其南端的克拉科夫。接下来则需要强大的斯波克来突破重围。58 岁的斯波克在签署文件时只会简单地签上自己的姓名而不添加任何的头衔，但他实际上获得过无数的头衔和嘉奖。他率领军队与蒙特库科利一道，赶走了入侵波兰的敌人，而他的骑兵则在波美拉尼亚的平坦地带给瑞典军带去了一场灾难。

另外，斯波克与东方的敌人，即奥斯曼帝国的交战则让他获得了永久的荣耀。在此之前，土耳其人大举进军特兰西瓦尼亚并攻占了奥拉迪亚地区，美丽的村庄在他们的一番烧杀抢夺过后，变得破败不堪。而斯波克，那个"头发乌黑光亮如铁"的人却再次拯救了基督教世界。后来，他的形象更是永远留在了赖纳·马利亚·里尔克所写的宏伟史诗《短歌行咏掌旗官基道霍·里尔克之爱与死》[28] 之中。

如今，斯波克的骑兵团没有了十年前那样的后勤保障，装备也自然不如从前。奥斯曼帝国的苏丹正是利用这一弱点，废除了五十年前奥斯曼帝国与哈布斯堡王朝签订的和平协议。奥斯曼人凭借十足的战斗力将特兰西瓦尼亚夷为了平地，在这之后又开始继续向西里西亚和摩拉维亚挺进，预备在贝尔格莱德地区过冬，进而为下一步入侵匈牙利做好准备。如此一来，奥斯曼的入侵使得欧洲的中部地区再次面临巨大威胁。

奥斯曼帝国这样过度扩张自己领土的事在此后的历史中仍会发生。1664年，神圣罗马帝国终于有了机会重新改组部署自己的武装部队。短暂的休整让斯波克扩充了他的武装力量，当春天来临之时，他的军队的人数劣势已基本消除。当奥斯曼人企图强行渡过拉布河以威胁施蒂利亚州时，斯波克的军队力量已大大提升，他们在克尔门德成功击退奥斯曼人，并给对方造成了损失。双方军队分别据守河流两岸，僵持不下，一直到 1664 年的 8 月 1 日，双方在上游的圣哥达爆发了激烈的冲突。

在这场战斗中，哈布斯堡王朝发现了另一名能力卓越的将军，他就是拉依蒙多·蒙特库科利。这位具有天赋的战略家曾套用圣奥古斯丁的话说道："发动战争，你只需要三件东西——钱，钱，还是钱。"蒙特库科利负责指挥在圣哥达的战役。[29] 起初，他们无法抵挡奥斯曼人的疯狂进攻，聪明的奥斯曼军队直插奥地利军的中心，蒙特库科利的军队则不断后退，之后，蒙特库科利指挥斯波克的骑兵团向对方发起最后的反击。斯波克一接到命令便骑马冲向了军队前排，随后他卸下头盔，一跃下马，跪在了队伍前并大声呐喊道："万能的大元帅在上！倘若你不愿帮助你基督教的子民，那么至少，也请不要支持土耳其疯狗们吧！只需静静观看，你定会心满意足。"

斯波克的士兵与土耳其骑兵短兵相接，战斗将近三个小时。目击者在多年后回忆称斯波克在战斗时就像是发狂了一般，据说他的头盔和胸甲上满是鲜血。战斗了一段时间过后，土耳其军的力量被渐渐削弱，最后终于陷入了恐慌，直至完全崩溃，余下的土耳其士兵顿时慌乱无序。[30] 就在此刻，蒙特库科利调集步兵冲入了奥斯曼军队的中路并占领了他们的桥头堡。

1664 年，奥斯曼人在圣哥达被法国、德意志和帝国的联合军队击败。蒙特库科利以 1000 名人员伤亡的代价使得奥斯曼军队损失了 1.4 万名士兵。面对对方如此辉煌的战果，奥斯曼帝国只好立刻签署了一份和平协议，正式承诺休战 20 年。蒙特库科利此次取得的胜利与其十分相称，他的军事著作《论战术》就展现了他的聪明才智与领导能力。他说服了他同时代的人，终于结束了长矛兵的时代。在蒙特库科利的领导下，帝国军队依照他精辟的专著进行了重组改编。他书中常被后人效仿的原则几乎可以与当时帝国其他专家和所有伟大的将军们的专著内容相媲美，而这些原则也成了哈布斯堡军队精神的一部分：

时刻祈求上帝的护佑

培养经验丰富的忠诚之士，多多征询他们的建议

千万不要错过对的时机

不要下达自相矛盾的指令

任务只能分配给有能力且有决心完成它们的人

从容应对重大的危机

始终抢占先机

知己知彼，了解清楚自己的力量和周围的地形，了解清楚敌人的动态

做出决策前要仔细观察，戳破阴谋

通过奖罚分明来维持纪律

培养自我控制能力 [31]

技能与敏锐洞察力兼备的蒙特库科利为使武器的制造更有效率，成本更加低廉，还重新调整了哈布斯堡王朝的军火工业。他将武器制造业带入了斯太尔城。至今，只要提起这座城市的名字，人们就会想到最精良的武器。

除了这些创举，蒙特库科利建议步兵组建了一个新的作战结构——营队，且每个营由多个来自同一地区的连组成。他还进一步提出组建地方防卫军作为预备军，在和平时期为驻扎的部队建造营房并为精锐部队增编掷弹兵。此外，他的很多其他想法在当时都很超前，这同时也反映出他和他的叔叔一样，[32] 对于科学与新奇的事物都有着浓烈的兴趣。蒙特库科利的常备军队作为未来军事力量的作战单位也逐渐成形，而他们的训练即将成为王朝的首要任务。

最终，蒙特库科利于 1676 年退役并在四年后死于一场意外，葬礼则依照他本人的要求一切从简。他的大元帅位置则由一名十分杰出的人物继承，他就是洛林的查理。短短十年内，查理就在一场离家不远的战役中成为英雄，从此载入哈布斯堡王朝的史册中。

这一时期的军队始于更早以前的雇佣兵，而如今的他们无疑拥有着强大的力量。忠诚至上则是对每位军人的要求，这一点已有华伦斯坦的死作为警示。在蒙特库科利的带领下，军队进行了改编，装备力量不仅足以面对欧洲的敌人，还能与奥斯曼帝国的大军抗衡。17 世纪即将结束之际，帝国的军队渐渐成了一个强大的工具。

第二章　为上帝与皇帝而战

　　直至今日，维也纳包围战在奥地利乃至欧洲的历史中都占有重要的地位。其意义从战术的角度来看，完全在于奥地利施塔亨贝格杰出的防御战略以及后来多国联军在解围维也纳时所使用的对策方案。从军事威望这点来看，它的影响更为深远。欧洲没有哪座主要城市能像维也纳那样经受得住这样严酷的考验。这有力地证明了奥地利是整个基督教世界的坚固壁垒，其军队也因拯救了欧洲而扬名在外。尽管有部分功劳属于与其并肩作战的他国士兵与人民，尤其是波兰人，但1683年的这一事件着实让哈布斯堡王朝的军队声名大噪，也给了士兵们很大的信心去面对前方的困难，特别是来自东方的势力。

　　多瑙河岛上散布的泥沼和匈牙利的广阔平原不觉让人想起里尔克伟大的诗篇中所描绘的场景——《短歌行咏掌旗官基道霍·里尔克之爱与死》："勇气已如此衰竭，渴望已如此巨大。不再有山，也几无一树。无一物敢挺立起身。"[1]

　　1683年夏日的一个清晨，奥地利的骑哨奉命在杰尔市以东的地区侦察地形，那里是匈牙利这片烈日炙烤大地的边境。他们慢慢有了一种不祥的预感。透过盛夏的浓雾，哨兵们谨慎地提防着匈牙利平原的"海市蜃楼"，隐约看见远处的地平线上微微扬起一阵尘土。他们掉头向杰尔市行去，但没过多久又回头看向远方，心想那阵尘土应该会渐渐消散。然而，在如此干燥炎热的正午，看错东西也是常有的事。正当他们骑马疾驰之时，尘土非但没有消失反而变得更大了。正如里尔克写的那样："虽不是在白昼，但一切都那么通亮。"可见，在奥地利东部边境作战不仅能提高战术，还能让士兵的感官变得更加敏锐。[2]

骑哨们急忙撤离，他们这才意识到刚刚看到的并不是什么海市蜃楼或其他太阳光线形成的幻影。如今，身后那飞扬的尘土显得气势磅礴，对于他们身处的世界可谓是一个致命的威胁。尘土中向前行进着的是奥斯曼帝国的军队，他们代表着另外一个完整的文明世界。规模庞大且野心勃勃的他们在军事和装备上都颇为自信，正准备让整个中欧世界的人们都为之震惊、战栗。他们的目标很简单，不关乎领土，不关乎外交，当然这些也都是次要的因素。事实上，这些肩扛步枪、手握弯刀的士兵们有着简单的目的，就是想要将多瑙河沿岸的基督教势力彻底清除。为实现这一目的，他们就要推翻哈布斯堡王朝。但历史再一次让这个王朝阻止了土耳其的扩张。100 多年前，也就是在 1572 年，查理五世的私生子，即奥地利的唐·约翰就曾率军在勒班陀海角一举歼灭了奥斯曼帝国的舰队。而在当时，人们普遍认为取得胜利是因为念诵了百万遍的玫瑰经使军队得到了"圣母玛利亚"的助佑。

恺撒利奥波德一世

正当哨兵们速速撤离之时，远在更西边的地区，哈布斯堡王朝的皇帝利奥波德一世正骑马前往维也纳的丛林中狩猎。利奥波德一世（1640—1705）从小便在教堂接受教育，他的一生早已被注定。当年，斐迪南三世因华伦斯坦死后的各种压力和重负过早去世。而后，利奥波德在 1655 年成了继去世的哥哥之后唯一的继承人。

　　另外，哈布斯堡家族在很多代人中都存在近亲结婚的行为，因此成员往往患有遗传疾病，而利奥波德则将这一身体缺陷发挥到了极致。他的脸型又长又窄，大多数肖像中的眼睛大而无神，鼻子略长而微微带鹰钩，除此之外，他还有着一张典型的"哈布斯堡"嘴唇，特点是下唇突出，另外还搭配着一个又长又尖且几乎要突出来了一般的下巴。利奥波德注定要肩负起或者说注定在名义上要肩负起"保卫基督世界，消灭异教信徒"的责任；或者至少保住他所统治的部分地区。他同他的哥哥和前人一样，都是耶稣会教育下的产物，深受哈布斯堡王朝中"皇帝只需对上帝负责"这一固有思想的影响，而且他的信仰也十分坚定，但这并不意味着他仅仅只是一个思想简单的改革者。

　　从 1683 年开始，利奥波德花了 6 个月的时间处理紧张的外交关系，以期赢得支持来帮助他将强大的奥斯曼入侵军队赶出自己的领土。然而，利奥波德和他的大臣们在事态变得更严重前都未能严肃认真地估量这来自东方的侵略力量，而是忙于应付他们的另一个强敌——法国，因而他们的主要力量也都自然部署在了西部和莱茵河地区。

　　20 年前，也就是 1664 年，蒙特库科利在圣哥达取得了伟大胜利，战争以瓦斯瓦和平条约的签订而告一段落，该条约保证了哈布斯堡王朝同奥斯曼帝国在未来 20 年的和平。但法国路易十四倾向于对其竞争对手——哈布斯堡王朝——实行包围孤立的阴险政策，他煽动奥斯曼的军队进攻奥地利，另外托科伊亲王指挥下的匈牙利叛军也在布达的帕夏的支持下起来反抗皇帝。1682 年，奥斯曼苏丹穆罕默德四世听从了 1676 年开始担任大维齐尔的卡拉·穆斯塔法的建议，选择破坏瓦斯瓦和平条约并开始准备向利奥波德发动战争。

　　利奥波德则通过大使和顾问掌握着事情发展的最新动态，也竭力为战争争取更多的时间。然而法国此时正威胁着低地地区，因此利奥波德深陷同法国的战争，无暇再同东方发生冲突。他只能寄希望于外交和防御工事，期待这些努力能让东方的敌军身陷困境并从维也纳撤离。但其军事前哨在当时还尚未达到分权而治的高度，且功效为整个欧洲军事学者们所羡慕也是后来的事了。卡尔洛瓦茨和瓦拉日丁的"指挥官"勉强算是要塞驻防系统的核心，而后来平定叛军的力量也通过这一驻防系统得到了锻炼。

1683 年 2 月，军需官们将利奥波德指挥下的所有军队做了统计并列出了一张十分引人瞩目的清单。仅在一代人之前，帝国军队参与到"三十年战争"中时，除了马拉达斯胸甲骑兵团和当初从新教徒包围的霍夫堡宫中救出斐迪南二世的当皮耶尔骑兵团外，几乎没有常规军可言。

利奥波德的军队：洛林的查理和"佩特罗内尔事件"

哈布斯堡王朝的军事力量已十分强大，在摩拉维亚拥有 45 个步兵连，在遥远的西里西亚有 48 个步兵连，骑兵总计 1 万名，是步兵人数的三倍之多。而这一统计尚未包括格拉茨、匈牙利西部和军事边境的军事力量。另外，利奥波德赋予贵族新的权力之后，一些新的军团也建立了起来。而在利奥波德所统治的西部地区也有了很多新崛起的力量来与路易十四的军队抗衡。据统计，利奥波德实际拥有至少 5 万名士兵。

此时，炎炎烈日下的这片大地分外沉寂，仿佛是暴风雨前的平静，不祥的预感笼罩在利奥波德的心上，让他烦乱不已。这时，信使也从东部地区匆匆赶来。原来，与几个星期前的预测相反，奥斯曼大军已攻破莱塔山，来到了温加里施阿尔滕堡（马扎尔堡）地区，还有几英里就要抵达多瑙河了。

奥斯曼人的行动完全出人意料，这让匈牙利阿尔滕堡的护卫没能及时毁坏多瑙河上的大桥。原先看似只是一支横冲直撞的巡逻队，竟然是先锋队伍，紧随他们而来的则是 3 万多名训练有素的士兵。为彻底歼灭洛林查理的军队从而进一步大举进攻维也纳，他们很快就包围了帝国军指挥官查理和他部分驻扎在附近的龙骑兵及步兵。远处向西而去的队伍扬起一片尘土，意味着已有更多的奥斯曼军在上游过了河。

洛林的查理（1640—1690）被利奥波德任命为维也纳帝国军指挥官可谓是颇受争议。他是一名被剥夺了权利的公爵，自己的领地已被法国攻占。此外，洛林还娶了利奥波德的侄女为妻，因此他和统治者的家族又多了一层私人关系。1683 年春季前，洛林病了好几个月，尽管他在圣哥达战役中表现出色，但在 1675 年被任命为总指挥时还是很受争议。能力出众的他在想象力上有所欠缺，可他对国家的忠诚又足以弥补这一缺点。因为早在华伦斯坦死后，忠诚的重要性就深深地印在了每个哈布斯堡人的心中。此前，洛林的计划让奥斯曼陷入了匈牙利杰尔森林附近的战役之中。但此次查理的后卫军突然遭到了一群鞑靼人的猛烈进攻，这一发生在阿尔滕堡的事件打破了原本的计划。

然而，洛林并不是一个胆小的人。利奥波德之所以选择他作为总指挥也正是因为自己缺少像他这种战士的气概。卡莱尔就曾描述这位哈布斯堡王朝的君主是"一位穿着红色长裤的矮个子绅士"。利奥波德在自己身上没能看到像索比斯基国王一样的英勇气质，因而急需一个人能代替他来展现无畏的战斗精神。洛林就是一个勇猛的战士，最好的例证便是他在 7 月里的一天所做出的举动。那天，当他得知他的后卫军陷入了困境之后便立刻召集所有他能召集的骑兵赶往多瑙河岸边的佩特罗内尔地区，即如今的阿本斯伯格 - 特劳恩斯城堡的所在地。在那里，他慷慨激昂地向所有士兵们发出了反攻的号令，号召大家为了帝国军队的荣誉而战，绝不退缩！

之后，奥斯曼军停止了进攻，他们在战场上留下了 35 具尸体。[3] 而哈布斯堡的军队则有几百人伤亡。洛林取得了"胜利"，但从他军营前往维也纳报信的士兵却将土耳其大军描绘得凶猛异常。于是，利奥波德急忙视察了包括曼斯菲尔德 - 科洛雷多和斯切凡伯格在内的军团，他们乔装打扮，穿上了灰白带着蓝边的衣服，虽然士兵们的军装和样子还是十分显眼，但皇帝仍决定带着家眷和大臣们逃离首都。那一晚，象征着匈牙利至高主权的 11 世纪圣斯蒂芬王冠也在重兵的保护下随皇帝一起踏上了沿着多瑙河向林茨前进的逃难之旅。

洛林迟来的情报也终于证实了利奥波德的猜想。奥斯曼大军仅留下 1 万名士兵攻打杰尔地区，而其余估计 8 万多的军力都用来追击利奥波德，进攻维也纳。

恩斯特·鲁迪格·施塔亨贝格组织防御

7月8日晚，洛林抵达了维也纳，同他一起的还有三年前被任命为市警备司令官的恩斯特·鲁迪格·施塔亨贝格。为加强城市的防御能力，施塔亨贝格已经采取了措施。面对土耳其人仅在数小时路程之外的局面，他迅速发布了征集兵力的严苛命令。

据当时的报道称，施塔亨贝格脾气火爆，勇猛异常，一直以来，他都将这样的个性充分展现在了军队的作战之中，先是对付土耳其人，之后是对付法国人。他也正是在这些战争中磨炼了意志。施塔亨贝格是下奥地利州一名富豪的儿子，但他却不愿像世人那样追随金钱和地位。白山战役中被征服的新教贵族如今已被新崛起的贵族所取代，作为新贵族的代表人物，施塔亨贝格一家首先效忠的是王权，而非土地和人民。反宗教改革运动已彻底改变了奥地利的贵族阶层，这一阶层如今由将领军官及将领的家族组成，而他们又效忠于更大的王朝家族，是王朝的中坚力量。1683年，施塔亨贝格既不需要依靠头衔（他在当时为伯爵），也不需要凭借等级来组建防御力量以对抗土耳其人。他采取的措施成了人们效仿的模板，向人们很好地展示了军队指挥官应当如何调动人民群众去抵抗严酷的包围进攻。

施塔亨贝格着手解决的第一个问题便是"兵力不足"。他开始募集兵力，要求士兵第二天上午4点以前出现在堡垒之上。当集结的兵力不足时，他便发出命令说24小时内必须再有500人自动加入军队，倘若人数不够，就会采取"极端措施"。[4]军队还设置了额外路障，用栅栏作为外层防御，加固了堡垒、挖掘了壕沟。维也纳的人们也积极响应着施塔亨贝格的命令，准备工作就这样开始了。

在接下来的两天中，洛林和施塔亨贝格讨论了战争的后勤问题。施塔亨贝格同其他明智的指挥官一样，坚持定期支付士兵们的工资。因此，他部队的兵力迅速增长，共有1万名正规步兵和下马作战的骑兵以及4000名城市卫队，而守卫卫队甚至包括了由学生和面包师组成的连队。

与此同时，洛林在城外的军队力量则包括 14 个步兵团、8 个胸甲骑兵团、5 个龙骑兵团和 5 个克罗地亚兵团。（实际上，在 8.9 万名帝国军兵力中只有 2.1 万名士兵作为最终救援军被派上了战场。）对于这些城外的军队来说，他们的给养有着各式各样的潜在经济来源，但对于城内的守卫军来说，定期的开销则是一笔巨大的数字。如今，一支由 2 万名士兵组成的常备防御力量则将面对卡拉·穆斯塔法所带领的 8 万士兵。

此外，施塔亨贝格得知军中经费仅剩 3 万弗罗林，而这远远不足以支付军人们的军饷。但他坚持每月至少要能保证有 4 万弗罗林来准时发放给士兵。为解决这一难题，他计划从其他种种渠道筹集资金。

他锁定的第一个目标就是艾斯特根大主教的财产。大主教的财产都在他维也纳天堂之上巷的宫殿之中，仅是餐具和珠宝的价值就超过了 40 万弗罗林。[5] 于是，维也纳新城的主教科伦尼茨，即圣约翰骑士，很快便采取行动以"获取"这些财产。毫无疑问，在这场成功的防御战背后，科伦尼茨是最为活跃的人物之一，他称在如此紧急的危难面前，个人没有理由握着特权和财富不放。而这位贵族也的确尽了力：施瓦岑贝格亲王只留下了 1000 升酒，其他几位重要人物的财产也被扣押了下来，若不交出则不能离开。科伦尼茨就是主张要获取这些财产的主要人物。另外，在 1670 年利奥波德驱逐犹太人的活动中，他也同样起到了重要的作用，可见 15 年前他在法庭审理中所扮演的角色已让他习惯了无视别人的财产权。

今天位于维也纳第二区，莱奥波尔德城地区的圣利奥波德教堂曾是部分犹太商人做礼拜的"新会堂"，科伦尼茨则见证了这一犹太会堂转变为圣利奥波德教堂的过程，而圣利奥波德教堂的首位牧师也曾是科伦尼茨的个人顾问。根据 1670 年 2 月 27 日的官方敕令，驱逐犹太人的活动开始展开，原因则部分基于广为流传的猜想，即怀疑犹太人在过去的几百年中与土耳其这种敌人非法往来，威胁着维也纳的"安全"（而这一缺乏证据的指控在 1938 年 3 月那段可怖的日子里又被人恶意地添油加醋并加以了利用）。

然而，颇具讽刺意味的是，科伦尼茨和其余的维也纳人如今却需要依靠犹太人社区内最后幸存者的帮助。好在 1670 年的驱逐令并没有针对所有的犹太人，这也是值得让科伦尼茨和维也纳，甚至是哈布斯堡家族及整个欧洲庆幸的事情。其中有一人，也只有一人得以幸存。在维也纳被包围后的几周后到萨姆森·韦特海默于 1684 年 12 月 2 日进入维也纳城之前，城中官方记录中都只有他一个犹太人的名字。他就是塞缪尔·奥本海默，这位受到了帝国的保护的犹太人享有特权，也向人们展现了什么是"犹太银行家"和"宫廷犹太人"。

建造了"战争的支柱"的塞缪尔·奥本海默

维也纳之围战役之后，上层阶级的犹太人人数逐渐开始增长，据 1699 年的人口普查显示共有 1346 名犹太人。[6] 但早在 1683 年，仅有塞缪尔·奥本海默一人，而他则确保了科伦尼茨能将扣押的财产转变为帝国军队最为需要的弹药和物资，可以说是做出了重大的贡献。此外，他还自掏腰包，提供了一笔巨大的资金来帮助军队在接下来的几年内同土耳其人作战。在哈布斯堡王朝的军队中有过众多的军需官，而他称得上是当中最为杰出的一人。

如今，帝国存留有一份不完整的文件，[7] 该文件的日期是 1691 年 6 月 2 日，其中显示奥本海默自 1675 年起曾连续 16 年为帝国军队提供食物、弹药和战争物资等需要，为表彰其行为，奥本海默被授予了面见皇帝和受皇帝利奥波德保护的特权。此外，文件还记录了奥本海默曾特别捐赠一大笔资金用于支持帝国军与奥斯曼帝国和法国的战争，而文件中还警告称任何侵犯奥本海默先生权利的行为都会引起"帝国的不满"（成为"帝国的耻辱"），违法者将立即面临 30 金币的罚款，而这也是 17 世纪最后十年中最为重要的警告。

奥本海默对于 1683 年帝国事业的重要性是很难详细量化的，但我们已经了解了科伦尼茨和施塔亨贝格都在用不同的方式支持解围之战的准备工作，而此时的奥本海默则负责军需品的供应工作。当施塔亨贝格回到维也纳的两周后，已有几艘奥本海默的船只满载着用于帝国军解围维也纳的手榴弹和其他军械用品从西面向林茨驶来。另外还有 2.6 万颗手榴弹也将搭乘奥本海默的船只沿多瑙河运往林茨，预计 9 月初就能抵达。在此期间，奥本海默与萨克森的冈珀茨的犹太人家族接触频繁，其中与冈珀茨家族的联系则帮助他筹集到了更多的资金。

1703 年奥本海默逝世后所发生的事或许最能体现其对于哈布斯堡家族军事系统的非凡意义。他逝世后，整个哈布斯堡王朝的国家财政立即陷入一片混乱，许多地区和国家都相继宣布破产。在奥本海默生前的最后几年中，他为避免类似的情况还曾动用自己数以百万的财产来资助哈布斯堡王朝的军事系统并努力构造了一个精细的信用体系，而这一体系也将其危险且错综复杂的触手伸向了欧洲的大部分地区。奥本海默在世时，这一体系还能靠他来维持。从这个意义上来说，他在这场冒险中的主要职责就是承担风险，而这也体现了"巴洛克全盛"时代中资本主义的特点。[8]

当奥本海默忙着准备战争物资的供应之时，截至 7 月 11 日，施塔亨贝格的实力已大大增强，他已拥有了莱斯利指挥下的帝国军队并集结了要塞守军，共计有超过 1.2 万名可供使用的士兵，其中 1 万名编在常备军中。而军队之所以物资充足、装备精良，则要归功于科伦尼茨和奥本海默的努力。

军队的军官们也并不都是天主教徒，他们有着各自不同的信仰。例如，解围战后期在今天阿尔贝蒂娜附近的半月堡地区有一支作战英勇的突围队——德·索切斯军团，它的创立者路德维希·德·索切斯伯爵就是一名胡格诺派教徒，出生于一个贫穷的小贵族家庭。另一个军团的士兵则都来自于城中十多家的面包店，他们勇敢地守卫着离今天城堡门不远的勒贝尔堡垒，堡垒上方烧焦的横梁之上支撑着圣母玛利亚的塑像，这一塑像至今仍可以在约瑟夫城的宴会大厅中看到。

17 世纪下半叶不仅见证了哈布斯堡王朝常备军的形成，也见证了军队军装和武器的统一。为实现这一统一，最高战争委员会还新建了许多工厂和车间。洛林和施塔亨贝格的步兵军团的核心部分由火枪手组成，火枪手们不穿盔甲，只需携带火绳枪，火绳枪可以沿着光滑的枪管发射出一个圆周为 20 毫米的金属球，射程为 150~200 米。此外，士兵还可将刺刀插入枪膛口用于近距离作战。

除了这些装置外，步兵还有另外一个重要的武器，它在解围战中发挥了巨大的作用，那就是手榴弹。一些手榴弹是由青铜或铁制成的，但帝国和皇家军队则更多地使用厚玻璃制造手榴弹，并在其中填满黑火药。蒙特库科利的军队里就有设置"掷弹兵"，他们体形高大，力大无比，可以将手榴弹投出很远的距离。不久，"掷弹兵"这个词就家喻户晓，一提到它，人们就会想到"精锐部队"。

他们的对手奥斯曼人也同样清楚手榴弹的价值。当时的奥斯曼军队不仅配有枪支，甚至还有更为致命的弓箭，且他们在手榴弹上的改造也令人毛骨悚然，例如可怕的硫黄弹。这些致命的水晶球可谓是化学战的先驱：在圆形的玻璃器皿中装填含有硫黄的物质，然后将其点燃，空气中便立刻充满令人窒息的烟雾。渐渐地，手榴弹在战争中普及开来，而它的使用往往可以产生非常可怕的效果。

此外，洛林的骑兵在外观和组织上自三十年战争后就没有太大改变。胸甲骑兵势不可当，他们身着战甲并配备了重型"帕拉施"军剑，有时也会配备卡宾枪。而在这个世纪初的宗教冲突战役中形成的龙骑兵则介于火枪兵和骑兵之间，他们于 1683 年正式成为骑兵部队，配备有手枪、步枪和军刀，但士兵不穿盔甲。

除此之外还有克罗地亚骑兵，他们在 1688 年被列入帝国军队，成了哈布斯堡王朝的第一个轻骑兵军团，充当非正规军中的轻骑兵。他们中的士兵大多来自东部边境军队，是十分出色的骑手。他们和对手土耳其人一样拒绝穿戴任何可能减缓速度的盔甲、喜欢使用微弯的军刀（在英国也被称为"马穆鲁克弯刀"）。而这种尾端呈简单的圆头状、柄部由象牙制成的武器，在接下来的世纪里将成为全世界轻骑兵共同的选择。

最后加入帝国军队的是波兰骑兵，他们的装备在当时的欧洲独树一帜，包括有 5 米长的长矛和"轻骑兵羽翼"（这是早期利用心理学作战的一个例子：进攻时，羽翼会发出"嘶嘶"的可怕声响）。

但对于维也纳的守卫者来说，这些作战部队都没法调用，施塔亨贝格只能集中精力部署步兵团，这也将是他用于防御的核心力量。与此同时，其他的措施也都得以匆忙实施。除了圣斯蒂芬大教堂塔楼上的钟声外，四下一片寂静。那钟声其实是在紧急情况下召集人马到城墙下的信号。教堂的塔楼是守卫士兵放哨的地点，直到今天都还矗立在这座城市之中。

此时，鞑靼骑兵正向城中的新法沃里达花园（今天的特蕾莎亚学校）逼近，施塔亨贝格命令士兵建造一个斜坡（即人造斜坡）来让驻守士兵有一个宽阔的视野，继而向敌军准确开火。于是，该房屋也全部都被摧毁。

起初，施塔亨贝格命令摧毁这些建筑的方案并没有得到落实。他便于7月12日亲自监督烧毁整片地区，大火在堡垒和城郊间的大片土地上熊熊燃烧。直到13日晚，大多数斜坡上的建筑已被清除干净，前方也很快传来骑兵已开始作战的消息。一些土耳其士兵肆无忌惮地骑马来到了卡特内巴斯泰地区（今维也纳国家歌剧院附近），战斗便这样打响了。

围攻战役打响

施塔亨贝格一边沿着堡垒（今天的霍夫堡宫）全面部署步兵，一边还要确保围墙外的玛利亚希尔夫、阿尔瑟格伦德、瓦灵格和伦韦格地区没有敌人的容身之所。

大约在7月15日晚上8点，施塔亨贝格收到了奥斯曼战线送来的两封信件，对方要求他们立即弃城投降。在此之前，卡拉·穆斯塔夫还违例发动了大规模的袭击，但他还是希望施塔亨贝格能够接受信中的要求。然而施塔亨贝格并不去理会，反而加倍努力地防御，他绝不愿在这个阶段就轻易放弃。城内，家家户户都冒着被驱逐出城的刑罚私自贮藏了至少可供使用一个月的食物，火药则保存在教堂的地下室中；为防止飞溅的火花将房屋点燃，每家还都用砖块堵着窗户。

在奥斯曼军队出现的前一天，施塔亨贝格下令拆除了所有的铺路石，这样一方面可以加强防御，另一方面还可以减少因敌人炮火炸开的碎石而造成的人员伤亡。各种行动紧张而忙乱地展开，维也纳的居民也意识到现今除了战争没有别的选择。渐渐地，人们奋战至深夜，整座城市陷入了死一般的沉寂。

仅仅一天之后，土耳其人便建立起了自己的营地并开始向被包围的城市开炮，一时间战火纷飞。此时，由塞巴斯蒂安·史瑞兹和施塔亨贝格的驻军建立起的防御工事矗立在欧洲文明世界和想要摧毁它的力量之间，抵挡着敌人的进攻。值得庆幸的是，史瑞兹将堡垒修建得十分坚固，以至于在200年后，维也纳的地铁修建工作还因下方基础的"坚不可摧"而停滞了好几个星期。

攻城战开始的第一个下午，舒滕巴斯泰附近就发生了一场火灾，大火很快向军械库的方向蔓延，而如今，这所军械库则完好地矗立在霍夫广场建筑群的西面。人们大多怀疑这是一场蓄意的破坏。另外，还有几伙人在这里挑起了重大的暴力冲突，造成了严重的后果，最终公民卫队恢复了这里的秩序，而大火或是因为风向的改变，最终也熄灭了。与此同时，土耳其人则开始挖掘通向堡垒的地道。

不到48小时，在这些地道的掩护下，土耳其军便在防御工事的范围内展开了行动。15日，施塔亨贝格因被敌军的炮火击中而受伤，接下来的几天便卧床在家，期间他下令展开了一场反攻并取得了胜利，他还命令在堡垒内安装大炮来阻止敌人的进攻。而远在城市的另一端，施塔亨贝格的骑兵则成功抵挡了敌人的一次进攻，当时奥斯曼帝国军凶猛地冲向普拉特岛对面的地方，即今天著名的"大转轮"（摩天轮）的所在地。幸运的是，那里临近河流，河流的存在既增强了守城军队的防御能力，也让维也纳的大炮没有遭到土耳其人的攻击。因此，奥斯曼帝国不得不集中精力对付城市南面没有河流的地区。

指挥官的亲属，吉多·施塔亨贝格所带领的突围队及曼斯菲尔德步兵团的两个连带回了第一批俘虏。据俘虏透露说，包围军共有超过10万名士兵，其中还包括2万名奥斯曼禁卫军，这一消息不禁引起人们的警惕。

7月20日，来自城郊的难民再次带来了坏消息，消息称奥斯曼军向佩特尔斯多夫村承诺，只要其投降，便为村内的居民提供一条安全通道。然而村庄刚一投降，对方便立刻违背诺言，城中的居民也就都死在了奥斯曼军的刀剑之下。

这个消息实在令人难过不已，但洛林的查理总算传来了一则令人有所慰藉的消息：解围维也纳的战争正在准备之中。谁知刚刚看到一丝希望，巴伦·库尼茨又在几小时后传来了消息，称土耳其人决定在几天内就攻下维也纳。巴伦·库尼茨是奥地利派往苏丹处的公使，他将与包围维也纳的土耳其军队一同从君士坦丁堡赶往维也纳。这明确表明了一点：土耳其人认为几天内将攻克维也纳。

在这让人军心不定的情形之下，施塔亨贝格却依旧镇定自若。他继续每天给士兵们下达命令，提醒大家为一场旷日持久的作战做好准备。一方面，士兵们从边远的地区掠夺牲畜以确保城内的食物供应充足，另一方面，士兵们还继续发动着一轮又一轮的反攻，为的是尽量拖延土耳其建造堑壕攻城体系的速度。

7月23日，土耳其人引爆两处地道，这一事件在堡垒附近引发了一场激烈的战斗，战斗持续了几小时后，土耳其军才撤退离开。据统计，土耳其军约有100人死亡，数百人受伤。据当事人回忆称，第二天夜里"敌人要比平日更为沉默"。[9]

截至此时，施塔亨贝格始终保持着冷静，他对守卫军在开战十天以来的表现也十分满意，军中伤亡人数相对较少，且纪律维持得也很不错。每当战争开始，城内的居民都能齐心协力地支持防御工作。另外，由于供应补给和物资都十分充沛，城内的士气也依旧十分高昂。

帝国军的"圣母玛利亚"和异教徒的地道战

在一座最为显眼和危险的堡垒身后矗立着米歇尔大教堂，教堂内摆放着圣母玛利亚的画像，这一画像是几个星期前从边远的玛利亚希尔夫郊区移交到教堂中供人们敬拜的。每天夜里，几乎所有的士兵都会来到这里寻求精神上的支持。这幅画像大约只有十英寸高，是著名的老卢卡斯·克拉纳赫《圣母与圣子》这一作品的仿品。这幅画在维也纳玛利亚希尔夫教堂内的小礼拜堂中仍然可以找到，至今为人们所崇拜。

后来，包围战渐渐有了系统化的固定模式，据当时的人们说，每天中午土耳其军队都会在堡垒附近的要塞向城市发动进攻，这也成了一天的高潮部分。[10]

当时，最大的威胁来自土耳其的地道袭击，驻守军队每天除了完成上文提到的固定的反击任务外，几乎将时间都花在了对付地道袭击上。现今去维也纳的游客也应当很难想象当时战争的场景，因为已经找不到什么可以参考的东西了。城墙和反围攻用的陡坡都已经消失，它们的消失不是因为当时入侵的军队而是因为 19 世纪资本主义社会更具毁灭性的"武器"，这一"武器"在 19世纪 50 年代创造了欧洲最著名、最华丽的环城大道。如今，只有阿尔布雷希特大公骑着马的雕像还骄傲地挺立在阿尔贝蒂娜博物馆前，似乎在提醒着人们这里曾是守卫军誓死捍卫的地方。

幸运的是，今天的游客们依旧能看见当初用于对抗土耳其入侵而修建的巨大的地下迷宫。位于弗赖永广场下的埃斯特哈齐·凯勒酒窖处在地道的最深处，它的房屋远低于街道。可以说，当今的维也纳再没有什么别的地方比这里更能让人们仿佛置身于施塔亨贝格所修建的地下防御工事一般。

7 月 26 日下午 5 点，守军从这里开始向人造斜坡挖掘通道并在半月堡前引爆了一条防卫地道，然而却并没有取得预先设想的效果。相反，土耳其军随后向半月堡发起了猛烈的攻击，这让防守变得更为困难。十个土耳其人爬过了栅栏，但很快被守卫军用长矛和刺刀刺中。

大约在同一时间，一支箭附带着一封可疑的信被射入了城中，信中短短几行字是用西方字体书写而成，内容大致是说这封信由土耳其包围军中的帝国大使所写，大使称洛林公爵希望能提前休战。但这封信的真实性和来源仍备受争论。

施塔亨贝格认为这又是对方的诡计便不去理会，他下令处死土耳其的伤员。三天后，土耳其军的一处地道阵发生爆炸，爆炸威力极大，瞬时将曼斯菲尔德军团守在栅栏边上的士兵们掩埋进了土中。幸运的是，土耳其军并没有进一步发动攻击，因此守卫军的步兵们便迅速地投入到了修复的工作之中。

此时，教堂里满是城中的伤亡人员，城墙之下也散落着摔下来的敌军士兵，维亚纳四下都是人、马、牛和骆驼腐烂后的尸体。尸体堆积在墙下，不但污染了护城河，还因为炎炎的烈日，散发着一股股恶臭。据当时的记载，恶臭的气味已到了让人无法忍受的地步。

战争就这样拖到了8月。一天夜里，土耳其人突然向格拉本的壕沟发起集中进攻，守卫军奋起抵抗，但仍有大量人员伤亡，其中包括莱斯利伯爵和一位当初刺杀华伦斯坦的人的亲属。而施塔亨贝格在炎热的天气下与敌军战斗一整天后也体力不支，再次卧病于床。城内的气氛也变得更加紧张。于是，格莱高洛维茨中尉便伪装成土耳其士兵，在午夜前出城向洛林送信，希望他能尽快向维也纳提供帮助。

第二天，土耳其军引爆了在堡垒前部署的最大的地道，爆炸声霎时打破了清晨的宁静，好几个守军士兵都被炸飞到了空中，随后大批土耳其军从格拉本壕沟处炸开的缺口一拥而入。只有一支由城市守卫带领的突围队收复了失地。

很明显，守军的境况已越来越差，雪上加霜的是可怕的痢疾又开始大行其道。8月9日，城内采取了严格的卫生措施以控制疫情。此外，由于城内现有万人坑已经无法掩埋尸体，因此人们便在奥古斯丁教堂附近挖掘了新的墓地。

机智的科尔席茨基被派去寻求救援

13日，一场突如其来的暴雨为守卫军们带来了片刻喘息的时间。一位新的信使赖茨·科尔席茨基被委派前去向洛林求援，他穿上东方人的衣服，随行的还有他的男仆斯特凡·施哈德勒。这位勇敢的波兰人科尔席茨基曾和土耳其人朝夕相处，因此懂得他们的语言，了解他们的生活习惯，也就可以轻易地穿梭于土耳其的军队之中而不引起别人的注意。另外，坊间盛传维也纳人的生活必需品咖啡，就是由科尔席茨基引进这座城市的。但科尔席茨基并没有像人们说的那样开了维也纳的第一间咖啡屋，而是最终穷困潦倒而死，尽管他没有让所有人铭记于心，但还是要感谢他所做出的努力。[11]

一周后，躲过土耳其军视线的科尔席茨基安全回到了城内，他带回了有关救援力量的可靠情报：波兰国王联合他其余的力量，将在八天之内赶来救援。这一消息振奋人心，于是守卫军们很快发出烟雾信号作为回应。

第二天科尔席茨基的男仆也回到了城内，但他却带来了一个坏消息：土耳其军毁坏了多瑙河上的所有桥梁，因此洛林不得不退兵至图尔恩地区重新修建一座桥梁并计划尽量在十天内赶来救援。收到消息后，施塔亨贝格命令士兵发出六枚信号弹表示男仆已安全回到城内。此刻，他比谁都明白，要想平安度过接下来的十天会有多艰难。眼下，围城军加大了攻势，烧毁了城外边远的村庄，卡格兰、斯塔梅斯多夫和朗根策斯多夫地区都被烧为了灰烬，情况不容乐观。

于是，施塔亨贝格第一次命令在勒贝尔堡背后的街对面拉起锁链，与此同时，所有的城门后也都设有层层障碍。据记载，当时还有两名火枪手逃兵被判处了死刑。又过了一天，由斯切凡伯格和德·索切斯军团的300名士兵所组成的一支强大的突围队开始发起攻击，土耳其军被迫向后退了有几码远。而远处响起的大炮声，似乎也意味着先前承诺的救援力量将要赶到了。

此刻，战斗双方都面临着迅速逼近的危机。8月26日，土耳其军引爆了在半月堡的两处地道，炸毁了靠近米歇尔教堂的部分城墙。但当他们再次发动进攻时却又一次被击退，损失惨重。然而即便如此，土耳其军仍继续为进攻做着准备，他们的大炮虽然效果不大，却也能支持着队伍缓慢向前。之后，土耳其军又加大了攻势，不论是在白天还是黑夜，都不时地向守卫军发动炮火袭击。

8月27日，周五，斯宾德勒男爵带领的突围队作战惨败，不计其数的士兵在战斗中伤亡，男爵也壮烈牺牲。同日，为了杀一儆百，逃兵都被判处了死刑，绞死在了新集市广场。夜晚11点至午夜，守卫军共计发射了36枚信号弹来向洛林传递新的讯息，内容简洁扼要："请立即前来救援，我们的处境极其堪忧。"[12]

与此同时，土耳其军将火炮直接对向了象征维也纳生命力和顽强斗志的地方——圣斯蒂芬教堂高耸的尖塔。每天，半月堡附近都不时有地道爆炸，震耳欲聋的炮火声响彻天空，接着土耳其军便不断向堡垒发起进攻，但每次被击退也都意味着人员伤亡惨重。于是，土耳其军干脆破釜沉舟，常常在一天之内就向半月堡发起三次进攻。

8月的最后一天，一些土耳其士兵正在挖掘隧道，他们潜入了罗丝市场下的地窖，几乎已经打入到了城市的内部，但守卫军及时发现了他们并将他们的头颅带到了施塔亨贝格面前。第二天，施塔亨贝格便再次派出科尔席茨基到洛林处提出最后绝望的请求。两天后，半月堡多半已落入土耳其军队手中，一名年轻军官带领的50名城市护卫未能抵挡住土耳其的进攻，反倒伤亡无数。那晚，施塔亨贝格已无能为力，他只能从比桑贝格发出的信号弹来确认他派出的使者已安全到达。而此刻，街道的各个角落都是这样的场景——人们正为死去的士兵祷告，祈求他们的灵魂能得到救赎。

一天后，这里迎来了入秋以后的第一场暴雨。相比于洛林的查理和施塔亨贝格，这场雨似乎更能阻止敌人的进攻。杜皮格尼团的一支突围队冒雨去搜寻食物并带回了好些牛马和一车的物资。随后施塔亨贝格命令将肉都分给了伤员，还命令军队从半月堡的最后一块阵地迅速撤离，因为那里已经不堪一击。当军队从堡垒撤离之时，士兵们甚至可以清楚地听到地下挖掘隧道的声响。

让守卫军庆幸的是，大雨还在继续下着。然而9月4日下午3点，土耳其军引爆的地道最终取得了毁灭性的效果，而被炸毁的伯格堡垒正是不久前施塔亨贝格放弃的阵地。起初阵地周围还空荡荡的，谁知没过多久，黑压压的人群便很快包围了这里。伴着震天动地的嘶吼声，4000多名土耳其禁卫军在奥斯曼帝国大维齐尔的带领下一拥而入，为了这一刻，他们已等候了多时。他们尖叫着发起冲锋，但迎接他们的是两排身着灰色军装、训练有素的步兵，在步兵的身后还有一排城市护卫。

与此同时，守卫军的各位军官也纷纷带领自己的队伍赶到了阵地，他们尽力抵抗着从缺口拥入的土耳其大军，而这一部署方案则是在地道发生爆炸的时候快速计划好的。之后，土耳其军又增派了3000多名步兵加入了短兵相接的战斗之中。在接下来的两个小时里，施塔亨贝格亲自上阵，带领最后的守卫军奋起抵抗，土耳其的军队则渐渐被击退。战场上留下了将近700多具尸体，其中大部分都是奥斯曼帝国的士兵。那一晚，维也纳上空照旧燃起了请求援助的信号弹，而且要比平日发射的多得多，因为情况已十分危急。

此后过了不到一周的时间，也就是在9月8日，土耳其军再次发动了大规模的进攻，虽然结果一样是被击退了，但维也纳的守卫军损失惨重。施塔亨贝格知道自己的人手坚持不了多久，于是命令所有身体健全的市民都加入军队，快速组建了城中最后两支后备军，安排其中一支驻守在肖腾托尔附近的弗赖永地区。另外，大街小巷也全都立起了路障，雷鸣般的击鼓声则把城中所有的市民召集到了指定的地点。施塔亨贝格还命令将6个炮阵架在对作战有利的位置，组成了最后一道防御壁垒。午夜时分，教堂塔楼的上空再次燃起了十几枚信号弹。

救援力量与索比斯基的到来

接下来的两天里，部分守卫军终于能稍作休息。白天，他们注意到土耳其军开始重新整队，准备前往卡伦贝格地区。9月10日，伯格堡下又发生了一场爆炸，但土耳其军并没有采取什么后续的行动。施塔亨贝格带领的士兵们则个个绷紧了神经，随时准备迎接他们的最后一场战役，然而这场战役终究没有到来。第二天，土耳其士兵依旧在伯格堡一带发动了炮火袭击和步兵攻击，但袭击的强度已明显减弱。危机已经结束了。此刻的包围军正忙于应对他们的另一个敌人——波兰国王索比斯基，而洛林的查理也正在积极准备出战。

洛林于9月9日在图尔恩完成了兵力的集结，这比早前他告诉施塔亨贝格的预期时间晚了好些天。一方面，早前土耳其军在多瑙河流域毁坏桥梁一事给后勤带来了困难，另一方面，由包括巴伐利亚人、萨克森人、波兰人、弗兰克尼亚人以及奥地利人等不同种族组成的军队也给指挥管理带来了新的挑战。经过一番争执，大家最终同意由洛林负责指挥帝国军队，而波兰国王索比斯基则带领指挥波兰军队，组成作战的右翼部队。如此一来，便没有什么国王（或国王的代表）感觉受到了轻视。作为波兰国王的索比斯基本想在此次指挥中拥有最高的身份，但由于他的王位是选举产生，因此总指挥的地位也还无法得到所有人的认可。

索比斯基是波兰骑士英雄的化身，他当然会遵守他的诺言来帮助皇帝利奥波德，但可以肯定的是，与他的谈判十分困难且耗时很久。一方面，他同奥地利人有着相同的作战理由，和每个波兰人一样，索比斯基也是罗马天主教的信徒。另一方面，他有着过人的军事才能，十年前在肖奇姆，他就带领波兰人以压倒性的胜利击败过土耳其军。毫无疑问，索比斯基从波兰特使成为国王的经历让他对土耳其的作战方式颇为了解，而这点也将使他成为洛林强大的盟友。

而洛林则渐渐对由联合军队内不同民族引起的挑战习以为常。实际上，1918 年之前每一位哈布斯堡王朝军队的指挥官也都如此，他必须完完全全习惯并了解多种民族的特点和跨国军队中的不同语言。

洛林在建立指挥系统上很有智慧和技巧。他或许不擅长明目张胆的侵略，但在外交和情报获取上的天赋则可以弥补这一缺憾。为避免产生纠纷，洛林将权力下放给了参战的各级单位。例如，他的代表，陆军元帅德根费尔德，负责指挥 1.13 万名巴伐利亚选帝侯的士兵。瓦德艾格伯爵负责指挥 9000 名斯瓦比人和萨克森选帝侯的 9500 名士兵。另外，服从独立指挥的人中还有布伦瑞克公爵和他的 600 名士兵以及汉诺威王朝的青年代表，即后来的英国乔治一世。

索比斯基率领的部队约有 2.5 万余名士兵，以骑兵为主。洛林的查理所率的部队人数则与之大致相同。所有的救援力量共计包括 6.5 万名士兵和 165 门火炮。各个部队从高处的维也纳森林直下开始作战的计划也于 9 月 11 日晚拟订完毕。洛林和索比斯基都估计战斗至少会持续两到三天，至于一战决胜负则是谁也没有料想到的。尤其是索比斯基，他预计对于他的骑兵来说这将会是一场艰苦卓绝的战役，维也纳森林脚下的土耳其士兵定会顽强与之抵抗。然而，让这两位将军没有想到的是，事实上他们的对手卡拉·穆斯塔法只派遣了自己的部分军队来抵抗前来救援的大军。土耳其军的第一道防线建立在玛丽娅布隆和卡伦贝格村之间，而还没来得及建好身后的第二道防线，盟军就在黎明率先发起了进攻。救援大军在卡伦贝格（据奥地利记载）或是利奥波德山（直到300年后，波兰人和奥地利人对联合军队集合的具体位置仍存在争议）集合过后便发出了攻击的号令。

首先发动攻击的是洛林派出的左翼军队，不久之后他的中路军队也加入作战。起初，两路军队都遭到了顽强的抵抗，但不久之后，土耳其的军队便接连败退，放弃了一个又一个阵地，他们只有在海利根施塔特和努斯多夫地区获得了局部的胜利。到了中午，土耳其军似乎能够在克劳滕巴赫和杜柏林格巴赫之间站稳脚跟，但波兰军队突然出现在了维内尔瓦尔德的大地上，并占据了上风。他们并没有像帝国军的中路军和洛林的左翼军那样与敌人直接作战，而是利用时间带领骑兵悄悄穿过森林，然后突然发动了袭击，让敌人措手不及。

前方就是维也纳，机不可失。趁着土耳其防线动摇之际，包括索比斯基的2.5万名士兵在内的洛林军队是右翼，穿过黑尔纳尔斯的葡萄园和农田发起了冲锋。同时，洛林军的左翼也有了新的策略，他们有意将力量渐渐向右靠拢，迫使面前的土耳其军退向波兰大军的方向。

这一策略收效甚大，面对成千上万的骑兵夹击，土耳其军只好开始撤退。另一边，由巴登侯爵率领的两支帝国龙骑兵军团于下午5点左右抵达肖腾托尔，与之对抗的则是几百名奋不顾身的土耳其禁卫军，土耳其军孤注一掷，希望能攻下舒滕巴斯泰。施塔亨贝格目睹侯爵军团的困境，命令自己最后一支突围军和步兵团前去解救被包围的骑兵团。

一场激烈的大战过后，维也纳解围战终于结束了。奥斯曼土耳其军战败，甚至是溃不成军，连禁卫军都四处逃窜，只顾活命。卡拉·穆斯塔法在今天的约瑟夫城目睹了这一场景后，有那么一刻想到了死亡，他很清楚失败后的自己回国后会落得什么样的下场。但他还是决定撤离。最终回到了土耳其的他被法院判为绞刑，死在了刽子手的绸缎绞索中。

在被围困了 61 天之后，维也纳终于重获自由。许多当时和后来伟大的奥地利家族，在经历了这次战火洗礼之后，逐渐扬名天下。哈布斯堡王朝带领的军队从异教徒的手中拯救了整个欧洲，有关王朝的各种消息也传得铺天盖地。甚至在伦敦，街头公告员也在大声宣读着这场"英雄般的"围困战的详情。政治上的结果同样激动人心：此战成了欧洲历史上的转折点。奥地利的力量向东延伸，无情地填补了奥斯曼帝国撤退后留下的真空。而对于维也纳人来说，这场战役深深留在了每个人的记忆里，直到四个世纪后，仍是他们集体意识中的一部分。

为哈布斯堡王朝军队创造的种种机会预示着它迎来了一个全新的发展时代。而在帝国主义不断扩张的世界中，没有哪个哈布斯堡王朝的统治者会不去依靠装备精良的专业化军队。奥地利的白色时代将要来临了。

第三章　高贵的骑士

"第一个英雄时代"

　　信心是军队制胜的关键因素，也是哈布斯堡王朝军队行动迅速的原因。这支军队成功将土耳其军赶出了欧洲中部及东部的大地，也是通过此次历练，这支军队的纪律变得更加严明，组织变得更加有序。在这一时期末，哈布斯堡王朝的军队拥有了足以与世界上其他任何力量对抗的实力，而军队力量的建设者——著名的尤金亲王——在当中也起到了不小的作用。

　　1683 年秋天，这位长相平平的年轻人来到了维也纳。他个子矮小，矮到以他同时代人的标准来看就像个伤残患者一般。当人们发现他竟想参军入伍来做出一番事业时，大家都觉得可笑至极。对此，尤金沉默不语，可却始终信心满满。而事实证明，他确实能力非凡。早前，他本想在路易十四的王朝中大展身手，却被拒之门外，受到羞辱的他愤怒不已。后来，他来到维也纳，但很快在这里树立了不少敌人。然而，皇帝利奥波德很早便发现了他在军事上的卓越才能。不过最初见到他时，他那瘦小的骨架却实在让人难以信服他竟然会是一个全能的军事天才。

从今天的定义来看，萨沃的尤金像许多"旧时"爱国的奥地利人一样，其实身上并没流淌着奥地利人的血液。他出生在意大利，身上的气质和果决的作风有着拉丁人的典型特点。而在法国成长的经历则让他对法国国王路易十四深恶痛绝，从而坚定地投入到了无尽的复仇事业中。许多年以后，法国国王对之前拒绝尤金的选择追悔莫及，于是小心谨慎地给尤金带去消息，询问他是否可以考虑为法国路易十四效力，还说辉煌的前程正在等待着他。然而尤金亲王则表示他无法忘记，也无法原谅过去发生的事情，他说道："我很乐意接受邀请回到法国，但回国之日必是侵略军队占领法国之时。"[1]

尤金随洛林那操着多种语言的救援军队来到了维也纳，在解围维也纳的战役中，他充满斗志和思想，表现得十分勇猛。因此，反攻土耳其军的任务也就自然落在了他的肩上。维也纳城获救后，围困维也纳的土耳其军队仓皇逃跑，而奥斯曼帝国的领土充满了诱惑力，在等待着有人去征服。维也纳将不再处于两大帝国的分界位置，而是居于广阔土地的中心，周围的内陆地区将保护其免遭伊斯兰国家的入侵，这在1683年则具有深刻的战略意义。这片内陆地区首当其冲的便是匈牙利。

梅特涅后来打趣道，亚洲的界限从维也纳的国家大街开始。虽然这条大街在1683年尚未完全成形，维也纳以东那些尘土飞扬的道路，仿佛要无限延伸至一个未知的世界（至今也是如此）。只有一个个要塞打断了这条地平线，而这些要塞将逐一被占领、被摧毁。从1683年至1699年，通过与土耳其人之间的战争，奥地利将奥斯曼帝国无情地赶出了匈牙利。但这些战役异常艰苦，而且正所谓物盛而衰，奥地利在战争之初因过于乐观和准备不充分损失惨重。

1683年9月27日，洛林的骑兵攻下了普雷斯堡这一要塞，但波兰的骠骑兵在巴坎的东部中了土耳其军设下的埋伏，好在洛林快速部署了龙骑兵作战，才不至于全军覆没。次月，被奥斯曼土耳其占领80年之久的艾斯特根，即后来匈牙利主教官邸的所在地，在经历了 6 天的围攻后重新被哈布斯堡王朝占领收回。此刻的帝国军队势如破竹，无人能挡。同一周，卡拉·穆斯塔法因攻占维也纳的作战失败而被处死，消息传出后，帝国军队更是士气大涨。1684 年，由威尼斯总督、哈布斯堡王朝皇帝和波兰国王组成的同盟宣誓继续对付土耳其。同年 6 月，军队占领维谢格拉德，这意味着通往布达、通往匈牙利西部的道路终于打开了。

奥地利人称布达为奥芬，然而要想攻克布达却是困难重重。它的防御壁垒同维也纳的壁垒一样坚实，但维也纳坐落于平原之上，而布达则位于多瑙河岸，境内重山叠嶂且修建了很多的城堡与塔楼。庞大的驳船舰队和后勤货轮则从维也纳出发，为多瑙河岸的军队送去了大炮等武器装备和食物给养。

事实证明，土耳其军的顽强意志一点也不逊色于维也纳的守卫军。一年后，洛林的军队遭遇了可怕的"匈牙利病"——疟疾，因而不得不暂停攻城。影响力深远的爱国神父马克·德·阿维亚诺也建议洛林暂停攻城。几个月后，洛林军队卷土重来，这次的哈布斯堡王朝军队虽得到了普鲁士和巴伐利亚人的支持，但依旧没能攻下堡垒，因为土耳其军利用休战的时间又加强了防御工事。直到 1686 年 6 月，洛林军引进了新式火炮，攻城才终于取得进展。另一方面，格勒特防御工事出现的缺口使得巴伐利亚人建立了据点。几天下来，战斗十分激烈，尤金的手也在此次战役中被正门附近射来的箭所刺穿，而该城的守军也开始感到疲惫。

之后，洛林要求土耳其指挥官投降，然而得到的回复却是"我们将为布达奋战到生命的最后一刻"。与此同时，帝国战争委员会一致认为占领布达之后还应继续与土耳其军作战到底，此外，委员会还制订了新的作战目标，而这一目标与"彻底摧毁土耳其帝国"并无两异。几周后，新一轮的炮火终于将正门攻破，帝国军霎时从缺口拥进城内，大街小巷，但凡是有人的地方全都遭到了严重的破坏，妇女和儿童也未能幸免。洛林好不容易才控制住混乱的场面，然而士兵们几个月来积压的怒火还是使得城内上百名无辜的百姓遭到了残忍的杀害。[2] 土耳其 1.3 万名驻军也仅有 2000 人得以存活。

1686 秋，布达被攻克后，匈牙利的广阔平原和沿多瑙河通往贝尔格莱德的道路便呈现在利奥波德面前。利奥波德依靠与波兰国王和威尼斯的联盟，成功将自己的力量延伸至了南部和东部的地区。第二年，在纳吉哈桑尼之战中，土耳其被击败，也算是报了一个半世纪前匈牙利在莫哈奇被土耳其人击败的血海深仇，一年之后，贝尔格莱德也被成功攻占。

这一重大胜利在众多扩张战役中显得格外珍贵，教堂的钟声响彻哈布斯堡王朝的大地，哈布斯堡王朝的势力横跨数百英里，到达了多瑙河流域。但战争充满了不确定的因素，在接下来的一个世纪里，贝尔格莱德频频易主。之后，奥斯曼土耳其还发动了猛烈的反攻，由于王朝的疏于管理和土耳其的穷追不舍，哈布斯堡王朝的力量渐渐弱了下来，于是这座城市在第二年又落入了土耳其的手中。另外，尤金不得不回到奥地利西部的第二战场，去和他最为憎恶的敌人路易十四展开战斗，直到 1697 年达成和平协议，他才又回到匈牙利的战场。

尤金声名远扬。他在与法国对抗的战役中，展现了很好的机动性，而这则受益于他同土耳其人作战的经验。法国围攻库内奥城时，尤金也赶去那里救援。与 17 世纪初的华伦斯坦一样，尤金也意识到，他的骑兵只要运用得当，就堪称有史以来世界之最强。

森塔大桥

在说 1697 年森塔东方战场发生的事前，让我们先来看看总司令尤金。这时的尤金吸取了所有先前的战斗经验，已具有了足够的能力给奥斯曼土耳其带去沉重的打击。在维也纳之围后的 15 年里，他的军队已拥有了更好的装备和训练有素的士兵去对付东方的敌人。帝国步兵在之前与敌人一次又一次可怕的肉搏战中，特别是在使用"骑兵大刀"方面，以惨痛的经验教训学会了如何聚拢方阵并维持射击纪律。而那些做不到快速移动的作战单位很快就不得不面临灭顶之灾。当时很多的文件也记载称，帝国步兵在距离敌人 20 步远时若没能排好列队就会被敌人彻底粉碎。因此，为使士兵们在作战中能快速回击，尤金强制实行了新的训练制度并加强了军队的训练，他迫切感受到了提高作战速度的重要性，而这种感受又因将与土耳其会战而变得越发强烈。当尤金在皮埃蒙特平原上进行了一场有条不紊的战斗后，思维活跃的他又开始期待与东部的敌人来场激烈、机动的战争。在匈牙利，他几乎是放任自己凭着直觉而不是计划来展开作战。而在 1697 年 9 月第二周的森塔战役中，他更是将这点发挥到了极致。

9 月 11 日，尤金的侦察兵抓获了一名单独出行的土耳其帕夏，然而这位帕夏却不肯透漏任何讯息。于是，尤金命令克罗地亚骑兵拔刀，准备砍下帕夏的脑袋，不出所料，这一命令果然比先前的询问更有效。

这位帕夏透露，奥斯曼土耳其军正准备在森塔横渡提萨河，而他们的位置距离尤金的军队并没有多少英里。仔细询问过后，他又透漏称估计土耳其军会挑选当天最佳的时间完成渡河任务。帕夏这才保住性命。随后，尤金立即跃上马背，率领他的骠骑兵赶往森塔并命令剩余的军队立刻跟随他一同前往。他感到这是一个千载难逢的好机会，胜利仿佛就在前方。当尤金率领他大部分的骑兵赶到森塔之时，土耳其军虽在桥头建有壕沟，但他们的大部队还正在渡河。

于是尤金立即命令他的骑兵以密集的队形向敌人的壕沟发起攻击，突如其来的一切着实让土耳其军吃了一惊，他们努力压制住心中的困惑与恐慌，急忙撤退到了桥上并试图重整队伍，然而却都失败了。很快，尤金的步兵团在一个小时后带着大炮赶到了战场，他们迅速占领了壕沟并向桥上的土耳其士兵发起了一轮又一轮的炮轰。尤金的炮兵还猛烈轰击河对岸的土耳其士兵。6 小时后，土耳其军惨败，拥挤的桥面在奥地利炮火的袭击下轰然倒塌，桥上的 1 万多名士兵都死在了河中，而伤亡人员总数则达 2 万之多。另一边，尤金仅仅损失了 350 名士兵。这场胜利是如此辉煌，胜利者不仅获得了苏丹的国玺、财宝和女眷（多达 80 余人），还获得了包括 100 多只骆驼在内的土耳其军所有的辎重。

《卡尔洛夫奇和约》及边防建设

政治上的成果也同样可观。战争持续了 18 个月后，奥地利与土耳其于 1699 年 1 月 26 日签订了《卡尔洛夫奇和约》，结束了土耳其帝国几个世纪以来对欧洲中部地区的统治。土耳其被迫交出了整个匈牙利及波斯尼亚的部分地区。据当时的文件记载，尤金突袭波斯尼亚并从那里掳走了"许多美丽的土耳其女性"。另外，风景如画的特兰西瓦尼亚地区虽获得了名义上的独立，但实际转而受制于奥地利。一时间，哈布斯堡王朝的领地向东部扩张了数百英里。为治理新获得的领土，其介于两大帝国的边境地区也需要重新加强防御。

原先的边境隔离线于 1553 年建立，沿线经过塞尼、锡萨克和久尔杰诺瓦茨地区并由格拉茨的战争委员会负责监管，其建设资金则一直由施蒂利亚的贵族负责提供。17 世纪 30 年代，哈布斯堡王朝为支持土耳其来的移民，赋予了边境线的居民内部自治和信仰自由的权利。因此，许多信仰正教的塞尔维亚人在这片逐渐延伸的武装营地上找到了避难所。而在这里，每十个居民中就有一个人在服兵役。

《卡尔洛夫奇和约》的签订使得军事边境大大扩展，新囊括了斯拉沃尼亚下游、伊利里亚和巴纳特地区。边境的人口组成十分复杂，一些当地的塞雷赞骑兵等新的作战分队还承担了哨兵或是警察的职务。另外，冲突不断的边境地区也造就了许多能力出众、经验丰富的战士，他们的级别也攀升得很快。在接下来一个世纪的战役中，这片广阔的军事边境将为帝国军队输送去众多巴尔干半岛上的兵力和人才，奥地利的军队也将以勇猛和独特著称。

从政治上来说，《卡尔洛夫奇和约》的签订意味着一个帝国的衰落和另一个帝国的崛起。欧洲东南部的基督徒们欢呼雀跃，都在庆祝赶走了压迫自己的土耳其人。与此同时，一群东正教的修道士从阿托斯山赶往维也纳，准备为皇帝利奥波德献上一幅精美的圣母玛利亚画像。他们坚信帝国军队在接下来的几个月内就能解救整个巴尔干半岛。

然而事与愿违。利奥波德和尤金自作主张，视《卡尔洛夫奇和约》为临时的停战协议，计划进一步展开与土耳其的战争，重新夺回贝尔格莱德地区。但次年奥地利与土耳其争战多次，仍然没能完成这一特殊的"奥地利使命"。大约一个世纪以后，希腊和阿托斯山的修道士们只能如梅特涅所说的"自作自受"，而奥地利在希腊后来的独立战争中也没有能扮演什么重要的角色。

与法国的战争

为保持欧洲的权力平衡，奥地利应付完东方的战场后又投入了大量的精力去完成另一项"使命"。而要想完成这项"使命"，奥地利就不能忽视法国路易十四的行动。

1700 年，腓力四世的儿子，也就是体弱多病且无子嗣的查理二世去世，对于西班牙王位该由谁来继承这个问题，任何奥地利哈布斯堡王朝的君主都不会如希腊众神那样超然。路易十四提出西班牙与法兰西王权合二为一时，战争一触即发。大家各自为政，奥地利则又一次成了联盟的关键，其目的是防止欧洲大陆出现一家独大的局面。

西班牙王位继承战让奥地利的哈布斯堡王朝将焦点从东方转向了西方，同时也让世界深刻地认识到哈布斯堡王朝的军队绝对是不容小觑的力量。尽管超越森塔战役所取得的辉煌成果绝非易事，但尤金亲王却联手马尔堡公爵再次向世人展示了他的聪明才智，而这一次甚至比匈牙利的战役更让人印象深刻。布林德海姆的巴伐利亚人村庄离多瑙河上游河岸不远，四周郁郁葱葱，土地肥沃。

在接下来的战争中，恺撒利奥波德发现要想与海上强国——英国和荷兰这两个新教国家——联手并不简单。但世界已经发生了改变，种种的新迹象无不提醒这位帝王必须适应新的形势并做出正确的选择。另外，法国获得了教皇的支持，这一外交阴谋利用了利奥波德在东边战场的种种弱点，令利奥波德十分震怒。虽说他在军事力量和政治才能方面都远不如他法国的表兄（路易十四和利奥波德的母亲都是哈布斯堡家族中的西班牙公主），但为保证其家族的利益，利奥波德在击败土耳其后毫不退缩，立刻加入了西班牙王位的争夺战。

就这样，战争在莱尼亚诺附近的意大利北部平原上打响了。法国军队在平淡无奇的尼古拉斯·卡蒂纳元帅的带领下，占领了维罗纳的里沃利地带，并在那里修筑了防御工事，以此保证意大利的部分领地听命于路易十四。法国希望卡蒂纳能带兵从提洛尔直下，英勇作战并尽快战胜哈布斯堡王朝的军队。但对卡蒂纳来说不幸的是，尤金亲王的军事才能在 1701 年达到了顶峰，他的军队刚刚结束了在东部的战争，因而军队的机动性和作战热情都有了很大的提升。同尤金亲王一样，此刻士兵们都十分渴望快速占据优势并消灭法国的敌人。战争中，尤金还将声东击西这一古老的军事艺术发挥到了新的水平。他在 1701 年至 1702 年间的意大利战场上表现出色，随后更是在布伦海姆战役和奥德纳尔德战役中取得了辉煌的胜利。战斗初期，尤金亲王的军队就显示出了强大的战斗力，而这也让后来的马尔堡公爵大加赞赏。

作战中，卡蒂纳期待尤金能带领军队经过里沃利地区，而尤金也努力向外散布相同的讯息，让人们以为他的路线确实如此。他伪装得十分成功，一度让外界甚至是他自己军队的将领都以为他的计划路线就是沿着阿迪杰河抵达意大利。而事实上，尤金早就决定要穿过更东边的维琴察地区抵达意大利平原。他与威尼托的土地占有者们达成协议，一方面用威尼斯的财产作为担保，一方面牢牢控制着自己的军队，确保这个秘密不会被泄露。另外，士兵中若有人趁火打劫途经的地区，就会被立刻处以死刑，因此他们的军队获得了当地人的支持与欢迎，比起他们的敌人法国，当地人要更喜欢帝国军队一些。尤金之所以能成功掩盖自己的真实意图，关键是得到了威尼斯人的帮助，而威尼斯人之所以没有与国外的军队产生冲突，很大程度上是因为尤金与当地神职人员关系融洽。5 月 27 日，卡蒂纳不得不向巴黎报告，尽管他已十分"警惕"，但尤金还是在没有发动战争的情况下就已成功抵达了威尼斯平原。

尤金作战勇猛，卡蒂纳则谨慎小心。在明乔河畔一场激烈的骑兵会战中，尤金使用了一系列灵活的策略，迫使法国撤退到了奥格利奥河背后，这场战役也被称为卡普里之战。而路易十四的军队则"不负众望"，不但没有打赢，甚至都没能牵制住尤金的军队。消息传到巴黎后，倒霉的卡蒂纳被撤下，取而代之的是更为年长的维勒鲁。

70 岁出头的维勒鲁是一位经验丰富的老将军，但在他职业生涯的这个阶段，多年的经历使他不愿再铤而走险。路易十四后来也曾安慰他说："在我们这个年纪想要有点运气是很难的。"[3]当维勒鲁在伦巴第平原整装待发时，尤金也在基亚里的城市要塞前建立了强大的防守阵地。他认为法国定会发动攻击，因此现在的计划就是制造一块坚实的砧板，任凭他法国怎么捶打，都纹丝不动。另外，为了补充供给，他一边命令搜刮富有的曼图亚贵族的财产，一边还严厉要求士兵们不许劫掠当地不富裕的居民。

在基亚里，尤金始终处于有利地位。他的军队三面环水，后方建造的堡垒可以防止骑兵对其的突然袭击，步兵则排成紧密的三排列队。一切就绪后，他们开始等待法国的行动。而当法军排好列队，挺进到距离奥地利军 15 步远时，尤金就下令发动了三轮齐射攻击并取得了毁灭性的效果，仅一小时，维勒鲁就损失了 3000 名兵力。

法国战败的消息立刻传遍欧洲大地，也促使海上强国们签署了大联盟的第二个条约。而奥地利的步兵在防御作战上则表现出色，训练有素的他们不久便会成为欧洲最好的步兵。

占领克雷莫纳

维勒鲁撤退到了克雷莫纳，然而也是在这里，战争发生了戏剧性的转折。经过五个月的精心整顿，尤金乘胜追击。此时，他的军队依旧供应充足，纪律严明，军中共有 48 名士兵因在曼图亚附近抢劫居民而被判处了死刑，尤金本人也依旧与当地的神职人员保持着良好的关系往来。就在此时，克雷莫纳的科索力神父向他介绍了一条沿排水渠进城的秘密线路。

于是，尤金率两支部队在天亮之前赶到了两座城门之外，与此同时他还派了 400 名士兵在一名勇猛的苏格兰将领的带领下通过秘密线路进入了城内。

进入城内的士兵潜伏到夜深人静之时便悄悄从里面打开了城门。那是1月的最后一天，好在气温很低，麦克多内尔的手下才没有受到蚊虫和臭气的干扰，从而得以蹲守在排水渠内伺机而动。

奥地利人此次的行动出其不意，其中一支部队一攻破城门便拥进城内，屠杀了共计1000多名还在睡梦中的法国士兵。麦克多内尔则俘获了正在酣睡的维勒鲁元帅，据说要不是麦克多内尔反应迅速，维勒鲁元帅恐怕就要死在刺刀之下了。[4] 被俘后，维勒鲁立即向麦克多内尔承诺，如果后者愿意和他一起回到法国，不仅可以得到赏金，还可以指挥法国军队的一个团，然而这名苏格兰士兵却礼貌地回绝了这一提议。

清晨，维勒鲁被俘的消息传遍了整座城市。但让尤金没有想到的是，法国另外还有两支600人的爱尔兰军团由狄龙和布尔克率领。而奥地利另一支从波河出发的部队也有所延误。因此，波河的城门和城中剩余兵力建立的堡垒没能如尤金预期的那样被攻克。狄龙军团的士兵们死守在那里，爱尔兰的士兵也在堡垒附近占据了有利位置，他们第一次给了奥地利军成功的反击，甚至是激烈的肉搏战也没能让法军退缩。起初，尤金命令维勒鲁去让爱尔兰士兵放下武器，但维勒鲁只是耸耸肩，指着自己地板上的剑说道："我很乐意帮忙，但可惜我已不是他们的指挥官了。"[5]

于是，尤金派麦克多内尔前去告诉爱尔兰士兵，如果他们现在不立即投降就会全部被歼灭，因而最好还是来投靠自己的阵营，就像为奥地利服务的很多其他爱尔兰军官那样，去赢得更大的荣誉，赚更多的钱。然而爱尔兰军团对于这个最后通牒的回复则是，他们感到这一"微不足道的价码"是对他们人格的侮辱，他们还称"不了解荣誉与忠诚可贵之处"的人着实不配成为"伟大的亲王"。此外，他们在表达了对尤金这一行为的"失望"之后，还扣押了麦克多内尔。

奥地利军只好重新发起进攻，但始终没有成功。激战两个小时后，尤金逐渐意识到，若他的第二支部队不能赶到波河城门，那么拿下爱尔兰军团则是不可能的了，况且在这里每耽误一分钟就会多一分危险，因为法国的救兵很有可能正向这里逼近，自己绝不能落入他们的圈套。随后，尤金在中午停止了进攻。他在后来的报告中这样描述这次战役："因为奇迹，我们攻下了克雷莫纳城；而因为更大的奇迹，我们又失去了它。"

路易十四为嘉奖爱尔兰军团的英勇事迹、表彰他们对法国的忠诚，提高了他们的佣金。但这天对于法国的军队确是糟糕的一天，因为尤金这次虽撤军离开了，但他随后在卢扎拉地区出人意料的行动却再次彰显了他卓越的领导能力和他军队出色的战斗能力。而这也让路易十四意识到，他在多年前嘲弄尤金并拒绝任命他的做法实在是不明智之举，为此他可是付出了巨大的代价。

然而，不论意大利北部的战况如何，莱茵河畔的法国大军和他的盟军巴伐利亚军队依旧获得了很多的胜利。在那里，强大的法国大军攻克了一个又一个德意志城镇。而若要使法国的威望扫地，也该是在这里才对。

马尔堡公爵联手尤金亲王

巴伐利亚军此次与哈布斯堡王朝为敌既不是第一次，也不是最后一次，它的存在威胁着王朝的领土，甚至威胁着维也纳。因此，尤金被匆匆召回，虽然之后作战计划的制订者尚存争议，但不难看出尤金很快发现了由马尔堡率领的军队若要与法军会战，需从遥远的低地地区一路沿莱茵河而下，然后抵达多瑙河的上游地区。

而马尔堡此次率军前往多瑙河也被视为其伟大的功勋之一。尤金是帝国战争委员会的主席，他立刻认识到与马尔堡的军队联手将是保卫哈布斯堡王朝疆界的最佳选择。于是，他写信给马尔堡，建议他从北部的战场转移到南部来，而这也与马尔堡的想法不谋而合。[6]

这是两人心有灵犀的第一个迹象，而在今后的六年里，两人的关系对于欧洲至关重要。尤金机智多变，神经敏感，很有危机意识；马尔堡则老成持重，率直朴实。抛开他们不同的秉性不谈，两人建立的关系却一直为人们所津津乐道，而且至今都被视为现代战争史上最为成功的伙伴关系，因为他们的联手几乎摧毁了法国的军事力量。另外，两人也很尊重和欣赏对方的军事技能，个人的差异在他们看来并不算什么。

马尔堡率军到多瑙河的任务完成得十分出色，他一直让法国误以为他们会在阿尔萨斯地区发起进攻，而当法国元帅塔拉尔认识到错误时已无法阻止英国、丹麦和荷兰联军抵达多瑙河的脚步。与此同时，尤金在相似的地形上指挥行军时也机智地耍了个"诡计"。他相信法国在阿尔萨斯的军队一定不会知道自己的真实意图，他派了一小支分队作掩护，让他们沿莱茵河积极活动，而自己却悄悄踏上了另一条道路。同一时间，奥地利一批专门散布错误情报的间谍则造谣称尤金的军队准备前往罗特魏尔地区，再继续向西。尤金的这一动作实则是为了让法国认为他正位于莱茵河上游附近的位置。而在围攻菲林根后，他还下令修复防御工事，每一个举动都意在表明自己决定继续留在所在的位置。由此可见，这些计策十分高明，无形中"左右了敌人的思想"。[7]

尤金在罗特魏尔留下了 8 个营，自己则率领 1.5 万名士兵向内卡河流域出发。而这 1.5 万名士兵移动迅速，其中 1/3 都是他最好的骑兵，包括强大的胸甲骑兵，其余的也都是哈布斯堡王朝军队中的精英分子。尤金到达图宾根的那刻起，奇怪的事情就发生了。他们一切公开的正常活动都停止了，尤金和他 1.5 万名士兵仿佛突然消失了一般，只留给人们一些谣言和不充分的消息，这让法国的间谍顿时慌张不已。实际上，尤金此时正在前往多瑙河畔的胡赫斯特，很快他就能和他的盟友会合了。

马尔堡之前的行动都与盟军不谋而合，如今马尔堡又计划破坏法巴联军的行动自由。法巴联军由马尔桑和巴伐利亚的选帝侯率领，他们将矛头对准了哈布斯堡王朝，威胁着维也纳，很快也采取了行动，开始向北前进，威胁着马尔堡的补给线路。他们计划一到达多瑙河的北岸就切断这条补给线，逼迫马尔堡同他们向北方并行，然而这样的做法却无意间拉近了马尔堡与尤金队伍的距离。

8 月 8 日，法巴联军正在前往多瑙河畔的渡口迪林根，此时塔拉尔突然接到情报，没想到尤金带领的 39 支中队和 20 个营竟位于胡赫斯特的另一边。尤金的秘密行动如此迅速，已是胜利在握。他要庆幸的是，那个时代的通信还十分不便，想要传递一则消息也往往要跨越百公里的距离，耽误好几天的时间。而且在那个时代，他还可以通过散布虚假的消息和精心部署掩护来隐藏自己真实的行动。

在这种情况下，法巴联军的士气受到了很大的冲击。而尤金就这样不被察觉地带着增援部队进入了攻击范围之内，且他的士兵同马尔堡部队人数的1/3同样多。尤金的领导能力名不虚传，在他这名战功累累的大将手下，士兵们全都训练有素、纪律严明。尤金的突然出现不仅改变了多瑙河上的力量对比，也让马尔堡有了很好的机会去摆脱他那心胸狭窄、墨守成规的盟友——巴登的"土耳其人"路易，于是他便派路易去围攻因戈尔施塔特。

目前，严重阻碍两军会合的就是多瑙河。同日，塔拉尔得知了尤金的到来，于是这位萨伏依亲王便渡过多瑙河同他的英国盟友开了一场战争会议。而马尔堡也认为河的北岸是军队的交通要道，于是派遣了自己军队的 3000 名骑兵跟随尤金返回并带领剩余的士兵为渡河作准备。

布伦海姆之战

尤金的处境十分危险，此时他距离法巴联军只有一天的行军路程，而对方的兵马却是自己的三倍之多。马尔堡在接到紧急消息后，也加快了步兵的行进速度，连夜赶路，终于率领 20 个营在 8 月 11 日黎明前渡过了多瑙河，而他的另一支部队也正在多瑙沃尔特渡河。第二天下午，两大盟军成功会合，共计有 5.2 万名士兵，他们来自丹麦、黑森、奥地利、英国、普鲁士和荷兰。更重要的是，马尔堡的炮兵团也会在之后的一天赶到。

法国和巴伐利亚联军不相信马尔堡会跨越多瑙河，比起这一冒险的行动，他们认为马尔堡更可能向北撤退至交通要道。对于法巴联军右翼至关重要的地区就是距离尤金和马尔堡所在地只有五英里的布林德海姆村庄，塔拉尔和选帝侯在那里建立了坚固的防御工事。但如果法巴联军认为马尔堡会选择回避战斗，那就大错特错了。8 月 13 日，周三凌晨 2 点，两支盟军拔营向西边的布伦海姆（马尔堡的侦察兵称布林德海姆为布伦海姆）挺进。尤金和马尔堡已在前一天从塔普夫海姆的教堂塔楼上观察过战场，抛开法军的分析，很明显，这里即将迎来一场激烈的正面交锋。

7点，法巴联军仍然笼罩在清晨的薄雾之中，在距离他们大约一英里远的地方，对方盟军的部队已展开了作战部署。由于施文嫩巴赫多山地，尤金的军队花了很长的时间才到达盟军的右翼位置，又因为法国的炮兵部署情况，他们不得不将军队部署在了稍远的位置。此时，地上满是荆棘、树篱和其他的障碍物，而部队却还没有从此经过，让人感到局促不安。[8]12点半，尤金亲王准备就绪，不到一个小时，双方就展开了全线战斗。

尤金从一开始便服从于马尔堡的指挥，两人一致认为布林德海姆村庄和奥博格劳海姆村庄之间的路段是法军的要害。尤金的任务是牵制住选帝侯和马尔桑的大部分军队，马尔堡则负责攻击联军的左翼和中路军队。法军的中路较为薄弱，因为大部分的士兵都拥进了布林德海姆村庄，然而马尔堡第一次袭击村庄时却被击退，损失严重。

在东方曾为尤金服役的士兵们对于战争的调度和进退已十分熟悉，而此次战斗的初始阶段则像是教科书一般展现了什么是完美的克制。18世纪这支纪律严明的军队正是带着这种克制力驰骋在西欧战场之上的。当英国前进的军队离法军的栅栏差不多有板球场那么远时，防御士兵们便开炮齐射，1/3的进攻者都倒了下去。而英国军团依然听命于军官，保存火力，直到指挥官发出号令才射箭点燃外围的木制栅栏，炮火下的英军死伤惨重，但却并未对精心构建的防御工事造成什么影响。

任何试图从这里击退法军的行动都注定失败，马尔堡在袭击村庄的过程中损失了部分重要的兵力，重新调整后的他决定进攻法国较为薄弱的中路军队，因为这样获胜的概率似乎更大一些。尽管他的骑兵在数量和稳定性上略逊色于法国中路部队，但经过一番激烈的对抗，还是成功击退了法国的精英骑兵团。后来有专家分析指出，这场战争具有重要的意义，它表明法国骑兵并没有人们想象的那样强大。抛开步兵团的许多功绩不说，布伦海姆的攻克主要归功于骑兵，特别是尤金亲王的骑兵，当然还得力于很多其他的奥地利骑兵团（例如洛布科维茨、斯蒂鲁姆和富格尔的龙骑兵团及胸甲骑兵团）。

尤金的步兵大队由普鲁士和丹麦人组成，战争最初由他们抵挡了很多敌人，但很快法巴联军的人数优势开始起了作用。中午 2 点半时，尤金的部队陷入了绝望的困境，敌军的骑兵和大炮渐渐开始动摇他们的阵地。面对越来越大的进攻压力，普鲁士军和丹麦军先后向内贝尔河背后撤退。尤金只好派遣后备军继续抵抗，支撑着摇摇欲坠的步兵团，而马尔堡此时也向他传来消息称自己的中路部队在法军不断的攻击下压力沉重，需要骑兵部队的紧急增援。这意味着军队面临全线崩溃的危机。尤金的骑兵团刚刚蒙受损失，正在内贝尔河稍远的河岸重新整顿。危急关头，法国指挥官准确判断，又将后备军（布伦海姆附近驻守的预备士兵）派上了战场，他们准备渡河将英军击退，并在后方的沼泽地展开屠杀。

尤金自己的军队此刻也面临着一天中最大的危机，然而他毫不犹豫，立即命令富格尔率领一大队重型骑兵前去支援马尔堡。可见，尤金和马尔堡虽相识不久，但他们间的关系却牢不可破。尤金深知这场战役的胜败取决于马尔堡正面战场的结果，因此机智的他才能当机立断，立刻派兵支援四面楚歌的盟友。

富格尔出身于巴伐利亚奥格斯堡的富有家庭，但却是典型的"德意志人"，因此自然也不是巴伐利亚选帝侯的朋友，而他则是个不容轻视的角色。早些时候，他拒绝了荷兰步兵团的请求，单单回应了尤金亲王。如今，他则匆忙赶去履行之前对盟友的约定。他的三支胸甲骑兵中队，加上三支洛布科维茨胸甲骑兵中队，再加上增援的斯蒂鲁姆龙骑兵，就如雷鸣一般冲进战场，从侧面向法国骑兵发起了进攻。而他们的加入则让马尔堡原本就快被一网打尽的荷兰步兵又士气重振。

在很多战争中，一败涂地与大获全胜往往只有一线之差。这几百名新加入奥地利军的骑兵训练有素，而他们指挥官最大的特点就是具有敏锐的洞察力。幸而有他们的加入，不到 20 分钟，盟军就解决了中部遇到的巨大威胁。

法国骑兵先是几乎被奥地利军逐出战场，接着又遭遇了马尔堡的骑兵向他们发起的反冲锋。形势可谓瞬息万变，一时间法军陷入困境，面临重大的危机，虽说他们强大的右翼部队还固守在布伦海姆村庄，但被敌人包围的他们现在孤立无援，已无力再改变战争的结果。

后来，塔拉尔深刻地写道："有那么一瞬，我几乎看到了胜利的希望，但可惜骑兵却调转方向，放弃了阵地。"[9]由于法军骑兵溃败，他们的中部军队暴露在了敌人眼前。而当法军被分割成两个部分之后，其力量则又一次被削弱。对敌人缺少了解的塔拉尔和巴伐利亚选帝侯也并没有试图与对方做任何调解。夜幕降临，驻守在布伦海姆的士兵只得投降，法巴联军死伤人员达 1 万 ~1.2 万人。

这一天对政治上的影响远比军事上的胜利更为重要。这是路易十四第一次遭受如此巨大的失败，原本他还希望能威胁维也纳并在多瑙河流域加强法巴联军的力量，然而他的计划就这样被彻底摧毁。而这场战争也让信仰天主教的维也纳与信仰新教的伦敦、让尤金与马尔堡变得息息相通，让他们彼此间建立了紧密的关系。同时，匈牙利的起义也被镇压，波旁家族也从进攻转为防御。法国战无不胜的神话终被打破，直到五年后在马尔普拉凯的防御战役中，它才又恢复顽强的斗志。

布伦海姆战役结束后，两位胜利者也各奔天涯。马尔堡在伦敦大受赞赏，后来在拉米伊战役中也表现不错，再次打败法国军队。尤金则回到了维也纳，受到了哈布斯堡王朝的盛情款待。两人也都获得了丰厚的回报。在维也纳，尤金亲王不仅在韦伯加斯街的教堂附近拥有一座美丽的宫殿，还在被赏赐的土地上修建了华丽的贝维德雷宫，宫殿的设计师则是卢卡斯·冯·希尔德布兰特。在马克菲的东部，璀璨的霍夫宫则是尤金亲王众多荣誉的又一个象征，这座宫殿也因卡纳莱托而永垂不朽。尤金，外形虽不像个战士，但在战场上却近乎疯狂，英勇无畏。他还成了一个伟大的艺术收藏家，而他的贝维德雷宫也保存到了今天，是奥地利巴洛克艺术最伟大的成就之一。

都灵之围：奥德纳尔德与马尔普拉凯

没过多久，再次打响的枪声又将尤金亲王带回了战场。尤金决心在1706年要有一些大动作：是时候再去对付路易十四在意大利半岛的野心了。路易十四在拉米伊战役失败后又在多瑙河和低地地区受到了制约，如今他想要剿灭哈布斯堡王朝在都灵附近的联军。于是法军包围了这座城市，占领了周围的土地和阿尔卑斯山的山麓地区。

因此，另一个军队也不得不从提洛尔阿尔卑斯山的要塞赶往皮埃蒙特的山麓。尤金的队伍只有2.4万人，其中主要是横跨阿尔卑斯山的奥地利和德意志军队，如今他们正在敌人的领地翻山越岭，穿越河流。让人惊讶的是，他们竟及时赶来救援被围困的驻军。1706年9月7日凌晨4点，尽管尤金军队的装备和人数都不占优势，但他们还是冒险向法军发起了进攻。法军也有所准备，他们的火炮摧毁了尤金前排的队伍，但之后由德绍的利奥波德亲王所带领的尤金左翼普鲁士军队在第三次进攻时冲破了法军的防御工事，顽强的法国对手就这样倒在了刺刀之下。这一成功激励了尤金的右翼军队，也就是普法尔茨和哥达的军队，于是他们同符腾堡的军队一起努力地向前推进。与此同时，驻军指挥官道恩伯爵命令上千名士兵从堡垒中冲出，遭到两面夹击的法军便陷入了一片混乱。

普鲁士士兵首先登上城墙。尤金在给津岑斯多夫的一封信中就曾称赞普鲁士士兵的英勇无畏，他大度地写道："安哈尔特亲王带领他的部队在都灵再次创造了奇迹，我在前线的战火中曾与他见过两次，而我不得不承认，他的军队无论是在勇气还是在纪律上都远远超过了我的军队。"[10]

都灵战役为尤金赢得了又一个荣誉，虽然普鲁士步兵团本身就很优秀，但奥地利驻军同样斗志昂扬，表现出了无畏的气概。道恩伯爵的军队则攻破了法军的后方阵线，法军的两位高级指挥官马尔桑和奥尔良公爵还受了伤，而这也让法国军队人心惶惶。其中被俘获的马尔桑更是在第二天就死了。他的部队共有5000多人死于战场，1万多人受伤。约6万人的大军仅有1600人从阿尔卑斯山逃回到了法国。他们丢弃的物资之多也是同样惊人。200 多门大炮、8 万桶火药、许多面旗帜和钱财也都落入了尤金的手中。[11]

此次战役的战略影响十分重大，法国很快失去了一个又一个在意大利的领地并且被迫签订了协议，协议要求法军完全撤出意大利。而马尔堡听说都灵战役的情况后则这样写道："闻此消息，喜悦之情难以言表，但我还是要说尤金太让人喜爱了。这一辉煌的成就是对法国的沉痛打击……感谢上帝的保佑，经过这么久，我们终于如愿获得了和平。"[12] 到 1707 年，法国从西班牙继承的财产中有 1/3 都已失去，而哈布斯堡王朝的皇帝则通过前一年的两场战役守住了伦巴第和荷兰地区。

1708 年 6 月 11 日，盟军的两位指挥官在奥德纳尔德再次强强联手。在此之前，马尔堡因英军在佛兰德斯遭受的损失而情绪低落，但尤金的加入又让他重新振作了起来。相反，他们的对手伯戈因公爵和旺多姆公爵却彼此不合。在战役的关键一刻，尤金的骑兵再次遇到了他们的老对手——法国皇家龙骑兵。虽然这次取得的收效不大，但尤金带领的盟军左翼部队依旧没让马尔堡失望，他们像在布伦海姆战役中那样团结一致，赢得了战役。

奥德纳尔德战役为尤金攻占里塞尔难以攻克的城堡开辟了道路。法军现在在阿尔卑斯山以北和以南的地区都已战败。1708 年可怖的冬天则迫使法国不得不做出让步，不过尤金和马尔堡对这一让步还是不满。两人不仅不允许法国占据任何奥地利王朝的财产，还认为路易十四应该将他的孙子腓力赶出西班牙。然而法国虽然战败，但又怎会忍受这般的羞辱，于是战争再次拉开了帷幕。在荷兰，这支强大的军队又为另一场血腥的战斗开始了热身。

马尔普拉凯战役刚开始不久，尤金就被射来的子弹擦伤了头部，而这也似乎是一个不好的预兆，因为这场战役确实比当时其他任何战役都更为激烈。法军退出战场时虽筋疲力尽，但依然秩序良好。他们给了自己一个很好的交代，在战争的重压下还表现出了很好的恢复力。此外，法军的防御阵营十分强大，马尔堡很多最好的军团也都在战斗中遭受了损失。一场大对决之后，法军不得不暂停休息，而尤金的军队也疲惫不堪，无力追击。

对于尤金和马尔堡，这也是两位指挥官最后一次联手的战役，他们的组合一路以来战无不胜，最终让这块大陆的权力得到了平衡。然而，马尔普拉凯战役可以说是个分水岭，它意味着想要对付法军将变得不再容易。随后，法国签订了一个又一个条款，而她的堡垒要塞也相继投降，然而要想彻底摧毁法国却已不再可能。英国国内的形势已变，托利党接手伦敦政权，被召回的马尔堡也被免职，因此原本打算进军巴黎的复仇计划未能完成。1711 年 4 月 17 日，皇帝约瑟夫一世逝世，而后英国支持奥地利的热情也逐渐减弱。

尤金亲王的军事改革和奥地利的白色时代

尤金在马尔堡身旁总是热衷于从战役中吸取经验。作为帝国战争委员会主席的他也对帝国军队进行了一些改革，加强了军队独有的特点，而这些特点则是帮助他在东方和西方战场上获得胜利的秘诀。

由于统帅过三种不同的步兵团，尤金坚信高度的一致性对于保持或提高军队效率至关重要。马尔堡的"战争机器"在很多方面都令他印象深刻，尤其是步兵的坚定意志和受到的严格训练。尤金还曾亲眼看见过手下普鲁士士兵的无畏勇气和面对绝境时所迸发的坚忍毅力。最重要的是，尤金与马尔堡作战时有效地利用骑兵保护军队的经验和与土耳其对抗时发挥侦察兵巨大作用的经验都使他比较偏向于发展轻骑兵。

值得一提的是，至少有一个权威记载称，奥地利骑兵军官中有一小部分但却是很重要的一部分是从普通士兵一步步提拔起来的。[13] 相传尤金对路易十四军队的一切都深恶痛绝，他坚信法国军事系统的缺陷之一就是军官的地位与其他人的地位相差悬殊，他认为军官的选拔若局限于社会的单一群体而过分排外就会滋生一种骄傲自满和不思进取的不良风气。"最好的家族"所培养出的人才占据一大部分军官的职位固然重要，但在尤金看来，法国骑兵军官与普通士兵之间的社会差距实在是太大了。

这些观点对哈布斯堡王朝军官的选拔和构成产生了深远的影响。除了法国之外，普鲁士的军官选拔与等级制度和社会出身没有必然的联系，而是几乎被容克家族所垄断。而英国军队的上级阶层甚至直到 20 世纪还由盎格鲁－爱尔兰的新教徒为主导。第二次世界大战中的大部分陆军元帅也都来自于阿尔斯特。由此看来，这一发展阶段的奥地利军具有很强的多样性和社会流动性。

此外，尤金在处理征募新兵的事务上也充满了改革的热情。为加强这一系统，他主张每个兵团从特定的地区招募士兵。他相信相互了解或彼此联系紧密的人在同一军团作战时最为团结。因此，军团需要招募已有士兵们的"亲属和熟人"。

而在士兵们的外表上，尤金也坚持尽可能地使用最高标准。他要求士兵要拥有"充满男子气概的面孔和强健的体魄"，罪犯和逃兵则列入在禁止招募的名单之中。对于后者，理由是："既然他们当过一次逃兵，自然还会再当第二次。"[14] 而在和平时期，军队招募士兵的要求也自然有所提高，尤金认为在招募中还应优先考虑招募工匠。最重要的是，在可能的情况下要优先招募"出身于良好家庭的优秀青年"。

改革取得了一系列成果，尤其是扩充了哈布斯堡王朝的军队。1697 年至 1710 年间，步兵团由 29 个增至 40 个。每个团由 12 个连组成，每个连有 150 人。骑兵军团同样有所扩充。截至 1711 年，胸甲骑兵团由 10 年前的 7 个增至 20 个，龙骑兵团由 1 个增至 12 个，另外军队还多了 5 个骠骑兵团。

新军团的建立自然也要求军费开支做出相应的改革。1699 年，利奥波德一世建立了一套新的系统，规定从每个士兵的工资中扣除一部分用于购买装备和军装。军官们则需继续支付自己用于军装、礼服和作战装备的费用。每个团的军饷也有了统一的标准，一个步兵每天的军饷是 $2\frac{2}{3}$ 个十字硬币，一名骑兵每天的军饷是 5 个十字硬币。军衔越高，军饷也越高。一旦有士兵晋升为士官（比如下士），他的军饷将是 4 个十字硬币。此外，各团负责监饷发放的上尉必须确保每名士兵收到军饷中扣款详情的收据。这些规定也是官僚机制早期的范例，成了哈布斯堡王朝军队的显著特点。

除了这些财政上的创新举措外，尤金亲王和帝国战争委员会还希望能够统一军装，而在当时，穿什么军装在很大程度上由各团团长决定。"珍珠灰"的羊毛是最便宜也是最容易保存的材料，而且这种颜色的羊毛在多瑙河畔经阳光的曝晒后很快就能被漂成米白色。因此，这种材质和颜色的军装也渐渐为人们所接受。1707 年 12 月 28 日，军装还没能全部统一，于是作为战争委员会主席的尤金发布了一项法令，规定除了（奥斯纳布吕克、拜罗伊特和韦策尔）三个团可以穿绿色或蓝色的军装外，其余团均需穿着统一军装。六个月后，新皇帝约瑟夫一世批准了一项规定，要求除布拉格和大格洛高的驻军外，所有各团必须着"白色"军装。1708 年冬天，大部分的团都遵守着这些规章制度，而带有蓝色和红色装饰带的白色军装也变得更加普遍，成为人们对奥地利士兵的传统印象。[15]

同后来听命于玛丽娅·特蕾莎的陆军元帅道恩一样，尤金也认为士兵们如果能把军装看作是自己的衣服就能更加爱护珍惜。但与英国和法国的军装相比，奥地利的军装不仅没有他们的华丽，质量也不怎么样。这也突显了军队经费短缺这一严重问题。对于这一问题，维也纳战役期间，前文提到的塞缪尔·奥本海默曾扮演了重要的角色，他出资支持了尤金亲王对抗土耳其的许多战役。但奥本海默于 1703 年去世，国家的财政也随之破产，因此不得不大幅削减所有地区的军费开支。

新的皇帝约瑟夫一世（1705 年加冕）大力支持尤金的政策。约瑟夫在很多方面都与他的父亲不同，甚至在长相上也是如此。他英俊帅气，看起来更像是早期哈布斯堡家族的成员，没有典型的"哈布斯堡唇"，有着漂亮的头发，蓝色的眼睛。他喜欢艺术，也热衷战争科学，支持宽松的宗教政策，还对匈牙利报以理解。然而匈牙利人却并不信任哈布斯堡王朝，他们激烈的反抗运动常常给约瑟夫的统治带来阴影。这体现在一场农民战争之中，拉科齐·费伦茨带领的平民军队给西里西亚和摩拉维亚部分地区的人们带来了死亡和灾难。这支反抗军队几乎打到了维也纳的城门前，但最终还是被训练有素的部队迅速击败。让匈牙利人难以置信的是，他们的起义最终虽然被海尤斯特将军果断镇压，但等待他们的竟是宽宏大量的和平政策。

约瑟夫身边围绕着的杰出人才都不喜欢约瑟夫父亲烦琐复杂的政府，因此在约瑟夫在位的短短 6 年内，新政府除了仁慈和宽容外，最大的特点就是充满改革的热情并且十分漠视亲法的教皇。当教皇克雷芒十四世威胁要将准备在教皇领地扎营的尤金亲王逐出教会时，约瑟夫则称波河三角洲的科马基奥地区原本就是帝国的领地，于是立即命令尤金占领它并不得有任何的延误。

约瑟夫为实现他与尤金的一些构想做出了很多努力，但常常面临资金不足的现实问题。1708 年，恼怒的尤金还曾写给亲岑多夫伯爵，即约瑟夫的外交部部长一封言辞激烈的信，信中说道："军队在 8 月不曾发给士兵一枚硬币。试问阁下，我们的士兵该如何从濒临倒塌的危险中幸免于难？"[16] 此外，这些制约因素还影响了骑兵团的人员。尽管存在这些问题，但约瑟夫还是一如既往地支持尤金的改革。作为大公，他给了尤金的军队很多优待。改革进程之快得益于帝国官僚机构能快速批准方案。除了新兵招募、统一军装和管理组织等方面的改革外，帝国战争委员会的主席还计划改革战术。

尽管很多历史学家都在研究尤金与土耳其的战争对奥地利军队在西欧战场上有何影响，但尤金本人却认为应当独立地去看待这两个战场。[17] 事实上，他坚持要严格区分对土耳其和对西欧军队采取的不同战术。例如，他明确要求骑兵在对抗土耳其军队时要排成三行来抵御对方的奇袭，而对战西欧军队时骑兵只须排成两行。[18] 而作为一名经验丰富的骑兵，尤金在成为国家战争委员会的主席后，第一个举措就是将 10 个龙骑兵团扩充至了 12 个。

另外，尤金很注意西方战场的一般准备工作，他还为作战单位制订了准确的间距，排与排的间隔不能超过五步的距离，马和马之间的间隔也是类似。除此之外，还有鼓手、号兵、"救生员"以及后备军等的位置，他全都要仔细考虑。

1711 年，约瑟夫因患天花而不幸早逝，他生前和尤金都决定要合并掷弹兵和龙骑兵并以此来加强骑兵的实力。就像掷弹步兵一样，这些士兵并没有组成独立的作战单位，而是成了现有军团的精英连队。大约是在同一时间，胸甲骑兵团中还增加了卡宾枪骑兵连，而这些士兵们则配备有带套筒的刺刀的短式卡宾枪。

查理六世：西班牙王位继承战的最后一缕硝烟

神圣罗马帝国的新皇帝是约瑟夫的弟弟——查理六世。当初利奥波德一世正是为了让他来继承西班牙王位而发动了战争，海上的一些强国为防止西班牙与法国统一也加入了战斗，但如今他们同样不希望看到由哈布斯堡王朝独自统领西班牙和奥地利，因此伦敦托利党的新政府不再与维也纳结为同盟。

1713 年，各国在乌得勒支签订了一系列被维也纳称为"重大背叛"的和约。根据和约规定，各国承认波旁家族的一名成员继承西班牙王位，但条件是不允许任何人同时继承法国和西班牙两国的王位。战争结束后，法国的军事力量已大不如前，奥地利则获得了西属尼德兰、那不勒斯、米兰和萨丁尼亚的领主权，而萨丁尼亚不久又被换成了托斯卡纳。根据哈布斯堡王朝恺撒的要求，和约还象征性地感谢普鲁士支持战争。自此，普鲁士的选帝侯获准可以称自己为"普鲁士国王"。

无论奥地利继承西班牙的王位与否，她都已经非常强大，只是新恺撒查理不是一位出色的皇帝。查理六世长得很像他的父亲利奥波德，性格上则充满了 17 世纪西班牙哈布斯堡家族的顽固不化。1703 年，他在被宣布成为西班牙国王之后，便像查理三世那样穿越荷兰，来到了朴次茅斯，并由马尔堡带他前去温莎拜见了安妮女王。拉平对这次会见的描述也让查理六世充满魅力的形象跃然纸上：

金碧辉煌的王宫内高朋满座，女王举止优雅，热情亲切。那位年轻的国王则吸引了所有人的眼光，他谦和有礼，有着超出年龄之外的成熟和稳重，一举一动都显得那样得体大方，可以说是无可挑剔。[19]

但我们从拉平的描述中也可以大致看出查理西班牙式的严谨："他向女王致以崇高的敬意但依旧保持着非凡的气度。他在王宫停留了三天，没有露出过一丝微笑，却似乎对一切都很满意。他话语不多，即便开口也是透着睿智、彬彬有礼。"

查理这样的做法虽说没有什么错误，却也并非有意而为之。他一向对西班牙哈布斯堡王朝的各个方面都有着强烈的认同，而且查理对非天主教信徒的态度并不像他已故的哥哥那样开明，因而他在英国才谨言慎行，举止庄重。由此也可以想见，失去了西班牙对这样一位注定要成为国王的人是怎样一种重创。维也纳漫长的冬天大雾弥漫、寒风刺骨，在这样的季节中，查理计划在多瑙河畔、克洛斯特新堡镇中的修道院里重建西班牙式的建筑群。这样的想法也说明查理很少去考虑他所继承的军队。比起关心士兵，他更热衷于外交事务。而他对军队的冷漠态度则源于他自身苦痛的经历。哈布斯堡王朝的军队虽说赢得了战争，但他本人还是失去了西班牙的王位。

此外，查理在西班牙这个伟大的航海国家的经历刺激了他去寻求其他方面的慰藉。如今，他身居阿尔卑斯山北部，统领着大片的内陆地区，比起奥地利的将军，他更愿意听从西班牙航海家和商人们的建议。有人建议将的里雅斯特港口建设成为哈布斯堡王朝领土上的贸易中心，而帝国皇家东印度公司则着手开始为建立一个贸易帝国打下基础，而且仅通过一代人的努力就显示出了能与其他海上强国对抗的实力。只是后来为了《国事诏书》，帝国应英国的要求，解散了该公司。[20]

查理六世突然失去了西班牙，这让他所统治的领地都蒙上了一层阴影，他十分担心自己的王朝也会失去在西边的统治权力，因此他必须要采取具体的措施以确保他的继任者在继承他的领地时不再遇到什么挑战。为此，他在1713 年，也就是签订《乌得勒支和约》的那一年，颁布了《国事诏书》。这一国内诏书是为了确保查理的孩子，包括未出生的在内，能比约瑟夫一世的女儿优先获得继承权。该诏书建立了由长子或没有长子时由长女独自继承的继承体系。通过这些条款，奥地利哈布斯堡王朝也终于摆脱了继承分裂的可能。[21]

查理六世的长女玛丽娅·特蕾莎于1717 年出生后，查理便开始寻求欧洲各国对其继承权的认可，但为此不仅常常需要屈从其他国家的意愿，而且还让维也纳做出了众多有害的让步。

尤金最后的胜利：围攻贝尔格莱德

玛丽娅·特蕾莎出生那年适逢尤金亲王迎来军旅生涯中最为辉煌的一页篇章。那年，他夺回了贝尔格莱德阵地。1715 年，土耳其打破《卡尔洛夫奇和约》，向威尼斯宣战并包围了科孚地区。于是威尼斯便向《卡尔洛夫奇和约》的保证人查理请求帮助，查理不顾土耳其宫廷的申诉便派遣尤金率领一支小规模部队前往匈牙利，而部队中的很多人都是与尤金一同对抗过法国的老兵。此外，尤金还要感谢匈牙利在索特马尔提供的帮助，这让他又多了许多骠骑兵军团，而他也对这些不可或缺的轻骑兵十分钦佩。尤金的军队在成功躲过规模是他们两倍大的土耳其军后便在彼得瓦顿扎营，而那里的防御工事早在前一场与土耳其的对抗中就已建立，还并未被摧毁。第二天一早，尤金便立即派骑兵发起进攻，骑兵环绕在敌人的两翼，起初土耳其禁卫军还能顽强抵抗，但随后当尤金亲自率领步兵团冲进土耳其军的中路后，土耳其军便开始陷入了包围圈。

同时，尤金在多瑙河部署的六艘炮艇正向敌军开火，彼得瓦顿主要由塞尔维亚人组成的驻军也立刻冲入了战场厮杀。最终，土耳其的大维齐尔被杀，尤金的军队共缴获 250 门火炮、50 面旗帜和大笔的钱财。截至 3 点，土耳其已有 3 万名士兵死在了卡尔洛夫奇附近的战场上，而就在 17 年前，他们曾在这里签署了《卡尔洛夫奇和约》。

如今，尤金在去围攻贝尔格莱德前，准备先去包围占领腾斯法，因为那里是进入巴纳特的关键地区，也是土耳其留下的最后一块和匈牙利有着古老依存关系的地方。贝尔格莱德则显得难以攻克：贝尔格莱德拥有驻军 3 万人，物资储备至少够用两个月，其战略地位之重要意味着土耳其帝国还会从其他的地方调派援助军队。事实证明确实如此，尤金的部队在围攻战进行了两个月后仍然收获不大，他们发现自己被敌人的救援力量牵制在了多瑙河和萨韦河之间的沼泽地带。在那里，士兵们每天都暴露在敌人的炮火和炎热的天气之下，因而很快就变得情绪低落。土耳其的救援力量则继续压制尤金的部队，不久便威胁到尤金在萨韦河上的主要交通线。与此同时，两军相隔越来越近，尤金的部队面临着被围困在三角洲的危险。而汇聚两条大河的三角洲则位于贝尔格莱德的卡莱梅格丹要塞之下。

尤金急忙召开战争会议并强烈要求在夜色的掩护下发动一场总攻，这也是他们改变当前形势的唯一机会。他的指挥官们也都支持作战。夜里，他亲自前往军队前哨检查并为疲惫的作战先锋们送去鼓励与支持。他的部队共计6万人，其中1/3部署在萨韦河的另一边，因此仅有的4万士兵需要对抗土耳其约超过20万人的部队，而这也是自维也纳战役之后，土耳其苏丹派到西方作战的最大规模的军队。此刻，尤金的夜间作战计划已拟订完毕，战争将以迫击炮的轰炸作为开始。

夜里发起的轰炸立刻引起了一阵骚乱，造成了众多的人员伤亡，不过浓雾却也让进攻者们摸不清方向。尽管奇袭取得了一定的效果，但他们的对手很快重整队伍，也让尤金混乱的部队面临着被击退的危险。几小时后，太阳升起，浓雾刚被驱散，尤金就发现土耳其的军队正在包抄他的右翼部队。此时，身处步兵团第二排的他，手握军剑，立刻跃上马背，虽然受了伤，但还是义无反顾地冲进了敌人的阵营。他的这一举动瞬时让军队的士气高涨，战士们所向披靡、一边奋力向前，一边高声呐喊："要么战胜敌人，要么战死沙场！"步兵们的进攻取得了成功，而土耳其的军队则连连败退。接着，尤金的士兵们缴获了敌人的大炮，将炮火转而对准了土耳其自己慌乱的士兵。一时间，尤金再一次转败为胜。另外，由于土耳其军突然撤退，他们的很多士兵都在混乱之中被踩踏而死。

于是贝尔格莱德再次成了奥地利的领地，根据在第二年，即1718年签署的《帕萨罗维茨和约》，双方休战25年，奥地利获得了巴尔干半岛的大部分领土，包括巴纳特、塞尔维亚、波斯尼亚和罗马尼亚。

然而，尽管奥地利军通过《帕萨罗维茨和约》巩固了其在顶峰时期的声誉，但他们之后的军事活动都没能再获得如此辉煌的成就。很多战役也都是以对方承认《国事诏书》为条件，应别国的请求而参与的。而且无论是对西方还是对东方的战役，军队的表现都大不如前，因此帝国军队的声誉渐渐削弱了很多。

后来，军队首先应萨克森的要求参与了注定失败的波兰王位继承战。其次又应俄国的要求再次与土耳其人对抗。英国虽不需要战争上的帮助，但却坚决要求帝国解散了奥斯坦德贸易公司和帝国皇家东印度公司。而所有的这些事件都给哈布斯堡王朝的领地带来了不幸的结果。

被忽视的军队

尤金认为保证军队的强大至关重要，然而比起加强军队的装备和训练，查理却更愿将钱投入到一些建筑项目中去，例如修建克洛斯特新堡修道院、修建宏伟的圣卡尔教堂，等等。圣卡尔教堂建成于 1737 年，也就是尤金去世后的第二年。这座由菲舍尔·冯·埃尔拉赫设计的教堂保留至今，能从侧面体现哈布斯堡王朝的政治与宗教，而建筑的图案则具有土耳其的风格，整体还融合了希腊和罗马的元素，是奥地利巴洛克式建筑中的杰出作品。同时，这座建筑将成为反宗教改革建筑风格的至高荣耀，然而在 1737 年，它却被视为傲慢与虚幻的象征。国家已经到了经济破产的边缘，尤金取得的许多胜利成果也将因愚蠢地与土耳其重新开展战争而付之东流。

在波兰战役中，奥地利脱离了她以前的盟友英国，再次与法国和巴伐利亚的联军对抗。双方经历了无数的军事调度和小规模冲突，还在特里尔附近的克劳森展开了一场战役，虽然奥地利遇到了重重的困难，但骠骑兵依然英勇无畏。然而这场战役并没有决出胜负，1734 年，一场更为血腥的战争在帕尔马附近的克罗切塔爆发。

对奥地利来说，所谓的俄国－奥地利－土耳其战役也是毫无意义。这场战争最后以奥地利军在巴尼亚卢卡的重大失败而告终。土耳其军的将军阿里帕夏是一名威尼斯医生和一名波斯老将的孩子，在他的带领下，战争不仅让围城的哈布斯堡军惊慌失措，而且他们仅用了一天便将奥地利军彻底击败。1.5 万名（从边境地区招募的）奥地利士兵和轻步兵中仅有几百人退回到了摩拉瓦河谷。

巴尼亚卢卡的战役发生在尤金亲王去世后的第二年，似乎正预示着奥地利接下来要遇到的凶险。在之后的克罗兹卡战役中，土耳其准备充分，他们吸取了之前战役中的所有经验教训，在贝尔格莱德附近击败了沃利斯率领的一支奥地利军队，尽管沃利斯有序地撤回了部队，但第二天还是被迫投降。

此次失败让奥地利声望扫地。在新将领的带领下，哈布斯堡王朝的军队自尤金夺下贝尔格莱德之后便开始渐渐衰落。步兵和骑兵虽然依旧出色，但指挥的将领们却更像朝臣，而不是军队领导者。蒙受耻辱的沃利斯被带回维也纳后接受了军事法庭的审判，之后还被监禁了起来（三个月后，哈布斯堡王朝的新君主玛丽娅·特蕾莎将其释放）。

查理六世在生命的最后几个月中不知疲倦地工作着，他希望能让更多人承认《国事诏书》。很多人都误解这份文件只是为了保全领土并打破哈布斯堡王朝王位不能由女性继承的传统。然而更重要的是，《国事诏书》还承认了哈布斯堡王朝的领地不容分割。然而，无论承诺得多么好听，比起军队的现代化，选择言语沟通作为治国之道实在是愚蠢的。尽管尤金早期曾做出改革，但帝国军队在战略制订和战斗训练方面还是远远不如对手。查理似乎也了解了这一点，这也就是为什么他会那么寄希望于大国的外交支持，他希望通过法律和外交协议来保证他财产的继承。很多善于阿谀奉承的官吏与侍臣也都鼓励他这样去做。

很不幸，查理六世一直是在王室总管利希腾斯坦亲王的监视下成长的。利希腾斯坦家族人才辈出，但他本人却是一个例外，他"才智平平，喜欢卖弄学问，沉迷于炼金术"。[22] 另外，查理常常用人不善，例如他把利希腾斯坦的侄子阿尔特海姆视为密友，但此人狡猾阴险，对权力充满了野心，给出的建议也往往同查理的想法一样不够成熟。不久，阿尔特海姆一党还纷纷担任了国家的很多要职，而这种裙带关系自然也导致了官员能力与职位不能相称的问题，腐败现象更是不断滋生。只有尤金给过查理很多中肯的提醒和意见：法国正在恢复实力，英国是哈布斯堡王朝的重要盟友，夺取西班牙已是不可能的了，一支强大的军队比 10 份《国事诏书》都来得重要。

早前，尤金在战役中曾短暂地占领过意大利的北部地区，当时一位年轻的普鲁士亲王也在其军中，这位年轻人非常留意奥地利的指挥官们为何不能快速做出反应，他还注意到哈布斯堡王朝的步兵在围攻战中机动性不足。而这位神经敏感的年轻人就像 50 年前的尤金，乍一看，一点都不适合战争。他密切地观察着这位奥地利大元帅，并在后来这样描述尤金："我对战争的全部了解都是从这位伟人身上学到的。"

这名普鲁士人的名字叫腓特烈，而奥地利不久就会了解他从尤金职业生涯的最后几个月中吸取和总结到了多么宝贵的经验教训。

第四章　我们的鲜血和生命

尤金之死：奥地利军的衰弱

　　本章以奥地利军队的衰弱和指挥领导的不足作为开篇，继续讲述查理六世的政策失误引发了遗产继承问题并招致多国掠夺、侵略自己财富。然而当查理的女婿加冕为神圣罗马帝国皇帝之后，奥地利和她的军队向敌人证明了自己强大的实力。起初摇摇欲坠的帝国军队之所以会有如此大的进步则得益于一位年轻女性的坚忍与勇气。

　　1736年4月20日，尤金亲王去世，享年73岁。而在之后不久，沃利斯率领前往贝尔格莱德的军队就溃不成军。幸运的是，大元帅没有在生前目睹自己20年前在帕萨罗维茨的心血就这样被《贝尔格莱德和约》（1739年）毁于一旦。当初，尤金的才能渐渐消退，他隐约意识到自己多年苦心经营的强大军队如今正变得衰弱、自满；而造成这点的主要原因则是帝国过度扩张，将领的才干不足。

尤金逝世后，他的心脏被送往了都灵，而他的葬礼则充满了无限的荣耀。查理六世和其他朝中要员都默默出席了在维也纳教堂举办的葬礼。在这严肃而庄重的三天里，有 16 名将军负责抬尤金亲王的棺罩，帝国也向尤金表达了崇高的敬意。

如今，派系之争残忍地瓜分了大元帅留下的军队，尤其是因尤金才华出众的门徒弗里德里希·海因里希·泽肯多夫（1673—1763）的性格所引发的纷争。泽肯多夫是位新教徒，他对巴尔干半岛军队情况的批评报告招致了怀疑和怨恨，还激起了帝国对他的敌意。他曾给巴滕施泰因，这位出身低微、一路攀升至高位并在王朝中具有最大影响力的大臣写过一封信，信中称："在贝尔格莱德，我军的一些连队在敌人的强攻下退至洞中，我想就算是猎犬，也不会有人愿将它们丢在那里。除此之外，士兵们还要忍受饥饿，我实在不忍心看到他们悲惨的处境。"最后他总结道："种种令人担忧的情况无不预示着我们很快将要失去领地。"[1]

然而泽肯多夫权位不高，言论很受限制。大胆的他，冒着得罪王朝宠臣的风险，还是对皇上说道："如今很多将领都不够称职，根本无法履行自己应尽的责任，陛下您将面临失去王冠与权杖的危险啊！"然而查理却草草应付，允许泽肯多夫提出一些改革方案，但这些方案并没有得到军事委员会的足够重视。与此同时，王朝却在外交方面做了大量的努力，花了大量的金钱，为的是保证别国对《国事诏书》的认可。相比之下，军队则因为经费的短缺和纪律的懒散而变得日渐衰退。

两年后，即 1740 年，查理去世，由于他没有留下男性子嗣，长女玛丽娅·特蕾莎与其丈夫洛林的弗朗茨·斯蒂芬继承遗产。弗朗茨作为玛丽娅·特蕾莎的丈夫，为继承哈布斯堡王朝的王位还不得不放弃其洛林家族的遗产。巴滕施泰因此前就曾对弗朗茨·斯蒂芬说过："不放弃继承权，就不能娶女大公了。"

查理将精力都放在了她女儿的王位上，希望她的哈布斯堡王朝女王的位置能够得到承认，这样她的丈夫就会成为"罗马之王"，最终也将被加冕为神圣罗马帝国的皇帝。查理和他的大臣们并不觉得只有可靠的军队才能保证他们的愿望成真。相反，他们认为奥地利领土辽阔，力量微弱的政府根本无法抵抗大规模战争的冲击，因此便乐观地寄希望于"诏书"，然而这真是大错特错。

玛丽娅·特蕾莎与普鲁士新王：对比研究

在即将到来的危机中，玛丽娅·特蕾莎将成长为 18 世纪最杰出的君主。不考虑她个人比较保守这一点，她可算是一位不折不扣的改革家和现代化的推进者，在国家的各个领域都留下了自己的印记。追根溯源，如果没有她对改革饱满的热情就不会有后来的奥地利和中欧的经济、行政、公共健康、法律、教育及军事机构。甚至几个世纪后，她的举措仍留有痕迹。此外，她为丈夫育有16 个孩子，她说道："孩子多多益善，我在这一点上总是贪得无厌。"[2]

这位伟大的母亲后来成了中欧许多贵族家庭的模范，她还重新定义了哈布斯堡君主与人民之间的关系。另外，她为王朝注入了一种新式主权，消除了早期包围着维也纳臣民的"禁区"。这些举措让她大受欢迎。在她统治期间，西班牙哈布斯堡王朝残余的几乎所有神秘色彩都一扫而光。

而这些成就无论放在欧洲历史的哪一个阶段都显得格外耀眼，即使是在一个相对和平的时代也是如此。然而更为人震惊的是取得这些成果的背景：年仅 23 岁的君主继承王位后，国家几近破产（国库内仅存 10 万弗罗林，其中还有一大部分承诺会给太后）；那时王朝还失去了优秀的大臣；仅有 3 万名士兵的军队迫切需要改革；很多邻国也都确信瓜分奥地利哈布斯堡王朝领地的时机已经成熟。

尽管有《国事诏书》，普鲁士、法国和西班牙仍对新女皇怀有敌意。此外，她的表兄——邻近的巴伐利亚的查理·阿尔伯特——也即将挑战由哈布斯堡家族成员继承神圣罗马帝国皇帝的传统。我们已经提到过，这一充满荣耀的传统在三个世纪以来一直没有中断，几乎被认为是德意志土地上的神秘力量。1740年，查理六世刚一去世，一名从慕尼黑赶来的使者就宣布查理·阿尔伯特"拒绝承认玛丽娅作为女继承人的继承权且宣称巴伐利亚拥有合法权利要求继承哈布斯堡王朝的领地"。[3]

巴伐利亚的幕后指使者当然就是奥地利的死敌——法国。是法国唆使巴伐利亚拟成了那份虚假的声明。除此之外，科隆的选帝侯以及在领地上享有王权的伯爵也给予了他们支持，后者还给"女大公"玛丽娅·特蕾莎写了一封公开信件，表现得十分无礼。西班牙国王则更是过分，仅仅称其为托斯卡纳公爵夫人。由此可以看出，奥地利大部分邻国都对玛丽娅·特蕾莎的继承权存有异议，而奥地利的顾问也进一步给出了他们国力衰弱的证据。用当时人们的话说就是："土耳其人已抵达匈牙利，匈牙利人已全副武装，波希米亚和巴伐利亚的萨克森人则已来到维也纳的城门之下。"[4]然而这么多的挑战还没有解决，另一个强大的敌人也从普鲁士赶来。他就是腓特烈二世，普鲁士的新任国王，[*]毫无疑问，他是个非同寻常的对手。

腓特烈与年轻的奥地利女大公在同一年登上王位。少年时代，他曾亲眼看见自己最要好的朋友、爱人被父亲处以死刑。早熟的他强烈反对父亲的传统观念。腓特烈喜欢吹奏长笛、喜欢作曲和阅读，他还同很多具有革命精神的作家，比如伏尔泰一同交谈过，也十分认同18世纪中期"启蒙运动"的思想，或者说至少是其中的一些哲学观点。他一路的成长都在时不时地反抗普鲁士那种严肃节制的精神。此外，他性格自私、虚伪、无拘无束而又任性傲慢。

正如上文提到的，腓特烈曾为帝国军队服务，他从尤金亲王的身上学到了很多东西，除了对轻骑兵的印象不深以外，他掌握了奥地利军队的第一手资料。他的父亲则给他留下了拥有800万"泰勒"[*]的国库，足够他发动两场战役。另外，腓特烈还继承了一支拥有8万步兵的军队，而这也是当时全世界训练最为严格、战斗最为勇猛的军队。这些财富对于任何一位年轻的君主而言都是强有力的支持，而腓特烈也恰恰有着不断攀升的野心。他自己曾公开承认，他想

---

[*] 腓德烈二世在1740年成为普鲁士国王的说法是史料中常见的错误。普鲁士国王的王位是世袭制的，直到1772年，在企图将波兰从欧洲地图中抹去的过程中，腓德烈二世参与瓜分这片不幸的土地时，他的王位才得到认可。

[*] 因为奥地利人的口音，"dollars"被误说成"thalers"，译为"泰勒"。

要"名满天下，威震四方"。反观奥地利则是掌握在一个年轻姑娘的手中，她既没有经验，也没有称职的顾问大臣，军队已过了鼎盛时期，军中的将领也都是些平庸之辈。因此，这对腓特烈来说是一个无法抗拒的诱惑，他怎会坐失良机？然而，他显然低估了玛丽娅·特蕾莎的能力，也低估了弗朗茨·斯蒂芬的能力。在他的眼中，弗朗茨·斯蒂芬只是一个无所事事、沉迷打猎的人，他曾这样描述斯蒂芬："他心满意足地将王国视为一间普通的餐馆，交由他的妻子来管理。"[5]

另外，西里西亚是腓特烈垂涎已久的地方，那里是奥地利最富有的地区之一，拥有丰富的矿藏，是波希米亚的宝库。从地理位置上看，该地区像一个凸角般插入勃兰登堡边界地区，并与后者有着长达40英里的边境线。更重要的是，该地区有部分的新教徒，因此腓特烈幻想他们或许还会欢迎路德教派的普鲁士人。

在这一时期，普鲁士国王还是伏尔泰忠实的笔友和信徒，他在毫无预警的情况下率军来到了西里西亚并宣称这里是他的领地，并称普鲁士对很多地区的领主权可以追溯到 1507 年和三十年战争时期，但他的声明实则夸大其词，弄虚作假。可见，腓特烈下定决心要赌上一把。奇怪的是，他的这一做法居然还得到了后来传记作家的吹捧，尤其是英国的作家。事实上，腓特烈的策略不仅破坏力强，而且缺乏长远的理性分析。后来，腓特烈还承认他在启蒙思想中获得了一些傲慢自大的想法："抱负野心、获利的机会、对建立名声的渴望，这些都具有决定性的作用，因而战争则是必然的趋势。"[6]麦考利后来写道："这场战争在全球各个角落肆虐，腓特烈的头上落满了这场战争的鲜血……为了掠夺一个他曾承诺过要保卫的邻国，黑人在科罗曼德海岸相互厮杀，印第安人也在北美大湖区相互厮杀。"[7]

对腓特烈来说，不幸的是他的对手并不是一个行动轻率、头脑简单的"维也纳人"。玛丽娅·特蕾莎拥有的不单单是魅力和气质，她还有非凡的才智和坚毅的品质。在她洛可可式的优雅之下，在她柔和的外表之下，她还有着铁一般的坚强意志以及与腓特烈截然相反的品质——正直。让我们通过她简短的一则轶事来了解这个女人。一天早上，她一边吃早餐，一边阅读公文，正当她像往常一样用酥饼去蘸杯中的咖啡时，不小心将一滴咖啡滴在了文件上，于是她便将污点圈了起来并小心翼翼地在旁边注明缘由，道歉称是她不小心弄脏了文件。[8] 相反，腓特烈既不正直，也不谦卑，他的"伟大"显得矫揉造作、装腔作势，在很多方面都不能与他最顽强的对手相提并论。

腓特烈预计，这场战役能够快速、轻松地取得胜利，而他确实在几周的时间就成功夺下了西里西亚。然而这场让他沾沾自喜的战役却成了他一生中为人诟病最多的战役，人们谴责他做事常常不顾一切，给生命和财富带来了毁灭性的破坏。后来，他悲叹道："同玛丽娅·特蕾莎战斗，就像每天要死一千次。"

25 年之后，几近亡国边缘的是普鲁士而非奥地利，而普鲁士之所以还能幸存竟是因为其顽强的对手——俄国女皇伊丽莎白——离奇般病逝。之后普鲁士虽然依旧占据着西里西亚，却已经破产，面临着一连串的麻烦，国家经济完全崩溃，人力也是严重不足。相比之下，玛丽娅·特蕾莎甚至在军事领导上都占据了优势，因为她留给后人的军队要比她继承的军队强大得多，不像腓特烈，自己摧毁了自己的军队。普鲁士的军事力量已消耗殆尽，以至于一代人之后，拿破仑在耶拿和奥尔施泰特平原上只用了不到一个下午的时间便消灭了他们。然而奥地利还参与了反抗拿破仑的五次同盟战役。1813 年前，普鲁士军的软弱无力表明腓特烈留给后人的军队已摇摇欲坠，需要超过一代人的努力才能恢复元气，再之后则要感谢他们的出现——一群纯真率直的人，他们的结合独一无二。[9]

西里西亚被夺：莫尔维茨会战

对于许多妄自尊大的人来说，腓特烈此战开了一个好头。他让敌人猝不及防，就连他的使节和亲属也都不知道他的真正目的。1741 年，他的军队进入西里西亚，而就在此前不久，他派遣了一名使节带着公约草案前去向玛丽娅·特蕾莎表明自己愿向其提供支持，共同抵抗其他公国，条件是将西里西亚割让给普鲁士。他这样做仅仅是一种形式，他并不期待维也纳能接受条款。玛丽娅·特蕾莎更是压根就不接见普鲁士的特使，与此同时，普鲁士的军队威胁着玛丽娅·特蕾莎的领地。这让柏林感到十分沮丧，因为柏林对交战过后能最终解决危机充满了希望。

在西里西亚，由马克西米利安·冯·布劳恩统率的奥地利军仅有3000士兵，其中大部分还是伤残病员和没有作战经验的新兵，因此很快就溃不成军。他们有几个要塞，但很多防御工事因年久失修，早已不再坚固。相反，腓特烈率领了20个营、36支中队在圣诞前夜进入了布雷斯劳（即今波兰的弗罗茨瓦夫），并在新年的第一天抵达了西里西亚的首都。起初，他们虽然受到了当地新教多数派的接待，但还是迅速夺取了该地的财富并用于整个普鲁士军队的装备支出。玛丽娅·特蕾莎握有的国家财富只能勉强支撑两支胸甲骑兵团。布劳恩也被迫回到了摩拉维亚。号称拥有最强防御工事的格洛高虽然起到了一些抵抗作用，但那里仅有17门大炮和1178名士兵，其中有一半还是伤病人员。

此时此刻，玛丽娅·特蕾莎不仅对她的顾问大臣们感到失望，还痛心于长期以来的盟友也是如此变化无常。荷兰与英国都在商议与腓特烈调解。乔治二世则尤其害怕与法国发生冲突。他还担心自己若是帮助奥地利，那他的老家汉诺威，也就是他口中的“乡间别墅”，就会遭到普鲁士的蹂躏。俄国和波兰则是最早向奥地利承诺会提供军事帮助的国家，然而当他们看清奥地利此时的境况时，纷纷出尔反尔。《国事诏书》就此成了一纸空文。欧洲的强权政治则给奥地利这位年轻的君主好好上了一课：力量薄弱对政府来说是糟糕的事。据说，当玛丽娅·特蕾莎从顾问大臣那里得知财政和军事的真实情况到底有多么可怕后，她独自一人在屋里哭了起来。

此时，她手下两名经验丰富的大将沃利斯和奈伯格也帮不上忙，他们因为前一年被土耳其打败的事被军事法庭关进了监狱，只能苦苦等待。于是，玛丽娅·特蕾莎很快释放了他们。随后，奈伯格便在1741年3月率领一支规模庞大的军队前去驱逐普鲁士军。腓特烈则重整军队，于4月的第一周在莫尔维茨与奈伯格率领的奥地利军展开了正面交锋。这也是普鲁士君王腓特烈第一次指挥军事行动，战斗激烈而残酷，对他来说，是次极不愉快的经历。

此前，查理六世执政期最后阶段爆发的一系列战争突显了奥地利军的弱点。然而让人惊讶的是，哈布斯堡王朝的军队在遭受挫折、陷入混乱之后，在莫尔维茨的表现依旧像以前一样出色，场面一时胜负难料。普鲁士军的严格训练遭到了奥地利军的轻蔑。毕竟，对于军队来说，比起操场上的训练，战场上的磨砺难道不是更重要吗？但奥地利军官的社会凝聚力和民族凝聚力有所欠缺，他们喜欢轻松的事物、乐于讽刺挖苦、性格温和而又慷慨，这些都同他们的敌人大相径庭。反观腓特烈的将领，则大都是普鲁士路德教派领地上饱受风吹日晒的小地主。奥地利军的指挥官奈伯格身上带有一种黑色幽默，他常常妙语连珠，也因此而备受人们喜爱。[10]4月，他在战场上的成功也同样离不开他的这种个性。

奥地利军最初的调动让普鲁士大吃一惊。但随后奥地利军因长途行军而疲惫不堪，因此奈伯格没有让他们在这时发动突然袭击，而是选择在莫尔维茨附近进行防守。4月10日上午晚些时候，奈伯格得知雪地上的普鲁士军队正在将行军纵队"伸展"成作战横队，然而他并不希望对方这么早就发起攻击。此时，奈伯格手下机智的罗默将军立即意识到需要派兵掩护奥地利步兵，于是他迅速带领六个骑兵军团向前挺进以此来保护奈伯格的主要力量。普鲁士军则向奥地利的骑兵驻地发起火炮攻击，遭到攻击的奥地利军立刻在罗尔莫的命令下向刚刚进入视线的普鲁士右翼骑兵冲去。事实证明，普鲁士的骑兵不敌帝国骑兵。一位奥地利军官后来回忆道：

> 普鲁士人在马上一动不动，每一次短兵相接都让他们有了最坏的下场。他们的战马再高大也无济于事，因为我们的骑兵总是将第一剑刺向马头，战马倒下去了，马上的人也自然摔了下去，随后又会被后面赶上来的骑兵砍倒在地。我们的剑则是致命的，普鲁士骑兵的帽子内虽有个铁十字，但依旧会被我们刺得粉碎。每次行动前，我们都会奉命将剑磨得锋利无比，而战斗结束后，剑刃往往就变得像锯齿一般了。[11]

罗默的大军深入敌军，很快就击溃了腓特烈暴露在外的右翼军队。当帝国骑兵穿过了普鲁士的炮兵区时，腓特烈不禁惊恐万分，决定逃离战场，施维林则留下负责接下来的战事。施维林迅速采取行动，恢复了右翼军队的秩序，紧接着便又派出三个营，这些士兵迅速排成一条直线，向混乱的奥地利骑兵发起排枪攻击。罗默的军队则向普鲁士军发起了三次冲锋，虽然每一次都被对方的骑兵击退，但他们在最后一次冲锋中杀死了对方的指挥官。然而，奥地利的步兵在普鲁士军的火力猛攻下逐渐士气低落，骑兵也因为失去了步兵的支持而败下阵来。腓特烈的步兵终究还是没有让他失望，只可惜他没能在战场上亲眼看见这一切。最让奈伯格和他的奥地利军意外的是，每当奥地利军发起一次排枪攻击后，对方都能回击5次，而这在一个小时后发挥了决定性的作用。

"我们的步兵不断向对方射击，"一名奥地利士兵称，"却始终无法向前推进一步。每个营都陷入了混乱。可悲的是，你会看到那些可怜的新兵纷纷躲在别人身后，因此我们的营最后演变成了三四十人一排，而且每排间隔也很大，容得下敌人整个的骑兵团，就算第二行和第一行的士兵合并也是如此。"[12]

于是奈伯格开始率军撤退，他的信心连同他的军队一起被敌人击得粉碎。双方的伤亡人数总计超过9000人，这个数字相当惊人。可以说普鲁士在莫尔维茨会战中的胜利来之不易，战略上也是收效甚微。尽管腓特烈不愿再冒风险同奥地利展开第二次战斗，但此次战役对哈布斯堡王朝的军队实力无疑也是一次沉重的打击。[13]

奥地利步兵的失败不能单单归因于他们的人员组成都是些"新兵、农民等乌合之众"。[14]玛丽娅·特蕾莎后来写道：

你或许很难相信，在此之前，军队在保持一致方面竟没有做出丝毫努力。每个团在行军和训练上都有一套自己的方式。调整成密集队形也是有的单位快，有的单位慢。同样的话、同样的命令，不同的团都有不同的表达方式。你能想象吗？在我即位前有十年的时间我们总是失败。对于我们军队现在的处境，我真不知该怎么开口。[15]

莫尔维茨会战终究还是没能从西里西亚的大地上"清除"普鲁士军队。而普鲁士胜利的消息则很快传遍了欧洲，因此很多其他国家也相继否认了《国事诏书》。假如普鲁士在莫尔维茨战役中失败了，那么未来20年的流血事件也就可以避免。然而命运已然如此。萨克森的军队准备入侵波希米亚，法国和巴伐利亚则进入了上奥地利州。这曾经"不容分割的领地"如今已无法避免被瓜分的命运。

不屈的玛丽娅·特蕾莎：匈牙利"国王"

整个朝廷弥漫着听天由命的气氛。反正就算改朝换代，上层贵族仍将能够保留自己的财产。生活还会继续，玛丽娅·特蕾莎肯定也会逐渐接受仅仅保留"女大公"称号这一现实。如今，在她的领地之外没有谁比英国更鼓吹绥靖政策。英国伦敦政府指派罗宾逊先生去向玛丽娅·特蕾莎说明不与腓特烈讲和的危险，还称"要给奥地利的对手——法国等——组成的强大联盟一定补偿"。[16]但对于玛丽娅·特蕾莎来说，莫尔维茨战役虽然失败了，可她仍不愿屈服。她耐心地听完了罗宾逊的讲话并反驳道："出于政治的原因，更出于道德良知和家族荣誉的考虑，我绝不会同意你的说法。"[17]

然而，玛丽娅·特蕾莎要想找到支持她反抗到底的顾问是件极其困难的事情。6月，腓特烈与法国签署条约一事更让这难上加难。但危急时刻，还是有少数人挺身而出。他们的姓名也并不陌生，他们是施塔亨贝格、巴滕施泰因还有蒙特库科利的孙子凯文胡勒。早在维也纳之战中，这些人的家族就曾解救奥地利于危难。两代人后，重大的考验再次来临，这些家族的成员也又一次出现。另外还有其他人的加入，特别要提的是伊曼纽尔·席尔瓦·塔罗卡伯爵，他是一名从没学过德语的葡萄牙贵族，但他却成了玛丽娅·特蕾莎的私人"导师"并为她今后的许多决策提供了细致的建议。[18]

支持她的还有一位精明的马扎尔人长者，名叫约翰·巴尔菲，是一名皇家法官，他在匈牙利的道德领袖地位让玛丽娅·特蕾莎在曲折的 1741 年获得了她最为强大的支持。巴尔菲将自己政治上的才能同军队召唤下的个人勇气做了完美的结合。同施塔亨贝格一样，他的名字也和无数的荣誉相连。除了参加维也纳之围战役之外，他还参加了哈布斯堡王朝大多数的战役并多次负伤。另外，他也展示了匈牙利人的神秘气质，具有敏锐推测能力的他同起义的拉科奇达成了《索特马尔和约》。同时，他也是克罗地亚的前总督，因此没有谁比他更了解好战的匈牙利人的心理。

巴尔菲于 1751 年去世，现在将近 80 岁的他和凯文胡勒一样都处在人生的暮年。然而，他依旧被年轻的玛丽娅·特蕾莎所深深打动，同时他也认识到拉拢匈牙利贵族则是提升她地位的重要方法之一，而且这样还可以巩固马扎尔人的地位，使他们与帝国王朝对话时变得更加有利。

按照匈牙利的传统，玛丽娅·特蕾莎会被加冕为匈牙利"国王"（匈牙利宪法不承认女王）。这一传统将会持续两个多世纪。加冕结束后，国王要骑马登上距离维也纳东面几英里之外的普雷斯堡皇家山。国王身穿古老的圣斯蒂芬大礼袍，头戴有个弯曲十字架的著名王冠，英姿飒爽地登上山坡，将加冕宝剑举起，依次对向四个方位并发誓捍卫匈牙利的土地。

6 月 25 日的普雷斯堡事件和后来的 9 月事件虽多少有所夸大，但好在玛丽娅·特蕾莎没有接受罗宾逊先生的建议向腓特烈妥协。一名目击者绘声绘色地描述道：

加冕典礼盛大庄重，女王也是魅力无限。她策马登上皇家山，高举宝剑，蔑视地看向四周，仿佛在说她手中的武器还未有机会一展威力。古老的皇冠因女王的美丽而焕发光彩，古旧的圣斯蒂芬长袍也变得如同她自己的华服一般。[19]

自此，哈布斯堡王朝与马扎尔人结下了长久而又微妙的关系。当天夜里，女王宴请宾客，她卸下了王冠，坐在桌边，样子楚楚动人，就像一位作家描述的那样："女王刚刚诞下孩子不久，这让她多了几分韵味。""最吸引人的是，女王美丽的卷发倾泻在两肩，因典礼而稍显疲惫的面容反而散发出柔和的光芒。"[20]

9月11日，玛丽娅·特蕾莎召集匈牙利政府，正式召开议会，她再次头戴王冠，用当时匈牙利贵族的拉丁语向听众呼吁并用罗马皇帝的语言宣讲道：

我最亲爱、最忠实的匈牙利，如今奥地利被侵略，我们的遭遇十分悲惨，致命的危险很快就会降临这个王国。因此，请允许我来到你们的面前寻求建议和帮助。我们的匈牙利王国、我们的子民、我们的王冠都危在旦夕！对于孤立无援的我们来说，现在唯一能够依靠的力量就是你们忠诚的军队和匈牙利人从古至今勇往直前的精神。[21]

这次演讲的原始资料保存至今，而它无疑是18世纪中欧历史上最激动人心的文件之一。

原本由顾问们起草的演讲稿情感不够充沛，因此稿件上布满了这位年轻女王（用拉丁文！）修改的痕迹。例如，"处境糟糕"一词被划去，换成了"处境悲惨"。这位年纪轻轻的女孩几乎把每一个段落中轻描淡写的字眼都换成了更能带动情绪、更为震撼人心的话语。她像一位作曲家，仔细斟酌着句子的结构和高潮。经过一番修改，一篇优秀的演讲稿成了一篇超凡的作品。同往常一样，她的预感没有出错。

接下来发生的事被无数画作记录了下来，成了永恒。这位年轻女子无助的恳求感动了匈牙利的贵族，他们拔出刀剑指向天空，大声呼喊道："愿为国王献出生命与鲜血！"

拔出刀剑虽然只是一种仪式，但这一次人们的确倾注了巨大的热情。当一位优雅的女性倾诉她的痛苦之时，又有谁会拒绝充当骑士的机会呢？不到一个月，匈牙利就宣布发起了"全面起义"，他们按照承诺拿起武器，加入了战斗。

即使在今天，我们依然可以感受到玛丽娅·特蕾莎是多么擅于扣动男性的心弦。当时，她还写给凯文胡勒一封信并附上了自己和儿子的一幅画像，信中写道："在你眼前的女王和她的儿子已被全世界所抛弃，你认为这个孩子将来会怎样呢？"[22] 字里行间无不浸满了女王浓烈的情感，对此，匈牙利人第一时间的回应便是：约有 10 万人加入了女王的战斗事业。在当时，这一规模虽不是特别大，但也起到了重要的作用。另外还有 3 个在保罗·艾斯特哈泽亲王[23]带领下的骠骑兵军团也组建了起来，而他们则是第一支穿着精致的蓝色和金色军服的队伍。

哈布斯堡王朝的非正规军：潘都尔军团

另外，有 6 个步兵团建立了起来。除了匈牙利人之外，还新加入了一批志愿者——潘都尔军团。他们这群强盗，通常是军事边境地区中的"反面人物"，而他们的将领则是富有天赋的特伦克男爵。但这个特伦克并不是与他同名的那位最初为普鲁士军服务、而后在 18 世纪广为人知的另一个特伦克。奥地利的特伦克向女王提供了一支由 1000 人组成的非正规军，也称自由队。

这些非正规军受到了帝国军队的欢迎并加入了其中，虽然他们没有传统的军官团，但他们有另一套系统，每 50 个人组成一个作战单位，听命于一位"小队长"。在特伦克的领地之外，无论是潘都尔军的士兵还是小队长，每人每天都只有 6 个十字硬币的军饷。这些钱少得可怜，还不够着装的统一。另外，他们的长相也很有异域风情。1741 年 5 月底，当他们出现在维也纳时，《维也纳记事》写道：

潘都尔军来到后，两个营的非正规军一字排开，列队行进。他们一边行进，一边敲击着土耳其长鼓，用长鼓声向正规军致意。他们的衣服没有什么颜色，但却有着东方特色的装饰，装饰下则是手枪、刀和其他的一些武器。女皇则邀请 12 名最高职位的官员同他们的军官一起来到她的接待厅。在接待厅，他们的列队走在了克里斯蒂娜皇太后之前。[24]

后来，奈伯格发现这些来自军事边境的潘都尔士兵简直就是野蛮人，他们的做法让他无法容忍。很多战役中，他都不得不提醒他们，他们是来杀敌的，而不是来洗劫当地居民的。很快，潘都尔士兵们的过分行径就激起了奈伯格的愤怒，他想要换掉它的将领特伦克。于是，取代特伦克的重任便落在了门采尔少校的肩上。门采尔曾在俄罗斯的军中服役，因此对潘都尔士兵的"野蛮"手段较为熟悉。然而不幸的是，潘都尔士兵们刚一得知门采尔的任命消息便向他发起攻击，倒霉的门采尔最终在几位"小队长"和奥地利军官的协调下才得以死里逃生。

门采尔被正式任命为潘都尔军的指挥官后，潘都尔军立刻兵变，让他蒙受侮辱。此时也只有凯文胡勒能够帮助到他。凯文胡勒是奥地利南部的人，因此对斯拉夫式的方式较为熟悉，他任命特伦克为他自己手下的指挥官，这才平息了这场风波。在斯太尔和林茨，潘都尔的士兵们都身着装饰有心形徽章的彩色衣服，头上则戴着土耳其式的头巾，也只有凭借这些衣服人们才能区分潘都尔军和巴伐利亚军。确实，1742 年，单是提到潘都尔的名号就足以让对手心惊。五年之内，他们便被编入了正规军，但原先的正规军仍是优先考虑的队伍，正如玛丽娅·特蕾莎的特别指令中提到的："他们自然是排在我的步兵正规军之后。"[25] 而在布德维斯，潘都尔军团则缴获了 10 面普鲁士军旗和 4 门大炮。

但这场危机还远未结束。当凯文胡勒正为保卫维也纳做准备时，巴伐利亚军则从上奥地利州转而向北入侵波希米亚，这给了奥地利的首都一丝喘息之机。11 月，法国和萨克森也加入了战斗，这支强大的队伍让奥格威将军在布拉格的 3000 驻军措手不及，11 月 25 日晚上，他们几乎没有遭到什么抵抗就攻进了这座城市。为应对这些新的威胁，玛丽娅·特蕾莎只得命令奈伯格作为她的全权代表去克莱恩舍伦多夫，与腓特烈签订停战协议。她意识到，她的军队在任何情况下都没有能力同时抵抗巴伐利亚、萨克森、法国和普鲁士的大军。

但玛丽娅·特蕾莎收到布拉格投降的消息后仍然怀着加倍的决心。她在给波希米亚总理金斯基的一封信中坚持说道："我必须要得到格兰德和博登，为此我将倾尽我包括匈牙利军队在内的所有军队，不到最后一刻，我绝不会放弃一寸土地。"[26]

与此同时，巴伐利亚的选帝侯查理·阿尔伯特加冕自己为波希米亚的国王，从而获得了竞选神圣罗马帝国皇帝的资格，这对于特蕾莎无疑是在她的伤口上撒盐。哈布斯堡帝国的解体由此进入一个崭新并且致命的阶段。现在，玛丽娅·特蕾莎仅仅是一名奥地利女大公和匈牙利的"国王"。

选举非哈布斯堡家族的成员作为"皇帝"则立刻为战场上的哈布斯堡军队带来了实质性的挑战。他们的对手很快将"双头鹰"——这一象征着神圣罗马帝国的图案——换到了自己的军旗之上。为避免混乱，玛丽娅·特蕾莎命令从自己的军旗上"临时"去除这一图案并很快选取了更有气势的圣母玛利亚像来代替。这是一个鼓舞人心的选择，因为将奥地利的母亲与基督徒的母亲联系起来让"军营的母亲"带有了圣母玛利亚般神圣的威望和纯洁的动机。

另外，玛丽娅·特蕾莎的部队不能再称为"帝国军队"，于是"波希米亚皇家军"的概念开始出现。与此同时，为了简便起见，越来越常被提到的匈牙利军队则被称为了"奥地利军"，不过这个名字会让人有所误解。大约是在五年后，玛丽娅·特蕾莎的丈夫被加冕为神圣罗马帝国的皇帝，而此时欧洲早已习惯称"哈布斯堡王朝的军队"为"奥地利军"。

此时，凯文胡勒将巴伐利亚和法国赶出了上奥地利州，这又给他们带来了一线希望。他将林茨从法国西格尔率领的1万名士兵手中解放了出来，另外又通过占领美因河上的谢尔丁阻断了法国驻军在巴伐利亚休整的一切机会。战斗中，提洛尔人展现出了他们在山地战中的卓越技巧并且伏击了一支又一支巴伐利亚军队，给对方造成了可怕的人员伤亡。在巴伐利亚的查理·阿尔伯特当选为神圣罗马帝国皇帝那天，凯文胡勒给这位巴伐利亚的"暴发户"带来了一个明确的信息：他占领了他家乡的慕尼黑并且焚烧了他的宫殿。

洛林查理亲王负责指挥

洛林查理亲王是弗朗茨·斯蒂芬的弟弟，也是在维也纳之围战役中起到重要作用的洛林查理公爵的后裔。现在，由他负责指挥奈伯格手下一支奥地利的主力部队，而这也是他第一次单独指挥作战。如果当时的资料可信，那么这位爱好玩乐的亲王实则是一个粗野之人，而且很不善于任用人才，不久人们就发现他根本不能胜任指挥一职。令洛林惊讶的是，腓特烈违反了他刚刚在克莱恩舍伦多夫签署的条约，在2月来到了摩拉维亚并联合波希米亚南部的法军和萨克森军队向这座美丽的城市发起了全面入侵。19日，他已抵达泽纳姆，而这里距离维也纳只有不到一天半的行军路程。

几千名轻骑兵拥入维也纳并到处侦察和掠夺财物，一时间奥地利的首都陷入了巨大的恐慌。很多杰出的家族再一次挺身而出想要发起反击，但最终还是更为明智地决定进行谈判。一方面，奥地利的敌军们在战利品的分配上无法达成一致；另一方面，腓特烈意识到自己的要求超出了承受范围，于是便退到了波希米亚北部一个有利的位置。洛林在维也纳的催促下，向查图西茨村庄发起攻击，奥地利骑兵再次取得了出色的胜利，以压倒性的优势将敌人逐出了那片土地。奥地利骑兵大肆掠夺了普鲁士的军营，此时，如果奥地利步兵能够保持严明的纪律并继续发动进攻，胜利可以说是就在眼前。然而不幸的是，激进的勒文斯泰因上校下令纵火烧了查图西茨村庄，但他没有考虑到大火和浓烟自然会让自己的进攻停滞，从而给了普鲁士军休整和巩固防御的机会。

经过四个小时的激烈战斗后，查理命令军队撤退，他们秩序井然，共缴获14面敌人的军旗。普鲁士仍然占据着战场，但伤亡人数达7000人，一点不亚于奥地利的伤亡人数。此外，普鲁士的骑兵也因遭到了沉重的打击而不再具有强大的战斗力。对于以英勇无畏、反应快速而著称的腓特烈来说，此次险胜并没有达到他原先对波希米亚北部地区的期许和要求。

普鲁士军因对手的才能欠缺而得以幸存，而奥地利至少错过了三次可以彻底粉碎他们的机会。奥地利军队虽然将领乏力、军纪涣散，却再次证明自己仍是强劲的对手。此外，普鲁士的严重损失则凸显了两军所依赖的征兵资源方面的不对称，奥地利军征募到的兵力人数远远超过了普鲁士军。查图西茨村庄的战事则表明了腓特烈如果想继续交战所面临的左右为难的困境。腓特烈的朝臣波德维尔斯伯爵对于奥地利有一段优美的描述："如今,她只是羽翼上掉落了几根美丽的羽毛,但依旧可以飞得很高。"[27]

波希米亚的情况正迅速朝对奥地利有利的方向发展,和解的时刻终于到来了。波德维尔斯在布雷斯劳签署了初步的和约,规定普鲁士获得了上下西里西亚地区和格拉茨地区。后来柏林和约又确认奥地利只获得了特拉波和耶格斯多夫附近的西里西亚的一小部分地区,但成功保住了波希米亚地区。现在,哈布斯堡的军队可以将全部的力量用于攻击他们其他的敌人,尤其是法国。

布罗里奥带领的军队已经撤离了弗劳恩贝格,而他们的军队物资则落入了洛布科维茨轻骑兵的手中。一支法国的军队在皮塞克寻求庇护,但让他们大为吃惊的是,与此同时纳达斯特骠骑兵(大都是克罗地亚人)一支分队的士兵们嘴里咬着军刀游过了河,然后还一个人踩在另一个人的肩上爬过了城墙,拥进城内的他们大肆杀戮,法军被迫投降。

布罗里奥想要将他疲惫的部队带往布拉格,但法军现在的处境实在是太可怜了。与此同时,对抗玛丽娅·特蕾莎的联军正在瓦解。萨克森人不再希望卷入战争,法国和巴伐利亚则在多瑙河流域败给了更为足智多谋的凯文胡勒。伦敦和欧洲其他地区稍后也纷纷表态,愿意支持奥地利。奥地利军队的成功和她反抗到底的精神让各国更加确信只有奥地利王朝可以与波旁家族相抗衡。随着沃波尔的离职,奥地利政府同伦敦的联系再次变得紧密起来,玛丽娅·特蕾莎也在议会的选举中获得了大量人力和资金的支持。而在俄罗斯,新政府关注着普鲁士,并对其发展越来越怀疑。

与此同时,法国和西班牙的军队在意大利威胁着玛丽娅·特蕾莎在那里的遗产,于是,奥地利的大军在皇家海军和撒丁王军队的帮助下将他们的对手逐出了萨伏依、帕尔马和摩德纳。这支奥地利大军由阿本斯堡·特劳恩领导,他是伦巴第的地方长官,玛丽娅·特蕾莎旗下一位年长的将军。他虽然已不再年轻,但依然是一位出色的战术家,就连腓特烈也承认道:"特劳恩没有击败过我只是因为我们没在战场上相遇罢了。"[28]

特劳恩曾在军中担任过吉多·施塔亨贝格的副官，凯文胡勒指出：

他从这些经历中学到了指挥行军、建立营地时如何从长远去考虑，也懂得了如何在自己军队力量薄弱的情况下进行防守。防卫作战实是他的强项，他在这方面几乎无人能敌……士兵们也都很喜欢他，因为他十分关心士兵们的福利，大家总是叫他"爸爸"。他对他的军官和士兵们格外慷慨，以至于到了晚年，他几乎无依无靠，第二段婚姻几乎是无奈之举，只是为了能有个管家和护工来照料自己。[29]

这些胜利最终换来了缔结和约的机会，然而玛丽娅·特蕾莎拒绝了法国的所有提议。她在整个宫廷面前斩钉截铁地回应法国的建议：

我不会接受法国军队的投降；我不会接受任何提议，任何计划。让他们去和我的盟友谈吧！

而当她的一位大臣不识时务地提及法国将军贝尔·艾尔想要和解的话语时，她大喊道：

这太让我惊讶了，他居然如此厚颜无耻；正是他当初用金钱和承诺鼓动几乎所有的德意志诸侯来攻打我……我有文件可以证明，法国甚至想在我领土的中心引起骚乱；他们想要彻底推翻我的帝国，在德意志的各处挑起事端；我会将这些证明通通传给我的子孙，让他们引以为戒。[30]

布拉格围攻战还在继续，被封锁在城内的法国军队变得越来越绝望。布罗里奥乔装后逃了出去，留下贝尔·艾尔去完成撤退的目标。而这一目标之所以能完成则是因为洛布科维茨亲王能力欠佳。洛布科维茨亲王与他的军队留在了莫尔道河的另一边，仅留下了一小队骠骑兵继续观察法军。于是贝尔·艾尔充分利用了洛布科维茨的自满情绪，率军偷偷溜走，只留下了伤病人员在城中。1.1 万名步兵和 3000 名骑兵就此逃出，而且他们在旷野上行进了 30 多英里都没有遭到任何阻止。

留在布拉格的伤病人员多达 6000 人，洛布科维茨强烈要求他们无条件投降，但遭到了拒绝。守城的人中有一名魄力十足的将领切伏特，他警告对手称，如果不按照战争规定对待他们，他就放火烧了这座城市，于是洛布科维茨为了自己的财富只好屈服，因为一旦着火，他在城内宏伟的宫殿及宫殿里无数的无价珍宝将会第一个遭殃。

贝尔·艾尔当初进入德意志时拥有 4 万名士兵，但如今他回到法国时仅仅剩下了 8000 人，战役远没有预估的那样简单，而他也因遗憾的结局和逃犯的身份备受屈辱。

第二次西里西亚战争及“国事遗诏军”（1744—1745）

尽管法国蒙羞，波希米亚被解放，但法国军队仍然威胁着哈布斯堡王朝更西面的领土。英格兰则改变决定，选择支持众所周知的“国事遗诏军”，之所以称为“国事遗诏军”是因为它的建立是为了保护由奥地利制订的《国事诏书》。于是奥地利、英国和汉诺威的分遣部队结合为反波旁王朝联盟，他们的唯一目标则是消除法国在帝国境内的影响力。玛丽娅·特蕾莎几乎接连在欧洲各地取得胜利，英国也迫切希望分解法国的权力。至此，战争还远未结束。

根据在伦敦的奥地利大臣瓦斯纳所说，英国的目的“完全是为了将波旁家族从意大利逐回洛林，为了稍稍提升国家的威严以此来弥补她因普鲁士国王而遭受的损失”。[31]

奥地利此次的崛起就如同凤凰涅槃、浴火重生。1743 年，玛丽娅·特蕾莎发现情况发生了完全的改变。除了西里西亚地区，她其他的领地都已收复并且远离了解体的危险。如今，轮到她来威胁和报复敌手。尽管普鲁士和西里西亚合并，普鲁士的领土面积增加了 50% 以上，但腓特烈还是不能高枕无忧。

奥地利复兴并收复西里西亚也只是时间问题，而腓特烈则因为对盟友使出的阴谋诡计，成了欧洲最不可信任的人之一。

1742年年初取得的成功让形势有了逆转。玛丽娅·特蕾莎获得了波希米亚王国的皇冠，但她聪明地称其为"傻瓜的帽子"。1743年春天，国事遗诏军到达德意志，对法国造成了巨大的威胁。在这关键的时刻，斯泰尔负责指挥国事遗诏军，阿伦贝格伯爵则作为他的参谋长负责带领这支庞大的奥地利军。2万多名奥地利士兵中多数人都来自奥属尼德兰步兵团。洛布科维茨亲王则离开波希米亚前往上普法尔茨去牵制法国的军队，与此同时，玛丽娅·特蕾莎的丈夫偶然发现了布劳瑙附近的巴伐利亚军队并一举歼灭了他们。几天后道恩从法国的手中夺走了丁戈尔芬镇，之后便与洛布科维茨的军队会合并一同前往伊萨尔河下游的兰道。对于这片美丽土地上的居民们来说，劫掠大军的出现没有什么好处。法军撤退时实行了焦土政策，而奥地利军的克罗地亚杂牌军士兵也同样毫不留情，比如这次，他们就屠杀了丁戈尔芬整个村庄的居民。

慕尼黑再次回到了奥地利手中，巴伐利亚选帝侯也彻底向奥地利政府投降，其军队及官员至少在表面上也都表示忠于维也纳。到了夏天，国事遗诏军驻扎在莱茵河畔，等待英格兰乔治二世前来接管指挥。他们的情况因军队无所事事而渐渐恶化，于是决定撤向德廷根。而法国指挥官诺艾列斯驻扎在河对岸，他很快想到一个方案来阻断对手的撤退路线并将他们封锁在施佩萨特山和美因河之间。

这位法国指挥官计划得十分巧妙，一切也都已准备就绪，可以说此次攻打英国国王率领的国事遗诏军失败的可能性非常小。然而，诺艾列斯手下的指挥官格拉蒙公爵在攻打敌人时太过急躁，犯下了一个严重的错误，他竟命令他的部队在德廷根越过了河流，原本在他们身前的沼泽湿地顿时跑到了他们的身后。格拉蒙此举则彻底让法军的计划失去了原本的建立前提。原先，他们计划用沼泽地带困住敌军并将他们一举歼灭，然而现在法军与对手们的距离让他们极其不安。之前，他们的火炮可以毫无阻拦地纵向攻击正在德廷根撤退的联军，但现在为了避免伤到格拉蒙的军队，他们不得不停止射击。此时，在皇家骑兵队的攻击下，汉诺威和英国的军队开始后退，已有三排英国步兵都被冲破了防线，于是三个大多由顽强的佛兰德人组成的奥地利军团补进了空缺，固守在了英军的第四排防线上。[32]

接着，国王乔治二世带领骑兵发起反攻，于是法军退回到了德廷根，乔治二世的炮兵在那里促成了法军的溃败。法军原本可以在德廷根转败为胜、击败联军，但之后法军却选择了转为防御，而国事遗诏军则成功渡过了莱茵河。最终，法军人员伤亡达 4000 人，是对手的两倍，然而，这场战役还是没有莫尔维茨战役和查图西茨战役血腥残暴。

1743 年冬天，奥地利与萨克森组成防御联盟。玛丽娅·特蕾莎想要继续发起战争，这次她准备攻打曾是哈布斯堡王朝领地的阿尔萨斯，同时她还制订了一个征服那不勒斯的大胆计划。不幸的是，在意大利，洛布科维茨对奥地利军的领导十分松散，士兵们享受着罗马平原上的轻松氛围，在气候的影响下萎靡不振，情况变得越来越糟。一小支西班牙军队则在韦莱特里突袭并击溃了他们的前哨站。再之后，趁西班牙查理七世造访该地区时抓获他的计划以闹剧收场。当时，奥地利军在洗劫当地居民，于是西班牙国王找准时机得以逃脱。所谓的第二次韦莱特里战役保存了波旁王朝那不勒斯的财产，同时也向世人证明洛布科维茨的确是玛丽娅·特蕾莎手下最没有才能的将军之一。

与此同时，腓特烈在阿尔卑斯山以北回顾了他在波希米亚遭受的失败，他担心不久后欧洲罗马帝国的奥地利人就会再次袭击他非法获得的西里西亚，于是便计划在波希米亚重新做出尝试。凭借娴熟的外交手段，他可以再次与法国路易十五和仍是帝国皇帝的巴伐利亚国王结为同盟。如此一来，他便能造成散落在荷兰全境和莱茵河沿岸的奥地利军队无法行军去增援东面的奥地利军。100 多年后，普鲁士军队通过克尼格雷茨战役解除了奥地利对德意志的统治。而如今，腓特烈的设想则与此相类似，除此之外，他还明显多了对领土扩张的贪婪欲望，要知道波希米亚领地可是富饶的土地。

玛丽娅·特蕾莎这边仍然拒绝承认巴伐利亚篡夺的皇帝身份，她轻蔑地拒绝了法兰克福的议会，也并没有隐藏她想要攻打巴伐利亚的意图。此外，她还要联合英国和萨克森，瓜分普鲁士，让法国蒙羞。

法普坚实的联盟建立在玛丽娅·特蕾莎要为她的王朝夺回西里西亚和洛林地区的决心之上。洛林则同阿尔萨斯一样，对法国的忠诚度含糊不清。之后，一支由 7 万人组成的奥地利大军发动侵略，激起了法军强有力的回应。8 月 15 日，超过四支军队都开始调遣部队以逼迫奥地利撤退。腓特烈则使用他惯用的伎俩，找了个借口向奥地利宣战，他与法国宣告要重新分裂奥地利并征服巴伐利亚、波希米亚和汉诺威。

当天就有 8 万名普鲁士士兵进入了波希米亚北部地区。腓特烈狡辩称，"奥地利肯定正在准备夺回西里西亚"，因此"这只是一个先发制人的攻击"。由此，侵略行为则变成了"正当防卫"。腓特烈这些违背事实的论调令人厌恶，他甚至还说侵占波希米亚将会"给欧洲带来和平"。[33]

其实，真正原因则是当时奥地利在意大利北部和南部的军队被困，在荷兰的领土也受到威胁，而玛丽娅·特蕾莎的主要军队距离那里超过 400 英里。因此这对于贪婪的普鲁士国王来说是一个难得的机会。不过，他又一次低估了敌人，或者说更为重要的是他高估了自己的盟友。

普鲁士的三个纵队突袭了布拉格人数处于劣势的奥地利驻军，在短暂的围攻战中，玛丽娅在老城广场的军队遭到了普鲁士火炮的打击，伤亡情况虽不是十分严重，但随后这座城市还是投降了。不过，奥地利军的援军近在咫尺。匈牙利发扬骑士精神，发起战时动员，于是 4 万名匈牙利士兵加入到了奥地利的阵营。同时，由于路易十五突然病危，洛林的奥地利军便跨过了莱茵河，而法军继续追击其后方的人数也是少之又少。10 月 22 日，特劳恩伯爵部署 7.5 万多名士兵向腓特烈所在的地点行进，他与洛林密切合作，拖延时间，不断侵扰和迷惑着对手。

普鲁士国王决定撤军，但在包括潘都尔军在内的奥地利非正规军的攻击下，他训练有素的士兵们陷入了一片混乱。强硬的波希米亚农民一直以来对普鲁士士兵心怀仇恨，他们对其军事前哨发起了猛烈的进攻，于是普鲁士驻军只好投降。接着疾病肆虐，普鲁士国王就这样看着自己的军事机器彻底毁灭。绝望中，腓特烈向玛丽娅·特蕾莎求和。但他很快意识到，只有彻底从波希米亚撤军才能避免这场灾难。于是他（再一次）放弃军队，撤回了西里西亚，独留困在布拉格的普鲁士军在人们的嘲笑奚落下行军向北回到西里西亚。但他们连一丝喘息的机会都没有，很快便在圣诞节前被奥地利夺去了上西里西亚。在这次"保护"行动中进入波希米亚的普鲁士军队损失了 3 万人。

而奥地利的胜利还不止如此。还有个好消息从巴伐利传来，即查尔斯在他的一位家仆那听说奥地利胜利的消息后，突发痛风，并于 1745 年 1 月 20 日去世。这位篡夺神圣罗马帝国皇位的巴伐利亚人最终成了"后人的前车之鉴"，"人不应该好高骛远，自己没有权利、没有资源、没有卓越的能力，就不该贪图高位，不然便会陷于艰难而危险的境地"。[34]

临终之时，他感到后悔不已，他意识到他让自己和国家陷入了灾难，上演了一场"法国操纵的帝国盛典"。于是他力劝自己的儿子放弃帝国皇帝的称号并尽快和玛丽娅·特蕾莎达成和解。

与此同时，意大利的皮埃蒙特人在主要是克罗地亚人的奥地利几个团的帮助下驱逐了波旁王朝的军队。不出所料，腓特烈现在迫切地希望能够和平解决问题，但事实证明这很复杂。"没有谁比我遇到的危机更大。"他毫不掩饰地写道，"我只能向我的幸运星祈求帮助了。"[35] 如今，英国新政府的辉格党是亲奥地利派，他们给维也纳政府提供了 20 万英镑的资金和汉诺威的一支分队。有人甚至还提出要瓜分普鲁士，但玛丽娅·特蕾莎同往常一样，她现实地指出："瓜分熊皮的前提是杀死它。"[36]

普鲁士的复兴

巴伐利亚在与维也纳和解前犹豫不决，1745 年 3 月 21 日，巴塔尼在同是天才将领的布劳恩的协助下，向巴伐利亚选侯军队发起了一场名副其实的闪电战。几周内，每一支遇上他们的巴伐利亚驻军不是逃跑就是投降。而在普法芬霍芬，西格尔则领导了一小支法国军队进行了抵抗。激烈的肉搏战中，潘都尔士兵可怕的名号再次打响。凡是他们能找到的法国士兵，不论是否伤残，一律被残忍屠杀。法军对于近距离作战的强度十分陌生，因此士兵伤亡率也非常高。当西格尔撤退时，潘都尔士兵在骠骑兵中队的协助下威胁着法军后方和侧翼，使他的部队溃不成军。直到太阳落山，西格尔的军队才有了喘息的机会。他6500人的部队中只有2000人幸存。

无疑，比起那些还在挣扎的巴伐利亚人，这让再次以胜利者的身份进入这座城市的奥地利人在慕尼黑的和平谈判中占了上风。一周内，巴伐利亚的选帝侯便同意承认《国事诏书》并签订了《富森条约》。

尽管该条约的签订对于奥地利军队是一件非常值得庆贺的事，但事实上为了加强巴伐利亚对玛丽娅·特蕾莎的承认，条款内容也比较温和。玛丽娅·特蕾莎以其对德意志南部的敏锐洞察，在给巴伐利亚选帝侯的一封信中写道："一切伤害都源于我们两国的不和。"于是，巴伐利亚同萨克森一样加入了反普鲁士的阵营并承认玛丽娅·特蕾莎的丈夫为神圣罗马帝国的新任皇帝。玛丽娅·特蕾莎就此征服了觊觎哈布斯堡王朝王位之人。最重要的是，有了巴伐利亚的保障，法国与普鲁士在地理上不再相连。从此，奥地利将投入到两个完全独立的战争中去对付两个不同的敌人。敌人们虽都十分厌恶奥地利，但却无法再形成一个有力的联盟。然而，就在一切都似乎在向有利于玛丽娅·特蕾莎的方向发展时，事情又开始变得糟糕起来。

起初在丰特努瓦，奥地利国事遗诏军的分队只有八支龙骑兵和轻骑兵中队，法军的天才将领莫里斯·德·萨克森以智取胜，战胜了没有经验的坎伯兰公爵，率军粉碎了英国的步兵团，而此次战役则是整个奥地利王位继承战中最具决定性的一场战役。法军取得的胜利对英国造成了持久的创伤，因为爱尔兰军团在战役中支持法国作战，帮对手取得了辉煌的胜利。但此战对于维也纳来说却相对不那么重要。的确，腓特烈在总结这场战役对于他攻打奥地利的意义时也称"抓个普通人都比这个有价值"。

此后不到一个月，在霍亨弗里德堡，由洛林查理亲王领导的奥地利军在萨克森的支持下继续作战，却整个陷入了普鲁士精心设计并成功实施的陷阱之中。而在此前，洛林长期占据优势，向来是势不可当的。奥地利之前取得的成功中有很大一部分都归功于他独特的才能，但这也让他滋长了傲慢自大的情绪，进而使奥地利军队滋生了两大恶习：惰性和自满。这两大恶习也在很长一段时间内给哈布斯堡王朝的军事行动蒙上了阴影。

腓特烈的策略像往常一样有着惯用的伎俩和虚假的信息，但其中最重要的则是他步兵团的战略。"要想捉老鼠，必须先设个圈套。"腓特烈如此说道，并且也完美地将这句话付诸了行动。首先，他命令一些军队向西行进以表示他无意于战争。之后，他又利用了他重组的骑兵。他对马扎尔人的骑兵印象深刻，于是便从反对奥地利的匈牙利人当中成功招募了一些骠骑兵。上述的部署成功掩盖了他真实的意图。最后，他还有了一批遍布各地的间谍，负责帮助他四处散布谣言，谎称他生了病，无心战斗。

之后，他像洛林所期望的那样进入了西里西亚。而此时，洛林的军队与他萨克森的盟友正分散在朗德斯胡特附近休整，骑兵则在粗略地进行侦察。但事实上，战争开始时，洛林军的士兵甚至都不在马旁。

腓特烈在暮色的掩护下（他还命令他的士兵点燃营火）率军在奥地利前线行进了4英里并于早上5点向萨克森人发起了攻击。伴着"绝不原谅萨克森"的口号声，他们开始报复萨克森人变幻无常的态度，而这也意味着他们彻底放弃了这位盟友。那日，普鲁士军确实没有收留几个俘虏。

两个小时后，普鲁士的骑兵将他们的对手萨克森人逐出了战场。萨克森的步兵士气低落，普鲁士则轻松取胜，这让普鲁士的士兵们劲头十足，于是他们积极向奥地利军发起了三次猛烈的进攻。在前两次进攻中，普鲁士军都被奥地利军轻松击退，但最后一次进攻却让奥军士气大减，于是他们便冲破了防线，奥地利军只好逃离战场。这也是普鲁士的骑兵在普奥战役中第一次显示出熟练的技巧并占据了优势。他们甚至抓获了奥地利的贝利欣根将军，但这位将军却轻蔑地瞥了一眼抓获他的人并用奥地利典型的傲慢口吻问道："我难道真的要被一群暴徒带走？"[37]

奥地利骑兵的失败着实出乎人们的意料。战争中，普鲁士近乎机械化高效的步兵不受干扰地面对着奥地利骑兵这一劲敌，他们镇定地进入了奥地利阵营的直射范围——贡特尔斯多夫村庄和托马斯伐道之间的地带。但现在轮到普鲁士军感到惊讶了，完全没有设防的奥地利军依旧发起了两次具有毁灭性的排枪攻击并还坚持着继续向前推进。半个多小时内，奥地利的步兵充分证明了他们强大的防御能力，甚至差点就保住了自己，但随后普鲁士的战线突然出现了一个缺口，拜罗伊特的骑兵由此冲出并向奥地利的步兵发起进攻，给奥地利军带去了不幸的结果。

20 分钟内，仅仅 1500 名骑兵疯狂般践踏了奥地利的两大战线、5 个步兵团和大约 25 个营，并将他们彻底粉碎。以当时的标准来算，无论在数量还是比例上，奥地利军的损失都是相当惊人的。洛林军中战死、受伤和被俘的人员多达 1 万名，而普鲁士的损失仅仅只有这一数字的 1/5。66 面军旗、大量枪支以及包括 8 个银制军鼓在内的大量其他战利品也全都落入了普鲁士军的手中。4 名奥地利指挥官被杀，多名将军被俘。这次，洛林非同寻常地坦率总结道："在霍亨弗里德堡，我们身处一个你能想到的最有利的位置但却遭到了彻彻底底的失败。"

查理退回到波希米亚休整军队并重新组建他支离破碎的军队。随着增援力量的到来，他也渐渐重拾信心，他的骑兵和非正规军开始不断侵扰普鲁士军。富有天赋的纳达斯特是匈牙利轻骑兵的指挥官，不久，普鲁士军便出现在他的视野内。这一次，洛林不再"盲目"，他和匈牙利军一同计划，准备向西边的普鲁士军发起勇猛的进攻。

然而不幸的是，他们从计划到实施中间拖得太久。相反，真正"突然的"是普鲁士军的攻击，他们除了发起了极具破坏力的密集火力炮击，还与敌人保持平行，凭借军队良好的纪律让前线的战斗有了 180 度的变化。普鲁士的骑兵又一次将奥地利的骑兵逐出了战场。索尔战役体现了普鲁士骑兵的优势。洛布科维茨亲王的龙骑兵对普鲁士军的反攻失败了，这让洛布科维茨十分愤怒，他下令立刻枪杀 3 名懦弱的军官，但之后他的军队士气低落，遭到蹂躏，而他自己也摔入了一个壕沟之中。

事实证明，匈牙利的轻骑兵已不如以前可靠。他们冲到了普鲁士的军营，把战役高潮的宝贵时间都浪费了，本可以给普鲁士军后方制造混乱的他们此时却忙着劫掠腓特烈的营地、抓捕士兵、抢夺金银（而不去理睬他的信件和命令）。纪律散漫、缺乏协作是奥地利军队的主要特征，虽然这次战斗不如霍亨弗里德堡战役激烈残忍，但结果都是一样的。普鲁士步兵在三次推进失败后最终攻进了奥地利军左翼的关键位置——格拉纳-库柏高地，那里有六个营、超过 15 个精英掷弹连和 16 门大炮。几乎同时，奥地利军的中心位置也开始崩溃，洛林只好下令撤军。年轻的道恩军官巧妙地组织掩护，奥地利军这才得以有序地进行撤退。

但在霍亨弗里德堡，失败已是注定的了。奥地利军骑兵的弱点也再次凸显。尽管他们十分勇猛，但还是不敌普鲁士军。索尔战役说明在人数上不占优势的普鲁士军依然可以击败奥地利人。哈布斯堡王朝的军事机器现在真要好好总结一番。对此，腓特烈写道："如果奥地利人不能在索尔战役打败我，那他们就永远不会打败我。"[38] 然而事实证明，这话多少有些过于自负。

1745 年腓特烈获得的一系列胜利让维也纳的和平派占了上风，英国苦于詹姆斯党的叛乱，迫切希望盟友奥地利能专心投入到对抗法国的战役中去。索尔战役的失败则让他们看到了进行外交努力的可能。12 月 25 日，西里西亚连同格拉茨地区被割让给了腓特烈。对于奥地利来说，这在很多方面都是一个巨大的损失，他们损失了超过 122 万勤劳的人民和极其丰富的矿藏。玛丽娅·特蕾莎则承诺不会诉诸武力收复她这块"王冠上的宝石"。事实上，十年后当两国再次敌对，玛丽娅·特蕾莎遵守了她的诺言，而腓特烈却再次发动了侵略。

1745 年伊始带给哈布斯堡王朝无限的希望，然而到了年终，奥地利阿尔卑斯山以北的军队却士气低落、精疲力竭。荷兰的情况则稍好一些。英国因本国斯图亚特王朝的紧急情况而无法提供充分的支持。在荷兰的一些地区，亲法派占据着上风，因此他们对奥地利的态度也始终摇摆不定。只有玛丽娅·特蕾莎的丈夫弗朗茨加冕为皇帝一事给人稍许安慰。令人骄傲的帝国双头鹰图案也回到了奥地利军队的军服和旗帜之上，奥地利也因加冕的象征意义而威望大增。

在意大利，奥地利军在文策尔·利希腾斯坦亲王极具创造力的领导下夺回了米兰和帕尔马，在皮亚琴察打败了西班牙和法国，获得了重大的胜利。事实证明，奥地利的步兵和骑兵与波旁王朝的军队实力相当，而文策尔对于炮术的兴趣也很好地帮助了奥地利军。只损失了700人的奥地利军给对手造成了1.5万人（包括俘虏）的损失。

奥地利的挫折

夺回米兰后，奥地利军则将余下的时间用来镇压热那亚人，奥地利人占领了他们的土地，这也让他们的盟友皮埃蒙特－萨丁尼亚的查理·伊曼纽尔十分气恼。奥地利军在博塔·德·阿多诺的带领下占领了热那亚，而这对他们来说并不是多么辉煌的胜利。他们之所以能进入该城市其实很大一部分也是靠运气。这些充满智慧的人们拼尽全力，想要进行彻底的改革，包括剥夺主张寡头政治的贵族阶级的公民权，这完全不亚于一个新的政治制度。但热那亚的大贵族家族自然不会轻易接受。

在这里，奥地利的占领者们行为粗鲁恶毒。1746年12月5日晚，当一名奥地利军官蛮横地要求当地人将掉入壕沟的迫击炮搬出时，人们阴沉地看向他，之后便开始朝他的军队扔石头。奥地利军急忙在乱石中退下。几个小时内，人们的愤怒很快蔓延到城内的另一处地方，要求"自由"的抗议声此起彼伏，紧接着，人们又开始呼喊"拿起武器"这一更具威胁性的口号。博塔简直不敢相信发生了什么，起义爆发了。因此，他不得不丢下2000多名俘获的士兵，离开了这座城市。对此，法国的一名领事写道："从未有过这样的事。"玛丽娅·特蕾莎也大为震怒，她急忙明智地任命更有能力的舒伦堡取代无能的博塔。而对于博塔的离开少有同情的论调，英国的一名大臣哈德威克评论道："很多年前他就该被处以绞刑。"[39]

玛丽娅·特蕾莎希望自己的决定是正确的，她想要得到意大利半岛上波旁王朝的财产，特别是那不勒斯，但荷兰发生的灾难使得这一计划只能暂缓。另外，拉菲尔德战役让莫里斯·德·萨克森这位大元帅声名远扬，他在坎伯兰郡赢过了人数占绝对优势的国事遗诏军，他协调部署，发起进攻，阻断了英国军队与奥地利盟军的联系，奥地利的骑兵只得尽力掩护英军撤退。法国的损失是英奥联军的两倍，这也是奥地利王位继承战中最为血腥残酷的一场战役。如今，奥地利的军队疲惫不堪，但它的敌人也好不到哪儿去，而每个参战国此时也都想方设法地想要逃离这无休无止的残酷战斗。意大利的布劳恩虽对战争的苦难并不陌生，但也同样厌倦了不停的杀戮。

1748 年《亚琛和约》的签订给了奥地利急需的喘息机会。而玛丽娅·特蕾莎对她大部分的军队多少还都是满意的。虽然她的军队最终被普鲁士军击溃，但他们完成了捍卫王朝的使命。没人能够质疑他们的力量、威望和奥地利王朝的存在。法国曾试图"消灭"奥地利，但她通过上奥地利和波希米亚的战役明白了这是完全不可能实现的目标。同时，旧的"帝国"军队在战争过程中短暂地成了"奥地利"军队。在玛丽娅·特蕾莎的丈夫加冕为帝国皇帝之后，这两个称号则在接下来的一个世纪合二为一。

奥地利王位继承战争中一系列的战役都极其血腥暴力。人民陷于水深火热之中，社会秩序混乱不堪。在这所谓的文明战争时代，所有参战国的暴行简直骇人听闻。英国军队在莱茵河地区掠夺教堂并经常烧毁村庄。普鲁士占领萨克森和波希米亚后同样罪行深重，一名历史学家称之为"残忍暴行的典范"，而法国人对平民的行为同样十分野蛮。对于奥地利军，尽管玛丽娅·特蕾莎努力向其军队灌输不同于"残酷的普鲁士"军的思想，但还是没能阻止奥地利军的暴行，而她的非正规军，尤其是潘都尔军，正是因他们对平民无情残暴的行为而变得臭名昭著。在利古里亚海岸，奥地利常规军尽管没有像非正规军那样对虐杀平民充满激情，但他们的行为也是同样恶劣。这些暴行大多不是军队允许的，但却时常发生，然而当中只有很少一部分受到了惩罚。（奥地利王位继承战中的死亡人数估计高达 500 万。[40]）

在接下来的 8 年里，玛丽娅·特蕾莎的作为则证明了她既是一位勇敢的君主，也是军事策略及组织方面的一名积极的改革家。当奥地利军再一次进入战场，他们便不再懒散消沉，也不再缺乏有纪律性和精力充沛的领导。1756 年，玛丽娅·特蕾莎的军队充满了战斗力和生命力。此外，《亚琛和约》和它之前的和约让奥地利对欧洲其他地区的态度产生了微妙的变化。伟大的皇后不仅从对她继承权构成致命威胁的一系列战争中存活了下来，还加强了对其领地的控制。她在网罗人才方面也展现出了惊人的能力，现在，她将收获这些才能带给她的硕果。

文策尔·考尼茨（1711—1793）伯爵（后来被封为亲王）是奥地利的大臣，尽管在这个阶段他只是一名小小的外交官，但他已清楚地认识到：比起英国，法国能带给哈布斯堡王朝更多的支持。因为除了少数优秀的军队外，英国的军队在欧洲的战场上是很不起眼的，他们多次在低地地区败给了法军。而且英国给奥地利的资金支持往往会加入很多附加条件。

于是，玛丽娅·特蕾莎为考尼茨提出了一些实用的建议："比起乞求外资，在未来最好还是要依靠自己的力量，不然就要永远成为别人的附庸。"[41] 考尼茨也接受了提醒。非天主教的英国在给予支持时总是带着"实用主义"的假面，穿着伪善、嘲讽的华服，对待玛丽娅·特蕾莎的态度也十分冷漠。另外，玛丽娅·特蕾莎的丈夫有一段时间还曾在伦敦被切斯特菲尔德勋爵[42] 引荐到英国共济会任职，而他也对伦敦政府的行为感到不满。但要想与法国联盟，那就真的需要戏剧性的转折了。然而奥地利很幸运，而腓特烈和他的普鲁士则很不幸，因为考尼茨完成了他的目标。在这场外交展开的同时，哈布斯堡王朝的军队也进行了全面的改革。

第五章　奥地利的复兴

玛丽娅·特蕾莎的军队成功抵挡了来自三面的大举入侵。士兵们在战斗中常常表现得英勇无畏，却无法给普鲁士的军队以重创。他们在七年战争的前期阶段所进行的改革则大大增强了玛丽娅·特蕾莎军队的士气和战斗的效力。当战争再次开始，普鲁士所面对的哈布斯堡王朝军队已然焕然一新，不似从前。

利希腾斯坦亲王和奥地利炮兵部队的现代化进程

1748 年 2 月 8 日，许多杰出的高级官员在维也纳召开会议商讨军事改革的相关事宜。改革由洛林负责管理，而利希腾斯坦和哈拉赫则在文策尔·沃利斯及两名天才军官道恩和舒伦堡的支持下负责执行具体的工作。其中，利希腾斯坦和道恩当数最为热心的改革者。前者是阿尔卑斯的亲王，他的级别、财富和地位由他的后人一直继承至今日，与奥地利高等级的贵族完全不在一个水平上。（利希腾斯坦家族的巨额财富传说与点金石的秘密有关。）利希腾斯坦家族讲话充满了独特的口吻，他们至高的身份和充满实际的唯物主义思想则让他们观点立刻显得现实而又严肃，因此，他们也总是远离奥地利王朝的轻率行为和气氛，陆军元帅约瑟夫·文策尔·利希腾斯坦也不例外。由于军队需要最智慧的头脑，因此炮兵部队的改革任务就落在了他的肩上。查图西茨战役中，在前排率龙骑兵作战的利希腾斯坦曾受过伤，而那次战役给他留下很深印象的则是普鲁士的82门大炮，那些大炮要比奥地利过时陈旧的大炮好得多。由于伤病，利希腾斯坦终止了他在战场上活跃的军事生涯，下定决心要用余生的精力为哈布斯堡王朝创建出全欧洲最好的炮兵部队。

他的实验有他个人巨大的财富作支持，因而不需要从奥地利的国库中要一分钱。他自费邀请了一批欧洲最杰出的炮手给他建议，其中有来自丹麦的艾文森，来自科林的福伊尔施泰因兄弟，来自普鲁士的施罗德，来自萨克森的"火焰魔王"鲁夫鲁瓦，甚至还有来自法国的可怕的格里博瓦尔。几年后，当利希腾斯坦完成了军队的整顿改编，奥地利的炮兵部队则成了整个欧洲最优秀的炮兵部队且这个荣誉的称号伴随着它一直走到了1918年。奥地利在利希腾斯坦之后取得的成果也都建立在他于18世纪50年代所打造的坚实基础之上。

另外，这些改革考虑到了地理和民族特性，而利希腾斯坦还很快意识到炮兵部队不能交给没有受过教育的普通士兵。事实证明，这些认识很有远见，对20世纪的中欧军事工业发展产生了重大影响。这位亲王更是一劳永逸地在波希米亚为哈布斯堡王朝的炮兵部队建立了军事大本营。他知道，波希米亚这一地区居住着德国人和捷克人，他们不仅是帝国领土上最具智慧的种族，还坚强且充满韧劲，幽默又富有想象力，实际但充满活力，最重要的是他们面对战争时十分冷静沉着。但利希腾斯坦是怎么知道这些的呢？这是因为他的家族占有波希米亚和摩拉维亚的大片领土，而他则充满智慧，对这一地区的人们十分关注。可以说，是波希米亚振兴了利希腾斯坦家族，使他们远远超过了阿尔卑斯的一般贵族。另外，利希腾斯坦将炮兵的总部设在了布德维斯，以此来确保炮兵的军饷比步兵多出1/3。

当文策尔·利希腾斯坦刚开始他的工作时，哈布斯堡军队只有 800 名受过训练的炮兵。到 1755 年，军队已经有了 3 个由 33 个连队组成的炮兵旅，[1] 还增加了燧发枪团，他们负责帮助炮手移动和保护大炮。另外，弹药队和矿业公司也建立了起来。炮兵"集中地"也略有增加，有 768 门 3 磅炮和一些 6 磅炮炮阵。在维也纳附近的埃伯加辛，大炮铸造也趋向"现代化"，瑞士的机械天才杰奎特是个文盲，他发明了新式的水平钻机。在玛丽娅·特蕾莎的统治期末，军队有 600 多门 6~12 磅的重型炮和将近 1.5 万名士兵。炮架车轮和其他部位的标准化统一则是这一新式武器的重要特征。

在这一庞大的火力军队中，演习和练习自然必不可少。利希腾斯坦坚持每周至少要进行两次全面的训练。1722 年，帝国颁布法令，规定炮兵身着带有红色镶边的棕色军装以和穿着白色军装的普通步兵区分。玛丽娅·特蕾莎称，她总是对这些细节性的东西有着强烈的兴趣，"军装的重要性在于显眼而不是名贵"。一个多世纪后，1900 年，巴黎的展览会上展出了这种棕色和红色军装的现代版，该军装将美观性与实用性很好地结合在了一起，并获得了一等奖。

炮兵不仅军装独特，军衔的等级也很独特，采用了古色古香的名称，如炮手、少尉、中尉、上尉，等等，炮兵部队相比于传统的军团有着更接近中世纪公会的精神，有自己的仪式和语言。军官军衔的晋升也严格按照功绩评定且往往是从军队内部选拔。候选人首先要在布德维斯的炮兵训练基地学习几何、弹道学、水力学和防御科学。

《1757 年炮兵条例》规定："我们要通过授予荣誉和提供良好的待遇来鼓励我们的士兵尽职尽责，而不是通过不合时宜的暴力行为。"[2]

除了这些改革，皇后还听取了利希腾斯坦的建议，建立了福利机构来照顾炮手的家庭，特别是照顾在布拉格、科林和兰茨胡特的寡妇和孤儿。[3] 与此同时，利希腾斯坦对军械方面进行了彻底改革。安东·福伊尔斯坦作为菲尔德炮兵队的长官，通过缩短和减轻炮管尽量减轻了火炮的重量。炮架的改革也同样受益于这种实用的方法。另外，他还建立了标准的车轴，适用于两种类型的炮架车轮。这样的一致性意味着当军械出现故障时，军队可以更方便地使用备用零件。

此外，每门炮上都标有编号，每个部件上也都按顺序做好了标记，这样每位士兵就能认清自己的装置和部件。"无论是军官还是士兵，他们都密切关注着自己设备和弹药的保养维护并以此为荣，因此所有的军械设备都得到了细心的照看。"[4]

最重要的是，为了使大炮看起来更显眼，炮架和炮架车轮都被涂成了代表帝国的颜色（有黑色、金色和黄色）。而给大炮涂抹油漆"则是为了更好地保护大炮抵抗潮湿和其他的气候条件"，通过这种办法，"木头可以变得更加耐用，成本也减少了很多"。另外，利希腾斯坦积极的改革中还包括了奥地利的弹药改革。新式弹药以其强大的燃烧性能和威力而闻名，而当用亚麻布制成的弹药筒裹着这种弹药，并用弹托将两者绑在一起后，弹药的威力就会变得更大。

另外，弹药筒的亚麻表面还会涂上糨糊，最后再涂上白色的油漆。因为这样一来，火药就能被紧密地压缩在一起，产生最大的威力。

骑兵改革

其他军队的改革在彻底性和创造力上虽远不如利希腾斯坦对炮兵部队的改革，但多多少少都受到了他改革精神的影响。受到影响的军队甚至包括享有很高声誉的奥地利骑兵，不过他们的改革总的来说不如其他军队成功，或许这与骑兵军队固有的保守主义有关。

1748 年签订和平条约后，奥地利骑兵团的人数由 1000 人减至 800 人。骑兵部队被分为了四个不同的单位：胸甲骑兵、龙骑兵、轻装骑兵和骠骑兵。其中，骠骑兵同其他非正规骑兵一样保持着自己独特的传统和服装，但玛丽娅·特蕾莎考虑到他们是正规军，于是很快就明确表示希望他们的服装能更加统一。一时间，"服装统一"成了那时的标语，而骑兵则比步兵在服装上的开销更大。一名掷弹兵的服装需要 7 弗罗林，而一名胸甲骑兵的穿着则需要 56 弗罗林。由于皇后十分厌恶军官们着装各异，于是她在 1749 年颁布了一项法令，规定战马的装饰必须统一，所有军团使用的金银数量也需完全一致。

少数轻装骑兵军团试图用非匈牙利轻骑兵来均衡骠骑兵的优势，因而这些少数团体很快组成了一支精英组织，他们的军装是带有红色或黑色镶边的绿色外衣（低地国家遗留下的传统服饰）。后来，玛丽娅·特蕾莎的儿子约瑟夫二世仿照普鲁士的腓特烈身着戎装的肖像，经常穿着第一轻装骑兵团中陆军上校的绿色军装。1765 年，弗朗茨皇帝去世，他的儿子约瑟夫即位，"联合摄政"也由此开始。此时，轻装骑兵团的军官按规定则需统一身着带有红色袖口的浅绿色的外衣和稻草黄的马裤。

其他一些骑兵团则设法与特蕾莎商议统一着装的问题，想要获取例外的权利。每一次的申请也都是由皇后亲自做出回应。特蕾莎为表彰拉图尔龙骑兵团的功绩，允许他们穿绿色的军装但不用像时下其他军团的士兵那样留胡子。萨伏依骑兵团同样作战英勇，他们的陆军上校林登伯爵（萨克雷的小说《巴里·林登》中的英雄人物就以该人物为原型）在多次调解后也获得了特权，他们可以穿带有黑色镶边的红色军装。当有人问及玛丽娅·特蕾莎为什么给了林登这样的特权时，她言简意赅地回答："因为林登的骑兵团很好。"[5]

玛丽娅·特蕾莎个人的骑术很不错，这也让她对轻骑兵的使用有着很独到的见解，但她常识性的观察往往会刺激到她保守的士兵们。例如，她"建议"所有骑兵团都要统一着装，这让士兵们，尤其是配有卡宾枪的骠骑兵军团大为恐慌。另外，她还抱怨称很多指令太长。她坚持道："指令越短越好。"还有一次，她看到了骑兵有一种训练尤其令人疲惫，为此她立刻写下指令废除该训练内容，她指出："改变这种状况十分重要，因为它带给我很大的冲击，这完全不是军队该有的样子。"[6]

皇后不仅严格对待训练，她还沉浸于骑兵战术的研究和实际的应用之中。很长一段时间内，人们都在争论骑兵在队伍中射击的功效，而玛丽娅·特蕾莎则说道："我并没有很认真地对待骑兵从马上射击的问题。"[7]

她很快处理了一些其他问题，其中包括骑兵军团是否需要鼓手这一备受争议的问题。鼓是非正规骑兵军中必不可少的东西，在军事前沿的士兵们目睹并引进了这一源自土耳其长久以来的传统。但皇后认为"完全没有必要"要鼓，而是强烈要求增加更多的号手。

另外在每一点上，她都尽量减少上校的影响并提高整个奥地利军官团的地位。她的高级指挥官发现，即便是最细小的东西也逃不过她的眼睛，不管是骑手手套的制作，尤其是正面绿色的色泽、发粉的使用，还是马靴的样式，她对所有的这些都会给出意见。

骠骑兵

花销对于骠骑兵军团同样是个重要的问题。皇后继承她的领地时，共有八个正规骠骑兵团，每个团有 10 个连，每个连有 100 人。当玛丽娅·特蕾莎在普雷斯堡展现了其风采之后，特兰西瓦尼亚和匈牙利的巨头大亨便招募到了各种各样的"狂热分子"，他们共同组成了"起义军"的一部分。皇后决定，一旦恢复和平，就减少骠骑兵的花销，使其良好地继续运转。

而历史学家维孔特·德·米拉博在其关于普鲁士军事系统的名著中提到，骠骑兵身上的一些特质让他们并不顺从于传统的组织。米拉博在 1788 年指出："匈牙利人对于计谋和策略有着与生俱来的天赋。他们的国家到处都是马，因此匈牙利人在童年时期就成了骑手，在这半开化的土地上他们无事可做，就去驯马，教会马各种各样的技巧……这样的成长环境则使匈牙利人不用再经过进一步的培训就能成为一名完美的轻骑兵。"[8]

米拉博还指出，在"这种训练"下成长的士兵很难接受统一的行政管理。骠骑兵和"德国"骑兵都有同样的规章制度。如今头一次，所有的军团都能收到固定的军饷。因此，按理说军队应该不再"需要"通过抢劫掠夺的方式来获取钱财，然而骠骑兵依旧因为他们传奇般的剑术（一剑就让一名法国人的脑袋裂成四块）招致了可怕的名号。

　　事实证明，骠骑兵是很难被驯服的。一位观察家指出，整个法国军队中仅有不到 20 个指挥官没有遭受过玛丽娅·特蕾莎骠骑兵的大肆掠夺。骠骑兵们铺张浪费，在军装上的花费很大，但他们还不接受任何试图削减他们开销、改变他们军装颜色的规定。皇后严格规定了他们长袍和斗篷的长度和样式，还颁布法令要求他们的皮制上衣和长袍的颜色都要统一为宝石蓝，但这些都完全没能落实，就连军刀刀刃要统一为长 32 英寸、宽 1.5 英寸的规定也同样没能执行下去。实际上，他们上校提供的军刀通常都是不同规格的。匈牙利的封建制度加强了上校的私有权利，他们通常都将自己的军团看作自己威望和财产的延伸部分，甚至给军团专门配有当地的裁缝，这些裁缝通常都是犹太人。另外，在维也纳和杰尔的边境线上还兴建有许多军装制造工厂。直到今天，西班牙马术学校中华丽的头饰都还是那时一批工匠的后裔所制作的。

　　此外，这些辛勤的工匠还负责制作一些带有上校饰章而非王室或帝国首字母的军刀挂套、鞍垫和一些其他马具等，骠骑兵的军旗也同样出自他们之手。代表国家的军旗一面是双头鹰图案，一面是圣母玛利亚的图案。而军团的团旗上则将圣母玛利亚的形象换成了上校名字首字母组合的图案。

　　除了这些与众不同外，匈牙利骑兵团的马鞍也和其他骑兵团的马鞍不相一致。他们的马鞍和马镫都很轻，马镫非常短，因此马刺正好位于马的胸部附近。这无疑让骑手和坐骑都有些紧张，但这种紧张的情绪能很好地促使士兵集中精力。此外，士兵们从不往头发上扑粉，而是将头发编成辫子垂到腰间，看起来十分具有异国情调。

　　这些骑士的传奇故事广为传播。于是在 1743 年，腓特烈派遣了一名秘密特使前去维也纳贿赂并诱劝一些匈牙利人去柏林将军团，训练得他们如同齐腾带领的军团一般，一位名叫冯·哈拉兹的匈牙利人选择了叛变。起初，这些努力只获得了部分的成功，但之后，在塞德利茨的带领下，他们取得了引人注目的成果。正如我们之前提到的，在索尔战役中，普鲁士的骠骑兵可以说终于具备了真正的实力。

步兵改革

对于奥地利的步兵来说，改革更加迫在眉睫。与普鲁士的急行军和练兵场上整齐划一的士兵们相比，奥地利的步兵虽然顽强勇敢但却不够敏捷，缺乏创造力。自 1740 年玛丽娅·特蕾莎继承了 44 个步兵团后，步兵团就一直处于不断改进的状态之中，不停在进行改革。连队的解散、团的大小、每个团分得的掷弹兵数量以及战略战术、训练演习、军装样式等等都随着改革翻天覆地的变化而一直处于变化之中。

到了 1769 年，奥地利的步兵团中每个独立团拥有 2000 名兵力。共有 3 个营，2 个掷弹兵连队，每个连队有 120~150 人。起初，这些掷弹兵连队配有手榴弹，后来，他们逐渐成了突击队。军队中身材最高、最勇敢的人则戴着高高立起的熊皮制成的帽子，显出高傲而又凶猛的姿态。另外，团中每位士兵还配有弯形军刀。另外有所改进的是，他们的步枪枪柄是由抛光的胡桃木制成的，而不是像燧发枪步兵团的枪柄那样由普通的榉木制成。

军团上校的声誉很大程度上取决于团的人数和外观。因此，奥地利想要将掷弹连合并为一个团，甚至是一个作战单位，但这一计划起初却失败了。虽然如此，当时的科尼亚佐观察称："在军中，为鼓励一个人只需简单地授予他一顶熊皮帽，他便能振作起来，更勇猛地作战。"[9]

渐渐地，将精英连队合并、组成专门编队的想法受到越来越多人的赞成。另外，1748 年后，步兵团的改革也使得将每个团的两支掷弹兵连队分开变得越发容易。正是由于这一改变，他们在下一场战争中对敌人产生了毁灭性的作用。同时，奥地利还提高了军饷待遇，特别是下级军官的军饷。不过他们的军装花销还是不可避免地引起了皇后的注意。1755 年 6 月 5 日，皇后要求步兵"在军装多余的装饰上应该尽量节俭一些"。因此，普通士兵的军装变得简单朴素，仅仅靠剪裁的优雅和色彩的效果来彰显魅力。与之相反，普鲁士和英国军队的军装则显得隆重而华丽，更不用说法国军队的军装了。此外，为了在战争的迷雾中区分自己的士兵同另一个也穿白色军装的他国士兵（比如法国士兵），奥地利军还多了一个传统，那就是夏季时在每个士兵的头饰上插一根橡树小树枝，冬季则是松树小树枝。这一传统延续得比白色军装还要久一个世纪，这也是哈布斯堡王室军队的特征之一。

现代读者或许会产生疑问，没有染过的白色羊毛或珠光灰羊毛怎么可以用于制作阅兵和战斗时穿的军装呢？事实上，未染色的羊毛可以通过白陶土漂白成耀眼的白色。而 18 世纪染料不佳，其他蓝白色、红色和绿色的军装都会随着时间的流逝而掉色，相比之下，哈布斯堡王朝的军装颜色则显得很实用，也没有谁提出过异议。另外，士兵们的军装还装饰有醒目的红色、绿色、橙色、黄色、蓝色和黑色的饰带和各种颜色的纽扣。

1765 年，玛丽娅·特蕾莎表示对旧的军装很不满意，于是新产生了一种更短、更轻的军装，她表示："我一以贯之的主要目标就是加强对士兵的保护，减轻他们的负担。我始终铭记这一点，因此决定换一种更能帮助他们抵御寒冷和潮湿，同时又很轻便的军装。"[10]

与这种轻便军装配套的还有大衣，这种舒适的大衣可以帮助士兵们抵御险恶的环境，很受欢迎（它也是任何逃兵最不愿舍弃的东西）。但这些改进在之前的几年里都失败了，因为它触犯了一些人的既得利益，遭到了他们的强烈反对。15 年前，波德维尔斯就曾指出玛丽娅·特蕾莎想要将军装改短的想法遭到了很多官员的反对。因为在面对变幻无常的环境时，既然士兵们的衣服缩短了，那么官员们自然就要花更多的钱来为士兵们提供帐篷。

"他们严重夸大了马匹驮运衣物和士兵照看马匹所需的费用，使得需要的资金总额十分巨大，因此便轻而易举地劝服皇后放弃了她的想法。"[11]另外，步兵军装改革的同时，武器装备也经历了其完整的现代化进程。1748 年，6 个军团新配备了由身份不高但很有创新思想的约翰·施米德设计的新式枪支。该枪效力很好，但却容易损坏，不过还是要比奥地利由 1722 年沿用至当时的前装滑膛枪好用一些。1754 年，利希滕斯坦将他的聪明才智用于解决这一问题。他成立了一个军官委员会专门研究施米德的滑膛枪和彭增内特工厂生产的另外三种枪支。他们将每种枪支最好的优点组合在了一起，发明了 comissflinte 枪，这种枪和当时先进的普鲁士滑膛枪一样，能够连续地进行发射。为确保这一点，其所有的活动零件都要保持得像"镜子一样明亮"。

然而不停磨光枪支也带来了不幸的后果。科尼亚佐就曾指出：

> 我们不停地磨光枪支，因此一定时间后，枪管就会变得很薄，只发射几发子弹后就很容易破裂、溶化……这些数以百计的、崭新的枪支几乎只发射八到十次后就无用地躺在了地上。[12]

玛丽娅·特蕾莎另外还在想办法解决步兵训练中的缺点，这些缺点在莫尔维茨战役前期中就曾凸显出来。1749 年和平条约的签订给了奥地利一个喘息的机会来解决这些问题，玛丽娅·特蕾莎发表宣言称："我们已注意到，帝国的步兵既没有统一的训练演习，也没有坚持对军事实践活动做出观察研究。这两个缺点不仅导致军队出现很多混乱，还使我们陷入了危险的、有害的、可怕的处境之中……"[13]

事实上，布劳恩、奈伯格和艾斯特哈泽都曾编写过自己的训练手册，但在 1737 年这些手册都遭到了忽视。如今，军事改革委员会则想要抓紧时间统一步兵的训练计划。1749 年，委员会颁布了《步兵训练章程》，借鉴了早期的训练手册、管理指南和玛丽娅·特蕾莎与普鲁士一名退役军官多斯的数次谈话内容。

当腓特烈得知了这一章程的存在后便派遣其驻维也纳的大使去找寻副本，然而却徒劳无获。普鲁士的大使指出，虽然每一个军团都有这本册子，但"任何传播其内容的行为都会被处以不亚于开除军籍的惩罚，因此我和任何他国的使节都没有办法得到副本"。[14]

这些训练办法和部署计划在经历了七年战争和 1805 年拿破仑战争后虽已被多次修改，但其大部分规则还是沿用到了拉德茨基及其之后的时期，可见特蕾莎关于军事管理的这些文章竟然沿用了 100 多年。这一章程规定步兵须排成四排，"个子最高、形象最好"的士兵排在前排。当准备开枪发射时，第一排的士兵要按照传统单膝跪地，第四排的士兵则肩扛步枪，站立等候。

当对方骑兵逼近时，前两排的士兵要用刺刀刺向对方战马的胸部和头部，第三排的士兵则主要负责攻击马上的骑兵。在当时，霰弹枪攻击被认为是近距离对抗骑兵最为有效的办法，而将刺刀攻击用于局部作战的策略则相对少见，虽然如此，一些奥地利的将军，比如凯文胡勒就给他的步兵培养出了一个概念：不费一枪一弹就能攻下敌军阵地。而这种策略在之后的一代人中变得更为常见（如青年近卫军在 1815 年夺下普朗瑟努瓦的战役及 1809 年争夺阿斯彭的战役都使用过这种策略）。

而对于步兵来说，他们更熟悉的场景还是在与敌军相距 100 步左右的距离之时，双方发起枪战，直到一方军队被击溃并撤退。奥地利军在一分钟内能发起五轮排枪射击，但这只是在训练场上的记录，真实的战斗中要达到这一要求则面临很多困难。而且奥地利军的训练要比普鲁士军的训练复杂得多，所以他们在战斗中的射击也并不十分精准。

《步兵训练章程》的内容太过繁杂冗余，它规定了在所有场景中正确的操练方法。例如，其中对一名士兵在周五耶稣受难日这天的行为规范有不少于 27 页的规定，甚至详细规定了士兵需要身着军装并饮下一杯酒。但其中关于士兵战斗训练的规定却没有那么实际有效。另外，军中还缺乏士官，即军队的骨干力量，这就意味着在一些战斗中会有一些排的士兵不能加入作战，因为他们不懂如何加装弹药和进行射击。

军官招募：维也纳新城军事学院

不过，改革还是加快了步伐。为进一步提高军官威望并挖掘更多同水平的储备人才，皇后意识到现有的人员征募机制远远不能满足当下的需求。任人唯亲的现象在军队中十分普遍，但出身好的年轻人并不一定就能胜任他的工作。匈牙利指挥官艾斯特哈泽很快指出："负责招募人员的军官需要保证没有接受团里面其他人的请求而招募不合适的人员。"[15]

良好的举止、容貌和体格只是招募人员的部分条件。除此之外，玛丽娅·特蕾莎认为军官还应当受过正规的训练。豪格维茨是她最精明的顾问之一，他在去了卡林西亚之后发现无数的年轻贵族们将时间浪费在狩猎和饮酒上，于是他提议建立军事学院。早在 1746 年，皇后就成立了特蕾莎亚贵族学校，负责培育一批未来的政府管理人员和国家的公职人员。这所学校就如同她建立的其他一切事物一样长久，在接下来的一个多世纪中为欧洲中部和巴尔干半岛输送了许多精英。该机构的成功建立也鼓舞了她，是时候去探索军事学校的可能性了。正如当初建立特蕾莎亚学校一样，帝国的财产被用来支持该项目的进行。

学校的场地选在了距离维也纳以南 25 英里处的维也纳新城。帝国在那里的一座小城堡被改为了"贵族士官学校"。1751 年 12 月 14 日，玛丽娅·特蕾莎颁布法令，规定保留奥地利军官阶层任人唯才的优秀传统。值得注意的是，她设想建立的是一个军官训练学院，而不是一般的精修学校。该军事学院于 1765 年正式确立。为确保该学校没有遗漏任何民族，王朝领土之上所有的将军及将军级别以上的指挥官都接到了指令，其中包括来自匈牙利、特兰西瓦尼亚、意大利和荷兰的军官。此外，随着社会的融合，民族的多样性还有所增加。法令还规定每个队的学员分成两个连，每个连有 100 人。其中一个连的成员都是年轻的贵族，另一个连的成员则是尚未被封爵或可能被封爵的高级军官的孩子。在实践中，随着改革步伐的加快，军官团的声誉不断提高，有规定称凡服役超过 30 年的军官都会按例被授予爵位，在某些情况下，按玛丽娅·特蕾莎的规定则自动被封为贵族。但这一阶层的军官与高等贵族的子孙后代相比，身份、地位仍然相差甚远。

这两个连的毕业生之间的紧张关系将成为今后一段时期中反复出现的主题，特别是在克尼格雷茨战役的前后时期。在学校，不同连的学员学习任务都是完全相同的，孩子年满 14 岁就可进入学校，且一切开销都由国家承担。而年龄在 8 至 13 岁之间的男孩要先进入另外成立的预备学校，为进入军事学校做好准备（在英格兰，特蕾莎亚分阶段式的教育体系一直留存至今日）。

为监管学院，玛丽娅·特蕾莎任命了一位非常重要的人物，即她手下最有天赋的一名将军——利奥波德·道恩（1705—1766）。道恩很快成了普鲁士军的梦魇，也成了腓特烈咒骂的对象（"科林涂了油的肥猪"则是腓特烈侮辱道恩的言语中勉强能写在书里的话）。道恩有着军人贵族血统中的典型品质：传统、专业、可靠、勇敢。而他不屈不挠的精神则能够弥补其想象力的不足。

为纪念学校成立的一枚印章上刻有这样一行字：MILITARIS INSTITUENDAE IVVENT SACRUM VOLVERUNT。这表明年轻的军官们同样不能忽视宗教的学习。他们的训练手册中首先列出了进行忏悔的日子，举行天主教仪式的日子，还详细规定了周日和其他一些节日需要做弥撒，需要学习宗教知识，音乐课还要学唱赞歌，等等。这些新生清楚地知道他们除了要效忠于帝国王朝之外，还必须效忠于万能的神。这恰恰也反映在了他们的军旗上，军旗的两面分别绣着圣母玛利亚的肖像和哈布斯堡王朝的代表图案。

学员们每天的课程和训练包括击剑、马术、舞蹈等，且每位军官都要熟练掌握至少四种语言，包括德语、捷克语、法语和意大利语。1745 年，首批学员毕业，共计 12 名，自此学校开始进入稳定的轨道。维也纳当时的一名艺术家伯恩哈德·阿尔布雷希特后来画有一系列受人喜爱的水粉画，其内容都是关于这些学员们学习与娱乐并行的生活，在学院的大门里有一片新的天地。从阿尔布雷希特的画作中我们还能看出，滑冰是学员们在冬季里必不可少的活动。

军务署的改革

军务署作为帝国的行政机构，进行了积极彻底的自我审查和改革。道恩负责管理这次改革，而他也又一次成了关键性的人物。在此之前，军务署被人们称为"哈布斯堡王朝中最臭名昭著、最难以理解的军事机构"。[16] 它由斐迪南皇帝在 1556 年创建，玛丽娅·特蕾莎即位后，这一商议军事事物的内部密室则由哈拉赫伯爵负责管理。机构中 36 位有名无实的官员负责管理超过 100 多名没有经验的职员，而这些职员之所以在这一机构中，则是因为哈布斯堡王朝的其他行政机构没有办法容纳他们。

这一庞大的官僚队伍给征兵、军饷、军需官的事务、防御工事、军事法律甚至外交政策都多多少少带去了影响。例如，它在 1742 年与 1753 年分别负责了奥地利同俄国和奥地利同土耳其之间的关系。

但令人困惑的是，还有一些其他组织理论上也负责处理这些事务。虽然大使馆负责处理外交事务，上校政策办公室负责物资供应，但官僚机构冗长的书面报告最终通常会落到军务署众多办公室的某张办公桌上。如果文件没有得到处理，就会被存档备案。因而，大量的时间和精力都浪费在了最无关紧要的问题上。所有的团和作战单位都要提交报告，有的甚至每两周提交一次。这些报告有些可能得到了关注，有些可能就只是被盖章、存档。但唯一可以肯定的是：它们从不会被丢掉。

1745 年 3 月 23 日，玛丽娅·特蕾莎下令大幅度简化军务署机构。为使其摆脱拜占庭式的风格，其顾问减少到了 11 名。军事司法事务单独交由司法机构负责。随着战争总署（这一组织不可避免地挑起了其与军务署无情的官僚战争）的建立，军需官的任务也没有那么重了。

其他一些更彻底的改革则是在七年战争之后实行的，军务署此时虽然稍有改进，但仍然将其不受欢迎的复杂性带入到了奥地利的军队中，可以说是为奥地利军事事务留下了后患。

根据洛林查理的建议所创建的工兵军则很快获得了成功。1747 年 2 月 6 日，军务署发表了一份报告，报告称由一个新的军负责防御工事。这个军由 4 个旅组成，包括匈牙利、奥属尼德兰、德意志和意大利的士兵。其临时指挥官是保罗·斐迪南德·博恩。每个旅还会有一个先锋连，而专门负责布雷的士兵则归在炮兵连中。玛丽娅·特蕾莎则表示，"希望工兵队伍最终能更为规范"。

军队医疗服务：杰拉德·冯·斯威登

另一个急需改革的领域则是军队的医疗服务。1744 年 1 月 29 日，军队的主任医师，一位名叫布雷迪的爱尔兰人写了一篇严厉批评组织的文章，其中讲述了他被医院拒之门外的经历和军中药物管理方面的问题，另外他还指出了军队医务人员的职位调派和必需品的供应十分混乱无序。

布雷迪是军队的主任医生，理论上他已经身处军队医疗服务机构的金字塔顶端，但他仍然觉得自己被完全忽略了。后来，玛丽娅·特蕾莎的天才顾问，即她的私人医生杰拉德·冯·斯威登（1700—1772）终于开启了一番事业。冯·斯威登是一位杰出的医务人员，他有着强烈的使命感并十分想要将科学的进步引入哈布斯堡帝国之中。皇后委派他前去调查研究摩拉维亚吸血鬼的故事[*]，他用科学的方式清楚解释了这种现象，即使这个解释触犯了既得利益者。作为玛丽娅·特蕾莎的私人医生，他还通过一个简单但有效的方法使得皇后减少了进食，方法就是让她的男仆每晚在一个银碗中装上与皇后当天所吃的食物等量的食物。这种做法很快使她减少了食量，由此改善了她的身心健康。

冯·斯威登同考尼茨和另一名有天赋的军官拉西以及玛丽娅·特蕾莎身边众多有才干的人一样，都无法抗拒启蒙思想的影响。但玛丽娅·特蕾莎自己却与思想启蒙的精神完全不相契合，可她的儿子约瑟夫却十分沉迷于"哲学"的美丽，这让玛丽娅·特蕾莎感到深深的不安。尤其让人失望的是约瑟夫总是对人尖酸刻薄、冷嘲热讽，而这显然与腓特烈十分相像。

"对我来说，"她写道，"我不喜欢任何带有讽刺意味的东西，没有人会因为讽刺他人而提升自己，并且这样的行为与我爱护身边之人的思想也是相矛盾的。"[17]

冯·斯威登无疑是个有天赋的人，他的儿子后来成了奥地利王朝中身份显赫的人物。这一点也说明了皇后的伟大，她的伟大之处就在于她从不因为与对方思想不同而影响她对人才的任用。本能和直觉统领着她的心思。她非常高

---

[*] 17世纪末，"吸血鬼"这个名称还不是约定俗成的名词，但是在东欧诸国里，有关吸血鬼的迷信已经俨然成为一种社会现象。1710年，瘟疫流行，东普鲁士深受其害。有鉴于此，当局乃着手调查经人告发的吸血鬼迷信，甚至把一座公墓里的坟墓全部打开，好发现酿成灾难的罪魁祸首——大家都猜是吸血鬼。因此在奥地利、塞尔维亚、普鲁士、波兰、摩拉维亚和俄罗斯等地，街谈巷议的话题全是吸血鬼。——编注

兴能将医疗改革的事项委派给冯·斯威登。再后来，她又将她领土之上所有医疗系统改革的权力都交给了冯·斯威登并进一步给予了大力的支持，使他成功落实了布雷迪提出的所有建议。

不仅如此，冯·斯威登做得远比布雷迪希望的更多。他彻底重建了维也纳大学的医学学科，从而获得了享誉世界的名声，而这一体系沿用了数个世纪之久。经过这些改革之后，只有通过了学科考试的医生才能进入军队，战地护理员也同样需要通过解剖学和生理学的专业考试。在那之前，只有那些想要奖励某个服务到期的仆人或其他跟班的军官，才会给这些人弄到医疗培训证书。很短的时间内，那些无人监管的三流医生和江湖郎中便都接收了专门的教育培训，还组建起了一个建立在专业基础之上的医疗服务机构，这让其他的欧洲军队羡慕不已。

1718年，军团的外科医生也有了军衔，而他们在战争期间则不能离开自己的军团。每个连队至少配有一名卫生员，都接受过采血、包扎和放脓等完整的训练。战争中，人们还通过点燃树叶和稻草所排放的浓烟向士兵们指示外科医生和急救站的位置。渐渐地，上了年纪的可靠士兵则成了护理员，乐手则负责抬担架。

类似的进步还体现在军队神职人员的规范制度中。军队的神职人员不仅负责做弥撒，还能够行使很大的权利，拥有很高的道德权威。新教和东正教的士兵也能自由地进行自己的宗教活动。经过实践，1769年颁布的规定则明智地指出：

宗教是你永远无法言说的东西，但却是你努力想要拥有的依靠。因此，我们禁止任何在不同信仰间引发冲突的行为，违例者将遭受极其严重的痛苦，受到非常严厉的惩罚。（《帝国步兵行为条例》，1769年）

改革或多或少地进行了八年时间，成了奥地利王位继承战和七年战争之间的短暂插曲。当战争再次开始，他们改革的成功则得到了广泛的印证，腓特烈将会看着战场悲伤地感叹道:"真是不幸,他们已不再是过去的奥地利军了。"

考尼茨亲王的备战

1753 年,皇后任命安东·文策尔·考尼茨伯爵为她的第一大臣。那年考尼茨 43 岁,能干、聪明、有耐心,最重要的是忠于他帝国的女主人。除了这些品质外,他在外交领域更是天赋异禀:他廉洁正直,有着过人的谈判技巧,对机密能做到守口如瓶,热情直率的表面下深不可测。

当考尼茨前往艾克斯拉沙佩出席和谈会议时,整个欧洲的外交政策几乎都建立在一个共同的基础之上,那就是奥地利应当与法国敌对、与英国结盟。然而,考尼茨却谨慎地提出了一个新想法。这一想法最初或许是他在摩拉维亚美丽的公园中散步时突然想到的。事实上,玛丽娅·特蕾莎其实也已经表达过她对当时的外交路线并不满意。考尼茨意识到,当普鲁士的国王成为他们的对手后,法国似乎要比英国更适合做盟友。因为法国的军队更为强大、法国的将领更为出色,而法国或许也不会像英国那样威吓奥地利并提出那么多苛刻的条件。英国伦敦政府傲慢的态度和实利主义让奥地利渐渐地失去了耐心。要知道,维也纳对伦敦已经做出了很大的让步。1704 年,英国答应支持奥地利,但作为交易条件要求奥地利关闭正在蓬勃发展的贸易公司——奥斯坦德东印度公司。这家公司原本很有潜力成为哈布斯堡王朝主要的商业力量,但就这样悄无声息地关闭了。

要想得到英国的资金,总要付出很多的代价。因此,玛丽娅·特蕾莎决心要取得一定的经济独立。最终,两国原本就很紧张的关系因为一个相对较小的纠纷而破裂。维也纳认为英国特使的讲话很不公正,令人不悦。另外,奥地利的大臣在伦敦也遭到了冷落和指责。借用英国历史学家威廉·考克斯的说法,两国间的对话渐渐演变成了"纸上的战争"。原本,奥地利希望通过《边界和约》雇佣外国军队来保护她在奥属尼德兰的要塞地区,但关于和约细节产生的纠纷则加剧了这些分歧。

盟友的转换

考尼茨如今已看到了希望。早些时候，他在巴黎找到了进一步说服法国政府的机会，而这尤其得益于他与法国国王的情妇德·蓬帕杜尔*夫人的接触。在巴黎，考尼茨对德·蓬帕杜尔夫人极尽恭维，从而使这位法国的侯爵夫人同自己的皇后展开了信件的往来。而这位法国女人则成了奥法联盟最为热心的支持者。从一开始，玛丽娅·特蕾莎就全力支持着考尼茨这一戏剧性的设想——"转换盟友"。

被召回维也纳后的考尼茨很快就开始积极推行他的这一政策。与此同时，他努力让伦敦相信以前的联盟关系依然牢不可破，并且尽可能地让普鲁士和英国之间的关系变得更为紧张。然而，伦敦渐渐对奥地利的真实意图产生了怀疑，考尼茨则仍旧设法拖延着时间。理论上来说，为确保法国与奥地利联盟，考尼茨就要打破奥地利与英国的关系，然而他还不敢这样做，因为他还没有十足的把握能获得法国的支持。关于在尼德兰士兵人数的谈判使事情有了很大的转机。正如纽卡斯尔公爵指出的那样，奥属尼德兰是由奥地利、英国和荷兰"共同统领的国家"，也是进入伦敦的商业大门。

1755年，事情发展到了高潮阶段，皇后列出了她对英国和海上强国的不满，她表示，"盟友们不公正的原则一直让我感到不满"。伦敦则回应称英国为支持哈布斯堡王朝已经付出了太多的生命和钱财。对此，玛丽娅·特蕾莎说道："这些'付出'造就了英国今日的伟大、财富和自由。"

渐渐地，伦敦的政治家们意识到形势正在发生着变化，于是当法国侵略英国时，英国蛮横地要求奥地利向汉诺威提供军事援助以"显示维也纳的真实意图"。考尼茨将这些情况简单地汇报给了皇后，他充分认识到英国很快就会转向普鲁士的阵营，而柏林和巴黎的关系也会加速破裂。

目前，考尼茨外交政策的唯一基石就是与法国结为盟友。除此之外，他

---

* 德·蓬帕杜尔夫人原名让娜·安托瓦内特·普瓦松，出生于巴黎的一个金融投机商家庭，她是路易王朝第一美人，而且是才女，后成为路易十五的情妇，接着成为国王的私人秘书。——编注

还想拉拢更多的国家一同摧毁普鲁士。为此，他与俄罗斯达成协议，承诺如果俄罗斯出兵普鲁士，就将普鲁士的部分地区和波美拉尼亚交给女皇伊丽莎白。在劝服其他国家加入作战的谈判中时，他还承诺将波美拉尼亚的部分地区交给瑞典。而普鲁士的死敌萨克森也会加入这场战役。

现阶段，考尼茨还无法确定这支强大的联盟队伍能否给普鲁士带去致命的打击，甚至无法确定能否收回西里西亚。但如果这一重大的外交革命能够取得成功，那么这场战争将会消灭腓特烈的军队，但即使无法完全摧毁他的国家，也几乎可以使普鲁士在未来 100 年内都不会再对奥地利，甚至欧洲构成威胁。考尼茨在他摩拉维亚的巴洛克式城堡内仔细制订并完善着他的计划，城堡内寂静无声，城堡外两边种着果树的大道向着维也纳的方向延伸了几英里之长。

这些谈判全都是在严格保密的情况下进行的。待到时机成熟后，考尼茨在皇后的支持下召开了国家议会并向大臣们宣布了他的计划。玛丽娅·特蕾莎则假装事先并不知情，她知道考尼茨的这一提议不仅完全不合主流，还可能招致强烈的反对，但她还是再一次向这位在视野上远超过自己的人表示了全力的支持。不过，正如她当初对冯·斯威登的性格所给予的评价完全正确一样，她对考尼茨的看法也无懈可击：他是那个时代的外交天才。

这天，考尼茨准备提出计划，然而他刚刚表明自己的意图，弗朗茨皇帝，也就是玛丽娅·特蕾莎的丈夫就激动地站起身，一拳捶在桌上并大声说道："这样不合理的联盟计划是行不通的，永远都不会成功！"说罢，他便愤然走了出去。开头虽不顺利，但玛丽娅·特蕾莎依旧是这个国家的女主人，她鼓励考尼茨将计划说得再详细一些。渐渐地，考尼茨的讲话激起了一些人的兴趣，皇后则决定让丈夫回心转意，于是她饱含热情地向弗朗茨讲述了考尼茨的计划并称没有大臣敢反驳这一计划。

一时间，伦敦政府惊慌失措，他们很快在 1 月与普鲁士签署了一项条约，这让玛丽娅·特蕾莎得以站在道德的制高点上指责英国新签订的《威斯敏斯特协定》背弃了之前的承诺。1756 年 5 月 13 日，她还向英国的特使表达了她的失望。再之后她才承认奥地利和法国已于两周前在凡尔赛签署了条约，奥地利承诺捍卫法国在欧洲的领土（不过对英国则保持中立），而法国则无疑承诺向奥地利提供援助。法国与奥地利这对300多年的仇人，如今的关系竟变得如此紧密，那些看似永远无法了结的政治恩怨突然之间烟消云散，这让他们自己都惊讶不已。用现在的话来讲，考尼茨和玛丽娅·特蕾莎的想法还真是"摆脱了条条框框的束缚"。

但普鲁士并不是一个无辜的受害者，因为他之前就承认道："我非常想夺走波希米亚。"而且他还设计了一个新的敌对计划，打算一劳永逸地摧毁哈布斯堡王朝的霸权。普鲁士将夺走波希米亚，巴伐利亚会恢复她对上奥地利和提洛尔的主权，法国将分割尼德兰，而萨丁尼亚会吞并伦巴第。

但对于奥地利来说，幸运的是不论腓特烈的才能如何，他根本不具备考尼茨的才华。很快，普鲁士国王便意识到签署《威斯敏斯特协定》是一个致命的外交失误，这不但让他没有足够的时间准备战争，还让他在欧洲大陆上竟没有一个可靠的盟友。盟军包围了普鲁士，对其构成了致命的威胁，但英国根本没有能力帮助普鲁士抵抗强大的盟军。另外，普鲁士也没有什么海军力量来帮助其在西里西亚进行战斗，甚至没有什么英国军队能分散敌军的注意力。

如今，普鲁士只有率先快速发动一场战争才能暂时抵挡强大的盟军，使其不至于被他们包围。于是腓特烈就像1914年的德国一样向一个邻国发起了突然袭击，这次袭击的对象是萨克森。他希望自己能在多战线战役中掌握主动权。这时，腓特烈发现奥地利还没有完全准备就绪，于是决心先与他的死敌展开一场小型的战役。只要维也纳退缩，那么针对普鲁士的联盟就会分崩离析。他需要哈布斯堡王朝给出一个明确的答复，然而答案与他的预期一样，完全让他不满意。玛丽娅·特蕾莎简单地回应说："就目前的危机来看，我认为很有必要采取措施来保护我和我的盟友，而这一计划并不故意针对任何人。"奥地利无意违反条约，但也绝不会因为之前的任何承诺而束缚自己，使行动不能"根据环境的需要"而做出改变。

腓特烈只需要这么一个答复就够了。普鲁士军的征兵制度帮助其有效并快速地征募到了一支15万人的军队。"速度"和"侵略"则是他们的口号，也是最高指挥官的口令。除此之外，他们的另一个特点就是策划周密。战胜萨克森后，普鲁士将按照预谋对其无情地展开资源掠夺，并以此来支持普鲁士的其他战争。萨克森每年600万泰勒的国家收入中有500万都会被扣除并用在普鲁士战争机器上。这一年一度的"进贡"将解决普鲁士一年战争总费用的1/3，从而保护普鲁士本国的经济。1756年8月末，普鲁士军快速占领了德累斯顿并严密封锁了萨克森军在皮尔纳的军事要塞。仅仅几天之内，他们就有计划、有步骤地将萨克森王国洗劫一空。

对于普鲁士军队之后做出的毁灭性和剥削性的行为，腓特烈应负很大的责任。事实上，他对那些曾与他为敌的人怀有无限的恶意，例如当军队下令炸毁了萨克森政治家布吕尔伯爵的宫殿后，他似乎还为此而得意。然而，正如他一贯的作风，事后他却表示对这些行径一无所知。胡贝尔图斯堡被肆意炸毁后，就连在腓特烈宫殿的英国代表都评论道："他们卑鄙无耻的恶劣行径让我难以启齿。"[18]

普鲁士入侵萨克森的行为再次让玛丽娅·特蕾莎占据了道德的制高点，而腓特烈赤裸裸的行径则让他有了侵略者和背信弃义者的名号。腓特烈发表的宣言掺杂了各种半真半假的理由，但他完全不在意这些细节。很快，他便攻进了波希米亚并希望以此迫使皮尔纳的萨克森人放弃期待任何的救援力量。他们还攻占了波希米亚西北边境上的特申和易北河畔的奥西格（今捷克的德辛和拉贝河畔的乌斯季）。应对这些大胆行动的是一支有32465人的奥地利军队和皮科洛米尼带领的2.2万人的军队，他们全部听命于新晋升的陆军元帅——马克西米利安·尤利西斯·布劳恩。

布劳恩的波希米亚保卫战

布劳恩最初的任务是解围皮尔纳，然而腓特烈发动的突然袭击让他不得不首先保卫波希米亚。于是，他计划一边用战役牵制住普鲁士军，一边派"快速突击队"穿过地势险恶却风景如画的"萨克森的小瑞士"前去增援萨克森。

1756 年 10 月 1 日，布劳恩巧妙地将克罗地亚非正规军部署在了罗布西茨山相互交错的斜坡之上，斜坡背后是大军的右翼，而他大部分的部队则巧妙地隐藏在了莫瑞伦河沼泽密布的河岸之后。普鲁士国王果然落入了陷阱，他以为克罗地亚军队只是一支正在离他而去的后卫部队，于是他命令贝文公爵向山上的军队发起进攻，从而得以从侧翼攻击奥地利军。

随后的罗布西茨之战则成了腓特烈余生之中一段痛苦的回忆。当贝文对克罗地亚军发起进攻后，埋伏着的散兵很快向他们发动火力攻击，这让他们的步兵一时停滞不前。如果这还不足以刺激到腓特烈，那么紧接着发生的事便会让他见识到利希腾斯坦改革炮兵部队所取得的成果。腓特烈命令他的骑兵追击一支他以为正在撤退的奥地利骑兵队，没想到却直接被奥地利骑兵队引到了哈布斯堡军部署在莫瑞伦河岸后的火炮前方。当他们距离火炮 300 步远时，无疑遭到了毁灭性的攻击。几秒钟的时间内，普鲁士的战马不是四处逃窜，便是纷纷倒下。为防止军队的整个中心陷入混乱，腓特烈急忙命令自己的步兵也向敌军开火，然而军队却根本无法恢复秩序。

第二次骑兵冲锋的情况则稍好一些，然而到了中午，雾气散去之后，腓特烈的军队已是士气低落。他很清楚他重骑兵的战斗力已不复存在，于是便及时撤离了战场，留下陆军元帅基斯带领军队去尽力挽救还能挽救的一切。此时，克罗地亚军队则在拉西带领下的一支奥地利正规军的帮助下继续作战，而普鲁士的步兵则停止了进攻，几近崩溃的边缘。然而正如很多其他战役一样，有时候一个人的命运就能决定那一天的胜负，就在那时，拉西意外负伤，被抬出了战场，而这给他的军队造成了消极的影响。基斯发现奥地利在进攻上的动摇后，便发动了一次激烈的反击，竟让奥地利步兵节节败退。布劳恩注意到了先锋部队的艰难处境，很快命令军队的主要力量掩护他们撤退，而这有效地阻止了普鲁士的追击队伍再采取其他的行动，之后战争便结束了。普鲁士军的伤亡人数明显多于奥地利军的伤亡人数，总计为 2873 人。[19] 当贝文赶走了剩下的克罗地亚军后，基斯无可争议地帮腓特烈挽救了军队，赢得了这场战役，但同时也付出了可怕的代价。

腓特烈军中的一名军官指出：

腓特烈这一次遇到的对手绝不是他曾经一连四次战胜过的同一批奥地利人。他对付的不是奈伯格或者狂暴的洛林查理亲王。他所面对的布劳恩虽然年近花甲，却凭借出色的才干和丰富的经验成了那个时代的英雄之一。他所面对的是利希腾斯坦亲王自掏腰包完善后的炮兵部队。他所面对的是一支在十年和平时期娴熟掌握了战争艺术的军队。[20]

与此同时，布劳恩带领9000人从易北河的左岸穿过了树木繁茂的山林，艰难行进，最终到达了萨克森军的对面。而行军中的各种经历对于五年前的奥地利军来说，是闻所未闻的。然而令人失望的是，两军始终未能获得机会会合，驻军常常与布劳恩断了联系，这迫使布劳恩不得不回到波希米亚。不久后，萨克森便向普鲁士投降，而这也让奥地利和萨克森的此次合作蒙羞。

腓特烈本希望在此建立营地过冬，然而不像普鲁士宣传的那样，罗布西茨之战实际打成了平局。如今，布劳恩控制着腓特烈军队周围的地区并利用非正规军侵扰着普鲁士的交通线路。因而普鲁士国王别无选择，只能撤军回到萨克森过冬。奥地利军的第一次尝试自然也没有失败。

另一方面，萨克森的军队遇到了前所未有的创新举措，他们竟被重新编入了普鲁士军队。只有军官才有权"选择"是发誓效忠普鲁士还是被关进监狱之中。这一举措显得无情、大胆而又具有讽刺意味，甚至引起了普鲁士自己军队的强烈抗议。腓特烈却不以为然地评论道："我为我的创举自豪。"然而从实际的角度出发，这无异于自掘坟墓。事实也证明萨克森人在为主人普鲁士作战时极不可靠，超过2/3的人都当了逃兵。而让另一个民族部队的士兵穿上新的军装宣誓并让他们在普鲁士的命令下接受训练，则被普遍认为是普鲁士军队过度扩张的凶兆。

此外，法国看到腓特烈在萨克森的行径后，原先对他怀有的歉意立刻消失殆尽。毕竟，法国的王太子娶了萨克森选帝侯的女儿。但腓特烈像很多残酷而又愤世嫉俗的人一样，完全不在乎自己的行为所造成的影响。而他与俄罗斯的关系则给他带来了最具灾难性的后果。无能而又笨拙的英国大使查理·汉伯里·威廉姆斯做出了一份过度乐观的报告，因此被误导的腓特烈大受鼓舞，决定贿赂俄罗斯的别斯图热夫大臣来确保俄罗斯能保持中立态度。腓特烈太过相信汉伯里的方案，还在他的建议下，下令支付了一笔钱，甚至还减少了部署在普鲁士东部的兵力。然而他尽管花了钱，还是在圣诞节当天收到了一份糟糕的礼物。他接到消息——俄罗斯准备明年春天派遣一支10万人的部队上战场对抗普鲁士军。

腓特烈再次入侵波希米亚

经建议，腓特烈再次确定波希米亚为他战略计划的关键。他必须抓住主动权，于是派出整个军队，让他们兵分四路入侵波希米亚并称此为"致命一击"。1757年4月18日，这个强大的侵略部队从四处越过了波希米亚边境并引发了极大的恐慌。两个讲德语的强国就此将要展开一场"最终对决"。

一番争论过后，洛林查理旗下一支奥地利军退至布拉格，等待道恩军队的到来。考尼茨则对形势的变化和洛林与其属下尤里西斯·布劳恩间的分歧十分担心，于是他同他的私人医生从维也纳出发前往布拉格，想要从某种意义上增强奥地利战略的一致性，然而普鲁士军还没有发动奇袭，他们就已显得摇摇欲坠。考尼茨动身太迟了。5月6日，两个普鲁士军队成功会合并接着行军前往布拉格，准备与数量上占优势的敌军会面。

没有道恩的帮助，洛林和布劳恩只能独自作战。他们下令让士兵在布拉格的东部，也就是今天泽兹科夫高楼林立的市郊地区摆开阵势。腓特烈则命令他的步兵肩扛步枪，加速前进，从侧翼包围奥地利的军队。然而，布劳恩立刻发现了这一调遣，于是命令两排奥地利军转90度朝向普鲁士军并向还在进行部署的普鲁士步兵团发起射击。有几个普鲁士团被彻底击败，萨克森军团溃不成军，士兵们纷纷逃离战场。作为陆军元帅的施维林试图重整军队，然而却落入了枪林弹雨之中，奥地利军就像在练兵场上那样向前推进，每隔50秒就停下来发动一次排枪齐射。与此同时，奥地利的大炮也投入了战斗，很快便消耗着普鲁士的步兵，让他们陷入了一片泥沼之中。

从当时的情形来看，普鲁士的军队有可能被击退。因此，腓特烈称自己胃部痉挛，很不舒服，又一次逃离了战场。然而，布劳恩却因为炮弹的攻击而坠马受伤，于是奥地利的攻击便乱了方寸。普鲁士的骑兵团则以齐腾"新的"骠骑兵为先锋展开作战并向人们展示了他们这支仿建队伍的实力与真实骠骑兵并无差异。普鲁士军从侧翼袭击奥地利骑兵后，分散了对手，从而在奥地利新旧两条战线形成的夹角处打开了一个缺口。战争到了危急的关口，然而洛林因为胸口的疼痛而晕倒在地，不得不被抬出战场，奥地利军的攻击也停了下来。到了下午的时候，奥地利军的前线已被削弱，于是军队的指挥官决定在骑兵的掩护下撤退到城中。多亏有奥地利骑兵在后方近乎自杀般地抵挡敌军的进攻，奥地利的军队才不至于被完全歼灭，他们最终成功退回到了城墙之内。普鲁士又一次取得了胜利，但他们的伤亡人数也更多一些。（普鲁士的伤亡人数为1.44万，奥地利的伤亡和被俘人数为1.34万，其中5000人被俘。）

腓特烈经历了短暂的恐慌后又恢复了过来。他信心十足，认为没等援军赶到，他们就能攻下布拉格。而且他还认为考尼茨离开维也纳就意味着这位奥地利的大臣会亲自来与自己谈判求和。此时的他虽自满不已，但还是没有完全放松警惕，他派遣贝文带领2.5万名士兵在外围保护着军队并提防着是否有奥地利的救援军队。

5月7日，救援部队和他们的指挥官道恩热烈欢迎考尼茨的到来。两人对彼此都很有信心，他们一同制订了解围布拉格的计划。他们计划让道恩的军队撤退到科林以获得科林军队的支持，再根据自己的方案向普鲁士军发起进攻。考尼茨则立刻回到维也纳组织增援部队。此外，两人都对洛林早期调遣部队时的行动缓慢而感到不满，如今他们意识到，未来几星期将决定王朝的命运。

5月11日上午，考尼茨回到了维也纳，穿着脏鞋就径直前去面见皇后，这让与他擦肩而过的管家凯文胡勒愤怒不已，要知道管家和他的家族向来不能容忍任何不合乎礼仪的行为。枢密院和战争内阁的"联席"会议只能在一旁等待。考尼茨花了两个小时详细向玛丽娅·特蕾莎讲述了布拉格的局势转变并称道恩现在迫切需要增援的力量。

为向道恩提供增援力量，大臣起草了一份18点计划并很快获得了皇后的支持，于是计划便立即投入实施。两周内，道恩就拥有了一支超过5万人的军队和156门大炮。6月的第一周刚结束，维也纳就发出指令表示道恩已经可以冒险尝试进攻了。

科林的金色太阳：王朝的重生

腓特烈此时也没有闲着，他的骑兵护卫队发现了道恩组建的军队。于是，普鲁士国王决心在奥地利军的力量变得更强大前将其粉碎。在该阶段，道恩对于腓特烈来说并不算什么，提到他，或许只会想起早些年负责监督奥地利军事改革的一些高级军官。他抱有很多幻想，认为奥地利军在布拉格战役后士气低落，很容易就会被击败。

道恩的先锋部队遭遇到了普鲁士的护卫军，于是两军在库滕贝格展开了激烈的交火。得知这一消息后，腓特烈立刻决定采取果断行动，全力抵抗奥地利军。而奥地利军则占据了恺撒大街南面山上的一个有利位置。恺撒大街距离科林西部几英里，连接着布拉格和维也纳。自布拉格战役开始后的几个星期以来，奥地利军中掉队的士兵不断增多，道恩以他一贯谨慎小心的作风努力想要重振他们的士气。他的准备十分细致，如果那天就是决定哈布斯堡王朝命运的一天，那么他决不会让任何事情的成败交给运气决定。

腓特烈的侦察兵很快发现如果要进行正面交锋的话，那么道恩军队占据的位置则十分有利，于是腓特烈便斗志满满地计划了一个新的方案，准备席卷对手的侧翼，这样他们的军队便可在众目睽睽之下沿着恺撒大街行进并轻而易举地在科林的西部完成侧翼机动。计划制订后，夜里腓特烈便去睡觉休息。第二天，18日的太阳升起了，他爬上了美因河河畔的"金色太阳"钟楼，惊讶地发现道恩竟料到了他的计划，连夜加强了侧翼部队。俯瞰恺撒大街，道恩的军队聚集在肖岑尼茨村庄，沿东西走向排列。

腓特烈没有因眼前的一切停滞不前，他命令步兵向前推进。在阳光的照射下，普鲁士士兵们帽子上的黄铜金属牌闪闪发亮。士兵们爬上了陡坡，朝着克雷霍村前进，那里是通向奥地利右翼军队的关键位置。天气干燥而又炎热，到了下午，气温上升至了华氏 80 多度。奥地利的火力攻击让对方没有获得什么实际突破，然而当情况变得越来越危险后，道恩则下令将维德的军队调遣到他的右侧以保证他的这一战线不被突破。

腓特烈或许是发现了这一调遣部队，又或许看到了这一部队调遣时激起的大片尘土。然而现在，他犯了一个重大错误，他命令军队向他以为的敌军暴露的中路部队发起了正面攻击。不过，后来也有历史学家声称，腓特烈无意进行正面攻击，是他的属下听错了号令。不管怎样，最后的结果让普鲁士军的心情变得沉重起来。一位当时的奥地利军官这样写道：

> 我们没有看到一个普鲁士士兵能活着穿过那片枪林弹雨，这些士兵很勇敢，但他们的命运早已注定，当他们刚刚爬到陡坡的 1/3 处时便遇到了无法用语言来描述的灾难，步兵一次次按计划发射的枪弹和从四处交叉袭来的炮弹让他们连连败退。[21]

道恩防线前对普鲁士军展开的屠杀十分可怕，但战斗还远未结束。克雷霍村南面的橡树林则成了战斗的战略支点。当华森的普鲁士步兵试图将克罗地亚非正规军和奥地利掷弹兵连组成的混合军逐出树林并赶至村庄时，他们失败了。奥地利的掷弹兵表现得尤为出色，他们"就像是在练兵场上一样"，以排为单位发起了一轮轮攻击。当时的一名目击者称他看到了一位经验丰富的老兵在战场上提醒另一个人"注意瞄准时再放低一点"。

在西边，特里斯高带领普鲁士军队向前推进，却被奥地利三个团齐整的火力攻击完全击退。这三支训练有素的军团是：博塔团、巴登团和德意志大师团。德意志大师团后来则成了维也纳的"政府"兵团，主要从德语省份招募官兵，"德意志骑士团"的总部就设在那里，而且有一个徒有虚名的"大师"称号。正是由于该团的精英地位，该团虽然调到了维也纳，却仍然能够吸引德意志地区的人加入它的队伍。士兵们身着带有天蓝色镶边的军装，骨子里透出的忠诚和高涨的士气让他们格外醒目。当弹药快用完时，负伤的团长索罗伯爵仍然手握军剑，他命令士兵们带着刺刀冲进特里斯高的步兵团并取得了很大的成效。那时，普通的士兵不会得到奖章、勋章或什么奖励，但英雄人物则会在之后获得皇后个人分发给他们的一笔酬劳，金额十分可观。比起同一时期科林其他军团的收入，他们获得的钱则要高出很多很多。

与此同时，施塔亨贝格军队开始给橡树林周围施加压力。这时大约是下午6点，但战斗的激烈程度丝毫没有减弱的迹象。双方都知道决定胜负的时刻就要来临，于是道恩迅速重整部队。如今他们几乎只有一排步兵还能有效地抵抗下一轮攻击，军队的弹药也出现了严重的不足，上级便下达命令让鼓手们切开鼓面，在里面装满伤病士兵们的弹药然后尽快重新分配给其他士兵。

6点半刚过，普鲁士禁卫军便率领六个团向道恩军团的中路发起了最后的攻击。这已是当天的第七次攻击了，而几乎没有哪次攻击能让双方觉得战役的危急时刻就要来临。

而关于接下来发生的事，很多记载都存有争议。一些资料称道恩一向谨慎小心，因此当他看到处境有多么艰难之后便命令士兵们为撤退做好准备，他还让下属去通知团长们在军队的后方集合。然而当下属去下达指令时，奥地利军正在十分投入地作战，他们不是忽略就是违抗了指令。在士兵们劲头如此高昂的情况下，撤离似乎是个错误的决定。奥地利军后勤通讯的不畅是本书多次提及的话题，但这次这一特点却反而起到了积极的作用。

德·利涅龙骑兵团的上校接到了掩护军队撤退的指令，对此他感到十分震惊，于是立刻骑马去见指挥官，让指挥官问道恩在普鲁士军不断向前推进的情况下能否取消这一指令。（德·利涅龙骑兵团的士兵都是从讲法语的尼德兰地区招募的，他们不留胡子，穿着醒目的深蓝色外套，几乎和普鲁士军的军装一个色调。）道恩则对他们十分冷淡，他告诉指挥官说，如果他确实认为这些"爱说大话的人"可以实现目标，那么尽可以发起攻击，怀疑之情则是溢于言表。这对德·利涅龙骑兵团实则是一种侮辱，于是他们决定狠狠地证明自己。当指挥官把道恩的话转述给团里的士兵后，士兵们从奥地利其他六个骑兵储备军团前方的缺口冲了出去并扑向了普鲁士的侧翼军队，场面令人震惊。普鲁士的士兵们也曾想要组成一个方阵来抵挡，但为时已晚。策马向他们袭来的龙骑兵战士势不可当，如同魔鬼一般燃起了杀戮的欲望。霎时间，普鲁士士兵不是被军刀砍掉头颅，倒在血泊之中，就是被对方所俘获，战旗也被砍断。

普鲁士步兵被击败了，而那些没能逃走的士兵只好躺在地上躲避敌人席卷而来的刀刃。腓特烈的军队此时疲惫不堪，加之又失去了骑兵的保护，于是开始瓦解。战争就是如此，仅仅 15 分钟就能让局势发生天翻地覆的变化，而这一切就发生在普鲁士士兵的眼前，他们从没见过如此惊人的逆转。

道恩本可以让自己的军团在击退普鲁士军后彻底击溃对方，因为纳达斯特带领的好几个骑兵军团还有足够的能力展开追击，然而他却没有下达这一指令。或许就像一位作家评论的，他只是不希望"太阳在他的愤怒之下落山"。[22] 而更可能的是，他认为根本没有必要再去冒什么风险，因为他们已经击败了普鲁士军，看到了军队改革的成效。现在，奥地利完全可以宣布自己获得了巨大的胜利。

这胜利究竟有多么巨大呢？道恩马上就会切实地品尝到成功的硕果。两天后，玛丽娅·特蕾莎接到胜利的消息，欣喜若狂的她之后设立了"玛丽娅·特蕾莎军功勋章"，确立 6 月 18 日的"科林纪念日"为这一勋章诞生的日期。自此，这一勋章成了哈布斯堡王朝的最高军功勋章，直到 1918 年帝国瓦解以前，它都是全欧洲的勇士们最梦寐以求的奖励之一。

道恩获得了这一勋章，但不同于大众所想，他竟不是第一个获得该勋章的人。而这一殊荣却降临在了不幸的洛林查理身上。与道恩相比，他的事业如今则显得黯然失色，对于很快就会面临降职、失去全境军队统帅位置的他，这一勋章算是些许的补偿。

第六章　战争女王

　　科林战役的胜利粉碎了普鲁士军不可战胜的神话，也改变了玛丽娅·特蕾莎帝国中德意志地区人们的看法。接下来，哈布斯堡王朝军队一次次地游行庆祝胜利，而普鲁士军则一次次地遭受失败，不得不承认，皇后简直就是"战争女王"。腓特烈就曾苦涩地回忆道，同玛丽娅·特蕾莎战斗，就像"每天要死一千次"。[1]

　　普鲁士的这位国王经历了一次戏剧性的蜕变。命运从一个极端到了另一个极端，从完全击败布拉格的奥地利驻军到被道恩带领的奥地利军完全击败，他损失了大量的兵力和物资。不久前显得那么脆弱的奥地利军却保存了下来。因此玛丽娅·特蕾莎接下来的行为也就不显得多么夸张了，她赠给道恩的儿子一张波希米亚地图，而地图上科林这一名称则是金色的字体，另外图上还附有皇后书写的金字题词：

每当你看到这张地图，要记得那一天你的父亲拯救了整个国家。[2]

腓特烈可谓损失惨重。他的失败除了因为他的良师益友施维林在战争初期就死了，还因为他在战役中没有合适的联盟。而他在布拉格获得的"胜利"可是花了很大的代价，有 1 万多人伤亡。科林的战役也让他损失了 1.4 万人。这些都是普鲁士无法承受的损失。另一边，玛丽娅·特蕾莎的盟友们受到激励后纷纷有了一个共同的、邪恶的目的。两支法国军队正在跨越莱茵河，瑞典军队正在向波美拉尼亚推进，俄国的一个部队也正向普鲁士的东部地区行进，腓特烈王国的存亡则成了未知。

如今，维也纳朝中盛行一种想法，那就是不仅要彻底击败普鲁士，还要完全瓜分它的领土：西里西亚和格拉茨将收归哈布斯堡王朝，马格德堡和哈尔伯施塔特将归波兰国王，拉文斯贝格将归普尔法次选帝侯，普鲁士属波美拉尼亚大部分领地将归瑞典。相信腓特烈一定会为他当初"劫掠西里西亚"的行为而懊悔不已。一个月后在加贝尔，奥地利又俘获了 2000 名普鲁士士兵。一周后，在 7 月 26 日，由于坎伯兰公爵的经验不足和愚蠢，法国在哈斯滕贝克击败了英国–汉诺威的军队。[3]

腓特烈逃回了普鲁士，但他本不用这么着急，因为查理洛林浪费了几天的时间，没能及时组织一次追击。而因为普鲁士国王的缺席，他的军队接连遭受了一系列的打击。9 月初，普鲁士三个团与由奥地利掷弹兵团和其他步兵团组成的联合军队在莫伊斯展开了一场艰难而又激烈的小规模战斗，最终奥地利又一次获得了胜利，而普鲁士的另一位高级将领文德斐则在战役中死去。文德斐与国王很亲近，在西里西亚的守卫战中，他是腓特烈倚重的将领。

同时，一支由安德烈亚斯·哈迪亚克少将带领的 3500 人的奥地利军队，也就是之前占领了卢萨蒂亚的军队，如今正准备向普鲁士的首都发起武力侦察。哈迪亚克率军在五天内到达了柏林，发现该城市毫无防备。于是他向这座城市索要了大量的钱财，将大部分的财宝掠夺一空。之后哈迪亚克还将一副"美丽"的、绣有城市图案的女士手套献给了玛丽娅·特蕾莎，这件事变得广为人知，却似乎只是为了鼓动奥地利人的爱国主义而编造的故事。但哈迪亚克并没有在那里久留，他担心腓特烈会率军赶来，于是以最快的速度撤走了军队。这次柏林遭受的侵袭对腓特烈是一个很大的羞辱，他很想报仇，但无奈既没有计策，也没有兵力。

腓特烈每处军队的士兵不是拼命四处逃跑，便是遭到突袭。甚至是萨克森的基斯都不得不在莱比锡避难，因为一支由德意志军队和法国军队组成的盟军在作战经验丰富的奥地利陆军元帅萨克斯·希尔德堡豪森亲王的带领下闯进了萨克森。而在纳达斯特的掷弹兵侵袭了施韦德尼茨的要塞后，又有6000名普鲁士士兵投降被俘。在施韦德尼茨战役之后，布雷斯劳——这一通往西里西亚南部的关键位置——也落入了奥地利的手中。

腓特烈要想生存，就需要进行和平谈判。如果说他在萨克森和西里西亚的麻烦还不够的话，那么要提的就是，8月，俄国的军队在大耶格斯多夫打败了普鲁士的军队。他们正斗志昂扬地准备开始蹂躏普鲁士东部的大片土地。

但普鲁士国王非常清楚要是自己手中没有几个筹码的话，谈判也纯粹是浪费时间。他的部队已被打散，只剩很小的一部分，但无论如何，他都需要取得一些胜利。因此，腓特烈选择先去对付最弱的敌人。在罗斯巴赫村，一支由苏毕兹率领的法国军队与希尔德堡豪森带领的帝国军队会合，却被普鲁士击败了。那天，联军方只有两个奥地利胸甲骑兵团表现得还令人尊敬，他们是陶德曼多夫和布莱特拉赫团。其余的作战单位，用希尔德堡豪森的话说，"都像羊一样逃走了"。[4]罗斯巴赫战役进行了不到半个小时，普鲁士的伤亡人数只有165人，但却保住了萨克森并大大提升了腓特烈军队的士气。

查理洛林接到罗斯巴赫战役战败的消息后却显得若无其事，他现在一心只想要超越道恩在科林获得的胜利。被重新确认为第一指挥官的他不顾考尼茨的反对，急于证明自己的价值。然而，他缺乏道恩在排兵布阵和战略方面的才能。虽然他比腓特烈的兵力多出一倍，却将太多的大炮留在了布雷斯劳，而他还认为腓特烈会是个容易对付的对手。最终，洛林没有听从大多数高级军官的意见，选择了作战。

洛林在洛伊滕的溃败

1757 年 12 月 5 日上午，洛林在排列宽大的军队前部署作战，安排符腾堡和巴伐利亚军团在他的左翼。步兵的战线拉得很长，看上去"没有止境"。[5] 起初，普鲁士军向北行进，于是查理加强了他的右翼部队。但查理和他军队所在的位置前有一座小山挡住了他们的视线，让他们无法看到普鲁士军的调遣情况，因而没能发现腓特烈的步兵随后改变了方向，开始向南面进攻。当洛林收到负责左翼薄弱军队纳达斯特传来的消息后，为时已晚，他没能及时做出回应。

让普鲁士军没想到的是，他们的步兵居然轻而易举地进入了对方的阵地，向前的推进完全没有被发现。当他们发起第一轮火力齐射时，维尔滕伯格的军团大为震惊，于是士兵们落荒而逃。5 分钟后的第二轮火力进攻又接着驱散了巴伐利亚军团。仅仅 15 分钟内，洛林的左翼就被彻底消灭。大约有 1.2 万名洛林军士兵仓皇撤退。此时，失去骑兵保护的洛林军又匆匆从右翼调来步兵增援，然而军队已陷入一片混乱之中，当奥地利的骑兵赶来后，一切都迟了。而当奥地利骑兵指挥官卢切斯被杀后，恐慌顿时蔓延开来。洛伊滕村中大批的奥地利步兵挣扎着想要组成连贯的战线。不到三个小时，战争就结束了。奥地利军全体投降，普鲁士则获得了绝对的胜利。奥地利军伤亡和被俘的人员超过了 2.1 万名，占了洛林军队总人数的 1/3。

如果说考尼茨需要什么来证明洛林早就不再适合指挥的职位，那么洛伊滕战役绝对能为他说明一切。现在即使是玛丽娅·特蕾莎的丈夫，即查理的哥哥也没有办法救他了。洛林拒绝了道恩的建议，强烈坚持要证明自己的地位，即使已深陷困窘的境地却还是没能认识到自己的能力不足。皇帝向他暗示过两次，而皇后甚至在 1758 年 1 月 16 日写给洛林查理一封再明白不过的信。道恩将接替指挥一职。

作为补偿，查理成了第一个获得玛丽娅·特蕾莎军功勋章的人，甚至排在了道恩之前，然而他不知道这一切都是早已计划好的，反而很享受这种特殊的对待，很高兴自己成了该勋章的第一位主人。欧洲这枚用于表彰最杰出军功获得者的勋章经协定后用于安慰这位自满而又平庸的亲王，然而在一个温暖的午后，他的傲慢在科林"光辉灿烂的太阳"下慢慢消散不见。

对于腓特烈来说，洛伊滕战役尽管取得了胜利，但在战略上却帮助不大。他依旧还是无法"完全"摆脱奥地利的军队。起初，他希望维也纳政府能寻求和平协定，但他低估了"战争女王"和她首席顾问大臣考尼茨的决心与耐力。当普鲁士军攻进摩拉维亚时，维也纳受到惊吓的朝臣们纷纷收拾行李，然而腓特烈最为顽固的对手考尼茨和皇后却从没考虑过离开那里。他们知道，与普鲁士军相比，奥地利军有的是充足的兵力和丰富的物资。

腓特烈向南移动，入侵了摩拉维亚的关键地区，即奥目兹要塞，威胁到了维也纳。而与此同时，道恩则将他所有军队的指挥官都召集到了斯卡利兹附近，开始重整哈布斯堡王朝军队自洛伊滕战役之后的士气。他任命拉西为参谋长，为军官们开展了全面的培训，彻底改进了步兵的战术，还从全帝国范围内招募了大量的新兵。另外，作战单位还学到了如何将掷弹兵连队成功合并成为更强大的突击队。到了 1758 年春天，道恩已重新部署了摩拉维亚，甚至加强了奥目兹的驻军，对此腓特烈尖刻地说道："我简直无法相信他们会是奥地利军！他们肯定是学会了如何行军。"[6]

6 月，4000 名士兵带着大量的弹药和食品补给从西里西亚出发，前去增援奥目兹围城军的力量，然而却遭到了伏击并被完全击溃。伏击队伍的指挥官则是在达姆施塔特沉默寡言但能力出众的劳登。普鲁士骑兵指挥官齐腾带领 3000 名骠骑兵负责护送车队，却被劳登的两支非正规骑兵团轻松击败。近4000 名普鲁士士兵死亡、受伤或被俘，100 多车辆被劫。而奥地利只损失了600 名兵力，由此可见劳登游击战术的高超和他军队的凶猛强大。

几天后，腓特烈得知了此消息，于是便解除了围困并撤走了军队。奥地利军随后从容不迫地来到这里，控制了摩拉瓦河东部的地区。腓特烈心中很清楚，道恩的智谋超越了他。但他不会表露出来，而是像往常一样将责任推给了他的下属。他指责齐腾失职，称他带领车队在路上"混"日子，耽误了时间，还公开羞辱了他的主要参谋长巴尔比和参加围攻战的所有军官。巴尔比后来回忆道："他对我所说的那些恶毒的话语，真是难以想象。"[7]

腓特烈一心想要和奥地利交战，但与此同时他还需要防范入侵普鲁士的俄国。他指出："如果我们击败了奥地利军，那我们就不需要再担心其他人了。"[8]他提出希望在克尼格雷茨(赫拉德茨–克拉洛韦)附近与奥地利军来一场决定性的战役，但遭到了道恩的拒绝。因为道恩向来对战争形势有着准确的定位，除非对他有利，不然不会答应对决。然而，此举让维也纳的很多士兵，甚至是他的一些下属指挥官也十分不满，处处怨声载道，因此他不得不给皇后写了一封很长的信件，解释他表面上的怠惰：

> 尊敬的陛下，上帝知道我绝不是懦夫，但我也永远不会去做我认为不可能达到或者不利于我们的事。[9]

于是，腓特烈不得不放弃与道恩战斗的计划，他被迫撤退到西里西亚，准备与已经占领了普鲁士东部首都柯尼斯堡的俄国军队交战。8月，在佐恩多夫战役中，用腓特烈的话说，他遇到了俄国"凶残暴戾、臭名昭著的强盗"。塞德利茨的骑兵在与俄国步兵多次艰难的交战中取得了一场胜利。而腓特烈口中的"人渣"则消灭了他军队1/3的力量。战后，普鲁士和俄国都宣称自己获得了佐恩多夫战役的胜利。而事实上，两军在这场杀戮之中都遭到了重创，也都未能实现各自的战略目标。普鲁士军未能迫使俄国撤军，俄国的指挥官也无力再对普鲁士军发起追击。

8月底，道恩计划进入卢萨蒂亚与俄国军队会合。得到批准后，考尼茨命令道恩的军队打起前所未有的精神开始行进。而俄国如果没有看到奥地利的进攻行动，也不愿意再坚持下去。在考尼茨看来，奥地利现在迫切需要发起一场战斗，即使这场战斗不具有决定性。

然而，佐恩多夫战役的消息使奥地利与俄国军队会合的所有希望都破灭了。道恩率军从格尔利茨前往施托尔彭，十天行进了120公里，而腓特烈则再一次证明了他们急行军强大的优越性，他们的军队在七天内行进了 180 公里。9 月 10 日，普鲁士军就到达了德累斯顿以北的地区，于是腓特烈立刻聚集了一支近 4.5 万人的军队。他骄傲地宣布："只要科林的那个胖子伸出脑袋，那么我将狠狠地扭断他的脖子，这是我的荣幸。"[10]

得知普鲁士国王到达该地后，道恩取消了原本的进攻计划。如今，普鲁士的军队排兵布阵对向哈布斯堡王朝的军队，但道恩如若没有提前精心策划绝不会贸然行动。维也纳对他谨慎小心的举动十分不满，批评的声音不绝于耳。考尼茨也很是焦虑，9 月 24 日，皇后写信敦促道恩采取决定性的行动："只要有一丝希望能避免签订不利的和平协定，就请不惜一切代价、全力以赴作战。"[11]10 月 13 日，皇帝再次签署了一份"内阁指令"，敦促道恩"认真寻找机会，尽快展开战斗"。只要法国和俄国没有退出对抗普鲁士的联盟，即使道恩并不能成功，也要采取行动，这至关重要。

血染的霍克齐村

但道恩并不会匆忙行事。10 月，他在施托尔彭附近扎营，腓特烈多次挑衅，然而每一次奥地利军都悄悄离开了。正当维也纳的官员们焦急地想要给指挥官下达指令时，道恩得出了结论，现在终于是发起进攻的时候了。

腓特烈公开表示了对奥地利军的轻蔑。而道恩审时度势、注重细节，他发动战争的方式似乎有意在刺激普鲁士国王。达菲在他具有权威性的调查中指出，在玛丽娅·特蕾莎的军队中，道恩谨慎小心，而拉西和劳登这样精力充沛的指挥官则常常突然迸发出灵感，他们在一起可以很好地互补。"陆军元帅道恩的计划进展缓慢，这让腓特烈渐渐陷入了最麻木的状态，正当这时，道恩又选择听取了像拉西这样的人的意见，突然采取大胆的方案，开战的时刻终于到了。"

皇后能够很好地任用有着不同背景和性格的各路人才，拉西和劳登就是这样的例子。拉西"风度翩翩"，有着爱尔兰人的血统，是一名卓越的大臣，在很多方面他都和同时代的吉迪恩·劳登相互衬托；劳登则是埃尔郡人的后代，他的家族于 14 世纪定居在利沃尼亚地区。[12] 拉西充满魅力与智慧，劳登则寡言而擅内省，这样的特点淋漓尽致地体现在了战役的戏剧效果之中。然而，不管他们之间的差异有多大，如今两人将在接下来的战役中展现完美的配合。

腓特烈将军队部署在了德累斯顿的东部地区，他知道道恩正在封锁他通往西里西亚的道路，因而小心地率领军队向前移动。腓特烈的右翼部队则聚集在位于高地的霍克齐村，并由 1 个炮兵部队和 6 门大炮保护。劳登的潘都尔军和其他零散的非正规军则躲在附近的树林之中。谈及普鲁士军暴露的位置，他们的指挥官基斯说道："奥地利军如果不能将我们铲除，那么就会面临被绞死的刑罚。"对此，腓特烈轻蔑地答道："没错，但我希望他们认为我们比绞刑更可怕。"[13]

并非只有基斯一个人为腓特烈的轻蔑态度感到担忧。军需官马维茨也拒绝在如此显眼的位置扎营，但他很快就遭逮捕拘禁。与此同时，道恩的情报部门成功"策反"了腓特烈的一名密探，他前去告诉腓特烈说道恩绝不会冒险采取不寻常的突然袭击。而腓特烈或许正是相信了这一点才有所放松。

但间谍说的话其实也没什么错，因为实际上是弗朗茨·莫里茨·拉西说服道恩采取行动的。拉西是一名异乎寻常的指挥官，后来他和他的战马被一同埋葬在了维也纳的树林中。此时，拉西制订了计划，让一大部分奥地利军队在夜里偷偷溜出，几小时后又以星形的队形将腓特烈在霍克齐显著暴露在外的阵地包围在中心的位置。奥地利军还把帐篷留在了原地，继续点着营火，所有这一切的安排都是为了让普鲁士军产生安全的错觉。据一位目击者称，还有大量的伐木工人进入树林，一边相互呼喊，唱着歌，一边砍伐树木。几天后，道恩就在战前侦察清楚了周围的每一处细节。据说有一次，他们遭到普鲁士哨兵的攻击，道恩听到了声响，而他的骑兵指挥官塞尔贝罗却不去理会嗖嗖的声音，还说应该是只苍蝇。没过多久，塞尔贝罗的手便被枪弹击中。道恩静静地转身说道："就算是苍蝇，似乎也会伤人。"[14]

奥地利步兵秘密计划攻破村庄的防御工事。他们以村里教堂的钟声为信号，敲五下后便发起进攻，用不了多久，大炮就会将村庄的主要广场和街道炸成一片废墟。教堂的钟声响起了，克罗地亚非正规军手拿刺刀，很快将村内堑壕的守卫和哨兵砍倒在地，接着便削断了营地帐篷的绳索。帐篷倒塌后，克罗地亚士兵便开始有系统地砍杀困在其中、在地上翻滚的普鲁士士兵。突袭取得成功，随着克罗地亚士兵的推进，整个街道都被鲜血染红，他们沿着布鲁特小巷静静地屠杀还在熟睡的士兵。如今布鲁特小巷变得众所周知，成了这次血腥事件的纪念性地点。

6 点，曙光初照，奥地利的大炮和村里的 15 门普鲁士的大炮都对准了不知所措的普鲁士幸存者。最终，整个普鲁士军团的士兵都遭到了屠杀。那些试图逃出帐篷的士兵们背靠背排成两排以应对来自四面八方的攻击，但显然是徒劳无益的。枪声、炮声、刀剑的挥舞声、伤员的哭喊声……浓雾和硝烟混在一起，给这里的清晨蒙上了一层虚幻的光影，隐约只有普鲁士士兵帽子上的黄铜牌可以让人分辨出谁是敌、谁是友。而在这一片混乱之中，不时有一发炮弹划过天际，瞬间照亮了奥地利士兵们白色的军装，他们正在军官的号令之下冷酷地向前推进着。

普鲁士的将军和军官们竭力在混乱之中下达命令，然而屠杀是可怕的。布伦瑞克的亲王刚刚还手握刀剑，几秒过后，他的头颅便被一枚炮弹炸碎。经验丰富而又勇敢的基斯曾料想到会有攻击，此时他想要冲出村子，然而也是徒劳的。当他在前方带领匆忙组建的一支掷弹兵队伍向前推进时，两颗枪弹穿过了他的胸膛。德绍的莫里斯亲王和许多其他的普鲁士高级军官在战役开始后的第一个小时便身受重伤。

普鲁士的步兵作为欧洲最好的步兵并非浪得虚名。在如此大的冲击之下，一般其他的军队肯定会瓦解，但普鲁士的军队却能重整队伍。齐腾带领下的普鲁士骑兵团做出了英勇的反击，为普鲁士军的撤退争取了时间。齐腾的骠骑兵最终被劳登的骠骑兵击败，但在此之前，腓特烈的三个旅还曾试图从侧翼包围道恩的军队。这些努力为普鲁士军赢得了时间，但他们很快就又碰到了步兵组成的森严的火墙。在距离奥地利军几码远的时候，腓特烈所骑的战马被射中，幸好他勇敢的骠骑兵在危急关头救下了他，才让他免于一死。

到了 10 点，腓特烈了解到是时候去挽救还能挽救的一切了，于是他下令全面撤军。撤军完成得十分出色，一个原因是普鲁士步兵在有序撤退时会向身后施加凶猛的火力攻击，这让奥地利军在"追击"时十分胆怯；而另一个能让奥地利最具攻击性的军队都放弃对抗的原因则是：克罗地亚军和非正规军通常都会抵不住诱惑选择在普鲁士军的营地大肆掠夺，而不是冒着生命危险去追击撤退的敌人。

这真是一场大肆掠夺。腓特烈的军队有 1/3 的士兵死亡或奄奄一息。奥地利军的战利品包括普鲁士军整个炮兵营地的 101 门大炮、帐篷、行李和 30 多面军旗。大部分的普鲁士将军不是受伤就是死亡，其中也包括腓特烈最杰出的战友基斯。

基斯的尸体上盖着克罗地亚士兵的斗篷，被抬下了村并留在了霍克齐教堂的地板上。那天下午晚些时候，道恩和拉西来到了教堂，发现一个斗篷下盖着一名普鲁士的军官。于是道恩弯下腰来揭开斗篷，当他看到了死者的面容后，惊恐地向后退了几步，因为他立刻认出了那便是他最厉害的对手。拉西则简短地说道："他是我父亲最好的朋友。"两个人泪流满面。

奥地利的胜利原本可以更完美，却因为未能坚持到底而打了折扣，然而奥地利的伤亡人数也并不少，战役异常血腥、激烈，普鲁士军则付出了沉重代价。奥地利军有超过 7000 人死亡或受伤，因此道恩拒绝了拉西的建议，不再发动新的攻击。而腓特烈也承认霍克齐战役简直是"一场灾难"，他还称自己是"被击败的人"。在维也纳，霍克齐战役胜利的消息则引来一片欢呼，也为道恩带来了荣誉与财富，其中包括一柄俄国女沙皇的金剑。

腓特烈的屈辱：库勒斯道夫战役

1759 年，玛丽娅·特蕾莎愿望成真的可能性大大提高。道恩带领下的军队已经证明了他们的价值，法国、瑞典和俄国也都动员了力量，普鲁士的中心地带则明显变得脆弱起来。普鲁士的国王也现出了苍老之态，尽管他只有 46 岁，但在柏林的英国特使是这样描述他的："一个老头，牙齿掉了一半，头发变得花白，脸上没有了笑容、没有了神采、没有了灵气。"[15]

整个冬天，腓特烈因为痛风和流感的侵扰而变得十分虚弱，外表上也显得十分邋遢，由于他不愿换下军装，因此衣服上还有了很多的虫眼和食物的污渍。如今，他已经失去了他最好的将军，他最亲密的朋友。他手下一些部队的伤亡率竟高达 70%，有几个团甚至都将不复存在，因为本地的人力资源已几近枯竭。不过，他还是没能将奥地利逐出战场。

在平安夜致布伦瑞克的腓特烈的信中，这位普鲁士国王写道："不要指望什么大的东西了，我们的失败和胜利已夺走了属于我们步兵团的鲜花。"[16]

12 月，腓特烈撰写了冗长的军事评估，其中他指出奥地利军如今提升了一个档次，在包括法国、俄国在内的所有对手中，奥地利军是普鲁士最为强大的敌人。俄国军队"狂热但能力不足"，法国军队"经验丰富但粗心大意"，只有奥地利军一直以来都最为专业，而这也是他对对手最高的评价。事实证明，玛丽娅·特蕾莎的改革热情让军队及其领导层的能力得到了极大的改善。改革的内容涵盖了三种武器，迫使普鲁士人不得不重新考虑他们的战术。

腓特烈称，与奥地利军展开正面的近距离作战已变得十分困难，因为他们在选择阵地方面的技巧上有了很大的提高并且还改进了炮兵部队。此外，他们在隐蔽技术和游击战上的提高更让对手无法事先获知他们的动向。另外，他还指出了奥地利军轻骑兵和非正规步兵的优势。普鲁士军也曾频繁模仿他们尝试这些改进，但事实证明，"轻步兵"的战略战术和游击技巧都是无法复制的。当然，齐腾的轻骑兵做得很好，是个例外。

简单来讲，普鲁士军如果想要击败奥地利军，那么别无他法，他们只能让自己变得更像奥地利军。如今，普鲁士军只有在普鲁士东部的开阔平原上还能够保有纪律和火力方面的优势，但随着普鲁士军队状况的恶化和奥地利军队质量的提升，就连这一通例也不能永远适用了。普鲁士的新兵已大大不同于腓特烈以前的精锐士兵，他们当中有一部分人是从敌军，比如不可靠的萨克森军中被俘后又被强制编入普鲁士军的，还有一些人则是在梅克伦堡被人绑架到军中服役的。这类事情时有发生，在萨克雷的作品《亨利·埃斯蒙德》和《巴里·林登》中也都有现实的描述。

不仅如此，下级军官的招募显得更加困难。他们不能再以前些年损失大量兵力为借口向社会施加更大的压力，不然就会影响到社会的凝聚力，而这则是传统上普鲁士选择军官时的主导因素。如今传统的土地所有者已无法提供更多的人力。腓特烈惊讶地意识到他已别无选择，只能从资产阶级中招募士兵，但这一阶级的人都崇尚唯物主义。因此，腓特烈认为他们无论是在心理上还是精神上都"不适合"军队中的光荣职位。这次战争一旦结束，腓特烈就将用他余下的在位时间来清除军队中最后一批"不良的材料"。

直到奥地利决定交换俘虏后，腓特烈下次战役的兵力才有了一些起色。3月，他军队的人员数量恢复到了正常水平，达12.5万人，但质量却和以往战役中的士兵大不相同。相比之下，道恩经过一次次小心谨慎的战役，现在能轻松将保有的军队扩充至14万人。15年来的改革让他的军队在各个方面都变得更加高效。税收制度和新出现的一批有才华的指挥官也都为他发动战争提供了物质和人才的准备。而腓特烈则不得不通过货币贬值的办法来达到同样的目的。1758年12月4日，女皇为33名军官颁发了骑士级玛丽娅·特蕾莎军功勋章。这些高级军官位于军官团金字塔的顶端，而这一强有力的军官团中不乏多种多样的人才。相反，普鲁士军的人员构成则来自单一的社会阶层。

向来谨慎的道恩决定等待俄国人的到来，因此他们的计划进展得十分缓慢。考尼茨不得不再次催促这位科林战役和霍克齐战役的胜利者采取果断的行动。考尼茨意识到奥地利目前正处在千载难逢的非常有利的外交处境中，不容错过。此外，为了避免道恩觉得哈布斯堡王朝的战争目标仅仅局限于收复西里西亚，考尼茨在给道恩的一封信中详细说明了他们还有更为深刻的目的，那就是创建一个良好的战后环境，不再"在自己的能力范围之外维持战争装备，向忠诚的子民征收沉重的赋税，而不是减轻他们的负担"。[17]

这封信保存在维也纳的战争档案馆中，是18世纪珍贵的文件之一，显示了考尼茨的远见和人道主义精神。其中，他提醒称如果奥地利没有取得胜利，那么整个欧洲的国家都将别无选择，只能形成一个个"普鲁士式"的军国主义政府，"最终，整个欧洲都将承受难以忍受的负担……而要想避免产生这样或那样的邪恶后果，我们就只能削弱普鲁士国王的力量……"此外，考尼茨还提出普鲁士的军国主义和欧洲的文明是绝不相容的。帝国政治家们所关心的不仅仅是奥地利的地缘政治利益，用他的话说，他们还担心"人类的幸福"会变得岌岌可危。

当俄国进入到波美拉尼亚后，道恩认为很有必要加入他们，便派出了劳登带领的由 2.4 万名精锐士兵组成的军队，其中包括几个玛丽娅·特蕾莎最好的团。另一边，腓特烈通过侦察兵得知了劳登的行动，他知道阻止俄国和奥地利军队的会合至关重要。因此，7 月 22 日他率军出发，用他自己的话说，是去"让歇斯底里的劳登安静下来"。29 日，他们距离奥地利后方还有不到两英里的距离。然而，奥地利军高超的隐蔽策略再一次使敌人没有办法掌握他们的动向。

哈迪亚克带领的一支军队成功转移了普鲁士军的注意力，还让普鲁士军以为他们就是劳登的主力军队。与此同时，真正的劳登军队已偷偷离开并前去与俄国佐尔蒂科指挥官的军队会合。佐尔蒂科不只把道恩的军队视作一支辅助军那么简单，很快，两位指挥官在意见上也达成了一致。劳登能说一口流利的俄语、德语、法语和英语，他对佐尔蒂科军队占领的位置很是失望。在劳登看来，俄国军队面向的方向是错误的，那边不会是普鲁士国王即将到来的方向。于是，他说服俄国军队渡过了奥得河并在库勒斯道夫村庄的小山上建立了据点。

腓特烈决定迅速采取行动，因为他必须在道恩带着 3000 名援军赶到前就击败奥地利和俄国的联军。联军左翼的关键位置在米尔贝格。腓特烈粗略地观察完地形后便决定向敌军侧翼首先发起最大程度的炮火攻击。11 点半的时候，普鲁士军的 200 门大炮朝俄军左翼开火，消灭了米尔贝格大部分的军队。腓特烈则不顾步兵们刚刚完成长途行军抵达库勒斯道夫东北部后的疲惫，又立刻派他们发起了进攻。

于是，普鲁士军在鼓声和号声中爬上了米尔贝格的陡坡。感到兵力薄弱的佐尔蒂科向劳登请求支援，于是12个奥地利掷弹兵连拥入了米尔贝格。但他们仍旧人数不足，赶到时也已经有些晚了。经过一个小时激烈的近距离战斗后，俄国和奥地利军被迫撤退。普鲁士军则看似已经取得了战争的胜利，他们的通信兵也已经出发前往柏林报告"胜利"的消息。

但正如战争中时常发生的那样，指挥官高估了自己军队的能力。腓特烈看到了残酷的现实——尽管他们已经击退了联军的左翼军队，但对手的主力部队还没有被消灭。如果他们想要获得完全的胜利，用他自己的话说，"一劳永逸地除掉这些人"，他们就必须向联军在施皮茨贝格的敌军中路发起进攻，那里是通向联军的第二座山，驻守着佐尔蒂科的右翼部队。为达到这一目标，他精疲力竭的军队必须先下到一处低地，然后再登上陡峭的山坡。

当腓特烈带领炮兵来到米尔贝格并准备发动新一轮的攻击时，佐尔蒂科请求劳登派出了他大部分的部队前来支援施皮茨贝格的作战。劳登毫不犹豫地派出了除一小批后卫外他所有剩余的步兵并在施皮茨贝格一个相对狭窄的阵地前部署了两排防御士兵。普鲁士军在推进时遭到了排枪齐射的攻击，陷入了一片混乱之中。有五次，他们都重整了队形继续前进，但又都在枪林弹雨中被一次次击溃。当奥地利的大炮开火后，两座小山之间的"狭长地带"便成了血腥可怕的屠宰场。

为扭转局势，腓特烈命令他勇猛的骑兵指挥官塞德利茨率军从南面进攻联军的战线，然而奥地利军的大炮轻松转变了攻击方向，用了不到15分钟的时间就粉碎了塞德利茨的军队，在队伍前方的塞德利茨也受伤从马上跌落下来。

当时，普鲁士的进攻让在施皮茨贝格的尤登堡山坡上的俄国军队十分惊慌，于是俄军丢下了大炮开始撤退，好在劳登的步兵和炮手冲上了那一阵地并迅速将大炮对准了普鲁士的步兵，因此普鲁士步兵仅仅向上行进了150步就被奥地利军的霰弹和大炮彻底击败。这也是奥地利在那天创造的众多"神话"中的第一个。

之后，普鲁士步兵再次组队向施皮茨贝格进攻。劳登则率领他整个的掷弹兵部队作战。在接下来的肉搏战中，普鲁士军在刺刀的攻击下节节败退。到了下午4点半，普鲁士的步兵已筋疲力尽，只有塞德利茨残留的少部分军团还在冯·普拉滕的带领下掩护军队撤退或绝望地做出最后的尝试。战斗中，腓特烈骑的两匹战马都接连被刺倒在地，他的金鼻烟盒还替他挡下了一枚子弹，然而他还是决定孤注一掷，最后再博一把。此时，奥地利的步兵都在施皮茨贝格附近战斗，因此联军的右翼暴露在外，于是腓特烈命令冯·普拉滕接替受伤的塞德利茨带领骑兵队伍向联军的右翼发起进攻。

在整个战斗期间，劳登一直没有闲着。战争高度的紧张感刺激着他，让平日里压抑而又小心的他爆发出了出乎人们意料的力量。他召集了骑兵，但人数还不足以对付普鲁士的军队，于是他急忙请求俄国军队的支援。让他开心的是，当普拉滕的普鲁士军组建成形之时，俄国军队也应他的要求迅速派来了援军，几个俄国枪骑兵军团、骠骑兵军团和哥萨克军团沉稳地向他走来，停在了奥地利轻龙骑兵和龙骑兵后方的位置。一时间，充满异国情调的白色、蓝色和绿色的军装交织在一起，令人目不暇接。劳登排在轻骑兵第一排前方的位置，他拔出军剑，骑马率领军队缓缓向冯·普拉滕的军队前进。

奥地利骑兵的战术通常是率先让手握"单刃剑"的重骑兵与敌人交手，他们俯下身用剑刺中战马的头部，再起身挥剑朝骑兵的脖颈抹去。而劳登此次的进攻则让这一战术有了充足的机会付诸实践。俄国骑兵的战术虽没有形成一套系统的方法，但同样残忍的哥萨克军团的长矛将在欧洲战场上首次亮相。

普拉滕的骑兵虽竭尽所能发起了攻击，但他们仍在为发动下一次冲锋重整队形。由于他们几乎是原地不动，劳登第一排的士兵突然向他们发起进攻时便穿过了他们的队伍，这让腓特烈陷入混乱的步兵突然暴露在外。于是，他们首先被自己军队中奔逃的骑兵碾过，然后便无法再重新聚拢，最终被劳登的军队彻底粉碎。

换作是普鲁士军以前的士兵或许还能应对这些攻击，但如今这些新兵在受到惊吓后纷纷逃走，还有一部分人的尸体则会在第二天被发现，他们的面部和背部被劳登的骑兵划出了深深的刀口。劳登粉碎了普鲁士的左翼军队后便又赶往米尔贝格，准备完全击溃普鲁士的步兵。但是米尔贝格的步兵已清楚地预料到普鲁士暴露出的步兵将遭到劳登骑兵碾压的命运，早已四处奔逃，"溃不成军"，匆忙从另一战场赶来的腓特烈也无法阻止他们的溃败。当腓特烈的军队被哥萨克军包围时，他险些丧命，是年轻而有魄力的普鲁士军官冯·普里特威茨和200名匆忙集合的骠骑兵救了他。

最终，奥地利取得了最大规模的胜利，甚至超过了科林战役和霍克齐战役。这一次，敌人没能有序地撤退，没能像在霍克齐战役中一样有坚实的后卫作掩护。可以说，腓特烈的军队遭受了空前的、压倒性的惨败。腓特烈的炮兵部队中共有178门大炮被夺，超过2.1万名士兵伤亡，仅有不到原来军队1/10的力量，也就是3000名士兵还有能力重新组成完好的队伍。腓特烈在早些年曾拒绝劳登进入他的军队，而他一定没能料到会遭到如此彻底的报复。

"我相信我已失去了一切，"当晚腓特烈还夸张地写道，"永别了。"库勒斯道夫战役的失败主要归咎于腓特烈。战术是他定的，继续攻击的决定也完全是他做的。但腓特烈同他的竞争对手玛丽娅·特蕾莎不同的是，他绝不会承认自己的错误。后来，他责怪他的步兵称："如果步兵没有溃散，我们一定会赢得这场战争。"为了充分证明他的观点，这位启蒙思想的崇尚者还下达命令，规定凡是逃离战场的士兵在回到军队后都要处以20下的鞭刑。如此一来，他确信士兵们的士气可以由此改善。

奥地利的胜利：马克森和兰茨胡特

腓特烈命令皇室尽快离开柏林避难，但他的担心其实是多余的，这得益于他的对手产生的嫉妒心。战后，人们普遍将劳登视为英雄，但俄国方面却有了不痛快的想法，他们感觉维也纳很乐于战斗到只剩下最后一个俄国人为止。确实，这次战役让俄国遭受了很大的损失。佐尔蒂科抱怨称他在两次战役中损失了 2.7 万名士兵，照这样来算，如果他想要再赢得一次胜利，那么回到莫斯科见女沙皇时，一定"不会有好果子吃"。

而奥地利与俄国联军一同进攻柏林的机会则转瞬即逝。道恩刚刚与佐尔蒂科建立联系，腓特烈的兄弟亨利便在他的后方建立起军队并突袭了波希米亚。与此同时，腓特烈还从波美拉尼亚调来了他的干将克莱斯特率领的 5000 人部队并开始重建军队。很快，他的军队便和另一支 3 万名士兵的军队以及一支炮兵部队堵在了法兰克福（奥得河）至柏林的大路之间。

与此同时，在萨克森，德累斯顿的普鲁士驻军被麦夸尔率领的奥地利军队击败，但普鲁士的亨利亲王组织了一场完美的撤军行动，率军退至了托尔高地区。这让道恩不得不首先解决萨克森的问题，因为腓特烈现在已经重新统领了一支约有 5.7 万人的普鲁士联合军队。道恩的奥地利 – 帝国军队则拥有 8 万名士兵。然而过去的经验表明，一支由众多国家组成的队伍会带来更多不利的因素。罗斯巴赫战役之后，他们没有进行任何改革提升，而他们的指挥官则能力不足且十分胆怯。让维也纳沮丧的是，道恩认为他不能够向腓特烈在托尔高强大的防守力量发起进攻。因此，他考虑撤离到波希米亚过冬。而对道恩有着病态般蔑视的腓特烈则认为不能仅仅如此，用他的话说，他还要给这位"全身挂满神圣勋章且充满了虚荣心的胖子阁下"（近期，道恩被教皇给予了奖励）狠狠一脚。[18]

为了踢这"狠狠一脚"，腓特烈派遣芬克将军率领一支 1.5 万人的部队前去占领德累斯顿南部的高原地区，这一具有战略意义的位置位于马克森的一个小镇附近，从那里他们可以不断侵扰奥地利军的后方，以此迫使道恩放弃德累斯顿地区并退至波希米亚。然而道恩不管批评他的人怎么说，还是认真地观察着敌人的动向。更重要的是，拉西发现并很快说服了道恩，陡峭的山谷和茂密的森林能为他们提供良好的作战环境。

道恩像在霍克齐战役中一样，在仔细侦察了地形后安排了一次绝密的行动，他们从四个方向朝敌军发起了进攻。夜深人静之时，道恩不顾雨雪和冰冻，率领 4 万名士兵从德累斯顿偷偷溜出并安排骑兵和炮兵到达指定地点。拉西则努力寻找到了一条穿过茂密森林和丘陵地带的路线并于 11 月 20 日上午到达了指定位置。之后，芬克和他普鲁士的士兵便发现自己被三列奥地利军队和一支帝国军队所包围。然而，腓特烈不顾芬克以及许多其他军官的意见，又一次将普鲁士军带到了灾难的边缘。当芬克早前向腓特烈提出不同的意见时，腓特烈还用了德语表示轻蔑的第三人称表述简单地驳回了他："请务必注意，他从这里走了。"

中午时分，奥地利的大炮向芬克的军队开火，一定程度削弱了他们的力量后，一队英勇的奥地利掷弹兵带着刺刀冲进了敌人的阵营。芬克急忙撤军并在另一个阵地试图组织军队逃往腓特烈军队的所在地。他想要向腓特烈报告他们目前的困境，然而克罗地亚士兵却一次又一次堵截了他们的行动，将他们完全孤立开来，这让腓特烈无法获得军队在马克森的任何消息。第二天破晓时分，芬克决定不再冒着被彻底摧毁的风险战斗，于是选择了投降。普鲁士军伤亡人数 900 人，共有 1.48 万名士兵被俘获，其中包括 549 名军官和 16 名将军，另外还有 71 门火炮被夺。

马克森战役保住了奥地利在萨克森的地位。腓特烈听到这个消息时惊讶得目瞪口呆。像往常一样，他把自己狂妄自大的后果归咎给了其他人。囚禁在奥地利军中的芬克也大致听说了他在普鲁士军的职业生涯已经结束，因为普鲁士整个军队投降是一个"闻所未闻的先例"。他得知，一旦战争结束，他就要面临军事法庭的审判和被解雇等等的命运。他军队的将军，除了乌施外，全都被解雇了。国王表达了他对所有参与了马克森战役的普鲁士军都十分不满，直到腓特烈去世以前，这些团都一直蒙受着耻辱并遭受着国王的冷落。

这是奥地利军获得的又一大辉煌胜利。一个月后，在迈森附近的一场小规模战役中，贝克率领的奥地利军仅以 200 人伤亡的代价便俘获了敌军 1500 名士兵。腓特烈非但没能将奥地利军逐出萨克森，还损失惨重。因此，他只好通过货币贬值的方法继续维持财政，熬过这个冬天。如今，只有货币贬值和英国人的补贴才能让普鲁士摆脱彻底毁灭的命运，正如腓特烈的兄弟指出的那样："他让我们陷入了这场残酷的战争……他加入我的军队后便带来了混乱与不幸……一切失去的东西都是因为腓特烈。"[19]

1760 年的春天为奥地利的军事行动注入了新的活力。考尼茨坚定地称要摧毁而不仅仅是遏制普鲁士的力量。普鲁士军则几近崩溃，丝毫没有减轻压力的时间。现在，其他军队都对普鲁士采取了进攻而不是防御的姿态，而劳登，这位在库勒斯道夫战役中沉默寡言但英勇无畏的指挥官所率领的军队则成了最适合的先锋部队。劳登确信能够将腓特烈的军队击溃并彻底铲除。他向考尼茨简洁地提议称可以通过大胆进入西里西亚来完成这一目标，而西里西亚长期饱受苦难的民众也一定希望看到这一行动。

道恩的主要军队与腓特烈的军队在萨克森相互对峙，劳登则带领 5 万人动身离开并在兰茨胡特附近与人数较少的富凯的军队交战。战斗中，劳登和他的非正规军再次封锁了敌军，阻止了对方任何想要向高级指挥官通风报信的行动。而他们在军队周围建立的屏障则成功地给奥地利军披上了一件几乎隐形的斗篷。可怜的富凯只能猜测发生了什么，直到劳登向他北部格拉茨巨大的堡垒发起进攻，他才不得不率领普鲁士的军队放弃高地的阵地，向后撤退去保护西里西亚的首都布雷斯劳。

腓特烈被富凯撤退的行动彻底激怒，他毫无顾忌地命令富凯返回，他指出："我的将军们比我的敌人伤我更重，因为他们总是走错方向。"[20]

富凯对马克森战役中芬克的命运深有了解，他决心摆脱那样的耻辱。于是他回到兰茨胡特，驱逐了劳登留在那里的 600 名驻军并准备开战。简朴而又坚定的富凯并不是一名广受欢迎的军官，他是一名彻彻底底的现实主义者。他预测道："我预见了我们的毁灭，我预见会有很多勇敢的人。"的确，他是比以往的普鲁士军队走得更远，但奥地利军一旦释放出能量，他就依然无法摆脱被摧毁的命运。

在劳登的指挥下，奥地利军展开了复仇的行动。停止围攻格拉茨后，劳登决心先立即消灭富凯的军队。6 月 23 日，劳登集合了 3 万人在黎明时分向普鲁士 1.1 万人的军队发起了进攻。然而，他们的骑兵被普鲁士方阵杰出的作战方式所击退。战斗中，普鲁士军展现了如同在练兵场上的技术，他们向每一排拥上来的骑兵发起了排枪齐射的攻击。但这场力量悬殊的比赛最终只有一个结果。虽然普鲁士军像往常一样严守纪律，有着每一寸土地的退让都要耗费敌人近八个小时的架势，但随着战争的推进，奥地利军渐渐凸显了人数的优势。要不是"猎兵"连救下了坐骑被击中的富凯，富凯就会被向前推进的奥地利步兵用刀刺死。但即便如此，他还是依旧奋战，直到一个小时后，他在一片混战之中身负重伤。正当一名奥地利骠骑兵准备杀死他时，奥地利轻骑兵的军官沃伊特上校认出了富凯，在看到他的伤势后，沃伊特便将他收到了自己的队伍之中，留下了他的性命。

沃伊特是勒文斯泰因龙骑兵军团的军官，他将自己华丽的马鞍重新安装在了受伤的那位普鲁士人的马上。起初富凯拒绝了他的好意："我的血会弄脏你精美的马具。"大度的沃伊特则以奥地利人礼貌的态度回答道："不，它将变得更加宝贵，因为上面留有了英雄的血迹。"[21]

普鲁士人的弹药用完之后，他们便只好投降。到了中午时分，有将近1500人，其中大多是骑兵，设法从奥地利的右翼逃了出去。普鲁士军共有2000人阵亡，8000人被俘，其中包括另外两名将军，另外还有68门火炮和无数的旗帜成了对手的战利品。富凯的部队已完全被消灭，西里西亚的城门也向奥地利军大开。但普鲁士军同样也让奥地利军付出了很大的代价，劳登军队的死亡人数虽不足800，但伤亡人数超过了3000。腓特烈再次判断失误，而他的策略让他再次失去了一支军队。

腓特烈再次将责任推给了其他人，他决心在再次见到道恩前忘记这段失败的经历。接着，腓特烈命令士兵开始了漫长的行军，但他的士兵已不再是他以前的士兵，几百号人都在重压之下掉出了队伍。英国特使米切尔指出，腓特烈称"他的士兵在能力上已大不如他在前些年带入战场的士兵，而他那一部分的士兵也只能在远处向敌人炫耀"。[22]

"地狱的景象"：利格尼茨和托尔高

腓特烈围攻了德累斯顿，却并没有对麦夸尔的驻军产生多大的影响，而他在战役中大肆摧毁很多平民房屋的种种罪行则都被记录在了贝洛托的画作之中。此外，拉西凭借着聪明才智开始不断侵扰普鲁士军的补给线，有一次竟缴获了多达 36 艘运送物资的船只，俘虏了大约 8000 名普鲁士士兵。腓特烈听说劳登在格拉茨的授勋仪式后，急忙中止了对德累斯顿的围攻并转移到了西里西亚。他希望道恩能向他发起追击并按照他的要求开战，然而这位"神圣的胖子阁下"不出人们所料，还是不愿如腓特烈所愿。其间，劳登势如破竹地占领了格拉茨，以 180 人的伤亡代价俘虏了当地的驻军，缴获了 200 门大炮。腓特烈很是愤怒，他言辞激烈地指责了普鲁士驻军的指挥官——不幸的巴托洛梅·德奥。说他不幸，是因为战争结束后，被奥地利释放的德奥被军事法庭判处了死刑。

此时，劳登行军来到了西里西亚的首都布雷斯劳并等待着俄国盟友的到来。腓特烈也在道恩的追击下加速来到了西里西亚并开始为战争做好准备。当时人们普遍认为这将是奥地利取得最终胜利的一场战役。道恩将会统领超过 9 万名士兵作战，而腓特烈只有 3 万名兵力。于是，道恩以他一贯的小心谨慎和聪明智慧精心策划了一场大型的会战，甚至俄国也会加入这场战役。

腓特烈的选择则变得十分有限，一方面有劳登的一小支部队在侵扰他，一方面有道恩和拉西的军队横跨他的道路中央，于是他在利格尼茨附近占据了一个位置。但腓特烈吸取了霍克齐战役的经验教训，不愿将营地建在距离奥地利军只有不到 24 小时路程的位置，他像奥地利军那样一边指挥军队燃着营火，一边命令部队悄悄转移到东北地区，也就是他兄弟亨利所在的位置并重新在普芬道夫的高地上建立了营地。劳登则原本打算在利格尼茨下游的位置从卡岑巴赫穿行五英里后从侧翼包围腓特烈的军队，这样他便可以攻击腓特烈的后方位置。然而让他惊讶的是，普鲁士军 24 小时前占领的阵地竟突然发生了改变。当劳登前进至利格尼茨南部的普芬道夫时，他突然发现自己面对的并不是腓特烈的后卫部队，而是国王部队的先锋，先锋后则是普鲁士的整个大军。接着，奥地利的步兵团发起了两次进攻，但都被普鲁士强大的炮兵部队所击败。到了凌晨 4 点，劳登下令撤军。他的骑兵出色完成了掩护任务，还击败了两个前来追击且没有骑兵保护的普鲁士团。

奥地利军的撤退就像在练兵场上一样高效有序，甚至吸引了腓特烈的目光。腓特烈还在他的下属面前夸赞奥地利军："要不是看到横尸遍野，你一定会以为他们是在退出练兵场呢。"[23]

与此同时，跟在拉西之后的道恩发现了普鲁士人丢弃的营地。当他一个小时后听说了劳登挫败的消息后便取消了他的行动。他的军队 2.5 万名士兵与普鲁士的军队交战了 3 个多小时，遭到了沉重的打击。军队共有 1 万人伤亡，超过 3000 人被俘，82 门大炮被夺。更重要的是，他们失去了消灭腓特烈军队的难得机会，布雷斯劳也向普鲁士的军队敞开了大门。劳登和其他奥地利军的将军们此次的失败意义重大。接到命令的拉西则率领军队与俄国军队前往柏林。1760 年 10 月 9 日，拉西来到柏林后，柏林驻军的力量十分薄弱，没有任何抵抗的能力，拉西还在这里重新夺回了许多奥地利在早前战役中被夺走的战利品，但他同时又很注意对私人财产的保护。而在波茨坦，匈牙利将军埃斯特哈齐禁不住为拉西夺来了一张华丽的写字台，还为另一位奥地利军官奥多内尔拿走了腓特烈的一支长笛作纪念。

在夏洛滕堡，一些在奥地利非正规军帮助下的俄国军队则更不受限制，有人描述他们是"在及膝的、破碎的迈森瓷片中行进"。直到三天后，他们得到了腓特烈胜利的消息，才放弃了柏林这座城市。

道恩估计未来或许又会在萨克森的附近作战，于是便率军穿越了易北河与拉西的军队会合。与此同时，劳登对他在利格尼茨战役中的失败感到愤懑不已，他就像是西里西亚快要爆发的火山一般。考尼茨则写信安抚劳登，称失败也只是一个"概率问题"，对此腓特烈也有同样的看法，指出失败"只是一个小小的刮痕"[24]。当道恩与拉西的军队会合后，腓特烈来到了威滕伯格并迅速占领了莱比锡。他知道他必须要向道恩发起攻击，一场决定性的胜利就能结束这场战争，而此时的普鲁士军已经几乎不能再坚持太久了。

这一次两军兵力相当，都在 5.6 万名左右。腓特烈像往常一样快速侦察了附近的环境后便完全掌握了地形的状况，他相信可以通过一个机智的侧翼行动向奥地利军发起攻击，也就是穿过奥地利军右翼的树林并来到他们的后方。为了让奥地利军对这一阵地放松警惕，他还派出了一大支部队攻击奥地利的左翼军队来转移他们的注意力。这一部队由新上任的齐腾将军率领。

11 月 3 日，破晓时分，三列普鲁士军队进入了奥地利军前方茂密的森林。然而通过森林并不容易，由于各个路径相互交错，腓特烈的军队迷失了方向，延误了时间，直到下午 1 点，腓特烈的先锋部队才从森林里出来并开始进入阵地。

当时，道恩已经看出了腓特烈的计划并采取了预防措施。他调动步兵后卫组成了一支面向西面的侧翼军，很多其他的军团也都调转了方向。更关键的是，他重新安排了他的炮兵部队。而这一调动的结果之一则是让斯图普蒂兹村成了奥地利后卫军的关键阵地。当普鲁士的先锋部队走出树林时，一片开阔的大地上共有不少于 275 门奥地利军的大炮开始向匆忙标记好的各个森林出口开火。腓特烈和他十个最好的步兵团则在森林中陷入了一片毁灭性的枪林弹雨之中，他全部最好的掷弹兵团"仿佛被雷电击中，瞬间一扫而空"。[25] 凶残的炮火一直没有中断，成功阻止了普鲁士骑兵和炮兵的部署。一时间，普鲁士军的死尸堆积成山，没有了任何迂回的机会。正如后来一位作家所写："道恩此次对普鲁士军实施轰炸的严重程度可以说是自火药发明以来最为严重的一次。"[26]

这次炮火袭击无疑是历史上截至当时为止最大规模的陆上炮火袭击。战后，普鲁士军的一名幸存者心有余悸地回忆称那晚他们真正见识了"地狱的图景"。腓特烈近 2/3 的掷弹兵还没发射一枪一弹，只是在列队之时就遭到了屠杀。腓特烈称他这一生从未见过如此凶残的屠杀。战役中，一个与他擦身而过的炮弹在他的军装上留下了痕迹。这位普鲁士国王此时心灰意冷，虽然过去他失去过很多军队，但如今看到他最好的军团在他眼前被大肆屠杀，而奥地利的防守阵地甚至还没有丝毫损失，他的内心痛苦万分。

炮火停止后，3 个奥地利步兵团发起反击，但这给了腓特烈机会，他重新调集上来 16 个营，全然不顾奥地利的步兵就又一次发起了正面进攻，但这一行动再次被奥地利军的炮火阻断，这种屠杀和徒劳可以与第一次世界大战期间的西线战场相提并论。

战争愈演愈烈，道恩的正面部队也变得越来越强大，而他两翼的将军辛森尔和维德则从侧翼向普鲁士军队第三次自杀式的攻击发起了进攻，普鲁士军队的 11 个营被全部歼灭。奥地利军气焰十足，道恩的掷弹兵连队像在训练场上一般沉着冷静地向普鲁士军的两侧发动攻击，普鲁士军只好被迫撤回森林。这时荷尔斯泰因亲王带领的普鲁士骑兵团飞奔到了奥地利的阵地，想要击败奥地利军的两个步兵团。于是，奥多内尔率领一支英勇的骑兵团向他们发起冲击，扰乱了敌军的方向。这让道恩的步兵有了时间重新组好方阵，并且通过几次有效的射击成功击退了普鲁士的骑兵。奥地利军的胜利已成定局。战役中，道恩的脚受了伤，两个小时后，鲜血从他的鞋子里溢了出来，于是他撤出了战场并前往托尔高包扎伤口。6 点左右，一名使者被派往维也纳向皇后报告获得巨大胜利的消息。

受伤后的道恩将指挥权交给了奥多内尔，当他从战场离开时，奥多内尔听到从斯图普蒂兹的方向传来了炮火声，于是便立刻向拉西传递消息，提醒拉西注意斯图普蒂兹那边有没有受到普鲁士军的威胁。普鲁士骑兵团的指挥官齐腾之前接到了转移奥军注意力的任务，因此他们向奥军的左翼发起了攻击。然而当他发现这一转移注意力的行动并没有起到多大作用时便决定与他的上级会合，于是他率领部队前往腓特烈被围困的地区。但他没有想到腓特烈已向西行军了很远，直到 4 点半一名通讯员才赶来向齐腾传递腓特烈的指令，要求他再次通过袭击斯图普蒂兹的方式为他们减轻压力。

接到命令后的齐腾急忙让他右翼的骑兵将拉西蒙在鼓里。而拉西收到道恩的提醒后却并不担心，他相信驻守在斯图普蒂兹村高处的士兵一定能做好防御工作。事实确实如此，齐腾的步兵爬上村庄的斜坡后立刻遭到了致命的炮火袭击，猛烈程度一点不亚于腓特烈面临的袭击。但这里的奥军相对薄弱，因为他们的部分人手已被调去对付腓特烈的军队。齐腾两次攻击虽都被击退，但他们随后发现了一处隐蔽的堤道没有奥地利军把守，因此他们的第三次尝试获得了成功。这让齐腾有了进一步向上级军队靠拢的机会。夜幕降临，齐腾军队的调遣隐蔽在黑夜之中，而他们对手的指挥官已经离开了战场，准备去做战役的汇报。此时腓特烈坐在埃尔斯尼希教堂圣坛下的台阶之上，道恩则在托尔高休养疗伤。

战役中，级别较低的普鲁士军官发挥了自己的才智，他们与奥军作战时成功地力挽狂澜，而之后这样的事还会发生。如今，齐腾的军队在斯图普蒂兹村庄的高地上建立了营地，而山的北面炮火声依旧不断，华森将军正在那里指挥普鲁士主力军队的残余力量继续作战。腓特烈认为这场战役已没有多少胜算，于是他下令让华森带着幸存者立刻撤军。但高迪少校则劝说华森不要听从腓特烈的指令，应当集结他能集结的一切力量再发起一次进攻。现在已过了晚上 9 点，但当华森听到对面激烈的交战声后大受震动，于是他派出萨尔登将军带领一小支军队前去与齐腾的军队对接。虽然过了六个小时之久，但齐腾的军队还是带着最好的骑兵在千钧一发的时刻赶到了，他们扭转了局势，奥地利军的阵地不再是无法攻克的了。

晚上 11 点，斯图普蒂兹山脊两面的战斗都渐渐平息了下来。当道恩得知普鲁士军已到达斯图普蒂兹后，立刻察觉到自己的军队正面临着致命的威胁。他命令拉西展开侦察，寻找新的防守阵地，然而直到凌晨 2 点仍然没有找到合适的地点。这时，道恩发现普鲁士两支重整旗鼓的力量已经部署在了他军队后卫的两侧，于是他立刻下令撤军，命令军队渡过易北河并前往德累斯顿地区。接着，他的军队便在距离普鲁士军仅有几百码远的托尔高地区安静地执行了这一任务。

这次撤退执行得十分高效，仅仅三个半小时后，普鲁士军便不得不采取新的行动，因为他们完全没有注意到敌人已经撤退。早晨 6 点，腓特烈骑马来到战场巡视，只见敌人已完全放弃了这一战场，场上只有他自己的军队列队欢呼着迎接他的到来。拉西应当为这次的溃败负责，他率军掩护道恩有效地撤出了战场，精疲力竭的普鲁士军也无心再向他们发起追击。然而这一次，普鲁士的伤亡人数远远高于奥地利军的伤亡人数。国王腓特烈在得知这一令人不安的确切数字之后警告提供消息的人称："这一数字要是泄露出去，我就要了你的脑袋。"因此，确切的伤亡人数一直是普鲁士的国家机密。直到19世纪，人们通过现代研究才发现，这次战役普鲁士损失了多达2.4万名士兵，而奥地利的伤亡人数只有2000人。[27]

因此，普鲁士在托尔高战役的胜利可谓代价惨重且有一定的局限性。腓特烈感到高兴，是因为它阻止了更大的悲剧，而萨克森也能支持他在下一个战役季节到来前先过完这个冬季，但他对未来已不再抱什么幻想。战斗结束后，腓特烈的公告前所未有地表达了他对对手的尊重，公告称："……很明显，因为道恩受了伤，我们才赢得了战役。"[28]虽然托尔高战役的余波让道恩的声望多少受损，但他不可替代的地位也是不争的事实。正如达菲指出的，在整个欧洲，哈布斯堡王朝最注重军官招募和晋升的平等政策，高级军官的位置既不属于奥多内尔也不属于劳登，而只属于一个集社会威望和专业能力于一身的人，他就是道恩。

1761年，奥地利军在德累斯顿有一个强大的防守阵地，此时道恩重新掌握指挥权，但他不希望进一步发动进攻作战。另外，他甚至还嫉妒劳登的军队有着发起突袭的潜力，因此希望减少他们的人员数量。考尼茨则反对他的计划，因为皇后和考尼茨都期待劳登能有一番更大的作为。

1761年似乎是无所作为的一年，两军都很疲惫，腓特烈在遭受了托尔高战役的损失后需要重建一支新的军队。与此同时，考尼茨则加班加点地与俄国进行外交，希望他们加入到西里西亚作战。然而俄国女沙皇病重，王子，也就是未来彼得三世的势力却日益增长，他不支持奥地利策略的态度让俄国的政策显得摇摆不定。考尼茨渐渐意识到，比起战争，俄国对和平更感兴趣。此外，腓特烈还贿赂了俄国的军官托特莱本，让他成了普鲁士在俄国的间谍。托特莱本将军希望战争结束后能到普鲁士的军队任职，还计划将奥地利与俄国的军事计划详细透漏给腓特烈以换取金钱。然而奥地利与俄国在1761年并没有达成任何有效的计划协议，而这不失为一件幸事，因为当托特莱本的叛国罪被发现时，奥俄两国还没有达成协议。考尼茨清楚地知道，莫斯科有一股反对奥地利的力量正在上升。而未来的彼得三世也毫不掩饰地表达他对腓特烈的个人崇拜，然而崇拜腓特烈的人不止他一个。让玛丽娅·特蕾莎感到恐慌的是，她的儿子约瑟夫竟然也显示出了令人担忧的迹象，他似乎也同样是腓特烈的忠实信徒。

但此时，俄国对于普鲁士仍是不可忽视的力量。他们最终和劳登在西里西亚联合，有效地将腓特烈封锁在了斯特里格劳郊区的邦策尔维茨的阵营。但奥地利和俄国的联合能维持多久仍然是个未知数，腓特烈利用了对手们的这一矛盾，很快开始威胁劳登与波希米亚的交通线。

但劳登的调遣一如既往地惹怒了腓特烈。10 月 1 日晚，劳登带着他自己步兵团中 20 个营的士兵和俄国 800 名士气高昂且凶猛残暴的士兵一起占领了施韦德尼茨，他们不顾一切地冲向防御壕沟，用尸体搭起了一座名副其实的绿色桥梁，奥地利军则由此通过。不到三个小时，驻守的士兵便投降了，据说奥军 200 多门大炮还没开火，中欧大多数的堡垒就自动投降了。

对此，腓特烈十分震惊。"简直难以置信。"他如此评论道。劳登占领了施韦德尼茨，这让他在战争中首次获得了能让奥地利军在西里西亚过冬的供应品。自 1740 年以来，西里西亚这块兵家必争之地，终于又重新落入了奥地利军的手中。年近尾声，腓特烈和普鲁士的命运变得越来越令人绝望。在伦敦，英国对腓特烈的支持也开始动摇。另一边，英国与西班牙的战争似乎也即将到来，而伦敦实际上很不愿意打这两场战争。此外，乔治三世的妻子——梅克伦堡－施特雷利茨的夏洛特——则对腓特烈在其家乡的暴行感到震惊，腓特烈以他特有的风格在那里劫掠了大量人力和财富。在东面，俄国占领了科尔伯格，而波美拉尼亚的广袤地区和诺伊马克的大部分地区也都落入了俄国的手中。

1762 年来临了，如果奥地利能够再努力拼上最后一把，那么毫无疑问，普鲁士这个国家将会就此从地图上消失。腓特烈的资源已大大减少，国王自己也承认："除非有奇迹发生，不然我也不知道我们还能怎样获救。"而就在不到一个月后的 1 月 6 日，腓特烈写道："发生奇迹的时刻已经过去，剩下的只有残酷的现实。"[29]

勃兰登堡的"奇迹"

事实上,奇迹在那一年的头几个星期便开始发生,许多神奇的事件接连出现。首先是积聚了好几个月的金融危机突然爆发,极大地拖累了奥地利的战事筹备。在战争的重压之下,国债和税收大幅增多。奥地利不愿走普鲁士贬值货币的老路,于是只能立刻实施最为严苛、最为节约的政策。从1762年初起,奥地利开始裁减军队。每个团减少了两个连。将军们甚至是玛丽娅·特蕾莎的丈夫和她的儿子约瑟夫都提出了抗议,约瑟夫还写下了第一份军事事务备忘录,然而这一切都无济于事。军队回归到了和平时期的建制。他们虽仍然是一支纪律严明的军队,但已不太可能向腓特烈发起进攻。奥地利的国库问题让哈布斯堡王朝的军工复合产业折断了羽翼,但却让和平成为可能。

1月5日,腓特烈最痛恨、最顽固的对手俄国女沙皇伊丽莎白去世。新沙皇彼得三世之前一直遭到他这位小姨的冷落,因此他一上位便出台新政策的做法也不足为奇,而政策变化最大的则是在军事和外交领域。彼得喜欢任性地称腓特烈为"国王、我的主人",于是他继位后立即向腓特烈传递消息并邀请他加入一个"新组织"。腓特烈收到橄榄枝后立刻释放了他俘获的所有俄国囚犯,还派他信赖的特使——冯·戈尔茨——带着镶着钻石的黑鹰勋章前去赠予这位新沙皇。

彼得的"新组织"就是指联合对抗奥地利的普俄联盟。彼得称会给普鲁士提供一个辅助部队并承诺将西里西亚和格拉茨交给普鲁士,此外他还声明会交还所有俄国占领的普鲁士领土。俄国对普鲁士在利益上的巨大让步给考尼茨和他的政策带来了巨大的挑战。从军事的角度来说,彼得的这一政策影响深远。一旦俄国撤出东普鲁士,腓特烈原本削弱的力量便会大大增强,他不但会得到大量有效的人力资源,还可以利用变得宽裕的财政来修复瘫痪的战争机器。此外,普鲁士释放的俄国囚犯还将换回他众多经验丰富的军官和士兵。

一时间,腓特烈各个方面的形势都变得明朗起来。信心倍增的他制订了一项雄心勃勃的计划，他计划派遣一支军队越过喀尔巴阡山与 6000 名鞑靼人的军队会合并接着向维也纳推进。一旦到达奥地利的首都，腓特烈便会下令让士兵们"比平日里更无法无天……让他们看到维也纳的战火……让陷入一片慌乱的居民们疯狂尖叫"。[30]

但让维也纳庆幸的是，克里米亚的鞑靼人终究没有出现。普鲁士人维尔纳与贝克带领的一支强大的抵御力量相对抗，之后仓皇撤退到了西里西亚。腓特烈坚信他可以击败施韦德尼茨的劳登、向摩拉维亚推进并强迫奥地利签署屈辱的条款。

施韦德尼茨防御战

道恩意识到防御堡垒对于在西里西亚的奥地利军十分关键，于是他像往常一样运用出色的部署技巧，将军队安排在了施韦德尼茨附近。腓特烈所有从侧翼包围或攻其不备的尝试都以失败告终。然而道恩的军队已不比从前。一方面，裁军的政策给他们造成了损害；另一方面，劳登虽占有施韦德尼茨地区，可漫长的冬季还是严重损伤了西里西亚的驻军。而道恩本人虽然有着出色的部署技巧，但他对主动攻击已变得不感兴趣。

尽管如此，劳登的侦察军还是阻止了腓特烈围攻堡垒的行动，于是普鲁士的国王认识到他们只有在彼得承诺提供的辅助军的帮助下才能将道恩驱逐出战场。但让人意想不到的事发生了。7 月 18 日，腓特烈被召去与俄国军队的指挥官切尔尼瑟夫参加一场紧急会议，其间，他得知莫斯科发生了戏剧性的事件。腓特烈简直不能相信自己的耳朵，而俄国的将军则镇定地告诉他，俄国的首都发生了不幸的"事件"。彼得在妻子凯瑟琳发动的政变中被推翻，现已被他的妻子下令逮捕。新皇后则立即下令宣告与普鲁士的联盟无效，但她希望两国继续维持"友好的关系"，也表示会继续承认柏林和莫斯科之间的和平条约。

之后，腓特烈临时做出了一个极具创造性的决定，他决定继续让俄国的军队"为他所用"，努力让道恩相信这支力量威胁着他军队的中心位置。正当道恩为之烦扰时，腓特烈则带领普鲁士的大部分军队偷偷前往布尔克斯多夫的东北部，也就是奥地利右翼军队所在的位置。

普鲁士军突然在奥地利右翼军最薄弱的时刻出现，凯利将军带领 5000 名士兵进行了十分顽强的抵抗，但最终还是被迫撤军。这一战给道恩的战略造成了毁灭性的影响，使他与施韦德尼茨的交通线被切断，如此一来便没有什么可以阻挡腓特烈侵占这座城市了。

施韦德尼茨防御战将作为英雄的篇章载入奥地利的军事史册。腓特烈原本打算在一周内攻下的堡垒却耗费了他 63 天的时间。为此，他气愤地咆哮道："夺回'我们在两个小时就失去的堡垒'，为什么耗费了这么多周？"而这则归功于驻军军官们高超的技巧和不屈不挠的品质，尤其是一名叫作帕布利切柯的年轻上尉，是他让普鲁士军每一寸的土地都得之不易。另外，奥地利军组织的突围也十分出色，其中最著名的就是华德赫特少尉对普鲁士军的不断侵扰。

战役期间，奥地利军中涌现了一批优秀的人才，例如驻军指挥官瓜斯科，他在设计策划方面是最为出色的军官，有着自己独特的作战方法。除此之外，还有格里博瓦尔将军和一些激情高昂的年轻爱尔兰军官，包括汤姆·考德威尔和伯纳德·马克布雷迪，他们用长柄镰刀击退了普鲁士进攻的士兵。可以说奥地利军每一天都会想出一些对抗或突围的方法来让普鲁士军不得不中止进攻。而这一直不停歇的战争也终于换来了回报。三周半后，负责工程兵的普鲁士军官列斐伏尔精神崩溃，不得不退出围攻，在精神病院度过了战争岁月。

瓜斯科的指挥足以为奥地利的军事争得荣誉，当他的弹药库被普鲁士军引爆后，他与道恩传递密文并交换了信息，而这则让他得以体面地投降。10月 9 日，瓜斯科终于投降了。他军队的顽强抵抗给普鲁士军造成了 3000 人的伤亡。当瓜斯科和他 18 名军官被俘时已经得到消息，他们已经在缺席的情况下被授予了梦寐以求的玛丽娅·特蕾莎军功勋章。

与此同时，另一个"奇迹"发挥了它的魔力。腓特烈最危险的对手考尼茨突然病重。他几周后康复，却显得不再那么好战而是主张和平。于是，考尼茨运用他的聪明才智，构建了一个以萨克森为中间人的方案。腓特烈的回应也相当简单。他称既然奥地利主张"公平的和平条约"，那么普鲁士只能接受恢复到战前的原状。最终，经过对格拉茨领地的一番争执，奥地利妥协了。十分渴望摆脱普鲁士的萨克森则同意了所有的条款。《胡贝尔图斯堡和约》使普鲁士收回了边疆的领地，奥地利和萨克森的领地也恢复到了战前的原状。

六年的战争使奥地利失去了将近 50 万人，普鲁士的伤亡人数则更多。军事机器普鲁士在战争中沦为了一片荒地，而奥地利军则赢得了较高的声誉。从此，不会再有人认为玛丽娅·特蕾莎是一位懦弱的受害者，正如萨克森的阿尔伯特亲王所说："德意志的诸侯们都认为能为她的军队服务是一种荣耀，而她的国家经过多年的战争也变得更为强大。"[31] "战争女王"的称号可谓实至名归。

第七章　军队和约瑟夫的开明专制

七年战争的胜利不仅挫败了企图消灭奥地利这一大国的联盟，还让奥地利的军队在欧洲享有了最高的威望。奥地利并没有像之前那样显示出任何自满的危险迹象，这是因为玛丽娅·特蕾莎的儿子约瑟夫是个做事性急的人。他总是希望提前改善和加强一切事务来应对今后可能到来的所有考验，军队的事务自然也没能逃过他热心的干涉。然而军队是否会因为这些而变得更强大却还是一个未知数。

约瑟夫二世的性格

嘉布遣会地穴坐落于维也纳一座朴实无华的建筑内，建筑简单朴素的外观体现了嘉布遣修士质朴虔诚的信念和 20 世纪战争带来的伤害。附近由希尔德布兰特和菲舍尔·冯·埃尔拉赫设计建造而成的巴洛克风格的教堂富丽堂皇，与它们相比，该建筑则是奥地利首都低调简朴的代表作。建筑内有一个铁门入口，门后便是哈布斯堡家族的墓地。历代皇帝的最终安息地仍然充满了传统的特色。2011 年，奥地利最后一位王储——奥地利大公奥托——去世，20 万哀悼者组成的列队就将他一路送至了这里。

无论是生前还是死后，玛丽娅·特蕾莎和她儿子之间的关系一直都很紧张。两人临终的圣礼和庄严的葬礼或许没有什么不同，但两人在嘉布遣会地穴中棺墓的差异却最能说明他们个性的不同。玛丽娅·特蕾莎的棺墓建造得无比奢华，墓室的穹顶之下有着各种各样华丽的雕刻，记录了她在军事上取得的一次次胜利。她儿子的棺椁则简单地由铜和木材制成，上面的铭文也褪了颜色，每一处的设计似乎都是想要凸显玛丽娅·特蕾莎石棺的浮华。而她儿子墓上的铭文也很简单，上面写着："这里长眠的是约瑟夫二世，生前他想要完成的一切都以失败告终。"无论是生前还是死后，约瑟夫都想要证明自己与众不同。

现代心理学家称约瑟夫对其母亲又爱又恨。被宠坏的他比较早熟，容易激动，对事物充满好奇，是欧洲历史上反复出现的一类人物：怀才不遇的皇储。他对很多事情都感到无法容忍，包括母亲虔诚的信仰、帝国的框架甚至是他军队的状态。而他酷爱挖苦和讽刺的个性（他曾经评价莫扎特的歌剧《后宫诱逃》"音符太多"）也让他的母亲十分担忧。他还十分欣赏普鲁士的腓特烈，崇拜他在国家政策和军事问题上的残酷无情。让玛丽娅·特蕾莎沮丧的是，约瑟夫还是启蒙思想的忠实信徒，他甚至还涉猎了有关"优等民族"的各种学说。而对于耶稣会高度巴洛克式的天主教信仰、华丽的服饰和繁琐的仪式，约瑟夫则感到无比厌恶。此外，他对母亲在社交、情商以及母性本能上的表现感到难以忍受而且难以理解。

约瑟夫深爱的第一位妻子和孩子都去世得比较早，失去了感情支撑的他将全部精力都投入到了工作之中，原本冷淡且又喜怒无常的个性变得更加突出。玛丽娅·特蕾莎去世前不久去维也纳新城参观军事学院，她让一些小学员坐在她的膝上，并且伤感地说道："这是我们最后一次在一起了，难道不是很遗憾吗？"[1] 约瑟夫看到这一幕时惊恐不已。

然而，这样的情感并不代表约瑟夫当时的主流思想。毕竟，两位君主对人性的看法从根本上来说是不同的。约瑟夫总是无情苛刻地分析人民为领地带来的挑战，而玛丽娅·特蕾莎对他的批评则是这样回应的："要想阻止我努力做好事，你只能杀了我。"[2]约瑟夫像普鲁士的腓特烈一样，信奉伏尔泰的理性哲学，喜欢穿着军装。9岁的时候，他就曾训斥军事改革家豪格维茨伯爵并警告他称"带着你糟糕的改革方案离开我的地盘"。[3]而事实上，豪格维茨的改革与约瑟夫从1765年联合执政开始到1780年他母亲去世期间实施的"改革"相比，确实毫无价值。

约瑟夫认为，让帝国变得现代化、改进军队以迎接前方的挑战是他的使命。因此，带着对传统的蔑视，他积极投入到了激进的改革之中。他的改革热情覆盖到了社会的各个阶层、实体、宗教和族群。其中，军队和教会的改革则是他的首选目标。他的支持者称他有过人的才智，能预见到未来会发生什么，还称因为他行动迅速才使得1789年在巴黎爆发的事件没有最先发生在维也纳。他的批评者却认为这种沉迷于改变帝国每一领域的行为是他出于自大而将精力用错地方的行为，他把精力都用在了这公认的、竞争激烈的领域。

对于约瑟夫和玛丽娅·特蕾莎之间紧张的关系，莫扎特或许最能抓住其中的精髓。皇后信奉的真理和她对炼金术及神秘学的蔑视都巧妙地反映在了莫扎特的歌剧《魔笛》之中，皇后的形象就像是剧中的"夜之女王"。而约瑟夫二世在莫扎特心目中显然就是剧中的祭司萨拉斯托——一个想要掌控一切的怪人。约瑟夫就是如此，他努力想要按照自己的规划，凭自己的决断去构建一整套新的秩序。

1765年，约瑟夫在父亲去世后开始了联合执政，他对国家两大支柱的影响是重大的。毫不奇怪，耶稣会最先察觉到了方向的变化。约瑟夫在罗马面见了嘉布遣会的修士甘加内利并对修士卑微的出身和简单的装束印象深刻，约瑟夫问他道："你是谁？"这位未来的教皇克雷芒十四世则回答道："一位穿着圣方济会制服的贫穷神父。"[4]

约瑟夫被他修持苦行的行为所吸引，更被他的顺从所吸引。1767年，欧洲天主教的各君主威胁懦弱的教皇下令镇压耶稣会。约瑟夫也同样支持他们的行为。在葡萄牙，许多强大的利益集团注意到耶稣会的力量在很多地区，尤其是在拉丁美洲的穷苦地区不断壮大，便要求镇压耶稣会。到18世纪70年代末，欧洲大多数耶稣会的财产都被没收。具有讽刺意味的是，只有普鲁士公开的无神论者腓特烈为他们在普鲁士提供了一处避难所，从而确保这一组织得以继续生存。既然教会的"军事秩序"得到了这样的"改革"，那么真正的军队又会面临怎样的命运呢？于是，军队便紧张地看着约瑟夫将他改革的热情投入到教会中去。

1780年约瑟夫单独执政后，教会遇到了更糟糕的改革。约瑟夫提出了一个世俗化的计划，而在1945年之前，该计划曾是欧洲绝无仅有的。20世纪50年代到80年代间，中欧的一些领导人重新复制了约瑟夫的政策，特别是压制匈牙利、摩拉维亚和波希米亚的指令。但他们的热情比起约瑟夫的改革热情，仍然微不足道。

约瑟夫在伦巴第创建的官僚机构让意大利的很多城市羡慕不已，但他也在伦巴第关闭了几乎所有的女子修道院，而不去考虑它们的社会职能和从事的慈善活动，只有乌尔苏拉修女会得以幸免。他还禁止朝圣，禁止举办宗教节日（除了极少数例外）等活动，剥夺了许多神职人员的特权，关闭了1143所宗教机构，而这则给意大利成千上万的贫苦人民带来了灾难性的社会影响。[5]

然而另一方面，约瑟夫又会允许其他宗教和信仰的自由，他允许超过3000人的团体修建自己的教堂，条件是只要他们能证明自己有足够的资金来维持教堂的运作。他还颁布法令宽容地允许犹太人拥有一些权利。但事实上，约瑟夫并不是这些宗教真正意义上的朋友。从1780年开始，为了方便政府能很快辨认出犹太人，他规定犹太人必须使用德文名字，而且这些名字经常要和花草树木有关。[6]有人称，他通过给予犹太人特殊的身份，制度化地将他们从团体中隔离了出来，为未来反犹太人的运动打下了坚实的基础。约瑟夫的行为旨在同化不同的民族，但却预警了这些政策固有的内在矛盾。[7]

约瑟夫对于共济会的宽容态度出于一种神经质的、强迫性的渴望，他希望在他的领地内有一些不具有破坏性的元素能够不受国家的监管。1785 年 12 月，约瑟夫赋予共济会自由的特权开始受到限制，而这则被称为"让他们受到国家的保护"。[8]另外，军队则直接受到了共济会的影响，因为几位年轻的军官，包括后来著名的拉德茨基元帅，在当时都加入了这一组织。如今，国家政府的触手已伸向了社会的各个领域，约瑟夫则视自己为这一庞大体系的最高领导人。在约瑟夫的领导下，自由永远不会等同于无法无天，因为所有的自由活动都要为他所用。他也承认这一点，还机智地说道："没有什么能比控制自由人带给我更多的乐趣。"[9]

约瑟夫去世时，他这位专制君主已完成了法国革命委员会在十年后要求完成的大多数改革，用现在的话来说，他被人们看作一位"开明的专制者"。

约瑟夫的军事改革

这样高涨的改革热情自然也会让军队受到同样无礼的对待。但军队与教会不同，它不会因为一个新的、充满活力的官僚机构在鼓吹改革就受到威胁。它有自己的一套官僚组织结构且这一结构有着惊人的回弹能力。可以想见，理性启蒙与今天所说的"军事传统"间的矛盾是十分尖锐的。但约瑟夫所做的调整修正，向来不会是温和而又有节制的。

第一个需要调整的就是奥地利军传统的白色束腰外套。由于经费问题，军务署在 1775 年批准研究哪种灰色更适合作为军装的颜色。研究发现，暗灰色比米白色更具稳定性，能够多维持 1/3 的时间。于是，约瑟夫二世立即下令让一些团选用暗灰色的军装。新军装是在离维也纳不远的斯托克劳制作的，然而却不怎么受人们的欢迎。大家都在讨论"梭鱼灰"或"狼毛灰"是不是更为合适，但却始终没能达成一致的意见。因此，不幸被选中做实验的军团迟迟没有穿上新的军装。在这拖延期间，还有人提出一些其他的想法。很多人都在抱怨哈布斯堡王朝军队的军装质量不好，经不起磨损，因此军装的确定就继续被拖延着。几年后，大家的意见终于渐渐统一，白色的束腰外套还将继续存在百年之久。而后来在克尼格雷茨的普鲁士后膛枪步兵团只花了一个下午就解决了这一让皇帝十年都没能改变的问题。

白色外套的保留可以说是传统主义者取得的一个孤立性的胜利。此外，约瑟夫十分热衷模仿腓特烈的军事实践。他让步兵效仿普鲁士军的做法，按地域重新组织。截至1769年6月，每个团都有了编号。但这只是开始。正如约瑟夫在他1761年5月的备忘录中指出的："我们不应该减少军队的数量，而应该去除奢侈的物品和系统承受范围之外的多余的东西。"[10]

一些团的东主上校所拥有的权利，包括可以规定团中军装镶边色彩的特权等等也都被一一剥夺。将军和高级军官作为奥地利"第一公仆"的仆人，他们的朝服也被军装所取代。深受军事影响的约瑟夫则自称"战士—皇帝"，他平日里大部分的时间都身穿军装。"成为一名战士一直是我的理想，这是我最喜欢的职业。"他一再声称。而他也在短暂的一生中用很多实例证明了这一句话，只是军人这一职业明显不适合他。[11]

1766年对波希米亚进行了长期巡视之后，约瑟夫就已经注意到需要为骑兵、步兵和炮兵部队任命新的监察长。他现在着手准备出售自己在波希米亚和匈牙利的财产，为下一轮的改革筹集资金。1766年，道恩去世，陆军元帅拉西作为步兵部队的监察长渐渐走到了舞台的中央，而他在组织管理上的天赋和刻板以及关注细节的个性则与约瑟的计划十分合拍。[12]

"三军之王"

开销巨大的瑞士卫队被废除，人员重组。接着，约瑟夫意识到普鲁士步兵的训练高人一筹后，决定将步兵团打造为"三军之王"。[13] 而一代人之前，也就是在《凯文胡勒条例》的年代，人们通常将重点都放在步兵团士兵的外观上并严格要求57个线列步兵团的士兵们保持良好的个人仪容和卫生，要求士兵们每周至少要更换两次衬衫、保持衣领的整洁，每周六还会严格检查士兵们的军装和武器。各团团长必须知道他所有军官的名字，副官则要知道所有士官和团中其他职级的"可靠的"人的姓名。

除了线列步兵团外，步兵的其他分支也受到了"规定"的约束。例如，军队去掉了军官手杖顶部的装饰，而权杖所象征的权威也有所下降，从此军官对士兵的惩罚要在严格的管制下进行。此外，军官的军装则要变得简朴一些，他们靴子的质量也要和士官的相类似。所有过多的装饰都要去除。军队还去除了军装上的肩章并且保证军官的军装在样式和质量上都与普通士兵的军装更相像。甚至边防步兵也要被纳入这一军事体系，被编入线列步兵团，因而他们的服装失去了许多独特、丰富的色彩。

七年战争期间，很多掷弹兵连队临时组成了掷弹兵营，如今他们则重新编排共组成 19 个营级作战单位。其中有 5 个营的士兵来自波希米亚、3 个营的士兵来自摩拉维亚、3 个营的士兵来自匈牙利，余下的则分别来自施蒂利亚、其他奥地利公国和特兰西瓦尼亚。鉴于这些作战单位拥有奥地利军队中最高大、最强健的士兵，因而值得一提的是，其中从捷克地区招募的士兵最多。因此，现在的人们说波希米亚唯一的贡献就是声名狼藉的、不可靠的"好兵帅克"，这种说法应当可以消除了。

拉西的《步兵条例》中有 15 条都是专门针对掷弹兵的，由此可见他们突出的精英地位。一个人如果在步兵团中没有"完美无缺"的军事记录，就不能被招募进入掷弹兵团。在外形上，掷弹兵必须要有 6 英尺高，除此之外还要符合掷弹兵团队对士兵身体素质和外貌的特定衡量标准。

组成各个营的不同连队则要在军装上保持统一，只有扣子和镶边的颜色可以依旧保持不同步兵团的差异，而这也是约瑟夫改革的成果之一。这是第一次精确规定了所有军装的镶边颜色，1766 年至 1798 年之间，均等化的系统建立了起来。两个"德意志"军团和两个匈牙利军团有了共同的服饰颜色，但仍可以通过他们白色或金色的扣子以及蓝色或白色的裤子加以区分。

颜色组合

军装镶边的颜色有很多种，包括五种不同深浅的红色——从饱满的"猩红色"经由"朱红色""茜红色""胭脂红"过渡到"砖红色"，有两种不同的蓝色，三种不同的绿色，两种不同深浅的黄色——而这也是拉西最喜欢的颜色（包括硫黄色），还有紫色、橙色、粉色、巧克力色和黑色。其中一些颜色很快便与特定的精英军团有了联系。例如格拉茨皇家军团的帝国黄色，维也纳皇家军团的天蓝色，的里雅斯特的粉红色，卡林西亚的巧克力色，萨尔茨堡的橙黄色以及林茨的黑色，等等。

这些颜色组合还反映出了维克多·阿德勒后来所说的"被'散漫'软化的专制主义"[14]，为调整这些颜色，军团的后勤遇到了一些挑战，但也有一些巧妙应对的例子。1770 年，第 41 步兵团成功得到批准，可以将军装暗沉的砖红色镶边改为醒目的硫黄色。完成更换只用了短短的几个星期，但之后有人指出该步兵团的掷弹兵连队没有得到这一改变的通知，虽然束腰外衣可以更换，但没有人考虑到他们的熊皮帽，熊皮帽的顶端有和原先镶边颜色相同的装饰。一名机智的军官（姓名不详）在他的桌上摆放着约瑟夫军队的编制目录，里面记录了每一个掷弹兵连所在的位置，于是他立刻组织与驻守在附近普雷斯堡的科洛夫拉特掷弹兵连队交换熊皮帽，因为他们的熊皮帽上有硫黄色的装饰。现在，这些物品都装上了驳船，而约瑟夫的机器则被用来为少数帝国掷弹兵的外表服务。[15]如今，掷弹兵团只在一个方面不享有特权，那就是他们的乐团或乐队。与其他军队相比，这些乐队队员的军装不能和他们自己军团的军装有任何不同，而线列步兵团的乐手则有着与众不同的华丽装饰。

事实上，军队生活中几乎没有哪一处细节不受约瑟夫的制约，他对所有事项都有详细的规定：规定士兵该如何与平民打招呼；禁止士兵在街上吃喝；考虑到成本，将线列步兵团的三角帽换成了由黑色毛毡制成的新头饰，这一头饰的前身是英国的高筒军帽，而这一军帽在滑铁卢战役后便永远地留在了人们的心中；精确规定了帐篷的尺寸大小；要求牧师要时刻警惕军队士兵的道德品行并报告涉及女性的违规行为。不出人们所料，牧师被约瑟夫赋予的解释宗教的权利充满了矛盾。例如在复活节，人们心中会有"敬畏上帝"的想法，但规定却不鼓励牧师做出"任何公开讨论宗教的行为"。

军队中最独立的单位——骑兵部队——也尤其强烈地感受到了这股从简的改革之风。考虑到节省开支，骑兵团的数量大大减少，军团旗帜的数量减少了一半，胸甲骑兵和轻骑兵军团则不能再使用载鼓马，骑兵的装饰自此也一律只能保留代表帝国身份的最基本物件，而不添加任何东主个人昂贵华丽的家族徽章。轻龙骑兵军团勒文斯泰因原本拥有特权，可以在列队游行时使用一对于1758 年在维斯特尼兹从普鲁士军那里夺来的华丽铜鼓，但如今这些"奢侈品"也被剥夺了，他们还被要求进一步削减开支。虽然有这些努力，但军费开支仍在继续上升。1711 年，开支总计 22248871 弗罗林。到 1790 年，这一数目又有所增加，计入通货膨胀的影响，增加了 13%。[16]

1768 年创建的两个卡宾枪骑兵军团由龙骑兵和胸甲骑兵组成。1769 年，骑兵部队减少至 45 个团，其中包括 15 个胸甲骑兵团、10 个龙骑兵团、10 个骠骑兵团、2 个轻龙骑兵团、2 个卡宾枪骑兵团、5 个边防骠骑兵团和 1 个瓦拉几亚骑兵团。其中，骠骑兵对这一改革深有体会，他们在战场上的表现明显大不如前，与之形成对比的是，同为骠骑兵，但为柏林服务的那些人不仅掌握了骠骑兵传统的工作，还学会了在全面战争中如何果断地进行干预阻碍。

炮兵部队的改革也如火如荼。除了在尼德兰军事要塞的炮兵部队外，奥地利的炮兵部队如今被分为了 3 个团，分别集中在维也纳、布拉格和奥目兹。炮兵部队特有的军衔等级如小队长等也被废除并改为与军队一般队伍相同的军衔。约瑟夫在单独执政以前曾在 1775 年写给他母亲一封信，信中他振振有词地坚持说道："要让旧的军队荡然无存。"[17]

在他的统治期间，改革的浪潮此起彼伏。1789 年他为普通军士设立了新的奖章——英勇奖章。另外，他还确立红白红的旗帜为奥地利海军军旗（持续到 1918 年后又被确立为国旗直至今日），而帝国战争委员会的总部也从旧的霍夫广场军火库附近的老城区转移到了约瑟夫大厦。

在军事医学领域，奥地利则走在世界的前列，约瑟夫像他母亲一样安排了自己的私人医生乔凡尼·冯·布拉姆比拉继续进行军事医疗服务的改革。1785 年，一所军事医疗学院成立，这对医学领域的发展起到重大作用。学院不仅在 18 世纪末向士兵们提供了医疗服务，还为医学界道德准则的建立打下了坚实的基础。

枪骑兵的合并：瓜分波兰

1788 年的一幅画中，约瑟夫二世在明肯多夫军事训练基地与军队人员同框，其中有一组骑兵在当时还不是奥地利常规军的一部分，而 30 年后，席勒在他的名剧《华伦斯坦》中提及了他们。他们是波兰的枪骑兵，以独特的头饰和束腰外衣在奥地利军中第一次亮相。他们出现直接源自 1772 年发生的瓜分波兰的事件。玛丽娅·特蕾莎本能地想要拒绝参与这一令人遗憾的事件，但最终正如腓特烈尖刻指出的那样，她不得不"流着眼泪参与其中"，瓜分波兰堪称是政治暴力行为，即便以当时 18 世纪的外交"标准"来衡量，也是闻所未闻的。

如今，我们已经见证了约瑟夫如何通过宗教改革削弱奥地利对宗教的虔敬，从中可以看出他的改革更强调对精神有害的物质和商业，但这恰恰违背了他母亲的思想精神。例如玛丽娅·特蕾莎认为她能获得宝座完全是一个奇迹，她总喜欢说："我的成功绝不是因为我个人的优秀，而是完全依靠上帝的恩赐。" 18

因此，一想到奥地利将成为现实政治的牺牲品、无情瓜分没有防备的邻国，她就感到痛苦不已。但最终她选择妥协，还做好了准备去迎合理性的大趋势——近乎是清除了这个欧洲最古老的国家之一，而波兰的国王曾经在帮助奥地利和整个欧洲摆脱土耳其人的侵略方面还扮演过重要的角色。

1765 年，波兰的奥古斯都三世去世，只留下一个年轻的孙子，此时占有波兰王位长达 66 年之久的萨克森王国被剥夺了在波兰事务中的特权。俄国和普鲁士跳出想要填补这一空缺。随后选举斯坦尼斯瓦夫·波尼亚托夫斯基为波兰国王则让争论不休的波兰贵族变得更加混乱不堪，而约瑟夫接下来的行动更是开启了不幸的先例。1770年他下令让奥地利军占领了喀尔巴阡山脚下的泽普萨山谷，两年后，俄国和普鲁士顺着约瑟夫开的头，一致决定瓜分大片波兰领土。这让奥地利陷入了两难的境地：加入他们就要违背皇后所有的意愿；不加入，就要眼看着俄国和普鲁士尽情扩张，威胁奥地利的利益。

后来的历史学家指出，"国家间的平衡和各自永久的安全都必须建立在国家权利神圣不可侵犯的基础上，然而当时的体系已经变得卑鄙和荒谬，而且流于表面，几个国家都对这一原则视而不见。他们在瓜分波兰的同时也等于正式放弃了本国的稳定，而这更是开启了后来一系列的革命和分割领土的活动，成了未来25年间里撼动欧洲根基的方式。"[19]而这一体系也让腓特烈最终得以以"普鲁士国王"的称号自居。

第一次瓜分波兰对于奥地利来说是一次不流血的事件。1772年的夏天，哈迪亚克没有遭到任何反对就占领了加利西亚。12年后，也就是在1784年，出现了第一个枪骑兵作战单位，一年后，他们便有了第三个"团"（或称为"师"），每个团有300名体格健壮的士兵，他们身穿有着波兰风格的胸甲束腰外衣、头戴沙普卡皮帽，手握长矛，长矛上插有一面可以拆卸的金色和黑色（同为哈布斯堡王朝的代表色）的旗帜，军官们的装扮则稍显华丽，但他们不能佩戴肩章。

1787年，出于政治的原因，尤其是出于对波兰人和乌克兰人的不信任，枪骑兵作为独立的实体被废除，之后被划分给了轻龙骑兵团，并以枪骑兵中队的形式一直存在到1790年约瑟夫去世。1791年，他们被改编成为独立的枪骑兵单位。

猎兵部队 * 和神枪手

另一个作战单位或许与接下来的战争形式更加相关，而它组织建立的基础也更为稳固。他们就是神枪手，也称为"猎兵"，如今，他们第一次组建成

---

* Jaeger，德国军事术语，最初指轻步兵，虽然它可能被翻译为"猎人"，但在现代早期的德语国家中，这个词被用来形容散兵、侦察兵、神枪手和跑步者，在军事历史书中常被译为"猎兵"。——编注

自己的编队，有着精准枪法的他们组成了一种新形式的轻步兵。轻步兵神枪手们每人都配备有先进的猎枪——叠排式猎枪，这种猎枪的上排是通过滑膛发射子弹，下排则是通过线膛发射子弹。

另外，2 万支这种复杂的猎枪是通过整个帝国境内的各个枪匠制造而成的，而改革则带来了更多精度更高的武器。1771 年新式的克雷斯皮卡宾枪，长 123 厘米，口径 19 毫米，是当时领先的速射卡宾枪。1771 年，克雷斯皮兄弟将这一成果展示给约瑟夫，经过初期成功的测试后，费拉赫（在今天斯洛文尼亚，仍然是世界领先的高精度猎枪供应商之一）生产了 2351 支克雷斯皮卡宾枪。之后，这种卡宾枪被分发给了两个卡宾枪团和精锐部队——第一轻龙骑兵团。该枪支一分钟可以发射三次，比骠骑兵的前装卡宾枪更为先进。[20]

其他与之相关的还有无烟弹药和连发步枪的发展。连发步枪的部分结构采用了奇拉尔多尼步枪的系统。[21]1798 年，步兵团又多了一种新式步枪，线列步兵团使用的标准步枪制造于上奥地利州的斯太尔地区，每支成本在 5 到 7 基尔德之间。

瓜分波兰的计划清除掉波兰君主制之后，腓特烈正为他"普鲁士国王"的头衔而感到高兴，正在这时，他受邀前去检阅奥地利的军队。考虑周到的他穿上了奥地利的军装，而他也十分清楚该如何奉承约瑟夫，于是便称赞约瑟夫的改革，还指出奥地利的军队就像是"穿了白色外套的普鲁士军"。[22]

"土豆战争"与约瑟夫城的建立

不过，"新的"哈布斯堡王朝军队此时并没有机会展开任何传统意义上的战争。在"土豆战争"（这样称是因为士兵们在战争期间一直忙于用刺刀挖土豆来熬过冬天），或者更广为人知的"巴伐利亚王位继承战"中，奥地利军进行了一系列绝妙的部署调动，展现了出色的机动技巧和速度，可见约瑟夫的改革已经十分深入。但在这场看似会让奥地利赢得巴伐利亚的战争中，既没有全面的、时间较长的战斗、围攻，也没有任何真正的交战、交火。腓特烈展开调动，主张与奥地利为敌，然而当欧洲颤抖着等待两大军队在波希米亚平原上再次大打出手时，这两大军队却仅仅只是怒目相视。

最终，两军的非正规军间发生了一些小冲突后，腓特烈尽管在人数上占据优势，但还是选择了撤退。玛丽娅·特蕾莎也秘密传达了希望和平的愿望，而她的国库也已经告急。于是，战争再次以和约的签订结束，虽然如此，玛丽娅·特蕾莎还是感到《特申条约》是她所签署的最幸福的条约之一。因为此次腓特烈看上去竟然"如此的通情达理"。然而腓特烈不愿引起危机到底是他变得成熟的标志呢？还是说，他通过侦察奥地利的情况，意识到了他的对手在技术和物资上都比他更具优势呢？

当然，冬天给腓特烈的军队造成了严重的破坏。反观奥地利军，由于拉西在军队后勤的管理上能力出众，冬天对他们的影响似乎相对较小一些。从这个意义上来看，奥地利军的部署更为巧妙，他们也因此没有展开任何真正的敌对行动就消除了普鲁士对他们的威胁。更惹人注目的是，腓特烈竟愿意不与奥地利军开战就撤出军队，这在前一个时代是从未发生过的事情。

此外，在战争的准备阶段，奥地利的爱国主义情怀达到了一个高潮。一名住在奥地利首都的英国观察家威廉·拉克索尔就曾评论道：

> 维也纳已经变成了一个兵工厂。每天都有新的团到达这里。没有什么比奥地利王朝的强大、资源的充足、领土的扩张更能振奋人心。这就是我每天观察到的现象。[23]

重要的是，巴伐利亚王位继承战还影响了哈布斯堡王朝的军事思想。这一战争还突显了一个问题，那就是加强波希米亚北部、易北河上游的防线十分重要。因此，1780 年 10 月 3 日，普勒斯地区开始修建一座新的要塞城镇，城中将有许许多多新古典主义的营房分布在各个街道，街道外则是一座 U 形的城墙。这座具有法国风情的城镇由路德维希·杜·哈默尔·德·克尔隆德设计，经过 9 年建造完成，共耗资 1050 万基尔德。约瑟夫新城也将为市民提供一些特权。在拉西、劳登和哈迪亚克的请求下，约瑟夫新城在与帝国官僚机构的关系中将享受"自由城"的状态。

时至今日，约瑟夫城在捷克也被称为 Josefov，它是 18 世纪后期军事城镇规划下的产物，能保留至今十分难能可贵。街道围绕在城市中心的广场周围，新古典主义的驻军教堂明净庄严，很符合约瑟夫改革提倡的简单朴素的特点。可以说约瑟夫城是 18 世纪世界军事建筑的奇迹，它比波茨坦的建筑风格更一致，也比维罗纳和意大利北部的四座堡垒更有军事意味。

就像其他非凡的要塞一样，约瑟夫城不会在战争中发挥什么作用。直到冷战期间，红军将它作为了波希米亚主要的驻地，于是它不再显得那么无关紧要。（相比之下，它的姐妹要塞特蕾莎城的名字则被玷污了，因为在那里发生了骇人听闻的事情，第二次世界大战中，它被纳粹用作犹太人的临时难民营，但事实上在那里却发生了恐怖的大屠杀。）

东方的诱惑

约瑟夫在他短暂的统治期间更多地考虑了在东方发展军事行动的可能。1781 年，约瑟夫单独执政一年后，他与俄国的凯瑟琳建立了防御联盟。当土耳其人对俄国宣战时，尽管考尼茨和约瑟夫都不希望看到君士坦丁堡落入俄国之手，但根据协议，奥地利还是动员了 3 万名兵力支持俄国。同时，约瑟夫扩张领土的野心也渐渐壮大。收复瓦拉吉亚、波斯尼亚和塞尔维亚后，摆在他眼前的战利品则让他越发激动兴奋。

而约瑟夫接下来的举动——他将整整一个集团军都投入到了战场中去与土耳其对抗——却不仅仅是出于对盟友的承诺。1788 年 2 月 9 日，约瑟夫向土耳其宣战后，共动员了超过 25 万人作战，其中包括 3.7 万名骑兵，另有 900 门大炮。奥地利发动的战争从未覆盖过这么广阔的战区，战线长 1350 多公里，一直延伸并深入到了布科维纳地区。此时，约瑟夫最钟爱的拉西计划让他的部队伸展成一个弧形并覆盖奥地利南部的全部边境地区。计划是如此野心勃勃，战略却是如此简单平庸。后勤和物资供应是拉西这一计划面临的最大问题，供应完全不受他的控制，让他无比绝望。而土耳其则可以自由选择自己的目标并在积极的领导下充分利用拉西的战略弱点进行作战。

对奥地利来说，这场战役注定会以惨败收场。他们向贝尔格莱德发起的两次进攻都一败涂地。疾病和饥饿开始夺走士兵们的生命，破坏军队的士气。而在奥松瓦，斯泰因带领下的奥地利军营则被敌军包围，21 天后被迫投降。之后在 9 月，高级将领们建议立即攻击附近的土耳其军以重新掌握战争的主动权，然而约瑟夫和拉西却一致决定在卡兰萨贝什的山谷进行防守。9 月 21 日，一些骠骑兵与巴纳特的轻步兵展开战斗，交火后奥军的伤亡人数不断增加，面对土耳其军即将展开的进攻，恐惧在军中迅速蔓延，这也使得约瑟夫身边的士兵们分散开来。被副官、护卫抛弃的约瑟夫于是效仿他的偶像腓特烈早年在战场上的行为，策马飞奔离开他的逃兵。后来，当他责备他的侍卫们抛弃了他时，其中一个人俏皮地回答说："亲爱的陛下，我们竭尽全力想要跟上您，但我们的马都不如您的马跑得快。"

被遗弃的皇帝营地和大部分的炮兵营地都落入了土耳其军的手中。紧接着，在米迪亚，瓦腾斯雷本带领下的奥地利整整一个军也被对手歼灭，于是恐慌很快席卷了整个军事前沿并蔓延到了匈牙利。几个月来，"开明"皇帝带领下的最为强大的奥地利军在战场上渐渐被削弱，军中也是疾病肆虐，此时士气低落的士兵们正在自己的领地上做着最后的努力。巴纳特和特兰西瓦尼亚已被土耳其的追击军点燃。

这场战役并不如约瑟夫所想的那样。他没能像普鲁士的"战士国王"那样获得荣耀。相反，他资源耗尽、名誉扫地，因此只好采取绝望的措施。另外由于奥属尼德兰起义，他不得不分心前往布达。面对这些窘境，他只好求助之前他从未任用和请教过的劳登。约瑟夫为弥补他之前对这位沉默寡言的指挥官的忽视，下令制作了镶嵌着钻石和绿宝石的玛丽娅·特蕾莎军功勋章并将它授予了 73 岁的劳登。对于复出，劳登并没有感到不高兴，也没有因为约瑟夫之前对待他的态度而心生怨恨。于是在一片欢呼声中，劳登重返帝国的军事前线，而仅仅是他的出现，就已经让约瑟夫军队的残余力量再次重振士气。

为补给他的军队，约瑟夫又采取了一项激进的行动。发烧生病的他在 12 月的雪天里从布达转移到了维也纳。一无所有的他几个月后就会因疾病而离世，而此时他又组织了一场全面的征兵活动，这也是一次空前巨大的国家干预私人事务的事件。

征兵简介：劳登占领贝尔格莱德

这次为前线军队征兵的活动中第一次允许招募犹太人。（对此，玛丽娅·特蕾莎在去世之前一直持反对态度，她十分不悦地指出："这是我能容忍的底线。"因而让犹太人在军中服役一直是不能提及的话题。）[24]

然而犹太人现在不仅符合了招募的资格，他们的房屋也能像别人的那样拥有编号，他们所住的村庄也被登记圈定。最初，犹太人只能在加利西亚地区提供后勤和支援服务，但 1789 年，由于土耳其战争带来的压力，犹太人可以服务的领域则扩展到了各个分支。

约瑟夫二世十分了解这些"小角色"的重要性，因此这次他的军队不仅为前线作战招募士兵，还会招募从事各行各业的人，以此来丰富军队的文化构成。一个专制官僚机构仿佛管理着帝国的缩影，从缩影中可以看到帝国社会的多样性，然而贵族们在军官阶层则越来越占有主导的地位。

但实验并没有在所有地方都取得成功。在匈牙利的征兵活动就几乎引发一场革命。提洛尔人性格刚烈、不受约束，强制的征兵让他们十分不满，因此约瑟夫在他去世前不久便取消了在那里的所有形式的招募活动。

与此同时，战争仍在继续。在劳登的带领下，奥地利军向世人们表明只要有专业的人指挥，他们仍然还是一个一流的作战部队。接任几天后，劳登便带领军队在杜比察击败了土耳其军并占领了那里的堡垒。在诺维和柏柏尔，劳登也再次击败了土耳其军。而在占领了具有重要战略意义的沙巴茨村庄后，他便迅速移动准备攻占贝尔格莱德。

1789 年 10 月 8 日，贝尔格莱德终于被占领，部分的功劳则属于一个新创建的"投弹部队"，他们以凶猛的炮火轰炸击退了土耳其的抵抗力量。对约瑟夫来说，劳登占领贝尔格莱德一事简直太及时了。"这让我无以言表。"他写信给劳登。回到维也纳后，他下令在大教堂演唱颂歌，而这将是约瑟最后一次公开露面。[25]

约瑟夫的军队在劳登和科伯格亲王的带领下在巴尔干半岛又获得了一系列胜利。11 月 10 日，科伯格的军队占领了布加勒斯特。与此同时，拉西身边一位有才华的年轻助手拉德茨基则渐渐崭露头角。

低地的反抗

欧洲北部的事件继续分散着约瑟夫的注意力。两年前就开始的奥属尼德兰起义如今势头越来越猛。约瑟夫写信给利涅亲王，有理有据地指出："你的国家已经摧毁了我……失去根特让我十分痛苦，而布鲁塞尔的投降则让我走向死亡。"[26]

这场叛乱是对约瑟夫行政改革的暴力反抗。约瑟夫的这些改革向来彻底全面，他当时的目标是总体解构奥属尼德兰的自治权。然而，约瑟夫指派接管权力的新的行政干部却招致了怨恨，这些干部被视作官僚专制的先遣人员，而约瑟夫则是背后的大祭司。为了维持和平，奥地利的指挥官穆雷将军竟悄悄废除了约瑟夫的所有举措，也不怎么遵守他的命令。约瑟夫回到维也纳之后才发现了这一情况。

对此，约瑟夫大发雷霆，他认为如果以这种方法做事，帝国王朝早就被推翻了。于是他任命恪守纪律的德·奥尔顿接替穆雷的职位，并且他还下令要求在实施法令时应当注入新的活力。当接到暴动的消息后，他拒绝了宽大处理的建议。"反抗的火焰只能用鲜血来熄灭。"这句话正是出自所谓的"自由"和"开明"君主之口。[27]

约瑟夫曾对卢万著名的大学城寄予了希望，然而点燃这反抗火焰的正是大学城所推出的新"改革"，例如他们建立了"综合神学院"。此前，卢万一直利用学院传播天主教信仰。然而，现在这所大学则希望可以允许教授其他的宗教知识。在大学忠诚于罗马教廷这一背景之下，该"失策的创新"无异于一枚燃烧弹。

在伤口上撒盐的是，约瑟夫解雇了一半的大学教授，取而代之的则是外国的独立神职人员。如此一来，结果是可以想见的：卢万爆发了起义。主教和神职人员纷纷加入了这场骚动，最终政府只有借助军队才恢复秩序，但这仅仅是开始。当新的行政管理人员开始实施新的法律法规时，他们遭遇了大规模的非暴力反抗。人们开始不交税款，不和官僚机构相关的任何部门合作，神职人员和普通人则一同联手对抗约瑟夫的改革。

在卢万的外国教授统统被驱逐出了大学，综合神学院也被关闭。布拉班特所有的国家部门和军事组织都被迫立即做出了让步。此时，约瑟夫的军队正处于刚被土耳其军击败的窘境，于是约瑟夫迅速采取行动，给比利时国家的代表造成一种安全的假象。如此一来，一旦东方的战场变得有利，他便能够抽身给他们重重一击。接见代表时，他表达了他最大的不满，在对方讲完话后，他说："我对比利时各省近期的强烈不满不是只通过几句无用的话就能抹去的。"[28]

然而，皇帝坚称他愿意做出让步并暂缓实施一些项目。而这则取得了他预期的效果，他成功劝使各州妥协，让反叛者们放下了武器。

但事实上，约瑟夫无意做出任何真正有意义的让步。他任命陶德曼多夫伯爵为该地的地方长官，命令他逐步除掉当局各个职位上心有叛意的人员并同时为德·奥尔顿的军事建设提供资源。另外，还要求他要重建"综合神学院"，如有必要的话则可以不惜使用武力。当这一要求在布拉班特会议上提出时，关键的时刻便来临了。为了威慑反叛者，夸口能在几个月内恢复这里秩序的德·奥尔顿则将他的大炮和军队陈列在了门外。

面对这一武力示威，会议成员不为所动，而德·奥尔顿的士兵们却渐渐被与之敌对的民众围住。他们向人群开枪，造成六人死亡。接着德·奥尔顿下令占领会议场地，但这时陶德曼多夫意识到大屠杀即将展开，于是便命令部队退下，称他们的这一部署没有得到他的许可。

维也纳得知这一事件后，约瑟夫决定给开枪的军官授勋，他还鼓励德·奥尔顿继续采取更有力的措施。于是，在卢万，德·奥尔顿的军队屠杀了许多反对重建综合神学院的学生，驱逐了所有顽强抵抗的大学成员，其中院长被停职三年。约瑟夫还通过三个帝国法令正式废除了三个世纪以来保障各省司法权力的古代宪法，除此之外，他还煽动官僚机构进行恐怖统治。

假如约瑟夫曾希望平息这些地方的暴动，那么靠他的军事力量、单方面规定的宪法条例和他表里不一的做事方法，注定是要失败的。在巴黎，有一个事件为这些权利遭到伤害的人们做出了榜样。1789年法国大革命爆发，整个欧洲都为之震动。这对附近的尼德兰产生了尤其大的激励效果。宪法被停止后不到五周的时间内，一场大规模的武装叛乱便接踵而至。哈布斯堡王朝军队的士兵们在街道上遭到了攻击，各司法机关遭到侵占，囚犯也被叛军释放。迪斯特的各个城镇都爆发了暴力事件，修道士带领着冲动的人群驱逐了所有的地方官员和他们的步兵侍卫。

同时，皇帝则遭到了人们的谴责。范·德·努特的一支武装部队接受了严格的训练，负责训练他们的都是帝国军队中的前任军官，这些军官还曾参与过七年战争。其中一位是范·德·梅尔施，他带领3000名手中大多握着长柄草耙的士兵前往了蒂伦豪特。在那里，他们突袭了施罗德将军手下装备精良的2800名士兵，但出乎所有人的意料，梅尔施的军队将他们彻底击溃并获得了胜利，随行的修道士立即宣布这是一个奇迹。如今，各省最富有的修道院院长则在更实际的层面上向他们提供了资金支持，以配备装备。

在初步获得成功之后，梅尔施的兵力和物资都得到了加强，随后他便派遣了军队前去攻占根特，在当地人的帮助下，他还成功缴获了一些火炮。如今，布鲁日和其他城镇都宣布支持叛军，而德·奥尔顿和陶德曼多夫还实行着相反的政策。受到接连打击的德·奥尔顿被迫短暂休战，他的部队士气低落，大量的逃兵则使得军队的人数骤减。于是在12月11日，德·奥尔顿向布鲁塞尔投降。

因此，约瑟夫最后想要将其他多元化的君主国转换成单独行政省的举措以耻辱的失败告终。他承认他是一个"追求国家福利的狂热分子"。武装力量是这个国家的支柱，他们需要让自己公平享受皇帝的"开明专制"。与此同时，战争中的"革命时代"已经在美国首次显示了未来的趋势，但还没有让奥地利创造出一个"革命"的军队，这或许是因为猎兵部队的适时出现。

1790年约瑟夫逝世，几个月后，奥地利与土耳其在西斯托瓦签署了和约。一年后，布鲁塞尔被收复，而让它投降没有耗费一枪一弹。因为，英国、荷兰和普鲁士对巴黎事件这一巨大的转变十分警觉，纷纷取消了对反叛军的支持。新皇帝利奥波德二世（1747—1792），即约瑟夫的弟弟，相比于约瑟夫的专制气质，是位和平主义者，也是位真正的改革者。他早期在托斯卡纳的政府被视为开明行政的典范。他没有约瑟夫强烈的自豪感和使命感，并且继承了母亲的天赋，做事有节制，行动很迅速，能够快速扑灭反抗的火焰。约瑟夫临走前，似乎要将"开明"君主的所有领地消耗殆尽，而他最终则在失望难过中离开了人世，这也使后人铭记了他的教训——他出于好意却铺就了一条通往地狱的道路。

利奥波德缺乏约瑟夫的才华和狂热。他仅仅在位两年，但还是巧妙地一扫约瑟夫生命最后几周的阴霾，解决了危机。利奥波德信奉自由主义原则，发生在巴黎的革命也很快与他见面，然而他没能亲眼看见这场风暴的完整演出。这一机会留给了约瑟夫的侄子弗朗西斯，也就是利奥波德的长子。尽管这场演出最初平淡无奇，但随后奥地利军队将首先迎接这场风暴的来临。奥地利的军队在欧洲大陆上出类拔萃，虽顶着巨大的压力但仍然没有崩塌，而这样出色的反弹力则归功于约瑟夫和特蕾莎的改革，但最重要的是，利奥波德的能力让哈布斯堡王朝恢复了稳定，而与此同时，整个欧洲大陆都开始沸腾起来。

第二部分

革命与反动

第八章　奥地利军队与法国大革命

　　约瑟夫二世去世后留下的军队并不如他从母亲（玛丽娅·特蕾莎）处继承的那般骁勇善战。他对朝政无休止的干预以及迷恋，不仅使奥地利各行各业的民众叫苦连天，也使军队士气低落。他死后，军队算是松了一口气。继位的皇帝利奥波德开辟了一个国内太平、没有远征的时代。然而在约瑟夫去世的前一年，巴黎爆发了革命，如同他预料的一样，这场革命势必会波及他的王朝。

　　约瑟夫二世早就预料到了 1789 年巴黎爆发的这场革命——毕竟他的妹妹是玛丽娅·安托瓦内特（法国皇后，皇帝路易十六的妻子）。约瑟夫二世为了保护自己的王朝免受这场必然的革命风暴的影响，急于在宫廷的方方面面展开变革。具有讽刺意味的是，尽管他自称改革是为了国家的福祉，但是他的狂热却激发了自己国内的反抗。约瑟夫的出发点是好的，而且他有近乎完美的启蒙运动资历，但是这都不能说服班杰明·富兰克林和他会面——尽管当时两人都曾在巴黎短暂停留。富兰克林是一位坚定的共和政体拥护者，因此并不同意和约瑟夫这位哈布斯堡的独裁者会面，这成了后者的一大遗憾。

利奥波德二世改善局势

利奥波德是约瑟夫的继位者，他用自己出色的理解力与智力，给先前如火如荼的改革降了温。继位后不久，他给最要好的姐姐玛丽娅·克里斯蒂安娜写了一封诚挚的信，信中表明了他对"君主"这个早被滥用的词语的理解：

我认为，即便一个人通过继位成为君主，他也不过是人民的代表且因人民而存在；君主必须把自己全部的精力和关爱给予人民。我觉得每个国家的人民和君主之间都应该有一个法律明文规定的契约关系，用以约束君主的权力。如此一来，当君主不遵守法律时，他自己也会因犯法而失去君主地位（同样，只有在其遵守法律的条件下，他才会被授予君主地位），到那时，人民也不再有义务遵从他的旨意……[1]

对于奥地利来说，可悲的是，这位开明的模范君主在位仅两年，此后便饱受疾病困扰。然而，即便是在这短短两年间，他也取得了不俗的成就：他使奥地利——这片之前受到了各种难以消化的改革之约束的土地——再次回归平静。军队方面，在过去十年疯狂的改变之后，在利奥波德任内得到了暂时的休整，此举广受欢迎。他在军事改革方面投入的精力相对较少，此前在托斯卡纳，他曾解散陆军和海军。这种对军队的"忽略"无伤大雅。这支奥地利帝国军大部分都是约瑟夫留下的，它将与法国革命力量交手。在接下来的 23 年间，这支军队同大革命和拿破仑时期的法国军交锋不下六次——这是其他任何欧洲国家都无法比拟的记录。

截至 1792 年利奥波德逝世之际，奥地利军队共有 268129 名士兵，称得上一支强大的战斗力量，但是这一数字远低于 1787 年和平时期的 304628 名武装士兵。从组织结构上来说，这支军队共有 70 个线列步兵团，34 个骑兵团（共

40324 人），以及 10 个炮兵连——这 10 个炮兵连与另外四个炮连组成了一支约 13560 名炮兵的武装力量。

尽管约瑟夫的改革旨在提高统一性，但是新兵征募仍存在一定程度的差异。比如匈牙利人不能加入"德意志骑兵团"（比如由说德语的奥地利人指挥的骑兵团）。此外，奥地利当时没有军或旅的建制，这也使他们在接下来的战斗中处于极度劣势的地位。反观法国军队，"人民军队"在逐步成形，军事战术也在不断进化，都向着更高效和更现代的形式发展。

奥地利的骑兵战术在 18 世纪的时候成形：从侧翼包抄步兵，或留作追击或防御的预备力量。除了新成立的"猎兵"步兵之外，其余步兵继续按照正式队列训练。尽管奥地利军队存在这些缺陷，但是在此后几年中他们参与了不少于 264 场战役，打赢了其中 168 场，从波罗的海到亚得里亚海，从苏黎世到摩拉维亚的丘陵都有其战斗痕迹。研究这段时间的军事历史学家很幸运，因为歌德作为一位见证者，用笔记录下了这些军人的外貌：

> 曼弗雷迪尼团有三个营驻扎在此……这些人身高差不多，长相也基本相同，大多都有小且斜的眼睛、长嘴和窄眉毛。他们的鼻子很短但并不粗，鼻孔很小。他们的面容因为有善解人意的表情以及有每天装饰头盔的新鲜枫叶小树枝而变得丰富起来。他们的训练非常灵活高效……我估计他们是波希米亚人……[2]

事实上，曼弗雷迪尼团的士兵主要来自摩拉维亚，还有一部分来自奥地利加利西亚的扎莫希奇，但是歌德的散文充分展示了奥地利步兵的风貌。在奥军撤离后，法军迅速占领了法兰克福。见闻广博的歌德是这样描写法国士兵的：

> 法国士兵和奥地利士兵不尽相同。奥地利的军装非常实用简洁，而法国军装相比显得非常奢华，细节浮夸……

然而并不是所有人都同意歌德的说法。当时的一位奥地利军官克恩在读歌德文章时加了自己的注解："看到歌德这么写我非常惊讶。奥地利各个团中的士兵非常混杂，特别是军官，他们来自不同的国家，有比利时法语区人、瓦隆人、英国人、卢森堡人、波兰人、克罗地亚人、爱尔兰人、匈牙利人、瑞典人和意大利人等等。"[3]

不管他们面容是否相似，这支步兵将要面临的都是席卷整个欧洲的革命风暴。法国皇后玛丽娅·安托瓦内特是利奥波德的妹妹。1792年她被捕入狱，此次入狱和其他的耻辱都是被雅各宾派精心算计的结果，如此一来他们就能将民众的注意力转移到外部威胁上，而大众也逐渐相信了关于奥地利阴谋的谣言。这场精心安排的阴谋时刻提醒着法国人民：他们的宿敌，以及今后的敌人，永远都是奥地利皇室。在1792年的前几周召开的法国国民议会上，革命者布里索奋起发言，他传达的讯息非常简单："帷幕已经拉开，你们已经知道了法国真正的敌人……那就是哈布斯堡皇帝……他，我重复一遍，他是我们真正的敌人。"

现在最重要的决定就是向维也纳方面发出最后通牒，要求奥地利同法国"和平相处"，且必须于3月1日达成，否则一场大战将无法避免。考尼茨的答复不卑不亢且十分温和，但是当布里索在法国国民议会上宣读奥方的答复时，要求发起战争的呼声非常高。布里索再一次在国民议会上高谈奥地利的干涉。但是在事态进一步发展之前，奥地利皇帝利奥波德逝世，享年44岁。

新皇帝弗朗茨

利奥波德的儿子，即新皇帝弗朗茨（1768—1835），和他父亲有许多不同之处。奥地利实行君主制，因此注定要采取长子继承制的原则。在这样的关键时刻，倘若该原则能暂时中止，那么奥地利的皇位就会传给弗朗茨天赋异禀的两位兄弟中的一个了——卡尔大公或者约翰大公爵。这两位都将声名显赫：前者是（继拿破仑之后）他那个时代最有才华的军事指挥官；后者则继承了利奥波德开明的治国理念和传统的价值观念，即在人民和王朝之间打造一种全新的关系。

和两位才干极高的兄弟相比，神圣罗马帝国皇帝弗朗茨二世（后来的奥地利皇帝弗朗茨一世）极为缄默、多疑，且被认为是"低能"的。当他身边所有的事情都处于大变革时代带来的狂热、戏剧性事件以及刺激之中时，他却始终处于保守、漠不关心、未察觉的状态，几乎到了无动于衷的境地。整个君主体系都受到了挑战，遭到了破坏。从东到西，欧洲的版图开始重写。但凡弗朗茨将此类种种视为对自己王朝的致命威胁，他都不会无动于衷。尽管弗朗茨的导师们带着热情和宽宏对他进行了大量智力训练——这也是18世纪晚期哈布斯堡王子们普遍所受的教育，却丝毫没有改变他的人生观和世界观。

但是弗朗茨也并非一无是处。他是个不服输的人，非常坚忍，这无疑是继承了哈布斯堡家族的优点——在逆境中仍旧坚韧不拔，充满勇气。和玛丽娅·特蕾莎一样，他也相信直觉，而他的直觉告诉他（和特蕾莎一样）要提防启蒙运动、现代哲学、智慧的光芒，尤其是民族主义。这位神圣罗马帝国的皇帝将令人厌烦的愤世嫉俗论以及懒散的态度发挥到了极致，以至于在后来的一个多世纪里，这成了奥地利上层贵族的特点之一。奥斯特利茨战役惨败之后，他给妻子写了一封短信，信中表露了一丝厌倦："今天这一仗打得不顺利。"

他追求简洁和朴素，这是彼得麦年代的标志。在位的45年间，他一直压抑、隐藏着自己强硬不屈的个性。他喜欢去美泉宫的花房闲逛，"顺便逛逛"厨房时他会帮着制作太妃糖和裹有巧克力的蛋白酥，这都给他带来自发的愉悦。然而在这些舒适惬意的走访游玩的表象之下，他有着更阴暗和神经质的一面。在他拉克森堡夏日水上宫殿阴暗的地下城里，有一个人造的、仿中世纪壮丽风格的城堡。城堡配上护城河，就是这位年轻的皇帝在维也纳郊区附近建造的充满讽刺意味的游乐场，用以排遣他的惆怅。城堡内有一套真人大小、完备的盔甲，头盔和利剑均绑着绳子，和地板下的滑轮相连。这样设计的用意在于，如果有人用脚使劲踩地板，盔甲将突然启动，手臂和利剑也会短暂地摇摆，并发出叮叮当当的声响。

当他独自在房间里踱步时，这一套令人毛骨悚然的装备可以给这位"闲适的弗朗兹"带来一丝丝慰藉。奥地利输给法国的若干场战役，四任妻子的早逝，1809 年战败后将女儿嫁给拿破仑的无奈之举，子嗣与继承人的智力缺陷——他带着尊严与平静独自忍受着人生的起起落落。当然，拉克森堡地下城那些娱乐设施多多少少也发挥了它们治愈的功能。

与此同时，递送给维也纳的最后通牒已经过期，弗朗茨的叔叔是法国名义上的统治者，他向奥地利宣战。利奥波德过世前三周同普鲁士谈成的同盟关系正式生效，因此大批普鲁士军队在布伦瑞克公爵的率领下向法国推进。一则旨在恐吓对手的声明中，普鲁士人发誓，在危急时刻，他们定将巴黎全部焚毁并杀死对手。这种话对法国人来说并不具有任何威慑力。他们通力协作，奋勇战斗，树立了早期"全民皆兵"的典范。因此说到"恐吓"，法国军队并不需要柏林方面来作指导。

在瓦尔米，大约 4 万名普鲁士士兵被数量更少的法军切断了行军路线，这多亏了法国高明的炮术。歌德在现场亲眼看见了普军的溃败，他写道，"我们都是欧洲历史新纪元的见证者"。实际上，普鲁士军队并未完全从七年战争的浩劫中完全恢复，无论是从组织还是领导力上来说，这支军队以前的风采现在都已荡然无存，其复兴还需要另一代人的时间。

尽管已经接近一年当中不适合作战的季节，法国司令官迪莫里埃仍将他的注意力转移到了奥属尼德兰。1792 年 11 月 6 日，在热马普，法国人受到此前战胜普鲁士的鼓舞，大举进攻了人数较少的奥地利军队。这支奥军由萨克森·切申公爵领导，奥军右翼的指挥官是卡尔大公，这也是他第一次接受战火的洗礼。人数较少的奥地利士兵更注重敏捷，但是法国人占据了主动权。奥地利军队比法国军队领导得更出色，尽管奥军人数只是法军的 1/4，它仍英勇地战斗了六个小时，随后井然有序地撤退，使对手付出了惨痛的伤亡代价。1.3 万名奥地利士兵同 4.3 万名法国士兵交手，法军伤亡人数达 2000 人，而奥军仅损失 304 人。[4]

然而法国人为热马普之战感到的狂喜并不长久。虽然战胜可恶的死敌给法国人带来了欣喜，但是大革命带来的消极影响也达到了新的高度。1793 年的早些时候，玛丽娅·安托瓦内特的丈夫路易十六世在断头台上的绞刑架上被处死。他的死亡使全欧洲陷入震惊与恐慌之中。维也纳方面也意识到了事情的严重性，随即调动一支强大的军队进驻荷兰，旨在恢复其在荷兰的地位。几个月后的内尔温登战役中，奥地利军队数量仍不占优，但装备精良，他们在科伯格的率领下将法国人逐出了奥属尼德兰，展现出了奥地利步兵令人叹为观止的超高纪律性。在此战中，法军再次使用在热马普战役中的猛攻战术，奥地利步兵则有条不紊地使用具有毁灭性的齐射应对法军的猛攻。

这是一场惨败，迪莫里埃也十分清楚，当战败的消息传到巴黎后，自己落入雅各宾派各位政客温柔的慈悲之手会有什么样的命运，随即向奥地利士兵投诚。英格兰援兵在约克公爵的带领下，同奥军一起奋力向巴黎挺进。虽然在法玛斯，约克公爵违抗命令并做出错误的判断，使法军避开了科伯格公爵设下的圈套，但是迪莫里埃的继任者当皮耶尔率领的法军却再次战败。奥法关系中的一件十分讽刺的事就是，法国司令官应牢记所有拯救过哈布斯堡王朝的军官的名字。法国军队士气大跌，指挥不当，皮耶尔的军队只好撤退，至此，从瓦朗谢讷通往巴黎的道路平坦无阻。

皇帝弗朗茨准备去前线鼓励他凯旋的军队。此时一支西班牙军队也越过庇里牛斯山，开始掠夺法国南部部分地区，荷兰军也加入其中。一些肤浅的旁观者认为大革命下的法国已濒临溃败的边缘。然而据当时的人口统计，法国仍是欧洲的超级大国。在不到一代人的时间里，法国的人口远超她的各路对手——1792 年，法国人口已逼近 3000 万，不到一代人的时间内，其人口增长了近 1/3。加之受到革命浪潮的鼓舞，当时的法国并不缺自愿保家卫国的民众。

10 月，一场为期两天的血战在瓦蒂尼打响，奥地利再一次让对手付出了惨痛的伤亡代价。但是科伯格被迫停止了他对莫伯日的围攻，因此巴黎躲过了眼前来自奥地利的威胁。当时的玛丽娅·安托瓦内特已沦为阶下囚，被当作同奥地利谈判的筹码，但同时又是一颗可弃的棋子。就算自己的姑妈命悬一线，奥地利皇帝弗朗茨也无意同法国谈判。这样一来，玛丽娅·安托瓦内特落得了和自己丈夫一样的下场。她在绞刑台上镇静端庄的举止甚至给她的迫害者留下了深刻的印象。就连不小心踩到刽子手的脚，她都向对方道了歉。当她登上行刑台时，大片乌云席卷了巴黎的天际，当太阳突然被一片云遮住时人群也安静了下来。刀锋落下之际，人群并未立即发出欢呼声。直到她生命的最后一刻，玛丽娅·安托瓦内特都展现了一位伟大皇后后代的真正风范。

第二年春天，在图尔昆战役中，益格鲁－奥地利联军，以及荷兰军队均被一位杰出的法国军官皮什格鲁击败。奥地利指挥官克莱费特十分懒散，各位军官都因为皇帝到访而表现平平，而精力充沛的卡尔大公和他的部队却未能及时赶到战场，这都是奥军失利的原因。

一个月之后的弗勒吕斯之战，科伯格率领的联军再一次被军官差劲的表现所拖累。法国元帅苏尔特——当时还是一位年轻的中尉——形容这场长达15个小时的战斗是"我见过最令人绝望的战斗"。约克公爵支援的奥荷联军顽强作战，又一次使法国遭受了巨大的伤亡——联军的死亡人数为208人，而战死或濒死的法国士兵则超过5000人。多亏茹尔当将军的一流的将才和坚忍的意志，尽管军队纪律不严，但法国最终还是获得了胜利。新成立的法国航空部队中英勇的热气球驾驶员帮了他大忙，使得他在这场战争中首次使用了空中侦察技术。他们的载人热气球"奋进"号给茹尔当将军提供了科伯格军队五个纵列行踪的详尽信息（"奋进"号的姊妹热气球"无畏"号在1796年的维尔茨堡战争中被科伯格俘获，现陈列于奥地利军事博物馆）。这一项新技术十分关键，因为如此一来茹尔当能准确地知道应在何处部署自己的部队，以攻击联军的弱点。

法国一直以来都在推的那扇门仿佛突然打开，整个欧洲都袒露在法国革命军眼前。慌乱之中，荷军只好放水淹堤。但是两个月后，冬天来临，于是结冰的河堤成了侵略军脚下坚实的冰面通道。阿姆斯特丹被占领，荷兰共和国分崩离析。奥属尼德兰，哈布斯堡皇室最恼人的属地，也被法国永久地从维也纳手中夺了过去。总的来说，奥军作战英勇，但是他们面对的是一种全新的、使用大量科技的战事，这一切对他们来说都非常新奇和陌生。

此时莱茵河沿岸也没有片刻的安宁。5月，奥普联军和法国军队在凯泽斯劳滕相遇，法国军队被击退，但胜负未定。在第二场更加残暴的战役中，人数不占优势的奥地利军队八次击退法军的进攻。终于，在第九次交锋时，奥军顶不住了，这给了法国占领全部德国领土所需的动力，于是他们沿着莱茵河左岸推进。科布伦茨和科隆相继落入法国之手。荷兰从战斗中抽身而出，受挫的普鲁士也与法国单独缔结了和平条约。于是奥地利在对法国的战争中变得孤立无援，而在接下来的 20 年中，尽管财政上得到了英格兰的支持，但这并不是它最后一次遇到孤立无援的情况。

重塑战争的艺术：拿破仑、吉贝特和卡尔大公

1796 年，法国人继续其攻势。三支军队会合后通力将奥地利人逐出了德意志和意大利，并迫使维也纳接受了条款。其中一支军队驻守维尔茨堡和法兰克尼亚，另一支回到了黑林山（德国西南部的山林地区）和斯瓦比亚。这三支军队中最重要的是第三革命军，他们被安排在皮埃蒙特和意大利北部，将领为一位科西嘉律师年仅 25 岁的儿子。这位将领的名字日后将为全世界，特别是奥地利人所熟知——拿破仑·波拿巴。

关于拿破仑的军事才能已是老生常谈。他过人的素质可以概括为：战略直觉，战争科学的理性判断——尤其是他对火炮出神入化的运用，以及举世无双的激励手下的能力。拥有了这些，我们才能说他还拥有十足的运气，每一位出色的司令官在战场上都必备的超高洞察力和近似狂热的精力。关于拿破仑，有一点却是人们不常提到的：作为一名启蒙运动者，他深受一些杰出军事家的思想的影响，雅克·安东尼·希伯利特，即吉贝特公爵就是其中一位。[5]

1771 年，吉贝特的专著《战术通论》在巴黎出版（十年后在伦敦再版），在该书中他论述了发动战争的"新"方式。刚开始只有极少数的军人讨论他这本书，但随后吉贝特书中的观点越过大西洋传到了美国。在美国独立战争后

期，人们首次运用这一新方式展开战斗。吉贝特在其专著中假想有一支"民兵"，他们非常爱国，而且愿为保卫战果付出巨大的牺牲。这一全民皆兵的理念打动了拿破仑以及其他的革命思想家。吉贝特的另一个理念就是打造流动性更强的军队，它不受火车和弹药库的牵制，靠山吃山靠水吃水。该理念否定了18世纪时为军营，而不是劳苦大众提供物资的行为，也对拿破仑有莫大的吸引力。此外，伦巴第这一肥沃的平原为拿破仑试验这些新策略提供了得天独厚的地理条件。当他日后进军稍显贫瘠的奥地利时，他会发现再也没有任何一个地方能像伦巴第那样为他的军队提供如此丰富和充足的物资。

反法联盟那群将军对于作战的新方式毫不知情。但是哈布斯堡军队能够抵御得住这些攻击，这很大程度上要归功于皇帝弗朗茨的弟弟——卡尔大公的才干和性格。

无论年岁几何，面对哪个对手，卡尔大公都被认为是他那个时代最具天赋和最出色的军事指挥官。命运使然，他生在了属于拿破仑的时代。但是在这异常艰难的时刻，能有如此出色的将领统率全军，这是奥地利的幸运。弗朗茨才干平平，而卡尔大公却尽显其高明的思想和理念。他精力充沛，英俊潇洒，勇敢无畏。高大的身躯、硬挺的鼻子、宽厚的嘴唇，都彰显了他鲜明的个性。要不是他次子的身份，他将可能成为最伟大的革命君主。但是作为一名奥地利的官员和哈布斯堡皇室成员，对王朝的忠诚永远是第一位的，因此他所做的每一个军事决策的潜台词都是坚决服从。

到目前为止，卡尔大公还只是弗兰德斯战役中的一个小角色。曼图亚是从北部意大利通往奥地利的要塞，当拿破仑对此地展开围攻时，奥地利的情况十分危急。奥地利年迈的维尔姆泽将军是约瑟夫主义的拥护者之一，然而他身上启蒙运动的锋芒几乎丧失殆尽。维尔姆泽将军只好南征解救曼图亚，如此一来，通往维也纳的道路便向法兰西共和国军队敞开。此时，卡尔大公突然发现他已一跃成为阿尔卑斯山以北一位独立的指挥官。

在意大利，拿破仑作为一名反教权的、理应"不信神"的共和国军队的领袖，体会到了一些不寻常的事：意大利北部的民众都是虔诚的天主教徒，他们仍对几年前约瑟夫二世的"改革"怀恨在心——在那场改革中，数百个修道院被迫隔离和解散。于是看到法国人时，他们对这些入侵者举双手欢迎。开明的中产阶级和农民都将拿破仑视为一股改良的力量，尽管拿破仑本人的用意是向他们展示气势汹汹的世俗化的元素。拿破仑之所以能在意大利以惊人的闲适姿态行军，正是得益于此前哈布斯堡的政策。尽管巴黎的革命满是恐怖和过火的行为，但是法国人仍被意大利人视为解放者且大受欢迎。倒霉的伦巴第农民期待着能从约瑟夫狂热的理性主义中解脱出来，免受琐碎、迂腐的官僚主义税收的危害。当法国军队血口大开，抢占他们的食物、掠夺珍宝的本性暴露后，他们对法国军队的热情才慢慢褪去，尽管如此，他们仍然不再拥护奥地利。从这一点来看，约瑟夫二世的改革还是"有效果"的。

一场天灾同时影响了奥地利和法国：疟疾。1796 年 10 月 1 日，拿破仑在写给位于巴黎的督政府的信中指出，1.8 万名死亡的法国士兵中，1.4 万名都是由于感染了在曼图亚肆虐的疟疾而身亡的。当法国终于占领曼图亚后，其驻防部队中由于疟疾致死的人数不下于 1 万人。这一数字是此前欧洲战事中因疾病死亡的士兵数量之最。

包围曼图亚之后，拿破仑发现他通往南边的道路畅通无阻。意大利人急于同法国军阀讲和，他们为法兰西共和国这架战争机器的伸展补充了许多精美艺术品和财富，这些都来自于若干吓得直哆嗦的省份。就连教皇也匆忙地为这群入侵者支付了 2100 万法郎，以及自己 100 副精美的绘画作品，以化解被占领的威胁。

虽然这支引人注目的军队统治了阿尔卑斯以南的山脉，但是在北部，比拿破仑小两岁的卡尔大公通过一系列出色的军事行动，证明了哈布斯堡军队仍旧是一支强大的力量。在安贝格和日后的维尔茨堡战役中，通过一系列高明的军事欺骗，他两次击溃茹尔当的部队。卡尔大公用 3 万名士兵在茹尔当的前线打掩护，他本人当即率领 2.7 万名部下直捣敌人的后方，使得对手在莫兹河的部队全部逃之夭夭，直到几天后跑到莱茵河下游时才停止逃亡。奥军损失不到 350 人，而法军的损失则超过 2500 人。法国将军莫罗率领的莱茵河沿岸部队本想利用卡尔大公战线太过分散的劣势，但在法兰克尼亚之战时他便放弃了这个念头，转而以最快的速度下令撤退，以防整支部队被卡尔大公消灭。

在往后的岁月中，卡尔大公将一次又一次地证明他的神勇，但是由于他人的阴谋和妒忌，在下一场联合作战中他并未担任最高指挥官。他在战场上的才干为他招致了朝廷中的愤恨。许多平庸的官员暗示道，卡尔大公的成功是对皇帝的威胁。于是这位自身并无多大本领的皇帝对他弟弟的名气和才华怀恨在心。其实他大可不必担心，因为无论从智力还是道义上来说，卡尔大公都是一位杰出的人才。日后的第一位"征服者"拿破仑其实并不是一位标准意义上的英雄。卡尔大公的正直和自律能力使他躲过了皇帝哥哥针对他的阴谋。1805 年，他在施塔默斯多夫拒绝了拿破仑不怀好意的"邀约"——波希米亚的皇位。[6]

卡尔大公还是一位令人敬畏的军事改革家。他在军事科学方面的著作，单单是节本就有六卷，并且均是实战经验、德国哲学名言以及古典文学高度综合的作品。更重要的是，在他长达三卷的《论将领的战术》一书中，他提出的战争理论可以和克劳塞维茨的理论相媲美，而且从理论的内在客观性来说，卡尔大公的理论甚至更胜一筹。[7]

作为战术批评家，卡尔大公保持高度客观的水准从一件事情上就可见一斑。维也纳的审查部门曾试图阻止有关他的一卷书籍匿名出版，因为那些迂腐的官僚主义者们觉得这位匿名作者的作品中充斥着对卡尔大公将才尖锐的批评，所以这本书不能出版！

卡尔大公在安贝格和维尔茨堡取得的胜利猛地关上了此前被巴黎打开的大门，给了法兰西共和国停下来思考的时间。在安贝格战败后，茹尔当辞去了统帅的职位。巴黎要想达成某项恰当的和平条约就只好威胁维也纳。在德意志受阻后，法国需占领奥地利在意大利的属地用作日后谈判的筹码。若要法国向维也纳提供休战协议，巴黎第三方面军则必须在阿尔卑斯山脉南部的战役中威胁奥地利的腹地。起初，奥军同来自皮德蒙特的盟友在意大利前线并肩作战，战斗打得比较辛苦。然而当一支强大的奥军从博略向在热那亚前方的法军逼近时，另一支奥军也开始在曼图亚附近集结。曼图亚是奥地利在伦巴第的战略要点，而且这个坚不可摧的要塞作为最重要的桥头堡，确保了奥地利对伦巴第的控制。

正如我们看到的那样，驻守伦巴第的奥军统帅是陆军元帅维尔姆泽伯爵，当时他已经 74 岁的高龄了。在成功支援卡尔大公在曼海姆抗击法国取得胜利后，他本应该轻而易举地摧毁法国在意大利的集团军。那时，他的名字还没有同"无能"联系在一起（这可能不公平），还是"军事勇气"的代名词。

奥地利在意大利受挫

奥地利驻意大利的部队由三个独立的部分组成。其中一个部分是原驻意大利部队的剩余力量，为了追赶精力更充沛的敌军，他们只好强行军数日，此时士气十分低落；此外就是几个掷弹兵营，"猎兵"和其他步兵部队，这些大多都是维尔姆泽从莱茵河带回的精锐部队；当然，还有居来率领的自由军团，这支部队包括强硬的克罗地亚人沃卡索维奇手下的若干双筒滑膛枪部队。

这些武装力量还有第三支队伍的援助：一支参加了最近没有流血的第三次瓜分波兰行动的部队，然而除了从喀尔巴阡山脉北边的加利西亚行军至此外，这支部队毫无战斗经验可言。鉴于意大利的沼泽地带不利于骑兵作战，维尔姆泽手下只有一个长矛轻骑兵团和几支轻骑兵中队。这样一来，骑兵作为奥地利战争机器的传统优势部队的作用在后面的作战中并没有发挥出来。而剩余的部队，不单单是大部分士兵缺乏战斗经验，一些军官的素质也是良莠不齐。约瑟夫那些年的改革付出了沉重的代价。全新的政治氛围也影响了士气。正如当时的一位军官所写：

那些尤为喜欢争论的步兵军官们都已经政治化了，他们时常当着手下士兵的面发表一些不恰当和不道德的观点。其实最先是将军们带的头。这背后有何原因？当然，部分原因为我们所遭遇的坎坷，更重要的原因是选拔军官不得当。有很多有钱、提拔过快的士官……最重要的是，这个论资排辈、毁灭性的晋升体系表明我们并没有很多真正有才干的将军和上校……这会扼杀人才，贬低美德，夺走勇气……在我们最高层的官员中找不出一个有创新意识的人。[8]

1796 年 4 月 10 日，周日，战役在意大利打响。比尤利将军调遣两路纵队试图将法军赶出热那亚，拿破仑正在那里同奥地利的皮德蒙特盟军交战。比尤利将军的进攻协调性极差，而且由于没有使用骑兵部队，奥地利最高统帅部无从知晓敌军的动向。阿让托手下的奥地利掷弹兵团三次向内基诺山的凸角堡发起进攻都没能赶走法国军队。克罗地亚双筒滑膛枪部队也在此遭受了惨痛的伤亡。一天过后，阿让托只好接受他们未能守住此地的现实。奥军失败的进攻为拿破仑提供了一个机会，让他得以将军力集中在比尤利将军两列纵队最薄弱的地方——卡尔卡雷。

为防被包围，拿破仑的军队一经抵达，阿让托就下令撤退。但是他的后卫部队却遭受重击。此外，在卡斯泰拉左，当奥地利一个步兵营像在阅兵场一样整整齐齐地行军时，他们遭遇一支人数较多的轻步兵伏击，被全部消灭。另外当两个步兵营撤退到蒙特诺特的山谷时，也被对手采用的新机动战术打得落花流水。在不远处普拉山的丘陵处，两位十分沉着和果敢的将领阿多里安上校和内斯林格上校带领的阿尔文齐步兵团也只剩下了一个连。法军威胁到了比尤利的两列纵队的交通要道——临近的村庄代戈。

奥军损失超过 1000 人：官方的数据称 162 人被杀，114 人受伤，但是这明显少报了，他们后来又加上了 409 人失踪的数据。根据某些部队所经历的斗争的残酷性，1000 人左右的伤亡（包括俘虏）基本符合奥地利那天的战况。战后，阿让托亲自给比尤利写了一封信："我几乎被完全打败了……我的损失非常惨重。"[9]

正如阿让托写给比尤利的报告中所说，小村庄代戈的"境况十分危急"。奥地利在代戈的指挥官鲁卡维纳给阿让托发了一则紧急消息："看在上帝的分上，请即刻带你的部队来此支援。"但是阿让托也刚刚战败，他并没有前去支援的实力。同时他带着奥地利贵族典型的胆怯向鲁卡维纳解释，称最好让驻代戈的部队原地待命。

法国军营里士气高涨。但拿破仑没有用他一贯的充沛精力立马拿下代戈，这还是头一次。一支约 1500 名奥军和皮德蒙特掷弹兵团（撒丁岛的掷弹兵）组成的部队撤退到了科塞里亚要塞。敌军喊话要他们投降，但是撒丁岛部队的上校德尔卡雷托告诉法国特使："你们要知道我们是来自撒丁岛的掷弹兵，撒丁岛的掷弹兵从不投降。"这句话日后广为流传。他们随后击退了法军三次凶残的袭击，当弹药不足时，他们就向袭击者猛扔石块。有人看见法国指挥官奥热罗将头埋在手中喃喃自语道："赢不下这场可恶的要塞之战的话，我们可是会被送回里维埃拉的。"[10]

与此同时，奥热罗命令几支部队前去支援攻打代戈的部队。可惜他的指令并不明确，而且这一指令对于沃卡索维奇来说还有"明天上午向代戈转移"的意味。这位克罗地亚上校早上 6 点接到的命令，因为从他的驻地前往代戈需要八个小时，他便想当然地认为命令中的时间指的是第二天的早晨，因此他并没有特别着急地开始行军。

这时，科塞里亚最终还是向法军投降了，至此法国进攻代戈的最后一个障碍也已被扫除。奥军对这个只有 300 户家庭的小村庄加强了防护，同时也加强了自己驻守部队的抵御能力。奥军在战略要地放置了 18 门野战炮。鲁卡维纳因伤放弃指挥，将防御任务交给了一位年轻的皮德蒙特军官阿伏伽德罗。这位军官在战斗前一天才赶到战场，对作战地带和手下的部队压根不了解。这场激烈的战斗持续了一整天，奥地利士兵防御做得十分出色。当战斗进行近 12 个小时时，奥军由于人数上的劣势被迫撤退。当法军终于组成密集队形时，奥军才逃离战场。一群克罗地亚士兵躲在城堡里洗劫酒窖，但是迅速被法军制服，然而法军的行为也好不到哪里去。军纪涣散后，持续整晚的抢劫也开始了。法军变得十分混乱、疯狂，根本不理睬上级，将房屋洗劫一空，食物和酒水也被一抢而尽。4 月，意大利北部迎来了如期而至的浓雾和倾盆大雨，获胜的法军在酩酊大醉的梦中忘却了自己的过分行径，他们也并未设置岗哨或警戒。

直到黎明时分，姗姗来迟的沃卡索维奇和他的哈布斯堡军队才终于露面。部队总共 3000 人，大部分都是双筒滑膛枪部队，另有两个常规步兵营。到达这个尚在沉睡中的小村庄后，他们便开始屠杀他们能找到的所有法军。沃卡索维奇的部队中来自军事边疆卡尔施塔特等省份的克罗地亚人，应该都从他们父辈那里知道了霍克齐战役的故事，所以他们非常清楚该怎么做。整整三个小时，手枪、匕首和刺刀一齐上阵，沃卡索维奇的部下利用天气的掩护，默默地沉默重打击了该处的法军。

数百名法国人选择投降以免一死。到 10 点整时，大部分法国指挥官或死或伤，法军大部队全速撤退。晌午时分，法国人放弃了村庄，他们才缴获不久的奥地利枪支现在却被用来对准自己逃散的部队。整支部队都陷入了恐慌之中，部队指挥官马塞纳正和美艳的意大利情妇在离此处不到一英里的路边旅馆中共度春宵，此时却只好穿着睡衣逃离房间。

直到下午早些时候，马塞纳才着手安排继续进攻，然而法军对代戈的攻打只好全部重新开始。沃卡索维奇的部下已经战斗了整整十个小时，但是他们那支本可以稳定整个奥地利部队的援军却没有出现。下午 6 点，奥地利的阵地开始快速失守。此时，沃卡索维奇的部下已经无休止地战斗或行军了近 20 个小时，现在到了撤退的时候。克罗地亚人在掷弹兵团的掩护下，用惯常的技巧静悄悄地撤离了战场，正如他们到达战场时那样。他们的撤离井然有序，使得对手疲于继续追杀。尽管法军即刻就开始了掠夺，但这次他们布置了哨兵。奥地利那群来自边疆军队的士兵们失去了对代戈的掌控，但是拿破仑直到不久之后才确定奥地利人真的已经离开。

通过这些军事行动，拿破仑分离了奥地利和其皮德蒙特盟军。他迅速将注意力转到消灭皮德蒙特这个较弱的敌人上面。在 12 天内，他发起了一系列快速行动，就连库内奥和亚历山德里亚这两大曾经被认为牢不可破的要塞，也像熟果子一样落入法军之手，于是皮德蒙特国王求和。这样一来，奥地利又是孤军奋战了。

4 月 28 日，拿破仑告知督政府：

> 明天我将向比尤利发起进攻。我将迫使他再次横渡波河，随后我也会跟上。我将拿下整个伦巴第，而且我希望能在一个月内到达提洛尔的山区，同我们来自莱茵河的部队会合，然后联合征战巴伐利亚。[11]

然而督政府并不是一个反动机构。在接下来的几周内，它给这位"人民将军"制订了非常具体的指示，告知他如何行军，并特别点明了他的政治和军事目标。

此时拿破仑十分矛盾，而且随着战斗的持续，这种矛盾变得越来越突出。一方面，他的军事直觉和吉贝特的观点不谋而合，他希望能在伦巴第摧毁奥军，然后将这一富饶的土地作为日后谈判的筹码；另一方面，他的革命思想正在蓬勃发展。若是在伦巴第展开革命的话，那么此地便会遭到破坏，筹码便不复存在。

随着战斗的继续，在拿破仑看来这一矛盾变得越来越尖锐。此外，宗教问题也使冲突变得更加明显。奥军不仅拥护旧制度，神职人员和天主教堂的权利和特权作为旧制度的几大支柱之一，也必然会得到奥军坚定的支持。他们的军旗上绘制的仍是圣母的肖像，士兵们可以说是天主教信仰的守卫者。督政府的目标是通过彻底的世俗化运动，在莱茵河沿岸传播革命思潮。这将废除教堂数百年来的权利和特权，彻底改变封建主国家，没收封建主的领土和财富。

在写给拿破仑的信中，督政府对于拿破仑取得的胜利显得非常激动。在 2 月 3 日的会议之后，督政府推翻天主教堂的意味已非常明显。[12]

人民将军！

鉴于巩固法兰西宪法的过程中所遇到的若干障碍，督政府认为罗马宗教便是其一。它是自由的敌人，长期以来都是极端危险的。人民将军，明智如您，无须点拨就明白罗马宗教将永远是共和国的死敌。其一，它的存在本身就已是我们的敌人；其二，在革命活动中牧师和信徒们的财富被没收，信徒们的信仰和习惯受到打击，也必然永远不会原谅革命。

然而，为了终结罗马宗教，有一件事同样重要，即破坏罗马教会统一的中心——如果有可能的话……因此，督政府命令你尽全力……来摧毁教皇政府。[13]

奥地利的军事逆转掩盖图古特外交策略的高明之处

这样一来，奥地利就不仅仅为其领土的完整性战斗了。的确，作为一个强大并有活力的帝国，奥地利一直都是由众省份组成的，这些省份根本谈不上团结，但哈布斯堡王朝可以轻而易举地派遣强大的分遣队向其属地施压。出于王朝的利益，公爵领地、总督领地、城市都曾和王朝分分合合。摆在奥地利政治家面前的问题一如往常，即考量当前变化无常的局势对奥地利皇室潜在的影响。然而战败并不意味着一定会受到惩罚，或者必须舍弃属地。面临巨大的军事失利时，奥地利采取的外交政策可能比以往任何时候都要高明。

奥地利外交大臣图古特男爵下达给驻守在皮德蒙特的格拉迪尼的指令十分清楚，早在 1796 年的春天，奥地利就在秘密准备一片领土作为日后向巴黎求和的交换条件。这一行动十分隐秘，甚至不为奥地利唯一的盟友英国所知。这一招是图古特从考尼茨处学来的，他深知盟友常常都是不可靠的——因为他们往往"太暴躁（如英国），太贪婪（如普鲁士），太易变（如俄国），太怯懦（如德意志和意大利），抑或太弱小（如西班牙），以至于帮不了奥地利"。[14] 图古特认为，在这异常动荡的时期，一个王朝要想延续下去，必须加强交通线路，消除不正常的地理变化。哈布斯堡治下的奥地利低地，是曾用鲜血和财富换来的土地，现在只好拱手让人。而伦巴第，这一片离哈布斯堡中心较远的土地或许也将如此。

约翰·阿玛德乌斯·德·保罗·图古特（1736—1818），是一位杰出的人才，也被敌军视为可怕的阴谋家。他是一位低层军官的儿子，然而有传闻说他是从修道院里抱回的一名孤儿。图古特在奉命划船送玛丽娅·特蕾莎横渡多瑙河时，就以自己的智慧打动了特蕾莎；就算他的智慧未被证实，但至少也是大家认可的。特蕾莎的慧眼一下子就被这个热情的小男孩儿吸引，于是资助他去新办的帝国学院东方研究院学习。图古特在那里学习十分用功，最终成了君士坦丁堡大使馆的一名翻译。事实上，图古特（或特乌古特，他在林茨接受施洗时的名字）和之前的许多朝廷公仆一样，都是天主教教育的优秀产品。鉴于帝国学院东方研究院的第一任院长就是一位基督徒，因此在求学期间，图古特的潜力不仅被发掘，更是得到了大大的发展。

同许多伟大的人物一样，图古特也有一些陋习。他十分骄傲，城府颇深，非常清楚自己和身边的贵族子弟有差别。不论他在朝中晋升的缘由为何，有一点可以确定——他是作为资助生开始的学业。尽管他的生活并不奢侈，但还是需要金钱。路易十五直接命令法国特工部门每年都向图古特支付数百万法郎作为酬劳，这在很大程度上满足了他对金钱的需求。尽管在一代人的时间后，人们将这种行为称为"背叛"，但 18 世纪的欧洲还是个十分亲密的社会，只要一件事情能带来利益，它就能被接受。其实当时为了促成玛丽娅·安托瓦内特和法国未来国王路易十六的婚姻，法国和奥地利已结盟。当双方继续进一步调解时，图古特这种通过和法国方面的接触而获取酬金的手段，被认为能让维也纳深入了解路易十六的王朝。现代间谍小说描写的正是此类同时为两国服务的高级特工。总之，从一个身无分文的船工，轻松晋升为全欧洲权势最大的朝廷的外交大臣，图古特的经历有力地反驳了一个说法，即社会流动性是现代社会独有的现象。[15]

随后，许多图古特的敌人迅速指出了他的缺点。1801 年后他的继任者梅特涅带着贵族的轻蔑口吻说图古特根本不是做高层的料，他在一封私人信件中写道，"图古特男爵任内带来了一连串的失误和错误的预测"。[16] 话虽如此，但图古特和许多外交官一样，都能在战争中瞄准机遇并随之做好准备。

在横跨波河时，拿破仑快速行动欲一举拿下曼图亚。此地关系到并象征着奥地利在伦巴第的权威。7 月底，奥地利的救援部队在维尔姆泽的率领下开始行动，该救援队被分成三个军团。在右侧，夸斯达诺维奇将军带领 2 万名士兵顺着加尔达湖北端行军，绕过其西侧，随后对萨罗城和布雷西亚展开袭击。剩余的部队分成两列纵队：其中一列由维尔姆泽率领，沿阿迪杰河右侧行军，攻击巴尔多山；另一列在达维多维奇的带领下沿着阿迪杰河左岸开展袭击，随后翻越阿拉山到达维罗纳。

这种军队分配的方式使维尔姆泽陷入了一场过于精细的、充满 18 世纪风格的战事。18 世纪时，这两支军队的其他所有战斗都十分冗长，时断时续，或激烈或平缓，但都不起决定性作用。与此同时，两国政府一直都在谈判。拿破仑却没有时间。他对意大利人的顺从颇感意外，因此过了一段时间他才明白，自己对奥地利发起快攻的话，意大利人其实是不会支持他们奥地利统治者的。更重要的是，拿破仑的军队迫切需要一场胜利来保持士气。因此，旧制度和革命的碰撞也是两种截然不同的军事思维模式的碰撞。像维尔姆泽这个年纪的人打造了一个复杂且传统的机制，这在情理之中。这种机制对其他更弱的法国将军可能奏效，但面对拿破仑的话将注定失败。

这个阶段的曼图亚是否需要支援仍不确定。曼图亚周围的沼泽地和湖泊是细菌的滋生地，疟疾大大削弱了驻曼图亚的兵力，但是其军需供应足以守城，此外还有 500 门火炮。多亏了曼图亚守军利用众多水闸控制了湖泊的水位，敌军的可进攻处非常狭窄。当时拿破仑还没有攻城炮兵。

在一系列无足轻重的战斗之后，维尔姆泽的军队最终在 8 月 5 日集结完毕，同拿破仑的军队在卡斯蒂廖内附近的最后一座山丘交战。这个山丘从加尔达湖缓缓倾斜至波河河谷。拿破仑展开了一次精妙的佯攻，迫使奥军调动右翼军队以增强中间力量。指挥法军左翼的马塞纳抓住了这一难得的机会，立刻袭击了达维多维奇手下的奥军侧翼。袭击的力度之大，让维尔姆泽的部队被迫撤退，场面十分混乱。较快的行军速度使部队越发混乱，拿破仑在战场上第一次应用吉伯特军事思想就差点令奥地利全军覆没。

一位有进取心的奥地利军官——魏登费尔德上校——带领一支 3000 多人的部队从佩斯基耶拉赶来。眼看形势不利，他将部下带到前线并有力地袭击了马塞纳的侧翼，扰乱了后者对奥地利军的进攻，使达维多维奇的部队能以比较好的秩序撤退。当时达维多维奇胯下已有两匹马丧命。魏登费尔德上校的勇猛避免了"极度混乱"的局面，也使达维多维奇能安全地撤回到瓦莱焦，他因此被授予玛丽娅·特蕾莎军功勋章。[17]

奥军又展开了三次解救曼图亚的行动，这三次行动却次次都让拿破仑赢得了光荣的胜利。唯独由阿尔文齐将军率领的第三次行动才给拿破仑停下来思考的机会。阿尔文齐也是一位年迈的将军，在维尔姆泽决定加入曼图亚驻防部队之后才接任他原先的职务。首先是在卡利亚诺，达维多维奇的双筒滑膛枪部队大败弗波瓦，接着在卡尔迪耶罗，这可以说是拿破仑的第一次失败。在这一次的战斗中，阿尔文齐从东边朝维罗纳进军，达维多维奇在特兰托胜利的基础上和阿尔文齐配合，他们一直压制着马塞纳和奥热罗手下一支强大的军队，直到另一支法军部队赶来解救。奥地利步兵骁勇善战，幸而黑夜来临，否则法军要遭受严重打击。

在巴萨诺，阿尔科莱和里沃利的三场战役成就了拿破仑作为一名杰出军事指挥官的美誉，即使卡尔迪耶罗之战表明战争其实远未结束。因为对于像奥地利这般强大的帝国，里沃利的失利根本不值一提。的确，法军士气相当低落，这对奥地利人十分有利。卡尔迪耶罗战役结束后，拿破仑原以为自己早已遍体鳞伤的部队即将被屠杀，但奥地利人的消极应战拯救了他，而且这种情况并不是最后一次。无独有偶，阿尔科莱战役前夕，拿破仑的兄弟写信给家人，说道"翌日到来之际就是我们战败之时"。[18]

这种绝望强调了一个事实：虽然人们普遍认为法国取得了第一次反法同盟战争的一系列伟大胜利，但这场相对简短并残暴的战争其实十分曲折。拿破仑的将军们，如马塞纳和奥什罗他们对奥军的韧劲深有体会，但目前尚不清楚这两人是否曾指挥全部的法军，若如此，那他们将赢得每一场战役。

然而拿破仑的战术灵活性极高，而且和老旧的 18 世纪战术不同。在卡斯蒂廖内战役时，法军对炮火的大胆使用让奥军感到极不适应。如此一来，马尔蒙手下的 12 门大炮对准奥军在梅多拉诺山的侧翼狂轰 20 分钟，两个营的法国掷弹兵团借机占领了山丘——奥军左翼的重要部位。这种炮兵和步兵部队的迅速且高效的配合是前所未有的。

卡尔迪耶罗战役之后，奥军并没有展开任何进攻，拿破仑意识到自己的撤退正是对手所期待的。但如果他并不撤退而是发起反击的话，他就可以阻止对手集结兵力来摧毁自己。此时，奥地利统帅部想当然地认为如果法军不撤退，他们就会坚守阵地，同人数上占优势的奥军打防御战。

世上可能只有拿破仑能在如此极端的情境中找到出路。他打消了撤退到身后阿达河的念头，而只要奥军一天不乘胜追击，他对奥军的蔑视就更深一层。他迅速调遣部队，前往阿尔科莱威胁奥地利的交通线，此地是通往阿尔卑斯山的最狭窄最脆弱的地带。在此千钧一发之际，发生在此地的袭击必定会激起敌军的反应。

横跨阿迪杰河的桥是此役的关键。奥军坚守了两整天，但夜色降临后，该桥终于被法国轻步兵占领。这群轻步兵蹚过浅水从侧面攻击了奥军。当法军派出一支骑兵分遣队去侦查渡口并威胁奥军时，他们的军号声异常嘹亮，听起来就像他们已经接近了奥军的后方。奥军大惊失色，阿尔文齐的部队撤退，而为了避免单枪匹马地同拿破仑作战，达维多维奇的部队无奈也只好一同撤退。

曼图亚失守

七个星期后，在1月寒冷的月色中，拿破仑挫败了奥军的第四次，也是最后一次解救曼图亚的行动。阿尔文齐带队再次从特兰托向维罗纳挺进，他赶走了朱伯特手下驻里沃利和拉科罗纳中间地带的法军，原本欲下令后退的拿破仑部下陷入一片恐慌之中。在皎洁的月色下，拿破仑凌晨2点赶到战场，撤回后退的命令，并重新部署了部队。

天亮后不久，战争继续进行，朱伯特此时迎来了马塞纳的支援，后者还带来了一些炮兵部队。起初，奥军的进攻均被击退，但最终匈牙利掷弹兵团开始向马塞纳的西侧发起猛攻。

与此同时，夸斯达诺维奇在和朱伯特的对抗中也取得了很大的进展，拿破仑调用了一些炮兵部队迅速前去加强防守——事后证明这非常关键。法军近距离地朝夸斯达诺维奇的部队发射霰弹筒，奥军的进攻被迫暂停。甚至有一枚炮弹击中了奥军的弹药车。而另一侧，奥军对时间的错误判断让他们遇上了猛烈的交叉火力，他们在拼命战斗后投降。

当天下午5点，奥地利人输掉了里沃利之战。第二天，一支由普罗韦拉率领的实力较弱的奥军在靠近曼图亚时遭遇法军，战斗以奥军在法沃里塔进一步失利以及拉科罗纳的失守告终。阿尔文齐带兵朝特兰托撒退，在两天的战斗中他失去了半数士兵，且大多数是被俘的。这次大败按照当时的标准来看着实令人震惊，也导致了三周之后一个必然的结果：经过八个月的鏖战后曼图亚投降。这些战事不仅使拿破仑成了那个时代最令人闻风丧胆的将军，同时也为他征战奥地利腹地铺平了道路。

当法军迅速逼近哈布斯堡王室土地时，奥军不愿冒着与提洛尔的交通线被切断的风险，只好连连撒退。曼图亚于2月2日投降，维尔姆泽虽享有众多战争荣誉，但几个月后他还是在绝望中死去了。朝廷允许他、他的部下和所有级别的军官由600名精兵强将护送回奥地利的防线。截至目前，他手下卫戍部队的大部分士兵都死于疟疾，这尤其使得他们的要塞不堪一击。大约1.5万名奥地利俘虏和60面团旗被法军押回巴黎。但里沃利之战后，出于军事和政治方面的考虑，拿破仑行军异常急切。

拿破仑之所以那么急切地离开意大利，是因为觉察到了那里不断发酵的内乱。在博爱和平等的理念席卷伦巴第之前，同维也纳签订协议是很重要的，否则会毁了他手中这个最重要的谈判筹码。听到曼图亚失守的消息后，卡尔大公急忙朝南边奔去，并在塔利亚曼托河组织了一场强有力的防守战，为原本散乱的奥地利残余部队争取了时间，使他们能有组织地撒退，也为日后在家门口附近的战争保留了一些实力。

当拿破仑向奥地利的首都挺进时，他的侦查员最远侦查到了塞梅林山口的情况。天气好的话，在那里可以俯瞰维也纳平原，但是拿破仑的交通线却岌岌可危。施蒂利亚并不像伦巴第那般富裕，拿破仑的军需日渐不足。更重要的是，奥地利有许多支军队，而拿破仑的战线拉得过长，以至于奥军随便一次坚决的进攻都有可能提前结束他的军事生涯。维也纳还有其他的计划。历史上一般认为，经历曼图亚的四次战败及最终失守后，皇帝弗朗茨渴望和平，在过去十个月的战争旋风过后，希望这种和平能多少让他恢复镇定。因此在1797年，双方在施蒂利亚一个偏远的矿业小镇里欧本签订了临时条约。

事实上，维也纳朝廷的政策是经过精心谋划的。图古特坚信，奥地利要想在革命的时代延续，其属地必须更加团结。像伦巴第和奥属尼德兰这样的附属地都将帝国置于过度扩张的风险之中，并不像守卫近处的领土那样轻松。为何不与在大革命时期的巴黎达成和解，将偏远的奥属尼德兰甚至伦巴第让给对手，以此换取离自己更近的领土呢？这些领土的重点是威尼斯共和国，意大利最富裕的地区之一。团结意味着斗争将在更有利的条件下重新开始，图古特也知道这是必然会发生的。

但是图古特并不能公然表达自己的建议，因为奥地利的盟友、军队军需官和英格兰可能会反对，而且威尼斯及其在亚得里亚海沿岸的领地掌握着英格兰通往东方的一条通道。当拿破仑向维也纳逼近时，图古特和巴黎之间展开了一系列的谈判。在外界看来，低声下气和满怀耻辱的奥地利，可能得被迫接受一个军事强国提出的毁灭性的命令。但是对于在巴黎和维也纳的个别人来说，这个故事其实很复杂——因为在经历这些之后，奥地利将变得更强大而不是更脆弱，所以只有在奥地利臣服于拿破仑的军事才能并被迫交出其领地的情况下，该条约才是毁灭性的。通过迫使奥地利变得孤立无援，让这个法国督政府最痛恨的敌人臣服，更重要的是赢得谈判中合法的伙伴——大革命中的法国的重要让步，这些举措都会使英格兰从原本的亲奥反法的立场变成中立。

重塑哈布斯堡君主制

事实上，图古特渴望重新分配其皇室主人的产业，对现实的地理情况加

217 ·

以利用。维也纳当朝已经和法国督政府达成消灭威尼斯的共识，让世人相信，在付出牺牲威尼斯的代价后，法国大革命为哈布斯堡君主制带来了和平。

欧洲最负盛名的王朝带给了法国大革命极为需要的胜利，即使它是虚假的。更重要的是，拿破仑·波拿巴在追击卡尔大公时曾差点跌入深渊，但是追击这种情况非常少见，而且都是由朝廷那些秘密"将维也纳内阁和巴黎督政府撮合"[19]的人创造的。图古特不仅收取了法国方面的酬劳，也将奥方的酬劳收入囊中。

在里欧本签订的条约中，维也纳将交出奥属尼德兰——在过去一个世纪中这片土地上洒满了无数人的热血，她还交出了米兰城在内的伦巴第。作为交换，拿破仑放弃了对拥有百年历史的威尼斯共和国的统治，将其交给奥地利，同时还有其东边的伊斯的利亚和达尔马提亚。欧洲版图的重组就此开始。但是这次法国和奥地利对意大利北部的划分，只有奥地利从中受益。

兼并威尼斯之后，奥地利的地盘已从多瑙河扩展到了波河，控制了阿尔卑斯山的两侧，形成了一个庞大稳固、坚不可摧的营地。反观法国，在自己疆界之外的意大利，还需保护一个不稳固的、零散的共和国。意大利境内的混乱像恶毒的章鱼一样紧紧缠住拿破仑不放，逼迫他返回法国。打着各种旗号的革命的愤怒全面爆发：威尼斯的起义，伦巴第无间断的骚乱，热那亚和皮埃蒙特永久的暴乱状态，那不勒斯和教皇属国极度的骚乱。

图古特正是利用了这些干扰来准备他的外交阴谋。他对待伦敦方面日益疯狂的询问十分谨慎，他下令让奥地利驻伦敦的大使不告知英国政府实情，反称维也纳正在里欧本与法国破坏奥英联盟的企图作斗争。图古特绝不允许大使向英国政府透露里欧本条约的真实情况。大使强调，伦敦方面可以放心，条约中"绝无任何损坏奥地利与大不列颠联盟的条款"。[20]

让伦敦更有挫败感的是，图古特下令让他的特使告诉英国政府，若奥地利未能同法国缔结和约的话，则英格兰必须意识到她还必须为奥地利提供更加充足、更加频繁的财政支持。30多年前，作为一名卑微的翻译，图古特在君士坦丁堡接受的奥斯曼式训练的辉煌之处，就在于他击败自己皇室主人的对手以及战胜奥地利最强大的盟友的方式。

拿破仑并未征服奥地利，他只做到了劝诱后者参与领土的划分，而且这一划分对奥地利更有利，但是这些事实是不会被督政府或拿破仑本人承认的。奥地利的耻辱、里沃利的大胜、数月前赢得的战役、曼图亚的沦陷，这些对于法国来说只是一场冒险吗？拿破仑必须在世人面前证明自己是意大利的征服者，尽管意大利在所有战线上都摆脱了他；他必须证明自己是奥地利的征服者，尽管他差一点使对方的实力变得更强大。而且哈布斯堡军队也参与了这些行动，它仍然是一支强大、不屈的军事力量。这给法国的所有选项都蒙上了一层阴影。

在里欧本为期 5 个月的谈判时常被意大利北部各地区的爆炸打断，这些爆炸都是为了让拿破仑分心的。法国方面做出了更大的让步：放弃在亚得里亚海的岛屿，放弃由封建主统治的富饶的战略要地萨尔茨堡，放弃另一个基督教的明珠——帕绍。但图古特不为所动。他必须尽其所能地为奥地利再争取一轮。维也纳绝不可能解除防备，与之相反，她必须重整武装。尽管图古特不信仰宗教，但是他比他的盟友更清楚：大革命的法国是一个近似撒旦的产物。因此哈布斯堡需要动用一切资源来对抗这一股恶魔般的力量。通过拿破仑在意大利实行的毫无章法的政策和战事可以看出，他已经沉迷于毁灭和混乱。听到里欧本条约的消息后，英格兰深受打击，再次为其一再出现的软弱备受折磨，开始与巴黎媾和。如果奥地利将继续孤军奋战，那她就必须在日后签订的各种条约中尽可能地体现自己的实力。

当英格兰表示她将与巴黎缔结一项单独的和约时，图古特知道奥英联盟已命悬一线，因此他也需要缔结一项明确的和约。此刻法国督政府终于认清了现实，意识到此前拿破仑所做的让步十分巨大，紧接着提出修改条约。谈判改在了弗留利，拿破仑奉命宣布收回他在莱奥本放弃的所有领土。但是如果几个月前他在维也纳门口就已经失败的话，现在的他又何以取得胜利呢？奥地利军队并未被摧毁，他们一直是图古特谈判桌上的筹码。1797 年，双方在帕塞里尼美丽的马宁宫签署了《坎普弗米欧和约》。

多亏了这份条约，奥地利得以在接下来的两代人的时间内继续统治威尼斯，并享受地中海东岸最强大、防御性最高的港口卡塔罗（科托尔旧称）带来的好处，直到 1918 年。甚至在 21 世纪初的今天，萨尔茨堡仍在奥地利手中。维也纳抱怨，称她是武力的受害者，但对手其实已经将许多土地让与了她，并使她成了欧洲大陆最强大的国家。就像日后的一位作家问道："武力在哪里，弱点又在哪里？谁是胜者，谁又是输家？"[21]

正如图古特预测的那样，1797 年的《坎普弗米欧和约》是一段短暂的幕间休息，今后几年，欧洲将进入战火纷飞的时代。他知道奥地利的军队和国库都需要喘息的空间。灾难性的土耳其战争，接着便是在低地的战斗，更别说过去 18 个月中对抗拿破仑所付出的巨大精力，这些都需要资金。因此奥地利国库需要补充，军队也需要重建。

军队大盘点：1798 年的《整顿规范》

对奥军来说，这确实是一个反思在意大利失利的原因、思考需要进行何种战术改革的时刻。奥军需要对拿破仑运用吉伯特军事思想的方式，以及现代"文明"战争对规则的无情打破做出调整。卡尔大公开始用他过人的才华思考新的战术，反击大革命的法军使用的新颖的技术。法军因大规模动员而迅速增加。

就连皇帝和拜占庭式的神圣罗马帝国枢密院都将重点放在"基本点"上面，即首先要让军队的外观配得上新时代。1798 年的《整顿规范》是一份强有力的文件，是拿破仑在意大利取胜以及曼图亚投降后的产物。很明显，这是一次为还在用老旧的思想打现代战争的军队注入新活力的尝试。

单是文件使用的语言就十分引人注目。鉴于这是皇室批准的文件，在谴责一些草率的做法时，它并未提及这些做法的微妙之处或细微差异，其实在暗指正是那些草率的做法让皇室在波河河谷那片肥沃的土地上失去了大量的士兵和财产。这份文件旨在让军队摆脱骄傲自满的情绪，而上述谴责并未引起任何争论。

比如，军官们穿便装的趋势被认为是一种"危险的幻象"，不仅"没有树立军人精神"，而且应该被系统性地"根除"。所有的奢侈品都应避免出现，将军们会见下属时大衣应该"完全扣紧"。佩戴假发是极其恶劣的。一些新的规定，如军官们华丽的剑带必须十分精确，指挥棒尺寸要适当，发饰下允许留多少头发，等等，均试图打造军队严格的统一性。

从视觉上来看，新军装规定最明显的改进是淘汰了旧式的前端凸起的无面甲轻型头盔头饰（这种头盔日后被英军相中并改进），换成了更引人注目的古典罗马式头盔，配以黄黑的帽冠。普通士兵的冠是羊毛材质，军官们的冠则是丝质材质。陆军校官和参谋的冠采用了更奢华的材质——纯质丝绸。

这款头盔高约 16 英寸，符合约瑟夫主义的理念，即为实现最高的统一性付出长期的努力。骑兵、步兵，甚至猎兵部队都需佩戴这款头盔。头盔前部饰有黄铜铭牌，上有帝国名称字母的花体缩写。具有讽刺意味的是，这件头饰是奥地利军队历史上整套服饰中最昂贵的单品，不到十年，它就被更便宜的顶端带铃铛的步兵筒状军帽取代。

这些规定在执行的时候，奥地利不仅重新武装了自己，朝廷与军队的联系也更加紧密。卡尔大公和弟弟约翰大公受皇帝的委任来提振皇室的威望，同时确保自己至高无上的皇位不受任何战争的影响。图古特深信，如此一来，皇室将反对当下的流行思潮，以确保其能经受住即将到来的暴风雨。这些暴风雨是此前坎普弗米欧遗留下来的问题，而且法军现在需要靠除了自己国家之外的掠夺物和资源来支撑。

奥地利并未被打败。尽管输掉了不少前线战役，但她的实力仍足够抵挡入侵的敌军。法国未能摧毁奥地利，就无法征服意大利。于是拿破仑 1797 年在意大利北部一手创建的法国的卫星国——奇萨尔皮尼共和国就变得十分脆弱，破绽百出。

作为吞并威尼斯的交换条件，奥地利按照督政府的要求承认了奇萨尔皮尼共和国的地位，拿破仑也于 6 月 29 日宣告了其"人民"主权。但是在这个新的国家，三次政变后，自由便和世俗化画上了等号，其政体也退化成了暴力和独裁的仲裁行为。早先约瑟夫二世的工作现在得出了其逻辑结论：废除修道院，攻击教皇，掠夺教堂和神职人员。在 1798 年的前两个月中，所有的宗教命令都被压制，所有教堂的财产都被没收。意大利的世俗化是一场浩大的革命，再次给维也纳带来了巨大的挑战：威尼斯人的目的在于让天主教会不复存在，那奥地利怎么能容忍他们延续旧制度和革命化的独裁呢？这两个体系无法共存，否则必起冲突。图古特的外交策略表明坎普弗米欧确实是一场巨大的战争的开端，这场战争直到近 20 年后的滑铁卢之战才结束。

第九章　从马伦戈到奥斯特利茨

　　尽管奥军同拿破仑的对阵有胜有负，但只有她是英格兰最有力的盟友。若想牵制大革命后的法国，只有奥军有这个实力，于是这支军队仍然冲在所有战役的前线。她能挺过阵阵猛击还得益于此前改革的长期效应。

　　《坎普弗米欧和约》签订后不久，不列颠、俄国、那不勒斯和土耳其都察觉到了法国在大革命之后的野心。这些国家聚集在一起时，它们发现，显然，任何对抗拿破仑联盟的核心仍是奥地利。在伦敦方面承诺对奥地利进行财政支持之后，奥地利于 1799 年 6 月 22 日同不列颠正式签订了新的盟友协议。

　　这场战争将为法国开辟新的战场，尤其是埃及。对于奥地利来说，意大利仍是战争较大的威胁。但是法国人仍痴迷于莱茵河，因此他们威胁德意志，因而也必然与维也纳发生冲突。

瑞士战役

在这种情况下，当战争来临时，第一个流血战场必然是瑞士。与现在相同，当时的阿尔卑斯山高地是战略要地，巴黎方面可以在此处切断奥地利驻多瑙河军队和驻波河军队之间最短的交通线。更重要的是，在瑞士占据的有利地位能对盟军所有入侵法国南部的计划构成威胁。马塞纳率领 3 万名士兵朝东边向恩加丁挺进，他们很快便遇到了由霍伊泽和贝勒加德率领的更强大的奥地利武装力量。贝勒加德是一位有着萨克森血统且非常有才干的将军。法军在费尔德基希被击退，这大大鼓舞了瑞士人。他们并不欢迎法国的统治，都奋起威胁马塞纳的交通线。

法国将军茹尔当败绩太多，于是他手下的将士们给他取了一个绰号——"铁砧"。此时他已进入巴塞尔的黑森林，马上发现自己迎面碰上了带领 6 万名精兵的卡尔大公。1799 年的 3 月 21 日，卡尔大公在施托卡赫附近发起攻击，将茹尔当赶回了莱茵河。在此役千钧一发之际，为了阻挡敌军对自己右翼的袭击，卡尔大公带头冲在 6 个匈牙利掷弹兵营和 12 个胸甲骑兵中队的前面。这就是他作战时不顾自身安危的一个早期迹象，日后也成了卡尔大公作为一代军事领袖的标志。这种浑身是胆的特质同他的智力素质一道，都是卡尔大公将才的特征。

尽管奥地利士兵作战十分英勇，但这场完胜的关键在于他们的数量优势。奥地利的掷弹兵表现优异，经过最近的改革他们已经成长为强大的精英部队。尽管卡尔大公个人十分勇敢，但进攻开始 15 分钟之后，他仍被劝说将这次进攻的指挥权让与卡尔·阿洛伊斯·菲尔斯滕贝格。菲尔斯滕贝格很快就被霰弹击中，卡尔大公只好重新指挥战斗。

茹尔当损失近 5000 人。施托卡赫森林中的激战也让奥地利损失了数千人。卡尔大公对于击溃莱茵河畔的法军这一战绩已十分满意，没有乘胜追击将敌人一举消灭，这是典型的奥地利式作战风格的体现。当对手已被击败，且士气大跌时，再冒险一战并不是哈布斯堡的风格，而且神圣罗马帝国枢密院已经下令称越过莱茵河作战的行动风险太大。卡尔大公须奉命等待贝勒加德的援军和科萨科夫的俄军。总之，茹尔当已经被打得遍体鳞伤了。马塞纳在接手茹尔当的残余部队时，对该军队的状况感到十分震惊。

六周后，实力大增且得到援军的盟军重新发起对驻苏黎世法军的攻击，卡尔大公的军队也在康斯坦茨附近渡过了莱茵河。法国人无法应对这种密集的武力，因此 6 月中旬，奥军已经占领苏黎世，并将法军赶到了圣哥达山口。卡尔大公再次放弃进攻，这次却是出于实际的原因——对手马塞纳已经得到了增援，并在苏黎世后方的利马特河修筑了坚不可摧的防御阵地。在侦查敌军阵地时，卡尔大公顿时明白若要强攻此地，他的军队必然蒙受大量的伤亡。此时在维也纳，对卡尔大公的批评家也开始大肆渲染他和他的皇帝哥哥的紧张关系。卡尔大公清楚，他若想得到朝廷和政府的支持，就不能带着手下这支哈布斯堡精英军队犯任何过错。最理想的状况是，卡尔大公展开一场联合进攻。但是作为该计划的另外一方，哈迪亚克将军的士兵却刚刚被调去支援在意大利北部的俄军。

此时法军在意大利也受到了制约。舍雷尔缩手缩脚地进攻维罗，却在 4 月的第一周时，被驻守在马吉纳诺的克雷击退。到 4 月 6 日时，法军已退回明乔河之后，而到了 12 日，他们已退到阿达河之后了。罗马和那不勒斯的法国部队奉命撤退。此时，拿破仑的天才军事思想已不见踪影，平庸的军事领导力削弱了法军的实力。当俄国的苏沃洛夫率领 3 万名士兵加入克雷军后，盟军总共有 9 万名士兵可供部署，而苏沃洛夫成了盟军总指挥。拿破仑并不放在心上，他称苏沃洛夫只有伟大统帅的灵魂，却缺乏相应的头脑。[1]

4 月 21 日，塞吕里耶的师草率地离开了阿达河的北岸，随之遭到了苏沃洛夫和奥军的袭击。在卡萨诺的一次快速行动中，法军几乎被奥地利骑兵全部消灭。这支骑兵队由梅拉斯统领，他出生于希腊，在特兰西瓦尼亚长大，是一位非常有才干的军官。奥地利骑兵，特别是轻骑兵中队再次证明他们是欧洲最强大的骑兵部队。法军在各地均节节败退，为了安全起见，只好向利古里亚阿尔卑斯山脉前进。5 月下旬，俄军在奥地利的帮助下赢下了艰苦的诺维之战，随后占领都灵。

诺维战役中，朱伯特领导的法军有效地施行了新的战略，即调动小规模的步兵。奥地利掷弹兵反复被大量的法国神枪手击退。在行军过程中，这些神枪手们都被精心安排在暴露的侧翼附近。一位年轻的奥地利上校，当时还是梅拉斯的助手，他注意到这一点后，建议称破坏法军阵地的关键在其右翼。于是他请求率领两个旅（米特罗夫斯基和劳登）来协助攻打此阵地。那天晚些时候，这一举动终于使法军阵型大乱，而且在战斗最激烈的时候，法军指挥官朱伯特头部中弹。劳顿的掷弹兵旅受到一位年轻上校的鼓舞，举着刺刀冲向敌军，而这位上校的名字已经成了一个传奇：拉德茨基。

在梅拉斯呈给皇帝的简报中，这个名字获得了更广泛的关注：

> 任何文字或表达都不足以描述今天我军所表现出的非凡勇气和英雄气概……最后我必须向陛下禀报的是，陆军中上校拉德茨基伯爵在许多时刻都展示出了他的果敢、勇气和过人的精力。在这场战斗中，他组织并领导了多次进攻，为我们的胜利做出了突出的贡献。[2]

与此同时，另一支由麦克唐纳率领的法军已撤离那不勒斯，仍试图破坏盟军的交通线，却在特雷比亚河遭遇了苏沃洛夫率领的俄奥联军。近三天的厮杀过后，麦克唐纳损失了近1万人以及几乎所有的枪支。才过了仅仅三个月，法军在意大利的战略位置就已崩溃。此前由法国派兵驻守的亚历山德里亚和曼图亚均于7月投降。诺维和特雷比亚河的战役让高卢人更是雪上加霜。

法军是幸运的。因为万恶的疟疾卷土重来，削弱了俄国和奥地利军队的实力。疲惫的状态让俄奥暂时放弃了追击。此外，俄奥之间指挥层面的态势日趋紧张。尽管苏沃洛夫和梅拉斯之间的关系很友好，前者最大限度地利用了奥地利最高指挥部调派给他的士兵，但是盟军仍比对手的行军速度慢。盟军让麦克唐纳逃离了战场，并带着残余部下同莫罗会合。这表明奥地利的指挥官还没有记取一个教训，即在新的战争时代中，消极应战是要付出高昂代价的。

此外，盟军也还存在一些政治上的困难。在维也纳的图古特得知苏沃洛夫独自重建了皮德蒙特王国后颇为不悦。一想到要进攻法国，维也纳就十分谨慎，这也在情理之中。其实，有力地进攻格勒诺布尔就有击溃整个法国的可能，但是维也纳一如既往地关注于自己的长远利益和发生在本国附近的这些行动。就算有进攻法国的计划，也必须穿过奥地利老牌的皇室领地洛林，因此日后在缔结和约时，这些省份又可以回归哈布斯堡的统治。

卡尔大公撤退：拿破仑回归

这时奥地利做了一个致命的决定，虽然勇敢的卡尔大公在苏黎世取得了众多成就，但还是决定将他调离苏黎世，回归莱茵河畔的附庸国。他的继任者是俄国的科萨科夫，他的将才甚至不如苏沃洛夫。此举大大削弱了盟军在瑞士的力量，并最终导致了反法联盟的失败。正如一位英国外交官指出，奥地利"真正的将军"既不是梅拉斯，也不是卡尔大公，而是图古特。[3]

此时，一支不超过 2.5 万人的英国远征军就可以结束整场战斗，但这支军队并不存在。马塞纳高明的拖延战术为拿破仑赢得了发挥他战略的时间，即同时威胁多瑙河河谷和意大利北部。万事俱备，只等拿破仑从埃及战场的成功中回归，并取得巴黎的政治胜利，掌握对军队的控制。短短一年前，拿破仑曾率领这支军队夺取过胜利。

当卡尔大公带着军队回曼海姆时，马塞纳知道自己的机会来了。他面对着仅仅有 4.5 万人的奥俄盟军，而且俄国队伍无论在质量还是在领导力上都更逊色。马塞纳的军队得到了增援，现在有 7 万人可供指挥。9 月 25 日，他在苏黎世前袭击了对手，让他们落荒而逃。法军随后的行动粉碎了苏沃洛夫和科萨科夫重新发动进攻的企图，因而进一步巩固了对瑞士的占领。

若国际形势还是跟以前一样，此刻双方便会缔结和约。但是当拿破仑晋升为第一执政官后，他急需一场夺目的军事胜利来支撑他在国内的成功，他的政权也需要荣光和秩序才得以生存。此外，对图古特来说，拿破仑这位外交上的对手并不愿意承认失败，即使承认失败也意味着还需打一场"血战"。所有事情都开始朝着有利于拿破仑的方向发展。俄奥关系开始变淡，因为俄国认为图古特制订的在瑞士的作战目标让他们感到失望；而图古特又因为皮德蒙特的事情对俄国盟友的行为感到恼怒；奥地利声称拥有安科纳的行为反过来又使俄国感到愤怒。俄国沙皇对两国间的摩擦感到厌烦，于是他突然下令让所有的俄国将军撤离。到 1800 年 2 月，所有俄军不再参与战斗。占领瑞士后，法国粉碎了敌人任何侵占法国南部的企图。

尽管如此，奥军在战场上仍拥有两支精良的军队，一支是由梅拉斯率领的近 11 万人部队，驻守在意大利北部；另一支则更强大，是由克雷率领的共 14.5 万人的部队，驻守在德意志南部。要想实现自己的目标，拿破仑需打败上述任何一支队伍。拿破仑倾向于进攻克雷的军队，因为打败了他们就能直通维也纳。但是，很快政治问题变得比打仗更为紧迫。

莫罗是法军在莱茵河畔的主帅，他十分固执且缺乏想象力。但是雾月政变后，拿破仑并没有撤销像莫罗这般著名指挥官的权力。此外，作为第一执政官，拿破仑能否继续在战场上担任指挥官，这也是一个法律问题。因此拿破仑试图将自己的计划强加给莫罗，即通过快速行军，从侧翼包抄奥军并消灭其右翼，从而摧毁克雷的军队。但莫罗认为这个战略过于莽撞，风险太大。后来拿破仑在从圣赫勒拿写回的信中说道，莫罗并不理解这一计划 [4] 为什么必须要在意大利北部执行，他觉得这一计划更像是拿破仑的第二选择，因为即使在那里取得了胜利也并不能结束战争。

正当莫罗慢吞吞地沿着多瑙河行军时，拿破仑却选择了从圣伯纳德这条最艰难也最西边的道路挺进意大利。他希望能通过辛普朗和圣哥塔得隧道的下半段横跨意大利。但同时因为梅拉斯也在行军，为了不迎头相遇，拿破仑是不会冒险走宽阔的大路的。此外，如果他要在热那亚拯救所有滞留在意大利的军队和絮歇在瓦尔省的军队的话，时间就变得至关重要。此时，莫罗击退了克雷的军队，占领了一些仓库，还俘虏了大约 1.2 万名奥地利士兵。但是克雷巧妙地避开了这一关键的战斗，让士兵有序地撤退，从而让莫罗"不拖到明天作战"

的想法泡汤，这个想法一直是拿破仑的目标。

在意大利，梅拉斯的部队分布很稀疏：大约 3 万名士兵在瓦尔省被絮歇牵制，另有约 2.5 万名士兵已投入热那亚作战，所以梅拉斯就难以覆盖所有进入意大利的道路。从 3 月 21 日到 6 月 1 日，冯·伯恩科普夫上尉的驻防部队一直驻守在巴德这个坚固的要塞，并敏捷地进行了反击，梅拉斯的部队也轻松地占领了奥斯塔。直到拿破仑率领大批人马翻越阿尔卑斯山时，梅拉斯才听说伯恩科普夫的英勇保卫战的消息。当伯恩科普夫最终投降时，拿破仑将这一要塞夷为了平地。

马伦戈：获胜的战役

到了 6 月 14 日这一天，梅拉斯的军队在马伦戈附近的斯克里维亚平原集结完毕。梅拉斯精于战事，七年战争中相关的经验教训仍历历在目。他手下的这支哈布斯堡军已经证明，它并未失去任何迷惑对手的能力。奥地利的虚假情报成功地欺骗了拿破仑：点燃火把，是为了让敌军相信梅拉斯在朝热那亚撤退；不少"探员"和"逃兵"找到拿破仑，说奥军的士气非常低落。晚上，离奥军前线几百码的法国哨兵注意到了一些动静，但他们以为那是奥军在撤退。甚至当奥军的炮兵于黎明开火时，拿破仑还认为这只是声东击西，目的是掩盖他们的撤退。

经过此前蒙特贝罗的交战后，梅拉斯委任托利——一名他深信的间谍——于 6 月 11 日向拿破仑报告，称奥军非常沮丧，一心想着撤退。起初的逃兵们也证实了这一消息，包括拿破仑亲自审问的一名俘虏也如是说。其实这位逃兵是一名流亡的骑兵军官，仍身着波旁饰品。他讲述的奥军"毁灭"的说法给拿破仑带来了几近灾难性的后果。拿破仑对敌军正在派兵攻打他的事情一无所知。他只派遣两个师，一个观察波河的渡河情况；另一个由德赛率领，向诺维进军，以防梅拉斯从热那亚撤退。此时奥军已经摸清了法军在马伦戈的战略部署，于是兵分三路，于 14 日的凌晨横跨博尔米达河，梅拉斯随即以压倒性的力量开展进攻。

刚开始，所有法国哨兵都不敢相信正在发生的事情。当奥地利纵队高举飘扬的军旗，伴着嘹亮的军乐冲出亚历山德里亚的桥头堡时，很不幸，这并不是法军所期待的奥军撤退的前奏。拿破仑的士兵惊讶不已，由于兵力分散，为了活命，他们只得在接下来的数小时中对抗一支更庞大的军队。梅拉斯自始至终都展示了他惊人的战术天赋，到上午 11 点半时，奥图的师威胁了法军的侧翼，这位奥地利参谋深信对手的中路即将崩溃。

这场战争对拿破仑来说至关重要，但具有讽刺意味的是，交战双方投入战斗的兵力还不到 6 万人。和日后拿破仑时代的战争相比，这场战争规模较小。拉德茨基日后回忆道，"这是我们打过的最小的战役之一"，但是这场战争的政治意义却非常重大。[5]

奥地利的信心是有道理的，因为尽管面对着法军布置在马伦戈村庄附近的猛烈火力，洛布科维茨团下属的斯普伦伊掷弹兵营和轻骑兵营在早晨猛烈的进攻中仍证明了自己的实力。马伦戈附近的丰塔农讷河对这个小村庄是一种很好的保护，因此拉德茨基建议越过一条小溪，从侧面攻打马伦戈村，于是梅拉斯命令扎克来执行这一计划。但是扎克已经连续值了三个晚上的夜班，非常疲惫，因此在执行任务时睡着了，叫也叫不醒，这一身心疲惫的迹象将在当天晚些时候给奥军带来毁灭性的后果。据拉德茨基回忆，扎克过了好一阵子才"打起精神，振作起来"。[6]

中午之前，侧翼进攻终于激烈地打响。斯普伦伊营中的狙击兵和掷弹兵一度从 17 位勇敢的先锋的背上踏过，他们组成了一座人体桥梁，并坚持了 45 分钟。奥军的成功渡河让拿破仑大吃一惊，他试图部署他的枪支大炮但却是徒劳。多亏了伯恩科普夫的士兵在巴德展开的顽强抵御，拿破仑大部分的火炮被困在了翻越阿尔卑斯山的途中。下午 2 点，法军中路被攻破，拿破仑不情愿地做出了让步，否则就会被敌军消灭，尽管通常情况下他都会保存实力来歼灭对手。梅拉斯亲自率领皇家轻骑兵冲锋陷阵（拉德茨基在他旁边），决定了拿破仑的已崩溃的中路的命运，于是后者只好匆忙组织撤退，且退且战。

拿破仑的预备军——法国执政官卫队——承诺并展示了突击部队的价值。他们首先顽强抵抗了奥地利骑兵的进攻,随后又赶走了斯普伦伊的掷弹兵。虽然他们最终投降了,但仍摆出了中空四方形阵来对抗奥地利炮兵。拿破仑后来称赞他们是"花岗岩般的堡垒"。虽然他们为拿破仑赢得了宝贵的时间,但损失惨重:不到一个小时,拥有800名队员的强大的执行官卫队只剩不到300人。

到了下午3点,当看到法军的战线开始崩溃时,梅拉斯自认为已经赢得了这场战争。他们占领了马伦戈,掷弹兵们正得意洋洋地挥动着法军遗留在战场上的残缺战旗。奥军将法军的步兵筒状军帽作为战利品挂在自己的步枪和刺刀上。当他们开始哄抢法军遗弃的装备时,先前拥进马伦戈的部队现在成了一盘散沙。他们已经不停歇地战斗了6个多小时。

71岁的指挥官梅拉斯也已疲惫不堪。在整场战争中他都展现了精力充沛的前线领导力,这令许多年轻的奥地利军官敬佩不已。他参与了两场骑兵的攻击。两匹他身下的马都被射杀,从其中一匹身上摔下时他的胳膊受了重伤。当他从地上爬起来后环视这片战场,这位将军自认为已经取得了战争的胜利,这情有可原——因为目光所及之地,都是法国步兵在预备队的掩护下匆忙被迫逃窜的背影。

梅拉斯已经在马鞍上战斗了8个小时,早已筋疲力尽,他决定退出战斗,因此他将指挥权交给下属凯姆和扎克,让他们组织追击。梅拉斯的指令非常明确:在法军渡过斯克里维亚河之前,用炮兵和骑兵尽可能地摧毁法国军队。不幸的是,许多奥地利将军看到这位指挥官放弃了战斗并可能是写信给维也纳汇报大捷的消息后,也纷纷效仿。

梅拉斯低估对手也许可以被谅解。但是拿破仑的军事生涯是在为未来奠定基础,因此奥地利认为他们已经取得了这场战争的胜利,这就犯下了一个不可饶恕的错误。事实上,战役还远未结束。此时像是托尔高战役的再现,只是这次奥地利没有另一个道恩伯爵来拯救他们。

如果扎克能赶在德赛戏剧性的到来并最终扭转战局之前,利用骑兵组织一场坚决有力的追击的话,毫无疑问,他定能击溃拿破仑。但是扎克还是很疲恙，在梅拉斯让他接手指挥时都在打盹儿。的确，让扎克保持清醒好像是个大难题。他睡眼惺忪的面容就预示着他并不会展开全力的追击。同时，凯姆与其让骑兵和炮兵追击法军，还不如将军队在马伦戈内部和周边整合成阅兵场式的阵型。当沃利斯率领的团和利希腾斯坦率领前来支援的龙骑兵和炮兵沿着通往圣吉里阿诺的道路姗姗来迟时，法军已经开始组织新的战线进攻奥军了。

马伦戈：输掉的战斗

当扎克还在同他的疲惫作斗争时，法军方面，一位年轻有活力的军官德赛虽然被调离了马伦戈，但他仍听到了战争的炮火声，于是决定违令向有枪声的地方行军。见到拿破仑后他说了一句非常著名的话："这场战争我们已经彻底输了，但仍有时间去赢取另一场。"[7] 当奥地利正懒散地组织追击纵队时，德赛重新下令让自己的师攻击对手。另一位年轻有天赋的法国军官克勒曼尽管只有不到 400 名的胸甲骑兵，但他在侧翼对奥地利部队的进攻也十分有威胁，因为当时奥军在德赛的第一次反攻下已经阵脚大乱。马尔蒙元帅在他的回忆录中描写了拉特曼团中的奥地利掷弹兵是如何溃散的，而数千名奥地利骑兵却袖手旁观，就像是着了魔、被冻住了似的站在百码开外。[8]

军事史上很少有匆忙准备的骑兵进攻能如此高效。马尔蒙日后说，这场进攻若是早开始 3 分钟的话就会被击退；晚开始 3 分钟的话又太晚了，那时拉特曼的掷弹兵就会破坏德赛的袭击。当克勒曼的第一小分队冲入奥地利的侧翼时，德赛被流弹击中身亡，但是他生前也看到了自己作战的第一份成果。当奥地利掷弹兵的高帽尖刚到圣吉里阿诺村前山岭的顶点时，法军第九轻步兵就伴着冲锋步的鼓声，拿着绑好的刺刀向他们冲去。同时，马尔蒙的炮兵也用霰弹筒猛烈地向他们轰击，效果十分惊人，掷弹兵们被打得东倒西歪，发起了一轮扫射，但是克勒曼很幸运，他在奥军发起扫射的十秒钟后袭击了掷弹兵的侧翼。奥地利掷弹兵们恰好在装弹的间隙遇袭，因而毫无反抗之力。正如奥地利半官方的描述不咸不淡地说："这场攻击令人意外，且执行得惊人之迅速，令我军步兵大乱，在短暂的反击之后仍被驱散。许多士兵都被杀死。"[9]

在这一凶残的、配合得几乎完美的三方进攻下，奥军剩余部队退缩了，随即站定不动。一位年轻掷弹兵的徽章被刺穿、军旗被夺，而他的战友们则惊讶地看着这一切，好像瘫痪了一般毫无反应。在他们的身后，一辆运送炮弹的车辆爆炸了。沃利斯的团随即落荒而逃，团内的掷弹兵们还在被克勒曼的骑兵追杀。

更多的法国骑兵赶到了战场，一名骑兵扼住了大惊失色的扎克的咽喉。利希腾斯坦的龙骑兵本应抓住这个机会立即组织反攻，但似乎也被这些事件的突然转向吓得不敢动弹。当克勒曼一些骑兵朝他们冲去时，他们便惊恐地逃跑，而且还惊跑了皮拉蒂的骑兵旅，这支骑兵旅原本是赶来救助步兵的，但是当发现自己被穆拉特组织的法国骑兵增援军包围的时候，都惶恐地飞奔逃走。在此之前，奥地利骑兵仍被认为是欧洲最精良的骑兵，然而他们在这一时刻的糟糕表现将为此后好几代人所不齿。就连拉德茨基在他去世前几个月都对奥地利骑兵未能在马伦戈支援掷弹兵的事情耿耿于怀。他们在那一晚中的表现需要进行"深入分析"。[10]

奥地利的一种描述着重强调了对奥地利骑兵那天表现的普遍不理解："军队中所有人都无法理解骑兵的逃离。骑兵四处逃窜，破坏了奥地利主要的队形，奥军队形也开始崩溃。"[11]

事情的确是这样。当凯姆试图调遣一些步兵时，逃窜的骑兵却让恐慌和无序蔓延。甚至有一个时刻，感觉整个奥军的中路纵队将会被追击的法军消灭。幸运的是，由魏登费尔德率领的六个新掷弹兵团正从马伦戈向奥军中路赶来。他们的行动证明，只要领导有方，被编排在大型的战略单元中的奥地利新掷弹兵团的精英队伍，是能创造奇迹的。

魏登费尔德的营像是在阅兵场上一样，调度十分有序，展示了一次教科书般有序的后方进攻。他们组成方形的阵型，击退了穆拉特的骑兵，也让奥地利正在逃跑的中路能找到回奥地利桥头堡的路。在桥头堡，一位被俘的法国军官看到了这次混乱，说道："我在我的军事生涯中曾目睹过一些失败，但从未看到过这种景象。"在慌忙逃窜中，该军官被落下了近 500 步的距离。[12]

虽然惊慌失措，但奥军并未被消灭。虽然拿破仑，或者说克勒曼和德赛赢得了战斗的胜利，但是他们并没有摧毁奥军。法军损失了 1/4 的人马。奥地利损失了 1/5，差不多 6000 人受伤，963 人阵亡。虽然哈迪亚克将军受伤身亡，但奥军并未损失其他军衔高于上尉的军官。阵亡的 14 位军官军衔较低，这也说明在 18 世纪 90 年代，奥地利军官队伍已经退化。

但是第一执政官拿破仑已经得到了他所需要的一切：一场辉煌的胜利和能保证他的统治延续的荣光。难怪他给最喜欢的马取名叫"马伦戈"（在马伦戈，拿破仑骑的是另一匹钟爱的坐骑"施蒂利亚"）。有传闻称拿破仑最喜欢的一道菜是马伦戈鸡。然而除了过早放弃指挥外，梅拉斯并没有其他过错。总体来说他的部队曾奋战 9 个多小时，他的战略部署也十分精妙，战争开始时他比对手多 25% 的优势。正如一位历史学家所说："他的战略已经很高明了，人们很难再看到其他指挥官有更高明的战略。"[13]

起初，梅拉斯不敢相信他所听到的消息，但后来命运突然的改变让他迅速恢复了理智，因此第二天他就在亚历山德里亚向法军求和，在这里拿破仑让伦巴第以及奥地利在皮埃蒙特的所有强大的要塞的投降都变成了板上钉钉的事实。这个"第二"战场为拿破仑带来了一场决定性的胜利。

这场战争的详情传到维也纳后引起了恐慌和愤怒。拉德茨基日后回忆道，梅拉斯有"一颗比脚强一丁点儿的头脑"。不管梅拉斯的头脑好不好使，维也纳都要他付出代价。梅拉斯被解了职，倒霉的扎克也一样。驻意大利的奥军将由贝勒加德指挥。

亚历山德里亚的停战协议只是短暂的停顿。接下来的几个月里，奥地利的军队展示了哈布斯堡军队一贯的象征——令人钦佩的坚忍。这个特质始终贯穿于他们同拿破仑交战的整个过程，也使得奥军成为法国在欧洲大陆上的死敌。在贝勒加德的带领下，奥军在意大利的军队增员至 12 万人，在多瑙河的军队也象征性地增加到令人惊叹的 28 万人。后者是为了应付莫罗的，莫罗率领约十万人驻扎在慕尼黑附近。维也纳认为拿破仑的和平条款不可接受，下定决心继续作战。奥军的战术包括在意大利继续保持守势，同时在巴伐利亚攻打莫罗。因此亚力山德里亚停战协议给了奥军一个非常重要的喘息的空间。

与此同时，享有马伦戈战役赞誉的拿破仑，可以给莫罗下军令了。他不再只是建议莫罗，而是指导他沿着多瑙河这条传统的入侵路线向维也纳推进。麦克唐纳会掩护他的右翼，在美因河畔的奥什罗则会保护他的左翼。

莫罗若想顺利向维也纳推进，首先就得渡过美因河。那里的奥军名义上由约翰大公指挥，占据着强有力的防守位置。约翰大公是利奥波德的另一个儿子，天赋异禀，但也要同缺乏想象力的皇帝哥哥作斗争。不幸的是，和卡尔大公不同，约翰大公才只有18岁，毫无作战经验，而且他的天赋也不在军事领域。

围绕大公们的阴谋：约翰大公

莫罗对面的克雷军在众多无关紧要的战斗中节节败退，这已足以让皇帝弗朗茨和图古特命令克雷放弃指挥权。最合适的继任者候选人是卡尔大公，但是他已经退出了战场。皇帝弗朗茨已经拒绝让卡尔大公接替指挥，如果现在重新启用卡尔大公有可能会被视为不可免俗地屈服于公众的压力。但是图古特却警告说任命卡尔大公只会突显先前不任命他的错误决定。这就是朝廷复杂的思考过程。

一旦有机会讨好自己的主人，图古特男爵就会变得非常实际，他会用自己的观点支持这些想法，称卡尔大公"只会寻求支援"，而在得不到支援时，就"只会求和"。[14] 图古特非常清楚如何迎合皇帝对他弟弟的怀疑和嫉妒。卡尔大公对自己军事改革的尝试所遭受的失败感到越来越沮丧，于是动身前往布拉格，声称自己患了经常发作的癫痫。卡尔大公认为以奥地利军队目前没有进行现代化改造的状况，打仗没有任何意义。他建议求和，这只是为了拖延时间，让奥地利增强自己的实力。

对于这个非常英明的建议，图古特却感到深恶痛绝，他准备孤注一掷与法国决一死战。马伦戈战役后，图古特自身的境地也变得十分危险。他对外交事务的把握都需经过柯本兹之手，而柯本兹曾是考尼茨的门徒，因此偏向于考尼茨的旧政策——寻求与法国达成协议，即使是大革命后的法国。这种紧张关系不仅仅对图古特来说是灾难性的——他被迫在9月辞职，对奥地利来说也是灾难性的。柯本兹的亲法政策不会从与此次相似的境地中拯救他，他也在1805年奥斯特利茨战役结束后不久被解职。

由于这些琐碎的阴谋，奥地利军队处于一个非常奇怪的境地——1800年8月以前都没有一位名义上的指挥官。图古特建议道，奥军需要一个两全其美的解决方案：两位指挥官。一位是实际上的指挥官，拥有丰富的作战经验，勇敢无畏；另一位应该是一位热血的大公，听朝廷的话，为战争增添一点皇室的氛围。

对于第一位指挥官，图古特极力推荐弗朗茨·劳尔将军，他是一名工程兵部队的高级军官，在碉堡设计方面有丰富的经验，但很少直接在战场上指挥。在第一次联合战争中，劳尔曾是维尔姆泽的部下，也曾跟随后者目睹了曼图亚的失守。作为一名有天赋的专家，他获得过令许多人梦寐以求的玛丽娅·特蕾莎勋章。但他的服役记录说他缺乏谋略，脾气火爆，而且"极端自私"。据称，他还缺乏军事素养中最重要的一条：决断力。如果列举这些弱点还不够，那另一份报告还显示他的士兵们并不尊重他。然而，所有这些个性缺陷在他对图古特的忠诚面前都变得无关紧要，而且他还拥有完美的裙带关系：他的姐姐是有权势的那不勒斯王后的宫廷女官。

因此，尽管平等主义取得了表面上的胜利，但裙带关系往往都会战胜个人能力。为了给这一平庸的候选人增添一些光泽，皇帝弗朗茨深知，经历过先前的失败，奥军急需一位名誉领袖来提振士气。而这位领袖不会是他自己，因为他要规避战败所带来的威胁自己皇位的风险。

那么谁将成为这位倒霉的大公呢？他注定是弗朗茨的军队可能遭受的任何失败的替罪羊。弗朗茨首先找到了鲁多维卡皇后的弟弟斐迪南大公，但是斐迪南对于宫廷阴谋非常有经验，明智地回绝了。随后弗朗茨表明约瑟夫大公是个合适的人选，他遵守匈牙利的宪法承诺。但是图古特将一些大公的名字从他的清单上逐一剔除，直到他找到约翰大公才住手。毕竟这只是一个"面子"上的问题，"真正"的指挥官仍然是劳尔。

和他那军事天才哥哥卡尔大公一样，约翰也是一位天赋异禀的年轻人。他日后会展现出杰出的才干，但当时他才18岁，甚至未完成基本的军事训练。他才刚刚掌握如何正确地坐在马背上，而且他的大部分时间都在城堡军营中受训。

直到9月初，约翰才知道他将去往驻扎在多瑙河畔的军队。可想而知，他十分吃惊。如果知道自己将担任"指挥"，毫无疑问，他会更加震惊。担任指挥的这个细节被当作秘密，一直没有告诉他，他一直天真地觉得自己可能是去担任一些不重要的副官之职。

在约翰得到前往前线加入卡尔大公的部队的命令时，这些想法得到了证实。值得注意的是，这是哈布斯堡和对方打交道的方式的另一个特征：约翰大公甚至连一套军装都没有，或者说没有比他身上那件奇怪的衬衫更好的服装。无论是物质上还是精神上，他对接下来的事情都毫无准备。那时正值冬天，好在他的姐姐——那不勒斯王后——在得知侄子即将奔赴战场的消息后，给他送去了一些由精致羊毛和棉花制成的漂亮的那不勒斯衬衫。

同皇帝一起，他们两兄弟并肩骑行数天才到达了巴伐利亚的朝觐圣地——阿尔特廷村。一路上，皇帝并没有向他的弟弟透露或者暗示任何对他的安排。两天后，皇帝召见约翰，给了他一封概述他的"指挥权"的信。约翰目瞪口呆，但是明白了自己的职责。皇帝说得很直白，他的这种"指挥"仅仅是为了提振军队的士气，而真正的指挥执行权掌握在劳尔手中。约翰必须严格遵守劳尔的命令，不准质问或拒绝给劳尔的命令签字，这和大公直接发布命令一样，都将受到惩罚。军队中所有和皇帝的通讯都将直接并全部通过劳尔进行。[15]

如此一来，弗朗茨便可以保证，若是军队遭到打击自己也不会受到一丁点儿批评。约翰大公是一种掩护，是一块用来应对舆论谴责的明显的诱饵，没有约翰的话，这些谴责就有可能落在皇帝自己身上。如果事情进展顺利的话，那么劳尔也会享受一部分荣誉，以确保荣誉不完全落在年轻的大公身上。此外，在军事事务中安置一位能干的大公可以防止卡尔大公拥有过高的威望，这是一件好事。除了这件事之外，还有更多事件进一步突出地揭示了哈布斯堡皇室的这种内讧，以及家族成员为了"更大的利益"可以变得无情无义。

劳尔的计划并非一无是处，但弱点也变得非常明显。他一开始便决定放弃在美因河边的强大要塞，将莫罗赶回到巴伐利亚阿尔卑斯山。但是刚展开行动，劳尔就改变主意，放弃从侧翼进攻莫罗，转而从前方进攻，全然不顾莫罗已经在霍恩林登附近的森林掘好了强大的防守阵地。

与此同时，年轻的约翰大公很敏感，他感到不安，并对自己的角色满腹狐疑，于是向自己有本领的哥哥卡尔大公寻求建议。但是卡尔大公知道最好不要干预皇帝哥哥的计划，所以只是简单地给出了以下的建议："无论你的境况多么艰难，你一定不能退缩。记住，伟大的人是尽管处于危险之中，还能保持冷静，泰然处之。"[16]

几天之后，卡尔大公给约翰提供了几条关于巴伐利亚战场地形的战略意见。这些意见是写在一封密函中的，破天荒地没有经过劳尔的手。卡尔大公很痛苦地强调说他并不能帮到自己的弟弟，自己在朝中孤立无援的境地意味着他的建议必将受到质疑。"尽可以按照我的建议去做，但最好不要使用我的信。我的愿望是默默服务而不是崭露锋芒。"

劳尔深信为了实施更有攻击性的政策，他可以放弃在美因河边强大的防御阵地。奥军利用了在秋天达成的一系列停战协议来重组和补充军队：提洛尔的志愿军、所征召的匈牙利起义军、各式各样的轻装部队，都收入了劳尔部队。

霍恩林登的灾难

当时已经变成了雪和雨夹雪的天气，这让奥地利侦察兵更难判断他们对手的实力或者准确的布阵。这种天气也大大降低了劳尔的行军速度，因此莫罗得以继续挖掘战壕，打一场更强大的防御战。不幸的是，在缺少情报的情况下，劳尔的总参谋长弗朗茨·维洛特却认为现在的情况更有利于发动进攻，然而事实并非如此。他下令开展一次快攻，准备摧毁莫罗的右翼，但快攻很快就陷入瓶颈而且被推迟。于是劳尔和维洛特改变计划，沿着新的道路向慕尼黑进军。

第一次交手发生在安普芬，在奥军的左翼。奥军在此处有压倒性的优势，但是法军的指挥官是令人敬重的内伊将军，他领导了一场异常顽强的防御战。然而，奥军集中了力量迫使法军退后。奥军的进攻算得上成功，但是其伤亡人数是法军的两倍。

四列奥地利纵队朝霍恩林登行军，这个村庄横跨前往慕尼黑的道路。那里森林密布已经让军队的前进受阻，下雪以及雨夹雪的天气更是让前进难上加难。莫罗构思了一个非常简洁明了的计划。他将放弃森林中的一些制高点，让奥军认为他正在后退，以此引诱科洛夫拉特进入他的陷阱。一旦奥军从森林中进入开阔地，接近霍恩林登时，一支由德卡昂和里夏旁斯率领的精良的侧翼军便会对奥军展开突然袭击。

当奥军从林中出来时，他们很快将法军击败。斯潘诺奇少将手下的塞博坦多夫团中的两个掷弹兵营向对手发起了刺刀冲锋，赶走了法军。由于有三个巴伐利亚营的支持，奥地利掷弹兵们一直稳步推进，直到法军发动了一次强有力的反击才将他们击退至森林边缘。由于受到了法国骑兵的攻击，掷弹兵们排成四方阵型，击退了100位猎骑兵的三次冲锋。尽管莫罗的战略是要引诱奥军，但他仍对奥军自在悠闲的行军感到惊讶，霍恩林登附近的小村庄接连向奥军投降。盖明根团的一个营攻占了福斯滕，布兰浅维尔营则攻占了塔丁村。受到指挥官施瓦岑贝格亲王的激励，默里的老瓦隆营横扫了法军左翼的关键——科洛纳克。

但是法军右翼里夏旁斯的冲锋小队就显得幸运多了，他们面对的是里斯克和科洛夫拉特率领的奥军，于是智取了科洛夫拉特的部队。里斯克的军队很晚才赶到战场，因此里夏旁斯得以在科洛夫拉特的两列纵队间游走，这给科洛夫拉特带来了毁灭性的后果。本来就已经前方和侧翼受敌的科洛夫拉特突然发现后方也受到了袭击。

里夏旁斯的行动很快传到了维洛特耳中，他迅速赶往战场，去亲眼看看战斗的情况。但是欢迎他的是一阵猛烈的炮火，将他掀翻下马，于是在战役的关键时刻，劳尔失去了自己的总参谋长。在四次步兵冲锋的重压之下，原本负责这块区域的巴伐利亚团崩溃了，四处逃窜。（巴伐利亚部队中俘虏和伤亡人数都非常高，因此人们认为他们并没有全身心地投入这次战斗。）奥地利右翼的科洛夫拉特团逐渐被德卡昂和格鲁希包围，其后方和右翼的情况都变得十分危急。

在科洛纳克，施瓦岑贝格清楚奥军剩余部队的情况也不妙。他接到了撤退的命令。然而战斗突然暂停了。当烟雾散开时，一位法国军官举着白旗出现了——这是胜者或败者想要举行会谈的传统做法——同时呼吁奥军投降。施瓦岑贝格下令让炮兵加大火力以示回应。但是因为落入了莫罗的战术圈套，奥军变得支离破碎，莫罗也无情地勒紧了套在奥军脖子上的绳索。

对奥地利人来说，幸运的是当时已经是 12 月，天 5 点就黑了，借着自然天色的掩护，施瓦岑贝格找到了一条林间小道，带着他的剩余部下脱了身。这场战争结束了。对法军来说，霍恩林登战役是一场任何将领都想取得的完全的胜利。尽管没有拿破仑的锐气和精力，但莫罗还是取得了决定性的胜利。他用拿破仑的做法摧毁了对手，甚至比拿破仑在马伦戈战役时的成就更令人信服。法军死伤不到 3000 人，但莫罗使对手蒙受了逾 1.2 万人死亡的损失，包括来自奥地利和巴伐利亚盟友的俘虏。奥地利还损失了 50 门大炮，这是自七年战争以来从未听说的一个数字，因此这对奥军来说是特别屈辱的一场灾难。奥军在协调进攻上的彻底失败被一位巴伐利亚将军称为是"无知和无能"的。[17]

在霍恩林登的灾难过后，无休止的责怪包围了维也纳，但人们很少注意到奥军战略中的重大缺陷。卡尔大公以他敏锐的战略直觉指出，奥军的"分散"才是战败的原因。分散的小分队受到交通不便的困扰，于是招致了失败。但是没有人听得进去。不幸的是，从霍恩林登幸存下来的维洛特又制订了一个异常复杂的联合作战计划，该计划的目标是奥斯特利茨的摩拉维亚村附近。与此同时，卡尔大公被传唤回维也纳，让他接替指挥支离破碎的残余奥军并收拾残局。

卡尔大公的回归

用卡尔大公自己的话来说，他"愿意为了国家的利益牺牲小我"[18]，因此他带着绝对的皇室权威，于12月17日接替了他弟弟和劳尔的位置，指挥奥军。他眼前所看到的景象超出了他的经验范围，正如他向皇帝哥哥报告称"这令人沮丧"。经过霍恩林登战役后，只有一小半军队完好无损，而这些剩余的军队看着更像是一个"亚洲部落而不像一支训练有素的欧洲军队"。[19]

对于奥军来说，一纸停战协议是重中之重。但是图古特反对停战，他仍希望打一场"血战"。卡尔大公说，"莫罗不同意签字的话我们才算输"。[20] 还好莫罗有他自己的顾虑，特别是奥地利的要塞威胁到了他的交通线，他只得绕行。因此第二天，双方在上奥地利州的斯泰尔签订了停战协议。

当卡尔大公接手阿尔卑斯山北部的奥军剩余部队时，梅拉斯的继任者贝勒加德接手了阿尔卑斯山南部的部队。值得称赞的是，梅拉斯尽了全力保证顺利过渡。1月下旬，双方在特雷维索签订了初步条约。几周后，由"倒霉的"奥地利军官马克率领的那不勒斯部队被彻底消灭。后面我们将听到更多关于这位将军的事情。因此意大利的大部分地区又重新归于法国的统治，第二次反法联盟瓦解。伦敦方面要求维也纳保证在2月前都不求和，受到这一保证的约束，所以直到2月9日在吕内维尔同法国正式签订和平条约前，维也纳一直在搪塞伦敦。由于图古特应该对奥地利军队遭受的所有打击负责，于是他被解职了。

当以柯本兹为首的奥地利外交官们聚首吕内维尔时，他们面对的是一个不愉快的任务。马伦戈战役后，本来在阿尔卑斯山南部的卫星共和国在明乔河的边界就已经令拿破仑十分满意了；但霍恩林登战役过后，这一界限必须朝阿迪杰河以东扩展。吕内维尔条约印证了卡尔大公的警告，倘若以这种准备不足的方式打仗的话，奥地利将付出高昂的代价。该条约中的条款对哈布斯堡的历史来说是一种此前从未遭遇的残酷。法国巩固了自己在莱茵河左岸的实力，奥地利只好接受法国对一些日耳曼公国的"吞并"，还得承认利古里亚、阿尔卑斯山以南和达维亚共和国以及瑞士的"独立"，这些地区现在都牢牢地处于拿破仑的影响范围内。《吕内维尔条约》中丧权辱国的条款意味着维也纳会立即着手准备下一场对付拿破仑的战争。

维也纳并没有浪费四年的和平时光。她展开了一系列的改革，帮助军队重振了士气，确保不重犯第二次联合战争中的错误。这些改革的重点仍是指挥权的问题。卡尔大公不仅重新担任指挥官，而且负责神圣罗马帝国枢密院的审议事务。但是这次奥地利重蹈了之前战争中的错误判断的覆辙，卡尔大公并没有在即将到来的战争中的主战场作战指挥。奥军没有意识到，出于一些不寻常的原因，拿破仑将选择马伦戈作为攻打维也纳路途上的主战场。然而，奥地利人仍以为意大利北部是接下来战争的主战场，因此卡尔大公被任命去指挥意大利战场。

凭良心讲，做出这一错误的判断只能责怪卡尔大公自己。在 1804 年的 3 月 3 日，他提交了一份谅解备忘录，详细阐述了法军不可能一路沿着斯华比亚和巴伐利亚进军。因此，战争一旦爆发，法军可能会在意大利北部寻求解决方案，因为他们在那里的交通线更强大。此外，卡尔大公称，对法军来说，选择意大利战场还有一个诱人的机会，即能把奥军赶回到的里雅斯特后面的阿尔卑斯山。取胜的法军将通过施蒂利亚威胁维也纳，就像他们在第一次联盟战争尾声所做的那样。[21]

乌尔姆和倒霉的马克

因此，现在到了罢免一位奥地利将军的时刻了，因为他在 1805 年的数月间没能对敌军造成严重打击。鉴于卡尔大公据理力争，说"阿迪杰河肯定是首要和最佳的战场"[22]，因此只有他率领 9 万名精兵强将驻守意大利，在逻辑上才说得通。他和他弟弟约翰大公爵——那时已经有一点作战经验了——共同驻守在提洛尔。

在阿尔卑斯山北部的奥军将与库图佐夫将军率领的 5 万俄军相互配合开展行动。被分配到这个战场作战的奥军有 7 万人，由马克指挥。卡尔大公告诫他，在没有盟友俄军的支持下，尤其要注意避免和法军正面交战。

1801 年，在意大利作战时，马克的将才没能防止亲奥的那不勒斯军队被消灭。他这个人的想象力远远超过了其能力，品质也很难评估。他曾是巴伐利亚王位继承战争中拉西的门徒，曾参与对贝尔格莱德的进攻。马克的神经似乎一直都高度紧张，而他和劳顿在那场战争后激烈的争吵差一点造成了一场军事审判。

在奥属尼德兰的战争中，马克赢得了卡尔大公的赞赏，但是他们在奥地利应采取的战略上有根本性的分歧。面对法军，马克始终偏向采取更有攻击性的方式。由于在之前战争中头部受过重伤，马克变得很难相处。据说，在1801 年那场灾难性的战争中，他的那不勒斯军队曾多次考虑背着他采取行动。我们可以在托尔斯泰的《战争与和平》中找到对"倒霉的马克"的简单描述，这并不是对他的恭维。

马克极力主张奥军不等俄军支援，直接推进，占领巴伐利亚和其资源。在被问到是否存在他的军队被一支更强大的法军袭击的危险时，他对这些警告置之不理，并回应说，"所有这方面的焦虑都是莫须有的"，在俄军赶到之前，法军"绝不可能"干扰奥军的计划。[23]

马克将自己的军队带到巴伐利亚，在那里受到了选帝侯的欢迎，但是后者已经将自己的部队撤往美因河上游河谷处，他们在那里最终站在了法军那边。这只是许多展现巴伐利亚人传统的反奥倾向的举动之一。10 月初，4.5万名奥军沿着美因河和乌尔姆之间 150 英里的前线行军。但是补给车队却很难赶上马克的进程，而且他的炮火也远远地落在后面。但是马克坚信，当法军试图冲出黑森林时，他的布阵足以对抗法军。耶拉季奇领导的一支奥军正从提洛尔赶来，还有基恩梅耶率领的一支短小精干的部队将驻守在马克的后方，他们会同库图佐夫将军的俄军取得联系。

很难知晓用马克的计划对抗一支 18 世纪的敌军是否会奏效。但可以说拿破仑作为一位大陆战略家，他的权力在当时已经达到了顶峰，他将迅速并高效地攻击自己在欧洲战场的头号对手。同卡尔大公的推测截然相反，拿破仑准备从阿尔卑斯山北部给予维也纳致命一击。他派了马塞纳带领5万名士兵去攻打在意大利的奥军，自己却带兵行军29天，到达多瑙河。

逾7.5万名步兵、3万名骑兵和400门大炮从莱茵河运往多瑙河。德意志亲王们轮番为拿破仑提供帮助。一年前，在拿破仑加冕成为法国皇帝后，德意志的诸侯们或帝国王侯们都在逐渐向巴黎靠拢。早在1803年，帝国代表团就在雷根斯堡达成了一项决定，该决定削弱了皇帝弗朗茨的特权。由弗朗茨二世担任皇帝的德意志民族神圣罗马帝国，已经变成了一本客套的小说。拿破仑的雄心淋漓尽致地展现了一个观点——奥地利的百年历史仍不能抵挡法国军队的威力和革命思想的合体。他已经让德意志众亲王依附于自己，并改变了他们领土的政治版图。在维也纳，皇帝和朝廷都看清了此时的局势，并已经开始采取措施以适应新的现实。神圣罗马帝国皇帝这一著名的称号变得毫无意义，它急需转变成一个符合时代潮流的新的东西。因此，在1804年8月14日，拿破仑称帝仅仅两个月后，神圣罗马帝国的弗朗茨二世更名为奥地利帝国皇帝，为弗朗茨一世。

奥地利皇帝

"奥地利皇帝"这个新称号是一个发明物。弗朗茨对"奥地利皇帝"并不感兴趣。虽说这个帝国是奥地利皇室的帝国，但是神圣罗马帝国的双头鹰旗帜已经变成了现在奥地利帝国的旗帜，因此皇帝并没有丢失任何皇室的连续性。与此同时，新的称谓强调的是他的"皇室土地"：这艘凝聚力更强、续航时间更长的船，将带领奥地利驶过风风雨雨，而不像以前那个不可靠、没骨气的松散的日耳曼诸侯国。弗朗茨的两个弟弟——卡尔大公和约翰大公——将利用这次机会激发日耳曼的民族主义，利用拿破仑对德意志的野心，逐渐让维也纳领导日耳曼"民族"。但是在1805年，这些想法却还是止步不前，当马克的军队在乌尔姆集结时，皇帝弗朗茨绝不是为"日耳曼的荣耀"而战。同以往一样，马克的军队只为奥地利王朝而战。

10 月的第二周，拿破仑抵达多瑙河边。穆拉特的骑兵和奥芬贝格率领的 5000 名奥军在韦尔廷根展开了一场简短却激烈的战斗。从奥芬贝格手下的奥军在此役中的表现可以看出，这支哈布斯堡军队自霍恩林登的灾难性战役后，根本毫无改变——意志消沉，十分被动。这可是一个不祥之兆。马克一心认为乌尔姆是"半个德意志的关键"，还想当然地以为自己的军队不仅在数量上优于法军，还占据着地形上的优势。乌尔姆将成为一个对法军发动强有力进攻的发起基地。鉴于俄军决不同意听命于马克这种低级的军官，因此皇帝弗朗茨任命另一位大公——斐迪南大公——作为马克军队名义上的领袖。

这两位的关系并不令人满意。早在四年前约翰大公和劳尔并肩作战时，马克和斐迪南大公就很不合作，他们的下属也觉察到了两人之间的紧张关系。马克明显缺乏安全感，而且受到了质疑，他时常将作战行动和行军相混淆，还总是开展一些不成熟的计划，让一支分队向这里或那里进攻，但很快又放弃这一计划，代之以另外的计划，但也从未全面开展这些计划。反观他的对手总是积蓄力量准备突袭。

10 月 11 日，前来支援的俄军离奥军大约还有 200 英里的距离，至少需要两周多的行军时间。拿破仑意识到，鉴于马克已经将其部队集中在乌尔姆附近，因此法军逐个击破他的部队变得更为容易。与此同时，在奥地利的总部，马克军队的阵地所面临的现实也越来越严峻。侦察兵报告称法军部队已随处可见。拿破仑鼓励他的部队说，要不是为了攻打马克的军队，他本人和部下"现在可能已经在伦敦，为六个世纪以来的愤怒报仇"。[24]

同一天，在阿尔贝克，马克率领的一支大型奥军调查了法军部署的迹象，以及可能的突破路线。在调查过程中他们遭遇了杜邦将军率领的 5000 名精英部队。在随后的战斗中，马克赶走了孤立无援的法军，但并没有开展追击——可能是因为他在战斗中受了轻伤。于是，获胜的奥军又回到了乌尔姆。

施瓦岑贝格的突破与乌尔姆投降

斐迪南大公日渐被马克激怒，于是同施瓦岑贝格秘密策划了一起夜间突袭，带领 6000 骑兵朝北奔去。他们于 10 月 14 日的凌晨冲出乌尔姆，却在 2 点时受到法军的猛烈追击，还好他们成功逃脱。第二天，马克试图再一次突破，但在埃尔兴根战斗中被内伊将军牵制，于是奥军只好在瓢泼大雨中撤回乌尔姆。

两天后，拿破仑的一位参谋西格尔到达乌尔姆，他在凌晨 3 点时要求马克投降。马克为了拖延时间，同意于 25 日投降——如果俄军那时还未赶到的话。但是奥军的士气已经无法扭转。18 日的一场风暴过后，多瑙河决堤，冲走了许多奥军的营地和未掩埋的尸体，乌尔姆也成了"瘟疫的温床"。[25]

一天后，拿破仑召唤马克前往埃尔兴根。由于有一份书面声明称俄军还在远处，奥军同意投降，并于隔天将"多瑙河的女王"——乌尔姆城——让与法国。雨停后，在太阳的照耀下可以看到一长列的奥军正在撤出乌尔姆。在一个可以俯瞰整座城市的小山丘上，站着 17 位奥地利将军，他们身着华丽的白色上衣和红色马裤，迟疑地望向拿破仑。一位法国军官请其中一位奥地利人帮忙在这群人中指出他们的指挥官。这位奥地利人回复道："我，先生，你面前的这个人，就是不幸的马克本人。"当他把剑呈给拿破仑时，后者细细地品味着这一刻，并将剑归还，还说道："我将这位将军的剑归还，并请他向他的皇帝带去我最好的祝福。"[26]

弗朗茨并不高兴。回到维也纳后，马克受到了军事法庭的审判，他被剥夺了军衔和勋章，包括玛丽娅·特蕾莎勋章，并被判处两年监禁。哈布斯堡的愤怒可以理解：马克总共损失了 51 个步兵营，18 个骑兵分队。斐迪南大公到达波希米亚时手下还剩不到 2000 名骑兵。此外，耶拉季奇率领的奥军从提洛尔出发，由于孤立无援且寡不敌众，也于 11 月 14 日被迫投降。至此，通往维也纳的道路已四敞八开，曾经 7.5 万名全副武装、在道路两旁保卫维也纳的奥地利士兵，已不复存在。

库图佐夫元帅的俄军还需行军几天才能赶到战场，但是他们原本希望交接的奥军已经消失在稀薄的空气中了。库图佐夫将他的军队从遥远的加利西亚带到多瑙河河谷，这是人类忍耐力方面的惊人壮举。他们不得不抛弃大量的掉队者，到达目的地的大部分士兵的鞋履迫切需要修补。当库图佐夫于10月27日到达布劳瑙后，关于乌尔姆灾难的谣言四起。

库图佐夫的困境现在同毫无招架之力的维也纳的困境合为一体了。拿破仑派出了一支重要部队驻守阿尔卑斯山，阻止卡尔大公前去解救奥地利皇室的首都维也纳。同时，拿破仑还调动大批军队穿过巴伐利亚试图找到并消灭俄军。

库图佐夫已经同一些奥军剩余部队联合，他放弃了布劳瑙，退回到了布劳瑙以东60英里处，将恩斯河河岸用作一道更牢固的防线。10月的最后一天，一支大型法军和一些有俄军支援的奥地利轻骑兵部队在特劳恩河爆发了炮战。俄奥联军组织了井然有序的撤退。当库图佐夫沿着多瑙河撤退时，他在阿姆施泰滕停下了。当莫蒂埃手下的法军被派往多瑙河北岸时，他们在林茨发现了俄军，但此时库图佐夫已经得到了另一支从土耳其边境赶来的俄军纵队的支持。

俄国的侦察兵报告了莫蒂埃的阵地所在，在施密特这位能干的奥地利军官的帮助下，库图佐夫制订了作战计划，他们在杜伦斯坦城堡的废墟下打败了莫蒂埃。关于杜伦斯坦城堡，有许多传奇故事，狮心王理查也在这里被游吟诗人布隆德尔救下。这场小规模战斗持续时间很短，但是很激烈。天资聪慧的施密特意外死亡，但是在激烈的厮杀后，法军在黑夜的掩护下朝南岸撤退。

拉纳夺取维也纳多瑙河桥

拿破仑立即制订计划，调遣更多的士兵横跨多瑙河来到其北岸，为的是不让俄军同驻守在维也纳附近的奥军联合。这一策略的关键就在于夺取维也纳的多瑙河桥。这座桥结构脆弱，是从多瑙河进入维也纳北部的主路。

尽管奥军已经准备摧毁这座桥，且派兵把守，但是法军将领们只是走过桥对惊愕不已的奥军说，鉴于此前双方已经签订了停战协议，因此都不必再发生流血事件。当一位奥军军官看到法军掷弹兵们步伐整齐地走过这座桥时，他猛地意识到事情并非一切顺利。但是拉纳元帅向他保证，称自己的士兵如此轻快地前进只是为了在寒冷的天气里"保暖"。

驻守多瑙河桥的奥地利指挥官奥斯佩格伯爵已经退伍 15 年了，他显然不再拥有年轻时的活力。日后一位历史学家指出，奥斯佩格未能守住桥，"如果不是极端的愚蠢，就是他意志和智慧的失败"。[27] 就连法军自己都不相信拿下桥是这么容易，但是拉纳毕竟是一位加斯科尼人（该地区以夸口著称）。

拉纳占领了这条横跨多瑙河的道路，不仅威胁到了维也纳，同时也使库图佐夫深深地陷入了危险的境地。此外，如果维也纳失守，那么从阿尔卑斯山南部赶来的奥军在同俄军联合之前就将面临一个难以克服的障碍。

库图佐夫急速行军，以便将自己的军队带到安全的地方，随后朝北撤退。他的同事巴格拉季翁在肖恩格拉伯恩山为他打掩护，然而穆拉特误以为在那里有整支俄国的部队，于是派出一名特使向库图佐夫提出和解，谎称"现在法国和奥地利已达成和约"。巴格拉季翁并未上当，但是库图佐夫将计就计，派了两名军官前去谈条件，将会谈拖延了 24 小时，库图佐夫得以安全撤军。拿破仑听到这个所谓"停战"的消息后勃然大怒，给穆拉特写了一封言辞激烈的信。收到信后，穆拉特才如梦初醒，意识到当时他面前的俄军的数量实际上并不像他想象中的那么庞大。等到穆拉特发起攻击时，天色渐晚。俄军炸塌了肖恩格拉伯恩山，这给任何进攻都设置了难以通过的障碍。在狙击兵的掩护下，巴格拉季翁最大限度地迷惑了法军，让库图佐夫能在第二天清晨安全通过摩拉维亚。等到拿破仑赶到泽纳姆同穆拉特会合时，他的心情非常糟糕，尤其是他刚刚得知特拉法尔加战役的消息。

库图佐夫继续向布吕恩（今摩拉维亚的布尔诺）行军，利希腾斯坦手下的奥军在那里加入了他的队伍，因此他的队伍壮大到了 8 万人。此外，更多的援军还在前来的路上。1 万名俄国皇家禁卫军精锐部队从圣彼得堡行军至摩拉维亚北部的奥目兹（今奥洛莫乌茨）。还有更多的部队从波兰赶来，斐迪南大公也在波希米亚集结了近 1 万名奥军。

最主要的是，卡尔大公已设法将他的军队以一种高明的方式撤出了意大利，突然转而袭击身后的追兵。此时，在摩拉维亚，拿破仑受到了当地群众的热烈欢迎，摩拉维亚因其貌美的妇女、人们天生的魅力和智慧而闻名。摩拉维亚人认为法军是俄军之后更讨人喜欢的占领军。但是法军的状态并不好。被迫行军的劳累，再加上远途作战，他们急需一场迅速的胜利。法军若想保持凝聚力，最好的方式就是尽快打一场决定性的战斗。

普拉钦高地：奥斯特利茨

盟军集中在布吕恩和奥目兹之间。拿破仑仔细地侦察了地形，随后发现，布吕恩几英里开外即是普拉钦高地。他确信自己的军队即将在这里打一场大战。

此时，库图佐夫在奥目兹受到了俄国沙皇和奥地利皇帝的欢迎。很显然，沙皇现在是领袖并坐镇指挥。奥地利军队相对弱小，不太重要。哈布斯堡皇帝觉得反对沙皇的意愿有损自己的尊严。而奥军现在唯一能影响军事决策的是注定要倒霉的总参谋长——维洛特。在杜伦斯坦中弹身亡后，施密特就接替了其职位。

与施密特不同，维洛特认不清现实，这一点——我们已经见证过——在很大程度上导致了奥军在霍恩林登的惨败。更加明智的军官如巴格拉季翁、库图佐夫、米罗拉多维奇和多赫图罗夫都偏向于拖延时间，有必要的话还可在喀尔巴阡山脉附近过冬，等待包括卡尔大公在内的增援，同时等待普鲁士即将对法军宣战。

但是沙皇亚历山大偏向一种更戏剧般的回应，维洛特当即用奥地利人强大的拍马屁功力同意沙皇的计划，敦促盟军向布吕恩行军。在那里他们可以威胁拿破仑的右翼，并迫使他穿过克莱姆斯上方人迹罕至的山脉向西边撤退。

维洛特将联军的8.9万名士兵分成了五列纵队，可能在霍恩林登体会过军队过度分散的危险，这次他下定决心让各纵队互相保持通讯畅通。2.5万人的奥军小分队，包括3000名骑兵，起初由科洛夫拉特指挥，但后来由利希腾斯坦亲王带领。当战斗打响时，这支小分队锐减到 20.5 个营和 45 支骑兵中队，共计 1.57 万人。

从一开始，维洛特领导的那部分奥军的前后不一致和混乱的思维就让盟军的部署叫苦不迭。他的计划本是攻击拿破仑的右翼，但当盟军开始集结的时候，大量的兵力却被安排针对法军的左翼。盟军花了 48 个小时才纠正了这一错误。而这个错误之所以会犯，部分是因为维洛特根本就不清楚拿破仑右翼的位置。

无论如何，普拉钦高地对双方来说都十分重要。对维洛特和俄军来说，这里是攻击法军右翼的关键之地；对拿破仑来说，此地是引诱俄军陷入一场歼灭战的诱饵。正如拿破仑在开战前一晚对自己的元帅们说的那样，奥斯特利茨之战绝不是"一场普通的战役。我宁愿将地面拱手让敌，撤退右翼。如果他们敢从高地下来进攻我的侧翼的话，那么他们将注定被打败，不会有任何翻盘的机会"。[28]

为了让绿衣俄军的部队从高地上下来，穆拉特的骑兵上演了一场精心策划、颇具戏剧效果的"撤军"。下午 3 点左右，俄军确实开始下山了。而拿破仑则在悠闲地享用晚餐，菜品有煎土豆、面条和洋葱，他深信俄军定会落入他的圈套。黎明时分，他下达了进一步的指示。奥军在特尔尼茨村的轻骑兵中队被法军消灭。得益于一场浓雾的掩护，高地上的俄军看不清拿破仑军队的行动。去那片战场的游客可以看到，天气不好时，高地的人根本看不清山脚的路。拿破仑正是充分利用了对手的这种"看不清"。

在奥军方面，维洛特并没有察觉到对手想法的狡猾之处。盟军军官朗格荣描述了奥军是如何"拿着一幅巨大的地图走进来，精准、详细地展示地图上的布吕恩和奥斯特利茨"。（奥地利的军事制图所是玛丽娅·特蕾莎建立的，以绘制地图出名。）朗格荣说："维洛特大声、自负地向我们宣读了他的部署，这充分暴露了他的得意自满。"而他的听众——俄国将军们——的心理准备也比维洛特好不到哪里去。库图佐夫接连醉了好几天，半睡半醒地坐在椅子上。他和其他的军官一样，对奥方说的内容并不感兴趣。[29]

维洛特建议由奥军小分队打头，开展左翼进攻。该小分队是基恩梅耶率领的一支强大的混合部队，他将用 5 个营和 20 支骑兵中队的军力向金色小溪的下游行军。而两支强大的俄军纵队将越过金色小溪，对法军的右翼致命一击。维洛特根据所有的报告推断，法军，尤其是他们的骑兵，现在都疲惫不堪，且士气低下。他声称，奥军对此地的地形了如指掌，因为他们在 1804 年时就曾在此操练。但俄国人对奥地利人的提议能理解到什么程度，这值得商榷。因为维洛特的命令是用德语写的，有时需要翻译成俄语。

维洛特的计划执行得不尽如人意，这并不令人意外。基恩梅耶不到 3000 人的营是从十分杰出的团中抽调出来的，他们迅速地投入了战斗，但俄军纵队间发生了分歧。直到利希滕斯坦亲王穿过俄军步兵到达他自以为是目的地的地方时，他的骑兵们都没有得到任何指令，在漫无目的地四处乱逛。在俄军纵队互相混淆之际，当维洛特往山下望去时，他变得越来越焦虑。他能听到法军在山下的动静，但无论是他还是山上的其他人都看不见法军的行踪。

此时在山下，基恩梅耶的塞克勒步兵在特尔尼茨村英勇奋战，却被地下掩体中的法国散兵所杀死。他们越过金色小溪发起的五次进攻都被击退。在得到第 7 狙击兵精英部队的增援后，他们终于得以将法军逐出此地。但是基恩梅耶的小规模战斗只是战斗的前奏。在浓雾的掩护下，一支强大的法军朝普拉钦高地前进，他们将在那里崭露头角，成为日后拿破仑口中的奥斯特利茨的金太阳。

接近 9 点时，一场激烈的战斗在前线爆发。当法军重新夺回特尔尼茨村后他们开始呈扇形散开。莫尔上校率领的一支奥地利黑森－洪堡轻骑兵对法军展开追击，给对方带来了毁灭性的后果，于是基恩梅耶得以重新占领该村。莫尔的轻骑兵们将法军第 108 团误认成他们深恶痛绝的巴伐利亚团，结果只有少数法国士兵得以逃离。

倒霉的法军第 108 团的幸存者们试图逃往北边，但是却受到了自己人——一个法军轻步兵团——凶残的炮火轰击。现在的特尔尼茨村被奥军牢牢地控制住了，还有两支奥地利骑兵团穿过该村去占据一个攻打西边的进攻阵地。

再往东，俄军炮兵近距离地轰炸了索科尔尼兹村，于是该村被火焰吞没。一个小时后，俄军占领索科尔尼兹村，他们投入了最强的 5000 名士兵去赶走驻守在该村的一个法国团。然而，法军的两个旅抵达战场后，将俄军逼至索科尔尼兹村的西北角，在这个角落里俄军曾多次尝试，但都不能赶走法军。现在，大约 3.3 万名俄军和奥军部队陷入了困境，他们试图将金色小溪和村庄都远远抛在身后并逃走。

此时的普拉钦高地上，斯特－西莱尔和凡当姆率领的法军同俄奥第四纵队爆发了冲突，后者由于其常见的部署问题而推迟了行程，这些问题中最突出的就是利希腾斯坦曾随意从俄军步兵队列穿过。在看到仿佛从浓雾中现身的法军后，俄军高级将领们都大惊失色。突然之间，盟军的位置变得十分危险，因为他们三支最靠前的纵队的后方会因为法军在高地上突然现身而受到威胁。第四支盟军纵队立刻意识到危险，于是一分为二，重新部署。同时，还未赶到金色小溪平原的第二支盟军纵队暂停了行军，在观察到身后高地上发生的一切后，他们掉头，转而向后方行军，赶去支援高地盟军对法军斯特－西莱尔右翼的攻击。

施利亨贝格少校的大炮

此时，一个身份不明的团正从东边朝斯特－西莱尔的部队逼近。在大雾中确实难以辨认他们的身份。当他们走近时，一位军官在 300 码开外用小到几乎听不见的法语喊道：“不要开枪。我们是巴伐利亚人。”法军听到后刚开始很高兴，但一位足智多谋的军官为了防止万一，命令他的士兵如果这支新到的部队一旦显现出敌意就一定要对他们开火。当他向前攀爬去近距离侦查情况时，他认出了奥军白色的军装。尽管这支奥军乍看起来并没有攻击力——因为法军看到了一些羸弱的士兵——但是随后出现的罗特蒙德将军的手下有一个 3000 人的旅，他们佩戴的橙色袖章很好辨认。这些士兵是萨尔茨堡“皇室”的精英团，也是强大的山地战士，他们同施蒂利亚的战士们一起，是奥军最精锐的部队。在得到俄国一个旅的增援后，奥军用武力向高地发起了进攻。维洛特在附近观战时，他胯下的马中弹而亡。但是法军盘踞在普拉岑贝格，用刺刀发起了反击，并屠杀伤兵。俄军开始慢慢撤退。朗格荣曾试图从下方的平原上去高地支援他们，但在平原上就遭遇了交叉火力。在当时的那个小村庄（现在的威隆拉第区），萨尔茨堡人一直顽强应战，直到受到两个半旅的士兵的三面夹击。至此，普拉钦高地上的盟军第四纵队已不复存在。当法军火力全开时，盟军变得一片混乱。

再向北方，霍恩洛厄试图在威隆拉第区部署骑兵，却被当地的黏土和藤蔓所围困。盟军骑兵的反击再一次配合不佳。当施利亨贝格带着12门大炮从奥目兹赶到战场时，奥军炮兵却再次展现了其传统的专业性。

这些大炮从劳斯尼茨运来抵达奥目兹时，逃兵们又逃回来了，确认了军队所遭受的各种灾难的可怕消息。尽管手上没有任何实质性的掩护部队，指挥官仍将炮阵摆在最佳位置上——维洛肖维茨右边的高地。他面对的是一支得胜的军队。奥军炮阵顽强地开火轰击了法军主要炮阵及其精锐部队。奥军开炮的技巧十分高超，迫使法军在数分钟之内撤回了炮阵。一些法国火炮彻底哑火，法军左翼的进攻陷于停顿。

英勇的奥军炮兵少校不仅避免了巴格拉季翁部队的毁灭，还成功地封住了杀向匈牙利的道路。但是，施利亨贝格的行动不过是整体糟糕的战绩中昙花一现般的胜利。在一场史诗级的骑兵战役中，身着华丽耀眼白色军装的俄国恺撒亲卫骑兵被拿破仑的骑兵团歼灭，使俄国预备部队重夺普拉钦高地的企图成为泡影。当前三个盟军纵队沿着下方的金色小溪作战时，拿破仑在确保高地的安全后，开始在其后方展开进攻。一场大型的钳形作战行动将摧毁盟军近1/3的军力。奥俄联军在特尔尼茨村已经连续作战了近8个小时，于是开始组织撤退，且退且战。他们保护了两个俄军纵队残部的撤退，现在到他们自己撤退的时间了。奥地利骑兵组成了后卫，其中奥莱利轻骑兵——可能是哈布斯堡拥有的最强大的轻骑兵——不停地向追击的法国骑兵发起冲击，还部署了骑炮兵的一个炮阵，取得了不错的效果，令博伊将军旗下一个师的龙骑兵陷入了绝境。

看到这一切后，拿破仑对奥地利骑兵的超高质量十分恼火。他命令一名倒霉的参谋前去"告诉我龙骑兵的将军，他太差劲了"。[30]

基恩梅耶指挥了一场漂亮的撤退，没有损失一门大炮。但当阳光透过浓雾照耀大地时，再没有什么东西能掩盖这场败仗的规模。此刻，奥军和俄军在前往匈牙利的途中集结。尽管他们的增援已经赶到战场，特别是默费尔特，但两国皇帝都心知肚明，这场联合战争已经结束了。弗朗茨在写给妻子的信中，用他一贯的超脱口吻写道："（我们）打过一仗……结果并不好。"

弗朗茨明白，是时候去了解自己能从法国皇帝那里获得何种条款了。利希滕施泰因奉命前去筹划预备性措施，于是 12 月 4 日的下午 2 点，一辆由长矛轻骑兵中队和轻骑兵中队护卫的马车出现在去匈牙利的途中。马车前行时，奥地利骑兵一直停在距离马车 200 码的地方，行至拿破仑等待在仓促准备的炮火的地方时才停下来。马车的门开了，身着大衣，里面穿着整洁的白色和红色的服装的奥地利皇帝走了出来。出于他皇室的教养，在拿破仑拥抱他时，弗朗茨木然地凝视着前方，任何身体上的小动作都没有表露他此刻的情绪。虽然拿破仑把自己加冕成了皇帝，但奥地利皇帝所展现的风度依然超越了这种小屈辱，尽管他可能有打败仗后出现的种种愤怒情绪。利希滕施泰因亲王曾试图打破僵局，但最终却是弗朗茨礼貌的寒暄缓和了当时的气氛，让这位来自科西嘉岛的自命不凡的新人放松。旁观者注意到了弗朗茨庄严的姿态。尽管他才 36 岁，但看起来比他的实际年龄老了十几岁。他的帽子稳稳地扣在脑后，他拿着拐杖，一举一动都极其刻板严谨——至少在法国人看来是这样。

空气中的凉意很快消散，不到 20 分钟，人们就听见了欢声笑语。弗朗茨为自己争取到了停战协议，24 小时内生效，因此处于困境中的俄国和奥地利的部队得以安然撤退。

奥军死亡人数约为 600 人，比俄国盟友少很多，俄军很多伤兵是在战斗的最后被法军用刺刀刺死的。另外 1700 名奥军沦为俘虏，但总体来说奥军的纪律在这一整天中比盟友俄军要保持得好。

但是维洛特的计划再次展示了奥军灾难性的参谋部署。同霍恩林登一样，盟军纵队还是相隔甚远，无法相互提供实质性的帮助。而当战况的发展超过维洛特的掌控范围后，奥军的参谋却还是不知变通。俄国的将军们在无尽的指责中相互疏远。但从整体上来说，奥地利的集体观点可以从皇帝低调的回应中略知一二：奥军表现很好，有时候格外好，但战争结果本身却"并不好"。

战争的外交后果对于哈布斯堡皇帝和他的王朝来说异常苛刻。威尼斯、弗留利、达尔马提亚和伊斯的利亚归野心勃勃的意大利"王国"所有，提洛尔和福拉尔贝格州交给遭人嫌恶的巴伐利亚人。日耳曼联邦懦弱的领导人们却因其怯懦的表现被授予一些装腔作势的头衔，比如大公；在巴伐利亚或符腾堡地区，被授予王的称号。皇帝弗朗茨失去了 250 万的臣民，以及对德意志和意大利传统的家族霸权。奥地利皇室的本性使得她只会将这些灾难当作暂时的挫折。四年后，她将重拾利剑。这一次，奥地利军队的领导层将迎来一批同时代最伟大的士兵。

普鲁士军队已全部被消灭。14.5 万名士兵不是被杀死，就是受伤或沦为俘虏。该国皇帝、皇后、卡尔克罗伊特将军，以及 10 名或 12 名军官均已外逃。"[2]

卡尔大公培养一支地方防卫军和预备军

拿破仑全民动员的成功经验以及其军队发动战争的规模，都使卡尔大公确信奥地利帝国部队急需调整，应该将从更广泛的基础上招募的一支灵活可靠的预备部队并入帝国部队。地方防卫军和预备队的诞生经历了很长一段时间，一旦战争爆发，他们是一股能向前线输送常规士兵的人员力量。起初卡尔大公对地方防卫军并不抱很大期望，因为他深信打败拿破仑只能依靠训练有素的正规部队，于是把预备役人员交由弟弟约翰大公打理。约翰大公常年在奥地利高山地区游历，对当地人的能力和爱国精神印象深刻，于是那里的人就自然地成了地方防卫军的选择。分崩离析的普鲁士和一群士气低落被吞并的亲王小国留下了空缺——一个仅能由奥地利填补的空缺。约翰大公知道该如何利用这一点，卡尔大公也乐意让自己的弟弟负责新的预备部队。

普鲁士在耶拿被歼灭的消息鼓舞了许多日耳曼作家，他们不再将民族解放的希望寄托在柏林身上，而是寄希望于维也纳。伟大的普鲁士作家海因里希·克莱斯特（1777—1811）用他的创作才能赞扬卡尔大公。与他同时代的奥地利作家海因里希·科林（1771—1811）用叠句创作了一首诗，后来成了新成立的地方防卫军的军歌。海因里希·科林的《科里奥兰》还曾给贝多芬带来过灵感。

唤起臣民：组成军队！

冲往前线：拿起武器！

（Auf,ihr Volker,bildet Heere!

An die Grenzen fort zur Wehre!）

除了科林的呐喊之外，还有其他的声音：年轻的路德维希·乌兰特说"强大的奥地利觉醒吧！"；恩斯特·莫里茨·阿尔恩特说"觉醒吧朋友们！我们的皇帝是弗朗茨而不是波拿巴！"；最惊人的是普鲁士人的报复心，马克斯·冯·申肯多夫写道："德意志恺撒！德意志恺撒！前来复仇！前来拯救！"但是皇帝弗朗茨并不是很乐意看到这些情绪，他总是对民粹主义表示怀疑。当他得知朝廷里有个爱国者时，他十分刻薄地反问道："但这位爱国者爱的是我的国家吗？"这句话日后被约翰·奥斯本调换语序后运用在他 1966 年的同名戏剧中，得以恒久流传。[3]

约翰大公忙于地方防卫军的事宜，1808 年大约一整个冬天的时间都被他用来组织和训练军队。其中最突出的就是他坚持认为，军队的命令和训练与"国土的综合防御"密不可分。这支军队的军装和武器必须反映当地的传统。约翰身经百战，始终遵守奥地利军队严格的等级制度，以确保地方防卫军不被强迫使用他们不熟悉的武器，不被强迫按照更正式的演练方式训练。

正如约翰所说："这种方法作战的精髓在于行动和速度，狡诈和勇气，关键时刻保持冷静：这都是我们必须加强的。"[4]他敦促军官们和自己的士兵保持频繁的交流，甚至要多参与国内事务。地方防卫军的军官必须时刻提供他们的"支持和慈父般的安慰"。为了加强皇室领地居民之间的团结，科林的歌曲被翻译成了波兰语、捷克语、斯洛文尼亚语和匈牙利语。

约翰马不停蹄地将地方防卫军完善成一支可靠的武装力量，向他们灌输对自由的无限渴望。另一边的卡尔大公也在为加强常规军队的力量而努力，他不仅想要培养军队的士气和纪律，还要提高他们的积极性和威望。

常规军的服役期也进行了改革。奥军不再实行终身服役制，现役仅针对 18~40 岁的男性。炮兵部队最长的服役期为 14 年，骑兵为 12 年，步兵为 10 年。新兵招募由投票产生，而且当规定的服役期到期后，如果士兵和政府达成一个士兵超期服役的合同的话，服役期可以额外延长 6 年。（该合同自动为处于服役期间的士兵提供奖金和赋予结婚的权利。）

一支新组建的常规预备军包括那些具备军事服务能力，且强于常设军事要求的士兵。预备军的成员们每年必须接受军事训练，但是他们可以保留自己的日常工作，且不需要更换所在地。在年度训练期间，他们的服役和常规士兵一样是带薪的。

除了常设部队外，每个奥地利线列步兵团都有了两个预备营的兵力。预备营成员在第一年期间需训练四周，第二年需训练三周。到了 1808 年，这一"待命部队"的成员壮大至 6 万名。

为了保证在统治者苟且偷安时，哈布斯堡不会完全失去曾经在神圣罗马帝国的日耳曼省份拥有的人力，她用边境招兵代替了原先的帝国招兵。此举使得许多日耳曼志愿兵得以加入奥地利军队服役。

约翰大公的地方防卫军和预备队相得益彰。他们都有保卫"哈布斯堡领土"的职责，而且在职权范围内，不仅 18~45 岁的士兵，所有的人都能使用武器——这吸取了美国独立战争的经验。于是，哈布斯堡历史上头一回树立了全民武装的概念。军装套在平民衣服外面，组成地方防卫军的个体连队按地域进行了划分。预备役部队有浓厚的地方特色，这和早几年成立的不列颠部队的义勇兵团如出一辙（只是奥地利的地方防卫军没有英国农村人口这一特定的社会结构，而这种特定的社会结构可能只在匈牙利领地的封建安排中才能找到）。

四支预备役连组成一个预备役营，他们通常在每周日训练。每个月会举行更大阵型的训练。若是某一处皇室前线受到威胁，地方防卫军将集合，在该区域总指挥官面前宣誓效忠。鉴于地方防卫军是在本地招募的，因此许多中产阶级专业人士都自动成了委任或未委任的军官。以前从未想过会拿起武器的人们——教师、教授、医生和律师们——都被约翰大公打造成了爱国人士以及训练有素的王朝守卫者。地方防卫军制度并未在加利西亚和布科维纳施行，因为 15 年前痛苦的波兰划分事件，这两地的人民仍被认为在政治上是不可信的。其他地方，预备役制度逐渐成为帝国军事板块的一个常规特征，并以非凡的英雄气概在 1809 年的事件中异军突起。这证实了约翰对中产阶级的信心——他一向对中产阶级比对贵族更有好感。在他看来，贵族阶级终日昏昏欲睡且寻欢作乐。

建立预备役部队并将其提升为一支训练有素的武装力量，这是一个非常伟大的计划。在奥斯特利茨之战和下一轮战争之间短短几年的和平时期内，这个计划很难变得尽善尽美。约翰被授予内奥地利（施蒂利亚、卡林西亚和卡尼奥拉）地方防卫军检察长的头衔。他立即向军队灌输自己关于西班牙沿线地区的民主防御的思想。从1808年的夏天开始，西班牙预备役部队的崛起以及取得的成功，像闪电般照亮了奥地利的军事视野。但是战争打响后，这些新成立部队的纪律并不如本土部队的纪律严明。皮特里注意到一些地方防卫军中出现了行刺军官的现象，还有两个团甚至拒绝行军。[5]

当奥地利组建这些部队的消息传开后，拿破仑意识到奥地利准备再一次对自己发出挑战。1808年，维也纳向拿破仑保证，地方防卫军并不是一支有侵略性的部队。但是1809年的1月，在巴利亚多里德，他决定离开苏尔特元帅转而从科伦纳追击败北的英军。在回巴黎时，拿破仑希望更详细地了解从维也纳传来的扰乱人心的谣言的真实性。

具有决定性意义的1809年到了，爆发战争的可能性越来越大。3月，卡尔大公匆忙下令组建志愿兵营。数千人拥向了哈布斯堡的军营。仅在波希米亚就有6000人赶去加入新建立的卡尔大公军团。在维也纳，奥地利招收了六个营的志愿兵，其中大多数都来自中层阶级的专业人士，他们将会对拿破仑的某些最强大的部队展开致命一击。

也许最重要的是，卡尔大公采用了一套"军队"组织系统。在1809年的战争中，这套系统对于已经增强的奥军作战能力至关重要。

流动性增强：新"猎兵"和炮兵改革

帝国轻步兵能力的提升也巩固了这些改革的成就。1804年，在一支轻步兵阵型中组建了"猎兵团"，这个阵型在第一次联合战争中就已投入战斗。此后，"猎兵团"发展壮大，变成了"猎兵军"，卡尔大公受此启发在1808年组建了8个"猎兵营"。从阿尔卑斯山谷和森林抽调的训练有素的精英部队，他们以强大的心理和身体素质而著名，但是他们的晋升还体现了其他政治性的考量。

奥地利山地部队久经考验的高素质催生了提洛尔地区的"民兵"，他们由有百年历史的提洛尔民兵防御组织的剩余力量组成。尽管提洛尔现在名义上仍是巴伐利亚的一部分，但是当地群众受到鼓舞，秘密将自己武装成一支强大的非常规部队，拥有 2 万名反叛者，只要维也纳一声令下，他们就准备发起进攻。奥地利在即将到来的战役中对这些山地部队的使用，赋予了卡尔大公所打造的军队新的内容：这些武装力量将成为哈布斯堡有史以来的第一支"人民军"。

这些进展仅仅是皇家军队现代化进程的一部分，该进程还包括同样重要的对训练和战术的改革。炮兵部队被重组成一个固定且完全独立的作战单位。卡尔大公学习了拿破仑创造性地使用炮兵部队的经验，他不再依赖炮阵对步兵的支持，转而倾向于流动性更强的阵型。炮兵旅分成了拥有 8 门大炮的炮连，马拉炮兵连则是更小、更灵活的作战单位，拥有四门大炮和两门榴弹炮。所谓固定炮兵，指的是拥有四门重型大炮和四门榴弹炮的部队。要塞炮兵分散在 14 个区，旨在减少一个世纪以来对波希米亚的过分依赖。

约翰大公被任命为工兵指挥官，他在很短的时间内顺着法国的模型修建了一条强大的堡垒防线。多瑙河畔的科莫恩就是其中之一，该要塞在查斯特勒的手下得到加固，并在日后的战役中帮了奥地利大忙。

步兵部队也将进行类似的改革。尽管掷弹兵营仍未获得团的编制，但是现在他们已经正式并永久地成为"掷弹兵军"了，作为战术预备队，这一部队由陆军炮兵指挥官或陆军元帅直接领导。

除了掷弹兵军外，步兵现有 63 个线列步兵团，一个包括 8 个营的"猎兵"团和 17 个格兰茨团（包括捷克营和巴纳特军事前线的船工们）。每个团由 5 个营组成，每个营有 4 个连。骑兵部队被分成了 8 个胸甲骑兵团、6 个龙骑兵团、6 个轻骑兵团、12 个匈牙利轻骑兵团和 3 个长矛轻骑兵团，每个团各有 8 个中队。这种安排让轻骑兵比重骑兵拥有了微弱的优势，也再次强调了奥地利对增强军队的流动性的需求。

约翰大公这位新上任的军事检察官重组了工兵部队。该部队 145 位军官中，9 位拥有将军军衔，以此彰显该部队的重要性。布雷部队和拥有 6 个连的架桥营（工程兵）都由约翰大公管理。

人员调整和统帅部

经历了维洛特在奥斯特利茨战役中参谋带来的惨败后，卡尔大公下令对奥军人事系统做出彻底的调整。一般军需人员被组织成后勤队伍，设有 1 名将军、24 名参谋人员和 36 名高级军官。军用运输部队也按照地域首府被划分为若干个师。

同样重要的还有对古老的统帅部的整顿。在过去的 5 年中，卡尔大公经常性地体会到该机构对自己的不支持。现在该机构被分成了 4 个分部，分别负责军事、政治经济类事务、火炮和工程问题、司法和法律事务。（第一、第二分部是该机构的核心，因为他们处理军队的军装、训练、招募和装备事务。）

卡尔大公已正式位居该机构之上，因此指挥链十分明确。与此同时，帝国军队被分成了若干军，并于 1808 年下放给各个皇室属地。每个军都设有独立的内部组织结构：参谋部、炮兵指挥和军需官。如此一来，倘若爆发战争，每个军便能够完全独立于其他军事单位运作。

为了使武器演习更简单，奥军做了一些改变。1807 年 9 月 1 日，新步兵细则开始施行。除了简化一部分的毛瑟枪演习外，该细则着重强调了士兵的射击技能。奥地利部队中的每位步兵必须在 300 码外射中一定环数才可继续在部队服役。射击纪律和阵型的训练也是训练的重点。为了提高行动和反应的速度，部队训练中还引进了一项新的快节奏训练（每分钟 120 码）。同时，奥军摒弃了弗雷德里克战争遗留下的复杂的训练模式，比如在斜阵行军时开火。

奥军训练中有些地方还体现了卡尔大公自己关于战术阵型的想法。对拿破仑的技巧进行认真的研究之后，他的军事理论也得到了发展，其中最显著的是"大编队"阵型。采用这种阵型，步兵能组成灵活的队列，可以抵御骑兵和纵队的袭击（理论上讲，在冲锋的时候也能如此）。在队列前线和支撑线上创造性地使用"大编队"阵型成了 1809 年奥地利步兵战术的标志，而且总体来说，收效甚好。

1806 年至 1807 年所制订的规章制度对纪律作了更人性化的规定："严厉禁止在训练中对士兵进行任何形式的虐待和打压。暴行通常是无知的象征，会伤害士兵的自尊，而自尊应该是每个士兵最重要的东西。"[6]

为了节约经费，更便宜的黑色毛毡步兵筒状军帽取代了几乎所有部队都佩戴的昂贵的传统头盔。到 1809 年，由于并不是所有的匈牙利步兵团都配备了这些装备，因此奥军同拿破仑交战时的着装和在奥斯特利茨之战中相差无几，但是这支奥军经过战争的洗礼后已经总结了很多实用的经验。

在改革的旋风中，卡尔大公费尽了心思：他在奥目兹和格拉茨组建了新的士官连，同时重组了维也纳新城军事学院，将军官的学习时间延长至八年。卡尔大公竭尽全力，就是为了确保奥军在下次和拿破仑交手时，能有更好的状态。这是一场孤注一掷的、和时间的较量。

再过两年，或者再过仅仅 18 个月，大部分的改革措施必定会开花结果。然而，命运使然，奥地利再次违背了卡尔大公的意愿发动了战争，而且她自己并未做好准备。但是在 1809 年的战争中，奥军带着荣耀而战，这完全是卡尔大公的功劳。欧洲大部分地区都被拿破仑踩在脚下，好在西班牙部分地区的暴乱以及伦敦强硬的态度阻止了他对整个欧洲大陆的统治。普鲁士被彻底击败，俄国也采取了绥靖政策，至此，奥地利清楚地认识到她已经孤立无援。然而英格兰和西班牙都无法为她提供哪怕一名士兵、一门大炮的支持。普鲁士已支离破碎，军队被摧毁，就连精神上的支持都提供不了，尽管有些军官极力主张支持奥军，但是普鲁士懦弱没骨气的国王根本不同意。财政处于低谷的英格兰欲为奥地利提供一些资金，但这些资金的法案直到多瑙河战役结束很久之后才被通过。

"保卫祖国"

维也纳主战派：皇帝 22 岁的第三任妻子——皇后玛利亚·卢多维卡（她被迫逃离了在意大利北部的家乡）——还有梅特涅和施塔迪伯爵都注意到拿破仑此时在西班牙，但是约 20 万名法军部队却驻守在多瑙河畔。此时不行动，更待何时？约翰大公也逐渐向主战派靠拢，卡尔大公亦是——尽管不太情愿，但他仍忠诚地跟随了皇室的共识。1809 年的 4 月 6 日，卡尔大公发布了一份振奋人心的声明："保卫祖国需要我们拿出新的行动……"

外交长期的特征就是友好地口是心非。奥地利大使梅特涅用这种口是心非待在巴黎，用花言巧语哄骗拿破仑，让他错以为一切都很安全。于是这位法国皇帝相信，只要奥地利大使留在此地，维也纳就永远不会发动战争。直到 4 月 16 日，拿破仑才谨慎地下令让自己的军队在多瑙河集合。但恶劣的天气让巴黎与拿破仑在多瑙河的指挥官贝提埃之间的通信变得混乱，同时还影响了拿破仑的电报系统，只有当任意两个相距 7.5 英里的电报站之间的可见度很高时电报系统才能正常工作。

卡尔大公沿着多瑙河行军，他计划在巴伐利亚对法军发起突然袭击。起初他准备在多瑙河北岸发起进攻，希望能得到普鲁士和其他日耳曼部落的支持，但是他高估了脆弱的普军的恢复能力。当这个希望未能实现时，他将大部分的兵力转移到了多瑙河的南边，这一调遣耗费了大量的时间。而约翰大公的职责是观察阿尔卑斯山，并朝意大利北部行军，在那里尽可能多地牵制法军。另一支奥军将在波兰采取军事行动，监视效忠于拿破仑的朴尼阿陶斯基亲王和他的军队。

在巴伐利亚的第一次交锋：兰茨胡特和埃克缪尔之战

在兰茨胡特，占领了雷根斯堡的达武率领着一支孤立无援的法军，但是奥地利第五大公部队在对他的部队展开进攻之前，先攻击了一支强大的巴伐利亚军队，将其赶出了小镇。不幸的是，卡尔大公发现达武是孤立无援时为时已晚，他本可以在 24 小时之前将达武消灭的，但现在拿破仑已经赶到了战场。拿破仑的到来使原本极不协调且分散的法军开始凝聚起来。但是就连拿破仑也误会了正在发生的事情：他并没有意识到达武遭遇的奥军其实已经差不多是卡尔大公全部的兵力了，等他反应过来时还不算太晚。

当拿破仑意识到自己的错误时，他的享有盛名的临场应变能力立马起了作用。达武得到了拿破仑大批人马的支持，拿破仑和达武联手破坏躲在一排大炮后面的奥军左翼。当 22 个奥地利营牵制大量的法军时，罗森贝格亲王和他的第 4 兵团观察了两个小时，直到 68 个法国兵营对奥地利兵营发动三面夹击。当拿破仑派出骑兵时，罗森贝格的撤退变成了溃败。他一次次地向卡尔大公请求支援，但卡尔大公却一次次地建议他用"自认为合适"的方式进行自我拯救，因为后者并不打算为了别人的部队牺牲生力军。

尽管如此，看到罗森贝格部下惊慌失措的模样后，卡尔大公还是立即派遣了一支胸甲骑兵旅和掷弹兵预备队，让洛汉坐镇指挥去力挽狂澜。奥地利骑兵迫使法军放慢了行军速度，被迫让步兵摆出方阵。但是洛汉的部队受到了士气低落的第 4 兵团剩余兵力的影响，除了两个营之外，其余的掷弹兵全部崩溃。当一大批法国胸甲骑兵冲上来杀害幸存者时，第 4 军面临着被歼灭的危险。

晚上 7 点，初升的月亮照亮了一个戏剧化的战场。[7]6000 名法国胸甲骑兵分列两行，同符腾堡和巴伐利亚的援兵一起，朝相对单薄的两列奥地利胸甲骑兵行军，奥军两侧有一些轻骑兵中队护卫。疲惫的法国骑兵一路向前小跑，而奥军由于地面斜坡的帮助，也向法军飞驰而去，准备发起进攻。鉴于当下的法军有 5 个团的兵力，而奥军只有 2 个，因此战斗仅持续了片刻，奥军就急速向自己的队伍奔去。奥地利两个掷弹兵营抵达了战场，并组好方阵，但仍被圣叙尔皮斯的胸甲骑兵打得落花流水。卡尔大公自己也历经艰难才逃离现场。法军的疲惫不堪和黑夜的降临使奥军免于被消灭。唯一让卡尔大公感到宽慰的是，他保存了部分兵力，并没有派上全部的 3.3 万名士兵。

至此，埃克缪尔之战告一段落。拿破仑并不满意，他并没有展现一贯的冷酷，再现耶拿之战的盛况；卡尔大公更不满意，尽管精英部队为他赢得了逃离敌军的宝贵时间，但在危机面前仍然无能为力。

实际上，卡尔大公现阶段的实力比看上去要强大。埃克缪尔战役只是一场保卫战，是罗森贝格面对数量悬殊的敌军从西、南、东三个方向攻击而采取的行动。奥地利的两个兵团，第1和第2兵团的士气并不低沉，而且他们的最高指挥官还留有同维也纳之间的通讯线，尽管这些通讯线现在得穿过波希米亚。第2和第4兵团确实打了败仗，撤退也一片混乱，但并未被彻底击垮。4月23日早晨，卡尔大公在写给他皇帝哥哥的信中，建议他离开谢尔丁——皇帝原本想在那里等待战斗结果，信中还说不要指望卡尔大公能够拯救他或维也纳。

在拿破仑暂停行军之际，卡尔大公得以将大部分部队转移至多瑙河对岸，仅留下一小部分兵力抵御第二天法军进攻雷根斯堡时必然发起的围攻。也就是在雷根斯堡，拿破仑被一枚死弹砸中脚——20年军旅生涯中已知的唯一一次负伤。拿破仑并未追击卡尔大公，这一举动被著名的法国军事历史学家弗雷德里克·博纳尔将军归于拿破仑对摧毁敌人这一战略要务认识不足。在巴伐利亚的三场战役中他都投入了自己的兵力，但每一次卡尔大公都得以有序地撤离。奥军已经失去了其2/3的炮兵，因此现在的问题是，如果法国骑兵"快马扬鞭"地追击奥军的话会发生什么事情。后来拿破仑向维姆芬承认，他从未想到战败的奥军会在短短几周之内能像凤凰一样浴火重生。[8]

拿破仑炮轰维也纳

通往维也纳的道路已经洞开，直接挺进维也纳看上去非常诱人。最主要的是，拿破仑未曾想到奥军在四年前的溃败后还能有所进步。这次拿破仑对对手的低估，使他付出了高昂的代价。

席勒军的任务是减慢法军向维也纳行军的速度。在诺伊马克特，他击退了法军的追击，但随后他的行动变得缺乏精力。到了5月2日这天，皇帝弗朗茨抵达林茨，命令席勒沿着特劳恩河抵抗到底；同时，右翼驻守埃伯斯贝格。

解是什么让法军停滞不前时，他再次派出大约 800 名法军向桥梁发起冲锋，却眼睁睁地看着他们沿着狭窄的前线被凶残的炮火击退。当法军临近时，奥军则用刺刀和利剑逼得他们后退，场面十分惨烈，让在旁边观察的法国军官都震惊不已。

拿破仑派出炮兵，但收效甚微。法军再次对桥梁发起进攻，但除了让 900 名逃到小岛另一侧的法军官兵投降外，毫无成效。维也纳志愿军惊人地赢得了属于他们的荣耀。更重要的是，法军在努斯多夫未能渡过多瑙河，于是只能前往多瑙河下游的罗堡岛附近的沼泽盆地寻找突破口，在那里他们的突破难度更大。毫不夸张地说，没有这些维也纳志愿军这天在努斯多夫展现出的坚定勇气，就没有日后奥军的阿斯彭大捷。

在努斯多夫受挫后，拿破仑重点关注在恺撒埃博斯多夫的桥梁建设。维也纳建筑大师奥托·瓦格纳在 20 世纪之交完成了对多瑙河的改道，这让游客们粗略了解了拿破仑时代多瑙河的流向。但是罗堡岛上昔日的皇室狩猎地对于想要在此地建立过河设施的拿破仑来说仍是一个天然的障碍。拿破仑的工兵们选择修建的桥梁到罗堡岛仅仅 825 码的距离，但是需绕过一个沙洲，一个名为舍内德格伦德的小岛，以及另一座小岛。到罗堡岛后，由于岛上有数不尽的小溪和森林，法军还需要再建一座 180 码宽的桥梁，才能保证他们能涉水穿过多瑙河的另一条支流。5 月的阳光照射几天后，山上融化的雪水有汇入多瑙河支流的趋势，届时将大大抬高多瑙河的水位。因此对法军来说，这时修建桥梁是一项非常具有挑战性的工程。

火攻船和镜子：拿破仑在罗堡岛上的挣扎

还有一些人为因素增强了这座天然障碍。突然闪烁的阳光照耀在"维也纳山峰"比桑贝格上，无形中暴露了拿破仑修建桥梁的一大威胁。在比桑贝格的最高点上，一个奥地利监视哨放置了望远镜和信号设备，旨在配合位于上游方向的上尉参谋马格德堡手下工兵的军事行动。在奥军左岸的施皮兹河畔基地，工兵们认真研究了这条大河的水流方向，然后往水中放入漂浮的树木、火攻船、所谓的水磨、强有力的浮动轮以及漂浮的大量碎石，这些都撞向法国在建的桥梁，且有明显的破坏效果。

卡尔大公将自己的兵力集中在左岸，不包括科洛夫拉特率领的第3军——该军曾试图在林茨附近攻打贝纳多特手下的法军，但并未成功。卡尔大公的批评者们质疑他没有从拿破仑手中夺取罗堡岛，但卡尔大公清楚，从罗堡岛的地势来看，自己的士兵处于劣势。[10]

对于卡尔大公的部队来说，获胜的绝佳机会在传统战场上。因为这支部队过去两年中的训练就是为这种对抗量身制订的。驻守罗堡岛的少量奥地利部队在同敌军小打小闹过后很快就撤离了当地。

刚从西班牙回来的骑兵总指挥拉萨尔加入了拿破仑的部队。他急于让自己的大批人马渡过该座桥梁。但是在5月19日的下午5点，法军的桥梁被火攻船撞毁，而当时拉萨尔的骑兵才通过了不到一半。该桥5个小时前才刚刚建好，由此可见比桑贝格高处的奥军行动的效果十分关键。

奥地利观测站已经用旗语电报向卡尔大公报告了奥军在埃伯斯多夫桥梁斗争中取得的进展。很明显，到了作决定的时刻，卡尔大公下定决心占据主动。卡尔大公发出了备战的命令，他这次发表了一番拿破仑式的演说。这篇演说所包含的情绪重新打造了自1619年以来王朝和其军队间的密不可分的关系：

明天，或是后天，我们将迎来一场伟大的战斗！其结果必然会影响王朝的命运，以及我们每一个人的自由。我们必须在永远的耻辱和不朽的名誉之间做出选择……我们将在皇帝的注视下，在首都被俘人民的注视下，发起这场决定性的战争，他们把对自由的希望寄托在军队的骁勇善战之上。

拿破仑的军队沿着河流取得了零星的胜利，法国剩余的骑兵也在暮色之中渡过了多瑙河，他们建造了一个安全的桥头堡。拿破仑想弄清楚奥军是否仅有拉纳所说的"八千后卫兵"，其实奥军此时正在他眼皮子底下集结，但是他们骑兵的掩护十分周全，并未走漏一点风声。法国骑兵指挥官贝希埃尔根据侦察兵的报告判断"数英里内并没有奥军"。然而只有马塞纳和莫顿这两位杰出的将军不这样认为。

当河水上涨时，拿破仑向阿斯彭疾驰而去，这个村庄是他左翼的关键。结果发现奥地利轻骑兵驻守在阿斯彭和埃斯灵之间的防线外，由此挡住了自己的去路，而埃斯灵又是拿破仑右翼的关键。这两个村庄是接下来的战役的主战场，两者之间仅有不到一英里的空地。从这两个村庄到桥梁的距离差不多，且都具备强大的防御功能。阿斯彭村内有一个被城墙围起来的公墓和教堂，埃斯灵边缘上有一个巨大的三层高的粮仓。拿破仑并未料想到自己会受到袭击，因此在这两个村庄内他没有下令派大量的士兵把守或加强戒备。5月21日下午1点，拿破仑安全地转移了3个步兵师和2个骑兵师。当法军的桥梁再次被火攻船击中，拿破仑便诅咒命运——诅咒命运让他任由多瑙河和奥军的干扰摆布，但他仍未认识到奥军即将发动袭击。正如珀莱所说，拿破仑满脑子想的都是撤退回罗堡岛上，仅留下一支强大的部队驻守桥头堡。[11]

争夺阿斯彭

意识到席勒的先遣部队（诺德曼的4个营和8个骑兵中队）正朝阿斯彭行军后，拿破仑感到十分不安。下午2点刚过，这支先遣部队就占领了软弱的法军的前哨。当诺德曼的营企图进入阿斯彭时，莫里特手下一个步兵营慌忙进行防御并坚守住了阵地。在得到另一个营的增援后，他们逐渐击退了奥军这次可谓三心二意的进攻。奥军派出第1兵团（贝勒加德军）的先遣部队进行第二次进攻，虽然这次奥军夺取了村内的一个据点，但没过多久法军四个团的增援力量从四面八方拥入村庄，轻松地击退了奥军。奥军对这些援兵展开的第三次进攻更是一败涂地，尤其是奥军仅仅从西方和西南方对村庄展开进攻。

下午5点，卡尔大公看到这些进攻均宣告失败后，决定不顾个人安危，冲向贝勒加德的部队，亲自指挥奥军拿下阿斯彭。他将第6兵团部署在村庄的西南面，第 1 兵团在西面，第 2 兵团在北面，自己则冲在第 6 兵团的最前面领导此次进攻。

奥军第四次的进攻投入了超过 20 个营的兵力，他们深入到了村庄内部，将寡不敌众且筋疲力尽的莫里特部下赶出了教堂和公墓。村庄内每一幢房屋都变成了一个小型的要塞，当战斗演化为肉搏战时，士兵们则用上了从犁头到水桶等所有能用的武器。下午 6 点，大部分村庄都落入了奥地利手中，圣西尔组织的一次猛烈的反攻也无功而返。

随着对阿斯彭的争夺趋于白热化，拿破仑下令让 7000 名骑兵对奥地利第 2 军（霍亨索伦军）的步兵和奥军炮兵发起攻击，这支炮兵此前有力地轰击了法军在阿斯彭的最后一批守军。奥军的这支步兵布下了密集阵型，这是卡尔大公为步兵部队打造的阵型。摆出这个阵型的营会组成若干条三行部队，每三行都是一个中队的军事力量且行列中间有较大间隙，然后包围一个步兵营的若干中队。当法国骑兵向奥军步兵疾驰时，在军官的指挥下，奥军这些中队缩小了相互之间的间隙，端起步枪，并以训练场上的精度朝敌人射击。法军在相距 300 码处停下了脚步，法军指挥官马鲁拉兹命令一名助手呼吁奥地利人投降：

"放下你们的武器。"法军军官喊道，但回应他的却是若干发子弹，以及用维也纳迈德灵方言大喊道的"想要我们投降得靠你们的本事"！[12]

发射过来的几发子弹足以让法国人相信这一"仁慈"的提议已经激怒了奥军，随后他们开始慢跑前进，疯狂地挥舞着弯曲的军刀并高声大喊。奥地利步兵的前三行士兵举起了步枪，在距离敌军 15 码的时候，等候军官下达"开火"的指令，军官们身着深色外套，手持出鞘的战刀，非常容易辨认。在如此近的射程内，奥军中队的滚动齐射让法军难以招架，半数的法国骑兵纷纷倒下。得到德斯潘的胸甲骑兵支援后，马鲁拉兹剩余的部下转而对奥军步兵的侧翼发起攻击，却被奥军强大的骑兵的反攻击退。在这次反攻中，尽管奥莱利的轻骑兵没戴盔甲，却仍然再次证明了自己的实力，打败了欲重整中队秩序的德斯潘的骑兵部队。

埃斯灵村庄内的粮仓

此时，经过一路的长途跋涉后，罗森贝格率领的奥军纵队终于在晚上6点抵达了埃斯灵村。他们立即同布代的一个师展开了交锋。布代和可敬的拉纳将军一起负责守卫埃斯灵村。拉纳利用一个下午的时间在埃斯灵村精心修筑了坚固的防线，尤其保证村里的粮仓内储存的弹药足以应对接下来的战役。

下午6点左右，刚在中路被击退的德斯潘胸甲骑兵奉命袭击罗森贝格的部队。当奥地利步兵再次快速集结成密集队形时，他们又被击退了。此次行动减缓了罗森贝格对埃斯灵村攻击的进度，因此他部署了炮兵部队，将该村庄的大部分化为了灰烬。罗森贝格的步兵三次攻占村庄的企图均告失败。尽管村庄东边的大粮仓仅由几个法国狙击手中队驻守，但仍难以被奥军攻破。

奥军的进攻一直持续到晚上11点，但组织非常不协调，因此随着战况的发展，拉纳将军仍能让本已四面受敌的守军虎口脱险，如此一来，奥军除了短暂地占领过埃斯灵村的"长园"外，没有别的进展。随着夜色的降临，罗森贝格从埃斯灵有序地撤离。更多的法国骑兵通过新修复的桥梁赶到了现场，但面对奥地利步兵也没有取得任何进展，后者在炮火袭击下仍展露出坚如磐石的特质，在以往的战役中，这种特质曾多次让对手闻风丧胆。

卡尔大公有理由对军队这些天的表现感到满意。尽管他知道自己才和拿破仑的一部分军队交了手，但是奥地利步兵和骑兵在面对由历史上最有天赋的军事领袖率领的世界上最优秀的军队时，表现可圈可点。当法军的桥梁开始重新投入使用后，卡尔大公下令恢复对漂浮的火攻船的使用，旨在破坏法军桥梁。他还在布莱腾里部署了掷弹兵预备队。第一缕晨光定会带来新一轮的攻击。

法军就地击败了卡尔大公。从凌晨3点开始，法军就让援兵进驻阿斯彭。奥军被如此早的一场进攻打得措手不及，慌乱地撤离了战场。只剩下阿斯彭的教堂和公墓还掌握在哈布斯堡的手中，因此奥军对这两个地方连夜加强了防御。到了早上 7 点，就连这两个地方的奥军也都被赶了出来，整个村庄再次全部落入法军的手中。

在埃斯灵村，罗森贝格发起的进攻被拉纳打败。法军两翼的安全得到了保障，对拿破仑来说，现在就该利用奥军中路的明显弱点，插进奥军两翼之间，将卡尔大公的部队一举消灭。这一雄心勃勃的任务起初是准备交给达武完成的，鉴于他还没有准备好，就转交给了拉纳。拉纳是拿破仑所有元帅中最轻率的一位，也是唯一和拿破仑相处不和谐的一位。

拉纳带领 3 个师的兵力冲向卡尔大公的中路，但他的阵地却遭到奥军 200多门大炮的扫射。这些子弹和霰弹筒向缓慢前行的法国步兵倾泻而下，摧毁了法军大部分的火炮。法军以紧凑的阵型行军——这是拿破仑部队质量下降的表现——但是当奥地利炮兵朝法军开火时，这种阵型只会让法军变得更脆弱。

尽管如此，拉纳的部队开始向奥军靠近。当法军离奥军越来越近时，后者开始恐慌。法军发起的一场勇猛的骑兵攻击让两个匈牙利志愿骑兵团落荒而逃。当法军向第 15 步兵团（"扎克"兵团）围拢时，团中的一个营开始动摇，立即被换到了第二行。在法国骑兵攻击的掩护下，拉纳带领剩余的炮兵部队开始对第 15 团的残余力量展开近距离的射击。半个营都慌不择路，只剩下 200人带着刺刀守护着军旗，极少数的军官则平静地等待着他们的命运。对于奥地利来说，战争的危急关头已经到来。他们的中路即将被击垮。

卡尔大公的坚守

幸运的是，卡尔大公再次挺身而出。他将个人的生死置之度外——这是成就他作为一名战地指挥官的特质——向军旗飞奔而去，他胯下的马直立而起，然后他用胳膊指向敌军的方向，对自己的部队大喊道"要坚守住"。这一惊人之举迅速将全团的逃兵召集了起来，"扎克"兵团的剩余兵力也稳住了阵脚。许多史料都记载卡尔大公曾举起了军旗。[13] 他手举军旗的形象也在费恩科恩的绘画作品和伟大的骑士雕像中得以永久流传，这座雕像至今仍矗立在霍夫堡的对面，经过了多次修饰。卡尔大公却一直否认自己曾扛起军旗，总是自嘲地说道："我扛起军旗这么重的东西？……不太可能！"——这就是卡尔大公与生俱来的谦逊。

总之，不管卡尔大公曾否扛起处于困境中的扎克兵团的军旗，他的现身就已经稳定住了局势。哈布斯堡王朝的这位军阀的榜样对整个部队都有激励的作用。现在，反而是受到猛烈炮火攻击的法军开始动摇。法军主帅斯特-西莱尔被奥地利的霰弹击倒。当卡尔大公将自己的掷弹兵预备队带到战场时，法军的进攻变得停滞不前。

当拿破仑发现自己对奥军阵中的进攻退缩不前后，他调动了贝希埃尔的胸甲骑兵。然而这些胸甲骑兵们勉强穿过正在恢复精力的奥地利步兵后，就受到了奥地利骑兵的反攻。这次反攻仍然由奥莱利的轻骑兵打头阵，打得法军落荒而逃。看着损失惨重的部队，拉纳向拿破仑请求支援，但此时达武的部队还被困在桥对面。这一次，奥地利的火攻船队不仅摧毁了桥梁，还夺走了法军整个工兵连的性命。

到晚上9点半时，法军突破奥军中路的企图被粉碎。法军已经拿不出任何的部队再做一次尝试了。随着奥地利步兵的逼近，很明显，拿破仑的军队面临着无法估量的灾难性后果。法军要如何横跨这座断桥，安全地回到罗堡岛呢？

与此同时，阿斯彭和埃斯灵的战役还在持续，场面十分残酷。在阿斯彭战役中，奥地利炮兵直接将整个村庄炸成了一片废墟，随后，在本卓夫斯基步兵团一个营的支援下，斯普伦伊的步兵团继续用武力驱赶虚弱的法军。两支军队打得不相上下。奥地利刚取得对村庄的控制，法军猛烈的反攻却再次将他们赶入村庄的西边角落。而在埃斯灵，4个奥地利掷弹兵营取得了前一天25个战列步兵营都未能取得的进展。德阿斯普勒手下的掷弹兵们对埃斯灵展开了猛烈的攻击，几乎将法军逐出了坚不可摧的粮仓。眼看着村庄就要失守，粮仓即将投降，法国两个营的青年近卫军敲着战鼓出现在了战场上。他们在一定程度上挽回了颓势，使法军得以撤出村庄，向桥梁方向撤退。拿破仑手下最后一支预备军——老近卫军——在桥梁附近时刻准备着，一旦桥梁修好，就掩护法军撤退。

一个小时后，已成一座废墟的阿斯彭落入奥军手中，而法军手中仅有埃斯灵村的粮仓还在坚守。鉴于伤亡过大，卡尔大公曾一度下令让掷弹兵们停止攻打粮仓，因为在不到 50 分钟内，一个营的兵力就锐减到了只剩 46 人。在村庄内的其他地方，法军的炮火攻势也明显放缓。双方都疲惫不堪：他们都已经不停歇地战斗 24 个小时了。

拿破仑撤退

面对弗勒利希率领的步兵团，法国骑兵和步兵发起的一次猛烈的保卫战仍未能取得任何实质性的进展。奥军组成密集阵型，轻易地化解了这次进攻。但这次进攻却为法军赢得了修补桥梁的时间。卡尔大公选择让 200 门炮来"帮助"法军撤离，而没有让自己疲惫的部下继续屠杀敌军。法军仍在撤退，他们已经被彻底打败。维也纳人民纷纷走出帝国首都观战，庆贺法国的败绩。南索蒂的胸甲骑兵由于无法过桥，抽出马刀发泄他们的愤怒，迫使平民百姓返回城市内。而在市内，拿破仑战败的消息不胫而走。

日后，战略家们严厉地批评了卡尔大公，说他没有打击法国的后备军，没能将他们赶入多瑙河。但卡尔大公深知自己的职责是让军队毫发无损地进行日后的战斗，于是他找到了一个谈判的好时机。跟大多数奥地利军官一样，他同意一位默默无闻的奥地利骑兵军官在七年战争时期说过的话："战争是为了驱赶邪恶的敌人，而不是消灭人类。"[14]

遭受重创的法军退回到罗堡岛后便开始估算自己的伤亡人数。法军死伤超过 2.1 万人，其中还包括拿破仑最欣赏的元帅拉纳，他的双膝均被炮弹击碎。奥军的伤亡几乎一样高，此外，他们还损失了一面军旗和 6 门大炮。尽管在这场战争中法军并没有被消灭，但败绩却是不争的事实。此役对拿破仑的威望来说是一个很大的打击，鼓励了拿破仑的每一位敌人。卡尔大公有理由期待他等待已久的可以牵制法军的英国远征军的到来，以及德意志地区的全面起义，和俄国抛弃与法国的联盟。拿破仑发布的公告企图粉饰这场败绩，但像他一样的那些战斗幸存者们都清楚此役的真正结果。正如拿破仑日后在写给自己妹夫穆拉特的信中所说："你没见过阿斯彭战役中奥军的表现？那你可以说一点见识也没有！一点也没有！"[15]

当一场末日般的雷暴雨突然降落在脆弱的法军面前时，他们瑟瑟发抖，在罗堡岛内避难。拿破仑对同奥地利谈判的建议置之不理，反而将自己的全部精力用在了尽快开展的复仇行动上。但他首先躺下来睡了一觉，据说他睡了整整 36 个小时。[16]

约翰大公的行动

与此同时，约翰大公在阿尔卑斯山南边的部队情况如何呢？约翰记得自己的任务是观察法军在意大利的部队，并配合安德鲁斯·霍佛尔在提洛尔领导的起义。

4 月 13 日约翰在乌迪内发起了进攻，在波代诺内逮住了法国的后卫部队，并在萨奇莱打败了欧仁的部队，造成了对方 5000 人的死亡。当提洛尔的起义愈演愈烈时，尤金的部队险被提洛尔人和约翰大公的部队发起的钳形攻势摧毁，但罗森贝格遇险的消息拯救了尤金的部队。因为在听到这一消息后，约翰急忙从布伦塔赶往奥地利。在他赶回去之前，面对欧仁的攻击，约翰在卡尔迪耶罗给了法国人最后一击。

约翰撤退时，他将部队部署得十分分散，以此保护前线。他部队的一部分由耶拉季奇率领，从卢布尔雅那撤回格拉茨，约翰自己则带军向克拉根富特前进，准备朝萨尔茨堡进军。欧仁和约翰远称不上是有天赋的军事指挥官。我们之前已经对约翰的一些努力有所了解。幸运的是，约翰的对手是拿破仑的继子。法国皇帝拿破仑曾形容他道："我很遗憾，你不知道战争是什么，也不知道战争是如何展开的。"[17]

两军的作战行动总体来说都表现平平，除了在格拉茨，奥军哈克少校率领施蒂利亚卫戍部队顽强地抵御了法军的进攻。法军对格拉茨强大的防御工事非常熟悉，拿破仑曾于 1805 年短暂地到访这个位于穆尔河边、诗情画意的小镇，法军在那时也曾围攻过该城，但只是徒劳。拿破仑当时还用双关语打趣道："Ville de Grace sur les rives de l'amour（爱之河上的格拉茨）。"

四年后，格拉茨成了一系列更加激烈战斗的战场。约翰大公撤退到匈牙利后，布鲁歇尔的师占领了格拉茨，并开始从施塔德大街炮轰奥军驻地。哈克的驻防部队不到 900 人，却抵抗了八次来自 3000 名法国步兵对要塞的攻击。哈克的部队每次将法军击退都付出了高昂的代价。他手中仅有的几门大炮都不断朝穆尔河对岸的法军阵地发射炮弹。

对格拉茨要塞的争夺变得更戏剧化了。由于无法攻下该要塞，于是法军计划让奥军驻防部队断粮而亡。但是居来率领的奥地利增援部队——大部分是克罗地亚人，外加一些轻步兵——冲出法军的重围，为要塞提供了必要的补给。居来的先遣部队将布鲁歇尔赶出了格拉茨，但几天之后，即 6 月 25 日的晚上，该地战火重燃。马尔蒙将军的两个师抵达了格拉茨，但是他并不知道布鲁歇尔的部队已经撤离了该地。马尔蒙的部队在达尔马提亚同奥地利的非正规军进行艰难的交锋后，他们接到命令朝多瑙河进军，前去支援在阿斯彭打了败仗的皇帝拿破仑。

这两个师过去三年都驻守在达尔马提亚那片贫瘠的土地上，称得上是"劲旅"。拿破仑曾说"他们是我军队中最好的部队"。虽然法国近三年招募的新兵都软弱无力，但他们却是一支没有任何差兵的部队。利涅的第 84 团是马尔蒙的先遣部队，他们从南边向格拉茨推进，却惊讶地发现圣莱昂哈德教堂和公墓及其高墙均被一个奥地利步兵连占领。甘宾上校派出了两个连发动进攻，但均被击退。

借着夜色的掩护，法军攀上了高墙，出其不意地攻击了奥地利守军。甘宾把俘虏们关进教堂，并加强了教堂墓地的防御。他的侦察兵们却带来了令人担忧的消息，称整座城市里都是奥地利的部队，此外还有一大批奥军正从不到半英里外的中央广场处向他们推进。甘宾手中只有不到 1200 人的部队和 2 门大炮坚守前线。破晓时分，若干由数千名奥军发起的战斗中的一场打响。但是每场战斗中奥军都被击退，只有两场奥军得以进入公墓，在其中一场战斗中他们甚至解救了被关在教堂内的俘虏。

甘宾的部下觉得挨不过当晚，于是黄昏后就逃离了战场。法军这一次的英勇防御虽然损失了第 84 团 1/4 的实力，但拿破仑仍在他们的鹰座上授权刻上 "Un contre X" 的箴言。奥军死亡人数超过了 500。（如今，公墓的入口有一座圣母的雕像，她的心脏被法军的刺刀穿过，这座雕像记录着这场战争的痕迹。所以，奥地利两位最伟大的军事奇才——特格特霍夫和贝内德克——后来也都长眠于此，是再恰当不过的。）

马尔蒙的主力同甘宾会合后，重新杀回了格拉茨。他们在一场残酷的行动中刺杀了每一位俘虏，重创了他们所能找到的奥军士兵。对于当地居民来说，马尔蒙需要严格执行命令，即不能长时间地在格拉茨逗留，必须马上前去支援拿破仑，因此还算是不幸中的万幸。他手下的几个师进行了一系列成功的强行军，因此能迅速越过阿尔卑斯山东部，向维也纳前进。

拉布之战

随着施蒂利亚战事的展开，约翰大公在匈牙利要塞拉布附近遭遇了欧仁率领的军队，后者的军队在数量和质量上都占优势。约翰的部队虽良莠不齐，但仍占据着一个十分有利的防御位置。奥军的后方有强大的拉布要塞守护，阵中有吉斯－梅格耶石头农场强有力的支撑，右翼则有拉布河依靠。因此当欧仁派出部队试图驱逐奥军时，后者只需坚守自己的阵地即可。

鉴于石头农场是奥军中路的关键，因此该地必然是最惨烈的战争之地。柯罗雷多将军指挥 1200 名掷弹兵精英们经受住了五次法军的进攻，不得已才请求克莱因梅耶的掷弹兵旅和阿尔文齐步兵团的支援。援兵们赶走了法军的两个师，在欧仁队列的后方引发了极大的恐慌。然而正当法国步兵急匆匆地撤离战场时，他们的骑兵朝奥军的左翼骑兵发起了冲击。奥军左翼的骑兵大多数都是匈牙利轻骑兵，是从起义者中挑选出来的，素质堪忧。这些骑兵已完全崩溃，但幸好在被屠杀之前被两个匈牙利轻骑兵的正规团所解救（约瑟夫轻骑兵团和奥特轻骑兵团），他们让法军蒙受了 200 人的伤亡的代价。

受到他们骑兵成功的启发，法军步兵和意大利团合力对农场住宅发起了新一轮进攻。莱基的意大利卫兵将奥地利掷弹兵赶出了农场，而且骑兵还威胁要包围约翰的左翼，因此约翰被迫撤退。五个小时内奥军就失去了对多瑙河下游南岸的控制，如此一来拿破仑急需的援兵就能大摇大摆地朝维也纳进军了。

马尔蒙的军队能感受到最大的反差就是约翰大公朝哥哥方向组织的撤离速度之慢。约翰在拉布之战中损失了 5000 名士兵，但其军队在撤离过程中大体毫发无损。当他在拉布留下支援部队后，便慢悠悠地带着 1.5 万名士兵朝普雷斯堡前进。他对哥哥让他火速前往维也纳的要求似乎充耳不闻。在那里，拿破仑正在精心筹划向自己宿敌的复仇计划。

第十一章　巨人间的较量

　　阿斯彭和埃斯灵战役让拿破仑大吃一惊。他曾不放在眼里的那支军队竟能使法国的大集团军遭受重大的失败。卡尔大公试验了经他改良过的新战争机器，结果证明它是有效的。只要面对的是其他任何一位将军，毫无疑问，奥军都会赢得战争。但面对当时最伟大的士兵，改革的效果就会打折扣，接下来几周发生的事情将证明这一点。

　　瓦拉格姆战役这场史诗级的较量将在拿破仑时代的战争中拉开帷幕，从许多方面来看此役都十分引人注目。在 1809 年的这场战役中，超过 30 万名士兵参与了战斗，这也是截至当时历史上最大规模的一场战役。此外，同阿斯彭战役一样，它最精彩的部分持续了两天。哈布斯堡的三支军队在这场战役中的表现异常英勇，因此这场战役比拿破仑预计的更要势均力敌。

　　出于对阿斯彭战役中糟糕的后勤准备怀有的内疚，拿破仑下定决心绝不重蹈覆辙。睡了一大觉醒来后，他精心谋划了修建一座横跨多瑙河的新桥梁，并在全欧洲、阿尔卑斯山的南北两边召集援兵。最主要的是，他将让自己的对手猜测自己会在何时、何地发起下一场大战。对阿斯彭的侦查看来是有用的，这一次他不会再冒任何风险。

拿破仑建立自己的优势

对卡尔大公来说，拿破仑的这些举措都削弱了他在阿斯彭已经取得的优势。首先，同阿斯彭战役相比，在这场战争中卡尔大公在兵力上处于劣势。到 7 月 4 日，拿破仑已经集结了近 18.8 万名士兵，卡尔大公的军队则不到 13.5 万人。皮特里注意到，其实从理论上来说，卡尔大公可以支配约翰大公手下的 1.3 万名士兵、罗伊斯率领的 7500 名士兵（第 5 军）以及驻守比桑贝格的 1800 名第 3 军的士兵。但这些部队在此役中均未采取任何行动。[1]

为了弥补在阿斯彭战役中损失的兵力，一些新兵部队——主要是地方防卫军——前往战场支援卡尔大公。在瓦拉格姆战役中，卡尔大公只使用了自己 175 个营中的 1/6，即 31 个营的兵力对抗拿破仑的部队，而且这些营都是由相对比较新的地方防卫军组成。

让卡尔大公更为难的是，战场的选择权实际上掌握在拿破仑手中。等到 7 月 4 日法军集结完毕后，卡尔大公还是无法确定自己的战场。他的参谋们倾向于当法军试图穿过罗堡岛时，将他们赶回多瑙河的做法。但卡尔大公从比桑贝格的天文台处发现，拿破仑已经对此前在阿斯彭战役中表现较差的炮兵进行了重组。一个较大的法国炮阵现在部署在罗堡岛上，奥军若想在法军渡过多瑙河时将他们击退，就必须面对法军的无情炮轰。卡尔大公清楚自己在兵力上处于劣势，因此偏向于在鲁斯河这条小溪背后部署防御阵型。小溪深不到两英尺半，最多也不过 3 码多宽，但是其后方的地面略微隆起，前方的若干个村庄都可以加强防御，从而能够威胁法军的正面进攻。

再前方就是阿斯彭和埃斯灵的废墟，它们也可被用作扰乱法军进攻的阵地，卡尔大公派诺德曼的先遣部队驻守于此。值得一提的是，一年前，奥地利最高指挥部曾在多瑙河附近进行过战事演练。参加演练的许多军官都十分不情愿地放弃了越过多瑙河同法军作战的念头。将诺德曼的先遣部队部署在卡尔大公中路的前方是一个折中的做法，这在以后的战争中将会受到挑战。

总而言之，卡尔大公的前线从比桑贝格一直延伸到上锡本布伦，长达12英里。如果事情进展顺利的话，他的左翼可以获得从匈牙利赶来的约翰大公手下1.3万名援兵的支持，而且对法军来说，马克格拉芙努斯德村是一个强大的障碍。在其右翼，奥地利的阵地取决于苏森布鲁恩和布莱腾里这两个村庄的情况。奥地利中路的关键是阿德克拉村，村庄后面就是德意志瓦拉格姆。卡尔大公诚然想打败拿破仑，但在人数上他处于劣势，而且奥军的供给要从远处的摩拉维亚和波希米亚调动，而不是附近的维也纳。作为哈布斯堡军事历史上经常上演的一幕，卡尔大公的重中之重是保存军队实力，这样才能保卫皇室，并为日后的谈判提供支持。奥军绝不能像普鲁士在耶拿之战中那样落得惨败的下场，战败就几乎等同于将哈布斯堡王朝从地图上抹去。出于这一原因，卡尔大公选择在离河较远的地方进行防守。他很清楚胜利的天平并没有向奥地利这边倾斜，但奥军的士气非常高，他们相信在主帅的带领下，奥军是不会轻易让拿破仑取胜的。

当法军开始横渡多瑙河时，卡尔大公命令炮兵开火。此前奥军用火攻船破坏法军桥梁的做法最终并没有取得成效，因为法军在河流的上游采取了应对措施。大部分的法军在7月5日中午就渡过了多瑙河，而卡尔大公起初并未料到拿破仑会选择在这一天开战。相反，他认为法军还需要一天的时间才能就位。奥地利帝国部队当天下午3点才赶到战场，就连贝纳多特这位好斗的元帅，也不过下午2点才赶到自己在防线中的位置。

前一天下午5点半，卡尔大公写信给胞弟约翰说他并不准备在多瑙河附近打仗，因此约翰应该向马克格拉芙努斯德行军。这充分说明卡尔大公没有想到战争会在5日开始。但四个小时后，卡尔大公在写给自己皇帝哥哥的信中，称他觉得一场全面的战斗将一触即发。[2]

拿破仑发动进攻

下午2点，拿破仑下令发动全面进攻，两个小时前他曾派出轻骑兵去干扰奥地利的前哨。接到命令后，利希滕施泰因率领的一些奥地利部队开始撤退。失去大部分的炮兵后，诺德曼的先遣部队也迅速撤离了阿斯彭/埃斯灵战线。当法奥两支军队在前线相遇时，卡尔大公的部队已经组成了一个L型的阵型，阵型的关键就在阿德克拉村。卡尔大公的总参谋长温普芬将军认为这个阵型的两条腿将成为粉碎法军的双钳。然而，随着战斗升级，卡尔大公企图弃用这种阵型，但他却发现战斗开始后，参谋却无法重新部署整条防线。

奥军的右翼由克雷瑙指挥的第6军和科洛夫拉特指挥的第3军组成。卡尔的中路是贝勒加德的第1军和霍亨索伦的第2军。他的左翼可谓是整个阵型最薄弱的部分，由诺德曼的先遣部队和罗森贝格的第4军组成，其中后者的先遣部队由拉德茨基指挥。掷弹兵预备队（17个营）由利希腾斯坦指挥，他们一直受卡尔大公的调遣，位于奥军阵型的节点处。

面对奥军强大的阵型，拿破仑命令马塞纳攻打奥军右翼，达武进攻左翼，他自认为一切都已经尘埃落定，但是这种想法为法军带来了意想不到的后果。拿破仑当天的布阵让法军中路成了最脆弱的环节，中路部队是欧仁率领的意大利军和贝纳多特率领的萨克森部队。贝纳多特同拿破仑的旧爱结了婚，而且他并不是一位可靠的指挥官。尽管意军在拉布之战中表现神勇，但实力仍不如拿破仑最好的兵团。萨克森步兵（和他们闻名遐迩的骑兵不一样）更是靠不住。他们不仅士气容易低落，此外还有一个明显的劣势：此役中敌军奥地利身着白色军装，萨克森部队也身穿白色军装，且双方都说德语，因此在此役中多次引起混乱，对不幸的萨克森人来说有致命的后果。过去的几周内，奥地利人大肆宣扬日耳曼"祖国"这一概念，效果显著，这些萨克森人不积极的态度或许是可以被原谅的。而奥地利这边也有同样的顾虑，瓦拉格姆战役的第二天，这个可怕的预兆在沉寂了一个世纪后终于降临，施瓦岑贝格手下一支由加利西亚波兰人组成的乌兰骑兵中队，有气无力地向他们在帝国禁卫军中服役的波兰骑兵亲人们投了降。[3]

贝纳多特的萨克森骑兵称得上是欧洲最精良的一支骑兵。沿着阿德克拉村行军时，他们成功地袭击了滞留原地的鲁塞尔胸甲骑兵旅。（鲁塞尔与诺德曼、德阿斯普勒以及其他一些奥地利军官一样，都是法国移民。）

奥地利"猎兵"和文森特的轻骑兵

贝纳多特面对的是奥地利9万人的军队，单是奥军的右翼就有5万人。奥地利的援兵是莱德勒手下的胸甲骑兵，他们轻松地击退了萨克森部队。当贝纳多特的战线在包默斯多夫村对面拖住奥军时，一列奥地利"猎兵"从战壕中冲出，猛烈袭击这支意大利军。

"猎兵"身后有霍亨索伦第2军的68门大炮，他的步兵也已摆出"密集"阵型。当猎兵们向包默斯多夫撤离时，霍亨索伦命令哈尔德格将军手下的第8猎兵营的1000名士兵，以及卡尔大公兵团（一支志愿军）的第2营前去加强村庄的防御。意大利军开始放慢进攻速度。乌迪诺将军是拿破仑手下最能干的将军之一，他的部队衔接达武的部队和意军。他手下的这支劲旅包括"令人闻风丧胆"的第57线列步兵团，据说这个步兵团是拿破仑军队中威望最高的线列步兵团。

这支"令人闻风丧胆"的第57团攻入了包默斯多夫，却无法撼动奥地利猎兵的阵地。奥军这支猎兵部队的士兵大多都是从阿尔卑斯山或波希米亚北部山脉招募而来的，他们是哈布斯堡军队中最强壮的士兵，实力甚至比这支"令人闻风丧胆"的第57团更胜一筹，他们打得第57团乱成一团后撤离了战场。这在第57团历史上还是头一次。然而第57团经过重新调整，得到整整一个师的增援后，重新对包默斯多夫发起了进攻。面对法军7000多名经验丰富的老兵，奥军顽强抵抗，尽力坚守每一栋建筑。然而就在奥军开始动摇之际，卡尔大公再一次及时出现在战场上。他亲自率领文森特的胸甲龙骑兵，拔出利剑，敦促轻骑兵们向前冲。当他们展现出一丝犹豫时，他便骑马冲向他们，用维也纳方言向他们吼道："很明显，你们几位已经配不上拉图尔龙骑兵的称号了！"[4]

这些轻骑兵们觉得荣誉受到了侮辱，于是回喊道"不！不！我们配得上！"，随后径直投身战斗，产生了显著的效果。战线上的其他部队如科洛雷特和扎克的团都以饱满的精力坚守着阵地。和阿斯彭和埃斯灵战役如出一辙的是，卡尔大公的现身再次稳定了局势。霍亨索伦领头的骑兵向法军发起了冲击，将他们驱逐到鲁斯河对岸。晚上 8 点，在夕阳的映衬下，乌迪诺的部队已全线溃退，拿破仑攻击链上最强大的一环损失了 5000 人。欧仁和贝纳多特的部队损失更为惨重。

卡尔大公再次召集部队

贝纳多特派出了迪帕的旅——一支由萨克森人和法国人拼凑起来的部队——去攻击位于包默斯多夫和瓦拉格姆中间的贝勒加德中路。他们刚渡过鲁斯河，奥地利的散兵就从四面八方拥了出来。但法军这次没有畏缩，继续向前，占领了奥地利的火炮防线，并将奥军第一排的步兵防线赶往第二条防线。由于第二条防线的奥军还面临着法国骑兵的进攻，因此他们已经开始动摇。

在此千钧一发之际，卡尔大公再次出现在了战场上。他冲在埃尔巴赫步兵团最前面，重新整合了部队，击退了迪帕的旅。迪帕撤退时，他的部下发现右翼处有援兵赶来，这让他们松了一口气。通过战场弥漫的硝烟，他们看到了两个高大的身影，是麦克唐纳和拉马克将军，他们带着 7 个意大利营赶到了战场。贝勒加德的步兵们有一丝动摇，但幸而奥地利的炮兵对法军展开了猛烈的轰击，与此同时卡尔大公也在组织步兵进行反攻，法军被击溃。随后霍亨索伦的轻骑兵发起的冲锋让法军连滚带爬，惊慌失措地退回到了马赤菲德平原。"那时召集士兵已经是徒劳了，"麦克唐纳后来写道，"士兵们在穿过小溪时全都乱了套。"[5]

意军损失了 2000 人。他们的溃败让迪帕的部下彻底崩溃，在面对文森特

在这次撤退中，拉德茨基在短短 25 分钟内伤亡人数就达到了 1000 人。[6]

尽管卡尔大公剩下的兵力之间极不协调，但这次进攻仍狠狠地打乱了达武的安排。达武向拿破仑报告称他至少还需要两个小时才能补充弹药。此前对罗森贝格发起的草率反攻消耗了他大量的弹药。尽管扰乱达武并非奥军的本意，但罗森贝格仍打出了一场高效的破坏性进攻，他也付出了一些代价。这场进攻分散了拿破仑的注意力，让他无暇开展对奥军中路的主攻。此外，达武若想展开一场有效的进攻，还需尽快补充步兵和炮兵，除了这一点之外，达武很好地控制住了局面。拿破仑回到中路后下令，一旦达武的炮火线推进到右边的努斯德广场塔楼，就发起进攻。拿破仑度过了一个不悦的清晨，但他已经缓过神来了。

贝勒加德的兵团也准备给拿破仑来个出其不意。快到早晨 4 点时，奥军朝阿德克拉村行军时，他们已经料到该村仍由贝纳多特进行严密防守，因为奥军此前看到了占领着村庄的法军。然而当奥军散兵靠近村庄时，本已做好进行肉搏战准备的奥军又惊又喜地发现，除了少数萨克森伤员，该村已经空无一人。指挥贝勒加德先遣部队的斯图特海姆起初不敢相信自己竟然如此幸运，他立刻带领三个营占领了此地，并积极地将它改造成了一个微型的要塞。

此时，若是贝勒加德能够更加果断地向前推进的话，他就能在此役中占据有利位置。因为此时拿破仑已经将自己的预备军调到右翼来应对罗森贝格造成的紧急情况，而他的前方仅有一些受了惊吓的萨克森步兵防守。但是这种个人占据主动的思想根本不是奥地利的风格，卡尔大公也同往常一样，不愿意冒任何会威胁到自己计划的风险。奥军不费一兵一卒就将阿德克拉拿下，这件事成了战役的转折点。该村是奥地利中路的关键，占领它对法军来说有着让人不安的影响：该村若是掌握在法军手中，它就是刺向奥军中路心脏的匕首；在奥军手中，则意味着法军若想对奥军中路发起进攻便离不开侧翼火力的使用。贝纳多特的撤退从表面上看是因为他的部下需要"远离前线"进行休整，这其实是一个巨大的战术失误。关于为什么贝纳多特会交出阿德克拉村一直众说纷纭：洛兰·皮特里称，奥军于黎明前看见萨克森部队正在撤离阿德克拉村，"这毫无疑问是贝纳多特的命令"；另有其他报告称，留下驻守村庄的萨克森分队对村庄实施了抢劫，听到奥军逼近的消息便匆忙逃走。[7]

贝纳多特被消灭

贝纳多特显然决定要在阿德克拉村后同奥军继续战斗，但是他的新炮火线陷入了由阿德克拉村、瓦拉格姆村以及奥军在鲁斯河后的炮阵一同发起的交叉火力之中。破晓时分，这一交叉火力很快便将萨克森炮阵25门大炮中的16门摧毁。贝纳多特试图弥补自己此前犯下的错误，于是让剩余的步兵对阿德克拉发起进攻。但在3个小时内，斯图特海姆奋起反抗，在每座房子上都留下了毛瑟枪的枪眼，强有力地守护着该村的防线。刚过早上7点，萨克森部队在得到了迪帕师剩余的线列步兵支援之后，发起了第一次反攻。但刚接触到奥军，两旁发起的猛烈炮轰就将他们击退。这支步兵损失惨重，法军都陷入了恐慌之中。

拿破仑对新出现的险情感到十分震惊，在联想到其可能带来的一系列可怕的后果后，拿破仑快马加鞭地找到马塞纳，下令让他"宰了这群流氓"。马塞纳此时正同奥军的右翼交战，得令后立即派出了最精良的法国线列步兵团和黑森部队。面对从距离布莱腾里不到100码的山沟里出现的奥地利猎兵，法军不为所动，继续朝斯图特海姆部下的方向推进。双方都像雄狮一样在战斗，马塞纳的部下判断斯图特海姆的这支2000人的部队的弹药即将耗尽。这个情况让驻守在村庄后面的贝勒加德部队第一列的步兵惊慌失措。而当他们朝瓦拉格姆逃窜时，卡尔大公中路的第一道防线开始崩溃。

同阿斯彭战役一样，"密集阵型兵营"的智慧再次得到验证。奥军的第一列已经土崩瓦解，第2列士兵上好刺刀后朝敌军推进了十来步。卡尔大公发现这个危机后，亲自骑马到他们面前去加油打气，将第1列士兵再次召集起来。士兵们很快便明白了他的意图，随后他又朝掷弹兵预备队飞奔而去，这支预备队正从右面赶来。梅维尔的掷弹兵们为他们的总指挥官欢呼，特别是当天早晨卡尔大公下令表示可以随便分配白兰地后更是如此。卡尔大公命令 3 个营前去支援斯图特海姆，并重新夺回村庄。法军左翼迎来了奥地利掷弹兵们的纵射，而穿过村庄时，贝勒加德的前线中队也朝他们发动滚动齐射。于是这些法国进攻者们停止了进攻，四处逃窜，丢下他们的一面鹰旗和其他许多战利品。

奥地利阿让托团中一位有进取心的陆军中尉迅速将这面鹰旗带走。在法军撤离的过程中，一位眼尖的法国散兵看到了一个十分显眼的目标：身着耀眼的白色军装，骑着一匹灰色的马，于是便向此目标瞄准。幸运的是，子弹只打中卡尔大公的肩膀，虽然很疼，好在伤势并不严重，较长的射程救了卡尔大公一命。

但是奥地利的其他两位指挥官梅维尔和斯图特海姆就没这么幸运，他们和其他几位掷弹兵中的陆军军官伤势均较重，被迫退出战斗。阿德克拉村的争夺战还未结束。奥军将法军的黑森部队赶出了村庄，其炮兵也再次击溃了萨克森部队。但是由于斯图特海姆被抬离了战场，卡尔大公本人也尚未痊愈，因此守护阿德克拉前线的任务就落在了年轻的路德维希大公肩上。这位卡尔大公的胞弟突然发现自己成了整场战役的支点。

下一波进攻马上开始。这一次，莫里特的步兵的三支纵队和两个拥有 12 门大炮的中队步履坚定地向村庄进军。大炮已经就位，向村庄前线的堡垒和城墙发起了猛烈的轰击。当利希滕施泰因的骑兵向他们发起冲击时，莫里特的士兵组成方阵赶走了这群骑兵。上午 10 点刚过，拿破仑看见自己的士兵沿着阿德克拉方向横冲直撞，他立即从法军线列的这头飞驰到另一头，鼓励自己的士兵。马塞纳在战斗的前几天坠马，此时正在马车里指挥战斗。拿破仑不顾身边四处乱飞的子弹和炮火，爬上马塞纳的马车并问道："我的朋友，现在是怎么一回事？"马塞纳回答："陛下，正如您所见，错不在我。"拿破仑又说道："我知道错不在你，都怪得意忘形的贝纳多特！"[8]

拿破仑左翼的危机

对阵拉萨尔轻骑兵的利希滕施泰因骑兵更幸运一些，前者急切地想占领奥地利的炮阵。莫里特的部下疯狂地争夺阿德克拉的每一幢房屋和每一堵墙，此时的场景和七周前埃斯灵和阿斯彭战役的场景相差无几。这一次，尽管由一位年轻的大公率领，奥军同样表现顽强。经过一个小时的战斗，莫里特的士兵狼狈地撤退。可能就在这时，据说拿破仑说出了这句话："我作战从没有像这样过。没有获得战利品，没有缴获大炮。"[9]

然而法军还将听到更多坏消息。破晓后不久，"一排排闪亮的刺刀"穿过了绿色的台球桌，即比桑贝格以东的马赤菲德平原，那里是奥军阵地的右侧枢纽。前来的是奥军第 3 兵团和第 6 兵团，他们的姗姗来迟在几个小时前曾给拉德茨基带来危险。由于法军的进攻踌躇不前，拿破仑的左翼现在正处于崩溃的边缘。奥军第 6 兵团已经推进至法国在阿斯彭的哨所，该军的骑兵从拉斯多夫村冲过来，打得法国炮兵措手不及。几个小时前，拿破仑的总部还设在拉斯多夫村。与此同时，奥军第 3 兵团也将战线拉开，并且与掷弹兵预备队会合。卡尔大公的右翼派出两个生力军，从法军后方威胁其左翼和中路。出人意料的是，虽然寡不敌众，但卡尔大公似乎仍准备击败对手：奥军已经在沿线许多地方击败了对手，右翼在阿斯彭俘虏了布代的所有炮兵，现在又牵制住了拿破仑的后方和驻罗堡岛的旅。卡尔大公的对手只要是除拿破仑以外的当时任何一位将军，他都会毫无疑问地赢得此役。但不幸的是，他那一天的对手偏偏是拿破仑。

拿破仑的反应很快，一眼就看清了这场威胁着要消灭自己的灾难。他再次挺身而出，而且只有他能够做到。拿破仑需要为自己赢得时间，他认为奥军并不会草率地利用他们的优势。于是他首先将自己的胸甲骑兵排成三行，攻击科洛雷特（第 3 兵团）和掷弹兵预备队的连接处，以此减缓其推进速度。奥地利步兵，特别是掷弹兵们已经从阿斯彭战役中获取了经验，即就算对手是欧洲最强大的重骑兵，他们也不用惧怕。这群掷弹兵稳若磐石，猛烈袭击上千名全副武装的法军骑兵。短短 15 分钟内，法军就损失了 1/3 的人马，连贝斯叶尔跨下的马都被击中，他团中有一半的上校都死的死，伤的伤，但胸甲骑兵和骑兵卫队仍在继续战斗。骑兵们不间断的冲锋让固守方阵的奥地利步兵的进攻停滞不前。

骑兵们的牺牲让拿破仑得以迅速将马塞纳调往法军的左翼和后方，让他去应对紧急情况。要做到这一点，马塞纳必须让自己最脆弱的右翼从侧翼包抄，并从奥地利第 3 兵团前穿过，这样做会使法军中路出现一个缺口，需要立刻填补。拿破仑决定将皇家警卫预备队从 100 门大炮形成的巨大弧形防线背后调出来填补这一空缺。幸运的是，面对马塞纳的侧翼包抄，克雷瑙率领的奥地利第 6 军慌不择路地逃离了战场。一位分析过这场战斗的研究人员认为："胜利在望之际，奥军的计划失败了。"[10]

随着战事的发展，驻守马克格拉芙努斯德的奥军左翼仍坚守着高塔，成功击退了法国骑兵和步兵。指挥奥地利先遣部队的诺德曼坠马，伤势严重；匈牙利轻骑兵主帅维奇塞也身负重伤。当战斗升级为对抗越来越多的法国攻击者的防御战时，奥地利另外 4 名将军也在战争中负伤。随后奥军又在其后方组成一条新的防线，卡尔大公亲自率领援兵抵达战场，这批援兵包括五个步兵营和两个骑兵团，以及霍亨索伦的第 2 兵团。卡尔大公还召集了其他的骑兵部队，准备投入 40 个中队对法国步兵发起有力的进攻，但是这次进攻组织不当，各部队都零零散散地各自作战，且均被击退。

奥军歼灭麦克唐纳的方阵

法军带着数量上的绝对优势继续行军，当拿破仑得到法军战线的烟雾已经越过了马克格拉芙努斯德村的消息后，急忙赶到法军中路，下令对奥军给予姗姗来迟的致命一击。他把这个任务交给了麦克唐纳。麦克唐纳当时还只是一位将军，但是据说性格十分招摇，且行为怪异。他在皇家警卫预备队和炮阵之间集结了部队，组成了一个巨大的方阵。方阵前方有 8 个营，一个接一个地排列；侧翼有 13 个营；后方有 9 个营，由 8000 人组成了一个老态龙钟的巨人。当这一庞然大物缓慢地向奥地利的掷弹兵预备队前进时，科洛雷特步兵的第一排无奈退后，但很快又沿着法军的侧翼重新进行了部署，奥军的炮兵也开始猛烈轰击法军侧翼。短短 20 分钟内，麦克唐纳的这个排列紧密的方阵就已不复存在。法军损失超过 3000 人。绝大多数数据表明麦克唐纳阵型中的幸存者不超过 1500 人。

当麦克唐纳分散的纵队土崩瓦解后，拿破仑带着青年近卫军前来支援，于是拿破仑的预备力量只剩下了老禁卫军和马尔蒙的生力师。但是麦克唐纳部队的牺牲为法国赢得了时间，卡尔大公意识到胞弟约翰赶不到战场了，因此面对拿破仑绝对的兵力优势，自己无法获得胜利。拉德茨基日后在其口述的回忆录中描述道，当时奥军左翼驻守的马克格拉芙努斯德村已经沦陷，克雷瑙兵团的进攻也停滞不前，奥地利已经输了，约翰就算能赶到战场也无法改变这个局面。因为拉德茨基十分圆滑老练且拥有外交天赋，他并没有提及如果约翰大公早到三个小时是否可以扭转此役的结果。当天下午 4 点，战果已定，卡尔大公下令组织全员撤退。法军并未追击。两个小时后，约翰大公的第一批侦察兵抵达战场，让法军惊慌不已，这件事也体现出他们已经疲惫不堪。[11]

约翰的迟到受到了广泛的批评，但他的确是收到了互相矛盾的命令。他的部下从凌晨 1 点开始，连续行军 26 英里，这对任何部队来说都是了不起的成就。法军这一觉睡得并不安稳，一直担心是否还要进行第三次战斗——因为对手撤离得井然有序，而且没有被摧毁。瓦拉格姆战役给了拿破仑一个惨痛的教训，让他不敢再像以前一样鄙视和低估奥军的战斗力。后来，当任何军官轻视哈布斯堡军队的士气时，他都会打断他们，冷冰冰地回应一句："很明显你没有和我一起经历瓦拉格姆战役。"[12]

第十二章　从泽纳姆到莱比锡

　　瓦拉格姆战役通常被认为是拿破仑最后一场伟大的胜利，这场胜利带有苦涩的回味。对于奥军来说，这场失败并没有带来巨大痛苦。在许多场战斗中，他们的表现甚至强于在阿斯彭和埃斯灵战役中的表现，这表明自从乌尔姆和奥斯特利茨之战后，他们的作战能力有了大幅的提升。

　　其实这场"伟大的胜利"并没有定论。[1] 筋疲力尽的法军无法立即展开追击，奥军其实比法军缴获了更多的战利品和军旗。最重要的是，奥军毫发无损地撤离了战场。的确，对于哈布斯堡皇室和卡尔大公的军旅生涯来说，他的神勇让军队在危急关头还能再战（尽管他希望下一场战斗不要马上到来，因为两天鏖战过后，他的军队也已疲惫不堪）。

　　尽管如此，卡尔大公还是准备在摩拉维亚的泽纳姆发起绝地反击。为了实现这个目标，他将自己的预备军围绕着摩拉维亚的这个小镇摆成坚实的半圆。这位总司令的首要任务就是在补给车辆抵达之后，迅速让自己的部下沿着伊格劳路进入波希米亚的要塞。当法军开始行军后,他们发现很难在对抗奥军第 5 兵团的掷弹兵时取得进展,奥军则击退了法军一波又一波的进攻。奥军发起的刺刀冲锋十分猛烈,将法军赶下了泽纳姆前面的桥梁,差点擒住马塞纳和他的参谋。数百位法军和他们的巴登日耳曼同盟都在这场溃败中沦为俘虏。

不久,法国的胸甲骑兵前来支援步兵,把奥军赶下了桥梁,退回到了小镇。若不是维也纳志愿兵营及时赶到并积极参战的话,法军将占领该镇的城门。

现在已万事俱备。晚上六七点之间,两位勇敢的军官,分别是法国的马尔博和奥地利的德阿斯普勒,沿着战线大喊道,"停火!和平!"但是在执行这个任务时,二人都被炮火击中而且受了伤。此后,拿破仑因为没有抓住这次彻底摧毁敌军的机会而饱受批评。其实他当时别无选择,法军状态不佳,他无力朝摩拉维亚和波希米亚的腹地再组织一次持久并激烈的追击。

卡尔大公缔结停战协议

尽管皇帝哥哥仍想继续作战,但让他恼怒的是,卡尔大公于 7 月 12 日同拿破仑缔结了停战协议,随即辞去了司令官的职务。奥军虽然可以继续作战,但拿破仑的实力在与日俱增。卡尔大公清楚自己军队的性情。尽管他们取得了一些战绩,但这位奥地利最伟大的将军已下定决心不冒让自己军队毁灭的危险。尽管和谈要一直持续到 10 月,但第五次联合战争已经结束。在谈判的过程中,拿破仑对皇位和君主制的改组满不在乎,他再次暗中表示对卡尔大公废黜皇帝哥哥的支持,但如果他认为卡尔大公会接受这种诱惑的话,那么他就看错了人。首先,卡尔大公是一位哈布斯堡人,身为军阀的任务就是为王朝服务,而服务就意味着无论他和皇帝之间存在多大的分歧,他都应该支持皇帝,而不是和他对抗。如果他和哥哥的意见不一致,他可以辞职,但绝不会去寻求短暂的权力,更何况这种权力是由标榜自己为法国"皇帝"的暴发户提供的。拿破仑感到十分失望,那些比他更有军事天赋的对手唾弃政治权力时他总会感到失望。许多年后,他在流亡途中曾写道,自己在惠灵顿公爵不愿意成为英格兰国王时感到非常困惑。

但如果拿破仑认为同哈布斯堡的和谈可以平息外界对他重塑欧洲中心版图的不断滋长的愤恨的话，他就大错特错了。奥地利的反抗和其军队的表现点燃了奥地利的日耳曼民族主义情绪，也为他们树立了榜样。阿斯彭和埃斯灵战役的消息点燃了提洛尔反抗的余烬。安德鲁斯·霍佛尔只是一名普通的提洛尔爱国者，但他得到了大多数平民的支持，并还在继续战斗，他们再次将令人厌恶的巴伐利亚军队赶出了提洛尔。但是在泽纳姆签订的停火协议的规定下，奥地利正规部队必须奉命撤离提洛尔。拿破仑催促援兵火速赶到提洛尔，打压当地山谷中上扬的民族情绪。但是瓦拉格姆战役后出现的这种情绪并不是提洛尔民众独有的。法国皇帝拿破仑 10 月 12 日视察驻守美泉宫的卫兵时，当时发生的一件事给他带来的烦恼几乎等同于和卡尔大公作战。

维也纳有人企图暗杀拿破仑

正当拿破仑检阅著名的老禁卫军游行队伍时，一位英俊的年轻人靠了过来。他带着高帽，帽子上有法国大革命的徽章。他慢慢走近，请求见法国皇帝一面，声称有"礼物"献给他。这位年轻人引起了拿破仑时刻保持警惕的随从的注意。原来年轻人的礼物是一把小刀，说时迟那时快，他突然激动地挥着小刀，随后便被拿破仑的副官拉普将军擒住。通过拉普将军，我们可以还原接下来发生的事情。

这位 17 岁的少年是一名行刺者，名叫弗里德里希希·斯塔普斯，是瑙姆堡路德教会一位牧师的儿子。这位面色苍白、谨慎敏感的少年，看上去并不像杀手。因此拿破仑坚持要亲自审问他，并让来自阿尔萨斯的拉普在一旁翻译。[2]

这场对话揭示了奥地利对拿破仑的军事反抗所点燃的反法情绪的星星之火，席卷过哈布斯堡天主教腹地的全德意志的过程，因此值得被记录。它同时也反映了法国皇帝在面对这个看似软弱的年轻人带来的威胁时所展现的焦虑和不安：

"你拿刀想干什么？"

"我想杀了你。"

"年轻人你疯了。你是光明会的成员吗？"

"我没疯，我不知道光明会是什么。"

"我得罪你了吗？"

"（你得罪了）我和其他所有日耳曼人！"

"如果我赦免你，你会做什么？"

"我还会杀你。"

据拉普说，拿破仑听后陷入了一种不安的沉默。[3] 审判完斯塔普斯后，法军就将他秘密杀害，连他的家人也毫不知情。直到 1828 年拉普的回忆录出版后，他的父母才意识到自己的儿子是一位英雄，为了尚在萌芽阶段的日耳曼民族主义事业而死。正是奥军在瓦拉格姆战役中做出的殊死搏斗鼓舞了这种民族主义。

提洛尔的起义和霍费尔的"背叛"

此时，提洛尔的"民族战争"仍在继续。8 月，尽管奥地利正规军已撤离战场，但提洛尔人在艾萨克施鲁赫特伏击并击溃了法萨联合部队，那里是布里克森附近的臭名昭著的萨克森陷阱。几天后，持各式武器的提洛尔人利用地形的天然优势，乘胜追击，再次在彭特拉泽桥附近击败了法萨部队。8 月 13 日，提洛尔人在因斯布鲁克的伊塞尔山把法军赶出了提洛尔。他们的反抗部分是得到了约翰大公爵的启发，他和提洛尔人的领袖私交甚好。此外，皇帝弗朗茨也曾表示他绝不允许提洛尔和皇室分离。[4] 约翰大公一直向因斯布鲁克传达自己鼓励的话语，但却遭到了皇帝妻子玛利亚·卢多维卡的反对，她是一位波旁人，对她来说，"反抗"一词本身就是不祥之兆。她在一封信中质疑了约翰的行为：

哈布斯堡的新"联盟"："观察"军

同提洛尔一样，哈布斯堡的其余领地都是饱受破坏和蹂躏的土地。奥地利的入海通道被阻断，国家濒临破产，而且军队数量被大大减少——名义上不到 10 万人，这个国家能否继续存活都是个问题。梅特涅异常开阔的思维让他成为同时代最著名的外交官，享有"欧洲的马车夫"的称誉。他意识到现在只有一个办法可能保住哈布斯堡王朝，即维也纳必须同拿破仑结盟。

霍费尔行刑前的 18 天，拿破仑曾在奥斯特利茨之战后无礼地以"亲爱的表兄"称呼皇帝弗朗茨，这让后者难以故作镇定。而现在弗朗茨还得答应一个更令他蒙羞的要求，即将自己的女儿玛丽·路易丝嫁给拿破仑这个科西嘉岛来的夺权者。在 1810 年 3 月 17 日举行的婚礼上，更讽刺的是，卡尔大公不得不暂代缺席的新郎。就算弗朗茨对这种角色的转换再不上心，他也认为自己的皇室受到了莫大的侮辱。

对梅特涅来说，很明显，哈布斯堡重新采用婚姻这一传统策略能让他为主人弗朗茨赢得一定的时间。他面临的下一个挑战就是避免让奥地利卷入拿破仑和俄国之间即将爆发的冲突。在这一点上他做得非常成功。因为虽然拿破仑要求奥地利派出一个军团，但梅特涅确保这支奥军部队只负责保护拿破仑的交通线，且常驻奥地利（让俄军松了一口气），而不是驻扎在俄国的加利西亚属地。

这就是"观察"军，日后的辅助军，包括 3 个猎兵团、3 个格兰茨团、12 个线列步兵营、4 个掷弹兵营、18 个轻骑兵和 16 个胸甲骑兵中队。尽管实力强劲，但这个军注定不会在接下来的大战中发挥任何实质性的作用。

奥军除了在哥罗德兹诺战役中短暂地露面之外，均未参加后面的大型战役。当拿破仑的大集团军在雪中挣扎前行时，施瓦岑贝格率领的奥地利援兵却奉命返回维也纳。鉴于普鲁士也参与了这场对抗拿破仑的战役，此举能使这支奥地利援兵恢复元气并做好作战准备，让战局变得对维也纳有利。普鲁士花了五年多的时间才从耶拿的惨败中恢复过来，但是她迟来的回归给维也纳提供了更多的外交选择。梅特涅深知这个"武装的中介"将在接下来的冲突中扮演对自己有利的重要的角色。法国远征军朝莫斯科行军的路上困难重重，梅特涅则一直在仔细观察并耐心等待。普鲁士、瑞典和英格兰都开始准备新的联合战争，但是对奥地利来说，时机尚未成熟。

1813 年，拿破仑带着新兵突然闯入德意志——这群士兵是为了弥补他在俄国遭受的损失而新招募的，此次进攻中拿破仑再次证明，他在逆境中仍是一名战无不胜的战略家。普军在大格尔申（今吕岑）的表现十分糟糕，俄普联军也在包岑被击败。当这些戏剧性的事件同时在德意志上演时，梅特涅秘密地在波希米亚召集奥地利军队，并继续等待时机。当普军被迫放弃奥得河以及西西里亚的城市布雷斯劳时，奥军则驻守拿破仑的侧翼。一纸停战协议为拿破仑和他的对手提供了短暂的喘息机会。

梅特涅再次为各方提供了通往和平的"黄金大道"。他和拿破仑在德累斯顿进行了一场著名的充满火药味的会晤。梅特涅列举了法国与普鲁士以及俄国和解的好处，但小心地不让奥地利卷入这场纷争。拿破仑将帽子扔到了房间那头，并指责梅特涅根本不知道如何"为法国而死"。梅特涅只是悄悄地打开百叶窗，让"下面的士兵"能听清他们如何"要为法国而死"。[7]

施瓦岑贝格亲王：新任大元帅

在新的战争一触即发之际，梅特涅认为已经到了他转换阵营、放弃中立的时机。他像以往一样，一直等到了最后一刻，即 1813 年的 8 月 10 日，然后迅速放弃了中立的身份。他再次展现了他的战略天赋。梅特涅看到奥地利 1809 年几乎被排挤出欧洲版图之后，他意识到达到自己目的的唯一方式就是建立一个庞大的大陆国家联盟，英格兰在军事上毫无关联。尽管《美泉宫条约》限制了奥地利和平时期的兵力，但她还是慢慢、精心地积蓄了自己的力量。拿破仑现在面对的奥军有 28 万名士兵，此外还有 8 万名预备役军。自 1792 年开始，奥军一直都在同法军作战，中间仅有不到五年的休战时期，因此如此多数量的兵力可以算是了不起的成就。

让卡尔大公和他的皇帝哥哥都感到欣慰的是，奥地利找到了一位新主帅，一位值得信赖的贵族——施瓦岑贝格。帝国和皇家军队的新任主帅卡尔·菲利普，即施瓦岑贝格亲王，于1771年出生于维也纳，是波希米亚贵族家庭的一员。他的家族在17世纪早期斐迪南二世主导的对财富的重新分配中发迹。他年轻时加入了皇家军队，参加了皇帝约瑟夫二世时期的土耳其战役，奥地利在此役中状态不佳。1794年，他在对抗法兰西共和国的战役中一举成名，随后被提拔为上校，并受到了时任军队司令科伯格亲王的高度赞扬："当我手下所有的将军和战地军官都无计可施的时候，施瓦岑贝格亲王发挥了他的表率作用。他知道自己想要什么，下达的指令也很明确。"[8]

我们前面已经了解，正是施瓦岑贝格同斐迪南大公一起，带领一大批骑兵成功突围，杀出了一条通往埃格尔的血路，解救了被围困的奥军，从而保住了马克将军的名誉。1809年，他作为时任驻俄国朝廷的大使，尽管游说俄军同奥军结盟未果，但他展露了自己的外交天赋。随后，作为奥地利驻巴黎的大使，他兢兢业业，支持梅特涅的政策，不让奥地利卷入1812年的法俄战争。1813年，他在拿破仑跟前工作了一段时间。施瓦岑贝格亲王十分勇敢能干，但他不如卡尔大公那样聪慧，也没有不顾个人安危的勇气。

其实，施瓦岑贝格亲王也可以算作一位功成名就的奥地利军事指挥官。可能他最好的天赋就是能够发现别人的潜质。这个天赋使他成为一位强大的对手，因为他身边总是围绕着许多杰出的军官。在他上任成为联军总司令后，他的第一步就是任命拉德茨基为自己的军需总长和总参谋长。

在被委派到巴黎的几个月前，施瓦岑贝格就向拉德茨基打听了情况，确认大战在即。当奥地利的武装调停逐渐演变成武装斗争后，拉德茨基开始拟订接下来的联合战争计划。梅特涅在争取时间的同时，奥地利皇家军队正在积极动员。

拉德茨基在莱比锡坐镇指挥

拉德茨基没有让指挥官失望。他着手修改并重新制订1813年秋季的联合进攻计划。执行最终计划时他的作用至关重要。8 月 27 日，包括一支强大的奥地利小分队在内的联军在德累斯顿遭受重创，损失了 2.5 万士兵。联军的骑兵和炮兵的部署也不尽如人意，根本没有体现出四年前卡尔大公部署的阵型典型的战术本能。一时间，哈布斯堡军队议论纷纷，称这种情况在前任大元帅坐镇的情况下根本不会发生，反观法军的部署却体现了他们领袖一贯的战术天赋。此外，拿破仑在此役中展现了自奥斯特利茨之战后久违的旺盛精力。盟军撤退后，拿破仑另外派出 4 支大纵队进行追击。但是在库尔姆，俄国后卫军拦住并牵制住了凡当姆指挥的法国追军。凡当姆本可以带着一些士兵安然撤退，但克莱斯特率领的普鲁士军突然出现，挡住了他的撤退路线，并发起一场激战，最终报了耶拿之战的仇。

面对新崛起的普鲁士军队，法军节节败退。乌迪诺和马尔蒙都已撤退，贝纳多特也在德里维兹打败了奈伊将军。虽然贝纳多特在瓦拉格姆战役中一无是处，但是在瑞典王室接纳他之后便改换了阵营。拿破仑已下定决心拿下柏林，在但泽附近威胁俄军并将他们赶出波希米亚，但现在不得不构思新的战略。拿破仑有信心击败想在北边挑衅自己的盟军，认为他们"（不过是）一群哥萨克人和差劲的地方防卫军罢了"。[9]

但是当施瓦岑贝格带着 6 万名奥军沿着易北河右岸行军时，拿破仑的右翼变得岌岌可危。不到两周的时间内，拿破仑就开始在莱比锡附近集结兵力，并就地等候大批联军的推进。1813 年的鏖战即将到达高潮。虽然对决双方的兵力均十分强大，但是拿破仑军队数量远不及对方。面对超过 36.5 万名风头正劲的联军，法国和日耳曼同盟的兵力不到 19.5 万人。拉德茨基据理力争，称战斗真正开始时，拿破仑只会比对手少 1 万名士兵，因此奥军必须提防法军对奥军的正面发动有力的进攻。

由于兵力悬殊，就连拿破仑也面临着艰巨的工作。拉德茨基出色的参谋能力确保了联军以协调配合弥补了其各部分的缺点。甚至还有一支由比洛克上校指挥的英国火箭炮小分队也参与了战斗。10 月 16 日，施瓦岑贝格正式挑起战争，并派出巴克莱·德·托利手下的一支强大的俄军去对抗法军的南翼。正午时分，联军在维特根斯坦兵团和其他俄国部队的支援下，进攻慢慢停息。拿破仑随即发起有力的反击，重新夺回了此前丢给俄军的阵地。

与此同时，布吕歇尔手下的普军朝拿破仑北部的阵地发起了强劲的进攻。5.4万名普军向驻守在莫科恩附近的马尔蒙的几个师发起了进攻，尽管马尔蒙只有奥军一半的兵力，但他还是保住了阵地。战役第一天结束时并没有决出胜负。尽管法军成功地击退了数量上占优势的对手，但未能摧毁对方的兵力。越来越多的联军开始响应拉德茨基细致的参谋计划后，投入战斗的兵力也越来越多，法国守卫者的阵地变得岌岌可危。夜幕降临后，拿破仑本应着手组织撤退，但出于一种奇怪的（"令人费解"，这是拉德茨基后来的说法）固执情绪，他坚守着阵地。[10]

第二天战场很平静，双方都在重整部队。在莱比锡周围，拿破仑忙于重新布置自己的部队，让最信赖的部队驻守阵地，以此加强防守中最脆弱的部分。此时的联军开始部署15万名援军，以便第二天在所有战线上发起同轴攻击。拉德茨基再度极力确保此役中联军的协调问题尽可能地不出岔子，这是曾多次困扰联军的问题。能够解决协调问题本身就已经非常了不起，因为拉德茨基面对的是联军内各种各样的人物，特别是俄国的将军，还有像普军的布吕歇尔和格奈森瑙这样的人物。（格奈森瑙有奥地利头衔，这有助于拉德茨基解决问题。）

尽管数量上处于劣势的法国守军在战场上表现英勇，但战争的结果毋庸置疑。当联军对法军阵地发起连续进攻时，新发明的康格里夫火箭炮让萨克森旅士气锐减，第一个崩溃。火箭炮对于距市中心仅一英里半的塞勒豪森守军而言十分奏效。

战役的关键时刻，萨克森部队选择抛弃法国盟友，投向敌人的阵营，此举令附近的法国骑兵感到震惊，起初他们还在为萨克森部队加油鼓劲，以为他们要攻击普军。虽然法军少了4000人，但还是在继续战斗。在奥军前线这边，克雷瑙在茨维纳努村下令让奥军进攻斯托特里茨的堡垒，但却被法军疯狂的反攻击退。

法国的后备军已经疲惫不堪，因此在下午5点，拿破仑为了保存一些实力，下令全线撤回已修好的桥梁。当柯罗雷多手下的奥地利小分队准备攻占莱比锡时，拿破仑如果不感到惊讶的话也该感到庆幸，因为奥军并没有切断他退路的企图。施瓦岑贝格以奥地利一贯的作风为法军留了一条退路。和卡尔大公一样，他并不觉得破釜沉舟的作战方式有任何可取之处。因此尽管拿破仑的军队损失高达7.5万人，但他仍得以安全逃脱。[11]

奥军三支主要小分队最少的伤亡人数是1.5万人。饱受战争创伤的俄军和普军的损失接近4万人。但是几天后，弗雷德的巴伐利亚小分队发现法军的实力仍不容小觑，而拿破仑那时凭借他准确的直觉，在哈瑙一举消灭了这支武装力量。被赶出德意志后，拿破仑即将开始一场新的战役，而且是一场展现他军事天才的登峰造极之战：法兰西保卫战。

尽管拿破仑在巴尔、布里埃纳和其他地方都已经走投无路，但他的谋略仍无人能及。然而，就像在莱比锡战役中一样，纯粹的部队数量最终会说明问题。施瓦岑贝格身上体现了真正的奥地利风格：即使拥有压倒性的数量优势，他也不愿冒一点风险让军队放手一搏，特别是当对手是拿破仑时。拉德茨基制订了所谓的特拉申贝格计划，联军借此同意避开所有可能遇上拿破仑本人的战场，相反，他们准备用数量优势慢慢耗尽拿破仑下属的兵力。

施瓦岑贝格领导下的奥军表现不如卡尔大公时期，而且有故态复萌的危险。在奥布河畔的阿尔西，8万名奥军在面对2.8万名法军新兵时，部署十分谨慎，以至于竟然让法军坚守到了天黑，并组织了有序的撤离，摧毁了桥梁。在这场较量中，奥军的伤亡比法军多，但实际上法国皇帝无论是在时间还是在数量上都处于劣势。

随着巴黎的沦陷，同他们的盟友相比，奥军已经沉浸在自己的胜利中了。联军在欧洲战场上部署的阵地，就其复杂程度和持久度来说都是无敌的。进入巴黎时，匈牙利掷弹兵们身着耀眼的白蓝色军装，配以新发的熊皮大衣，大衣上别有彼得麦式的、象征着皇室的黄黑色的帽花。他们很快就成了无数水彩画和素描的主题，成了哈布斯堡军队勇气和传统的象征，为巴黎生活增添了一丝异国情调。[12]

奥地利的成就不仅仅局限于艺术家的画布上。普鲁士将军格奈森瑙威胁说要同俄国结成同盟共同夺取萨克森，他甚至打算让拿破仑从厄尔巴岛赶回来，挑起法国内战以分散英国的注意力。施瓦岑贝格则威胁说他将动员哈布斯堡军队来对抗"这个普鲁士垃圾"，普军这才消停。

第十三章　彼得麦与拉德茨基

此时，奥军的声誉达到了顶峰，其军队和参谋部署都经历了彻头彻尾的改革，难怪拿破仑承认奥军是他最强劲的对手。

奥军最后一次羞辱拿破仑

拿破仑由四位联军的代表护送被押往法国南部，前往流放地厄尔巴岛。其中一位是奥地利将军科勒，他非常不起眼，我们可能此前（或以后）都没有听说他，但是在面对让哈布斯堡军队最痛苦最危险的拿破仑时，他注定会成为哈布斯堡历史上一次表面大胜的工具。当载有退位的法国皇帝的马车靠近普罗旺斯地区的艾克斯时，愤怒的群众迅速包围了马车，拿破仑曾使法兰西享有不朽的荣誉，但他这颗巨星的陨落激发了法国民众最恶劣的本能，他们对着拿破仑无情嘲笑并大声叫嚷。几个月前还要为皇帝卖命卫国的这群人，现在却拼命想将他整垮。幸好有奥地利乌兰骑兵的护卫，这群暴徒才无法靠近马车。激进的群众甚至差点两次击败奥地利骑兵中队，但是被放低长矛的乌兰骑兵击退，乌兰骑兵军官们同时也鸣枪警示。在这一系列事件中，身着帝国卫队上校光鲜军装的拿破仑靠向科勒将军，低声请求道，为了避免"任何不愉快"，科勒是否能给他面子将白色军装借给他穿。

在附近的一个小酒馆，拿破仑换上了押送者科勒的衣服，让他们感到庆幸的是，暴徒们并没有识破这个粗糙的小伎俩，因此直到增援护卫队到来之前马车都得以不受干扰地继续前进。哈布斯堡军队将科勒的军装保存了下来，作为最后一次羞辱那个时代最伟大的人的标志，供后人瞻仰。（许多年来，这套军装一直是奥地利军事博物馆最吸引人的展品之一，但未能幸免于博物馆的现代化进程。尽管一张印有这套军装的明信片不久前还一直在出售，但如今却陈列在玻璃柜里，令人不解。）

当奥军占领巴黎并将战俘带到厄尔巴岛海岸后，剩余的法军也被逐出了达尔马提亚和意大利北部，于是提洛尔和福拉尔贝格都有了脱离厌恶的巴伐利亚统治者、获得解放的机会。1815 年 5 月 2 日和 3 日，穆拉特在那不勒斯的皇位本已命悬一线，可能是他抛弃了拿破仑的缘故，奥军在托伦蒂诺将他击败。如此一来，包括西西里岛在内的整个意大利都处于奥军的控制之下。尽管拿破仑在 1815 年的春天带着扭转乾坤之力卷土重来，但奥军派出了一支军队与英军和普鲁士军联手，在坚忍顽强且有作战技巧的惠灵顿的指挥下，并且在普鲁士人的帮助下，联军在滑铁卢的缓坡上彻底击败了拿破仑。与此同时，在梅特涅的指引下，维也纳议会着手奖励胜者，并尽力将一切都拨回战前状态。

在 19 世纪 30 年代漫长的和平时期，各国对军装的改革让其更能反映国家威望。奥军和同时期的英军一样，都运用了一种新时尚，即采用不奢华的高领和头饰。与此同时，在政治层面上，由梅特涅成立的俄国、奥地利和普鲁士的"神圣联盟"维护了欧洲的和平，这一联盟竭力压制了该世纪最后 20 年内的任何可能的战争后遗症。梅特涅这位狡猾的"欧洲马车夫"采取了一系列的镇压措施保住了奥地利统治下的和平。任何 18 世纪约瑟夫主义启蒙思想的集会和其他象征都被明令禁止。[1]

梅特涅体系实行普遍兵役制度

重塑旧秩序会对军队有一定的影响。梅特涅的政策以及帝国的扩张必然需要一支高效并忠诚的军队，还有随处可见的秘密警察。因此，现在就是重建军队的好时机。在 1815 年的新"普遍兵役制度"的规定下，提洛尔首次被纳入帝国体系中，预计会为帝国贡献一个猎兵团，士兵的现役期为 8 年，此外还需在预备队服役 6 年。该征兵制还将覆盖新收复的伦巴第/威尼斯地区。该提洛尔猎兵团在费内尔·冯·芬内伯格上校的率领下，刚成立就经历了对抗穆拉特的行动，并参与了随后成功占领那不勒斯的行动。

由于已经不用在战时的高压状态下工作，因此官僚主义者们开始修改一些政策，有时候带来了不幸的后果。到 1821 年时，在巩固征兵法措施的过程中，由卡尔大公提出的多数征兵的创新之举都已不复存在。现在已经有相当一部分的人可以免除服兵役，包括神职人员、所有法律和医学的博士、大多数政府官员、教师和艺术家，于是可以招募的人员只剩下一小撮"可怜虫"；还有一些人仅仅不受村内位高权重者的喜欢，于是便被剥夺了入伍的权利。此举公然违抗了约瑟夫主义的理念：这群人非常容易倒戈，特别是当他们的兵团沿着风景如画的卡林西亚的森林和卡尔尼奥拉（后来的施蒂利亚和斯洛文尼亚）的山口行军时。

奥地利在和平时期组建起了庞大的军队。最终军队人数高达 40 万，其中5 万骑兵、2.5 万炮兵。（5400 名技术兵，剩余分别为 4000 名运输人员和 31.5万名步兵。）这些部队被分成 12 支卫戍部队，驻守帝国各地，彰显了"现代"哈布斯堡帝国辽阔的疆域。这些部队驻守在领土内的核心城市，包括维也纳、布拉格、格拉茨、布吕恩、和布达佩斯，以及一些外围城市如阿格兰（今萨格勒布）、赫曼施塔特（今锡比乌）、扎拉（今扎达尔）、维罗纳、彼得瓦顿（今彼得罗瓦拉丁）、腾斯法（今蒂米什瓦拉）和伦贝格（今利沃夫）。这 12 支卫戍部队（维罗纳除外）只听命于帝国军队，直到 1918 年奥地利帝国解体之前都是如此。如今，他们防御工事的遗迹、城市公园的音乐台和咖啡馆是他们存在的印证；而当时音乐的氛围、社会习俗和优雅的军装都被奥地利国内外的作家写入了作品中。[2]

拿破仑时代的其他传统在行政热潮中仍保留了下来。比如委任状，现在人们可以花钱购买，同时也是东主上校一笔不小的收入。此举也流行于一些精英团。1836 年，拉德茨基在意大利接管军队时曾试图取消委任状，但就连他也没有能力将它根除。

"团代理"

所谓的"团代理"是另一个奇怪的存在。当时奥地利军队设有三个团"代理人"，都住在维也纳。他们负责整支军队的日常业务，包括配置、供应和组织所有非军事业务，从下级军官的婚事到士兵转换部队的申请等大大小小的事务均归他们负责。历史上关于弗朗兹·邓普希特、阿洛瓦斯·斯皮策大夫和海因里希·梅耶的消息少之又少，但正是这三位有上进心的军官和他们的助手们确保了整支军队在和平时期的平稳运营。他们的活动范围十分广泛，实际的劳动分工也十分庞大。比如斯皮策大夫至少负责 35 个步兵和骑兵团的所有事务，令人敬佩的邓普希特先生负责的团多达 57 个。

要想了解这几位的责任范围，我们必须弄清楚哈布斯堡所有步兵和骑兵派驻的范围，这些范围是梅特涅按照明确的界限来划定的，这些界限都经过了精心的设计，旨在避免驻守兵团同当地群众走得太近。由于拿破仑战争时期激发了民族主义情绪，因此军队有了一个不成文的规定，即驻守在其招募地域的时间不能太长。比如，意大利兵团应该驻守在非意大利省份，捷克兵团应驻守远离波希米亚的帝国领土。这就要求部队轮番守护帝国领土，于是邓普希特、斯皮策和梅耶先生就在他们的岗位上坚守了一代人的时间。举个例子，从维也纳的豪斯团，即著名的霍克和德意志第四步兵团就可以看出当时后勤的需求有多么庞大。

1815 年时，这个团驻守在米兰；1816 年，它重回下奥地利州，驻守在小镇圣珀尔腾；1820 年，它被派驻贝加莫；1822 年，它驻守在那不勒斯。三年后它驻守卡普阿，随后便在 1829 年驻守克拉根富特。之后又是林茨、格拉茨和维罗纳，终于在 1840 年驻守维也纳，这是 20 年来的第一次。然而这还不是它驻兵生涯的终点：1846 年，它驻守塔尔努夫；1847 年，它驻守伦贝格。

1848 年，这个防止士兵和招募地区的群众合流的政策被证明十分正确。在各国都爆发革命的那一年中，哈布斯堡军队由于士兵力量不足，无力叛变。1821 年，弗里蒙特手下的一小支部队镇压了那不勒斯的叛乱。当都灵的君主制受到威胁时，另一支哈布斯堡军队趁机占领了都灵。除了十年后摩德纳和帕尔马的卫星大公国发生的不寻常的骚乱之外，欧洲总体来说都处于和平状态。

然而梅特涅体系异常平静的表面下，紧张局势在不断升级。隐藏在彼得麦式友好的表面下的专制体系不断地受到新一代人的质疑。拿破仑时期的"理性"政府让欧洲大陆体验了新事物和新方法，这种体验并不能轻易地被欧洲大陆的集体意识抹去。1830 年在法国发生的起义再次为她的对手奥地利带来了熟悉的革命理念。

3 月之前

1848 年战争爆发的前两年，人们在意大利可以感受到一些紧张局面。在加利西亚，一个贵族的叛乱被迅速镇压，镇压行动由一位精力充沛的年轻军官贝内德克发起。与他同时代的一位精力不如他的军官科林将军却在西边乱了阵脚，致使克拉科夫城落入叛乱者手中，叛乱者随即宣布成立共和国。但这些事件不过是暴风雨来临前划破天际的几道闪电，两年后在维也纳发生的事情还未显现出端倪。为应对 1848 年的叛乱集结军队的行动被称为"3 月之前"，它也说明了那些日积月累的不公和矛盾，而这些正是公众起义的前奏。随着时间的流逝，梅特涅体系内固有的保守主义让它面对新的挑战时越来越脆弱。

1848 年的 3 月 13 日，维也纳的时机终于成熟。作为所有反抗活动潜在的领袖，学生们武装了自己，开始列举种种要求，包括新闻自由、废除农奴制，最重要的是罢黜令人厌恶的总理梅特涅，此时的他已经成了愤世嫉俗、反动和专制主义的代名词。

陆军部部长拉图尔非常清楚此刻自己面临的挑战十分巨大。他下令让一支"先遣"小分队护送炮兵小分队沿着海伦街部署。但是这些部队在路上遭遇了一阵石头的袭击，这让先遣部队十分惊恐，于是开枪回击，造成了五名平民的死亡。拉图尔在附近的兵工厂被一个暴徒围堵。重压之下，他拟订了一个计划：将两个掷弹兵营派往匈牙利，那里传出了更多动乱的消息。这两个营中的"法拉利"营几乎全部是意大利人，他们毅然决然地向群众进军；另一个营，"里克特"营发现一大帮暴徒在古姆彭贝格多夫大街上拦住了他们回军营的道路。

同所有掷弹兵编队一样，"里克特"营也是组合部队。然而，示威的学生们很快意识到这个营的士兵都说德语，而且都是从第 14、49 和 59 步兵团中抽调过来的。这三个步兵团都来自阿尔卑斯山区，士兵也都是从下奥地利州、上奥地利州和萨尔茨堡招募的。由于语言相通，掷弹兵们很快就和学生们打成了一片，后者还为他们提供啤酒和红酒，这种情况一直到团里的军官重整纪律才停止。军官们在骑兵的护卫下，带领全营朝两公里以东的努德巴尼豪弗继续前进。

当部队靠近派驻点时，他们看见一大群民众堵住了所有进入努德巴尼豪弗的道路。为了避免流血事件，士兵们接到命令沿着多瑙河向弗洛里茨多夫前进，并在那里上火车。但是这帮群众一直尾随他们前进，同样还封住了掷弹兵们通往这个车站的道路。

拉图尔的过激反应

当拉图尔部长听到这些消息时，他的反应十分激烈，派出了两个骑兵中队，若干炮兵和整个"赫尔佐格·冯·拿骚"步兵团（第 15 团）前往当地，将暴徒赶出弗洛里茨多夫和塔波尔桥，在这两个地方民众已经和掷弹兵们变得十分亲近。这支混合部队的主帅是有着爱尔兰血统的雨果·冯·布列德，他是一位卓越的军官，已经为哈布斯堡王朝效命了很长的时间。当他带兵赶到战场时，掷弹兵们已经完全丧失纪律，和学生打成了一片。布列德对这群掷弹兵们如此缺乏军人气概的行为感到震怒，于是开始部署炮兵，但这群暴徒却强行拖走了他的大炮。看到这一幕，这位军官下令让步兵开火。奥军的子弹齐射，杀死了若干平民，却激起了持枪学生的斗志，他们也向排列密集的步兵开火，造成了奥军上百人的伤亡。布列德被一颗子弹击中头部，于是这位拿骚团的上校就在火拼中坠马倒地。"里克特"掷弹兵们冲入人群，加入了暴徒叛变的行列。从这一刻开始，这支800人的部队竟然成了维也纳的叛变行动的中流砥柱。他们虽然骁勇善战，但是却再没有别的部队加入叛变的队伍。他们对皇室的背叛十分张扬且意义重大，但在1848年的暴动危机中，他们是唯一一支叛变的军队。其他的奥地利部队仍忠于皇室。

匈牙利危机和新皇帝斐迪南

而在匈牙利，局势完全不同。那里的危机逐渐演变成一场民族起义，威胁到了整支军队。而且不出所料，几乎整个匈牙利轻骑兵团都临阵倒戈，加入了革命事业。

在这一紧张局势面前，哈布斯堡军队的准备严重不足。为了战争而训练同时能迅速派遣的唯一一支部队驻守在北部意大利，不到7.3万人。[3]其中2万人是意大利人，并不可靠，因为最先起义的是威尼斯人。撒丁岛的国王向哈布斯堡宣战，准备在曾被梅特涅以"仅仅是一个地理名词"而摒弃的土地上复兴意大利王国。这位撒丁岛的国王希望借此统一意大利半岛，并以"意大利的一己之力"赶走奥军。

这一事件发生后，一时间，此类激烈的反抗几乎震动了哈布斯堡帝国所有的角落。同时，皇位也落入一位忧郁的笨蛋手中，人们亲切地称呼他为"善良的斐迪南"。这位斐迪南无论是智力还是体力都无力应对王朝目前所面临的挑战。斐迪南从某种程度上来说有洞察力，也很机智，但是他的智力低下，这可能是近亲结婚的原因——他父母互为表亲。而这种先天不足的弊端远大于健全的心智和坚忍的品格，后两者才是他能有效统治的基础。

当弗朗茨于 1835 年过世时，必须严格遵守的合法性原则打破了传皇位给两个杰出的兄弟，即约翰大公或卡尔大公其中一个的想法。梅特涅和弗朗茨坚信，任何偏离这一原则的行为必然会让奥地利君主制变成英国的君主制。英国的君主制"自 1688 年革命后，便处于一个尴尬的地位"。在法律上来说，奥地利君主制是有合法性的；而在维也纳看来，英国的君主制只是为了协调君主权利和主权而存在的事实性君主制，并不一定合法。[4]

尽管弗朗茨的儿子斐迪南有心智上的缺陷，但梅特涅还是力挺他继承皇位，他确信，这位约翰大公眼中"完全无法展开果敢行动"的年轻人，肯定会放手让梅特涅管理国家大事。事实的确如此，梅特涅继续管控着他的体系，在欧洲中部和东部的管理上他比皇帝做得还要多。

斐迪南的统治见证了"国家机器"的巨大渗透作用，当时警方的线人和监视达到了新的高度，可以和一个世纪后欧洲中部的一些集权国家相提并论。这是对这位白痴皇帝的前任的声望的致敬，毕竟这种令人不快的状况持续了13 年后才爆发大矛盾。关于斐迪南的统治，阿尔伯特大公说道："要不是前任弗朗茨皇帝的统治无可指责，斐迪南的统治都撑不过一年。"[5]

其实很多时候自由舆论都夸大了这位帝国"暴君"的行为，在英格兰尤甚。卡尔·普里德姆是当年《泰晤士报》的一名记者，在其著名的自传中他生动地描述了在前往匈牙利采访的途中，奥地利是如何调动国家警察系统来观察和监视他的一举一动。从维也纳到的里雅斯特，一路上他体会了各种监视和官方拖延的举措，这些举措同 140 年后东欧的某些国家对待记者的拖延战术相差无几。如果不是驻的里雅斯特的英国领事公然违抗懒散而专断的驻维也纳大使庞森比的命令，出手帮助这位记者的话，这位记者根本就到不了匈牙利。[6]

尽管臭名昭著的霍努伊夫将军出高价悬赏普里德姆的头颅，但后者并未遭受任何身体上的暴力——这也是梅特涅时代的一个特征：尽管一直有记者和作家愤怒地反对审查制度和充公政策，但没有一人因为试图破坏这些政策被捕入狱，抑或受到身体上的攻击，就连"走过场的审讯"都不存在。梅特涅执政时期，没有一条对任何个体施加酷刑的记录，也没有出现一起未经适当法律程序的监禁。

1848 年的革命事件直接影响了军队的结构，同时也威胁到了王朝的安危。维也纳和布达佩斯的状况强烈预示着哈布斯堡急需摒弃皇帝斐迪南的虚位统治。一些忠于王朝的将军们盼望着维也纳的命令，但皇帝却毫无动静。斐迪南不顾朝臣的建议，坐马车去街上转了一圈。看到愤怒的维也纳群众不断地挖苦他时，他误以为这只是人们单纯的情感宣泄，于是他坦然地大声用维也纳方言说道："我亲爱的维也纳人民！看啊，他们多么兴奋。"[7] 还有一次，一场骚乱过后，一头母牛闯入了霍夫堡的院子。他懒洋洋地从窗口望下去，对惊恐万分的随从们说："这肯定是第一头不靠任何裙带关系进入这座皇宫的蠢牛。"[8]

W. I. R.：拉德茨基

对朝廷来说幸运的是，时势造英雄。此时王朝内涌现了三位杰出的斗士，他们咬紧牙关，确保了奥地利皇室的生存。当皇帝说"我们"时，一些愤世嫉俗的人就开玩笑说，这个词的每一个音节都代表皇帝的一位将领。为首的是一位现年 83 岁的老人家，他曾出现在发生在一代人之前的欧洲战场，那就是陆军元帅约翰·约瑟夫·文策尔，即拉德茨基·冯·拉德茨伯爵。正如我们已经了解，在拉德茨基的军事生涯中，他从不曾投降或者放弃为哈布斯堡抗争。他拥有的最强的支持来源于他在士兵中的威望，甚至是在意大利农民中间的威望，而这是很少见的。这些农民将他视为对抗意大利贵族地主们的主张和米兰中产阶级的沉思的守卫者，后者的野心在普通"农民"中毫无分量。这种阶级分化在君主制中不断上演。

最近在美国发现的一些文件表明拉德茨基并不是人们传统上认为的简单的反动分子。他年轻时经受过约瑟夫主义时代启蒙思想的洗礼，他还是帝国军队中第一批加入共济会的年轻军官中的一位。[9]

拉德茨基始终坚信自己能取得进步。他支持那些不如他幸运的军官，帮助他们发展军事生涯，比如贝内德克。与此同时，他人性中的弱点也未影响他深受意大利士兵们的爱戴。这些士兵们都知道关于他的传言（传言是真的），比如许多私生子女，比如他同意大利管家吉乌蒂塔·梅雷嘉丽之间那段长期的、充满激情与爱恋的婚外情，而这位意大利管家也对他十分深情。这种放荡的生活方式开销很大，拉德茨基的悲剧之处在于，他的老婆面对丈夫不忠的行为，喜欢从对物质条件和奢侈品的寻求中得到安慰。1798年，他娶了一位相对拘谨的弗留利女伯爵斯特拉索尔多。在18年的婚姻中，她尽职尽责地为他生育了8个子女。拉德茨基在写给他最喜爱的一位女儿弗里德里希卡·温克海姆的信中说，从1805年开始，他工资的2/3都直接送到戈里齐亚用作妻子和家庭的支出，即他赚的6000弗罗林中的4000弗罗林。[10]到1816年时，这位将军将他未来收入的一半抵押给债务人才勉强避免了破产的命运。甚至当他于1836年成为陆军元帅后，财务问题仍然困扰着他。

在拉德茨基的8个子女和女伯爵妻子斯特拉索尔多中，只有两位活得比拉德茨基长久。这位将军同自己的意大利"妻子"梅雷嘉丽有许多约定。这位意大利女人非常丰满、能干，她的淳朴、热情和魅力是每一位士兵都梦寐以求的。米兰人的历史叙述中对她的性格有许多细节性的表述，但所有当代的资料一致显示她是一位大厨。虽然有其他的天赋，但她是用高超的厨艺"征服"了这位年迈的将军，尤其是她做的南瓜丸子和米兰小牛排。米兰小牛排后来传入维也纳，演变成了随处可见的维也纳炸肉排。

她同样给他生育了8个子女——5个儿子和3个女儿。拉德茨基将他们一一认领，也在经济上资助他们。[11]他同梅雷嘉丽太太的关系并不仅仅局限于家庭琐事上。当离开伦巴第时，他经常给她写关于欧洲政局的书信，这些信件表明他从未低估这位意大利厨娘的智慧。在其中一封信中他指出，驻守波希米亚全靠运气，但他真实的心愿是"打心底里想"回到意大利。他强烈反对伦敦对意大利革命活动的支持，在写给女儿弗里德里希卡的信中说："只要英格兰不停止对摧毁欧洲的战争的领导，就不存在任何和平。"[12]

对拉德茨基来说，梅雷嘉丽太太还是一个重要的情报来源，可以通过她了解意大利人的想法。尽管梅雷嘉丽同伦巴第叛乱活动的领袖的关系从未被证实，但在意大利文献中却暗指了这层关系的存在。不管怎么说，从拉德茨基1848 年 3 月的信件中可以看出，他知道有一些爆炸性的事件即将发生，他知道皮德蒙特人在重新武装，也知道所有的警告信号。他自觉地将这些警告信号传到维也纳，但那时的上级们并没有读他的信，而是被发生在皇室附近的事件分散了精力。

意大利人的起义不需要太多的激励。米兰的知识分子在受到皮德蒙特人和英国人的鼓动后，纷纷拿起武器，开始威胁奥地利驻军。在一场武装起义面前，拉德茨基知道他必须迅速行动。经过五天的战斗，他带着部队离开了米兰。这支皇家部队于一个风雨交加的夜晚离开了米兰：当时，大炮轰鸣，一阵阵的枪炮声充斥着夜空，整个天空好像被燃烧的建筑物的火焰点亮了一般。当拉德茨基的先遣部队击穿了驻守罗马城门的薄弱的革命军后，继续沿着洛迪路前进，士兵们沿途经过了他们一动不动的指挥官。拉德茨基同一小部分随从一起，在这场倾盆的暴风雨中，骑在马背上静静地看着这一切。雨水打湿了他的帽子和大衣，尽管浑身都已湿透，但这位陆军元帅还是面无表情，十分冷静地注视着自己的士兵。终于，当他的士兵几乎全部通过城门后，才听到拉德茨基说了一句"我们还会回来的"，随后便骑马消失在雨夜中。

当拉德茨基退守这个由维罗纳、曼图亚、莱格纳诺和佩斯基耶拉组成的四边形要塞群时，唯一的好消息来自于提洛尔。1809 年的一位年迈的神父同时也是一名老兵的哈斯平戈，同安德鲁斯·霍佛尔的孙子们一起朝曼图亚进军，为他们祖父的死报仇。此时哈斯平戈的胡子不再是红色，而是变成了银白色。

拉德茨基发现重新夺回这个四边形要塞群的举动十分危险。在维罗纳，一些简易的外围工事仅仅有 3 到 4 个人守卫；佩斯基耶拉的一个要塞驻守士兵胞，但是忠于哈布斯堡的意大利部队仍是一支强大的作战力量。然而，事情并没有完全向拉德茨基设想的方向发展。三周后，奥地利的托斯卡纳师在库尔塔托内被击败，防守力量薄弱的佩斯基耶拉也落入了皮德蒙特人之手。

库斯托扎

对奥地利人来说，战况逐渐转好：在帕拉迪奥圆厅别墅下面的山坡上，他们通过激烈的战斗再次击败意大利部队，重新夺回了维亚琴察和贝里克山的丘陵。尽管不久之前，他们勇敢的科帕尔上校倒在了自己的阵前，但是奥地利猎兵们再次证明他们十分擅长山地作战。

得到霍伊努夫的支援后，奥军同皮德蒙特军作战变得相对轻松。6月24日，在酷热的天气中，双方在库斯托扎附近相遇。拉德茨基精力充沛的总参谋长赫斯组织了一场快速行军，欲将整支奥地利军队都移动到意大利军的中路。霍伊努夫也主动从维罗纳派出了自己的增援部队。皮德蒙特人束手束脚的领导让他们输掉了战争。被拉德茨基称为"撒丁岛的叛徒"的卡尔·阿尔伯特立马向奥军求和。奥军的损失不到1200人，其中70位是军官；但是伤员人数高达4000人，这也说明北部意大利7月的天气不利于健康，许多伤员都出现了感染的情况。

这场重要的胜利提升了奥军的士气：拉德茨基也因此被授予玛丽娅·特蕾莎勋章。但是，意大利战场的成功在帝国中心的致命斗争中却没起到任何作用。在那里，许多相互对立的忠诚关系都十分混乱而且相互冲突，继续给全军播下混乱的种子。

从一个例子中可以窥见这种混乱的局面。1848年的夏天，一位"日耳曼"奥地利军官布隆伯格率领一个波兰长矛轻骑兵团驻守巴纳特，此地隶属匈牙利，同时还有一些罗马尼亚人、塞尔维亚人、匈牙利人和日耳曼人都相对和平地在此生活。直到有一天，一位宣布效忠于"皇帝"的军官带领着塞尔维亚人发起了一场对抗造反的匈牙利人的起义。起义发生后，布隆伯格接到上级命令，以"国王"的名义镇压这场起义。其实，"皇帝"和"国王"是同一个人。当这位塞尔维亚军官提醒布隆伯格这一点时，后者迅速将自己的波兰兵团撤离了战场。现在倒霉的就是巴纳特当地的日耳曼民族了，他们曾对匈牙利人聊表忠诚。于是塞尔维亚人"大发慈悲"，依照前线的传统将这群日耳曼人活活地烧死。布隆伯格写信给陆军部，请求上级将自己调离这片"（让人）无法忍受的分裂的土地"。（这些日耳曼人最终却被一位塞尔维亚军官率领的小分队拯救了下来！）为了让整个事件变得更完整，最好解释下，参与了这场混乱的波兰将军（前奥地利军官贝姆）最后被流放；率领塞尔维亚人的上校后来成了将军（迈尔霍费尔）；对抗塞尔维亚人的匈牙利指挥官（达米亚诺维奇）后来被处决。[14]

克罗地亚前来拯救

对于驻守克罗地亚的耶拉季奇来说，情况并不复杂，但他也经历了许多的挫折。接到皇帝斐迪南在因斯布鲁克的传唤后，他前往当地发表了一篇演说，这篇演说堵住了批评他的人（大多数的匈牙利人）的嘴。演说开篇说道，"我的职责就是拯救这个帝国"，结尾道，"帝国灭亡之际诸位可能得以幸存，但我，我不能。"[15] 皇帝批准了耶拉季奇为克罗地亚人请求的特别待遇，并任命他为当地总督。然而他才刚刚踏上返回萨格勒布的路途，斐迪南就接见了巴斯雅尼伯爵。这位声名显赫的匈牙利权贵说服了皇帝签署一项法令，撤销对耶拉季奇的任命，并解散克罗地亚议会。对于巴斯雅尼来说，克罗地亚是匈牙利的领土，应该由布达佩斯用强硬的手段统治。

耶拉季奇刚刚到达萨格勒布就听到了这个消息，换做任何一个小人物听到这个消息后都会惊愕不已，但耶拉季奇选择直接忽略这些指令（和拉德茨基一样）。9月11日晚，他迅速组织边疆军队和克罗地亚人的部队向匈牙利进军。在就职总督的演说中，他运用了所有修辞的力量和他的信念，表示他作为一名军官和一名克罗地亚人的职责就是服务上帝和恺撒，这两者是密不可分的关系。值得注意的是，在这篇演说中，他向圣母玛利亚承诺永不加入任何秘密社团。

所有的皇家军队力量都转向了科苏特所在的匈牙利。匈牙利的拉尧士·科苏特是一位伟大的雄辩家和爱国者，他性情急躁，崇尚虚荣，希望同哈布斯堡和解，但很快就明白其实并没有和解的可能。在维也纳，一份官方声明公开谴责了所有曾帮助匈牙利战斗的军官，此后这群人都被称为叛徒。（正如迭阿克所说，尽管这群人在后来的几个月中陆续同科苏特脱离了关系，但仍不受大众欢迎。）匈牙利议会将其在奥地利边境部队的指挥权交给了前皇家陆军中尉阿图尔·格尔吉作为回应。

匈牙利和威尼斯的坚守：新皇帝弗朗茨·约瑟夫

动乱的 1848 年已接近尾声，面对"反革命"部队，只有匈牙利和威尼斯仍在坚守，但是哈布斯堡王朝逐渐掌握了主动权。11 月时，皇室家族成员开展了一些微妙的谈判，随后斐迪南同意将自己的皇位让予"哈布斯堡的花朵"弗朗茨·约瑟夫，于是温迪施格雷茨和曾经叱咤风云的前"部长总统"的妹夫施瓦岑贝格亲王终于迎来了一位"能在士兵面前拿得出手"的皇帝。弗朗茨·约瑟夫拥有做皇帝所需要的一切素质：年轻、英俊，而且总是身着军装。他还是一位训练有素的军官和出色的骑手。而且他还不到 18 岁，仍在学习中。正如另一位饱受批评的君主——教皇庇护九世——在罗马所得知的那样，批准宪法和其他自由让步措施的时机已一去不复返。

科苏特还在匈牙利境内召集各方支援，截止到 1849 年的前几周，他手中握有 20 万人的"国民"军队。这支强大的部队中有许多哈布斯堡军队最精锐的轻骑兵团，他们将温迪施格雷茨和耶拉季奇赶出布达佩斯，并清理了驻守匈牙利西部的大部分皇家部队。匈牙利叛乱者只用了 17 天的时间就拿下了布达，因为守卫布达的"皇家亲卫军"一直在英勇保卫这里。到 3 月份时，所有的奥地利皇家军队都被贝姆将军手下的马扎尔人赶出了匈牙利和特兰西瓦尼亚。

此时在意大利，皮德蒙特国王卡尔·阿尔伯特面临着为库斯托扎的失败复仇的政治压力。他派出一位名叫卡多纳的年轻军官前往拉德茨基的兵营，亲自宣布终止双方现有的停火协议。卡多纳日后回忆了当时的情景：

> 这位年迈的奥军元帅以他一贯的热情和友好接见了我。当我告诉他我方将终止停火协议时，他走进接待室，将这个消息告诉里面的几位军官。让我惊愕的是，他们爆发出了一阵欢呼和欢愉的呐喊，并开始将橡树叶子别在步兵筒状军帽和野战帽上面。[19]

那晚，拉德茨基下达给部队的命令简单明了："向前！士兵们！拿下都灵！"

奥军发起了精彩的侧翼进攻，威胁到了位于马真塔以外的皮德蒙特人的后方。皮德蒙特人发现他们两面受敌，在短短 5 天之内就会战败。在维杰瓦诺和蒙塔拉，贝内德克上校手握利剑，仅率领一个配有坚韧刺刀的团（第 53 团）与皮德蒙特整整一个旅作战。夜幕降临后，双方在蒙塔拉展开残酷的巷战。黑夜中，贝内德克朝数量占优的意大利敌军大喊道"你们被包围了"，这群意大利人相信了他。

两天后，皮德蒙特人在诺瓦拉被彻底击败，损失近 6000 人。其中军官不到 150 名，说明这支军队缺乏意大利士兵们应有的领导力和勇气。只有意大利骑兵发起的一次猛攻才代表皮德蒙特人挽回了一些颜面。当晚，他们的国王明智地选择了退位，将皇位让给儿子维多利奥·艾曼纽二世。然而，霍伊努夫的扫荡行动，特别是他占领布雷西亚的行为却抹黑了这场胜利。在他施行的若干严厉的报复行为中，女人和年轻人都被鞭打，这使得他同欧洲的自由派观点渐渐疏远。拉德茨基说，霍伊努夫"像一把剃刀"，急需"将它插入鞘中"。这表明奥地利变得比以往更加专制，甚至达到了梅特涅时代的高度。后来，在霍伊努夫将军 70 岁那年，他在走访南华克一家啤酒厂时，被一名车夫扔进了一桶啤酒中。这一举动引发了被逗乐的帕默斯顿和愤怒的维多利亚女王之间激烈的争吵，因为女王认为此举有损英国人热情好客的形象。[20]

第十四章　从马真塔和索尔费里诺
到图佩尔和厄沃塞

多亏了拉德茨基、耶拉季奇和温迪施格雷茨这三位将军，奥军挺过了1848年至1849年的浩劫。民族主义带来的可怕后果并没有侵蚀这支军队的风气或组织。新皇帝弗朗茨·约瑟夫很快意识到他的权力来自于他的军队，因此在他漫长的统治期内，他从不曾忽略军队的福利。1850年后，为了加强军队的凝聚力，军队的威望和伟大将军们的声誉都有了很大的提高。这位年轻的皇帝认为，凝聚力是保证军队以高水准保卫王朝的关键。

奥军在库斯托扎和诺瓦拉的胜利巩固了哈布斯堡君主在意大利北部的地位，但局势并不稳定。拉德茨基受到了整个帝国的热情款待，而且被授予金羊毛勋章，即哈布斯堡"王朝"勋章。然而他仍没有解决个人的经济问题，部分是由于他妻子的挥霍无度。他的婚生子女中的五个儿子虽然都参军，但在军队中的薪资也十分微薄，正如当时俗语说道："穷得像参谋"。

拉德茨基和海登堡

拉德茨基很幸运，他的一位名叫约瑟夫·戈特弗里德·帕格弗里德的朋友十分仰慕他。帕格弗里德先生是位成功的企业家，他帮助拉德茨基摆脱了财务困境。因此从理论上来说，拉德茨基可以在他可爱的夏日城堡里和情妇安度晚年。这座城堡坐落在一些高大的七叶树下，这些树从在卢布尔雅那的歌剧院横跨到附近的公园。帕格弗里德在哈布斯堡的军事历史上是一位十分古怪的人物。他坚信自己是约瑟夫二世的私生子，皇帝弗朗茨从未否认这个说法，但也没有证据表明他承认过。帕格弗里德的墓志铭则比较隐晦地描述了这一点。

帕格弗里德发迹于各种金属交易。他是一位忠诚的共济会成员，十分崇拜拉德茨基。而后者在那个令人热血沸腾的时代——约瑟夫主义启蒙时期——就以一位年轻军官的身份成了共济会成员。因此，帕格弗里德是将拉德茨基元帅从财务困境中解救出来的完美人选。

帕格弗里德想到了一个将金属生意和纪念伟大的元帅的念头结合起来的办法，即如果元帅同意在过世后将身躯作为一个庞大的军事纪念活动——"海登堡"（英雄山）的重头戏，那么帕格弗里德就帮他偿还债务。这个新颖的方案还有更伟大的地方：帕格弗里德开始游说其他高级军官在死后同样为这个宏伟的计划捐献他们的身躯。最终，这一计划的中心，即拉德茨基的墓周围将围有数百位军官的半身像。这些半身像由当时流行的材料锡制成，必定会经受住时间的考验。帕格弗里德的计划是建造一个奥地利士兵们不朽的纪念群，就像为哈布斯堡战士修建的英烈殿一样。

带着巨大的热情，这一计划于1852年开始实施，但在1859年拉德茨基逝世之际，这个场馆才完成了一部分。这位伟大的战士死后，帕格弗里德发现他很难再筹集资金完成这个工程。尽管如此，置办拉德茨基墓穴的资金已经足够了，墓穴上印有令人印象深刻的彼得麦式的话语："不要因为我们在沉睡就以为我们死了！"

海登堡工程几乎预示着19世纪50年代后期的哈布斯堡军队的状态。1849

业革命的巨变的军队。从名义上来说，19 世纪 50 年代的这支"新"奥军是一支强大的部队；在战场上，它最小的作战单位是由 6 个营组成的旅，其中包括一个猎兵营和一个掷弹兵营，还配有一个炮兵连和众多医务以及后勤小分队。一个骑兵旅包括两个重骑兵团和配有一个骑炮兵连的轻骑兵团。2 个或者 3 个这样的旅组成一个师，3 个这样的师组成一个军。每个军可能包括 3 万名左右的士兵，其中有 1800 名骑兵。每个军都配有 80 门火炮。

然而，一系列外交上的错误决策很快就让这些改革的效果大打折扣。1852 年，随着能干的施瓦岑贝格的逝世，1848 年时"强大的军队"不再具有优势。在克里米亚战争中，奥地利没有派兵参战，只是派兵占领了多瑙河沿岸的摩尔达维亚*和瓦拉几亚省，并同俄国疏远了三代之久。她拒绝和法国和解。而法国现在的统治者是拿破仑三世，即波拿巴的侄子，无论在闺房还是在欧洲的官邸中他都是一位冒险者。尽管从智力上来说，他比他著名的叔叔还差那么一星半点，但他雄心勃勃，渴望得到威望，并急于恢复法国在意大利半岛的主导角色。

1857 年，担任伦巴第总督的拉德茨基退休，弗朗茨·居来伯爵这位毫无才干的匈牙利人接替了他的位置。当两年后战争爆发时，深知自己在军事上有缺陷的居来立刻要求朝廷解除自己的指挥权。

拿破仑三世的新年"爆炸性事件"

毫无疑问，除了奥地利在伦巴第的指挥权成为法国图谋的对象之外，其余一切正常。但是在拉德茨基于 1858 年逝世后，拿破仑三世曾警告奥地利人接下来会发生的事情。1859 年，在杜乐丽花园举行的外国使团新年接见会上，拿破仑走近时任奥地利大使、拘谨的许布纳男爵，在祝对方新年快乐后，漫不经心地加上一句："很抱歉，今年我们两国之间的关系可能不会像去年那般友好。但请转告贵国皇帝，我仍像往常一样尊重他。"

---

* 即今摩尔多瓦。——编注

许布纳是当初梅特涅大批量培养的旧式外交官中的一员。听到这一消息后，他大吃一惊，但仍装作不动声色的样子，没有让一个微小的动作出卖自己的真实想法。他回敬了拿破仑一句新年快乐。但是他，以及在场其他所有无意听到了这句话的每一位大使，都心知肚明：他们刚刚见证了一次非正式的宣战。[1]

在接下来的三个月中，为了避免战争的发生，欧洲群臣都积极地开展外交活动：伦敦方面更同情意大利的复兴运动，于是维多利亚女王派出了一位大使作为斡旋者；俄国也充当了"调停者"的角色。但维也纳和巴黎似乎不为所动。拿破仑三世的侄子迎娶了撒丁岛国王——皮德蒙特人——维多利奥·艾纽曼的女儿，而这桩婚事似乎证实了法国与皮德蒙特的盟友关系。

1859 年慢慢过去，皮德蒙特在一位马基雅弗利式的政治领袖卡米洛·卡武尔（1810—1861）的率领下开始刺激奥地利宣战。卡武尔是一位固执但聪慧的政治家，他知道让法国出兵支持意大利的提议不会长久。面对这些动静和许布纳明确的警示，奥地利竟没有任何作战准备。从意大利四面八方赶来的志愿兵们拥入图灵，想要在即将开始的战役中加入皮德蒙特人的正规军。当敌军一直在集结时，奥地利的最重要的将领们，尤其是格伦，还在反对向皮德蒙特下最后通牒。但是在 4 月 23 日，弗朗茨·约瑟夫被说服，于是向皮德蒙特人发出通牒，要求其立刻裁军。不出所料，对方拒绝了这个要求，于是战争打响。法军立刻宣布支持皮德蒙特人，作为遵守了和卡武尔一起向奥地利宣战的秘密同盟关系的回报，法国得到了尼斯和萨伏依两地。

不幸的是，控制着弗朗茨·约瑟夫的军事顾问团的格伦拒绝了居来的请辞要求。格伦倾向于防守政策，于是驳回了一位有天赋的参谋长弗朗茨·库恩的提议，即采取进攻战术对抗皮德蒙特人，同时防守阿尔卑斯山口，因为那里是法国大军行军的必经之路。尽管建议被驳回，但库恩得到了拉德茨基前参谋长赫斯的强力支持。而可怜的居来，本身就没有作战指挥的天赋，还得到互相矛盾的命令，在瓢泼大雨中来回行军，让 10.7 万名士兵们在开始作战之前就已疲惫不堪。在离马伦戈一步之遥的蒙特贝罗发生了一次小规模战斗，寡不敌众的奥军部队表现出色。特别是在公墓附近，施蒂利亚人和上奥地利州的猎兵步兵部队一起进行了英勇的防守，一直战斗到只剩最后一人。[2] 几天之后在帕莱斯特拉的小规模防守战和此前的模式一样：法军以压倒性的数量向奥军后方进攻，而奥军尽管防守顽强，但由于孤立无援，最终还是节节败退。

在马真塔的无结果战斗

最终，在 6 月 4 日这天，天气十分炎热，奥地利主力军在提契诺州的马真塔和法军以及皮德蒙特人迎头相遇。这远不是人们经常所称的"法军决定性的胜利"，双方势均力敌。法国皇家禁卫军差点被消灭，而下午晚些时候，拿破仑三世终于下达撤退的命令，并组织炮兵掩护这场无法避免的撤退，因为奥地利一位有侵略性的萨克森将军加布伦茨已经向诺沃桥发起了进攻，法国的佐阿夫轻步兵及其将军克莱尔仓皇而逃。

克莱尔最终被杀，法国的轻步兵也根本不是皇家猎兵的对手，此外后者还有由大多数摩拉维亚人组成的第 54 步兵团的支援，他们缴获了法军一门大炮。见到此景，法国皇帝惊慌不已，急忙给巴黎的报纸写了一份报告，称法国部队将于明天"整顿"。

与此同时，第 45 步兵团的 3 个营从西边驱赶法国掷弹兵，并迅速向这次战役的焦点诺沃桥附近靠近。奥地利兵团中的伦巴第人表现不佳，可能是由于他们是在自己的祖国同自己的解放者们作战的缘故。这种愤恨似乎也影响到了奥军中的一些匈牙利团。恩斯特·乌尔姆布兰德甚至差点处决了自己的高级军士。[3] 其他由威尼斯人和弗留利人组成的奥地利团英勇地战斗了数小时。到晚些时候，包括一个格兰茨团在内的奥军再次发起反攻，将疲惫的法军赶出了桥头堡，迫使他们跳入河中。

法国将军麦克马洪发起的针对奥军侧翼的行动也困难重重，因为克拉姆－葛拉斯率领的 4 个奥地利正规步兵团将埃斯皮纳斯手下的法国先头部队赶到了路边。但是到了树林茂密的地形时，这支由"外来人团"中勇敢的瑞士人组成的法军背靠着墙，逐渐地重新掌握了主动权，并开始将匈牙利兵团赶回马真塔。法军的70门火炮都是新式武器并带有膛线炮管。法军将这些火炮推上前，炸毁了马真塔街头的重重障碍，奥军终于开始后退，但尽管如此他们还是发起了一次顽强的后卫防御战。当埃斯皮纳斯进入快被火焰吞噬的村庄时，他的部下和副官们迎头就遭遇了奥地利猎兵的猛烈射击。在短短几分钟内，他的首席副官就身中数弹。他的参谋们都倒在他身边，埃斯皮纳斯在下马时也被奥地利一位神枪手击中了头部。

奥军皇家猎兵从距离村庄20英里的地方前来支援，因此奥军得以在夜色的笼罩下有序地撤退。那晚，法国皇帝和衣而睡，做好了随时逃跑的准备。第二天早上，他得知奥军已经放弃了伦巴第，分成三个纵队朝四方要塞群的东边撤离。几天后，贝内德克手下的奥军后卫部队在梅莱尼亚诺让法国轻步兵蒙受了近1/3的惨痛伤亡，于是法军中断了本来准备在当地发起的猛烈追击，奥军得以不受干扰地继续朝东边撤离。

尽管马真塔战役难分高下，但奥地利高级指挥部明显对战况十分不满。奥地利损失很大，伦巴第人组成的几个团表现欠佳，人们对一些匈牙利团的表现同样不满。法军有一项在匈牙利士兵中传播不满情绪的政策，其中早已公布了拿破仑三世同被流放的前匈牙利领袖科苏特的会面细节。拿破仑三世确信匈牙利即将爆发起义——但后来证明他错了，他已无路可走，只好宣传鼓吹称意大利解放后，匈牙利将得到法军的协助。

施力克取代居来

这些因素和伦巴第大多数当地群众的感情一起给奥军这样一种感觉，即他们并不是在其属地上作战，而是在一片爱国的热土上。伦巴第的平民也抓住一切机会表明他们认为奥军就是侵略军，这严重伤害了奥军中的伦巴第人。自1848年起就存在于拉德茨基军营中的民族主义分裂倾向变得越来越大，但是现在缺少了这位伟大元帅来处理这些问题，它们就会危害到奥军部队。

与此同时，年轻的弗朗茨·约瑟夫果敢地解除了居来的指挥官官职，这让居来如释重负。但是这位年轻的皇帝并没有解决自己部下之间的矛盾。皇帝担任总指挥，让人颇感诧异地任命独眼施力克为第二集团军的新司令。施力克是自华伦斯坦时代以来服务于哈布斯堡王朝的古老家族的后裔。施力克年仅24岁时就在同拿破仑的作战中失去了一只眼睛，但是这并不影响他在女士中的声誉。在当时的一张照片中，他长着一张强壮魁梧、充满魅力的脸庞。但随着格伦和赫斯的斗争的继续，施力克和皇帝都对大量的互相矛盾的建议深感疲惫，这些建议在接下来的几天中为奥军造成了严重的后果。

在一片混乱的局势中，人们做出了一个决定，即让奥军从四边形要塞群出发，背靠明乔河作战。他们选择了自己非常熟悉的战场：索尔费里诺山上有一座可以俯瞰当地的高塔，现在叫"意大利间谍"。多年以来，奥地利人一直都在这片土地及以南的所谓"训练场"地区训练。难怪贝内德克日后称他对这个地区的每一棵树、每一处灌木丛都了如指掌。

奥地利人的这个计划引发了激烈的辩论。该计划包括横跨"训练场"，对法军开展一次庞大且缓慢的包围计划。赫斯马上批评了这个计划，称其难以操控而且进展缓慢，同时还会让奥军的中路暴露在敌军猛烈的进攻中。但是叼着烟斗的格伦得到了拉敏将军的支持，对皇帝进言说赫斯过于小心谨慎。

覆灭早已命中注定。施力克带兵前往索尔费里诺抢占阵地；贝内德克驻守最北端、靠近圣马蒂诺的地方；温普芬的第一集团军也朝南行军，前往"训练场"抢占阵地，以便在那里开展包围行动。奥地利人在推测敌军的意图方面完全没有任何技巧。7月23日，奥军抢占的阵地离敌军不到6英里，但是他们完全没料到法军和皮德蒙特同盟会真的在第二天清晨就向他们发起进攻。

索尔费里诺和圣马蒂诺

为了避开意大利白天的毒太阳，法军在凌晨2点就开始行动。几个小时后，当太阳冉冉升起时，奥军的部署被无情地、毫无保留地暴露在法军面前。虽然拿破仑三世的军事才能远不及他的叔叔，但就连他也看出了奥军薄弱的布阵、脆弱的中路，而他的军队正巧就集中在奥军的中路附近。

然而，要想赢得这场战争却并不容易。清晨，法军对索尔费里诺村发起了进攻，但很快被击退；皮德蒙特人从北面的进攻也被贝内德克的士兵彻底击退。贝内德克的兵团中有一些奥地利最有经验的士兵，比如精锐的萨尔茨堡"皇家"第59团。

与此同时，在南面，法国的一个师进攻了拉得过长且脆弱的奥军阵地。面对一支几乎是他们四倍的部队，奥军的两个猎兵营和一个正规步兵团，抵抗了整整三个小时。然而，他们的压力并没有解除。让弗朗茨·约瑟夫的随从感到惊恐的是，皇帝不见了，直到上午11点才找到他。随后皇帝冷静地同赫斯讨论了战局，但是士兵们在执行他们下达的命令时不够协调。下午2点时，得到了支援的法军变得更为强大，他们攻占了索尔费里诺的堡垒，用刺刀杀光了里面所有的士兵，并开始向奥军中路围拢。此役的危急时刻已经到来，但奥军方面没有人可以独挑大梁。让奥军的情况雪上加霜的是，他们的许多部队已经在酷暑中连续48个小时没有补充食物和水了。一位军官日后还回忆了士兵被迫喝马尿的情景。[4]

法国炮兵的加入给奥军带来了毁灭性的后果。但是当奥军开始撤退时，一位有上进心的埃德尔谢姆上校率领一个轻骑兵团，单枪匹马地向法国步兵发起攻击。这个轻骑兵团穿过了法军部队，让其兵站、救护车和军需处内的人无不感到恐慌。埃德尔谢姆的进攻对于一支仅仅有4个中队的团来说算是了不起的成就，如果他能得到更多骑兵支援的话，那么他的这次进攻就能取得更为明显的效果。邻近的奥地利骑兵师的指挥官是门斯多夫，他是一个匈牙利家族的后裔，这个家族以马后炮而出名。但这次他拒绝出兵支持埃德尔谢姆的英勇冲锋。埃德尔谢姆和他手下的匈牙利轻骑兵们取得的成就被当时一位军官称作"巴拉克拉瓦和轻骑兵旅的再现"。[5]孤立无援的埃德尔谢姆只好带着人数锐减的军队撤离战场。他的冲锋证明奥地利骑兵仍是全欧洲最精良的骑兵部队。在整场战役中，没有哪位法国骑兵的表现能赶得上他们的英雄功绩。但是，从他们的事迹中也可以了解到 19 世纪后半叶对这些骑兵们提出的挑战。

在北边巴塔利亚的圣马蒂诺，贝内德克的事迹再次证明，只要在一位精力充沛的指挥官的带领下哈布斯堡军队就可以做出成就。三个皮德蒙特师兵分三路纵队向贝内德克在圣马蒂诺南面的阵地进攻。尽管意军比奥军多 5000 人，但直到上午 9 点他们都没有取得任何进展。贝内德克将其中一支意大利纵队赶到离他们进攻处 4000 米以外的地方。另外两列纵队分成几个旅，准备通过强攻占领圣马蒂诺的陡坡，但是佩戴"橙黄"面饰的萨尔茨堡"皇室"团两度用武力赶走了意大利人。意军的第三次进攻发生在离山顶 200 米的地方，但是被一个突然冒出的炮阵击退。这个炮阵有 30 门大炮，再加上非常近的射程，于是不到 20 分钟内，奥军基本上消灭了 3 个意大利营。贝内德克四处鼓励自己的手下，据说在取得一次成功的刺刀冲锋后，他对萨尔茨堡的部队大喊道："我真想亲吻你们每一个人！"[6]

随着索尔费里诺危机的发酵，贝内德克很快将面临三面受敌的危险。于是他又派出一个包括格兰茨"皇家"第 27 团在内的精锐部队作为自己的左后卫，继续坚守阵地。下午 5 点时下了一场特大雷阵雨，这给了贝内德克喘息的机会。又过了三个小时，尽管赫斯给他下了一道道撤退的命令，但贝内德克拒绝挪动阵地。最后在炮兵的掩护下，他十分不情愿地组织了且退且战的反击，此举阻止了意大利人近在咫尺的追击。无论如何，意军都无力招架精力充沛的敌人，他们损失了 1/4 的人马，伤亡人数高达 6000 人，而贝内德克的伤亡仅为 2650 人。

战场的其他地方，奥地利的火炮在射程方面的表现远不及法军的膛线大炮。虽然总体来说奥地利的火炮比较精准，但根本无法和法军的超远射程相比。在不到一分钟的时间内，一个奥地利炮阵就损失了 3 门大炮。最终，法军大炮凭借超长射程将奥军赶出了其中路的关键处——索尔费里诺公墓。

与此同时，在南边的奥地利步兵也开始撤退，面对法国骑兵的逼近，他们采用了旧式的方阵。他们的齐射大大地削弱了对方一个领头猎骑兵团的实力，杀死了对方的上校和 10 名军官。此番过后，奥军得以安然撤退。

弗朗茨·约瑟夫决定不再坐镇指挥

奥军井然有序地撤退并不能掩饰此役失败的规模。弗朗茨·约瑟夫因此伤心落泪，因为他意识到，尽管自己的军队作战神勇，但仍蒙受了曾经在马真塔躲过的灾难：一场真正意义上的惨败。他损失了近 1/5 的兵力：总共 16 万人的部队中有超过 2.2 万名士兵在战场上牺牲或濒临死亡。这一数字实在让人惊愕，因此瑞士观察家亨利·杜曼特在那一天决定成立红十字会。

毫无疑问，更果断、更积极的战术能够大大减少奥地利战败的概率。所有奥军士兵在作战时都表现出了异常的勇气，尽管炮兵战术较弱，但步兵和骑兵的表现都很出色。奥地利步兵或许缺少法军拿刺刀时的锐气，但在防守中的表现十分顽强。然而一个无法改变的事实就是，和十年前的情况不同，现在在伦巴第，身着白衣的奥地利部队已经成了令人厌恶的侵略部队，这必然会"影响"奥军部队中来自伦巴第的士兵，但对战争进行仔细的研究后，人们会发现奥地利此役的失败并不能完全归咎于国籍问题。

除了对战略的一般性争论外，奥军很快便从此役中吸取了两个重要的教训。这两个教训在日后的战争中都将对奥军产生深远的影响。其中一个对奥军非常有帮助，另一个的帮助相对较小。

炮兵部队深信他们急需配置现代的膛线炮阵，于是奥军很快对部队进行了武器的再配备；步兵对法军手握"大刀"的进攻印象深刻，但是他们得出了一个并不令人欣喜的结论，即刺刀冲锋有显著的效果，可以拿刺刀进行一场战斗——格兰茨和萨尔茨堡这些强大的阿尔卑斯山的士兵们一次又一次地表明，刺刀冲锋十分高效。然而军队忽略了第三个可能也是最重要的一个教训：火力强度的迅速增加会带来更高的伤亡率。

从政治上来说，距离拉德茨基上一次取得胜利还不到 15 年的时间，奥地利就再度失去了伦巴第。两位皇帝在维拉弗兰卡签订了停战协议，确认将伦巴第划给法国，然后法国又将这片富饶的土地献给了皮德蒙特的维多利奥·艾纽曼。在接下来六年多的时间内，在意大利爆发的一系列的起义中，奥地利在意大利半岛上的权力会越来越小，这些事件无不指向意大利通往复兴运动和建国的道路。当卡武尔于1861年逝世时，他临终前最后一句话是"意大利一切都好"。

法军恶作剧似的坚持让所有匈牙利战犯成立一个反奥地利"军团"，让流亡者科苏特领导，此举随后被证明行不通，因为这个"军团"的叛逃率甚至比他们效忠于奥军时更高。的确，在索尔费里诺的灾难过后，有两个匈牙利轻骑兵志愿团想为弗朗茨·约瑟夫服务，这是他们对哈布斯堡王朝自然流露的忠诚。

索尔费里诺战役后基本排除了奥法之间爆发新一轮冲突的可能。为了保护王朝的利益，弗朗茨·约瑟夫明智地吸取了一个明显的教训，即永远不再坐镇指挥。他将格伦、居来以及其他十几位军官都解了职，鼓励自己的侄子、卡尔大公之子阿尔布雷希特大公承担更多的军事责任。他还大力提携了贝内德克，将这位新教徒从最低的贵族头衔提拔为陆军少帅。

贝内德克被任命为驻匈牙利部队的指挥官。他出生在匈牙利的一个日耳曼家庭，能说一口流利的匈牙利语，却不是匈牙利民族主义者。当他成为索尔费里诺地平线上的一个亮点部队的军官时，自然就成了一个传奇。维也纳报刊称他为一个真正的精英，他们这么说是因为他没有一个良好的出身。贝内德克的父亲尽管不是伯爵或亲王，却是一位军医。他儿子早期的军事生涯都得益于这位父亲最显赫的病人——拉德茨基——的"保护"。拉德茨基甚至安排年幼的贝内德克进入维也纳新城军事学院学习，这对于新教徒来说是前所未有的。

石勒苏益格－荷尔斯泰因战役：加布伦茨将军

还没有完全吸收从索尔费里诺战役中获得的教训，奥军就面临着更紧迫的挑战，这次是在北面的双公爵领地石勒苏益格和荷尔斯泰因。哈布斯堡军队在那里遭遇了一个新敌人：丹麦人。

帕默斯顿恰如其分地总结了关于石勒苏益格－荷尔斯泰因问题的故事。据他说："石勒苏益格－荷尔斯泰因的问题十分复杂，整个欧洲只有三个人真正了解实情。一个是阿尔伯特亲王，死了；第二个是一位日耳曼教授，疯了；

第三个是我，全忘了。"

索尔费里诺战争结束不到三年，奥地利就在这些公爵领地面临着进退两难的境地，普鲁士也憎恨奥地利在德意志取得的成就。这个挑战从本质上来说其实非常简单明了：绝大多数公爵领地的人都说日耳曼语，有日耳曼人的性格，因此在 1848 年时，他们想断绝和丹麦的关系；而在沃伦斯坦时期，丹麦则视这些属地为干预德国事务后获得的一小笔财富。然而这两个属地的法律、宪法地位和民族结构的不同使情况复杂化了。不出所料，丹麦不但拒绝同他们割裂关系，反而完全占领了这两个公爵属地。确切地说，此举违反了 1852 年的伦敦议定书，因此设在法兰克福的日耳曼议会投票请求别国干预。1864 年时，奥地利称如果这两个属地要求干预的话，她就同意与普鲁士合作，于是派出了加布伦茨前往荷尔斯泰因与普军取得联系。

加布伦茨此前曾将法军逐出诺沃桥，为自己赢得了声誉。他出生于 1814 年，是一位萨克森将军的儿子。加布伦茨曾在位于德累斯顿的"骑士"军事学院接受训练，最早在萨克森部队中服役。但是在 1833 年，由于在萨克森郁郁不得志，便转到奥地利皇家军队，并担任拉德茨基的参谋。在 1849 年的匈牙利战役中，他证明了自己的实力；十年后，他在马真塔和索尔费里诺战役中又展现了超凡的能力，因此被一致认为是哈布斯堡军队中最勤勉、果断、能干的指挥官之一。更重要的是，他在重压之下仍能沉着应对。尽管有人抱怨，称他执拗于开展消耗非常大的正面进攻，但是他开朗和公正的本性让他深受部队士兵的喜爱。他是哈布斯堡军中仅次于贝内德克的最受欢迎的军人。

1864 年的 1 月 18 日，当奥军向荷尔斯泰因行军时，弗朗茨·约瑟夫送别即将远行的那批军官，说道："我知道你们会为我们的军队带来荣誉，你们也会和普军进行勇气和耐力上的比拼。"[7]

被派往石勒苏益格的奥军由加布伦茨率领，包括当时皇家军队中最优良的步兵军团。这支部队有四个旅，包括由诺斯蒂茨伯爵率领的所谓"黑和黄"旅，叫这个名字是因为它由两个步兵团组成，这两个步兵团的颜色合起来组成了皇家颜色："黑森"是林茨的"皇家"兵团，军装上配以黑色镶边；而"比利时王者"是格兰茨精锐的"皇室"兵团,军装上配以黄色镶边。除了这些士兵外,这支远征军中还有一个贡德勒库尔旅,这个旅在此前的战役中为自己赢得了"铁旅"的称谓。

这场战役的条件十分艰苦。奥军将丹麦人击退,当奥军占领奥佛和尼德塞尔克村时,丹麦人被迫撤退到厄沃塞。加布伦茨派出格吕恩多夫率领的轻骑兵团前去厄沃塞勘测阵地,但是在厄沃塞站稳脚跟的丹麦人轻易地赶走了这个团。当格吕恩多夫转身向加布伦茨汇报丹麦人强大的阵地时,后者的步兵还未赶到战场。见状,加布伦茨的参谋长建议当天不要采取任何作战行动,但当时才下午3点半。

施蒂利亚的成功

但是,加布伦茨不会轻易就泄气。他问格吕恩多夫哪几个团即将赶到战场,格吕恩多夫回答称格兰茨"皇室"团和上施蒂利亚的猎兵马上就到。于是加布伦茨盯着这位年轻军官的眼睛,挑起一只眉毛,坚持称"等他们抵达战场,我们就立刻发起进攻"。[8] 半个小时后,两个施蒂利亚团抵达战场。在摄氏零度的温度和呼啸的暴风雪中,他们向丹麦人发起了进攻。丹麦人从防守良好的桑科尔马克森林射出大量子弹,炮兵也开始射击。虽然奥军的步枪都被冻住,无法开火,但是奥军仍然发起了第一轮刺刀冲锋,于是丹麦人的火力开始变弱。与此同时,加布伦茨的炮兵也让丹麦人的大炮彻底哑火。

受加布伦茨指挥的普鲁士军官们目瞪口呆:伴随着军乐队演奏的《拉德茨基进行曲》,施蒂利亚人在冰天雪地中用武力将丹麦人逐出了他们强大的阵地。丹麦人发起的三次反击均被击退。在暴风雪变小的间隙,丹麦人再次发动反击。加布伦茨冲在格兰茨团第二营的最前面,伴着飘扬的军旗和军乐的伴奏,他们手握战刀向丹麦人挥去,而此时的丹麦人还在所谓的"比尔绍之壶"附近重新排列队形。

嘹亮的军乐和加布伦茨喊着"孩子们冲啊!战斗必须成功!"的声音混

合着战场上丹麦人的开火声、施蒂利亚人的狂叫声，这些声音让"比利时人"将实力发挥到了极致。

这个比利时团的上校乌腾贝格公爵身下的战马中弹身亡，他本人坠马受伤，利剑也断了。由于严寒冻住了步枪的金属部分，用不了刺刀，施蒂利亚人就用枪把作为武器击退了敌军，奥军总共发起了三次刺刀攻击才将丹麦人赶出阵地。一个小时后丹麦人开始撤退，从高地朝弗伦斯堡逃去。当时的温度是零下22℃，当一辆手推车将"比利时人"受伤的上校运走时，他对自己即将凯旋的部下口述了一封信，这封口述的信将成为以后数十年这个团的宝贵信件：

从来没有部队像"比利时国王"团作战时一样拿出这样的耐力和勇气。我认为无数英勇的士兵都有一颗高贵的心。世界上没有任何士兵能和骑士般的、伟大的施蒂利亚人比肩。[9]*

普军留意奥军在厄沃塞的战术

普军到目前为止唯一与众不同的地方就是他们不愿承担伤亡风险，他们注意到了盟友的成功。两年后，当同一批普鲁士军官们在柯尼希格拉兹同奥军作战时，他们也从奥军展现出的精湛战术中吸取了更实用的经验。厄沃塞的胜利清除了石勒苏益格的敌军。几天后，在阿彭拉德战役中，奥军再度证明了突袭战术的价值，用刺刀赶走了对手。正如爱德华·克芮恩克肖所说的那样，身穿蓝色军装的普鲁士军队仍没有"出现"。[10]

然而奥军无法掩饰他们的损失。3月8日，加布伦茨渡过所谓的柯尼希河，他的正面进攻战术将丹麦人赶到了瓦伊勒村之外，但是损失巨大。一位普鲁士

---

* 这是一首第9猎兵团以施蒂利亚方言演唱的歌曲，可以让后人了解这段历史：
  战争一小时内就结束了，
  许多人躺在那里已经死去；
  比利时兵团和猎兵兵团，
  都来自施蒂利亚。

观察家说："没有炮兵的炮火做掩护的话，其实我们的部队根本无法向前进军，但奥军没有寻求任何掩护，只是和散兵一起继续向前。面对丹麦人修筑良好的防御工事，这群散兵损失惨重。奥军的勇气和风度让我们震惊，但是此类手握大刀的冲锋让我们原本享有的数量优势很快便不复存在。"[11]

4月26日，丹麦人在腓特烈西亚的要塞以及整个日德兰半岛全部向奥军投降。与此同时，普鲁士人终于重拾自信，攻陷了此前由丹麦人严防死守的杜普尔高地。双方于10月30日签订了《维也纳和约》，丹麦将两个公爵属地割让给奥地利和普鲁士。

在丹麦的这些代价十分高昂的胜利表明，索尔费里诺战役之后讨论的改革还需进一步完善。奥地利迅速展开了一系列军官等级改革。1862年的10月，副官团和参谋总部已经合并成了一个总参谋部。整个帝国划分为80个军区，每个军区内配备一个团，每个团有4个营，每个营有6个连，共计4090人。这种安排加强了各军区和当地"皇家"兵团长期以来的亲密关系。

然而同往常一样，在进行这些行政改革的同时，并没有对战术进行任何重大改革。营仍然是主要作战单位，将营部署成"密集"阵型仍是主要战术。尽管有一些连队训练了散开队形的阵型，但军方并不鼓励他们主动出击，只有当营肩并肩朝敌军发起进攻时，如有需要，连队才能使用散开队形。奥军认为不战而屈人之兵是战争的最高境界，他们认为步枪的使用会不必要地延长战争。奥军在索尔费里诺的失利还历历在目，失利就是因为战术选择失误。如果没有更大的作战单位，那么以旅为单位，让他们高举飘扬的军旗、演奏着军乐向前推进，就能战胜一切抵抗。在阅兵场和训练场上，这些战术十分完美，旁观者们无一不佩服。厄沃塞就是证据——人们认为如果奥地利的刺刀冲锋能在厄沃塞取得胜利，那么就一定也能在其他地方取得胜利。

除了以上错误的观点外，1861年至1865年，军队预算几乎减少了一半。总参谋部本以为奥地利有85万名士兵，因此可以牵制威尼斯人，威胁普鲁士人，并让匈牙利人顺从自己。但到1865年时，奥地利可使用的军队最多不到38万人。理论上来说每个连队应配有146人，但是现在这个数字变成了区区54。

这也难怪战争部部长陆军元帅弗兰克说："军队的重要器官都被截掉了。"[12]

俾斯麦[*]非常精明和敏锐，他看到了这些制约因素带来的影响。同时，他的将军们也从丹麦战役中吸取了一个教训，即虽然奥军目前仍享有威望和胜利，但面对新式战术和技术时他们定会无比脆弱。

撞针枪

随着撞针枪（得名于其针状的撞针）的出现，普鲁士境内各种新式战术和技术都在不断进化。这种撞针枪是后膛装填的栓式步枪，发射速度比奥地利的洛伦兹步枪快五倍（诚然也更精准）。使用德莱赛发明制造的撞针枪，步兵们甚至可以躺下俯卧射击。到1866年时，普鲁士人配备这种武器已经15年了，他们的战术也随之发生了转变。

19世纪50至60年代，奥地利高级指挥部一再拒绝引进普鲁士的撞针枪，因为它太昂贵，此外还需要（又是一笔开支）进行额外的训练。更重要的是，使用这种武器的军队必须采用更松散的阵型。鉴于这支哈布斯堡军队大都由未经受教育的农民步兵组成，松散的阵型会影响军队的凝聚力。

奥地利人之所以拒绝德莱赛的武器还有更充分的理由。19世纪50年代，当奥军第一次在内部测试这个武器的性能时，撞针枪的表现并不尽如人意：枪内的气体密封有缺陷，火花喷了操作员一脸，而且在长距离射击时其速度大打折扣。此外，脆弱的撞针对操作员来说存在致命的后果。如果射程很长，照一位奥地利军官的话来说，它"和一把鹅卵石的效果差不多"。[13]

即使撞针枪已经解决了以上的技术缺陷，但是出于金钱的原因，奥地利仍拒绝了这种后膛装填步枪。军队不断减少的物资支撑不了任何重大的激进创新，对所有的武器来说都是如此，除了炮兵。在索尔费里诺战役中，奥军感受了法军膛线火炮的高效，因此很快为炮兵配置了膛线炮管。但是对一种武器的投资势必会影响另一个兵种的发展。就连骑兵也没能逃过对预算成本的严格控

---

[*] 当时俾斯麦是普鲁士王国的首相。——编注

制：到 1865 年时，实际骑兵数量比骑兵现役军人名册中少了 1 万人。

普鲁士并没有此类财政困扰。随着 19 世纪 60 年代的推进，奥地利步兵平均每人每年只有不到 20 发子弹练习射击；反观普鲁士，这个数字为 100。在他们智力出众的总参谋长赫尔穆特·冯·毛奇（1800—1891）的率领下，普鲁士军队开展了密集的训练项目，鼓励士兵主动出击并练好枪法，普军正在努力重新成为欧洲最精良的步兵。

具有讽刺意味的是，此时的奥地利皇家军队的精神和士气却从未如此高涨。它的作战思想十分激进，勇气和经验也势不可当。拉德茨基战争时期的老兵们打造出了一支如同同志般的军队，然而一些军事历史学家认为这种模式永远都不能重演：他们使用更加亲近的"你"取代了"您"，在军官中营造了牢不可破的兄弟情的氛围。在这场潜在的战争中，包括当时《泰晤士报》经验丰富的战事记者拉塞尔在内的中立的观察家都认为普军绝不是奥军的对手。

俾斯麦的战略

俾斯麦作为普鲁士精明过人的总理，并不认为普军比不上奥军。奥地利－普鲁士对石勒苏益格－荷尔斯泰因的联合统治是为了刺激弗朗茨·约瑟夫开战，也是为了将哈布斯堡赶出这两个公爵属地，不让它在德意志的事务中扮演任何角色。俾斯麦用他一贯的小心谨慎开始有条不紊地孤立奥地利的行动。普鲁士对法国和俄国做出了含糊的承诺，此举将这两国卷入了普鲁士对付奥地利的计划中；1866 年 4 月，俾斯麦同新晋意大利国王维多利奥·艾曼纽二世缔结了盟友关系，迫使意大利人在 90 天之内进攻奥地利，于是普鲁士完成了对维也纳外交上的孤立。最为回报，俾斯麦承诺派出最精良的军官前去收复威尼斯。因为如果奥地利必须分散一部分兵力应对意军的话，则会助普军一臂之力。

俾斯麦要了一个花招，他提议废除德意志王族联盟，让选举出来的德意志议会取而代之，议会成员均不代表奥地利。面对这一挑衅行为，作为回应，维也纳将两个公爵属地的问题报告给了德意志议会团。此举违反了《加施泰因公约》，因为公约规定两个公爵属地是奥地利 – 普鲁士的内部事宜。这种精神战过后不久必然爆发战争。尽管如此，出于对奥地利军队的恐惧，没人能说服时任普鲁士国王对哈布斯堡宣战。之后又过了紧张的一周。奥地利和普鲁士都集结了军队，但几周后才正式宣战。当时一位普鲁士军官带领着自己的部队前往波希米亚北部的奥地利边境哨所，递给奥地利边防人员一份文件，宣布普鲁士和奥地利两国之间现在存在战争关系。

随后两国就进入了短暂的"六周战争"：虽然时间不长，但此战对欧洲历史有巨大的影响。意大利根据此前同普鲁士的条款，也集结了军队，确保哈布斯堡两面受敌，就像俾斯麦计划的那样。这位铁血宰相确保事情万无一失，而且他从未低估对手的实力。

第十五章　奥地利－普鲁士战争

　　奥地利军队未能接受步兵训练和火力方面的新发展，这让他们在1866年付出了惨痛的代价。与此相反，奥地利炮兵吸取了索尔费里诺战役的教训，因此战争爆发时，它是欧洲最精锐的部队。

　　以柯尼希格拉兹之战告终的"六周战争"是19世纪最具决定性、最关键的战役之一。普鲁士领导下的现代统一的德国概念由此诞生。要不是普鲁士取得了1866年战争的胜利，那么德国在欧洲的霸权，以及20世纪发生的那两场阻止德国称霸的可怕的战役便统统不会发生。从柯尼希格拉兹到1945年的波茨坦，普鲁士走了一条笔直且邪恶的道路。波希米亚北部延绵不绝的山谷中间孕育了斯维普森林，这里曾发生过数小时的厮杀，正是这次厮杀铺就了普鲁士的道路。德国作家托马斯·曼曾说柏林命中注定要成为一座永远在等待的城市。然而发生在柯尼希格拉兹的杀戮，以及奥军的战败让柏林注定会遭遇更悲惨的命运：她不再等待，而将成为欧洲的主导城市。

究竟是哪些人推动了这一系列重要事件的发生呢？他们一个个地走上欧洲军事历史的舞台，与本书到目前为止已经出现的人物一样形形色色。普鲁士方面的代表人物就是"铁血宰相"奥托·冯·俾斯麦（1815—1898）。起初，俾斯麦用他的治国才能诱劝了不情愿的普鲁士君主同奥地利开战，还避免了因这位君主坚决要求迦太基式条件苛刻的和约而让胜利毁于一旦的局面。他面相强势，慢条斯理的霸气举止之下是敏捷的头脑和他对迟钝对手的尖酸刻薄。有一次他被问到一个尖锐的问题，即当一支英国军队在北海海岸登陆时他会怎么做，俾斯麦回答道："怎么着……我会派出一个警察前去逮捕他们。"尽管不是军人出身，但他出现时总会戴一顶带尖刺的预备役民兵军官的头盔，令人感觉怪异。

在所有的咆哮声和烟火声中，普鲁士当时的第二位主角登场，这便是赫尔穆特·冯·毛奇。在这场战斗中，他虽然已是 67 岁高龄，但是作为普鲁士军队的总参谋长，他用一贯的高超技能为作战行动指明了方向。俾斯麦热情奔放，毛奇谦逊低调。这位普鲁士帝国的低调奴仆是一位专注的战士，一直坚信普鲁士启蒙时期的精神。他冷漠，瘦高且不动声色，从不说和手中的事项无关的话。毛奇中年时才娶了一位英国姑娘，将大部分时间花在了阅读歌德和莎士比亚的著作上，之前还翻译过九卷吉本的著作。路德维希·贝内德克很倒霉，他作为"待命"军官的那一年却碰上了这些大人物，必须为了哈布斯堡王朝牺牲自己。如果是几年后，面对这些大人物的可能是天赋过人的加布伦茨；如果是十几年前，则可能是拉德茨基。

路德维希·贝内德克的性格

贝内德克是拉德茨基的门徒，但却完全是奥地利军队建设的局外人。尽管在圣马蒂诺对抗意军的战争中证明了自己的能力，但他完全不如对手普鲁士人那样冷酷无情。尽管他在普通士兵中有着很高的威望，但他的平步青云把一些和他同时期的人的鼻子都气歪了。让人们愤愤不平的是，这位新教徒甚至进入了当时专门为天主教徒开设的特蕾莎军事学院学习，甚至要求管理人员修改入学规则。曾几何时朝廷的军队管理处让凯文胡勒或施瓦岑贝格这样的军官变得如此狂妄自大？贝内德克涂蜡的胡子、略显女性化的特征和笨拙的社交都让这位新秀显得无比装腔作势。贝内德克也意识到了他明显的不足之处，这让他十分痛苦。为了弥补这些缺点，他形成了一套十分夸张、尽显虚荣的个人荣誉准则。准则的核心是 1619 年不成文的传统：作为军官，他从未忘记最重要的职责就是保卫朝廷。

在军事历史学家看来，无论是在当时，还是在"参谋研究的黄金阶段"的第一次世界大战的预备阶段，1866 年的战役都受到了广泛的关注。用铁路运输部队十分高效，这被认为是当时的一大创举。毛奇制订的计划，以及他将三种部队的有效结合被认为是近似天才的战略技能。普鲁士士兵的主动性和训练都受到了广泛的赞誉。相反，奥地利的参谋工作饱受批评，而且可以看出奥地利步兵的战术与现代战事极不相称，这让他们蒙受了巨大的损失。

当年有一位学者利奥波德·爱默里，即后来二战时期丘吉尔政府的内阁大臣，他于 1908 年仔细研读了 J. H. 安德森写的关于 1866 年战役的手册，这本手册是当年参谋们考试的指南。爱默里对 1866 年战争的悉心注解也凸显了这场战争对一代人以后的军事思想的重要性。[1] 在欧洲任何一所著名军事学院的教科书中，这场战役都是数代军官研究和分析的对象，这些军官将带领自己的国家参加 1914 年的那场"集体自杀"式的战役。到目前为止，法国将军博纳尔对这场战役所作的论述最为详尽，他的分析非常透彻且十分精准、公正、冷静，和事实基本无出入。他的分析完全没有毛奇的"后见之明"，也不像奥地利军官们那样热衷于指责可怜的炮兵司令路德维希·贝内德克。[2]

德意志最高权力的争夺

尽管普鲁士军队效率极高，但若没有俾斯麦的决心和现实政治所起到的作用，这场战争绝不会发生。他同奥地利决裂，和意大利结盟，就是为了迫使哈布斯堡两线作战。关于俾斯麦的行事方式可以写出几卷书。战争开始前不到六个星期，他曾不经意地提出普鲁士和奥地利沿着南北界线瓜分德意志的计划。这个提议由加布伦茨的两位来自萨克森的兄弟书写，一位是奥地利将军，另一位是普鲁士议会成员——典型的俾斯麦行事风格：尽管这个安排意味着即将抛弃刚刚和普鲁士结成同盟的意大利，但他却一点都不在乎。

俾斯麦知道自己作为普鲁士最重要政治家的地位已经岌岌可危，然而他并不在乎自己的政策招致民众的敌意。在西里西亚，天主教牧师们四处谴责普鲁士对奥地利的战争。科隆大主教梅尔彻斯写信给普鲁士国王，言辞激烈地谴责了这场"内战"。面对军官的刺刀，莱茵兰的预备役军人十分不得已才坐上火车。

得知俾斯麦和加布伦茨的提议后，身处维也纳的皇帝弗朗茨·约瑟夫于5月24日愤慨地说："令人遗憾的是，我们没有早些达成这类协议。俾斯麦伯爵在人们不可能接受他的提议时还提出想让人们接受的提议，想必是他另有企图。"[3] 奥地利皇帝出于对自己荣誉感的保护，没有批准加布伦茨的提案。他觉得此时不能违背刚结成的同盟，抛弃萨克森和其他日耳曼盟友。

但这种荣誉感用错了地方。毛奇意识到奥地利的这些日耳曼盟友"毫不重要"，用毛奇的话来说，只要对奥地利取得一场决定性的胜利，就能"打败其他所有的敌人"。[4] 对奥地利来说，阵线的重点是北方，这从一开始就很明显，因此北军所面临的战役比对付意大利要困难许多。意大利要求柏林交出威尼托以换取彼此的盟友关系。知道这一点后，奥地利早已下定决心将威尼斯和威尼托秘密让给拿破仑三世，条件是拿破仑将这两地还给意大利。如此一来，一旦同普鲁士的战争升级，维也纳无须对南边做出任何承诺。起初，奥地利取得西里西亚战争的胜利，她希望归还威尼斯时能得到一定的赔偿。但随着战争的继续，这个想法更像是一个不切实际的妄想。随着战争进程的加快，奥地利必然会把"威尼斯共和国"让给意大利，还不能获得任何补偿。

在哈布斯堡皇帝和朝廷看来，与意大利的战争和政治无关，哈布斯堡军队捍卫的是君主的威望，而不是领土。阿尔伯特大公和13万名部下朝南边进军只是去捍卫奥地利的荣誉。

贝内德克被选为北军统帅

鉴于不断逼近的北面的战事更重要，这个战场的奥地利主帅人选充满了政治性和王朝性的考量。卡尔大公的儿子阿尔伯特大公是一位有才干的战士，于是在对阵意大利的战役中他便是最合适的战地指挥官人选。对抗意大利的部队不仅有士气上的优势，他们的境况也更乐观，即在那片战场上并没有什么可失去的。[5]

然而对阵普鲁士时情况截然不同：如果奥军在此役中败给普鲁士，那么它在德意志的威望、影响和权力将注定全部丧尽。而且一旦战败，奥地利还将面对巨大的嘲讽和公众的不满。基于这两点，它是绝对不会让皇室成员作为战地官置身于这一微妙的处境中的。在索尔费里诺战役中，弗朗茨·约瑟夫体会到了带兵指挥的军官未能化解险境所带来的政治风险，因此绝不安排任何皇室家族成员担任北军的指挥官是他对皇室应尽的义务。

这样一来，北军指挥官的人选就落在了陆军元帅路德维希·贝内德克肩上。他是圣马蒂诺战役的英雄，是一位专业的精英军官。他的出现在上层哈布斯堡军队中开启了一个新的纪元。此前上层哈布斯堡军队全是贵族，似乎更偏爱对能力和技术的服从。

陆军元帅本人比谁都更清楚北面的陷阱。贝内德克曾两度请求皇帝不要让他担任北军的指挥官，他渴望前往意大利作战，正如他对弗朗茨·约瑟夫所说，他对意大利战场的"每一棵树、每一处灌木丛"都了如指掌。

这些证据表明起初事情似乎正如贝内德克所愿。在5月底召开战争委员会会议后，贝内德克准备出发前往维罗纳。但有一天当他还在床上时，皇帝的侍从官传唤他，称"出于公众的意愿"，现已决定任命他为北方的总指挥。如果其他任何一位被任命的指挥官战败，那么"皇帝都别无选择，只好退位"。这个不容反对的结果动摇了贝内德克。哈布斯堡再次证明，其军队的首要任务就是保卫主权和王朝。贝内德克遵守了他的职责，让他感到欣慰的是，皇帝将精神虚弱的恩斯特大公任命为贝内德克手下的一位军长，这也是皇帝"自信的表现"，但是这位大公是几个世纪以来近亲结婚的产物。

从上述考量中人们不应该想当然地认为奥地利北军的士气低下，抑或当时私下或公众都认为普鲁士会获胜。恰巧相反，当时的权威媒体如伦敦《泰晤士报》就认为奥军的胜利势在必得，该媒体在克里米亚战争中的记者拉塞尔写道（奥军有）"我见过的最精良的骑兵"。的确，哈布斯堡的骑兵和炮兵都和以往一样强大，但其步兵早在两年前的丹麦战役中就向世人展示了它其实是一支既缺乏勇气又缺乏锐气的部队。[6]

拉塞尔的看法忽略了奥地利指挥系统中一些突出的弱点，即复杂性和职能重叠，而普鲁士军官早在丹麦战役中就注意到了这些弱点。当时流行让贵族军官担任军长，由社会精英贝内德克领导，但是这种安排同样凸显了当时的阶级矛盾，这种矛盾将在战斗的关键时刻对奥军产生一定的影响。

毛奇最初的部署

毫无疑问，如今许多描述这场战争的文学作品普遍认为普军的高效是天衣无缝的，奥军的无能则随处可见，但其实这种观点是错误的。[7]

如果是加布伦茨或一位更积极的人物率领奥军作战的话，用博纳尔的话来说，不能排除普鲁士可能被"彻底摧毁"的可能性。因为这位有真知灼见的法国将军注意到，毛奇最初的部署远称不上完美。1866 年的 6 月 10 日，在对手的意图还未暴露之前，普鲁士三个集团军沿着一条 156 英里的战线排开。为了抵御萨克森对柏林或布雷斯劳的进攻，毛奇将自己的部队部署在最危险的阵地内。如果奥军以拿破仑式的想象力和动力开火的话，毛奇的布阵可能会招来致命打击。从前面章节可以看出，哈布斯堡军队的传统就是要求军队永远将保护王朝放在第一位。军队为了达到这一目的，理应规避所有风险。

然而，人们不应该忽略一点，即如此不凑巧地分散部署的普鲁士三个集团军可能并没有被充分利用。毫无疑问，当毛奇收到由"圣乔治的骑兵"（对间谍的委婉说法）提供的奥军6月11日的作战指令的样本后，他感到如释重负。

这份样本表明奥军计划在摩拉维亚北部的奥目兹集结，于是毛奇迅速制订了新计划，重新集结军队以预防西里西亚出现的威胁，他日后称赞新计划简直"完美"。此举让普军第1和第2集团军间又增加了八次行军的距离。同意博纳尔的人说道："这个称谓用来形容普军的计划十分贴切，这只是毛奇和他的良心之间的事。"[8]

多亏了普军的运气以及毛奇的意志力，他们得到了越来越多的情报，这大大降低了毛奇部署的严重后果。普军得知奥地利决定把军队从奥莫茨转移到波希米亚，而普军和波希米亚之间隔着利森山区令人望而却步的山口，普军第2集团军需要跨过这些山口。贝内德克计划沿着吉钦高原的边缘抢占一个阵地，拦住慢慢聚拢的普军，但按照该计划，奥军必须在普鲁士第2集团军进入西里西亚峡谷时就让他们放缓速度。于是贝内德克派出几个军前去占据出口，并和阿尔伯特亲王率领的萨克森军队一起守卫附近的伊塞尔防线。

博宁和斯坦梅茨率领的普鲁士第2集团军的先遣小队在特鲁特诺夫（今陶特瑙）和纳奇德镇发现，当他们从山口出来进入开阔地时，奥军已严阵以待。

加布伦茨在陶特瑙

普鲁士第1军的先遣部队正在特鲁特诺夫休整，却突然受到了蒙德尔轻骑兵旅的攻击，奥军突然从高处向惊慌不已的普军开火。普军还没有将自己的步枪和军鼓摆放整齐，奥地利的猎兵们就已经对他们进行了猛烈射击。普军纯靠数量优势将奥军赶出了高地。在陶特瑙镇小山坡上的教堂内，奥军一个波兰团几乎是战斗到最后一人才投降。将蒙德尔的部队赶下山后，普军控制了陶特瑙，但他们发现两英里开外的高地上整整齐齐地摆放着奥地利一个炮阵的40门大炮。这些大炮组成了一张无情的火力网，格里维基奇和温普芬带领的两个上了刺刀的旅借助这张网英勇地发起了反攻。尽管奥军最终将普军逐出了此地，但是伤亡异常巨大。普鲁士的撞针枪将奥地利守卫者们打得落花流水，格里维基奇的两个团在此次进攻中被彻底摧毁，他日后回忆道："在我参加的三场战争中，这次遭受的损失最大。"[9]总体来说，对阵区区 1200 名普军，加布伦茨损失了 5000 人。奥地利损失了 200 名军官，敌军只损失了 60 名军官。

尽管火力实力悬殊，但普鲁士第 1 军军长阿道夫·冯·博宁将军冥冥中意识到他面对的是奥军中精力最充沛的将军，于是下令撤退。在部队略显混乱地撤离的同时，由于博宁没有派大批人马渡过欧帕河前去支援先遣部队，因此他为此付出了高昂的代价。在接受对自己战时行为的官方调查时，他的一位下属说道："不是人人都能成为英雄。"[10]他的撤退威胁了毛奇的整个战略，因为博宁部队的任务就是掩护普鲁士禁卫军和第 2 集团军司令部通过。

加布伦茨取得的胜利意义非凡：他的部队在满是尘土、极度干燥且缺少粮食的条件下连续行军 9 天；第 10 军在 28 小时内行军 30 英里，从约瑟夫城赶到陶特瑙，并立即投入了战斗。但是，这次被奥军称作"陶特瑙的胜利"并不能掩饰普军在火力方面的压倒性优势。因为有严令禁止加布伦茨跨过普鲁士边境，因此就算得到别人的支持他也无法乘胜追击。加布伦茨的成功是整场战役中奥军侧翼进攻取得的唯一战果，而且他并没有使用正面作战的策略——这种战略在石勒苏益格－荷尔斯泰因战役中被证明需要付出高昂的代价。

贝内德克的作战参谋吉迪恩·克里斯曼尼奇只派 2 个营前去掩护加布伦茨，这只是这位博学但迂腐的参谋在此役中犯下的众多错误之一。克里斯曼尼奇是一位研究七年战争的学者，也是个十足的书呆子，一直坚持用玛丽娅·特蕾莎时期的战争标准衡量所有的事情。他渊博的学识让贝内德克感到畏惧，这是这段时间贝内德克缺乏自信的另一个特征。加布伦茨知道，如果博宁第二天发起新一轮进攻，自己将难以抵抗，更别提普军正从纳奇德附近的山谷中不断拥出。在纳奇德战役中，普鲁士的斯坦梅茨将军取得了一场重要的胜利，而奥军指挥官拉敏的部队部署在太远的地方，无法阻止普鲁士先遣部队从这些峡谷中拥出然后进行快速部署。

纳奇德附近的战役再次凸显了普鲁士在火力方面的巨大优势。普鲁士只有 6 个营的步兵对抗拉敏这位相当有能力的奥地利将军率领的 2 个旅。但是因为这些进攻太过零散,而且没有侧翼进攻的可能性,因此轻易被普军化解。侧翼进攻曾经帮助加布伦茨取得过胜利。与陶特瑙战役不同的是,因为奥军薄弱的部署,普军才能有效利用他们的炮兵。

奥军撤退且贝内德克失去勇气

在奥军发起的长达六个小时断断续续的进攻后,普军将他们赶回了斯卡里奇(今斯卡利茨),场面十分混乱。奥军数百名士兵投降,近 4000 人伤亡,普军的伤亡却不到 1500 人。这种混乱的场面严重打击了奥军的士气。有几个团几乎被全歼,幸存者们也很快丧失了斗志,2000 多人立刻投降。普军使用了速射型冲锋手枪,加快了奥军若干个部队的解体,尤其是一个斯洛伐克营都在深草丛中被追上来的普鲁士步兵射杀。

其实情况可以不变成这样。加布伦茨已经证明了一点,即奥军只要有积极的领导,他们就能战胜普军。的确,博纳尔认为如果拉敏在纳奇德取胜的话,那么整场战役便会朝着对奥军有利的方向发展。因为如果拉敏获胜,普鲁士第 2集团军就无法与第 1 集团军会合,如此一来,面对贝内德克的普军便会寡不敌众。

事实上,拉敏炮兵部署上的失误和过快发动进攻的失误都加速了士气的崩溃,贝内德克的军队和将领均无法摆脱这一厄运。让奥军雪上加霜的是:28日,加布伦茨的后卫在从陶特瑙向柯尼金霍夫撤退时突然遭遇了普鲁士禁卫军。在索尔村(这是个晦气的名字:腓特烈二世曾在此地取得一场伟大胜利)附近,普军在不到一个小时内就消灭了格里维基奇旅的残部。利奥波德·爱默里在他那份安德森研究报告上作注释时写道:"6 月 28 日的战役将贝内德克彻底打晕了。"[11]

29 日,奥地利指挥官克拉姆·葛拉斯同萨克森军队一起,试图在伊钦袭击普鲁士第 1 集团军,那时他们刚刚接到"避免任何严重冲突"的命令,随后就因为孤立无援而被迫极度混乱地撤退。克拉姆·葛拉斯这位将军吃得可比他作战要好，人们看见他在关键时刻跨上马，却从马鞍上滑落，然后从马的另一侧坠了下来。

这些命令充分说明贝内德克已经完全失去了勇气。他最初的计划是沿着内线作战并依次击败普军部队，但是该计划已经被完全粉碎。克里斯曼尼奇不现实地学习玛丽娅·特蕾莎时期的战争经验，匆忙为贝内德克拟订了新的战术，但被证实是不切实际的，因为这个战术暴露了奥军的阵地。现在看来，普鲁士两个集团军会合已不可避免。贝内德克在 30 日时拟订了第三个计划，这个计划不如前两个雄心勃勃，奥军考虑撤回柯尼希格拉兹（今捷克境内的赫拉德茨－克拉洛韦）附近的一个防守阵地。

与此同时，贝内德克的对手毛奇、普鲁士国王和俾斯麦都坐上了火车从柏林赶往前线。这位朴实的将军对现代电报系统赋予他的指挥和控制系统高度不满，因为奥军在撤退时破坏了电线杆，所以他下达的若干命令三天后才传到相应的指挥官处。当毛奇于 6 月 1 日赶到波希米亚时，这个情况已经好转，因为普军指挥部已经搬至伊钦，做好了指挥波希米亚北部作战行动的准备。

经过前五天的战斗，贝内德克陷入了深深的低迷状态。部下的伤亡报告以及普鲁士步兵开火之迅速都加深了奥军的无助感：奥地利步兵对手的开火速度竟然是自己的五倍。贝内德克还没有参与一场正式的战斗就已经损失了 3 万人，而且路上全是一片混乱的撤退场景。奥军面临着一场可怕的溃败的危险。贝内德克足够聪明，他已经意识到，自己七年前在圣马蒂诺战役中的光辉岁月已经过去，新作战模式的时代已经到来，而自己的步兵对此却毫无准备。

贝内德克的电报

在这种氛围下，皇帝的谋臣贝克上校赶到了战场，和贝内德克一起起草了一封绝望的电报准备发往维也纳。内容如下：

陛下，请不惜一切代价同普鲁士媾和，十万火急。

否则灭顶之灾不可避免。

贝内德克

贝克十分清楚贝内德克的困境，他亲自写了一封电报声援贝内德克，发给另一位皇室在维也纳的谋臣克伦内威勒。内容如下：

必须签订和约，因为撤退已近乎不可能。我的心都碎了，我必须报告实情。[12]

可想而知，贝内德克的电报震惊了整个维也纳。此时，维也纳听到阿尔伯特大公在库斯托扎打败意军的胜利消息后备受鼓舞（见第十六章）。不战求和的想法令皇帝深恶痛绝，于是他立马回了电报：

绝不可能求和。我下令——在无法避免的情况下，组织有序撤退。双方交战了吗？（注意：最后一句话是皇帝批准一位谋臣加上的。）[13]

这些文件表明，当总指挥远离前线时必然会出现危险。贝内德克电报中简洁的措辞将他即将崩溃的情感和心理展露无遗，但弗朗茨·约瑟夫显然对此毫不知情，没有做好应对坏消息的准备。

等到朝中人人知晓贝克电报的内容时，这场酝酿已久的战斗终于爆发了。起初，毛奇还以为贝内德克会将军队部署在波希米亚北部两个强大的要塞，即约瑟夫城和柯尼希格拉兹（赫拉德茨－克拉洛韦）之间，在他7月2日下达的命令中也反映了这一点。但是也许是贝内德克被皇帝回复的电报弄得十分紧张，加上他意识到自己的士兵们需要休整，因此他现在又开始制订另一个计划。这一次他将阵地选在了赫卢姆高原附近，准备打一场防御战。

毛奇临时准备以及贝内德克决心出击

当毛奇收到的情报称奥地利计划有变时，他迅速地取消了此前下达的命令，还特地写了以下文书呈给皇储和第 2 集团军：

请陛下大发善心立刻采取必要的手段，率领所有的部队前来援助第 1 集团军，共同打击敌军右翼……今天下午从此地发出的命令的目标不同。因此现在将它们取消。

冯·毛奇[14]

从毛奇的命令中可以看出他害怕奥地利进攻，尽管奥地利皇家军队一周前并没有任何侵略性。毛奇的目的是削弱贝内德克作战时的优势，让第 2 集团军在午后攻击奥军侧翼，从而牵制住整个奥军部队。

贝内德克注意到了毛奇的动作，为此他做了精心的准备，准备从强大的防守阵地打反击战，这一点可以从他在 7 月 2 日和 3 日的部署中看出。贝内德克的这些行为表明他已经振作起来，终于开始进行切合实际的思考了。毛奇可能不知道奥军在赫卢姆附近的准确位置，但贝内德克的炮兵指挥官们似乎知道普鲁士第 1 集团军渡过毕斯翠兹小溪的准确位置。所以，战场的情况证明了认为贝内德克毫无计划的普遍说法是完全错误的。[15]

7 月 2 日的下午和晚上，奥军都在疯狂地工作，炮兵在赫卢姆村庄附近占据了一个强大的防守弧阵，各炮阵也在同步地沿着标记的线开火射击，这些标记的线从村庄一直延伸到普军可能的行军路线。奥军花费了数小时才完成这个有力且有效的活动，驳斥了所有认为奥军毫无作战准备，抑或完全不清楚普军行军方向的看法。

奥地利炮兵都配备了带膛线炮管的精密火炮。如果说步兵的经费严重不足，那么这支皇家部队的炮兵武器绝对是最先进的。在第二天的战斗中，奥地利炮兵向世人展示了他们仍是世界上最优秀、最勇敢的炮兵。此外，贝内德克不仅准备打一场防守战，还计划让普军遭受沉痛的打击。为了对抗普鲁士第 2 集团军对自己右翼的突然进攻，他将整整两个军部署在赫卢姆村后形成一个屏障，拦住该地区可能遭受的任何进攻。此举为贝内德克赢得了时间，让他可以向普鲁士第 1 集团军挥一记重拳。贝内德克和每一个细致的指挥官一样，制订了相应的撤退计划。他通过贝克已经征得了皇帝的同意，开除了克里兹曼尼奇。新上任的参谋长阿尔弗雷德·亨尼克斯坦当天早上才赶到战场，因此这些作战计划几乎全部是贝内德克自己拟订的。万一必须撤退，奥地利的骑兵和炮兵都清楚他们建立新防御弧的确切地点，以便让步兵能向柯尼希格拉兹的要塞撤退。贝内德克已经走出了低谷，摆脱了克里兹曼尼奇的桎梏，现在似乎已经完全振作了起来。

奥军已经确信他们将从坚固的阵地发起攻击，炮兵司令贝内德克在部队中驰骋，这无疑也提振了士气，奥军现在睡得比战争其他时刻都要安稳。贝内德克将阵地选在玛丽娅·特蕾莎时期对抗普鲁士的战争中的神圣之地，尽管他此前优柔寡断，但现在展现出了皇室的优良传统。正如弗里德永写道：

> 斐迪南二世被叛乱者包围，玛丽娅·特蕾莎曾与欧洲大陆所有的军队为敌，弗朗茨和拿破仑的战争不断：无论当时境况多么糟糕，他们的命运都经受住了考验。奥地利在欧洲的地位并不是建立在伟大的胜利上，而是建立在她的防御实力上。在没有抗争前她从未放弃过一寸阵地，几年前普鲁士在奥目兹已经领教过这一点，几年后俄国也将在柏林会议中领教这一点。[16]

在普鲁士这边，第 1 集团军收到了开始集结的命令，他们在夹杂着小雨的浓雾中开始集结，这预示着黎明的到来。来自黑森的弗兰泽基是一位强悍且足智多谋的普鲁士人，他率领的第 7 师就驻守在靠近奥军中路的切雷克维茨。当霍恩率领的第 6 师在萨多瓦村附近将奥军赶出其前哨时，弗兰泽基的部下则赶往发出炮火声的方向，并攻占了本纳特克村。上午 8 点时，战斗全面打响，在战场附近的达布山观战的普鲁士国王下达了前进的命令。4 分钟后，奥地利炮兵的炮阵开火，让普鲁士整条进攻线陷于停顿。一阵弹雨精准且可怕地落在普鲁士第 1 集团军身上。当普军准备渡过毕斯翠兹溪的时候，数个连队都被炮弹炸成了一片散沙，只有弗兰泽基的师成功渡河且完成了部署。普军在其他地方的进攻也被迫停顿（在普鲁士官方的历史中对这次战役的描述并不真实，他们说第 5 和第 6 师都在"不断地准备"）。普鲁士部队的主力全部被压制，完全没有继续进攻的可能性。[17]

弗兰泽基占领斯维普森林

当时发生在普军左翼的战役并不重要，但是战斗的结果却和最初的意图相去甚远。普军在整场战斗中都十分主动而且富有攻击性。弗兰泽基的第 7 师将自己的 4 个营调离了本纳特克村，部署在附近的斯维普森林中。

这片森林差不多 1 英里长，1200 码宽，是欧洲目前已知的最不寻常的战场之一。森林的每个角落和幽深处都竖立着丰碑，是为了纪念在林地看似平静的峡谷、溪谷中被屠杀的数千名士兵。即使有人不了解此地发生过的战役的细节，但这种怪异的寂静和沉默仍能引发他们的思考。

由于领先于普鲁士其余防线，弗兰泽基的这 4 个营暴露在外，他们在早上 8 点半左右进入了森林北端，冲进了奥地利菲斯特提克亲王指挥的第 4 军精心布置的前哨。同往常一样，当奥地利第 4 军像一群马蜂一样疯狂回击时，普军的进攻迅速转为防守，陷入了绝望的挣扎。第 4 军和图恩伯爵率领的第 2 军一起驻守在贝内德克的右翼，负责监测普鲁士皇太子军队。当贝内德克沿着毕斯翠兹狠狠打击普军部队时，他们还负责拖住普鲁士皇太子的前进步伐。弗兰泽基公然占领森林的行为激怒了奥地利第 4 和第 2 军，这两个军合在一起差不多是贝内德克 1/4 的兵力。于是他们编成队形，用武力将普军赶出了森林。他们违背了避免正面冲突的战术指令，也没有听从让他们保卫奥军右翼的命令。

奥军在战斗中只用了旅的兵力，他们再次将部队分开，零零散散地投入战斗。在森林中的那次全面进攻算是靠人数优势取得的胜利，然而第 4 军军长莫里纳利（菲斯特提克受伤后他接替了他的位置）在战斗中每次也只使用一个旅。当普军在森林内部占据了强有力的阵地后，他们便将奥地利猎兵打得支离破碎，奥军连接近敌军的机会都没有。

弗兰泽基相当莽撞。他的用兵十分愚蠢，而且有巨大的风险，差点威胁到普军的整个侧翼。如果面对的是其他任何一支军队的话，他的行为早就会让毛奇整个战略泡汤了。单单一个步兵旅，在没有炮兵或其他任何军队的帮助下，同敌人两个军作战，这个场景肯定不是毛奇战术书籍的内容。

莫里纳利的违抗

莫里纳利发现了普军的错误，于是急于让他们付出代价。但是由于调动的部队众多，他暴露了贝内德克的侧翼。上午 9 点半时，为了自己的生命，一个普鲁士旅在与整整一个奥地利军进行殊死战斗。弗兰泽基的每一个连队都投入了战斗。这位普鲁士将军站在林中的一个高点时，他的马被射杀，因此他无法继续指挥这场战斗。战场上到处都弥漫着硝烟，噪音震耳欲聋：士兵们的哭喊声，普鲁士人喉咙里发出的指令，以及斯拉夫语苦闷诅咒，这一切都让人难以思考。但是弗兰泽基知道，如果撤退到森林后面的空旷地带，自己的军队在数分钟内就会被奥军全部杀光。因此他们别无选择，即使胜算只有 1/10 也只能殊死坚守。

10 点左右，在赫卢姆的小山顶上，贝内德克看到大批莫里纳利手下的军队正不断地向森林中前进，他吓坏了，于是立马派了参谋下令让莫里纳利停止作战行为，回到赫卢姆 – 内德利斯特战线。15 分钟后，莫里纳利收到了命令，但蓄意违抗了命令。到上午 11 点时，第 2 军也违抗命令加入了战斗。

其他地方的战斗都在完全按照贝内德克的计划进行。奥地利炮兵化解了普鲁士步兵在武器上的优势，沉重打击了普军。被完全牵制住的普军毫无选择，只能熬过毁灭一切的弹雨，等待从东边过来的援军。他们坚忍而冷漠地等着支援，不断落在地上的每一颗炮弹都会炸飞几十名战友。

后来随着战斗的升级，莫里纳利的违抗命令之举被证明是有原因的，而且他认为在林中的普军即将被消灭。事实上，他的做法更像在效仿加布伦茨在厄沃塞战役中的表现，为了急于获得玛丽娅·特蕾莎勋章，他组织士兵发动正面刺刀进攻。他即将成功。上午 11 点 15 分，森林中的普军阵中瓦解，而在森林边缘，弗兰泽基率领的 1/3 的士兵已经战死或濒临死亡。

由于同其他的普鲁士战线相隔太远，普鲁士第 7 师正为自己暴露在外付出高昂的代价。从战术角度来看，莫里纳利利用了对手欠妥的部署。但是他却企图用各种互不协调的进攻将普军逐出斯维普森林，威胁普军侧翼，这是十分困难的而且进程缓慢，此举让他失去了原本享有的潜在优势。此外，将军队调离阵地让奥军右翼出现了一个巨大的漏洞。

上午 11 点左右收到贝内德克的命令后，莫里纳利急忙写了一份报告，辩解道在森林中的战斗"一切顺利"。40 分钟后，贝内德克收到他的回信后勃然大怒，随即发出了第二道更紧迫的指令，让莫里纳利立即停止战斗。但莫里纳利再次违抗指令，因为他坚信他不是在同普军的一个旅在战斗，而是其整个左翼。

图恩伯爵和他的第 2 军相对顺从，但莫里纳利仍拒不顺从，并骑马前去和伯爵争论，说要在林中重新发起进攻。但这一次，所有战斗中的关键因素——时间——对奥军来说已经所剩无几。如果同总指挥爆发激烈的争吵后，谦逊的莫里纳利在最初的两个小时就重启几个小时前就该启动的部署，那么结局就会不一样。但是现在已经造成了危害，一切为时已晚。

普鲁士禁卫军的到来

在一场急行军之后，普鲁士皇太子的先遣部队终于以第 1 禁卫军师的身份赶到了斯维普森林上方的霍伦诺维斯高地。图恩的第 2 军和莫里纳利的第 4 军只好在新到的普军援兵眼皮子底下撤离。在午前最重要的两个小时中，莫里纳利拒绝听从总指挥的命令，这是导致奥军那天失利的最重要的战术因素。

正午时分，在赫卢姆－利巴高地上，普军中路此时在毕斯翠兹附近受到了牵制，贝内德克正准备派一支预备队前去摧毁他们。俾斯麦传记中记载了一则著名的轶事：那时普鲁士国王、毛奇和俾斯麦在罗斯克斯山丘上视察战局，他们三个都穿着地方防卫军上尉的军装，和战场的士兵们极不协调。奥地利炮手立马认出了他们，两分钟之内，离得最近的炮阵朝他们开火。奥军第一轮齐射就暴露了他们三个的身份，第二轮的齐射则消灭了国王身边大部分枪骑兵护卫。

他们赶紧躲到山的后面。受到惊吓的俾斯麦问毛奇是否真的认为这场战斗进展顺利。俾斯麦不相信毛奇非常低调的自信，他注意到这位普鲁士将军的雪茄抽完了，于是递上自己仅剩的两根雪茄：一根是便宜的弗吉尼亚雪茄，另一根是昂贵的哈瓦那雪茄。拘谨朴实的毛奇慢慢地查看了这两根雪茄，思忖再三后选择了昂贵的哈瓦那。从那刻起，俾斯麦意识到这场战争赢定了。毛奇并不是在放纵自己，如果真的认为普军会输的话他肯定不会选择更贵重的那根雪茄。"陛下，"毛奇在回答国王更直接的问询时回答道，"今天您不仅会赢得这场战斗，还会赢得整场战役。"[18]

毛奇相信皇太子肯定会按照他修改的命令行事，满腔热血地朝霍伦诺维斯高地行军，当时这片高地上耸立着两棵酸橙树。（这两棵树现在还在高地，但遗憾的是他们不再是该地显著的地标了，因为此役过后人们在该地种满了树。）刚过晚上 12 点半，眼看一支普军就要被奥地利炮兵消灭，普鲁士禁卫军迅速攻下霍伦诺维斯村，不费吹灰之力就将惊恐万状的奥地利炮手逐出了高地。

一个小时后，普军将奥军赶出了马斯洛韦德村。当图恩的奥地利军终于开始沿着原先的战线重新部署时，普鲁士骑兵也加入了战斗。然而这支骑兵面对奥地利步兵无法取得任何进展，奥地利步兵组成方阵击退了骑兵。但当奥军不再保持这种阵型时，普军向他们发起了进攻。尽管奥地利炮阵在刚开始时保护了第 2 军和第 4 军，但这一次并没能阻挡普军，被普军赶出了马斯洛韦德－洛岑尼茨山岭。奥地利第 4 军的炮兵在 3500 码外匆忙修建了一个新的阵地，并用他们数百门大炮在那里继续对驻守马斯洛韦德的普军狂轰滥炸。

现在到了战争的关键时刻。幸运的是，普军中一位年轻的将军，席勒·冯·加特林根在霍伦诺维斯坐拥全部的普鲁士第 1 禁卫军师，知道奥军的中路离自己非常近。他主动制订计划，进攻离西南方约 4800 码开外的赫卢姆。赫卢姆是贝内德克中路的关键，那里矗立着一座教堂的高塔。很显然，加特林根现在就在这座高塔前面。

他下令让自己的炮阵吸引奥地利第 4 军的炮火，普军迅速集结成两个旅。席勒拔出利剑，指向教堂高塔的方向，带领士兵向赫卢姆奔去。跑在最前面的两个散兵营很快击败了一个驻守在赫卢姆村边缘的奥地利营。当这群散兵抵达村庄时，惊愕不已的奥军仓皇逃窜，加特林根也带着剩余部队赶到了村庄。

"别胡说八道！"

与此同时，贝内德克注意到自己对面的第一列普军已经开始动摇，现在到了派出后备部队一举消灭面前的普军的时刻。然而他刚刚准备下令派出后备部队时，一位浑身是血的副官从离他不到 200 码的赫卢姆骑马赶了过来。这位副官敬礼后喊道，"普军已到赫卢姆"。贝内德克吓得面色惨白。他大声用维也纳方言回应道："别胡说八道！"但这位军官只是回复道："这是真的。"[19]

贝内德克的回应十分迅速，他将后备部队调到了前线。他随即跨上马背，身边跟着不知所措的随从，疾驰 200 码向赫卢姆的教堂赶去。迎接他的是大量的子弹，有些是所谓的"友军伤害"，大大削弱了他的部下的实力，也证明了此刻的新战局。贝内德克下令让拉敏率领的后备部队向后转，转而进攻村庄，"必须重新夺回赫卢姆"。

在赫卢姆–利巴高地上的奥地利大批炮阵已经连续攻打普军数小时了，然而当后方保护他们的薄弱奥军在混乱地后撤时，他们发现自己的炮兵们受到了步兵火力的袭击。奥军炮手被来自四面八方的子弹扫射，阵地也变得不堪一击，因此下达了撤退的命令。

在如此混乱的时刻，奥地利炮兵再次英勇地挺身而出。格罗本上尉手下的一个骑炮兵连（第 7 团第 8 连）意识到他们需要掩护炮兵的撤退。因此他们停止了对前线的轰击，转了一百八十度的大弯，于 200 步内疾驰到最近的普军面前，卸下拖车，向普军发射炮弹。这支炮兵连不间断地轰击了 8 分钟，直到一个个炮手都被普鲁士步兵击中。格罗本上尉在下达十轮齐射的命令后，因头部中弹倒地不起。其余的士兵和马匹也纷纷倒下，只剩一门大炮继续朝普军轰击。但是 3 分钟后，第 6 炮阵的默克尔中尉和已经受伤了的炮手申克装好了炮车，骑着两匹受伤的马逃离了险境。当普军越过中间这 200 码向前推进时，他们发现了一堆身着棕色军装的士兵尸体以及数门被遗弃的大炮。20 分钟前，这个"死人"炮阵还有 53 名士兵和 3 位军官。然而时间才过去不到 12 分钟，炮阵中的 54 名士兵和 68 匹马就已战死沙场。除了受伤的默克尔中尉和炮手申克之外，整个炮兵连都已不复存在。[20]

但是格罗本的牺牲并没有白费，他拯救了许多门奥地利大炮。当拉敏的兵团伴着嘹亮的军鼓、飘扬的旗帜，压低刺刀向赫卢姆行军时，驻守罗斯贝里克的德意志王者兵团和普鲁士第一禁卫军旅之间爆发了激战。在这场激烈的战斗中，德意志兵团终于在下午 4 点将筋疲力尽的普鲁士卫兵赶出了村庄，为贝内德克组织撤退赢得了宝贵的时间，奥地利炮阵才得以回到商定地点发起新一轮轰炸。此时，从赫卢姆南面飞来的炮弹击中了曾提出占领赫卢姆这个大胆建议的席勒·冯·加特林根。他倒在了自己的胜利中，却未能看到全部的荣耀。

下午 5 点时，普鲁士 3 个刚进入战场的营发起了反击，德意志兵团在普鲁士撞针枪的火力面前开始后退。他们进攻的企图也被不折不扣的子弹飓风粉碎。

即便到了这种时刻，维也纳人苦乐参半的幽默感仍在维也纳"皇家"团的士兵中显现。当他们举着刺刀和军旗行军时，据说一位军士曾如此安抚他的士兵：

前进，孩子们，我们不会失败。万一我们失败了怎么办？那也不用担心，我们仍是一个良好的团体。[21]

贝内德克使用骑兵

此时，贝内德克清楚，如果不撤退的话自己的军队就面临被消灭的危险。在战争的这个阶段，贝内德克再次展示了重压之下的勇气和镇定，从战场撤退和事先安排好的计划相差无几。毛奇的部队不断汇拢，眼看就要像钳子一样钳住倒霉的奥军，尽管按照毛奇娴熟的战略规划他肯定会获得压倒性的胜利，但是奥地利的炮兵和骑兵后备部队都出色地完成了任务，没有让毛奇取得预想的成功。随着下午一点点过去，奥地利炮兵沿着斯托瑟－弗莱霍芬－齐格尔施拉格战线重新组成了一条火力线，逼停了普鲁士第 1 集团军的进攻，并占领了通往柯尼希格拉兹的道路。当普鲁士骑兵中队过来侦察时，这次轮到奥地利骑兵阻止普军的"追击"了。事实上，普军的这次"追击"进程缓慢，且耗时费力，正如博纳尔所说，这次"追击"称不上追击。[22]

正当奥军步兵朝易北河方向的大桥撤退时，雨点般的炮弹开始落在奥地利步兵的后方。见状，贝内德克立刻向奥地利骑兵后备队的主帅荷尔斯泰因亲王疾驰而去。作为《泰晤士报》的权威记者、克里米亚战争的老兵，W. H. 拉塞尔在其早先的电报中称奥地利骑兵是"我见过的最优良的骑兵"：作为曾报道过轻骑兵冲锋的记者，这番赞美已经算是高度评价了。而这支"最精良的骑兵"也即将证明拉塞尔评价的真实性。[23]

荷尔斯泰因身着灰蓝色将军军装，头戴三角帽，配有鸵鸟羽毛装饰，面无表情地骑在马背上，面对着 5000 名一动不动的骑兵。他望向地平线，好像感受到了变天的迹象。贝内德克立刻喊道："进攻！立刻进攻！"荷尔斯泰因亲王默默敬了一个礼，随后拔出战刀。他甚至没有转身，就将刀刃指着前方，飞奔向前，领导了这场历史上最庞大的骑兵作战行动之一。他身后的军官们闻风而动，军鼓嘹亮，数千名奥地利人和匈牙利人在夕阳下挥舞着军刀，战场瞬时回荡着马蹄疾驰的声音。目击者称，奥地利骑兵冲向敌军之前人群中爆发出一阵欢呼。对乌尔姆布兰德这位年轻中尉来说，尽管饥渴劳累，而且数次被普鲁士士兵的长矛刺伤，但头戴三角帽的将军带头冲锋的场景是整场战役中最振奋人心的画面。[24]

荷尔斯泰因的冲锋宣告了后面三场大型的骑兵行动的开始。第一场发生在下午 4 点，在罗斯布里茨附近，交战双方是普鲁士第 3 轻骑兵旅和奥地利第 1 后备师。尽管普军有两个团支援，但奥地利骑兵还是迅速将对手赶回了普鲁士阵线，为贝内德克步兵的且退且战赢得了宝贵的 25 分钟。荷尔斯泰因的部队的士兵比对手普鲁士的骑术要好，在大部分的时间内他们都是静止待命状态。他们不需要任何鼓励就能轻松打击敌人。在一场不到 20 分钟的激烈的白刃战中，双方的头盔上都出现了凹痕，短袍也被撕裂，马匹也受了伤。

大约下午 4 点半时，双方展开了第二场规模较小的骑兵行动，这次行动发生在斯特雷塞提切（今斯特雷泽蒂茨）附近的一片空地上，在今天看来，这片空地也是开展决定性的骑兵战役的绝佳场地。奥地利一个胸甲骑兵旅再次证明了他们的实力比普鲁士龙骑兵要高。幸亏普鲁士枪骑兵及时赶到并拯救了他们，否则他们肯定会被奥军消灭。这次胜负不明的战斗再次为撤退的奥军赢得了 30 分钟的宝贵时间。年轻的乌尔姆布兰德身上背负的长矛伤口多达七处，随后普鲁士枪骑兵被击退，最后两处刺伤造成他从马背上摔了下来。当他挣扎着站起身，转身找马的时候，他看见大约 1000 位奥地利骑兵向自己冲来，赶走了自己身后的普鲁士士兵。[25]

第三次更戏剧化的战斗发生在普洛布鲁斯附近，时间和第二次战斗差不多，交战双方为普鲁士加德龙骑兵和奥地利亚历山大长矛骑兵。此次战役中使用了经典阵型，战斗更加激烈。奥地利长矛兵们几乎打到了普鲁士国王的随从面前，很荣幸地听到了普军"救国王！"的喊声，一群惊慌失措的朝臣甚至拔出（这种境况下是无济于事的）他们的宫廷佩剑。普鲁士步兵和炮兵及时赶到才扭转了战局，迫使奥军撤退。奥地利第 8 胸甲骑兵团前来营救长矛兵，却狠狠地被普鲁士步兵击退。普鲁士此轮损失了 580 名士兵中的 380 人，28 名军官也损失了 23 名。

虽然奥军再次阻止了普鲁士第 1 集团军的进攻，但他们仍在缓慢地向前推进，直到几分钟后，部署在新防御弧内的奥地利炮兵让他们的进攻彻底停滞不前，于是贝内德克的第 3 军和第 10 军在下午 6 点时得以安然撤离。尽管奥地利骑兵的部署非常短暂，但在普鲁士骑兵面前他们展示了自己的历史优越感。

一位亲眼见证了这些骑兵行动的普鲁士骑兵军官说道："奥地利骑兵成功地展示了一支骑兵部队所能展示的最复杂的战术演练：他们让前进的普鲁士军队的整条战线都陷入停顿。这些骑兵所带来的精神效果比物质效果重要得多。"[26] 多亏了这些骑兵的行动，柯尼希格拉兹之战才不至于落得像色当战役或坎尼战役那样的结果。

贝内德克揽下罪责

在优良的骑兵的掩护下，奥军继续有序地撤退。晚上 9 点，奥地利炮阵在浓黑的夜色中组织了最后一轮轰炸。早些时候，在靠近柯尼希格拉兹的要塞时，第一批撤退的部队总有一种可怕的感觉，认为普鲁士骑兵就在身后。特别是当要塞的司令官下令将堡垒的护城河和防御的土木工事灌满水时，他们更是惊慌不已，惊慌的下场就是数百名士兵都在混乱中淹死，后来他们才发现其实身后根本就没有普军。

贝内德克的部下筋疲力尽，士气低下，他的部分军队都已不复存在。普鲁士军队虽然兴高采烈，但整体状态也不好，根本无法展开任何追击。令人难过的是，奥地利境内通往波伊斯多夫的道路两旁至今仍然布满了黯淡的黑色方尖碑，碑文显示霍乱即将侵扰普鲁士军队。普鲁士国王却一扫先前的焦虑和谨慎，不断敦促将军们朝维也纳进军。俾斯麦清楚阿尔布雷希特大公正带着 10 万名士兵从意大利胜利归来，他在同兵力占优势的意大利军交锋中取得了光彩夺目的胜利。不管怎样，俾斯麦的计划并不是羞辱奥地利然后将迦太基式的和约强加于这位伟大的对手。普鲁士在未来需要盟友，这就意味着不能完全疏远奥地利。贝内德克撤回到奥目兹后，普军便占领了布拉格。同时，阿尔伯特大公晋升为主帅，并于 7 月 10 日率领 5 万士兵坐上了火车，从威尼斯前往维也纳。然而，他准备打防守反击的计划却化为了泡影。7 月 21 日，奥军在尼科尔斯堡（今米库洛夫）签订了停战条约。

贝内德克的梦想和事业就此结束。尽管他的士兵们仍然崇拜他，但是贵族军官这个小团体——上自皇帝、下到朝廷都在寻找一个替罪羊，而且一场组织有序的媒体活动也在公开指责这位将军，几周前还大肆赞扬贝内德克的报纸现在却要他人头落地。

在如此失意的时刻，贝内德克彰显了他的人格力量。尽管其他人同样有罪也难辞其咎，但是他揽下了所有的责任。在军事法庭受审时，他不再是一个风光的人物，当他跨过维也纳新城学院的院子时，许多年轻的学生都从窗户中默默地看着他。贝内德克拒绝纠缠或指责旁人，承认整场战争的失利都是他的过错。他曾是总指挥官，因此必须承担责任。他的逻辑完美无缺，而且淋漓尽致地展示了伟大的奥地利历史学家里特·冯·斯尔比克所说的军队"古老的精神""没有被任何物质或个人野心所污染，充满了无尽的职责和荣誉感。"[27]

怪罪其他人便意味着批评朝廷，这对于任何军官来说都是绝不允许的，更别说贝内德克这种人。他整个军事生涯都在为王朝服务，而且他将为王朝服务直到生命的尽头。幸运的是，弗朗茨·约瑟夫下令停止军事法庭程序。

贝内德克的妻子厌倦了堆在自己丈夫身上的种种罪名，于是公开为他辩护，批评了皇帝。贝内德克威胁她说如果不立马停止这种行为的话就和她离婚。他后来回到了自己在格拉茨市伊丽莎白大街上的一栋不起眼的别墅中，退役后的生活毫无可指摘之处，他拒绝再谈论这场战役。1866 年 11 月，阿尔伯特大公拜访了他，他们之间的这场对话似乎永远让这位将军封口了。因为当大公离开后，贝内德克烧毁了自己所有的奖章和勋章。悲惨的贝内德克是士兵和朝廷之间不成文约定的最忠诚的拥护者，这种契约从 1619 年 6 月起就存在。他一直都将服务于皇帝放在第一位，但是他的牺牲换来的却是苦涩的结果。1881 年，在他去世前不久，他明确表示他不应该身着军服埋葬——尽管这是军队的传统。这是一位勇敢的军官对最高统治者无声但有力的回应。[28]

第十六章　南方的胜利

奥军在南方取得巨大的成功后便传来了其北军溃败的消息，这让人感到非常痛苦。尽管在波希米亚发生的事情使其黯然失色，但在意大利的战役表明哈布斯堡军队完全有能力取得令人印象深刻的结果，即便这些好的结果毫无战略目的。

维多利奥·艾曼纽宣布开战

距离柯尼希格拉兹战役不到两周时，维多利奥·艾曼纽和普鲁士一起向奥地利宣战。不像在波希米亚那样，此次有宣战的程序。这位意大利君主派出随从带着正式宣战的消息前往奥地利驻维罗纳的总部，阿尔伯特大公已经在那里住下了。

正如我们所见，阿尔伯特仅仅是为了皇室的荣耀战斗。维也纳已经决定将威尼斯割让给拿破仑三世，随后拿破仑三世会将其转给意大利。这样一来，一旦波希米亚的情况恶化，维也纳便希望以这种方式摆脱两线作战的命运。阿尔伯特虽然拘谨、保守，不如父亲——伟大的卡尔大公——有想象力，但他却是一位能干的战士。尽管他的部下对他的爱戴和热情无法与贝内德克的部下相比，但他们知道在这位将军的持续领导下，他们一定会击败对手意大利。

意大利的指挥官马莫拉并没有给部队带来很多信心。他时年 62 岁，是一位皮德蒙特老兵，曾经在 1848 年和 1859 年分别败给拉德茨基和贝内德克，因此他应该很清楚奥军的实力。但是和许多意大利高级将领一样，他是一位自大的自我主义者，很少听取别人的意见。他自欺欺人地认为这位奥地利大公会一直待在阿迪杰河后方，因此就连毛奇的私人联络官西奥多·贝尔哈迪也没能劝阻马莫拉执行错误的战略，这个战略荒谬到就连任何没有进取精神的对手都会让他遭受可怕的报应。

哈布斯堡的南方军由多个精良的团组成。大公指挥的军队不到 7.5 万人，对方却有 20 万人，而且炮兵数量是奥军的两倍多。当他对部下宣告开战的消息时，人数上的不对等并没让奥军胆怯。"士兵们，"他如此勉励下属，"永远不要忘了这支敌军曾做过几次我们的手下败将。"[1]

阿尔布雷希特大公的参谋长约翰将军巧妙地建议大公先等马莫拉的军队渡过明乔河后再做行动。阿尔布雷希特希望此举能扰乱马莫拉的军队，使其无法同从南边赶来的恰尔蒂尼率领的另一支意大利部队会合。要想阻止马莫拉，同时密切关注恰尔蒂尼，奥军需要在酷暑中强行穿越意大利北部的平原。围巾和遮阳材料的分发不时打断了身着白色短袍的阿尔布雷希特步兵；骑兵部队也抛弃了沉重的服饰和头饰，身着更轻便的常服；长矛轻骑兵们则头戴软帽。24日的凌晨时分，这支皇家部队已经褪去了所有的高山装束，看起来更像是一支配有轻型装备的散兵部队。要不是在服饰中没有使用卡其色，他们可能二三十年后才会在西北前线被认出来。

如果面对的是精力更充沛的对手，那么大公的这个举动就有很大的被摧毁的风险。他让自己的部队掉头去西边占领维拉弗兰卡附近的高地。罗迪恰德率领的奥地利第 5 军开展了一次最为艰苦的夜间行军才到达索纳，但无论是意大利散兵还是骑兵巡逻队都没有在库斯托扎附近的丘陵上部署兵力。奥军惊讶地发现意大利人并没有占领这些山地。直到早上 6 点时，意大利人才在瓦雷吉奥东边的高地附近无意中遭遇到奥军。破晓后不久，当马莫拉骑马前往克罗切山山地时，他无比震惊地看到奥地利整整一个军（哈同的第 9 军）正从不到 20 英里的地方组成三路纵队向自己冲来。意军马上就要被全部赶回明乔河渡口。马莫拉临时组织防守，下令让两个师前往维拉弗兰卡，因为那里的奥军侧翼十分薄弱，只有路德维希·普尔兹的一个师。战争常常会赋予那些警醒和精力充沛的头脑一些不切实际的机会，当这一部署开始时，这些机会开始发挥作用。

罗达科夫斯基看到机会

普尔兹接到了严格的命令，只能与德拉·罗卡率领的意大利第 3 军接战。当罗达科夫斯基上校在清晨的阳光中拔出战刀朝意大利步兵冲去的时候，他手下的 4 个长矛轻骑兵中队——大多数都是来自加利西亚的波兰人——列队成形，放低了长矛。普尔兹看到这一幕时十分惊讶。他本以为自己的骑兵是前去进行侦查的，但是骑兵们帽子上的羽毛飞舞在阳光中，长矛上的三角旗也飘扬在风中，这群长矛轻骑兵的冲锋掀起了一阵灰尘。

当罗达科夫斯基向前奔驰时，又有 7 个长矛轻骑兵中队加入了他的阵营，他们的任务是探测维罗纳的道路。这种违背纪律的行为起初被视为一个复杂的假象。普尔兹对一个十分困惑的军官解释道，虽然埃德尔谢姆在索尔费里诺的冲锋很勇猛，但是在奥地利军队中，还从来没有一支轻骑兵旅向两个步兵师发起冲锋的先例，更别说这 2 个步兵师还有炮兵和 20 个重骑兵中队的支持。

在一旁观战的普尔兹听到了炮兵和步兵向罗达科夫斯基的冲锋回以齐射的声音，他觉得自己必须前去支援骑兵，因此他便带着剩下的骑兵前往战场，[2] 于是又有 300 名骑兵火速前往战场。罗达科夫斯基是一位鲁莽的骑兵指挥官，他确实打击了意大利步兵最脆弱的部分，即两个师之间的空隙，还成功击败了一些意军。但是大部分意大利步兵都及时地意识到了这个威胁，并组成方阵，用猛烈的齐射轻易地击退了罗达科夫斯基的进攻，这让罗达科夫斯基损失了近半数人马。当这些长矛轻骑兵们转过身来时，发现他们此次的命运貌似与在索尔费里诺被打败的埃德尔谢姆、12 年前在巴拉克拉瓦被击败的卡迪甘勋爵一样。

一些罗达科夫斯基的骑兵——可能不到一个连的长矛轻骑兵——穿过了意大利步兵。他们的出现尽管短暂，却对德拉·罗卡后方那些正忙于运送补给的车辆、容易激动的意大利士兵造成了巨大的影响。意军非常害怕被敌人的骑兵打败，因此马上溜之大吉。这种恐慌情绪迅速传开，甚至感染了前来支援德拉·罗卡的部队。突然，一大群脱缰的马匹和逃跑的意大利步兵开始朝明乔河撤退，他们自认为那里是安全的。到了上午 9 点，戈伊托的桥梁上一片混乱，逃兵们大喊着"日耳曼人"要来杀了他们。[3]

虽然德拉·罗卡的前线部队稳住了阵脚，但波兰人的冲锋让他们士气大跌，不敢再向前推进，唯恐奥军发起反击。其实这部分奥军的战线十分薄弱，根本无法承受住两个意大利师的猛力攻击。

尽管罗达科夫斯基的冲锋像巴拉克拉瓦战役中的轻骑兵旅一样勇猛（也取得了效果），但对意军来说这却是个糟糕的开局。阿尔伯特相当薄弱的左翼是当天奥地利部署的唯一致命缺陷。如果意军正确地评估并充分利用奥军的兵力部署的话，那么左翼将会是奥军一系列严重问题的开始，然而罗达科夫斯基的 500 名士兵却认为这是不可能发生的。

其他地方的战斗尽管不是很富有戏剧性，但是也没有按意军计划的那样开展。切拉里率领的意大利师在奥军的右翼遭遇欧仁·比列手下的奥地利步兵旅。这个步兵旅中有一些一流的掷弹兵营和克罗地亚散兵，他们躲在意军另一侧的丛林中。几分钟内，意军再次向明乔河方向逃跑，仅在奥尼奥斯村开展了顽强的抵抗，击退了奥地利掷弹兵们发起的多次进攻，在一个小时左右的战斗中让对手蒙受了巨大的损失。

尽管使用碰撞战术的奥军在两周后的斯维普森林战斗中惨败，但是在对抗意军时这个战术被证明是成功的，只是代价也很高昂。在奥军刺刀冲锋的重压之下，西尔托里的师被迫撤退，但是他的部队也让鲍尔的旅遭受了惨重的伤亡（在他们向前推进时，不到15分钟就有660名鲍尔的士兵倒下）。

这一天，奥地利在克罗切山的正面进攻蒙受的伤亡人数最高。这一战中，奥地利第9军的两个旅试图赶出已经站稳了阵脚的布里格诺涅意大利步兵，却几乎被意军消灭。由于这些进攻执行得非常糟糕，而且极不协调，缺乏支援，于是均以失败告终，并且牺牲了2500多名士兵。

上午10点时，奥军真正迎来了战斗危机。他们没有占领防线附近的任何战略要地，士兵人数也在不断减少。作战英勇的意军发起了一次全面进攻，这暴露了大公的指挥缺陷和人数上的劣势，为哈布斯堡军队带来了潜在的灾难性后果。

意军崩溃

经过近三个半小时的激烈厮杀后，奥军展现了好战精神，终于瓦解了意军的士气。虽然布里格诺涅的部队顽强地把守着克罗切山，但是他们变得慌乱，因为奥军在不断地组成新战线，再次前进：身着白衣的战士们在嘹亮的军乐中压低了刺刀向前推进。马莫拉建议"力保安全"，意大利国王立刻看到了自己部队的弱点，准备派兵支援，但却无济于事。奥军发起的第四次进攻终于击溃了布里格诺涅的防线，看到高大的匈牙利掷弹兵们赶来后，就连意军最后一道防线的士兵也开始逃跑。

当马莫拉前往战场准备召集布里格诺涅的部下时，他发现库斯托扎附近的高地已全部被奥地利白衣部队占领。其中有博克的罗马尼亚人旅，尽管通常被骂为不可靠，但是他们进攻时军纪良好。当意大利援兵到达战场时，已经抵达库斯托扎高地的斯库迪尔手下的奥地利旅惊慌不已，很快便撤退（此举让指挥官安东·斯库迪尔在战后受到了军事法庭的审判）。

斯库迪尔鲁莽的撤退在奥军中路留下了一个不大但十分危险的缺口。如果罗迪奇的部队没有占领文托山和圣露琪亚高地的话，这个缺口将给奥军带来严重的后果。在这些高地附近，奥军发现了意大利人对被俘的猎兵的残暴行径：他们将两个猎兵扒光衣服，将他们活活打死后再用他们军装上的皮革将他们吊起来。⁴

然而，罗迪奇的部下，特别是后来得到莫厄林支援的比列旅，大大抵消了斯库迪尔撤退的可怕后果。库斯托扎现在是意军的脆弱据点。由于两个侧翼均有奥军，意军于下午 3 点左右撤离战场。意军当天最强大的敌人是惊恐，而惊恐恰恰抓住了马莫拉的正面部队。眼看机会来了，大公下令开始一次庞大的围剿行动。普尔兹朝维拉弗兰卡方向奔去，但是他发现当德拉·罗卡开始撤退时，数千名意军都已经放下武器，放弃了抵抗。意军全面崩溃，但是仍有少数勇敢的士兵在攻打斯库迪尔撤退时留下的缺口，然而也很快遭到了三个奥地利旅的驱逐。只有勇敢的格拉纳蒂埃里·迪·萨德尼亚保住了意大利的尊严，意军在下午 5 点时得以有序地撤离。奥军派出了数个炮阵把守护库斯托扎的剩余意军都炸成了碎片，战斗随即结束。

阿尔伯特大公在高地上视察战况，看到了正在匆忙撤离的意军。日后，历史学家以及他手下的军官都严厉地批评了他，称他没有乘胜追击。但是正如我们所见，追击从来都不是哈布斯堡的传统。和他的父亲一样，阿尔伯特和他的王朝都不会冒险追击。那些批评阿尔伯特"怯懦"的人根本不了解情况：其实追击不是哈布斯堡打仗的方式，尤其不是打"防守战"的方式——用阿尔伯特的话说。⁵

胜利仅仅意味着荣誉，而且这次也能算战术上的胜利，因为奥地利早已交出了威尼斯。此外，要想发起致命追击，阿尔伯特还需要补充新鲜部队。奥军的死亡人数很多，近 9000 名奥军死的死，伤的伤，其中还包括 400 名军官，躺在战场的各个角落。⁶

许多战争中的幸存者们都已经不眠不休地战斗了 18 个小时。在数量明显占优势的对手面前，他们表现都十分英勇。（如果意大利的恰尔蒂尼兵团没有出现的话，则双方兵力相当。）意大利北部平原的 6 月十分炎热，阿尔伯特部队中许多士兵都已经完全虚脱，有些死于中暑，还有许多士兵脱水、生病。罗迪奇率领的第 5 军是唯一能展开追击的部队，但意义何在呢？一支意军已经被击溃，但是没有必要将它完全摧毁。此外，阿尔伯特和他的父亲一样，对于自己的战略天赋有自知之明，他知道自己并不是拿破仑。

此时，阿尔伯特感觉可能需要再战意军，而且这位大公深信自己的军队不会让自己失望。尽管有些军官抱怨说没有给狂妄的意军致命一击，但是军队的士气非常高。四方阵强大的要塞群仍是奥军在意大利北部力量的强有力的映射。如果有必要的话，阿尔伯特计划再次将意军引入这些要塞，在库斯托扎和他们再战。

但是在库斯托扎，意军的精神彻底垮了。加里波第率领的红衣志愿兵们进攻特伦托的尝试被几个皇家猎兵连轻易击退，这些猎兵们在这片传统战场上的防守甚至比保卫祖国时更强大。正如同七年前的圣马蒂诺战役一样，相当多的提洛尔人都有着意大利人的名字。他们在波森和梅拉安附近繁茂的阿尔卑斯山山谷长大，受到了纯正虔诚的天主教的滋养。因此他们视不信教的加里波第和他的部下为"反基督者"的化身，在战场上同他们殊死战斗。

俾斯麦很看重另一前线对抗奥军的开局。库斯托扎的消息传到柏林后他十分沮丧，因此普鲁士再次向意大利施压，要求其在达尔马提亚海岸附近和奥军再战。

达尔马提亚作战：奥地利海军的加入

年轻的意大利现在终于有机会检验其最引以为豪的宝贝了：从英国、法国和美国购回的崭新装甲舰，其中还包括一艘旋转炮塔装甲舰"阿方达托雷"号。虽然奥地利皇家海军也配有一些装甲巡洋舰，但许多船只都是木质的，在武器方面非常落后。当这支新成立的意大利海军驶入奥地利水域，威胁到威尼斯以前在达尔马提亚西部的领土时，毫无疑问，他们的士气非常高。

其中最近的就是极具战略意义的里沙岛（今维斯岛），该岛曾见证了拿破仑战争时期若干皇家海军的作战行动（岛上至今都有一座纪念"何斯德上尉行动"的石碑）。7月20日的早晨，意大利舰队在海军上将佩尔萨诺的指挥下，下船登岛，欲占领防御薄弱的里沙岛。佩尔萨诺背负着巨大的政治压力，他必须拿出积极的进攻姿态。

几个小时前，奥地利舰队的指挥官、海军上将威廉·特格特霍夫一直在搜寻意大利舰队，但却一无所获。在安科纳侦查未果后，他驶近了里沙岛，算是最后对亚得里亚海域做一次大清扫，之后他将前往波拉，那里是皇家海军在伊斯特拉半岛第二（仅次于威尼斯）最重要的基地。特格特霍夫是一位奥地利上校的儿子，其家族起源于威斯特伐利亚。他早年加入了哈布斯堡军队，曾就读于威尼斯的奥地利海军学校。

约瑟夫二世将世人熟知的红白红海军军旗指定为多瑙河流域的奥地利炮艇旗帜。十年后，卡尔大公作为奥地利军队的检察长，在维也纳设立了培养海军士官的学校。

据真实可考的消息称，现代奥地利海军的发展是从1815年开始的。那一年，威尼斯国会决定将威尼斯奖赏给奥地利。但是当时的皇家海军，或"奥地利－威尼斯"海军，更像是一个摆设，而不是强大的工具，资金严重匮乏。19世纪40年代，当特格特霍夫前往位于威尼斯的军火库中学习时，他也是一群相对贫困的军官中的一员，他们都只能眼巴巴地看着前来访问威尼斯共和国的法国和英国的战舰。确实，这支皇家海军也是奥地利在海军上花费甚少的原因之一：因为维也纳没有人会冒险将奥地利与老盟友英格兰的关系"复杂化"，但这并不意味着奥地利海军船只不能偶尔支援英国盟友。比如，当穆罕默德·阿里·帕夏准备在法国的帮助下在埃及建立一个私人王国时，奥地利战舰同英国皇家海军一起镇压了那次叛乱。由弗里德里希希大公率领的奥地利先遣登陆部队成功地将哈布斯堡旗帜插上了阿克里城堡，这是自十字军东征以来的第一次。他们还让更多的人了解了奥地利海军的英勇事迹。

1848年是让奥地利海军记忆犹新的一年。马宁领导的威尼斯起义不仅缴获了火药库里的许多贵重武器，叛军还夺取了哈布斯堡的战舰，这无疑会对奥地利海军的未来产生深远的影响。除了收复威尼斯之外，奥地利还决定在东边，即伊斯特里亚的波拉，成立一支海军部队，并在外国军官——尤其是丹麦人和日耳曼人——的帮助下重组部队。虽然威尼斯人是这支部队的重要组成部分，但是由于部队中出现了越来越多的达尔马提亚人、伊斯特里亚的意大利人，以及来自克瓦内罗的克罗地亚人，因此他们的作用越来越小。到1853年时，战舰"匈牙利轻骑兵"号甚至自诩他们手下的部队全部由匈牙利人和克罗地亚人组成。德语成为指挥的官方语言，但是在皇家兵团中，军官们一般都至少会说另外两种语言，尤其是意大利语（威尼斯方言）和克罗地亚语。当火炮操作变得越来越复杂时，帝国内擅长做炮手的捷克人再度被招募进军队。到1914年时，皇家海军拥有2000多名捷克军官，大多数都在指挥火炮操作。[7]

这次重组造就了一批新的帝国军官，他们比陆地上的军官们更粗犷：不修边幅、举止随意，但实操能力强、高度自信。对于这种人来说，个人勇气就是一切。因此有了在危险的亚得里亚海域的苦难经历，他们带有更强烈的偏见。他们认为风比蒸汽更可靠，斧子或木棍比利剑更讨他们欢心。[8]

弗朗茨·约瑟夫的兄弟费尔迪南·马克斯（人们对他的"马克西米利安"这个名字更为熟悉）虽然是倒霉的墨西哥皇帝，但是人们将哈布斯堡海军的现代化过程归功于他。马克西米利安在不明智地接受拿破仑三世为他提供的墨西哥皇位之前，曾为伦巴第带来表面上开明的政府，并对皇家海军进行了根本的改造。他是一位知识分子，也是个开明的人，在意大利某些圈子内备受推崇。他对伦巴第的悉心统治考虑到了收复地区居民的感受，为此大受赞誉。1854年时，弗朗茨·约瑟夫急于让这个广受欢迎的对手忙得无暇顾及其他事，便让马克西米利安统领海军，对海军进行系统性的现代化改造。

发明了轮船螺旋桨的奥地利工程师约瑟夫·雷瑟尔通常被认为开创了海上蒸汽时代。奥地利鼓励他设计新一代的战舰，于是这代战舰中的第一艘"拉德茨基"号于1854年在英国一家造船厂建成。三年后，马克西米利安派出一艘全新的奥地利蒸汽船"诺瓦拉"号踏上了环游世界之旅，此后在地中海及其以外的港口都经常可以看见奥地利的红白红海军旗。

1857 年 4 月 30 日，马克西米利安注视着"诺瓦拉"号从的里雅斯德港起航。但他完全想不到，在未来五年内，这艘战舰会带他驶向墨西哥这个可疑的国度，然后他将躺在棺材里回到奥地利（返程时棺材也是由"诺瓦拉"号运送的）。这趟墨西哥之旅唯一的可取之处在于，除了一些身着华丽军装的仪仗队和奥地利志愿兵外，奥地利皇家军并没有参与这起悲剧。在这起悲剧中，哈布斯堡只能依靠脆弱且踌躇的法国士兵的刺刀执行拿破仑三世的华丽妄想。[9]

两年后，当"诺瓦拉"号从其史诗般的旅程返航后，奥地利皇家海军已经站稳了脚跟。但是在 1859 年的短暂战争中，在亚得里亚海巡逻的法军却将它限制在港口内。尽管 1859 年的奥地利海军缺乏 19 世纪初英国海军统帅纳尔逊式的精神，但他们仍在技术层面上不断取得进展。水雷和鱼雷在很大程度上都算是奥地利的发明。鱼雷是在罗伯特·怀特海德的赞助下发明的。他在阜姆港开办了一家工厂，然后在工厂内研发了鱼雷这项武器。（然而直到 19 世纪 70 年代奥地利海军才拥有第一艘鱼雷艇。）

海军军官们都急于摆脱作为皇家军队附属物的身份，实现独立的最佳办法就是扮演更具有攻击性的角色。直到他启程前往墨西哥的那天，马克西米利安大公都在一直鼓励海军。他的支持确保了奥地利海军现代化所需要的资金。

海军上将特格特霍夫

在威廉·特格特霍夫身上，大公发现了他能领导海军发展的潜质。他沉默寡言，刚正不阿，从不轻易妥协，身上闪耀着自由的人性光辉。他精通德语、法语和威尼斯方言。尽管对手下的水手要求很高，但他却因为公正和果敢受到了士兵们的尊重。他像同时代的贝内德克一样十分关心手下。

1864 年，面对强大的丹麦战舰对汉堡港口的封锁，他用两艘小型护卫舰和一艘普鲁士炮艇攻击了对方。尽管战斗中他的船只损失惨重，但是他的纪律性和韧性最终迫使丹麦人解除了封锁。随着 19 世纪 60 年代一天天过去，特格特霍夫认真研究了美国内战的战事，因为装甲战舰在其中扮演了重要的角色。[10]

美国内战报告传到欧洲后释放了一个明显的信号：木质战舰的时代即将结束。其实早在 1861 年，第一艘装甲战舰就已经开始为奥地利皇家海军服务了。这艘战舰形状似龙，配有重武器，因此"龙"这个名字十分贴切。这艘战舰是 1866 年即将完工的 7 艘战舰中的第一艘。人们还吸取了大西洋对岸爆发的战争中的其他经验。据报道，在没有装甲板的情况下，锚链十分有效。而且最重要的是，鉴于亚得里亚海即将发生战斗，因此当时有许多关于撞击装置的效果和"该死的鱼雷！全速前进"式海战的生动报道，比如 1864 年在莫比尔湾战争中，美国海军上将法拉格特就对自己舰队下达了这一著名的命令。[11]

里沙岛行动

我们上文说到特格特霍夫在里沙岛附近迅速接近意大利战舰。到了 7 月这个阶段，在得知柯尼希格拉兹的消息后，阿尔伯特大公深知奥地利需要降低不必要的风险。但是特格特霍夫不为所动，对维也纳发出的避免"让整个舰队冒险"的指令睁一只眼闭一只眼。[12]

数年来，他一直教导下属：当危险来临时，一个舰队存在的意义并不是为了能躲在某个港口生锈。他现在已下定决心要验证这个理念的真实性。接下来发生的事情已经被世界上每一所海军学院仔细研究并大肆赞扬，并创造了海军历史上的奇迹。

意大利战舰在里沙岛北面一字排开，这是一支引人注目的力量。意大利舰队至少有 12 艘装甲战舰和 17 艘其他战舰，然而特格特霍夫仅有 18 艘战舰，其中装甲战舰只有 7 艘。奥军采用了经典的箭头攻击阵型，成功地压制了似乎完全措手不及的意军。当天的天气也助了奥军一臂之力，让他们得以在海上薄雾的掩护下悄悄接近对手。

如果说奥地利有天气的帮助，那么意大利低效的后勤的名声则被证明并不是空穴来风。意大利指挥官是时年 60 岁的海军上校佩尔萨诺，他决定将战旗从旗舰"意大利之王"号上转移到有塔台的"阿方达托雷装甲战舰上，但是就在转移的过程中，旗舰"斐迪南·马克斯大公"号领衔的特格特霍夫舰队的第一排从薄雾中现身，出现在意军面前。情急之下，佩尔萨诺慌忙跳上"阿方达托雷"号，但是旗帜已经转移的消息并没有传达给其余的意大利战舰。

奥军就在眼前，意大利战舰上的舰长们焦急地看着"意大利之王"号，等待指引他们展开行动的信号。但是盯着"意大利之王"没有任何作用，而此时佩尔萨诺在"阿方达托雷"号上发了疯似的给出的信号却被他们忽略了。意军还有一处战术不协调的情况：阿尔比尼上将率领的7艘意大利战舰对战术莫名抵触，他们脱离了主队，而且没有在一触即发的大战中发挥任何作用。（人们认为阿尔比尼在当天早些时候和敌军做了一些见不得人的交易。）[13]

特格特霍夫对敌军静止不动的战舰队形发动了大胆的进攻，但意大利战舰仍有机会对奥地利战舰采用"T字横头"战术 *。当他靠近意军时，猛烈的炮火击中了"斐迪南·马克斯大公"号。罗马科一幅著名的画作栩栩如生地描绘了当时的场面：特格特霍夫站在船桥上，虽然舰上满是浓烟，受损严重，但仍继续朝敌人逼近。战前才加入特格特霍夫舰队的士兵展示了典型的硬汉风范，他们发出了"必须在里沙岛取得胜利"的信号，但是在战斗的浓雾中，唯一清晰传递出去的词只有"必须"。但已足够。[14]

特格特霍夫看见意大利旗舰附近的防线中出现了一个缺口，于是稍稍调整了自己的航向。据说他先用威尼斯方言，随后再用德语喊道："撞沉敌军！"但是，他的船头立马撞上了前去掩护"意大利之王"号的"帕莱斯特拉"号。"帕莱斯特拉"号随即撤离战场。于是特格特霍夫以每小时12海里的速度航行，他转向右边，准备撞向意大利旗舰。威尼斯天才画家伊波里托·凯菲当时正站在意大利旗舰的甲板上，打算永远记录下这个场景。"斐迪南·马克斯大公"号直接撞上了"意大利之王"号，在这艘意大利旗舰身上撞出了一个大洞。这艘曾不可一世的旗舰不到两分钟便沉没了，特格特霍夫的手下大声地呼喊道：

---

* "T字横头"战术是海军作战时采用的战列舰战术，即当敌方舰队排成单路纵队时，另一方排成横队舷侧对准敌方舰队，发扬舷侧火力的战术。

"圣马可万岁！"这是古代威尼斯人的战斗呐喊。

特格特霍夫现在重新将精力放在击沉"帕莱斯特拉"号上面，于是他再次撞向后者，并对其进行近距离攻击。这两艘战舰都迅速驶离战场，但是"帕莱斯特拉"号在 2 点半后不久便爆炸了。在其他地方，船只都在互相碰撞，场面十分混乱。而在混乱中，天时、运气和娴熟的航海术都再次偏向奥军。"恺撒"号撞向了"葡萄牙国王"号，撞击的巨大力量让整个奥地利战舰的桅顶都深深地嵌在了意大利战舰的甲板上，意大利战舰随即逃离战场。"阿方达托雷"号本来准备撞击"恺撒"号，但是被迫终止了行动。

特格特霍夫第二排的进攻战舰虽然是木质的，在装备上和意军有差距，但是他们的行动同样成功。奥地利"诺瓦拉"号遭受了 47 次直接撞击，仍摇摇晃晃地继续进攻，并赶走了两艘意大利战舰。配有重武器的意大利"安科纳"号从"诺瓦拉"号和"斐迪南·马克斯大公"号之间驶过，朝特格特霍夫战舰的一侧猛然开火。如果不是意大利炮手们忘了装好弹药枪的话，此举至少会让这艘奥军战舰无法动弹。

两个小时后，意军终止了行动。佩尔萨诺起初还声称这是个伟大的胜利，但这种明目张胆的欺骗让他日后受到了军事审判。特格特霍夫已经完美地证明了自己的观点，尽管此时的胜利在战略层面上意义不大，但是在里沙岛的胜利提升了奥地利海军的士气，有利于其未来的发展。

此外，奥地利海军获得了它想要的独立。早在 1865 年时，战争部中就成立了一个海军处。随后扩大了海军处，并成立了新的帝国和皇家海军办公室，办公室设在多瑙河运河后的一座单独大楼中，如此一来海军的自主权得到了有形的确立。大楼前饰有陶瓷做的帝国海军所有舰船的桅杆臂。

从 1872 年废除奥地利海军步兵团开始，海军同帝国和皇家军队的最后纽带就此中断。从即刻起，海军只在甲板上部署武装水手，海军登陆方则来自所谓的帝国和皇家"海上军"。在后面的章节中我们会看到，奥地利大体上仍然是一个"陆地"帝国，她的海军力量增长缓慢。21 年后，奥地利海军才引进第一艘旋转炮塔舰；里沙岛战争 10 年后，皇家和帝国海军的八艘新小型护卫舰仍是老式的木质战舰。

世纪之交时，在另一位大公弗朗茨·斐迪南的资助下，奥地利引入了一项大胆的现代化计划。1897 年，第一艘武装巡洋舰建成。十年后，由齐格弗里德·波佩尔设计的第一艘奥地利无畏战舰建成，这艘战舰集当时世界上所有海军最先进的特点于一身（见第二十章）。可以说，这一切都离不开特格特霍夫对海军独特的勇气和敢战的风气的确立，这种优良的传统风气将体现在未来更强大的奥地利海军系统中。

第三部分

帝国和皇室

第十七章　奥匈帝国与皇家军

"世界已经沦陷"

海军上将特格特霍夫和阿尔伯特大公在南方的胜利无法掩饰奥地利远在北方的失败。柯尼希格拉兹之战一举结束了奥地利对德国的影响。普鲁士是目前最强大的德语国家，这个后起的列强将彻底改变整个欧洲的力量平衡。当罗马帝国的枢机主教得知这个消息时不禁高喊："这个世界已经沦陷！"教皇庇护九世则说得更直白。他宣称："奥地利已经沦为一个二流的东方列强。"哈布斯堡王朝在日耳曼地区长达数世纪的统治就此结束，而哈布斯堡王朝在意大利的统治也只剩下了保护的里雅斯特这个重要港口和守卫通往阿尔卑斯山脉东部的所有路径这两个微不足道的方面。

对于哈布斯堡家族来说，幸运的是，奥地利将军莫厄林受命前去为新国界的划分进行磋商，他说服意大利人同意将科尔蒂纳丹佩佐周边的凸角部分划入奥地利境内，此处是维也纳官员们最喜欢的冬季度假胜地。他还成功地让意大利承担了威尼托在奥地利国债中的份额，除了所有重要的战略高点和前往科尔蒂纳的可行性路线之行，还有文艺复兴后期画家丁托列托和维罗内塞的八件无价作品被收入维也纳艺术博物馆。作为回报，维也纳承认了"意大利王国"。

当维也纳人获悉普鲁士胜利的消息后，他们并没有像梵蒂冈人那般感到世界末日已经到来。起初，他们还继续庆祝，在普拉特公园举办假面舞会。自由媒体对贝内德克将军的争议方兴未艾，他们都误读了贝内德克极度保守的个性，仍旧把他当作一根打击当权派的棍棒。这场失败的影响被德国新兴的市民阶级和兴旺的中上层阶级视为完全的"上层阶级"问题，尤其是贵族军官阶层。除此之外，以新建的维也纳环城大道——"繁荣时期"一词的象征——为标志的一种强烈的繁荣感和自信心并没有因柯尼希格拉兹之战的失败而有所遏制。

然而这样一种漠视在军队中是绝对不可能出现的。成为普鲁士人的手下败将的痛苦，甚至比拿破仑带给哈布斯堡军队的伤害更深。这需要王室在政治和军队的部署方面进行彻底重组。然而俾斯麦无力摧毁哈布斯堡王朝，他一直的想法也仅仅是将哈布斯堡王朝赶出德国，从而用所谓的"小型德国方法"来解决德国所存在的问题。俾斯麦坚定地寻求折中的方案，但想法走向另一个极端，遭到了普鲁士国王的强烈反对。普鲁士国王一改最开始时的沉默寡言，态度来了一个一百八十度大转弯，一心想着复仇雪耻。

事实上，俾斯麦已经别无选择。法军磨刀霍霍，更要命的是，其军队大规模感染霍乱，因此他不得不说服普鲁士归剑入鞘。但是，他却一直对维也纳施压。1866 年，俾斯麦第一次，也可能是最后一次向人们表明他的革命性。他联合了一众意大利的恐怖分子共同对付问题丛生的奥地利，鼓励波希米亚的激进分子起义反抗哈布斯堡王朝。更具有冷酷和讽刺意味的是，他竟然暗中指使在匈牙利的普鲁士人支持匈牙利独立，甚至向一个名叫克拉普卡的反叛首领提供资金，帮助他们成立一个反哈布斯堡王朝的军团。匈牙利的战俘受普鲁士人的鼓动也都纷纷加入了克拉普卡日益壮大的队伍，意欲扰乱甚至瓦解哈布斯堡王朝的统治。

匈牙利的妥协——《奥匈协议》

为了化解这些危机，早在战争开始前几周，维也纳和布达佩斯之间已经展开了讨论，会谈的进度也非常快。具有讽刺意味的是，帝国皇室的一些琐事却在达成协议的过程中发挥了重要作用。深受霍乱折磨的普鲁士军队正在慢慢地横穿波希米亚的国界，弗朗茨·约瑟夫不得不将他的妻子和孩子们疏散到布达。茜茜皇后对匈牙利的喜爱早已不是秘密，为了给和谈创造一种有利的氛围，她做了大量的工作。弗朗茨·约瑟夫接见了马扎尔族的政治家迪亚克，这位匈牙利人忠诚的开场白给他留下了深刻的印象："在柯尼希格拉兹之战后，匈牙利不会索要更多，匈牙利人最大的愿望就是对国王忠诚。"[1]

尽管有众多的感情因素，但在匈牙利军团地位这一棘手问题上，商谈还是差一点陷入僵局。匈牙利政治家迪亚克和后来的安德拉西寻求的是匈牙利军团享有全部主权和独立，不效忠于皇帝，仅效忠于国王。1848 年协议的请求之一就是：在协议里规定一个细节，即皇帝和国王是同一个人，但是这个人对自豪的匈牙利人来说应该是非常重要的角色。这两位政治家虽然愿意为一个共同防御结构提供士兵，却强烈反对继续组建一支共同的军队。在他们看来，1848 年的匈牙利地方防卫军将会复兴，需要以一种与哈布斯堡王朝和平共处的形式存在。这支军队将以匈牙利语作为唯一的指挥语言。弗朗茨·约瑟夫皇帝不会答应这些请求，这在意料之中。然而，茜茜皇后在一定程度上促成了一项友好且灵活的伟大协议，这项协议大大地缓解了当时的紧张局势。

自此以后，军队就由三个自治组织构成，这也反映了这个国家的宪政背景。正规军事力量属于"共同军"，"共同军"的名称是"奥匈帝国与皇家军"，而不仅仅是"联合军团"。只有联合地方防卫军还保留着"联合军团"这一名称，它是一支活动范围仅限于帝国德语区域内的地方自卫力量。从"联合军团"到"奥匈帝国与皇家军"虽然只改变了寥寥数字，却给匈牙利人带来了一种平等感，而此前他们感受到的只是一丝归属感而已。新的称谓一直到1889 年才正式确定，但是早在 1867 年，匈牙利各团就曾发誓效忠匈牙利国王而不是奥地利皇帝。为了回报奥地利这次的让步，迪亚克族人同意继续保留德语作为全军的指令语言。匈牙利地区与地方防卫军相同的组织被称作"汉维特"（匈牙利地方防卫军）。"汉维特"可以使用匈牙利语作为他们的日常用语，而克罗地亚地方防卫军在他们的日常活动中使用的是克罗地亚语或者塞尔维亚语[*]。

其他非德语语系的团，根据士兵们的来源，都会有其一种所谓的军团语言，即除了以上两种指令语言和日常用语以外的另外一种语言。比如，一个大部分由罗马尼亚人组成的匈牙利团要求军官至少熟悉三种语言：德语、马扎尔语和罗马尼亚语。《协议》中的宪制安排带来了更为深远的影响，它预示着奥地利帝国的终结以及奥匈二元君主帝国的开始。这一二元制君主帝国的政体独特，其匈牙利和奥地利地区不仅拥有各自的议会和内阁，还有各自的宪法。从理论上来说，军队可能成为国内政治斗争的牺牲品，但实际上，君主在外交政策和军事事务方面的权力，很好地弥补了庶民军人们的疏忽。[2]虽然没有规定负责外交和军事事务机构重新谈判的时间，但奥匈二元帝国两个现成部分的财政事宜则必须每十年重新谈判一次，否则很容易出现财政失衡。但不管怎样，这项《协议》的签订已经是一个巨大的成就。它为帝国内部将近50年的和平与稳定奠定了坚实的基础，设定了政治和宪政制度，这些制度引导着帝国迈进下一个新纪元。更重要的是，这项《协议》还带来了帝国的繁荣与发展，见证了第一次世界大战前维也纳的知识、科学和艺术活动的鼎盛时期。

尽管布达和维也纳之间局势仍然紧张，并且存在重重困难，但弗朗茨·约瑟夫也决不会忘记他妻子对马扎尔人的热爱。当然，马扎尔人也绝不会忘记他们的国王是如此深爱着他的王后。从一个更加实际的层面来说，双方之间形成的这种工作关系将会保持稳定。

作为弗朗茨·约瑟夫未来的继位者，弗朗茨·斐迪南公开决定开始着手制订和实施一些影响深远的政治措施，改变王朝和匈牙利之间关系的根本点，

---

[*] 1918 年至 1991 年所存在的"塞尔维亚－克罗地亚语"或"克罗地亚－塞尔维亚语"，之后并没有得到过官方的承认。——编注

391 ·

然而这却让他成了父亲眼中威胁帝国生存甚至致命的人物。

"奥地利白"的终结

《协定》的签订不仅为宪制和政治带来了影响深远的改变，同时社会快速发展也带来了军事战术的变化。哈布斯堡军队数世纪以来的标志性服装——白色短外衣——转瞬消失，一同消失的还有重骑兵和长矛轻骑兵的白色斗篷外套。从1867年开始，只有将军们的盛装礼服才会是白色。多亏了普鲁士步兵团的精湛枪法，约瑟夫二世苦心努力整整十来年都没有成功的事情竟然在一个下午得以解决。只有将军们，在君主的早晨接见期间或者其他正式的庆祝活动期间继续穿白色军装。法国和西班牙等其他天主教国家早就舍弃了这种传统。在经过了将近200年后，白色才真正退出战场。

后来，白色短外衣被深蓝色短外衣取代（不是普鲁士蓝），天气炎热的时候，则换上蓝色宽松上衣。这种风潮是奥地利长矛轻骑兵在意大利战役中引领的。选择蓝色在一定程度也反映了欧洲历史上循环的主题。胜利者的军装通常会成为战败者新军装的灵感来源，似乎军队的着装在某种程度会赋予战士们一种神秘的战术优越感和视觉上的辉煌。

奥地利新军装的若干特点的设计，都吸取了当时战役中的经验教训，特别是舒适度和口袋。它的襟前为单排纽扣设计，并且比之前的军装更轻便。匈牙利军队在长筒袜和袖口的标识得以保留，包括袖口的熊掌状标识，但是军衔标识保持不变。通过军官们腰间金色的腰带，人们可以很快识别他们的身份，如果军官们佩戴了军刀，还可以通过重剑的剑穗来辨别。后来出现了一种休息时戴的黑布野战帽，上至君主下至邮童都一样佩戴，一直沿用到20世纪30年代的第一共和国时期。所有级别的士兵佩戴同样的帽子，很独特，也相当开明，象征着军队亲如一家。

起初，饰面的颜色仅有三四种，但出于对各个团惯例的尊重，最终决定，保留帝国与皇室步兵团引以为荣的五彩斑斓的颜色盒，并一直延续到1918年：

这个颜色盒中仅有细微差别的红、蓝、灰就约有 28 种，它们的名字富有异域风情，比如 ponceaurot、karmesinrot 和 aschgrau（字面意思为亮红色、深红色和灰白色）。同时还有著名地方团的专属色，如硫黄色、御黄色（格拉茨）、淡粉红色（的里雅斯特）、黑色（林兹）、巧克力色（卡林西亚）以及橘黄色（萨尔茨堡）等可作为饰面的颜色。

军装的其他特征似乎不应该归功于从现代战争中所吸取的经验教训。茜红色马裤以前只是某些长矛轻骑兵团的着装特权，现在在所有龙骑兵团和轻骑兵团中已变得稀松平常。这种鲜艳颜色的使用在很大程度上源自墨西哥皇帝（即马克斯大公），英年早逝时忧郁沉闷的社会环境，当时要求将所有多余的红色布料给予其志愿兵团所用。接到订单的摩拉维亚布厂明智地索要了一份担保书，即奥地利政府担保必须买下所有成品布料。奥地利财政部爽快地同意了这个要求。剩余的布料几乎全部给奥地利骑兵拿去用了。[3]

注定要使用这批布料的奥地利志愿兵团在 1865 年拥有 6545 名战士。这些士兵很多是从帝国军队中招募而来的，40 岁以下的优先录取。许多军官曾是贵族，为了躲避他们在欧洲的债务或者其他麻烦事而投军。约翰·卡尔·凯文胡勒就是一个典型的例子，他曾记录了自己欠下的大笔债务、参与的数次决斗以及几段平常的风流情史，但是他仍然向世人证明自己是传奇"红色轻骑兵团"中一个斗志昂扬的勇敢首领。有一张照片就展现了他挂帅的英姿，凯文胡勒确实是玛丽娅·特蕾莎属下霸气凌人的将军继承人选，那时候玛丽娅·特蕾莎已经占领了布拉格。但是，墨西哥的灾难剥夺了他和其他许多人脱离奥地利的家庭责任、在墨西哥开始新生活的机会。然而到 1867 年，轻骑兵团已不再需要这些人。[4]

骑兵部队的重组、征兵以及新式步枪

鲜红色的使用是影响新奥匈帝国骑兵的众多改变之一。早在 1866 年普奥战争前，就已确定废除胸甲骑兵团，这部分人改组为龙骑兵团。骑兵仍旧梦想着能在两代人中再现一次斯特雷塞迪斯大战那样的骑兵大捷，但现实是，他们作为哈布斯堡军队中流砥柱的时代已经结束，尽管他们并没有意识到这一点。虽然如此，他们仍然继续享有传统的社交和装备特权。20世纪初拍摄的他们演习的照片展现了一种早已过时的特性，但这种与时代格格不入的特性在汽车时代似乎并没有对他们的良好声誉产生明显的影响。

受普鲁士模式的启发，奥地利开始推行其他变革，尤其是在组织架构方面。原来的10个军被改组成22个师，并按照普鲁士的架构单设一个独立的轻骑兵师和一个重骑兵师，不然容易混淆这些师。例如，一个标准的师由40个步兵团、4个边疆轻骑兵团和9个骑兵团组成。

奥地利还重新引入了后装式步枪和普鲁士的其他优势，以及全民征兵模式。奥地利新式步枪由约瑟夫·沃内特研制。它是一种单发后膛枪，并且拥有一个翻动式闭锁。这样的设计让它变得持久耐用，成为欧洲享有"最佳设计"美誉的步枪之一。征兵制度不仅反映了人们对普鲁士模式，还有对普鲁士新理念的钦佩，即"如果一个人想要实现国家民主化，那么他必须武装自己的国民"。柯尼希格拉兹之战是历史上最大规模的战斗之一，它也凸显了国家在战术、武器装备和工业化程度之间日益密切的联系。奥地利古斯塔夫·拉岑霍夫中尉是一位深受普鲁士发展影响的军事理论家和社会学家，他在1875年写道："动用一切资源保卫国家已经成为每一位政治家的必要手段，也是每一个爱国者的神圣职责。"[5]

征兵以及取消应征豁免权都逐渐为大家所接受，这其中甚至包括新兴的资产阶级——他们开始怀疑先军思想的合理性。新的奥匈二元帝国，也就是奥匈帝国，它可能永远也成不了第二个普鲁士，但是伴随着繁荣时期经济的突飞猛进，宪政改革也带来比其他方面更为迅速的军事改革。

征兵对哈布斯堡军队产生了重要的影响。在古奥地利曾经主要打着"日耳曼"烙印的职业军队现在即将变成一个更加多民族的国民军。然而在匈牙利，匈牙利人为自己的"汉维特"争取到的特权还只是将这支部队转变成一个语言统一的团体的第一步。到1914年，"汉维特"已有32个步兵团、10个轻骑兵团、8个野战炮团，以及一个车载炮兵作战单位，指令语言是匈牙利语。

匈牙利人并不满足于建立一支马扎尔预备队。他们许多人经历了1848年至1849年忠于神圣罗马帝国皇帝的克罗地亚人和塞尔维亚人之间爆发的激烈战争，而导火索便是军事边界线，因此匈牙利政治家们又提出了新的要求，即废除军事边界和古老的特权。这些涉及多个民族的时代错误，几个世纪以来一直确保了哈布斯堡王朝的存在，现在终于沦为地区主义和民族主义发展的牺牲品。

1871年，"瓦拉蒂纳"团、"彼得瓦代纳"团和"奥托卡纳"团合并为了线列步兵兵团。从亚奇吉尔和库玛尼尔轻骑兵部队中分立一支新的轻骑兵团，而其他的边疆部队并入现有的轻装作战单位。这些部队的军官博罗耶维奇、波波维奇、马洛伊基奇、格里维基奇、彼得罗维奇、普利拉多维奇、特雷谢克和斯特里兹奇都晋升到了显赫的职位，似乎根本没有受到致命的民族主义的影响，这种民族主义正缓慢而又不可阻挡地使他们成为悲剧式的时代错误。

新征兵制度让军队的招募结构覆盖到了此前从未定期向帝国军队输送士兵的地区。1869年，军事机关计划在达尔马提亚南部的偏远地区征兵。此举引发了克里沃什亚镇一场轰轰烈烈的起义，当局不得不调动18个配备大炮的步兵营前去支援才平息动乱。这场起义的焦点围绕着携带武器的权利问题，武器是达尔马提亚、黑山以及阿尔巴尼亚等边疆地带男人们的必需品。

达尔马提亚起义虽然最终被当局强力镇压，但是它的发生却是一种预兆。反叛者们赢得了携带武器的权利，但远在第拿里山脉贫瘠土地上的奥地利军队开始为他们的军事活动寻找一个充满挑战的新场地，现在的军事活动中所需要的技能与传统欧洲战争相关的技能完全不同，但与之前数次土耳其战争中的作战技能类似。

奥匈二元帝国在德国和意大利等传统区域的影响力逐渐受限，因此它理所当然地将目光转向巴尔干半岛，以保持自己的影响力，但却触犯了俄国的利益。幸运的是，在当时以及日后的几年里，迪斯雷利领导的英格兰对俄国的不断扩张一直持怀疑态度，因此愿意在巴尔干半岛问题上支持奥地利。

1875 年，黑塞哥维那爆发了一场反对土耳其统治的血腥反叛运动。黑塞哥维那是一个风景如画的省份，伊凡鞍形山和内雷特瓦河谷将其与波斯尼亚连接起来。甚至在 100 年以后，尽管离中欧只有半天火车车程的距离，但黑塞哥维那和波斯尼亚两个省仍保留了近东的特色。黑塞哥维那白色的石灰岩落水洞和波斯尼亚郁郁葱葱的峡谷深深地吸引着从萨格勒布来的游客。亚得里亚海岸虽然有一些威尼斯文艺复兴时期的杰作，但这些内陆地区一直受欧洲文明的人文主义和启蒙影响的冷落。在这里占主导地位的是区域性奥斯曼文化，并且延续了下来。

邻近达尔马提亚的奥地利当局一直密切关注着 1875 年的反叛运动。起初，达尔马提亚的总督罗迪奇男爵收到了维也纳的指示，要求其禁止干涉，保持镇静。即便如此，主张武装干预的呼声还是越来越高，于是在 1 月 19 日的枢密院的会议上，政要们对全面占领波斯尼亚和黑塞哥维那的可能性举行了公开的讨论。[6] 俄国暂时同意维也纳占领波斯尼亚和黑塞哥维那，以换取奥地利在其他地方保持中立。

虽然大家认定在当时以及可预见的未来，军事占领的做法不可取，但枢密院仍决定为军事占领这一最终行动做好舆论准备。另外，沿边境进行情报收集的行动也在加速推进。两个月后的 3 月份，一支侦查部队建立了起来，受命为这次占领行动准备多种方案。1876 年 11 月 13 日，皇帝主持召开了一次战略会议，与四位将军以及阿尔布雷希特大公一起讨论最终的占领计划。到 1878 年春季，军事行动方案才彻底准备完备，但超过 10 万波斯尼亚难民的拥入给这次行动增加了巨大的压力。

菲利波维奇下令攻占波斯尼亚

在做出部署兵力的决定之后，炮兵司令约瑟夫·弗莱赫尔·冯·菲利波维奇收到了明确的指示："占领之后，我们的首要任务之一就是要保护好人身和财产安全，同时保证完全公平地对待不同国籍的人们和其信仰。"（该项指示还阐明了奥地利占领计划最大的威胁将会来自于塞尔维亚的东正教人群。[7]）

维也纳总是热衷于与俄国保持行动一致。她的军事准备活动势头强劲，还在外交方面也加大了力度。俄国在保加利亚问题上得到了很多慷慨的条款。奥地利和俄国达成了一项秘密条约，条约的内容是奥地利在俄国向保加利亚扩张的问题上保持中立，作为交换，俄国则必须支持奥地利占领波斯尼亚和黑塞哥维那。奥地利皇帝对这两片区域的爱慕反映出他很多的错误观念。其中大错特错的一点就是，这些区域总会在某些方面弥补失去伦巴第和威尼西亚所造成的损失。另外一个臆想就是它们可以通过兵不血刃的突袭被占领。而最危险的想法就是军事占领可以给该地区带来和平稳定。维也纳政治家们并没有认识到巴尔干半岛的诱惑会不可避免地导致奥地利与俄国之间的冲突。

在 1877 年至 1878 年间的俄土战争中，俄国起初遭到了挫败，后来便对土耳其人展开了大规模的袭击，并且一路向君士坦丁堡挺进。弗朗茨·约瑟夫的外交部部长安德拉什巧妙地避免了奥地利卷入其中。然而，随着土耳其人混乱的撤退，塞尔维亚、黑山，以及罗马尼亚纷纷宣布独立。在《圣斯蒂法诺条约》里，俄国要求建立"大保加利亚"，该区域名义上是土耳其的宗主国，但实际上受俄国的统治。一时之间，整个巴尔干半岛变成了奥地利和俄国的竞技场，在这场对抗中，俄国充分运用了泛斯拉夫主义和"俄国母亲"这两件武器。

安德拉什感觉自己被俄国骗了，事实证明他是对的。弗朗茨·约瑟夫和所有哈布斯堡皇室的人一样，对那些将王朝置于糟糕处境中的公务员都持负面看法，他打算撤销安德拉什的职务。但是，最后英国首相迪斯雷利的提议保住了安德拉什的职务。迪斯雷利提议召开柏林会议的想法和后来的谈判被视为其最出色的政绩。俾斯麦作为"公正调解者"主持了这次会议，结果《圣斯蒂法诺条约》被废除。俄国蒙受了奇耻大辱，但奥地利在迪斯雷利的强烈支持下得到了占领波斯尼亚和黑塞哥维那两个省的权利。这些地区仍属于土耳其的宗主国，但是它们将由奥匈帝国来管理。这在当时是一种十分新颖的理念，也是迪斯雷利明敏才智的典型例证。[8]这项计划的实施充满挑战，尽管安德拉什吹嘘"只需两个步兵连和一个军乐队"就能迅速占领这两个省。[9]

占领两省的行动并不得民心。匈牙利人非常讨厌看到帝国中斯拉夫人人数的增加，甚至帝国的将军们也在怀疑这两个全新且难以控制的省份到底会对他们的资源提出什么样的要求。他们比安德拉什更了解这两个省居民的好战天性，但是皇帝相当乐观。他向外交官许布纳坦露心迹："我深知这一举措不仅在匈牙利，在这儿（奥地利）也十分不受欢迎。但是公众民意是错误的：我们必须获得这片领土，否则就会失去达尔马提亚。"[10]

这就是为革新后的帝国和皇室军队设立的舞台，他们将参与一场施展空间有限且极具挑战性的山地战。德国驻维也纳的武官凯勒上校数月前曾沿着边境走了一圈，他写道："如果奥地利人真的相信他们单凭一支军乐队就可以占领波斯尼亚，那么他们绝对会失望透顶。"[11]这支远征军由菲利波维奇这位能干的军官指挥，他长期扎根于老军事前线，拥有十分丰富的经验。这位强硬的克罗地亚人有塞尔维亚血统，1848年首次在耶拉季奇手下服役，后来在索尔费里诺战役中表现英勇。他是此次占领行动的最佳主帅人选，因为他对这些地区的领土和人们都十分了解，但就连他都对自己军队遭遇的激烈抵抗感到万分诧异。塞尔维亚的东正教徒和占人口多数的穆斯林居民都以小股部队进行了顽强的抵抗。贝尔格莱德迅速崛起成为巴尔干最富活力的国家，这深深地鼓舞了塞尔维亚人，尽管这些匪军领袖中的许多人数月前还在与菲利波维奇接触，主动提出要为"我们的帝国"支持奥地利人。

奥地利入侵

奥地利总参谋部相信土耳其会依照《柏林条约》的规定下令撤军，因此他们确信，4个步兵师共7.5万人，攻占两省绰绰有余。

此次入侵发生在1878年7月29日，且几乎立刻就遭遇了猛烈抵抗。奥匈帝国的三支纵队越过萨韦河进入波斯尼亚，这三支纵队分别为：符腾堡公爵率领的第7师，陆军中尉 * 特格特霍夫率领的第6师以及沙佩里伯爵率领的第

---

* 此处原文为德语"Feldmarschall-Leutnant"，在皇家奥地利军队官方文件中常有出现，缩写为FML，是一种高级军衔，译作"中尉陆军元帅"或者"陆军中尉"。——编注

20 师。而另有一支纵队则从达尔马提亚向北推进。

奥地利军队遇到的第一场意外就是土耳其正规军竟然违反柏林会议条款，仍然驻守在这两个省，且进行了激烈的抵抗。他们中约有 8 万人受命于波斯尼亚当地的土耳其军事指挥部，显然，按照土耳其宫廷的指示，他们要减缓奥地利军队的进度，希望能迫使奥地利在外交上让步。7 月 1 日，菲利波维奇的军队抵达巴尼亚卢卡，约 3000 名土耳其正规军在当地居民的支持下，在此地阻挡他的部队达数小时之久。奥地利派出了两个精英山地旅才将他们赶出该镇。一周后，奥匈军在亚伊采遭遇了更加激烈的抵抗。8 月 7 日，大约 6000 名叛军和土耳其正规军伏击了奥匈帝国的纵队，最终被奥匈帝国部队艰难击退。

奥地利军队接下来又遇到了一个意想不到的烦恼，那就是平民的反应。除了土耳其正规军以外，波斯尼亚的穆斯林在许多酋长的带动下，也纷纷加入到起义的队伍里，当地托钵僧哈杰·洛亚酋长就是其中一位。哈杰那令人毛骨悚然的恶名很快传到了遥远的维也纳，他残酷杀害帝国和皇家军队士兵的各种流言蜚语一时间成为轰动当地的头条新闻。一个有创意的维也纳面包师用一种可怕的幽默感来表达维也纳人对这位恐怖人物的极致推崇。他发明了一种新的黑面包卷，向这位恐怖人物致敬，这就是后来人们所熟悉的"波斯尼亚恶魔"面包。

洛亚率领的起义军在战斗中运用了各种反叛手段。游击队伏击了奥地利的补给线，并且经常残杀奥地利巡逻兵。对于奥军俘虏，他们不留任何活口。当奥地利军队进入当地的村庄时，一些穆斯林妇女将燃油从窗户泼向正从下面经过的可怜士兵。一些小规模的奥地利前哨也在夜幕的掩护下惨遭烧杀。鉴于柯尼希格拉兹之战的教训，1866 年的"突击战术"在此后就已弃用，并且在这种环境下也无济于事。军队已经适应了环境，他们的沃内特步枪也能发挥更大的作用，但他们已经有将近一个世纪没有遭遇这种规模的游击战了。奥匈帝国军队伤亡人数急剧增加。特格特霍夫率领的奥地利主力越过波斯尼亚边境，几天之内就抵达了代尔文塔，但他们不得不在多博伊和马格拉伊等地和敌军展开激烈的战斗。8 月 7 日，一支大约 7000 人的叛军在泽普斯袭击了第二支纵队。这支队伍经过将近两周的持续作战才最终抵达萨拉热窝。沙佩里伯爵率领的第三支纵队部署在杜斯拉方向，同样也遭到了叛军的算计，使得他们花费数月才到达目的地，而且是在大批增援部队抵达之后。

所有这些遭遇都严重影响了军队的前进速度，菲利波维奇有了一种不祥的预感，他意识到如果不尽快采取根本性的措施，他就不得不一路厮杀才能在冬天穿过内雷特瓦河谷。为了应对战争中的种种困难，菲利波维奇不得不请求支援。因此，有 4 个师、1 个骑兵旅和 1 支后勤营被派遣前去支援。驻扎在达尔马提亚的部队也同样得到了增援。

到 1878 年的 9 月初，一支由 15.4 万多名步兵、4490 名骑兵和 292 门火炮组成的巨型武装力量被严密部署。这支力量相当于 4 个满编的军团，用来对付维也纳当时仍在形容的"当地小规模暴动"。帝国和王朝战争部仅披露了实际伤亡人数的一小部分。官方公布的死亡人数仅 198 人。事实上，到战争结束，死亡人数已经超过了 3300 人，此外还有将近 7000 人受伤，11 万多人感染了各种疾病，恶劣的卫生条件、炎热的气候，以及糟糕的地形共同导致了疾病的产生。[12]

此外，这场战争不仅艰苦血腥，而且还伴随有 18 世纪军事前线最糟糕的传统中令人发指的暴行。死者被反叛者们分尸，那些被认为与奥地利人合作的妇女、儿童在光天化日之下被残忍杀害。不出所料，这种暴行反过来也滋长了占领者的残暴。但是当地人很快意识到，和土耳其人的报复行为相比，奥地利人和匈牙利人在巴尔干的"暴行艺术"只是小儿科。

奥地利夺取桑扎克和萨拉热窝

直到 9 月，这场战役才开始取得快速进展。一支奥匈帝国的纵队夺取了桑扎克这个战略要地，按照《柏林条约》，奥地利拥有在此地的驻兵权。接着，这支军队相继占领了普里波耶和普里耶波列，但在 9 月的第二个星期，这两个城市都遭到了猛烈的攻击。

在南面，菲利波维奇率领的"南面"军行进速度更加缓慢。它在契特卢克和留布斯基遭到一支约 1.2 万人的土耳其正规军的袭击。在进行了强有力的防御后，这支正规军最终撤退到海岸，那里的船将载着他们驶往土耳其的港口。

8月下旬的萨拉热窝争夺战充分地暴露了战争的属性和他们所遇到的困难。8月19日早上快5点的时候，奥地利的一支精兵队伍利用浓雾笼罩的优势，从北面拉多瓦河的方向逼近萨拉热窝。与此同时，另外一支部队也偷偷地靠近城堡，城堡的北面设有一堵3米高的围墙。迷雾突然消散，袭击者惊恐地发现自己的行踪已经暴露。不久后，一场恶战便拉开帷幕，最终奥地利整整一个旅为炮火所困。随着越来越多的火炮被投入战斗，整个行进计划不得不暂停。指挥这个旅的雷马伊奇上校冲得最远，他猛然发现自己身处温彻斯特、马提尼·亨利和斯奈德这三种步枪的枪林弹雨中。这让他的匈牙利部队付出了沉重的代价，他们没想到这场炮战的强度竟然如此之大，仅约40分钟后，他们的弹药就差不多用完了。[13]

采用了类似1866年的那次优良传统式的刺刀冲锋才避免了奥匈帝国军队的阵地遭到反叛队伍的踩踏。反叛者们注意到奥地利军队火力减弱，因此偷偷潜入距离雷马伊奇的手下不到50码的地方。克罗地亚人一边冲锋一边高喊"加油""奥地利平安"，迫使波斯尼亚人撤退到布罗什卡小溪边。但是苦于没有弹药，奥地利军队只能等着援兵到来才能利用这一优势。

当反叛军撤退到城堡内时，雷马伊奇提出要派9个新上来的连对其进行强攻。但在双方相距300步的地方，猛烈的炮火穿墙而出，强攻计划不得不暂时搁浅。反叛军的炮火像雨点一般落在孤立无援的雷马伊奇部下身上。此时奥匈帝国的火炮还在几英里以外，正越过崎岖不平的地域从拉多瓦河赶来。没有大炮，正面进攻根本不可能取得成功。雷马伊奇旅完全处于瘫痪状态。到中午时分，奥地利的进攻不得不暂停。

穆勒将军率领的第2纵队从西面挺进。到上午9点，他们已轻松占领了萨拉热窝的公墓和所谓的克萨斯科山。奥地利的山地炮兵连也就是在这个时候才投入战斗，但是由于射程太远（约2英里），因此这种小口径火炮并没有什么威力。反叛军对克萨斯科山进行了反扑。经过两个多小时激烈的白刃战，格拉茨皇家第27团成功将对手从每一个花园和房屋驱逐了出去。这一战过后，穆勒的军队同样无法向前推进。

特格特霍夫将军率领的第 3 纵队遇到了更大的阻力。在米里亚奇卡沿河与敌军殊死交战后，奥地利军队将反叛军逼退至萨拉热窝大本营，但是叛军依然利用城墙等防御工事负隅顽抗。特格特霍夫的部队也因此被无奈地牵制住。经过七个小时的战斗，由帝国和王朝的精兵强将组成的三支奥匈帝国纵队仍然在和这支被认为是"乌合之众"的叛军进行着艰难抗衡。

到中午，52 门大炮终于抵达。在帕西诺·波尔多附近一个小镇的东北处，它们被排成一个近似半圆的形状，对准了城堡和萨拉热窝西北郊区。在半个营的士兵发动进攻时，装有榴霰弹的大炮有效支援了他们的行动。匈牙利第 52 团的两个连队装上刺刀，冲到了西郊的外墙处。他们在该团第三个营的支持下，开始了艰苦的巷战，清除每条街道中的敌人。反叛军在每一条小街都设置了路障，而且考虑到帝国军队正慢慢逼近他们，索性给每一座房子放了一把火。甚至在奥匈帝国的士兵已经前进了好几码远后，隐藏的射手仍从他们背后向他们开枪。

前进速度依然缓慢。匈牙利第 38 步兵团花了两个小时才前进了 500 米。当军队抵达穆斯林区外围时，男人们挥舞着刀和匕首，纷纷从屋顶跳下来。在这种可怕的交锋中，每个人都没有奢望得到对手的怜悯。只有消灭每一个反叛者，才能向前有所推进。当一些奥地利人到达穆斯林区中心的切克里奇亚清真寺时，情况更是如此。奥匈帝国军队曾五次尝试拿下这座清真寺，但都以失败告终。直到第 27 团的施蒂利亚士兵前来增援，清真寺才最终攻陷。第 27 团的一部分士兵进入塞尔维亚人区，遭到了来自清真寺宣礼塔顶枪林弹雨的袭击。甚至在占领了土耳其总督的"康纳克"宫殿后，他们的身后仍有子弹飞来。在这个城市的每一个角落，即使烈焰吞噬了木制房屋，敌人反抗的意志也丝毫没有减弱。

与此同时，北边的战斗已经开始。尽管城西和城南的战事已经发生了戏剧性的变化，但受敌人牵制的雷马伊奇上校仍然无法向前推进。大约又经过了 6 个小时，城堡才被攻陷。在长达 12 个小时不间断的战斗中，1.4 万多名奥匈军和将近 6000 名反叛人员进行了艰苦的交战。奥地利的伤亡人数超过3000，而近半数的反叛军躺在萨拉热窝的街道上，有的已经死亡，有的奄奄一息。皇帝生日的隔天，到下午 5 点，帝国的旗帜终于飘扬在城堡上空，"加油"的呼喊声也在每个街头此起彼伏。那些残存的反叛者被若干步兵连追击，逃往帕莱。第 46 团的军乐队奏响了海顿的圣歌——《天佑吾皇弗兰茨》，庄严肃穆的旋律响彻尸体遍布的街道，一些妇女和儿童满脸茫然地望着。[14]

波斯尼亚－黑塞哥维那的新纪元：本杰明·卡莱

帝国和王朝军队成功地把中欧和现代文明带到了这些偏远甚至被遗忘的土地上。关于一支高度文明的军队与一个看似仍处于中世纪的社会之间的这次交锋，巴尔干伟大的作家伊沃·安德里奇给我们描述了这样一幅场景：

他们只见过衣着破旧且军饷很低的土耳其士兵，抑或更糟的是暴力而又缺乏纪律的波斯尼亚民兵。成功自信的帝国军队的"强大与秩序"，震撼了他们的感官。通过一颗颗闪亮的纽扣，人们看到了接受检阅的轻骑兵们漂亮的钢盔和耀眼的军装，这一切的背后是另一个世界几乎难以想象的力量、秩序与繁荣。[15]

另一个世界的繁荣不久便如期而至。根据"上帝的旨意"，帝国和王朝对波斯尼亚－黑塞哥维那的行政管理于 1878 年 10 月 29 日正式开始。它预示着全欧洲评论家们曾正确描述的"模范管理"的开始。[16]

为了实现这一目标，帝国成立了一个只向联合部长级内阁负责的"波斯尼亚委员会"，以奥匈二元帝国的名义联合管理这两个省。这从另一个侧面反映了皇帝认真对待与布达佩斯签订的协定。直到 1882 年，波斯尼亚委员会均由 J. 斯拉维领导，他是一个善良却缺乏想象力的官员。1882 年 7 月 4 日，斯拉维被匈牙利人本杰明·卡莱（1839—1903）取代。卡莱是一位才华横溢的语言学家，也是极有才干的巴尔干事务专家，为现代历史上最开明的行政管理机构的建立奠定了基础。早在 1877 年，卡莱就递交了一份文件，提议帝国吞并这两个省，并说明了关于当地行政管理的最佳安排。

卡莱对于该地区的了解建立在他努力改变当地居民们生活状况的实践中。他尤其提倡一个观点，即波斯尼亚人应该建立一种独立于塞尔维亚人或克罗地亚人之外的身份认同感。卡莱意识到人们对基础设施的需求是培养这种认同感的关键。主要由奥匈帝国军事工程师们建造的道路和铁路，让人们可以抵达最偏远的地区。凡是乘坐火车从萨拉热窝前往莫斯特的旅人，甚至是当代旅行家，都无不惊叹那些惊险的斜坡、隧道、椭圆的曲线和恢宏的隧道，这就是奥地利人带给这片与世隔绝的阿卡迪亚景色的工程奇迹。

在基础设施建设取得成就的同时，文化方面也取得了巨大的进步。博物馆、大剧院和与维也纳环形大道风格相似的壮观建筑在省内如雨后春笋般拔地而起。像300多年前在格拉茨那样，耶稣会被再次引入这里，旨在给本土的知识精英建立一种教育系统，让他们在不久的将来能够成为这两个省的政府和管理部门的领导者。作家伊沃·安德里奇便是由他们教会了阅读和写作。奥地利让这两个省在短短20年的时间内便取得了惊人的进步，这足以证明人们至今仍然普遍持有的观点——哈布斯堡王朝在19世纪晚期缺乏动力——是错的。奥地利在这个地区的巨大投入，在100多年后仍然有迹可循。这彻底粉碎了哈布斯堡王朝"任人宰割"的传统说法。[17]

最初，关于建立波斯尼亚部队这一问题充满了争议。1879年建立的一个"猎兵"营十分成功，因此尽管土耳其宫廷曾提出激烈的外交抗议，但这两个省在1881年还是引进了全民征兵制度。土耳其人认为，此举就算没有违反《柏林条约》的文字内容，也和其精神相悖。

的确，奥斯曼帝国的臣民（波斯尼亚人当时在法律上仍是奥斯曼臣民）怎么能在服役时宣誓效忠于奥地利皇帝，要解释这一点确实是一个外交挑战。维也纳用一种传统的方式解决了这个问题，它只是拒绝接受奥斯曼帝国的抗议。[18]

波斯尼亚人来了

就这样，到 1885 年，在卡莱的鼎力支持下，四个波斯尼亚 – 黑塞哥维那的步兵连扩充为了四个标准的步兵营，并且作为军队不可分割的一部分效忠国家。同样，他们也有能力保卫奥匈二元帝国的每一寸土地。每一个营都设立在两个省的不同地方，四个兵站分别是萨拉热窝、图兹拉、巴尼亚卢卡和穆斯塔。每一个营都由奥地利精英山地团经验丰富的军士负责训练。军士们都希望将他们的职责快速可行地移交给这些前途无量的新兵们。两个伊玛目被授予团牧师级别的军衔，负责战士们的精神疏导。

1886 年，连发步枪的首次引进极大地增强了这些战士们的战斗力。这种新型步枪口径为 11 毫米（而他们现有的步枪的口径仅 8 毫米），射程为 2000 米。它十分轻巧且易于使用，特别适合山地作战。

到 1895 年，波斯尼亚团获准成立，自此他们在地位和组织结构上与已有的步兵团几乎相同，但是两者的军装却明显不同。前者服装整体为粉蓝色并有"茜素"红镶边，裤子的长度到膝盖位置，按照巴尔干风格裁剪而成，再配以绑腿，小腿位置镶有两颗闪闪发亮的纽扣。整套服装还配有一顶有着蓝色（后来改成黑色）流苏的橘红色毡帽。士兵的军装固然精致，但是人们更会被他们的风度和体格倾倒。一些连队的平均身高在 6.2 英尺以上（约 1.87 米）。士兵们结实的肌肉、轮廓鲜明的五官以及被巴尔干太阳晒成的小麦色皮肤，都在告诉人们，这还是一支正在成长的精英部队。

施蒂利亚的著名音乐家和作曲家爱德华·瓦格纳斯（1863—1936）被任命为波斯尼亚第 2 步兵团的乐队指挥之后，"波斯尼亚"的音乐鼎盛时期开始到来。瓦格纳斯开始创作一些进行曲，其中包括了若干流传至今脍炙人口的杰作。[19] 瓦格纳斯不仅每天指导他的乐师，安排排练，而且凭借他著名的《波斯尼亚交响曲》让他的军乐队名垂千古。而这首进行曲也很快流行起来，并成为所有四个波斯尼亚步兵团和波斯尼亚"野战猎兵部队"的团进行曲。瓦格纳斯向人们证明，如同贝多芬给德国精英团所作的进行曲一样，一个世纪后，他也能给他的波斯尼亚部队创作。从萨拉热窝到格拉茨，波斯尼亚弦乐团在各个驻军的舞会上演奏。

"野战猎兵部队"成立于 1903 年，由从每支步兵团中分离出来的各连队组成，它很快被证实是普通步兵之外的一支勇猛的补充力量，这支部队则以这些连队为基础发展而成，它比普通的步兵团更加勇猛无畏，因此很快便得到了认可。他们的军装保留了毡帽，帽徽从提洛尔的鹰换成了帝国双头鹰，除此之外其他部分与帝国猎兵部队的军装相同。

波斯尼亚团在帝国的处境并不总是尽如人意。驻扎在格拉茨的波斯尼亚第 2 军团经常遭受当地泛德主义者的偏见。军乐队在前往市立公园演出时，遭到泛德分子的嘲笑，甚至推挤。在维也纳，第一支波斯尼亚团更受欢迎，而且儿童和成年人都被他们的外貌吸引。他们在瓦格纳斯进行曲的旋律中行进，穿过霍夫堡皇宫，并很快成为所有国事访问的随行军。德国皇帝威廉二世对此印象深刻，除此之外他对奥地利帝国军队和伊斯兰化的斯拉夫人评价不高。

除了上述部队以外，一支大规模的宪兵队也在两省边境地带巡逻。在这片荒凉的土地上，群山横跨黑山共和国和阿尔巴尼亚，所有部队都在此参与了为期一周的任务。奥地利外交部部长埃伦塔尔男爵在 1908 年实施了这场戏剧性的政变：正式吞并两省。这时，这两个省已是一片繁荣的景象。这两个地区此前没有，此后也肯定不会再有如此亲民贤良的管理。仅仅一代人的时间，卡莱的管理带领这里摆脱了贫穷，进入了 20 世纪初的现代繁荣。

1908 年，埃伦塔尔吞并两省的举措起初得到了时运不佳的俄国外交部部长伊斯沃尔斯基的积极拥护，但是当他意识到本国泛斯拉夫主义的力量时，他立马对吞并行为满怀愤恨。自封为斯拉夫世界的保护者的俄国在 1908 年国力虚弱，无法与埃伦塔尔肆无忌惮的外交手腕抗衡。近期的日俄战争已经让她精疲力竭，但她还是决定报仇。正是吞并这两个省的行为，让奥匈帝国和俄国处于冲突对立的状态。将这两个省并入哈布斯堡君主国，是埃伦塔尔的外交胜利，更是一场付出巨大代价的胜利。

第十八章　建立一支 20 世纪的海军

除了在 1916 年派遣两个炮兵营前往巴勒斯坦加沙地带支援土耳其军队，共同对抗英国军队之外，奥匈二元帝国的军队没有在任何海外殖民环境下效过力。然而在 19 世纪，哈布斯堡海军不断扩张，确保其由武装海军士兵组成的先遣登陆部队不至于默默无闻。在世纪之交，中国发生的一些事件似乎证明，发展尚处萌芽状态中的海军绝对是明智之举。

义和团运动和奥地利公馆护卫分遣队

11 个西方公使馆在 1900 年夏天遭到的大围攻有许多原因。最主要的原因在于西方的贪婪，他们把日渐衰落的中国当作殖民扩张过程中的摇钱树。尤其是新教传教士们在中国的活动让中国当局和人民深恶痛绝。一个秘密爱国团体开始兴起，这便是义和团。面对西方势力，他们仍坚决维护中国的价值观。义和团的举动成了矛盾的催化剂，也是攻击公使馆的勇敢尝试。

这些公使馆受到八国分遣队的保护，围攻期间，发生在遥远北京的事情已经占据了欧洲各大报纸的头条。奥地利在此次围攻中影响甚微。幸亏此次事件参与者都是名人，因此我们对这次行动有详细的记录。最近在维也纳出版的一些个人回忆录中呈现了一个迟来的、宝贵的、有悖于传统叙述的观点。传统的叙述在很大程度上受到了《泰晤士报》记者 G. E. 莫理循博士的影响。他对整个围攻事件的描述主导了大多数西方人士对此事的叙述。

但是，莫理循对奥地利的描述是带有成见的。一位名叫温特海德的奥地利海军上校，当时正在中国服役。他称莫理循的描述为"一个带有偏见的陈列柜"。[1]但是鉴于《泰晤士报》在20世纪的极高威望，后来的许多作家，如彼得·弗莱明，都没有对此深入探究，而是倾向于采用莫理循的叙述。[2]

奥地利分遣队仅由来自奥地利巡洋舰"森塔"号上的 30 名水兵组成。该巡洋舰的指挥官是托曼·冯·蒙托马尔上校，他和特奥多尔·冯·温特海德少校一道回复了奥匈帝国公使馆 6 月 2 日发出的紧急要求"直接磋商"的电报。奥地利公使馆工作人员的想法，我们不得而知。北京当时的治安形势日益恶化，与此同时工作人员和中国政府的官方关系也每况愈下，针对中国基督徒的攻击事件与日俱增。温特海德和托曼都想着在磋商结束后返回巡洋舰。于是，他们俩把军装留在舰上，换上平民的衣服出发去磋商，并非是莫理循后来所写的去度假或者观光。

陪同温特海德和托曼的是一支由 30 名水兵、2 名见习军官和 2 名其他军官组成的部队。其中资格较老的约瑟夫·科拉尔少校指挥分遣队，并且分遣队还配备了一挺马克沁机枪。这是一种防备性部署。科拉尔率领的分遣队将继续留守北京，而托曼和温特海德则返回并商量决定是否有必要增派援军。按照紧急电报的要求，420 名战士在 6 月 1 日至 3 日抵达北京，保护公使馆。奥地利分遣队规模虽小，但却为部队做出了巨大的贡献。[3]

奥地利分遣队规模不大的原因在于，帝国和皇室外交部严禁托曼的部队规模超过 1898 年派遣的公使馆护卫分遣队的规模——当时仅有 30 人。奥匈帝国的外交家们对派遣大规模军队忧心忡忡。在那个需小心谨慎地对待任何政治事件的年代，维也纳不会无端加剧这种紧张气氛。

几周后，通往中国内地的要塞大沽口，爆发了战役。此间，奥地利"森塔"号巡洋舰上剩下的水兵都发挥了显著的作用，然而也正是从那时起，两国之间的战争正式拉开帷幕。将近160名海军五等兵——几乎是全舰一半的兵力——在一些德国水兵的帮助下，向防守严密的中国阵地发起了第一波进攻。红白红拼色奥地利战旗作为第一面树立在堡垒上的西方旗帜，宣告着战争的结束。对于"森塔"号战舰大部分配备了高效曼利夏步枪的克罗地亚水兵来说，这真是一个幸运的开局，他们配备了高效的曼利夏步枪。

当时哈布斯堡王朝的政策碰巧比其他欧洲国家的政策更加符合北京的最大利益，但哈布斯堡王朝的军旗居然是这次战斗中升起的第一面西方旗帜，这多少有点讽刺的意味。到1895年，中国大部分外围领土已经被瓜分，而中国与日本的一场灾难性的战争更是进一步助长了其他国家的贪婪欲望。1897年两名德国传教士被杀，德国以此为借口强行占领了青岛和山东的一些矿区作为赔偿。在这场不体面的利益范围的争夺行动中，只有一个欧洲国家态度冷淡，对以瓜分中国领土获得自身利益的行为不感兴趣，那就是奥匈帝国。

其实奥匈二元帝国对中国的兴趣和认知要早于所有的对手国家。首次把关于中国这个地大物博的国家的情况带给了广大欧洲民众的是一位施蒂利亚耶稣会神父。当时斐迪南二世想尽办法约束耶稣会的力量，以此来确保王朝军队在格拉茨的胜利。格拉茨是内奥地利的首都，1625年，威廉·恩理格出生于此。恩理格在他家乡是开普勒传统学派的优秀学生，后来他加入了耶稣会并成功到达中国内陆，将教会的知识和属灵恩赐这种理性而又灵性的"礼物"介绍给中国官员。后来恩理格被任命为朝廷数学家，教授康熙皇帝的数学。他还写了很多关于儒家哲学的书，至今仍被奉为权威经典。[4]

200多年以后，奥地利帝国与中国的关系一直比较暧昧。一方面，欧洲（西方）团结一致要求奥匈二元帝国支持被《泰晤士报》称为"伟大的尝试"的中欧关系；另一方面，奥地利帝国对中国事务持理智的超然态度。可能这两个国情异常复杂的没落的国家之间有着一种潜意识的亲密关系。

1879 年之后，德国成了奥匈二元帝国的同盟国。尽管这是一种纯粹的防御同盟关系，但理论上还是鼓励两国在海军方面展开合作。对于帝国和王朝的海军来说，在公海上的冒险活动是获得在亚得里亚海域之外异国海域活动经验的好机会。

亚瑟·冯·讷色恩

奥地利对中国的矛盾感情主要来自亚瑟·冯·讷色恩的文件。亚瑟·讷色恩是奥匈帝国驻华公使馆的第一秘书和驻北京临时办事处代理。讷色恩系英裔奥地利人，这种出身注定了他会成为这场围攻中最具洞察力的西方人之一。他生于 1862 年，曾求学于维也纳大学和牛津大学，并获得了莱比锡大学的博士学位，汉语说得十分流利。在奥地利资深外交家齐韩男爵休假期间，讷色恩便代替齐韩公使管理公使馆。

在围攻结束几周后，讷色恩写道，中国人的仇外感情在意料之中，"考虑在中国和其他西方国家开始频繁接触的 60 年里，她体验到的只有伤害和耻辱"。[5]

"我们欧洲人没有想到中国人也有和我们一样的爱国主义情感，这是一个天大的错误。"对于讷色恩来说，义和团运动的爆发情有可原，它是欧洲国家贪婪所导致的合理结果。他曾写道："如果我是中国人，我也一定会成为义和团的一员。"他批判了西方传教士们的偏执狭隘，并将其与对基督教的单纯漠视作为对比。早在义和团设定"抵制一切外国事物"的基调前，中国人就已经表现出了这种漠视。

这些观点不可避免地会和外交界中具有"殖民地化思想"的成员的观点产生冲突，尤其是英国公使克劳德·麦克唐纳。他是一名强硬的苏格兰人，曾经服役于苏格兰高地轻步兵团。随着义和团运动愈演愈烈，奥地利和英国两国公使馆之间的关系也变得十分紧张。

奥地利水兵住在公使馆楼上的三间房里，安顿好后便把"森塔"号舰上的一面战旗升至屋顶。他们把马克沁机枪安置在大院主入口对面的一块木头上，然后一位见习军官手下的 8 位水兵则被派去保护距离奥地利公馆仅 8 分钟路程的比利时公寓。

第二天，也就是 6 月 4 日，托曼和温特海德与讷色恩的会话结束，准备搭乘火车返回天津，但是此时义和团已经占领了北京、天津两个车站并中断了所有铁路交通。讷色恩与托曼商议后决定发送电报请求增派一支由 70 名精兵强将组成的分遣队前来支援。"森塔"号舰的副舵科特威茨·冯·科茨查克收到了电报，他听到消息后十分震惊，因为他一直在等待托曼的返程消息。这是北京第一次向外界发出的求救信号，其他公使馆需要两天时间和他们的政府商议，等商议结束后，所有的铁路和电报连接早就已经彻底被毁。

奥地利水兵们沿着公使馆 12 英尺高的围墙拉起环形防线驱逐中国哨兵。这些哨兵站在每个公使馆外面，他们彰显了中国皇家的传统"礼节"，但是将他们当作是越来越多的敌对分子和公使馆之间的壁垒，其实毫无用处。博恩堡是一位年轻帅气的奥地利见习军官，他试着在哨所之间安装电线，并且设立了许多的捕人陷阱。讷色恩的网球网也被用来掩护部分环形防线，一开始这些防范措施还会引起一些有趣的乌龙事件，比如有几个公使馆成员就掉入过博恩堡设下的捕人陷阱。但一位日本公使馆的当地工作人员被捕，并在火车站附近被斩首的消息给每一个人敲响了警钟：严酷的挑战即将来临。

6 月 13 日晚上，一大群人在攻击并烧毁了美国福音堂后，来到了奥地利公使馆前面，大声高呼着可怕的口号："杀！杀！"温特海德和 5 个水兵躲在屋顶，命令水兵一齐向人群射击。在第三次扫射结束后，150 米外的人群安静下来，纷纷散去。虽然马克沁机枪没有发射子弹，但是曼利夏步枪的效果也着实令人欣慰。

两位英国女士德贞小姐和米尔斯夫人从罗伯特·赫德的办公室前往奥地利公使馆寻求庇护。罗伯特·赫德是欧洲海关一位高级官员，也是一位老中国通，他认为奥地利公使馆才是她们最安全的地方。当天晚上所有的宗教布道点

公使馆的花园中会合了，他们中的大多数人早就被派遣至此。

法国公使毕勋先生坚持说讷色恩夫人应该转移至宽敞的英国公使馆，绝大多数欧洲妇女和 400 多位其他欧洲人都聚集在那儿。让讷色恩夫人感到钦佩的是，英国人将来自不同地方的难民组织成了一个井然有序且富有纪律的平民团体。不管是缝窗帘还是分配给养，每一项工作都分配给一个特定的团体。儿童和婴儿也都住在这个跨国的大本营里。一两晚后，讷色恩夫人发现自己的老房子火光冲天，奥匈帝国公使馆被中国人放火烧毁了，全权大使齐干对猎杀野鸭情有独钟，他储存了装有大量猎枪的弹药筒，当时讷色恩和托曼根本没有时间带走它们，弹药便在滚滚蓝烟中被引爆了。

海军上校托曼的命令

所有的公使馆都达成了一项共识，即推选在场的高级军官托曼上校作为行动总指挥。当天晚上，由美国人引发的一场恐慌使托曼不得不下令将部队从外围地区撤回。尽管这个决定早已得到了大家的同意，但事实证明撤回其实没有必要，不过美国人又都回到了他们的位置。大家对这次行动颇有微词，于是托曼被解除了总指挥的职位。英国公使克劳德·麦克唐纳爵士发布了这项解除指挥的决议，法国和俄国公使共同签署。

这个决议在某种程度上对于 1914 年整个欧洲阵容是一种可怕的征兆，它实质上是力图授予英国公使总指挥的职位。为了达到这个目的，托曼被污蔑诽谤为一个懦夫。当紧张不安的美国人放弃外围防线中的阵地时，托曼只是按约定行事。只可惜，莫理循对托曼无能和胆小的指控却流传了下来，成为英语世界对北京围困事件各种描述中一再出现的主题。莫理循对托曼后来的表现视而不见，尽管托曼的表现完全能够证明所有这一切都子虚乌有。

不管怎样，英国的手段既没有得到德国武官佐登伯爵的承认，也没遭到法国海军代表团指挥官达西中尉的反对，尽管法国公使毕勋签署了这份决议。日本人和比利时人也都不接受英国的这种做法，更别说奥地利人了。然而，莫理循的叙述暗示所有公使馆都一致同意推选克劳德爵士担任总指挥。

事实上，英国赤裸裸的权利攫取的后果就是麦克唐纳的命令经常被忽视，再加之主要原因在于他对自己防御范围以外的情况知之甚少。麦克唐纳竭尽全力想要把公使馆护卫队都"集中"到英国公使馆，这在奥地利人看来只是英国人的大胆尝试，是一种假装，让人们认为是英国人凭一己之力拯救了其他所有公使馆。[6]

虽然麦克唐纳尽其所能地集中了他能调到的物资和人力，但他没有认识到只要其他公使馆继续增强防御，那他们就充当了自己公使馆的缓冲区。这样一来，即使公使馆防线其他地方的压力不断加重，英国公使馆仍可以高枕无忧，继续享受祥和的生活。

在这期间，奥地利人仍然在使用英国人的设施，讷色恩夫人继续在由普尔大夫仓促搭建起来的医务室里帮忙。但是在一个下午，她在护理一个伤口血流如注的俄国士兵时晕倒了。等身体恢复后，她设法回到了法国公使馆，并且要求待在她丈夫身旁，在场的所有人员都表示赞同。

讷色恩夫人的燃烧弹

用讷色恩夫人的话说，法国公使馆"明显更加有趣"。和英国公使馆相比，法国公使馆的位置更容易受到攻击。她住在那儿的头一晚，便有一枚手榴弹在她的卧室上方爆炸。但正如博恩堡所指出的那样，所幸他们吃饭时还是相对比较安静，因为中国人非常忌怕他们的"松狮犬"。马肉、豆类、芦笋以及一些松露基本上就是卫戍部队的日常饮食。后来毕勋先生又从他远在菩侬乐村的家族酒庄中运来了一些波尔多葡萄酒。

6月29日，正当中国人开始在法国公使馆的围墙下挖洞时，包括讷色恩夫妇在内的奥地利人将稻草和汽油装进一些空瓶子里，制造"炸弹"。这种燃烧弹的早期版本是有效的，但对防御者也十分危险。当中国人发现这种如瘟疫般蔓延的火源时，他们开始朝讷色恩夫人开枪、扔石头。其中一个瓶子落在了汽油罐上，点燃了整箱的燃烧弹。爆炸引起的熊熊大火瞬间将讷色恩夫人吞噬。她软倒在地，克罗地亚水兵们迅速地扑向她被火焰包裹的身体，阻止她受到更严重的烧伤。讷色恩夫人后来回忆道，那些克罗地亚水兵满怀热心地扑向她帮忙灭火，让她感觉自己"背部的骨头全部被压碎了"。[7]作为唯一的女战士，讷色恩夫人的行为值得高度赞扬。虽然日后她说选择和丈夫一起留在前线，只是因为她感觉"只要我在他身旁，他就永远不会受到任何伤害"。14年后，这种典型的奥地利女性特点，在霍恩贝格公爵夫人身上体现得淋漓尽致，而当时她所在的萨拉热窝正处于水深火热之中。

在同一个夜晚，博恩堡被近距离射中头部，这再次证明了战斗的激烈程度加剧。幸亏比利时公使馆的医生威尔德博士为博恩堡实施了环锯手术，他才得以快速康复，不过一年后，他还是因为此次枪伤去世。

法国公使馆与英国公使馆的两堵墙之间有一条相对安全的小道。讷色恩夫人每天都经过这条小道去看望受伤的同胞们，尤其是博恩堡。虽然这是整个使馆区最隐秘的地方，但英国公使馆仍然像极了一个堡垒：战壕已经挖好，4万多个沙袋已经装满沙子，土垒防御工事已经建成。这些密集的防御工事也影响到了英国公使的情绪，他满脑子想的都是奥地利人正向他摇摇欲坠的总司令身份发起挑战。亚瑟·讷色恩几乎毫不掩饰自己对麦克唐纳的轻视，他也很快便发现自己成了英国公使的敌对目标。然而双方关系正式破裂的导火索却是一件小事——奥地利海军先遣队使用的铁锹。

这些铁锹一直存放在英国公使馆，并得到了有效利用。当亚瑟·讷色恩过来索要时，麦克唐纳却装作不知道有它们的存在。几分钟后，当被问及关于奥地利海军分遣队60天的粮食供应时，同样的戏码再次上演。这当然引发了一场激烈的争执，麦克唐纳大发雷霆，突然冲着当时与丈夫在一起的讷色恩夫人大喊："赶快把你那些脏乱的东西从我的地盘清理掉，立刻、马上！"[8]

麦克唐纳那天下午显然感到神经紧张，而亚瑟·讷色恩的反应也不难想象。有那么一刻，这两个男人似乎准备像对待义和团那样对对方拳脚相加，但麦克唐纳还是生硬地做出了让步。他说："我的意思不是让你妻子自己收拾，她的某个仆人也可以代劳……"至此，奥地利和英国公使馆之间的关系彻底破裂。亚瑟·讷色恩发誓即便英国公使馆能救他的命，他也不会再踏进这里半步。

越来越多的子弹落到法国公使馆周围，而奥地利海军分遣队现在就驻扎于此。亚瑟·讷色恩的眼部受伤，但幸运的是他夫人随身携带了一小瓶可卡因，缓解了他的疼痛。然而托曼上校的境遇就没有这么幸运了。正当他站着与法国司令官达西讨论如何帮助讷色恩时，一枚手榴弹在他面前引爆，托曼当场身亡。在整个围攻期间，尽管托曼的早期行为颇有争议，但他还是表现得十分英勇，经常深入战斗最激烈的地方。三小时后，一位意大利神父在枪林弹雨中主持了他的葬礼，地点就在法国公使馆的花园内。在场的所有人都扼腕叹息又失去了一位英勇的伙伴。奥地利水兵除了 20 人伤亡以外，还有三位军官阵亡，但因为他们都是克罗地亚人，且只有军士会说一些德语，所以很难掌握事态动向。

7 月 14 日是法国的巴士底日，奥地利和法国开启了最后几瓶香槟酒。这一天上午风平浪静，但到下午一阵刺耳的长号声便打破了这种平静，宣告了一场新袭击已经开始。一枚巨大的地雷在法国公使馆下爆炸，将亚瑟·讷色恩炸飞到了空中，最后将其埋在几尺厚的土里。事后他回忆，有将近两分钟的时间他处在一片漆黑当中，当时以为自己死定了。直到第二枚地雷爆炸后再次将他抛到了空中，这才将他从"过早的坟墓"中救出来。与此同时，200 名中国人试图穿过德国公使馆附近的网球场进入内部，网球场内的十几名德国水兵装备上了刺刀，大声呐喊着，甚至没有开枪就将惊慌失措的中国人赶了出去。

第二天早上，讷色恩夫人受德国代理公使的邀请，住到了德国公使馆中。那里的平静和井然有序让她十分惊喜。"我们几乎可以忘记我们还处于交战状态。"[9] 桌上摆着鲜花，每一个弹孔和弹片也被尽快处理掉，房间一尘不染，"这样人们还以为子弹或手榴弹只是没有在德国公使馆中爆炸呢"。这儿甚至还有淡水和上过浆的亚麻餐巾。她的反应体现了德奥关系，以及奥地利人对德国人讲究秩序的钦佩之情：未来之事的又一个征兆。

公使馆救援队促进了奥匈帝国海军的发展

到 7 月 17 日，某种休战状态似乎已经出现，公使们与中国人之间开始展开奇特的信息交流。几天以后，与外界的电报连接恢复正常，讷色恩收到消息称由海军上将蒙特库科利率领的两艘奥地利军舰正赶来支援公使馆。当讷色恩将此电报读给奥地利水兵们听时，他们所有人都欢呼着把帽子扔向天空。这么看来，奥地利分遣队可能会第一个到达。在"玛丽娅·特蕾莎皇后"号战舰上的增援部队中有一位名叫格奥尔格·特拉普的年轻军官，他也是后来唯一一位被好莱坞不断演绎和再现的奥匈帝国军官。

8 月 17 日，由 2 万名精兵强将组成的救援军终于抵达，由 27 名水兵组成的奥地利分遣队，受见习军官理查诺夫斯基指挥。他们在过去 9 天中一直在行军，穿过环境恶劣地带。奥匈帝国海军于 1900 年夏天出现在北京，这一事件只是哈布斯堡武装部队历史上一个小小的注脚，然而就鼓励国内公众支持哈布斯堡王朝海军而言，它的意义却超出了所有预期。公使馆的成功防御加上对国际救援队的宣传，在维也纳激起了兴奋之潮。

大批描述奥地利海军英勇防卫场景的玩具士兵被制造出来，还配备有马克沁机枪，和仓皇逃跑的义和团军。在那时，给孩子们穿上海军军装成了一种时髦，而这种传统也被维也纳童声合唱团保留至今。[10]

两年以后，法定继承人弗朗茨·斐迪南晋升为海军上将，他的加入给海军活动注入了新的能量。一个全面而野心勃勃的海军扩张项目已经启动，起初由海军上将史伯恩担任指挥，不久换成了海军上将蒙特库科利。义和团的叛乱驱使了公众对这个项目的支持，也完美补充了斐迪南大公的热情，他的这种热情源于1892年至1893年间他乘坐"伊丽莎白"号轻巡洋舰进行的"世界之旅"。

哈布斯堡王朝的军舰："联合力量"号无畏级战舰

在它存在的最后 20 年里，帝国和王朝海军超过 85 次"挂旗出海"，并称之为所谓"使命之旅"，其中 34 次前往东亚。尽管在财政和预算方面存在巨大的争议，但是海军还是经历了意义非凡的现代化。面对来自意大利日益激烈的竞争，成为亚得里亚海最强大的海军这一决心成了一种势在必行的战略选择。除了体积较小的"帝王"号级别的主力舰外，如今又加入了"哈布斯堡"号、"拉德茨基"号和"卡尔大公"号等级别的军舰，并且增配了很多装甲与重炮。

老的"阿斯佩恩"号和曾去过中国的"玛丽娅·特蕾莎"号等"帝王"号级别的军舰都只有 450 名船员，属于轻巡洋舰。它们被设计的初衷是维持亚得里亚沿海的秩序，但是它们不仅去了遥远的中国，还为古巴海域的美西战争和 1897 年至 1898 年的克里特岛危机期间平民的撤离提供了有力的支持。

"哈布斯堡"号和"拉德茨基"号系列军舰把海军带入了一个新层面。排水量达 8232 吨的"哈布斯堡"号体现了军舰在尺寸上有大幅增加，它同时也被认为是第一艘真正意义上的远洋战舰。但这项雄心勃勃的海军项目最终还是成了匈牙利和奥地利国会之间年度军舰预算之争的牺牲品。匈牙利人认为，支持一项远在的里雅斯特进行的军舰建设项目对于匈牙利纳税人没有半点好处，尽管的里雅斯特在帝国的奥地利部分是一个关键城市。海军上将史伯恩想通过一些小诡计使他的军舰预算能被通过。但是在 1904 年，那些难以对付的政客们成功地把军舰预算减少了一半，史伯恩无奈辞职。他的接替者鲁道夫·蒙特库科利继续和政客们进行斗争。在弗朗茨·斐迪南大公的支持下，鲁道夫·蒙特库科利成功地申请了新系列"拉德茨基"号的经费。这个新的军舰级别类似于英国"爱德华七世"号，主要装备是安装在双子炮塔上的 4 门 30.5 厘米口径的大炮。当"拉德茨基"号在 1911 年的斯皮特海德海上阅兵中亮相时，它清晰的线条和舒适的军官住舱让它得到了高度的赞扬，同时它还能容纳将近 900 人。这些都向世界展示了帝国和王朝海军在不到十几年的时间内所取得的惊人进步。

后来的"特格特霍夫"号系列无畏级战舰（所有重炮战舰都以 1906 年下水的英国皇家海军舰艇"无畏战舰"号命名，此舰是第一艘采用统一炮阵武装的战舰）由著名的军舰建造师齐格弗里德·波佩尔设计而成。波佩尔 1848 年出生于布拉格。19 世纪 60 年代晚期，他在纽卡斯尔的阿姆斯特朗造船厂监督奥地利小型战舰的建造时，和英国皇家海军军舰总建造师威廉·怀特爵士成了好朋友，波佩尔的才华和优秀的计算才能给威廉·怀特留下了深刻的印象。他俩的友谊意味着波佩尔对英国人在重炮战舰方案中的创新之处了如指掌。而他亲自设计的"特格特霍夫"系列无畏级战舰将被认为是世界上最令人印象深刻的重炮战舰，也是第一批建有口径为 30.5 厘米大炮的三联炮塔的军舰。[11]

政客们的内斗导致再次出现阴谋诡计，以确保海军能够得到资金支持。蒙特库科利于 1909 年 2 月 20 日宣布奥地利将建造一批拥有近 1.9 万吨排水量的新一代战舰，用以抗衡意大利提议建造的一艘无畏级战舰。当政客们对是否批准这项经费犹豫不决时，蒙特库科利说服了的里雅斯特造船厂和斯柯达武器制造厂着手建造，且责任自负。与此同时这位海军上将还发起了一次公关活动，涉及人物包括皇帝在内的所有人。

在批准以赊账的形式建造该批战舰后，政客们停止了争论，正式批准了建造流程。当的里雅斯特的 STT 造船厂对此表示反对时，蒙特库科利从口袋里掏出一张私人支票，账户金额为 3200 万克朗（大约相当于今天的 1200 万英镑）。首先建造的军舰是"联合力量"号和"特格特霍夫"号。匈牙利人最终同意支持军舰制造项目，但前提是其中一艘军舰必须以匈牙利人圣·伊斯特万（即匈牙利守护神圣司提反）命名，而且需在匈牙利的阜姆港（今里耶卡）建造。[12]

"联合力量"号列舰于 1912 年开始服役，它有很多特点，且都是战舰设计中的创新之处，特别是其无线电报系统。它的设计还有一个非常有趣的特点，那就是由 4 个三联炮塔装载的 12 门口径为 30.5 厘米的大炮，两两叠加摆放，且从头到尾都在同一中线上。和奥地利生产的所有装备一样，这些都是电驱动，而且射角能够向上抬至 20 度。发射一枚 450 公斤的炮弹，就可以将 3 英里外

47厘米厚的盔甲击穿。波佩尔的设计也有一些缺点，而且很快就暴露了出来。他保留了"底层"，一旦遭遇鱼雷攻击，船体与舱壁之间的空间对于随之产生的膨胀气体而言太过狭小。

当1914年大危机到来时，奥匈二元帝国或许能从她强大的海军身上找到些许安慰，因为它的军舰吨位比对手意大利大很多。除此之外，海军航空队已于1910年开始筹备建立。届时，它将证明自己完全有能力应对未来遇到的诸多挑战。王位继承人弗朗茨·斐迪南大公也比较满意，因为他的个人兴趣占了上风，奥地利有了一支舰队。但是军队中的形势却并不乐观，层出不穷的危机不得不让斐迪南大公将注意力放在它的缺点和弱点上。再加上战略上的更大分歧，皇储与总参谋部之间的关系被推向了岌岌可危的境地。

第十九章　军事情报局与雷德尔上校

19 世纪末，俄国和奥匈帝国在巴尔干半岛地区的竞争引发了军事情报活动的剧增。总参谋部的军需官们享有的特权在范围和数量上都有所增长。与武装部队其他重要方面一样，奥地利军事情报机构的能力也在本质上与王朝的各种敏感问题密不可分。

哈布斯堡王朝的军事情报：军事情报指挥部

早在 1801 年，军事边境沿线就设立了多个情报"办公室"，它们的活动经费预算在 1812 年就逾 10 万基尔德。[1] 正如拉德茨基所指出的那样，这些活动的结果"微不足道"。陆军中将赫斯于 1843 年着手创立第一个"情报部门"。他真切地体会到了奥地利人在联盟战争期间军事情报的极度贫乏。

1850 年，这个情报部门并入"皇家中央军事行动档案馆"，并于同年 12

月 22 日转变成一个独立机构，隶属于总参谋部。这个新的部门取名为军事情报局，并由陆军少校卡里克担任指挥官。出色的判断力和语言能力让他成了大家心目中指挥官的不二人选。在和平时期，这个部门的活动仅仅是收集一些外国军队的规模和构成等信息。维也纳战争档案馆中有一个这方面的早期例子，即有关英国军队状况的一份了不起的详尽报告。

卡里克领导这个机构长达 15 年。他不仅收到了以金币和银币形式支付的 2000 多基尔德，用于"特殊目的"，而且还得到了远在海外的奥地利外交家们的支持。这实际上就是在帝国的公使馆和大使馆里设置武官。但是这种支持却不稳定。例如，在 1859 年，因为与法国的关系进一步恶化，约翰·冯·洛文塔尔上校抵达巴黎，对法国的军事结构进行评估。但是负责评估的特工直到 5 月 13 日才开始进行，差不多是战争开始前的两个星期。从一开始，他的特工就被分成了有报酬的特工和所谓的"可靠"线人两部分。这些是奥地利在海外工作的爱国者，他们在没有物质奖励的前提下提供情报。

在 1866 年与普鲁士的战争中，他们所付出的努力要更加成功。在普鲁士准备进攻波希米亚之前，他们的一举一动都已提前传告给了奥地利人。然而不幸的是，仍然有一些"圣乔治骑兵"被普鲁士收买。

1871 年，卡里克以少将的身份退休，冯·霍芬格上校接管军事情报局。霍芬格将他的资源全部集中在意大利。随着征兵制度的引入，他也花了大量的精力专注于日益重要的动员时间问题。由于动员时间取决于铁路时刻表，因此奥地利总参谋部开始着手对这些路线的组织和效率进行详细的检查。这时，武官的工作就变得十分关键。他每年将进行多达 20 次的旅行，在此过程中对许多重要的铁路路线的精确距离和时间控制进行汇编，有了这些准确的信息就能更好地对付某一潜在的敌军。但是，意外收获常常会不期而至，例如有一份完整的意大利动员计划通过圣彼得堡一位老练的武官送到了维也纳。帝国与王室东方学院毕业的新一届外交家们，将填补日益增加的领馆人员空缺，并协助本国的军人。有一些人成了帝国晚期外交方面的杰出人物，例如布里昂男爵，他在出任驻莫斯科领事期间，情报局不得不限制他，免得他在收集情报时过于出格。就这点而言，另外一个卓有成效的领事就是华沙副领事朱利叶斯·品特，他曾于 1883 年至 1885 年间担任军事情报局的参谋。[2]

随着情报行动的不断增加，其他国家也纷纷开始投资情报收集装备。19 世纪 70 年代，奥地利帝国波兰地区（即加利西亚－罗德美利亚地区）的军事间谍活动变得十分重要，而这种活动也直接促成了帝国军事架构里第一个反间谍组织的建立。事实证明这一组织的建立极其有效，尤其是因为俄国人尚未将防范性的军事情报收集能力发展到一个新高度。数年后，即 1895 年之后，俄国人彻底改进了他们的整个情报收集系统，奥俄之间的平衡就此改变。

随着俄国针对奥匈二元帝国军事情报活动的发展，这导致哈布斯堡王朝的军事情报局与德意志帝国的侦察服务部门之间加强了合作。这一点在 1899 年得到了生动的验证，当时俄国间谍文策尔·马雷克窃取了奥地利加利西亚在普热梅希尔建立军事堡垒的计划，但他并不知道奥匈帝国与德意志帝国的两个部门合作到了什么程度，结果被诱骗到了德意志帝国的领土上，还没有来得及将所获得的情报转交给俄国，就被德国人逮捕并移交给了奥地利人。

马雷克的被捕很快引起了俄国的激烈反应。他们围捕了 29 个疑似奥地利特工的人，并于不久后将他们全部处死。弗朗茨·约瑟夫皇帝也在密切关注着军事情报局的行动，他在文件中详细注明道："必须妥善照顾好这些受害者的家人，绝不能让这样危险和需要牺牲自我的工作没有回报。"[3]不久后，一直效力于德国的格林姆上校被沙俄警察逮捕，这给奥地利军事间谍活动带来了相当大的负面影响，因为格林姆交代了奥地利和德国在情报共享方面的密切关系。

针对俄帝国的情报活动在进一步增加。奥地利总参谋部每年都会派两个军官前往喀山学习俄语，情形让俄国战争部部长万诺夫斯基备感惊恐，当被奥地利大使问及是否可以派更多奥地利人前往俄国学习时，他回答道："你这是在问我们是否应该把消灭我们的武器交给你们奥地利人！"[4]在德西迪里厄斯·克洛斯瓦利·德·克洛斯瓦尔以及后来的阿图尔·吉斯尔·冯·基斯林根的领导下，军事情报局加快了情报搜集工作，不仅针对俄国，还针对贝尔格莱德。1903 年，贝尔格莱德爆发了一起令人震惊的谋杀事件——该国的国王和王后被一群军官谋杀，于是该国王权从亲奥派奥布廉诺维奇王朝朝代转交给了亲俄派卡拉乔尔杰维奇家族手中。[5]

弗拉基米尔是阿图尔·吉斯尔·冯·基斯林根的弟弟，他曾在军队中获得较高的军衔并且在 1914 年成为驻贝尔格莱德公使。阿图尔·吉斯尔·冯·基斯林根深受皇帝的信任，是最早寻找到皇太子鲁道夫和他情妇尸体的人之一。传说皇太子被杀是特工们和乔治斯·克里孟梭（1841—1929）身边强大的法国势力共谋的结果，但一直没有被证实。人们更愿意相信皇太子是在迈尔林自杀的这一精心编造的神秘版本。直到 1982 年，齐塔皇后返回奥地利，她向作家埃里奇·菲格尔透露了整个事件中令人咂舌的细节，揭示了一种完全不同的解读。[6]

在 19 世纪 90 年代的最后几年里，一大批特工和领事馆进驻塞尔维亚。随着新世纪的到来，更多目标开始出现。1902 年，针对法国多年的意大利情报机构开始审时度势，将目标转向奥匈二元帝国。民族统一主义的宣传活动在的里雅斯特和特兰托进一步高涨，得到了身处奥地利港口城市加利的意大利领事的鼎力支持。[7]

意大利军官开始频繁走访奥地利边境区域，有些甚至被短暂扣留。从 1900 年至 1907 年，一大批间谍受审的事件让维也纳公众深感震惊，因为这表明了在看似平静的表面下，欧洲各国之间的紧张局势在不断加剧。与今日一样，情报活动的强度也是政治环境的风向标。总参谋长康拉德对此的反应是不惜一切代价都要一战。在和艾伦塔尔之间进行的部门间激烈争论中，康拉德不幸出局。皇帝和弗朗茨·斐迪南大公均支持和平，康拉德也于 1911 年被解职。他被一位斯洛文尼亚无名小卒布莱修斯·申姆将军取代。但是巴尔干战争危机似乎证实了这个君主国家所面临的危险。1912 年艾伦塔尔的逝世为康拉德的回归铺平了道路。康拉德的重新上任也毫无疑问地加强了主战派的实力。

到 1913 年春天，政治局势急剧升温。第一次世界大战的爆发就像是安静明亮的天空中突然降下的雷雨，而这种说法一度流行，尤其是在英国。欧洲各国以及美国的政治家们都知道战争一触即发，并且规模也将是史无前例的。几乎没有人可以预知战争的持续时间，但它的爆发却是毫无疑问的。在局势高度紧张的 20 世纪，对于战争责任的争论使各国都在竭力淡化其对于未知恐怖事件的预知，但军事情报局所报告的事实证明这种目光短浅的行为是错误的。罗伯特·格雷夫斯曾在他著名的自传《告别一切》中指出，就连英国将军在 1912 年参观公立学校的军官训练团时也预测道，在 18 个月内将与德国展开一场战争。

巴尔干的紧张局势

两场巴尔干战争像暴风雨前的闪电一样照亮了人间的景象。到 1913 年，负责公共事务的人当中再也没有谁会诚实地假装未来仍是一片和平。在伦敦召开的大使会议通过建立一个独立的阿尔巴尼亚国而部分化解了冲突，但其他地方的迹象却很明显。所有的奥地利军事情报站都注意到了这些迹象：在白云石山脉的奥地利边境，意大利一侧沿边境线建造了大量的防御工事；意大利在大量扩建铁路。奥地利驻贝尔格莱德的武官奥托·吉利内克注意到，每一个塞尔维亚军官都希望能在弗朗茨·约瑟夫死后入侵波斯尼亚。1913 年 5 月 6 日，一份出自罗马尼亚外交官的报告送交至军事情报局的维也纳总部。这份报告透露，塞尔维亚的某些圈子希望将俄国卷入到这场"伟大的欧洲战争"当中，从而瓜分哈布斯堡帝国的斯拉夫省份。

塞尔维亚首相帕西奇五个月前访问圣彼得堡时，曾要求俄方为这场"一触即发的战争"提供火炮和其他武器，并向俄国保证他将"牵制至少一个奥地利师"。欧洲其他地区都知道这些勾当，同时表面的常态以及暗涌的阴谋时时考验着整个王朝和它的高级官员们。表面上看，唯一明显的问题就是，几个星期前，一个年轻的侦察员纽斯塔德中尉在阿尔巴尼亚–塞尔维亚边境无故消失，结果正如人们担心的那样：他已经死亡。

在维也纳的其他人不再抱有任何幻想。斯蒂芬·茨威格回忆起 1914 年年初在维也纳街头偶遇诺贝尔和平奖得主贝尔塔·冯·苏特纳时他那惊恐的神情，她警告茨威格说，战争一触即发，所有军事装备也正在"无情地启用"。"但人们却还不知道是怎么回事！"她几乎是冲着他尖叫。[8]

在阿尔卑斯山另一侧的罗马，教皇庇护十世清楚地认识到，欧洲将被一场可怕的战争吞没。1913年，他警告一个被吓得目瞪口呆即将离开的巴西大使："一场可怕的欧战将会在1914年年底前来临。"[9]庇护十世预料到战争将给维也纳造成较为严重的后果。他的国务大臣梅里·戴尔·瓦尔枢机主教，承受着巨大的时间压力与塞尔维亚签订了一个历史性协定，此时距离1914年斐迪南大公遇刺事件不到一个星期。毫无疑问，梵蒂冈与德国和奥地利军界都有千丝万缕的联系，它似乎早已知道巴尔干火药桶即将爆炸，并一直坚信这场战争将对塞尔维亚有利。两年前，罗马教皇曾告诉无比惊讶的齐塔公主，说她丈夫将代替弗朗茨·斐迪南成为奥地利的下一个皇帝。

在英国，就连爱德华·格雷爵士也意识到了即将发生的事情。他在外交部的首席顾问阿瑟·尼科尔森，是所有仇德外交家之首。早在1909年他就曾警告说，英国对德意志帝国将要扮演的角色与100年以前她对法国拿破仑时期所扮演的角色相同，同时也和她200年前对西班牙扮演的角色相同。[10]

虽然格雷爵士并不认同尼科尔森的观点，但至少6个与他经常接触的高级外交家完全支持这一观点。[11]

这些人都身居要职，其中包括：艾尔·克劳、戈申、伯迪、卡特赖特和哈丁。他们中的大多数都把自己的地位和职业晋升归功于同是仇德主义者的爱德华七世以及其与皇室的联系。驻伦敦的奥地利武官只能密切关注英德关系的恶化。到1914年年初，格雷才确信即将到来的战争将涉及皇家海军和俄帝国舰队之间的会谈，主题是建立两军在波罗的海的合作，共同打击柏林。这些和其他不易泄露的会谈内容被一个德国间谍泄露给了媒体，使得平时正直而且临危不乱的外交大臣都不得不在议会质询中采取十分罕见的逃避态度。[12]

在德国，这种不可避免的摊牌的感觉更加强烈。德国总参谋部十分关注俄国铁路系统扩建计划，但是柏林认为来自英国的威胁更大，其中爱德华七世

霍德利卡说，作为武官他并不听命于军事情报局，而是直接接受战争部部长的领导："如果你不重视我的判断，我将下楼亲自把信息呈交给部长，并建议立即监视总参谋部。"

听到这番话后，霍德利卡做出了让步，力劝斯班诺奇不要那么草率行事。军事情报局将对指控进行调查。他本人不会直接参与，但他的副手将收集所有细节并将其汇编成一份报告。他随即传唤自己的副手，一个穿着总参谋部绿黑色天鹅绒军装的矮胖军官立刻走进了办公室。

"你认识雷德尔上校吗？"霍德利卡问斯班诺奇，"你可以把你知道的一切告诉他，他是我们最好的军事反间谍专家。"几分钟后，斯班诺奇在雷德尔的办公室坐下来，将温德姆的消息告诉了雷德尔。斯班诺奇后来回忆道："雷德尔满面通红，两眼望着一个文件柜，说已经收到我的所有报告并进行了仔细的整理归档。他的这番话完全是牛头不对马嘴！"[22]

但是斯班诺奇伯爵一点也没有怀疑这位声名鹊起的上校。雷德尔让斯班诺奇在他秘密调查期间"守口如瓶"。几天后，斯班诺奇返回了圣彼得堡，却突然发现他不得不处理许多批判他行为的报告。一场奇怪的阴谋逼近他，不到六个月，他被简短地告知要返回自己的团。当斯班诺奇质疑这一点时，他却被告知，像他这样的下级军官不适合作为军事代表前往俄国这样一个重要的国家。一位将军或者至少是一位上校将取代他的职位。

从一开始，斯班诺奇就意识到自己的行为得罪了军中的一些强权人物，但他从来没有怀疑过雷德尔。相反，他觉得"一本正经的"霍德利卡以及他那"没有吸引力的名字"更应该为此事负责。这是一个社会紧张局势影响服役的例子。在这个例子中，一位任性的伯爵骑兵与一位谨慎的情报官之间的矛盾比以往更为尖锐。这位骑兵的先辈们曾参与霍亨林登战役，而那位情报官则有着一个丑陋的名字。

在这场争论中，皇帝自然会支持斯班诺奇。弗朗茨·约瑟夫皇帝果然拒绝在召回斯班诺奇的命令上签字，这让雷德尔深感不安。就在这时，俄国驻维也纳的武官米特罗凡·马申科上校因为涉嫌间谍活动被抓，并被要求离开维也纳，这对雷德尔而言真是幸运之极。雷德尔开始把斯班诺奇也间接地卷入这场丑闻当中，他的这种冷酷无疑是源自对自己命运的担忧。他深知，俄国人在召回马申科之后，必然会对奥地利驻俄国大使馆的活动高度敏感。于是，雷德尔安排斯班诺奇按照指示找到关于征兵估量的"确凿证据"。"官方"数字也需要进行"确认"。

斯班诺奇安排约见一位名叫恩琴·斯腾伯格的记者，这个记者来自波罗的海地区，是一名日耳曼贵族冒险家。两人见面时，斯滕伯格要求对方支付200卢布。斯班诺奇早已处于俄国秘密警察的监视下，此刻又中了一个简单但众所周知的小圈套。斯滕伯格仅仅在他的笔记本中记录着："今收到来自斯班诺奇伯爵的200卢布。"当警方抓住斯滕伯格时，这位奥地利武官在俄国的职业生涯也就此终结，他被要求离开此地。斯班诺奇完全可以质问，俄国当局是如何恰恰在此时锁定的。

两年后斯班诺奇才知道答案。在这期间，雷德尔上校获得晋升，并被调往布拉格。没有任何电影、戏剧和书籍记录了雷德尔上校的职业生涯。只有一点很清楚：在1914年之前，他向俄国军事统帅部提供了所有关于奥地利对阵俄国的详细内容，甚至还有可能包括奥地利针对塞尔维亚的部署。后者则是英国军事情报机构最感兴趣的内容，他们从1909年开始，花了大量资金查找其具体内容。[23] 尽管奥地利计划后来有所改动，但这个巨大的情报宝库从1914年战争初期开始就给俄国军队带来了明显的优势。

雷德尔的背叛

雷德尔事件的重要性在于，俄国人在掌握了这些情报之后，看到了哈布斯堡王朝军队的种种弊端：配备相对较差，又因民族矛盾而四分五裂，完全没有准备好应对一场大型的现代战争，尤其还面临着两个敌人。

出卖给俄国（以及法国和意大利）的军事计划足以致命。1913年提交给奥地利议会议员的列表仍然让人看了之后不寒而栗：

1. 帝国和皇家陆军完整的战斗命令，包括战争爆发时所有驻军力量的具体细节；

2. 俄国边境沿线的弹药仓库概述；

3. 俄国边境沿线所有军事防御工事的武器配备细节，包括普热梅希尔；

4. 总参谋部对 1909 年军事演习的评论，尤其针对某些团的素质和装备的质量；

5. 关于奥匈帝国对阵俄国、塞尔维亚以及意大利的全面而广泛的调军计划细节。

除了这些文件，俄国境内现有的和潜在的奥地利间谍，在雷德尔的帮助下很快被暴露并处以死刑（尤为令人瞩目的是，他们当中就包括那位主动提出为斯班诺奇效力的俄国年轻军官）。

怎么会出现这种明目张胆的间谍案呢？雷德尔的职业生涯犹如流星般短暂而辉煌。1864 年他出生在伦贝格，家有兄弟姐妹 7 个，父亲是一名下级铁路官员。他还在卡尔图济地区靠近布隆的摩拉维亚士官学校学习时，就已经展示了自己的能力。1892 年，他以优异的成绩完成了培训，成为获准进入久负盛名的战事学校或总参军事学院的 25 位士官学员之一，总参军事学院专门培养初出茅庐的参谋人员。而此时，参谋们与柯尼希格拉兹之战余波下建立起来的德国总参谋部成员享有相同的声誉，拥有同样高超的才能。只有具备良好的语言天赋和过硬的马术技能才有资格穿上那套有着黑色丝绒镶边的绿色军装，这是参谋们独一无二的特权。雷德尔具备上述才能，他是哈布斯堡王朝里社会流动性的又一个明证。

一份时间为 1891 年的病历曾有关于梅毒的记录，当时病历上说雷德尔的感染并不致命。但实际上，医生犯了一个错误。梅毒影响了雷德尔的心脏，到 1913 年他已病入膏肓，所剩时日不多。

但在这个阶段他却受到了高度的重视。他在伦贝格的成长经历让他很快便掌握了斯拉夫语言，且不久后就在参谋学院里派上了用场。总参谋长贝克对雷德尔这位年轻军官给予了强有力的支持，雷德尔后来也因此成了每年派往喀山学习俄语的两位军官之一。俄国当局对于这些军官的到来了如指掌，雷德尔在俄期间很显然一直被密切监视着。由于在情报方面有天赋，他自然成了军事情报局的一员。

直到1901年，雷德尔才被沙皇秘密警察组织奥克拉那中一位神出鬼没的人吸收为俄国间谍。人们通常叫他普拉特先生，他与许多俄国间谍一样，来自波罗的海地区，说一口标准的德语。他成为俄国在维也纳地区十分有价值的特工。他的任务是在奥地利军队中招募长期特工。他是否如一些资料所显示的那样，以雷德尔与一名男性军官的恋情为要挟，抑或是雷德尔自愿为他服务，这仍是一个值得商榷的问题。最新的研究则偏向于后一种猜测。不管怎样，俄国在敌人心脏中有了一个顶级特工。1912年，雷德尔调任布拉格第八军团的参谋长，俄国人便开始获得丰富的消息和资源。雷德尔将调军计划、作战指令以及军队意图的全部文书仔细拍好照，然后将其转交给俄国人。在1914年前不到一年的时间内，任何一个国家都没有如此多有价值的军事情报被出卖。俄国深知大战一触即发，于是更加得寸进尺。这位布拉格参谋长也的确没有让人失望。

同时，他也获得了大量的金钱，这使他能过上富足的贵族骑兵军官式的生活。雷德尔显然不是"和参谋一样穷"的人，但他的健康状况不是很好，而且他一定感觉到自己可能时日不多。金钱和奢靡的生活方式进一步加速了他的衰落，与众多特工一样的是，他开始变得粗心大意、洋洋得意。1913年4月初，一封盖着柏林邮戳的信送到了维也纳邮局的待取邮件区。六周的保存时间期限已到，这封信被退回给柏林邮政当局，邮局的工作人员具有普鲁士人特有的细致，将信封小心翼翼地打开，试图找到寄信人。

信封里面装有6000克朗纸币和两个地址，一个在日内瓦，另外一个在巴黎。这两个地址都因与外国间谍有瓜葛而被普鲁士官员熟知。沃尔特·尼古拉少校是德国军事情报局新上任的局长，他立即将他的发现告知奥地利军事情报局中的同行。该间谍显然一定在维也纳，或者至少正在访问奥地利首都，情报局费劲心血设下了一个陷阱，只等他或她来取信。原先的信封已被破坏，因此他们买了一个一模一样的信封并将其交给德国人，让他们邮寄。

5月25日，正当奥地利人想要放弃寻找间谍时，一个衣着便服的人出现在他们的视野里，他把那个信封连同另外两个一起取走，另外两个信封的收信人为"尼康·尼泽塔斯"。三个维也纳密探跟踪这个人来到了史蒂芬广场，却在这儿把他跟丢了，那个人上了一辆出租车，扬尘而去。这在1913年是相当罕见的一个事件。

雷德尔上校被捕以及他的财产清算

侦探记下了汽车的车牌，并等着车子返回。10分钟后车子果然开了回来，密探们开始盘问司机。司机说那位乘客要求被送往克罗姆瑟饭店。车内还落下一把小刀刀鞘，乘客就是用它打开了信封。侦查人员立即动身前往克罗姆瑟饭店，到了以后他们询问接待员，刚刚乘坐出租车到达的是哪位，接待员惶恐万分地回答说："是布拉格军参谋长雷德尔上校。"现在轮到密探们惶恐万分了，正当他们想极力说服自己是否弄错了时，雷德尔出现了。其中一个反应敏捷的密探侦查人员拿出刀鞘问雷德尔是否丢失了这样一件物品。当得到他肯定的回答后，所有的疑团就全部解开了。

两个侦查人员盯住饭店入口，另外一个则负责电话通知警察局的政府顾问盖尔。盖尔听完汇报后惊恐万状，立刻打电话给军事情报局的荣格少校，荣格一直在密切监视这个案件的进展。他回忆说："当时我足足沉默了两分钟。那位军情局的前成员，那位曾经见证过许多间谍遭审判的人，真的会是一个叛徒吗？"[24]荣格迅速采取了行动。他首先通知了正在环线旁大饭店进餐的总参谋长康拉德·冯·赫岑多夫。康拉德对此也感到十分震惊，但他本来就是一个出了名的缺乏想象力的人。对待这个案件，他采用的是典型肤浅的家务管理方式。他明确地告诉荣格，不能让雷德尔活到第二天。

荣格在一些其他军官的陪同下，直奔克罗姆瑟饭店等待雷德尔回来。但是，当他们进入雷德尔的房间时，发现他身穿睡衣，正准备用一根绳索结束自己的生命。雷德尔看上去十分绝望。他坚持要与荣格单独说话，其他官员在隔壁房间等待。雷德尔向荣格坦白了他从1910年至1911年为不同外国政府提供间谍服务，但他没有提及奥地利调军计划，而是将重点放在与后备军人有关的技术细节。他没有间谍同伙，按照荣格的说法，因为他"在这个行业已经有足够长的时间，他深知同伙其实是一个优秀间谍的终结者"。最后，"雷德尔请求给他一把左轮手枪"。[25]

这时候，另一位军官乌尔班斯基上校来到了荣格身旁。荣格问雷德尔是否自己有手枪。当雷德尔予以否定并且再次"可怜巴巴地"请求给他一把左轮手枪后，接下来发生的又是一种典型的奥地利式场景——悲剧和喜剧的元素被尖锐地安排在一起。在场军官没有一个人随身携带配发的自动手枪。在维也纳，自尊心很强的奥匈帝国军官都不会随身携带手枪。于是荣格穿过维也纳去赶一趟开往战争部的有轨电车，想在战争部某个保险柜里找到一把最近刚刚问世的勃朗宁自动手枪。此时，这位已经被定罪的犯人写了一封信给布拉格军团军长吉斯尔——吉斯尔曾是他在军事情报局的同事。他还写了另外一封信给吉斯尔的弟弟，时任奥匈帝国驻贝尔格莱德的公使弗拉基米尔。信的内容没有传下来，但和第二年贝尔格莱德所发生的事件一定有着千丝万缕的联系。接近凌晨1点时，附近的中央咖啡馆正准备打烊，此时荣格带着勃朗宁自动手枪回来了。维也纳的夜晚一片寂静，年轻的阿尔菲·克拉里伯爵在外面玩乐了一个晚上后游荡着回家，他一定注意到了饭店周围站着沉默且漫无目的的军官们。[26]

一个小时不到荣格就回来了，将那把手枪放在雷德尔房间的桌子上，然后走出了饭店。凌晨5点，距离在维也纳邮局领取那封至关重要的信才过去12个小时，一声枪响打破了平静，在接待区等候的一名军官应声冲上楼检查房间。他发现门是开着的，雷德尔上校倒在地板上，他饮弹自尽了。外面的军官们僵僵地站在那儿，脚后跟一碰，然后敬礼，最后静静地离开了饭店，消失在茫茫夜色中。

想要隐瞒总参谋部一个如此位高权重军官的死亡几乎是不可能的。太多人知晓这个秘密，因此很难守住消息，而且在处理雷德尔背叛的方式上也颇具争议。斐迪南大公得知此事后震怒。不仅因为自杀事件违背了他严格的天主教背景，而且他也质疑，为什么可以详细质问雷德尔叛变细节的机会就这样丧失了。这已成为他和康拉德之间又一个争执的焦点。

斐迪南大公的批评并没有引起军事内阁的注意。1914年1月初，弗朗茨·约瑟夫皇帝将著名的利奥波德勋章别在了乌尔班斯基上校的军装上，这标志着雷德尔一事就此结束。即便如此，一个星期后，叛徒的个人物品在布拉格被拍卖，一个仍装有胶卷的相机被一个男学生买走并冲洗了出来。令他惊讶的是，相机里有一份由王位继承人下达给布拉格军团军长的命令副本。当他把这份副本展示给一个野心勃勃的年轻记者埃贡·欧文·基希看时，记者马上意识到这将会是一则独家新闻，这则新闻诱发了一件丑闻。[27]

奥地利《笨拙》报上的最新文章令弗朗茨·斐迪南大发雷霆，他于1月19日电告战争部长，称他希望严惩那些对拍卖雷德尔遗物这一轻率之举负有责任的人。对雷德尔给帝国军事计划带来的破坏所进行的分析仍在秘密进行。毫无疑问，雷德尔的背叛给奥匈帝国的军事安全和声誉造成了巨大的伤害，但不管是君主政体的毁灭，还是1914年最初的败仗，都不应该归因于他。

可以说，他出卖的最重要的军事情报就是一旦与俄帝国交战时奥地利的调军和防御计划，但这些信息已部分失效。奥军拟订了一个新计划，这改变了北方集团军右翼的位置，他们不再在桑河和德涅斯特河背后集结。俄国将军丹尼洛夫后来写道，在调军时，奥地利人并没有出现在我预想的位置。[28]但这对奥地利人来说没有一点好处。

事实上，当战争爆发时，即使是雷德尔担任参谋长的第八军，也将从俄国前线转到塞尔维亚前线作战。A.斯维钦是苏联的一名将军和战争学教授，他曾在1914年服务于俄帝国统帅部。他后来写道，虽然一开始他们依靠雷德尔出卖给他们的计划取得了巨大的成功，"但同一年奥地利统帅部对这些计划所做的改变让文件变得令人困惑，如此一来，文件并没有帮到我们"。[29]这种说法带有误导色彩，因为俄国的快速调军以及其军队的优秀表现都证明他的这一评论是错误的。俄国早在1914年2月就已经调动一些作战单位。[30]

在政治层面上，雷德尔的信息给了俄国军队信心。虽然冯·格奥尔基男爵领导的内部调查部当时予以坚决否定，但有些关于德国的信息似乎也被出卖了。值得注意的是，雷德尔不仅仅效力于俄国。意大利人和法国人也一直给他提供经济支持，就法国而言，他们一定会寻求有关东部或南部战线军队具体部署的军事情报。[31]

我们可能永远不知道德国总参谋部著名的"施利芬计划"是否是雷德尔传到了伦敦和巴黎的。这项计划直接促成英国在 1914 年加入战争。温斯顿·丘吉尔在他的回忆录里强烈暗示，"施利芬计划"早在战争开始前就落入了协约国手中。[32]

雷德尔事件的后果

无论卖国程度的大小，雷德尔事件都激起了民族与社会不同阶层之间的对立，而这又随着时间的流逝开始影响到军队。匈牙利日报《布达佩斯报》在 1914 年 6 月 3 日的报道中写道："雷德尔事情不能被看作是一桩私事。雷德尔不是一个人，而是一个系统……在他的系统中，缺乏对这个不幸的君主制国家的爱国主义情感，这被视为最具有武德的体现……这位奥匈帝国的士兵没有祖国。"[33]1910 年奥地利《军事年鉴》中的一张表格显示第一次世界大战前夕奥匈帝国的武装力量包含了多少不同民族。[34]

社会紧张局势也在雷德尔事件中找到了发泄口。斐迪南大公的观点通常比较保守，受他的启发，新一轮关于军官阶层社会起源的辩论再度兴起。难免会有人认为雷德尔的卖国行为是他的平民出身在作祟。对于那些凭借才能或者战场上的英勇表现而得到晋升的军官而言，雷德尔威胁到了那些非贵族出身的军官所获得的荣誉的可信度。

这种紧张情绪不可避免地影响到了公共安全网络。就在《布达佩斯报》刊登上述文章的同一天，奥匈帝国的所有省辖市都按指示建立了一个反情报局，并受维也纳警察局管控。随着民族间关系越来越紧张，有一类曾经在帝国和皇家军队中发挥过重要作用的人群，受到了日益强烈的德意志民族主义以及尖锐的反犹太主义的威胁，这类人群便是犹太人。

1868 年引进了义务全民征兵制以后，加入帝国和皇家军队的犹太新兵数量稳步上升。1872 年，军队中犹太士兵的数量预计为 12471 人。到 1902 年，这个数量增加至将近 6 万。[35]

在军中的医疗队和行政管理部门等特定领域，犹太人的比例比较高，但如果你认为他们不会出现在线列步兵团中，那就大错特错了。实际上该团里犹太人的数量略高于平均水平。他们的语言能力以及对军队指令语的了解十分符合做军士的要求，因此很抢手。1886 年，第 5 军炮兵团里 38 个候选士官中就有 26 名是犹太人。从这些数字我们可以清楚地了解到，在当时帝国和皇家军队中，反犹太主义的现象比其他任何欧洲军队都要少，而且对犹太人进入军队是作为军官或士兵这一问题上没有正式的限制。[36]

这种开明的态度与那些非军方行业对待犹太人的态度形成鲜明的对比。1910 年，犹太人莫里茨·弗吕林写道："在所有其他部门中，奥地利军政部门是唯一一个对犹太人居民施以真正现代和开明态度的部门，这是他们的荣耀。"[37]

弗朗茨·约瑟夫皇帝对德意志民族主义者一直持怀疑态度，对乔治·冯·舍内勒和卡尔·鲁伊格的反犹太人言论深感不安。卡尔·鲁伊格在担任维也纳市长时把反犹太主义当作一种政治工具。鲁伊格当选市长后，有将近一年的时间没有得到觐见皇帝的机会。当弗朗茨·约瑟夫终于同意接见他时，他摒弃了老套的祝贺形式，站着迎接鲁伊格，这给惊讶不定的鲁伊格上了一课，说明反犹太主义的罪恶。当后来被问及皇帝如何接见他时，沮丧的鲁伊格把皇帝的话告诉了惊讶的听众："我不想看到维也纳出现虐待犹太人的情况！请给予犹太人以和平和安宁！"[38]

亚瑟·施尼茨勒在他的回忆录中写道，在他看来鲁伊格并不是一个十足的反犹分子。相反，鲁伊格在维也纳是很多犹太家庭的常客，包括施尼茨勒家。只不过他无情地利用反犹太主义作为赢得选票的政治武器。[39]关于军队

中的犹太人，弗朗茨·约瑟夫则更是支持有加。正是由于犹太人在 1878 年的
几场战斗中表现得十分英勇，弗朗茨·约瑟夫才觉得反犹太主义与他的想法背
道而驰。这位皇帝曾在 19 世纪 80 年代评论说："有 3 万多名犹太士兵在我们
的军队服役。许多欧洲小国家很希望自己的军队中能有这么多士兵。"[40]

在军队里，反犹太主义事件十分罕见，许多犹太军官证实，即使是那些
有泛德意志态度的军官也很少会在工作中表现出对犹太人的偏见。但也有一个
臭名昭著的事件，即弗里德里希大公曾阻止他所指挥的第五军旗下骑兵部队的
一名犹太军官升迁。当然这些都是个别事件。整体来说，帝国和皇家军官都很
清楚，自己肩负的职责远远高于当时民族主义这样的小问题。正如 1619 年那样，
他们并不效忠于任何特定民族或信仰，而是效忠于王朝。

荣誉法则与决斗

"更高忠诚度"在军队荣誉准则方面体现得最为明显，被称为"荣誉法
则"。最终执行的手段不是军事法庭，而是决斗。在 19 世纪 90 年代末，尽
管大学里的犹太人仍未获准拥有所谓的"决斗能力"，但在军队的犹太人和其
他军官一样要应对这种决斗。

这方面有很多记录在案的实例。在某些情况下，如果竞争者双方想保留住
自己的军衔的话，那就不得不诉诸决斗。例如，在精英龙骑兵第 2 团里，一个
士官因为犹太军官没有给予他"满意"的评价而对其辱骂，因为他认为犹太人
不配参与决斗，这其实是当时许多学生联谊会的共同态度。维也纳骑兵师师长
威廉·格莱德听到这个消息后，亲自给学员作了一次演讲，他强调军校的犹太
学员应该和其他非犹太学员一样受到同等的尊重，并且下令决斗必须在 24 小时
之内进行。在这次决斗中，两人均被送往医院治疗了几天，但很快这件事就被
遗忘了。[41]这起涉及一名犹太军官的决斗事件后来因施尼茨勒的《辜司特上尉》
和约瑟夫·罗斯的《拉德茨基进行曲》这两部作品而永远为后人所知。[42]在另
一个场合，皇帝亲自调停了一场关于犹太军官是否有资格成为赛马俱乐部成员

的争论。

到 1914 年，所有的预备役军官中有将近 18% 是从大学里选拔出来的犹太人，到世纪之交，大学里已有近 21% 的学生是犹太人。他们认为，那套全年大部分时间都挂在衣柜里的束腰外套才是祖国接纳他们的根本标志。在帝国生活的许多领域，更极端的反犹太主义形式根本不占上风。犹太军官在匈牙利地方防卫军中所占的比例甚至更高。这个数字与欧洲其他军队里犹太士官的数量形成了鲜明的对比。尤其是普鲁士，它曾在六年时间内拒绝约 3 万犹太人成为军官。骇人听闻的"德雷福斯事件"让法国军队士气低落，而这种事情绝不可能发生在帝国和皇家军队的任何地方。第一次世界大战爆发后，第一位为国捐躯的奥地利士兵就是一位名叫杜卡腾采勒的犹太人。[43]

但是，即使在 1914 年 6 月，第一次世界大战也仍然是一个推测。我们可能永远不知道，当时有多少人相信第一次世界大战的导火线会于 1914 年 6 月 28 日圣维特斯节这一天在萨拉热窝引燃。在大公夫妇动身前往萨拉热窝的两个星期之前，军事情报局迎来了一位名叫奥斯卡·赫拉尼洛维奇 – 切维塔辛的新局长。在接下来的日子里，他会非常忙碌。

第二十章　通往萨拉热窝的军事之路

　　有关弗朗茨·斐迪南大公遇刺的细节一直引发着史学家们的兴趣。但很少有人会注意到这样一个奇特的巧合：那天很多主要人物都身着奥匈帝国军官的制服。奥匈帝国军队对这起令人悲伤的事件的观点十分具有启发性。不幸遇害的斐迪南既是一名高级军官，也是王位继承人。如果弗朗茨·斐迪南不以军队总检察长的身份参加军事演习的话，他就不会出现在萨拉热窝。军事演习的邀请以及时间安排都是由总参谋部决定的。东道主是一位叫奥斯卡·波蒂奥雷克的高级军官，斐迪南大公的安全就掌握在他手中。在接下来几天的两个关键时刻，另一名官员——波蒂奥雷克的副官埃里克·冯·梅里兹——将扮演一个重要但不幸的配角。

斐迪南大公的行程

　　说来也怪，一张小纸片也许就是分析 1914 年 6 月那场大灾难的出发点。

然而，尽管人们对 6 月 28 日发生在萨拉热窝的事件有过许多论述，那些阴暗之事中很多令人毛骨悚然的内情都已展现在人们面前，但这份看似无害的文件仍然最让人不安。尽管斐迪南大公的行程表排版精美，字体漂亮，但其实他的萨拉热窝之行特别凶险，甚至完全可以算作第一次世界大战的导火线。在行程表上标注的 10 点 30 分至 11 点 30 分之间，大公的路线细节中有两次提到看似寻常的"爱普尔码头"。爱普尔码头是萨拉热窝市政厅和火车站之间米里亚奇卡河沿线一段较短的道路，紧挨河的一边，任何潜在暗杀者都能对目标的一举一动一览无余。不管是有心还是无意，官方行程表中针对路线和时间的安排都十分精确。为任何暗杀者都提供了他需要的所有信息，有了这信息他就能知道暗杀当天早上要隐藏至何处才能保证暗杀计划万无一失。这张简单的纸已经不仅仅是一个时间表，还是写在帝国军队信纸上给暗杀者的公开邀请函，更是大公的死亡执行令。

这次访问是军队组织的一个更大项目中的一部分。出于军人的周密性，行程副本中也保留了所有细节。在已印出的 187 份里，27 份送给了波斯尼亚－黑塞哥维那的总督，35 份被送往其他各个部委，8 份被分别发给帝国与皇家军队第 3 军和第 15 军的指挥部。剩余的 117 份于 1914 年春天送到了萨拉热窝。[1] 大约在 3 月中旬，其中一份行程表出现在塞尔维亚军事情报值班员的桌上，而塞尔维亚军方和塞尔维亚政府之间的危机这时正进入一个新的困难阶段。由亲俄派政治家尼古拉·帕西奇领导的塞尔维亚政府，正设法削减塞尔维亚军队的战斗力或者大大削弱军方对政策的影响。[2]

邀请斐迪南——当时他的新身份是军队总检察长——参加波斯尼亚演习时并没有什么异常。但是在大公和其参谋长康拉德·冯·赫岑多夫关系不断恶化的情况下，这项邀请就显得并不寻常了。他俩第一次传出不和是 1913 年 10 月下旬，不久康拉德与弗朗茨·斐迪南发生一次激烈的争吵，并提出了辞职。事实上这次争吵已经酝酿了几个月，部分原因是康拉德坚持认为哈布斯堡王朝军队必须为即将到来的与塞尔维亚以及俄国的战争做好准备。加上大公在演习期间没有和康拉德商量就下令部署一些军队，于是言辞激烈的争论就开始了。

大公甚至严肃地威胁康拉德说，如果他一再坚持他的想法那就会"落得和华伦斯坦一样的下场"。[3]

弗朗茨·斐迪南的军事档案馆的负责人巴尔多夫上校后来回忆道，在1913年2月的前几个月，他曾尝试推动康拉德对与塞尔维亚和俄国之战的各种建议，但是都被大公制止：

我才刚刚说完，弗朗茨·斐迪南就当着妻子的面大发雷霆："康拉德的想法太疯狂了！和俄国打仗我们就完了。如果我们进攻塞尔维亚，俄国也会支持它，我们与俄国同样会有一战。难道俄国沙皇和奥地利皇帝应该互相推翻，为革命开路？告诉康拉德，我坚决反对这方面的任何进一步建议。"[4]

巴尔多夫回忆起这次交流："我后来一直记得这个场景。"

然而大公的这些观点在柏林非但没有被忽视，反而在当地军事界引发越来越多的关注，因为德国人正在策划一场针对俄帝国的战争。大公被任命为军队督察，这个职位比阿尔布雷希特大公时期更重要。在战争期间，弗朗茨·斐迪南可以行使至高无上的指挥权力。[5]冯·施里芬这样的德意志帝国将军也对大公的亲俄倾向表达了关切。他在某天特别严肃地向一位神情惊诧的奥地利武官约瑟夫·施图尔克伯爵宣称："你们的王位继承人真的对俄国人十分友好。"[6]

半年后一场更加激烈的争辩再次来袭。康拉德写信给他的情妇吉娜·赖宁豪斯说，辞掉那个让他举步维艰的职位后他感到"十分宽慰"。但几天后，斐迪南大公又是亲自道歉又是恳求，终于说服康拉德继续留任。两人看似在对塞尔维亚采取军事行动的问题上求同存异。一个月后，关于军事演习的邀请工作就正式交给了与康拉德长期共事的奥斯卡·波蒂奥雷克中将。他是两省的总督，在和康拉德进行商量后把邀请函分发给了不同的地方。

奥斯卡·波蒂奥雷克

波蒂奥雷克是一个神经有点过敏的隐秘单身汉，同时有压抑的同性恋倾向。1906 年，他在竞选总参谋长时以第二名的成绩落选，而康拉德则在得到大公的支持后被任命。波蒂奥雷克勤奋、上进且忠于职守，这让他对于大公的任命感到愤愤不平。未能获得最高职位使他变得更不愿与人来往，易怒且更加厌恶女性。他最终接受了波斯尼亚的职位，这算是一个宝贵的安慰奖，但就连皇帝都怀疑一个如此厌恶女人的人是否可以胜任这样一个敏感的职位。

把斐迪南大公的军事计划与对萨拉热窝的"民间"出访联系在一起，这个想法就来自波蒂奥雷克。此举可以让他"前线"的军队获得巨大的知名度。这个想法也十分吸引斐迪南大公，因为这让他能在妻子的陪同下有机会对所辖省份有更多的了解。哈布斯堡王朝首都刻板的社交礼仪规定经常让斐迪南大公的妻子处于尴尬的地位，因为她和大公门不当户不对。

女伯爵索菲·霍泰克出身于一个古老而辉煌的波希米亚家族，但它不属于哈布斯堡皇家典范认定能够与皇室联姻的家族。弗朗茨·斐迪南不得不承认妻子的出身不适合作为未来哈布斯堡皇帝的夫人。他被迫签署了一份贵贱婚约，这份婚约规定不论是他的妻子还是他的孩子以后都不能享受哈布斯堡王朝其他家族成员所拥有的任何权利或特权。而且即使弗朗茨·约瑟夫于 1909 年将她破格提升为公爵夫人，但在所有宫廷仪式上，她只能排在最年轻的大公夫人后面，离她丈夫很远。这些严酷的限制由宫廷大臣蒙特诺夫亲王强制执行。他本人也是和纽伯格家族贵庶通婚的后代，所以他对任何违背婚约的行为都十分敏感。这样的规则像是一直扎在斐迪南大公身上的刺一样。然而，有人说他前往萨拉热窝只是想炫耀他的妻子，这显然过于夸张。[7] 6 月 28 日公爵夫人陪同丈夫一同前往萨拉热窝的原因只有一个：她担心丈夫的安全，并且认为自己陪在丈夫身边会让他安全一点。[8]

事实上，这些担心并非空穴来风。尽管在 1878 年占领波斯尼亚和黑塞哥维纳后，奥地利在这里的行政管理堪称典范，但是这两个省份依然容易受到邻近塞尔维亚的影响而失稳。1903年，塞尔维亚的亲奥统治王朝奥不良诺维奇家族在一场暴乱中被塞尔维亚军官杀害，随即上台的是亲俄的卡拉乔尔杰维奇家族。他们大力地推行"大塞尔维亚"的扩张政策，并和俄国保持更加紧密的联系。俄国在1904年至1905年的日俄战争中告败，俄国的注意力从亚洲转移回了巴尔干半岛地区，开始全力鼓动巴尔干半岛的斯拉夫国家削减土耳其人和哈布斯堡王朝的影响。

巴尔干地区的奥俄之争

由于英国外交大臣爱德华·格雷爵士在1907年通过谈判达成了英俄条约，因此，伦敦在该地区越来越多地支持俄国利益。1906年至1910年，受英国驻圣彼得堡亲俄分子阿瑟·尼科尔森大使的怂恿，英国外交部越来越多地通过俄国的眼睛看到巴尔干。在1908年至1909年间那场吞并波斯尼亚－黑塞哥维那的危机中，爱德华·格雷爵士全心全意支持俄国的观点。吞并危机激怒了俄国的民意，但由于危机发生在俄国败给日本之后不久，因此沙皇的军队无法做出强有力的反应。此外，平庸的俄国外交部部长伊佐沃斯基完全不是奥地利外交部长埃伦塔尔的对手。俄国、塞尔维亚和格雷不得不让步。埃伦塔尔还逼迫塞尔维亚发表正式承诺，称"放弃对吞并的反抗和对立态度"，并和波斯尼亚－黑塞哥维那保持睦邻友好的关系，这无异于往塞尔维亚的伤口上撒盐。[9]

有一个举动反映了埃伦塔尔无情的外交风格。他向媒体发布文件证明俄国数月以来一直默许吞并方案，并表示伊佐沃斯基对奥地利的吞并行动提供了支持，以换取维也纳向俄国军舰开放通往黑海的海峡作为回报。埃伦塔尔口中的伊佐沃斯基显得无能而幼稚，这种屈辱伊佐沃斯基永远不会原谅。1914年的7月危机期间，作为驻巴黎的俄国大使，伊佐沃斯基支持即将来临的与奥地利的冲突，并称这是"我的战斗"。[10]

埃伦塔尔在外交上的才华使他赢得了较高的贵族爵位，皇帝为了表彰他的服务特封他为伯爵。但他的"胜利"是付出了极大代价后才得到的。塞尔维亚、俄国、伦敦和巴黎都增强了其决心，避免未来再次在舞会广场（奥地利外交部的所在地）遭到类似的外交惨败。这场危机的另一个令人不快的结果就是奥匈帝国和德意志帝国之间建立了更加紧密的军事关系。尽管以康拉德为代表的奥方和毛奇为代表的德方之间定期举行参谋会谈，但根据巴尔多夫所说，这些会谈仅仅局限在建立一支联合机动部队的年度谈话上。但是，老一辈奥地利军官对柏林的抱怨在 1906 年康拉德担任总参谋长后消失了。他上任后的第一个行动就是将针对德意志帝国的作战计划束之高阁。[11]

1894 年，俄国与法国结成了军事联盟。在吞并危机发生后，法国首都被鼓励进军塞尔维亚。到 1912 年 1 月，拉约什·温迪施格雷茨亲王被军事情报局派往贝尔格莱德执行一项敏感的军事侦察任务。他注意到那里，最新的防御火炮都是法国克鲁梭工厂生产的，而且大部分炮手都是穿着便衣的法国炮兵军官。[12]

1912 年 10 月，由塞尔维亚领导的巴尔干联盟在俄国外交和保加利亚的强烈支持下，袭击了半岛地区残存的土耳其势力。在黑山共和国和希腊的协助下，巴尔干联盟将土耳其人赶出了最后几个据点，包括阿尔巴尼亚的部分地区。康拉德闲暇时大都和一位已婚妇女吉娜·赖宁豪斯在一起，他曾预言这是"一场长期的斗争，土耳其最终会获得胜利"。这是这位奥地利总参谋长许多惨痛预言中的第一个。如果说爱情是盲目的，那么康拉德则是那个时代一位目光十分短浅的军事指挥官。他依旧从普奥战争或普法战争的角度来看待这几场巴尔干战争，而不是从更近、更相关的布尔战争和日俄战争的角度来看待它们。[13] 战争结束后，梅特涅的一句名言广为流传：欧洲病夫"不是在博斯普鲁斯海峡旁，而是在多瑙河边"。

巴尔干联盟是由精力充沛且令人敬畏的尼古拉斯·哈特维希男爵提供资金支持，在一定程度上说是他组织起来的。哈特维希从 1909 年起担任俄国驻贝尔格莱德的公使，他苦心孤诣地破坏奥匈二元帝国，并在俄国的支持下积极推动泛斯拉夫主义的发展。现在，随着第一次巴尔干战争的结束，反土盟国关系破裂，敌对情绪再次出现。在哈特维希的全力支持下，塞尔维亚才得以胜出。康拉德估计"保加利亚自己应该可以轻松地撑住",但是这个想法再次被证明是不切实际的。哈特维希的努力小有成效。塞尔维亚的面积和人口增加了一倍,无论是从地理、民族还是政治的角度来看,她都是插向奥匈帝国南方斯拉夫领土中心的一把匕首。正如哈特维希所指出的那样,"现在轮到奥地利了"。[14]

大公的军事经历:匈牙利的挑战

早在 1913 年,外交部艾伦塔尔的继任者利奥波德·贝希托尔德伯爵曾写道,与塞尔维亚之间的武装冲突不可避免。用现在的说法就是,针对塞尔维亚的遏制政策显然已经失败。[15] 因此,大公也知道萨拉热窝之行存在风险。有许多报道称,大公也知道可能有人企图谋杀他。[16]

大公树敌众多,难怪他相信这些敌人会设法消灭他。《新自由报》是维也纳最重要的自由主义报刊,它曾用典型的维也纳讽刺口吻形容他为"16 世纪真正的男人"。这句话当然不是在奉承他,而是在暗示大公显然有一种中世纪晚期的原始天主教徒的狂热特质。但是这些奥地利评论与布达佩斯对大公的冷嘲热讽相比要温和很多。布达佩斯很多匈牙利权贵都把大公即将继承王位的做法看作是对匈牙利当局的直接挑战。大公也毫不掩饰自己的意图,那就是解除由弗朗茨·约瑟夫在 1867 年缔结的协议。弗朗茨·斐迪南讨厌匈牙利人。套用泽尔宁的话,他就是"一个出色的仇恨者"。[17] 不知不觉,军队已经在滋长这种独特仇恨中起到了重要的作用。

当斐迪南大公还是一个年轻的骑兵中尉时,他被分配到一个匈牙利轻骑兵团中,这完全违背了他的意愿。弗朗茨·约瑟夫原本希望这种安排能将他侄子开心地介绍给匈牙利贵族。这个团本应是从匈牙利外部征募的"德意志"轻骑兵团之一。但是就连这个团中,也是匈牙利军官占多数,因此命令用语和团中所用语言均为匈牙利语。

因为没人愿意和他讲德语,弗朗茨·斐迪南大发雷霆。他拒绝讲匈牙利语，这使他无法和军队同僚建立亲密友情。他写了一份很长的备忘录给当时的总参谋长贝克，这封备忘录现在读起来仍像是一封感情洋溢的起诉书。他觉得在一支以德语为指令语的军队里竟然要忍受军官们使用另外一种专用语言，这对他的自尊心是一种莫大的伤害。

从 1909 年开始，大公的军事办公室开始制订"对付"匈牙利的计划，一旦弗朗茨·斐迪南即位，计划马上执行。这份所谓的"遗产/过渡"文件表明弗朗茨·斐迪南即将引发一场宪政危机，在必要时将采取"极端措施"迫使匈牙利人服从。[18]

大公一直相信可以把克罗地亚和罗马尼亚从匈牙利的统治下解放出来。他为即位后准备的对付野蛮好战的匈牙利人的策略十分简单：直到匈牙利修宪允许普选之后，他才同意自己被匈牙利加冕为国王。马尔扎是匈牙利王国的少数种族，因此普选的实行将彻底改变当时的形势。封建的马尔扎霸权将被打破。"遗产"文件显示，弗朗茨·斐迪南已经为与匈牙利人的武装冲突做好了准备。"这些年来，我们在军事领域语言方面向匈牙利人所做的让步都将作废。"[19]一项存在已久的惯例规定，即匈牙利军官只能在匈牙利团中任职，而这项规定也将奉战争部之命取消。到 1914 年 4 月初，一个关于将非马尔扎人作战部队派驻到帝国匈牙利地区的计划已被拟订。[20]这些计划旨在彻底摧毁弗朗茨·约瑟夫数十年来费尽周折建立起来的这一二元帝国的基础。皇帝其实比任何人都更清楚，在他的马尔扎团里抨击匈牙利语的使用是多么危险的一件事。难道这个问题不会违背 1867 年的"大妥协"？

皇帝的病

如果皇帝更年轻一点抑或身体状况更好一点，大公在 1914 年的计划可能会被忽视。但从 5 月初开始，皇帝患上了几乎致命的严重支气管炎。朝廷开始为最坏的结果做准备，大公的专列也在随时待命。一时间，仿佛弗朗茨·斐迪南真的可能会在月底即位。两周后，因皇帝康复，这种恐慌才结束，但是这件事却引起了大家的关注。

1914年5月底，另一件事也凸显了形势的不堪一击。大公夫人（也就是后来的皇后）齐塔回忆道，她和她的丈夫——弗朗茨·斐迪南的侄子、未来的皇帝卡尔——晚饭后独自陪着斐迪南大公在美景宫。突然弗朗茨·斐迪南转身对卡尔说："我有话要说，但我必须抓紧时间，因为我不希望被你阿姨听到。我知道我将很快被谋杀！那张桌上的文件和你有关。一旦发生什么事情立刻把它们拿走，文件是给你准备的。"[21] 弗朗茨·斐迪南本人陈述道，哈布斯堡王朝的皇冠确实是一顶"殉道者之冠，只有那些天生就是继承者的人才应该追求它"。他的这几句话比哈布斯堡王朝任何人说过的话都更真实、更有预见性。[22]

1914年6月来临，大公针对军队中的匈牙利部队制订了一些计划，这加剧了局势的紧张。严厉而清苦的匈牙利总理史蒂芬·蒂萨是一名加尔文教徒，他深信匈牙利在世界上享有特权。1912年，蒂萨成功地让匈牙利议会通过了军队预算。这可以说是一件将政治灵活性体现得淋漓尽致的举动，蒂萨因此获得了弗朗茨·约瑟夫毫无保留的支持。匈牙利国会每十年都会因为军事预算争论不休，老皇帝对此心有余悸，但蒂萨的巧妙处理给他留下了深刻印象。除了年轻时期强大的施瓦岑贝格亲王外，蒂萨是他见过的最强硬的政治家。

斐迪南大公和蒂萨

主要问题在于弗朗茨·斐迪南拒绝会见蒂萨。这是一种异乎寻常的事态，对未来的国王来说不是一个好兆头，因为它预示着下一位君主无法和其首席政治家进行良好的沟通。1914年3月，在的里雅斯特附近的米拉玛城堡，德意志帝国皇帝也试图说服大公接见匈牙利总理，但弗朗茨·斐迪南依然固执己见。柏林方面一直密切关注此事的进展，但却越来越失望。德国外交部部长戈特利布·冯·雅戈说，作为德国仅有的可靠同盟国，奥匈帝国日后的完整性将因为斐迪南大公而不保，除非大公同意和蒂萨共商权宜之计。[23]

蒂萨可以伴着小提琴独奏独自跳舞四个小时而不停，他也激情四射。他十分清楚大公对他和匈牙利的看法。他从多个渠道获悉，大公计划在他继位时发动一场反对匈牙利的政变。他警告说："假如弗朗茨·斐迪南在成为弗朗茨二世后动用军队对付我，我将发动一场反对他的国民革命，而我将笑到最后。"[24]

德国皇帝在米拉玛劝说斐迪南无果之后，要求奥地利大使请温迪施格雷茨亲王为这两位敌对者秘密安排一次会晤。这充分体现了柏林对这种僵局有多么担心。这次轮到蒂萨决不让步了。他拒绝这次会晤，理由是在这次会谈举行前必须获得皇帝的"正式许可"。最终在 6 月初，令柏林感到欣慰的是，蒂萨的合作者安德拉什伯爵被说服，开始与大公进行试探性会谈。然而会谈并没有取得任何进展，因为大公断然拒绝讨论马扎尔人在军队或宪法方面的立场。[25]

大公和蒂萨在匈牙利军队"改革"和马扎尔人特权等这些问题上存在重大分歧，这也反映了当时日益动荡的财政形势。两次巴尔干战争以及随之而来的危机都需要多次进行昂贵的奥匈帝国军队调动。这都大幅度增加了军费开支，并且也难以维持。军队预算给哈布斯堡王朝的经济造成了突然而有害的影响，尽管直到 1912 年，它的经济一直繁荣发展。股票突然下跌，公共债务飙升，奥地利向塞尔维亚以及巴尔干地区其他区域，进行经济渗透的计划只得暂停。1914 年帝国 2/3 的主权债务都是在 1912 年至 1913 年间形成的。[26]

柏林和奥匈帝国在塞尔维亚问题上的分歧

面对这种衰退局面，德意志帝国伸出了援助之手。铁路是波斯尼亚省现代化的关键，其建设不再受弗朗茨·斐迪南大公保护的奥地利住房储蓄银行的资助，而是由德国统帅部的经济部门——德意志德累斯顿银行——出资。德累斯顿银行和"四大 D"的其他成员——迪斯科岛银行、德意志银行和达姆施塔特银行——一起开始向通往东方的战略要道地区渗透。弗朗茨·斐迪南的奥地利住房储蓄银行被逐渐挤出欧洲东南部版图。[27]

第二次巴尔干战争的结局向柏林表明塞尔维亚是该地区的关键角色。从那一刻起，柏林与维也纳在对待塞尔维亚的态度上便产生了实质性的分歧。奥地利对巴尔干地区的财政和军事上的影响被忽略。这种态度上的分歧使奥德关系越来越紧张。贝希托尔德痛苦地向驻维也纳的德国大使切尔斯基抱怨，德国知道塞尔维亚给哈布斯堡王朝构成了致命威胁，却还在帮它，"我们还不如加入其他阵营"。[28]

1913 年年初，德国总参谋部和德意志银行抵制贝希托尔德在安纳托利亚南部开拓自己的势力范围。仿佛是为了进一步强调奥德关系的脆弱性，1913 年 9 月德意志帝国的军事演习期间，弗朗茨·斐迪南因不满德国统帅部对康拉德的热情接待而大怒。德国人希望大公能够出席这次演习，但出于对维也纳和柏林之间紧张局势的考虑，他高调地拒绝了这次邀请。柏林方面毫不气馁，他们在没有事先和大公商量的前提下邀请了康拉德，这进一步触碰到了大公的敏感神经。巴尔干地区、塞尔维亚，甚至奥匈二元帝国正逐渐成为德国世界政策中的一部分。[29]

弗朗茨·斐迪南在认清当前的形势后十分丧气。尽管他对德国皇帝有着深厚的个人感情，但他也看到柏林在每一个角落都在践踏奥地利的特权，尤其在军事和经济领域。他对奥地利驻采蒂涅公使弗拉基米尔·吉斯尔的报告再熟悉不过，后者曾多次与德国公使冯·埃卡特发生激烈争执。在黑山共和国首都，冯·埃卡特千方百计破坏吉斯尔的所有活动。当吉斯尔于 1913 年 12 月 5 日底在贝尔格莱德任职时，德国还准备重复其入侵模式。[30] 到 1914 年初，德国成了塞尔维亚最大的贸易伙伴。军队紧跟贸易趋势的现象屡见不鲜。在塞尔维亚驻柏林公使米洛斯·博基切维奇的协助下，德意志帝国与塞尔维亚之间重大的非正式军事交流不断被促进。米洛斯·博基切维奇和德国亲属一直保持很好的联系，战争爆发后，他叛逃到了德国。[31]

博基切维奇的职业使他和德国高级军官走得很近，随后他在战争期间逃往德国，到最后莫名其妙地死去，这些都反映出一个问题：他是否一直奇两次都否决了该合同。[37]

吉利内克少校相当惊讶地问德国武官福斯滕伯格少校，塞尔维亚从哪里弄到钱来购买这些军备。福斯滕伯格的回答让他感到震惊："德国准备向贝尔格莱德开放用以支付所有款项的信贷额度。"[38] 更令人难过的是，福斯滕伯格指出，德意志兵工厂的科斯加腾先生将在那个月到达贝尔格莱德，为塞方提供30 万支步枪，"每支步枪和刺刀成本约在 85 法郎"。至此，德国军界和黑手社之间险恶的亲密关系证据确凿。

到 1914 年 5 月，谈判的步伐加快，尤其是因为德国公使馆向吉利内克指出，塞尔维亚对"新领地"的收购造成了通货膨胀和金融危机，这加速了塞尔维亚的贫穷。[39] 很显然，塞尔维亚糟糕的经济形势是德国对其剥削的好时机。德国方面提及新领土这一点意义重大。它们已成为帕西奇与黑手社之间争论的焦点，双方在新获得的领土上应该优先考虑民事还是军事领导的争论无法达成一致。德国公使馆急于向该地区的军方派提供支持，于是开始将全部精力集中在领土问题上。有关德国对该地区感兴趣的消息很快传到了罗马的奎里纳尔皇宫，5 月下旬，意大利在名义上仍是德国的一个盟友。（这个消息被泄露给了梵蒂冈，促使教皇庇护十世加快了与贝尔格莱德缔结协约的谈判进度。罗马帝国的枢机主教很清楚德国干涉塞尔维亚内政的目的是什么。）[40]

在整个 1914 年春末，德国公使馆在一次名为"新塞尔维亚"的长途旅行中派出了其最有才干的外交官之一——迪特里希·冯·沙尔芬伯格，他的任务是评估塞尔维亚对柏林潜在的经济依赖性。沙尔芬伯格在报告中强调了"与德国活跃的贸易往来"以及发展"良好关系需要的关心"。但是，沙尔芬伯格却只字未提塞尔维亚与德国盟友奥匈帝国之间的紧张局势。"出于礼貌"，吉利内克获准细读德国的报告。[41] 报告的结论很简单：塞尔维亚能够从德国资金中大大受益。巴尔干战争结束后得到的领土已经使这个国家陷入贫困。新的领土给柏林提供了一个百年难遇的机会。吉利内克的报告通过军事档案馆传到了弗朗茨·斐迪南大公那里，这让他十分不安。

德国和塞尔维亚在军事方面的紧密关系甚至没有受到七月危机的影响。

7月21日，也就是刺杀事件发生三周后，吉利内克陪同新任德国武官去塞尔维亚国防部提交国书。值得注意的是，他的德国同事立即被请进总参谋长办公室喝东西，而吉利内克则被告知只能在外面等候。唯一陪伴他的是描绘着波斯尼亚得到拯救以及它回归塞尔维亚的壁画。吉利内克情绪激动地写道："鉴于三周前在萨拉热窝发生的事情，我觉得这些破事索然无味且恶心至极。"他很少如此激动。一贯比较沉默的吉利内克被逼无奈能说出这些话，当时他的心情就不难想象了，因为在贝尔格莱德，奥地利的同盟国如此受欢迎，这让他倍感沮丧。[42] 即便是在一个星期后奥地利对塞尔维亚宣战，两国断绝外交关系之后，德国人仍拒绝替盟国奥地利向塞尔维亚递交正式的奥匈帝国宣战书。一直到年底，德国的一些圈子都希望保留德国和塞尔维亚之间特殊关系迅速发展的成果。

并非只有他们与塞尔维亚人保持这种暧昧的关系。在几个月前，"神牛"与蒂萨之间开通了一条通信线路。有资料显示，早在1914年，两个塞尔维亚商人达达和德约西奇，甚至安排"神牛"和蒂萨会面。[43] 和德国人一样，蒂萨把塞尔维亚视为一个有用的盟友，指望通过它让帝国内克罗地亚人和塞尔维亚人的诉求成为一个专注点。哈布斯堡土地上的斯拉夫人越少，对匈牙利就越有利。蒂萨应该会对德国的政策产生共鸣。如果塞尔维亚能将自己定位成疏俄亲德的话，这对匈牙利是一个好消息。蒂萨一直反对与塞尔维亚交战，即使是在大公遇刺事件发生后他仍坚持同样的立场。[44]

到1914年6月中旬，大公即将即位这一事实阻碍了很多强大的利益集团：比如，斯蒂芬·蒂萨和他竭力保留马扎尔人特权的愿望；德国军界想要发起一场针对俄国的预防性战争的愿望；以及他自己的总参谋部部长意图发动对塞尔维亚战争的愿望。只要大公还活着，所有这些计划都没有把握实行。问题在于，"神牛"是不是为了取悦他在德国军方的新支持者而组织对弗朗茨·斐迪南大公的谋杀行动，因为蒂萨曾承诺一旦发生刺杀事件，奥匈帝国不会向塞尔维亚宣战。[45]

弗朗茨·斐迪南希望和俄国建立更加良好的关系，但是却遭到了圣彼得堡和柏林两方面的反对。一年前，正如我们所看到的那样，沙皇曾告诉英国大使布坎南，"奥地利帝国的瓦解只是时间问题"。[59] 几周以后，俄国《新时代》上的一篇文章公开讨论了哈布斯堡王朝"即将到来的崩溃"。

1914 年 2 月下旬，一场由萨佐诺夫主持的特殊军事和海军会议在圣彼得堡召开，主要讨论"迫在眉睫的欧洲战争"。一个月前，萨佐诺夫甚至建议沙皇"挑起一场欧洲战争"，目的是为占领君士坦丁堡。3 月，德国驻俄国大使波达尔斯告诉柏林当局说，"一劳永逸地解决所有奥匈帝国的问题是这里人们的普遍愿望"。[60]

尽管有这些新情况，弗朗茨·斐迪南依然决定推行他关于复兴三皇同盟的想法，改善和俄国的关系。外部势力对此更加敏感，他们在密切关注对方行动的同时，也加快采取了预防措施。在科诺皮什特会议召开后一天，梵蒂冈与塞尔维亚签署了它们的第一个协定。正如前文所提，该协议是在"强大的时间压力"下起草并商定的。从巴黎赶来的贝尔格莱德公使代表塞尔维亚签署了这份协议。

大公前往军事演习地

第二天，大公在维也纳南部的火车站登上了一趟深夜前往的里雅斯特的列车。他所在车厢的电灯突然灭了。斐迪南尖酸刻薄地讽刺道："你觉得灯灭了后是怎样的景象？像极了一个墓地。"这是第一件带有"征兆"性质的事件，后来陆续发生了很多。（其中一件就是，一个吉卜赛人被要求为大公算命，突然惊恐地退缩了，然后说大公要为引发一场可怕的战争负责。）[61]

大公从维也纳南部火车站出发前不久，塞尔维亚驻维也纳的公使约察·约万诺维奇曾警告波斯尼亚的非军方总督兼联合财政部部长比林斯基，要求他重新考虑大公的出访。塞尔维亚政府此前收到信息，大致意思就是：大公有生命危险。帕西奇从情报机关获悉，某些人正携带武器偷越塞尔维亚与奥地利的边境，准备刺杀大公。但约万诺维奇并没有提供详细的信息，这个异常模糊的警告也就没有了下文。

比林斯基后来声称，他并不知道大公夫妇还会视察军事演习以外的非军方活动，但这显然是无稽之谈，因为大公夫妇行程表的分发目录里有 35 份被分往各个部门，其中就包括比林斯基所在的部门。

在萨拉热窝，军事总督波蒂奥雷克已经把即将到来的访问活动的准备工作安排妥善。[62] 虽然能说一口流利的斯洛文尼亚语，但他和许多生活在德拉瓦河岸边卡林西亚州山谷的居民一样，对"德意志"文化的优越性深信不疑。当他后来被派到萨拉热窝时，当地的克罗地亚语报纸非常尖锐地指出，他是"斯洛文尼亚的出身，但倾向和爱好却很像德国人"。[63]

波蒂奥雷克十分钦佩普鲁士人的纪律性。大公没有授予他将军中的最高职位，部分原因在于大公对他这种泛德主义情感表示怀疑。[64]1900 年 6 月，波蒂奥雷克在柯尼希格拉兹战役纪念日发表评论时曾说："我们不可能赢得那场战争，绝对不可能。在战斗开始的几年前我们就已经失败了。我们失去了自己的内政外交，失去了自己的政府、自己的工业、自己的学校。总之，我们失去了一切叫作'奥地利'的东西。"[65] 早在几年前，波蒂奥雷克和德国皇帝一起在船上拍了张照片，从照片中可以看到奥地利人的顺从，以及对军队的充分尊重。

波蒂奥雷克被派往萨拉热窝一事也受到了一些批评者的质疑。皇帝想知道波蒂奥雷克会不会因此表现"很尖锐"。[66] 但弗朗茨·约瑟夫认为，给这位身处困境的年轻人——他是一位谦虚的卡林西亚官员的儿子——提供一个在困难时期展示才能的机会，这种做法有很多可取之处。

波蒂奥雷克在他的新岗位上成了一位有争议的军事管理者。他不愿意下放权力，也无法很好地向他的高层官员表达自己的想法，这招来了很多批判。每天晚上，波蒂奥雷克都把自己锁在具有新艺术风格的总督官邸里，认真查阅文件直到深夜。他的其他活动对于他的下属们来说简直就是一个谜，虽然他们知道波蒂奥雷克对当地的情况十分了解。

唯一获准揭开波蒂奥雷克神秘面纱的是一个名叫埃里克·冯·梅里兹的年轻副官。梅里兹是波蒂奥雷克在莱巴赫（今卢布尔雅那）任职时最要好的战友的儿子。波蒂奥雷克特别青睐这位年轻副官，他们两个简直形影不离，这令他的下属有些沮丧和不满。年轻的梅里兹风趣、傲慢和无礼，正好成为严肃认真、坚韧不拔的将军的完美陪衬。在军事演习期间，他俩和大公的合影清楚地体现了他们的性格特点：波蒂奥雷克可能受到梅里兹无拘无束的幽默而分散了注意力，但认真的大公想让他集中注意力。

梅里兹知道他自己深受波蒂奥雷克的偏爱，因此恃宠而骄。他肆无忌惮地在他的同僚面前表明自己的优越地位。梅里兹洋洋得意且目空一切的处事态度让同僚们怨声载道。此种不满情绪广泛传播，这件事很快成了大公和一位军事档案馆成员博尔弗拉斯上校之间交谈的话题。波蒂奥雷克和他的副官之间是否有同性恋情尚不清楚，但可以肯定的是他们之间的关系"非同寻常"，用弗朗茨·斐迪南这位虔诚的天主教徒的话来说就是"反常"。他命令军事档案馆馆长立即"终止这位副官的职务"。[67]

军事演习的准备工作贯穿了整个 5 月。大公和他的夫人准时抵达了巴德伊舍，26 日至 27 日，大公出席了军事演习。康拉德也观看了演习，但是他借口推托了 27 日的晚宴，随后返回了卡尔洛瓦茨。很显然他与大公的关系已经十分疏远。康拉德没有陪同大公参加星期天的弥撒，这在大公眼里就像书中出现了令人愤怒的语法错误。大公对康拉德与有夫之妇吉娜·赖宁豪斯之间的风流情事也十分反感。此外，难道不是因为康拉德变得更易受德国奉承的影响？其他参谋只能默默地看着，假装没有注意到两人之间的敌意。甚至有传言说大公正准备要求康拉德辞职。

27 日晚，大公在巴德伊舍的晚宴上详细讨论了他次日上午是否应该前往萨拉热窝的问题。他的几名随从官员反对这次出访，他们建议大公不要去萨拉热窝，第二天早上直接回莫斯塔，"联合力量"号会在那儿等着，将皇储夫妇送回的里雅斯特。毕竟军事演习已经是一个巨大的成功，为什么不回家呢？公爵夫人前一天也已经趁丈夫在演习现场之际参观了萨拉热窝的景点。萨拉热窝的名流也不会因为受到冷落而抱怨。

正当大公表现出已经被说服、准备缩短行程之时，一位年轻的军官对此表示强烈抗议。这个人就是梅里兹。这位年轻的少校是波蒂奥雷克眼中的焦点。他可能意识到如果行程取消，他作为"保护者"的荣誉将受到重创。因此，梅里兹据理力争，他认为大公提早返程会被人误解为是对忠诚的波斯尼亚人们的一种"侮辱"（他暗示这也是对军事总督的侮辱），在这种情况下大公只好勉强同意继续按照原计划进行。[68]

没有人指出第二天，也就是 6 月 28 日，被称作"乌鸦日"，它是 1389 年一场战斗的纪念日。在 1389 年的这次战斗中，塞尔维亚引以为荣的骑兵部队在科索沃有名的乌鸦场被土耳其军队歼灭。这是塞尔维亚民族难以忘怀的纪念日，而在这样一个特殊的日子里，奥地利大公的访问无疑是一种明显的挑衅。

大公感觉梅里兹和波蒂奥雷克两人之间的关系"令人不安"，但这两个人确保了皇储夫妇在 28 日早上到达萨拉热窝。在大公夫妇遇刺事件中，这两个人或许在不经意间发挥了几乎与黑手社暗杀分队一样重要的作用。与此同时，"神牛"上校及其组织也已至少安排了 6 名武装暗杀人员于那天早上抵达波斯尼亚首都。由于印好的行程已经在前一天刊登在了当地的报纸上，所有刺客都知道自己的站位：艾普尔码头将给他们提供最好的行动机会。

波蒂奥雷克的一系列判断

波蒂奥雷克在那天以另一种方式协助了整个恐怖连锁事件。几年前皇帝访问萨拉热窝时，沿途两旁都部署了两排来自附近驻军的士兵，但波蒂奥雷克这次却决定不再部署这两排士兵。军事演习结束后，部队都已"筋疲力尽"，而且波蒂奥雷克认为他们是多余的。这样一来，安保任务便落到了大约 150 名警察身上，稀稀拉拉地分散在全市各地。人们后来得知，甚至有一名警察热心地为一名刺客指明了大公所乘的车。

当七辆车组成的车队沿着艾普尔码头行进时，一个名叫斯嘉诺里奇的年轻刺杀者将他随身携带的炸弹引爆并投向大公乘坐的"伯爵＆施蒂夫特"六座敞篷车。这辆车属于哈拉赫伯爵，并由他的司机驾驶。发现有险情后，司机马上急转弯，炸弹从空中降落撞到汽车后盖，火花四溅反弹落到水沟里，随后发生爆炸，此时第四辆车刚好经过。

围观人群中有 20 人受轻伤，一块细小的弹片嵌入了梅里兹的手指里。这位副官一直坐在大公后面的车中。上午 10 点半，萨拉热窝的市长以为引爆的炸弹是为了欢迎大公的到来而响起的礼炮，于是继续开车前往市政厅。几分钟后皇储夫妇也到达了市政厅，市长仍然若无其事地发表了他的演讲。大公听了将近 50 秒后，愤怒地打断了他的演讲："市长先生！我们来萨拉热窝访问，竟然被以炸弹相待！真是岂有此理！现在你可以继续你的演讲了。"

演讲结束后，胡格少校建议调动驻扎在市内的 250 名士兵，部署在大公出行路线的两旁，但波蒂奥雷克再次否决这项建议。波蒂奥雷克提议大公去看望受伤住院的梅里兹，然后再驱车前往巴德伊舍。许多资料表明这是大公的建议，但耶拉贝克已经证明这其实是波蒂奥雷克的建议，尽管他早已得到消息，梅里兹的伤势并没有严重到需要住院治疗。[69] 当莫瑟伊男爵暗示去医院可能会有危险时，波蒂奥雷克恶狠狠地对他说："难道你认为萨拉热窝满是刺客？"

梅里兹的手指里扎入了一小块弹片，他的情况并不需要这么高的关注。但现在"这位副官"成了大公及其夫人返回艾普尔码头的原因。大公让秘书转达他妻子，请她单独乘车返回巴德伊舍。和往常一样，哪怕一点点危险的情况，索菲都拒绝离开丈夫身边。她仍然认为她的存在可以在某种程度上保护她的丈夫。波蒂奥雷克将和大公同乘一辆车，并坐在他的身后。

波蒂奥雷克下达护卫队应该前往医院的命令时，费西姆·库尔西奇市长正好在场。市长乘坐护卫队最前面的车亲自带队。但是他的德语水平很有限，或者他以为司机知道，因此他没有告知司机他们的新路线本应该一直沿着艾普尔前进，而不是拐进弗朗茨·约瑟夫大街。

护卫队的车队出发时，波蒂奥雷克和大公开玩笑说，他"每天经过这条路线都在想是否会有某位暗杀者出现，然后当天成为他最后一次走这条路"。

听到这些，皇储夫妇都笑了，大公则笑称："如果真发生那样的事，除了相信上帝外，做其他的任何事情都是多余的。"[70]

"一语成谶"

这是皇储夫妇和他最后的对话。一分钟后，波蒂奥雷克发现他前面市长的车在沿着旧的路线行进，并正准备绕过艾普尔码头转入另外一条道路。头戴三角帽的波蒂奥雷克站起来朝着皇储夫妇的司机喊，让其不要跟着前面的车进入边道。但是司机不得不先停车，然后掉头。当车停下来时，一位携带布朗宁手枪在艾普尔码头守候了整个上午的年轻人发现他要刺杀的对象和自己只相隔两英尺不到。两声枪响过后，波蒂奥雷克惊讶地发现一位年轻人被人群摔到地上，随后旁边一位骑兵拔出长剑，这把在太阳下闪着刺眼光芒的长剑最终刺向了这位年轻的刺客。波蒂奥雷克后来回忆道："起初我一点也不紧张，反倒是松了口气。我对面的这对皇室夫妇仍旧十分平静地端坐着，我隐约听到大公说：'好吧，一语成谶。'"这位中将以为子弹像先前的炸弹一样，并没有击中目标。[71]

为了安全到达大官邸，波蒂奥雷克命令司机穿桥而过。这时他注意到车子突然的晃动使公爵夫人跌下座位，但他仍然以为她可能是晕了过去。几分钟后，波蒂奥雷克想让公爵夫人舒适一点，却惊恐地发现大公口中满是鲜血，但大公头上的三角帽却依旧稳稳地戴在头上。到达大官邸后，大公和公爵夫人马上被抬上楼。公爵夫人躺在波蒂奥雷克的床上，而大公则躺在波蒂奥雷克书房的躺椅上。

大约又过了20分钟，卫戍部队的医生才赶来，皇室随从人员赶到并宣布大公夫妇已经死亡。子弹射中了大公的脖子，尽管血流不止，但是大公身穿的军装却丝毫没有泄露他受伤的事实，直到医生费力将他的外衣解开才发现伤口。公爵夫人则被射中腹部，但是一点血也没有流。只有她衣服上的一个小口子才揭示那是一个弹孔。加夫里若·普林西普是一位年轻的波斯尼亚塞尔维亚族人，接受过黑手社的训练，他打响了欧洲历史上最恐怖战争的第一枪。后来他印证第二枪其实是想瞄准波蒂奥雷克的，但不幸打中了公爵夫人。（关于射击的顺序并没有统一的意见：根据一些作家的资料，击中大公的是第二枪。）

大官邸一片混乱，波蒂奥雷克冷静而迅速地履行着自己的职责。他起草了三份电报：一份署名给巴德伊舍皇帝私人办公室的帕尔伯爵，一份给刚抵达卡尔洛瓦茨的康拉德，还有一份给战争部。

第二十一章　军队与七月危机

　　与暗杀事件一样，许多有关七月危机的描述都忽略了哈布斯堡军队的作用。然而，如果不提及哈布斯堡军队和奥匈帝国的总参谋部，整个外交进程就很难理解。哈布斯堡军队在政策和进度方面都发挥了巨大的影响力。如果弗朗茨·斐迪南没有以军人身份受邀参加波斯尼亚的军事演习，则惨剧就不可能发生。维也纳外交官们在军事命令，尤其是在关于军队协助夏收问题，以及入侵塞尔维亚的"巴尔干B战争计划"和有关处理对俄国问题的"R战争计划"的回应上，均和暗杀事件情况类似。奥地利在应对这些现实问题时，其政策在进度和内容上时常有变动。

　　波蒂奥雷克起草的三份电报均通过不同的方式被接收。因为年迈的皇帝正在巴德伊舍的避暑别墅里享受美妙的阿尔卑斯山高山空气，有关暗杀事件的消息就由帕尔伯爵传达给他。这位年长的家臣这些年来给他的主人带来了很多令人沮丧的消息，如他的妻子被意大利无政府主义者谋杀这一令人震惊的消息，以及他的儿子兼皇储鲁道夫在迈尔林惨死的消息。训练有素的帕尔缓缓地沿着皇家别墅里那条黑暗绵长的走廊往前走，走廊上方挂满了无数被杀的雄鹿角。他敲开皇帝的书房门，用忠实而顺从的方式宣布他的到来，然后默默地将来自波斯尼亚的"最新消息"递交给皇帝。波蒂奥雷克的电报虽然非常简短，但非常契合协议的观点，并且直截了当：

深表遗憾地报告，殿下与霍恩贝格公爵夫人在这里双双遇刺身亡。

皇帝听到这个消息后，面无表情地从他的办公桌旁起身，根据一段著名的记述，皇帝带着他特有的宿命论般的口吻说："上帝完成了一项比我想象的更高的命令。"难道弗朗茨·斐迪南违反了王朝法律的贵庶婚姻也得罪了上帝？难道皇帝意欲控制他继承人的失败尝试最终被命运实现了？他的家人们后来将对这段记述提出质疑。[1]

对战争部部长克罗巴廷和总参谋长康拉德而言，这些电报像是帮助了所有主战派，也像是一种姗姗来迟的辩护行为。[2] 这是履行盟约的一个好机会，也是一个和帝国南部相邻的恐怖主义国家进行彻底清算的机会。1914 年 2 月，康拉德曾问过毛奇："我们究竟在等什么？"早在 1909 年，他们第一次开展双方总参谋长联席会议时，康拉德就曾设想让德国军队支持奥地利对塞尔维亚采取行动。康拉德不断鼓吹战争。他在问毛奇那个问题的几个星期后，就敦促德国驻维也纳大使切尔斯基发动战争，这次的目标是俄国。这位外交官如实回答道："两个重要人物都在反对这件事：一个是你们的弗朗茨·斐迪南大公，另一位就是我们的威廉皇帝。"[3]

弗朗茨·斐迪南大公在这件事情上与德国皇帝不谋而合，皇帝也急切地想要在他统治的最后几年里保持和平。在德国只有皇帝才有权宣战。与德国皇帝不同，弗朗茨·约瑟夫没有随从没有军队，而且其主权也被企业家团体操作。他冷漠而威严地超脱于所有的党派和政治活动之外。正如几年前他对来访的美国政治家西奥多·罗斯福所说的那样，他是最后一位"旧的君主政体"的统治者。他补充说："你看到的我，是一种在欧洲其他地方已经不复存在的观念上的代表。"[4]

在充分理解了那份电报的含义之后，皇帝准备返回维也纳。6 月 30 日，他回到了他的夏宫——位于维也纳郊区的美泉宫，准备在那儿接见外交部部长贝希托尔德伯爵。在这期间的 24 小时里，他收到了一份来自自己工作人员和军事内阁成员有关暗杀事件的详细叙述。贝希托尔德在他的日记里回忆道，他发现皇帝对于暗杀事件的细节"了如指掌"。贝希托尔德坚持说奥匈帝国此刻决不能"示弱"，而要借机着手制订一项针对塞尔维亚的"明确计划"，此时的皇帝只是面无表情地听着贝希托尔德的陈述。[5]

弗朗茨·约瑟夫的警示

皇帝承认此事关系到帝国的"威望"，但同时也似乎暗含一些劝告之意。他同意贝希托尔德的观点，即有必要等暗杀的最终调查结论出来。最重要的一点是，他建议贝希托尔德和蒂萨沟通。皇帝深知蒂萨对塞尔维亚战事计划以及已故大公的看法，因此他建议征求蒂萨的意见实则是一种战术，这可以使事情慢下来，还可以给这场危机降降温。在这个阶段，皇帝在他的统治期间已经深深地体会到战争的危险不可估量，因此他似乎反对战争。经常被错误地指责为战争贩子的贝希托尔德坚信必须出动军队找塞尔维亚算账。但这一天他领会了皇帝的暗示，似乎对这项行动的时机持一种开放的心态。他刚刚完成一份有关巴尔干政策的文件，在这份文件里他极力主张在巴尔干地区推行激进政策，在塞尔维亚问题上采用一种独断的外交手段，但是他不建议采取任何军事行动。[6]

弗朗茨·约瑟夫清楚蒂萨坚决反对与塞尔维亚开战。皇帝建议贝希托尔德先与蒂萨沟通，这在一切都讲究含蓄与隐晦的哈布斯堡宫廷世界里，是皇帝在这个危机阶段能够向贝希托尔德发出的最明确无误的信息。过于谨慎可能是对被谋杀的继承人的冒犯，言行欠考虑则可能会将这一快速变化的形势变得更复杂。皇帝在他的一生中经历了很多的危机，他意识到这次谋杀事件可能会发展成不可遏制的局面。他这是在试着刹车。他与贝希托尔德的第一次会晤最能表明这位 84 岁高龄的君主对事态的了解以及对和平的承诺。[7]

外交部部长和蒂萨的会议进展果然不出弗朗茨·约瑟夫所料。贝希托尔德能够从蒂萨那里得到信息的只有：蒂萨强烈支持"强硬的外交攻势"，但会"避免战争的可能性"。蒂萨说，现在时机尚未成熟，最好是等维也纳得到其他巴尔干国家的支持后再开战。在给皇帝的一封信中，蒂萨指出，"利用当前的民愤摧毁"德国皇帝"带有偏见的亲塞态度，这一点至关重要"。[8]蒂萨的反对似乎立刻把不断聚集的好战欲望的毒液逼了出来。奥匈帝国驻柏林的大使是 73 岁的佐根尼伯爵，他是外交部上层众多匈牙利人中的一员。他曾向比洛亲王提过蒂萨和匈牙利其他权贵的想法：暗杀事件是"天意"，它一举消除了帝国的"内战威胁"。[9]

这位大使当时没有想到，一场更大的战争将会让帝国面临灭亡的危险，但比洛亲王不会没有想到这一点，因为他一直相信奥地利的未来在于它"纳入德意志帝国的版图"。他后来写道："愿未来能让奥地利的德意志民族重返德意志母亲的怀抱……"[10]

军队推动了战争的爆发

军队和总参谋部的反应更在人们的意料之中。战争似乎是对暗杀事件令人心服口服的回应。一个伟大帝国的军事威望危在旦夕。任何低于武装反应级别的行动都将证实那些在德国和其他地方人们所写的关于君主政体腐朽无能的观点。军中的年轻人很久都没有直观地感受到充满活力的治国之道了，因此也得出了同样的结论。当时年轻的海军中尉班菲尔德在维也纳新城新建飞机场的值班快结束了，多年后他回想起和同僚们在听到暗示消息之后，他们陷入了一种无法诉说的沉默之中，直到有人说了一句反映所有人心声的话："这就意味着战争。"[11]

与此同时，警方在萨拉热窝的调查仍在继续。没过多久，反叛者和贝尔格莱德之间的关系逐渐浮出水面。塞尔维亚陆军少校沃金·坦科西奇名列其中，一时间奥地利驻贝尔格莱德武官吉利内克少校收到了很多的电报。作为回应，吉利内克将坦科西奇的朋友兼上级"神牛"上校锁定为这场阴谋的"核心"，但奇怪的是这一信息竟然从来没有离开过战争部。[12] 人们总是很容易把"神牛"的名字和德国军队联系在一起，因此不难得出他不在调查之列的原因。对于急需柏林支持的奥地利来说，最好不要提及任何强调柏林和贝尔格莱德军界之间有联系的事情。早在一个月前，吉利内克在报告中就详细描述了这些联系，后来双方又进入一个新的亲密阶段，但现在这些联系将让有关各方尴尬难堪，因此需要加以压制。

在危机的最初阶段，德国外交奉行一种和平的路线。切尔斯基对暗杀事件最初的报告证明，他采取了谨慎态度，与一年前德国"不相帮"的政策保持一致，而这彻底激怒了贝希托尔德。贝希托尔德在没有与柏林协商的情况下于1913 年 10 月给黑山共和国下达了最后通牒，要求他们从阿尔巴尼亚领土撤离。

在暗杀事件发生后，切尔斯基和皇帝首次会晤时均对大公遇刺事件只字未提。切尔斯基后来指出他曾希望表达自己的哀悼之情，但是皇帝并没有给他机会，因为这位外交家必须等皇帝先提及此事，这令人十分好奇。它意味着皇帝急切地想立刻处理各种现实问题，尤其是德国是否已经准备改变方针，更多地支持维也纳与塞尔维亚的正面交锋。皇帝再次给了一个暗示：从不提及侄子被暗杀的事情，是他在表达一种无声的控诉。他对德国的慰问一点也不感兴趣，因为即使暗杀事件中没有德国同谋（当然这一点他不能肯定），德国在军事和财政方面对塞尔维亚的支持早已经为反对君主政体的暴行创造了条件。蒂萨曾建议利用当前的民愤说服德国皇帝放弃他"带有偏见的亲塞尔维亚态度"，而皇帝的这种沉默恰好与蒂萨的建议不谋而合。[13]

在后来与贝希托尔德的谈话中，切尔斯基继续保持了他那种超然的态度。他说，奥地利计划和塞尔维亚进行一次彻底的清算"是不错"，只是德国会"过问"奥地利是否有"一项具体的行动计划"，能够清晰地表明"要清算到什么程度"。这种敷衍了事的回应恰恰反映了德国大使收到的指示。

两天后，国家外交事务秘书齐默尔曼（由于他的上司雅戈在度蜜月，所以他代理此职）与奥匈帝国驻柏林大使佐根尼进行交谈时，所表达的也是这个意思。

齐默尔曼敦促佐根尼要"深谋远虑"，并告诫他不要提一些"侮辱性的要求"。佐根尼处处谨慎。他作为奥匈帝国年纪最大的在职外交官，也期望能在73岁退休。像大多数匈牙利人一样，他也曾在听到暗杀事件的消息后公然表示"终于解脱了"。[14] 但是柏林和维也纳的军队则一心想着另外一条道路，七月危机所有主角的政策均有改动，第一个便是柏林开始改变最初反对战争的态度。这种变化的第一个公开标志就是德国皇帝对自己外交官所提建议的回应。

切尔斯基急件页边上潦草的标注恰好表明了这位德国统治者的情绪："谁批准了切尔斯基说这些？"切尔斯基必须立刻"停止胡言乱语"，"勿失良机"。[15]

霍约什与瑙曼的会谈

贝希托尔德的首席内阁霍约什伯爵和德国公关人员维克多·瑙曼在维也纳举行了会谈。这次会谈表达了这种新情绪。瑙曼深得德国军方的信任，并和维也纳的德意志民族主义组织保持着良好的关系。7月1日，瑙曼拜访了霍约什，霍约什写了一份备忘录记录这次会谈。[16]

这份备忘录引用了瑙曼的话，"趁着现在德国的威廉皇帝还处于萨拉热窝暗杀事件的震惊中，我们只要以正确的方式和他商谈，他将会给我们足够的担保……而且这次不惜大动干戈……"[17] 瑙曼继续表达这层意思，一再向霍约什保证说，他"会确保"德国媒体力挺奥地利强硬的行动政策。"德国的公众舆论将会支持奥地利同盟国。"[18]

当瑙曼结束与霍约什在维也纳的会谈时，波蒂奥雷克刚好发送了一系列电报，电报内容包括很多"添油加醋的"关于波斯尼亚和黑塞哥维那内部形势的所谓证据，试图证明"战争行动"的合法性。早在暗杀事件发生前，波蒂奥雷克就是一名坚定的主战派，现在他更是"提倡通过打击外敌来拯救国内动荡的局势"。[19] 这种歪曲表明帝国当时的舆论天平依然倾向于和平。波蒂奥雷克和康拉德都知道他们的皇帝就是通往战争之路中最难扫除的障碍。为了说服皇帝，他俩一边费力地歪曲当地的实际情况，一边从帝国威望的角度来鼓吹事态的发展。

奥地利的主战分子仅仅存在于军队以及少数外交官中。要想形势变得对他们有利，还欠缺一些火候。如果柏林方面能被说服放弃针对贝尔格莱德的政策，那么德国的支持就是这把火候。因为这一点尚不明确，所以他们决定不让切尔斯基（还有年老的匈牙利人佐根尼）知道，直接获得柏林方面对军事干预的支持。在奥地利高级军界颇受推崇的贝希托尔德采取了一个不同寻常的步骤，他派遣了一支以霍约什为首的代表团直接前往柏林。[20]

霍约什代表了奥地利年轻一代外交家，他们几乎全都毕业于特蕾莎学校，并在那里被灌输了一项使命，即"阻止哈布斯堡王朝的衰落"。到 1914 年，这些身处要职的年轻人主要包括福加奇、霍约什、沙佩里这三位伯爵，以及穆苏林男爵。他们经常和贝希托尔德一起被称作"主战派"。但是他们中除福加奇之外，没人在这个阶段决定发动战争。[21] 贝希托尔德的妻子两个星期后将前往法国开始一场朝圣之行；而霍约什的妻子是法国人，几周前才生下他们的儿子。霍约什的妈妈是怀特海德人，所以他有一半的英国血统。虽然十分不情愿，但是他计划，一旦发生战争，他就将妻子和刚出生的孩子送往法国，因此他希望这些都能避免。奥地利驻贝尔格莱德的公使弗拉基米尔·吉斯尔·冯·基斯林根将军回忆道，直至 7 月 7 日，他和贝希托尔德以及蒂萨的会议明显地表明战争并不是首选的策略。蒂萨曾气愤地告诉他说："假如皇帝想要发动战争，他必须另外找一位新总理。"[22]

然而，霍约什代表团的事并没有征求蒂萨的意见。按照指示霍约什向德国皇帝转交了弗朗茨·约瑟夫的一封亲笔信和一份备忘录。备忘录论述了一项分析，称奥地利与塞尔维亚之间的最终清算是不可避免的。鉴于切尔斯基曾敦促贝希托尔德制订一项"具体的"行动方案，这份备忘录提供的正是此信息。霍约什与佐根尼不同，他和德国之间有着毋庸置疑的联系：他的姐姐嫁给了俾斯麦家族中的一员。他在柏林这比佐根尼这位匈牙利人更"具有说服力"，因为佐根尼很容易受到其马扎尔同胞蒂萨的干涉。7月5日，霍约什抵达柏林并递交了那封信。在信里，弗朗茨·约瑟夫强调了俄国政策的危险性，并断言这场阴谋的策划地就是贝尔格莱德。尽管他没有使用"战争"这个词，但毫无疑问的是，他赞成采取军事行动。因为他强调了"这群阴谋家"必须受到应有的惩罚。

尽管德国皇帝坚持认为霍约什需要请贝特曼·霍尔维格总理过问，但他仍相信德国会支持奥匈帝国。最开始的所有小心谨慎都被摒弃。瑙曼身边的德国军界和工业界显然发挥了积极作用。德国皇帝坚持认为维也纳应该利用有利的形势，迅速采取行动，这是至关重要的。同一天晚些时候，德国皇帝向贝特曼表达了以下几层意思。德国的"切身利益"要求"完好地保留奥地利……而且奥地利越早行动越好"。一个小时后，威廉接见了几位重要的军事领导人，将这些要点又重复了一遍。与会者一致认为，次日，也就是7月6日，齐默尔曼和贝特曼将告知霍约什"时机已到"，而且德国全力支持奥地利的行动。这张所谓的"空白支票"已开出。会议纪要显示，德国非常清楚奥地利对战塞尔维亚将导致德国与俄国的关系"复杂化"。[23]

第二天，齐默尔曼力劝霍约什"不要有外交拖延，直接进入战斗"。贝特曼一直重复说着"报复行为是合乎情理的"，并且需要"立即采取行动"。尽管德国已经给予了无条件的支持，但维也纳方面仍然没有决定是否发动战争。

蒂萨遭孤立：康拉德写信给联合内阁会议

当霍约什于7日结束任务返回时，联合内阁会议召开，讨论霍约什从柏林带过来的消息。[24] 蒂萨第一个发言。很明显他被霍约什居然去了柏林这件事激怒了。他称这次使命"令人遗憾",以此让人们明白他内心的不满。他强调说,"不存在和塞尔维亚开战的必要",他也"永远不会同意对塞尔维亚进行突然袭击",虽然"令人遗憾的是,霍约什伯爵已经在柏林讨论了这个问题"。[25] 但德国也不能决定奥地利将"何时以及如何"对付塞尔维亚。一场针对塞尔维亚的"外交胜利"远比战争更可取。

贝希托尔德回应称,"在塞尔维亚问题上的外交胜利只会暂时提高奥匈帝国的声望,但也使其与贝尔格莱德的关系变得更紧张"。其他在场的人员包括比林斯基均支持贝希托尔德。会议记录清楚地显示,蒂萨所提出的观点被孤立。贝希托尔德把匈牙利人提出的异议都做了记录,然后迅速进入下一项议题,即要确定贝尔格莱德必须满足的各种要求。

蒂萨感到自己大势已去,因为贝希托尔德有霍约什的代表团给他壮胆,很明显已经慢慢地偏向"主战派",并且巧妙地开始讨论有关最后通牒的问题。会议记录显示了蒂萨在竭力挽回自己所处的不利形势。在他的强烈要求下,"战争"一词被全部替换为"积极的行动","提出要求,让战争成为必然"这一措辞也应蒂萨的要求划掉了,取而代之的是"提出要求,让他们有可能拒绝"。[26] 此外蒂萨还提出了另外两条拖延的建议:首先"照会"必须"仔细推敲";其次,照会在"发出前必须提交给"匈牙利总理(即他本人)。此外,照会内容不能包含"一些明显暴露我们将提出对方无法满足的要求这一意图的条款"。[27]

这次会议纪要凸显了暗杀最初几天以来各方政策发生的变化:蒂萨作为奥匈帝国的政治强人,已经开始逐渐被孤立。尽管极不情愿,但他还是暗中赞同把塞尔维亚当作巴尔干地区强权政治的一个因素而进行清除。蒂萨或许会就具体实施问题提出建议或者接受咨询,但是他不会再阻止。蒂萨曾自信地认为自己仍然能够掌控一切,但这种信心在此次会议上受到了打击。会议随后进入下一个话题:"与俄国的战争以及可能产生的后果。"

参谋长康拉德也应邀参加这次内阁会议的讨论。因为这些讨论内容都属"机密",所以没有保留任何会议记录,只在记录中提及进行过讨论。康拉德此时仍保留自己的意见，他认为向塞尔维亚发动一场惩罚性战争是优先事项，而且在塞尔维亚采取对应措施前，占领贝尔格莱德周围的所有过河点至关重要。他坚持说他赞成采取"积极的行动"，但7月7日，主张推迟行动的却不只是蒂萨一个人。还有一年一度的庄稼收割问题也阻碍了行动的进行。帝国下一年的粮食收割仍然由军队帮助完成。康拉德早就知道，他的许多士兵将要到7月的最后一周才能返回军营，将他们召回可能会引起对手的警觉。

贝希托尔德对康拉德越来越言听计从，他也支持推迟行动。他获悉法国总理庞加莱将在7月下旬访问俄国。当俄法关系正融洽时，将作战行动方针递交给塞尔维亚无疑是一件冒险的事，绝对不能让这两个国家一边举杯庆贺一边谋划暗算奥地利的最新行动。贝希托尔德把7月23日设为照会的递交日：这天也是法国人即将离开俄国的日子。在此期间，他敦促康拉德和其他人去度假，这样就"不会显示有什么不对劲的地方"。[28]

并非所有人都叫嚣着开战。在7月7日的决定还处于讨论中时，一些关于下一步行动的消息便泄露了出去。5天后的7月13日，具有一半英国血统的驻罗马的帝国和皇家前任大使吕佐夫伯爵在议会厅拜访了贝希托尔德和福加奇伯爵。多亏了维也纳社交界的凝聚力，吕佐夫才获悉一系列针对贝尔格莱德的苛刻要求正在制订当中，而他喜欢公开表达他的关切。到7月12日，维也纳的气氛已经明显地凝重起来。

吕佐夫受到了贝希托尔德的热情接待，他说他已经听说一份十分强硬的照会正在准备当中，但是他相信如果这些要求极不合理塞尔维亚肯定会拒绝接受。"发动局部战争的想法纯粹就是精神失常。"[29]吕佐夫严肃地警告贝希托尔德，如果塞尔维亚拒绝接受这些要求，那么将引发一场世界大战，那时候"你便是在拿整个帝国的生死存亡做赌注"。吕佐夫回忆道："贝希托尔德听到这些话后没有回应，而是陷入了深深的沉默。"[30]

吕佐夫警告伦敦会有军事行动

作为一名经验丰富的同事，吕佐夫明白贝希托尔德沉默的意义。当天晚些时候，当吕佐夫正在和他另一位上司讨论战争的风险问题时，他很惊讶地听到这位同事说："为什么要担心呢？最糟糕的结果无非是我们有可能会失去加利西亚罢了。"震惊万分的吕佐夫马上采取了一项不同寻常的行动，邀请英国大使莫里斯·德·本生于两天后共进午餐。15 日这天，当他和大使说明情况后，这位英国人目瞪口呆，真切地了解了形势的严峻性，并且一份针对塞尔维亚的指控文件正在制订。这份文件要求塞尔维亚在"短期内无条件接受"，否则将会动用武力。"奥地利已无心谈判。"军事行动正在筹备当中。

毫无疑问，这是吕佐夫有意而为。本生在 15 日当天立刻将这些信息拍电报给伦敦，但他十分谨慎，没有透露线人的身份。但是在第二天，伦敦外交部则轻率地要求提供线人的名字。甚至当本生遵照要求做好以后，伦敦外交部的反应依然冷淡、迟缓，甚至悠然自得。常务次长尼科尔森在他一份十分潦草的注解里记录道，他"怀疑"奥地利是否会付诸行动。[31] 尼科尔森似乎已经忘记奥地利曾在去年进行了两次调军，并且在最近的 1913 年 10 月，成功给黑山人发出了最后通牒。

尼科尔森本应该更好地了解此事，但却没有把事态已经很严重的情况告诉自己的上司格雷。在奥地利递交最终照会前一个星期，甚至在最终版本抵达穆苏林手中之前，伦敦早就已经掌握了所需的全部信息，完全了解维也纳意欲对塞尔维亚下达一项带有时间限制的最后通牒，一旦超过期限，维也纳将会采取武力行动。庆幸的是，尼科尔森和外交部的其他仇德分子完全忽略了这一关键的信息。不幸的是，有证据显示尼科尔森将来自维也纳的重要情报告诉了俄国和塞尔维亚公使，却在英国国内隐瞒了其重要性。交给一位外交官的重要情报却落到了不该得到它的人之手，这样的情况不是第一次，也不会是最后一次。如此可靠的来源，如此合适的时机，如此珍贵的外交情报却遭到如此滥用，这种情况极其少见。一周以后，格雷才得知这份"最后通牒"；英国内阁也是在奥地利已经下了最后通牒之后才获悉此事。假如伦敦希望对维也纳施加约束，现在正是好时机。但就像七月危机中的其他时刻一样，这个好时机来了又走了。[32]

鉴于当时贝希托尔德正竭尽全力掩饰他自己的意图，即便对他的德国同盟也不例外，因此吕佐夫"精心设计的泄密"以及他向伦敦提交的情报质量就显得非比寻常。帝国和皇家军队出色的破译机构成功破解了意大利的密码，他们惊恐地发现，由于德国外交人员的闲聊，皇帝的意图已经传到了意大利驻两个"敌对国"首都的外交人员那里。其实贝希托尔德没有必要担心，因为反正为时已晚：本生报告的内容早已通过俄国传达给了塞尔维亚公使，而尼科尔森要对此负责。[33]

与此同时，奥地利军事当局仍然继续在萨拉热窝进行调查，试图找到塞尔维亚官方参与阴谋的确凿证据。尽管他们审问了参与此事的同谋者，包括朝皇室夫妇开枪致其死亡的加夫里洛·普林西普，但事实证明很难找到他们之间的联系。德国皇帝告诉其驻伦敦大使希诺夫斯基说，"暗杀事件的精神煽动者"应该来自"贝尔格莱德的政治和军事圈"，他这番话的根据绝对不是来自维也纳的情报。到7月的第一个周末，波蒂奥雷克的军方调查人员还在四处调查，试图找到一丝可以将这次暗杀事件与"贝尔格莱德的政治和军事圈"联系起来的证据。

7月10日，由于贝希托尔德对事态的缓慢进展感到不满，于是他再次从军方得到暗示，派遣威斯纳前往萨拉热窝进行调查，并要求他在48小时之内将有关塞尔维亚共谋的信息电传回来。和数以千计的哈布斯堡王朝的官员一样，倒霉的威斯纳对待工作认真诚实，一直在竭力寻找所有能将此次犯罪事件和贝尔格莱德联系起来的蛛丝马迹。萨拉热窝的调查法官也是一名诚实的官员，他顶着来自波蒂奥雷克的巨大压力，公正地将暗杀事件原因直接归结于重要安保措施的缺失。威斯纳在13日发电报称，"所有的证据"都证明塞尔维亚当局与此次犯罪活动并没有很大关联。[34]

贝希托尔德面对这次调查中的挫折，丝毫没有退缩。在危机的这个阶段，他似乎已经深受议会中"青年激进分子"的影响，尤其受福加奇和德国大使切尔斯基的影响最大。切尔斯基因为在危机发生的最初几天主张谨慎行事，而遭到了德国威廉皇帝的训斥，他现在正忙于弥补之前所浪费的时间。已经彻底转变立场的他，开始不断纠缠贝希托尔德，要他采取极端措施。

康拉德的动员计划推迟了"指控书"的发表

贝希托尔德完善"指控书"的计划并没有因为萨拉热窝事件证据缺失而受到阻碍。穆苏林男爵奉命起草一份合适的奥地利行动计划书，这项计划书将在 7 月 19 日的联合部长委员会上进行讨论。14 日，蒂萨和贝希托尔德一致同意，在 23 日法国总理离开俄国之前，不能向塞尔维亚发送任何行动计划。

依照贝希托尔德严格的安全防范要求，联合部长委员会议于 7 月 19 日在外交部部长的私人住所举行。所有与会者都乘坐"非官方"车辆参会。穆苏林已经准备好照会的草案，贝希托尔德开始对其进行修改，加重一些要求的措辞。例如第六点，呼吁贝尔格莱德"对此次事件的相关人员开展司法调查"，改成"允许帝国和皇家警察开始……在塞尔维亚领土上搜查案件的共犯"。

这次又只有蒂萨一个人反对，但由于同事们一致同意，他只好不断让步，最终坚称如果发出"我们将吞并塞尔维亚的领土"的照会的话，他将否决这个决定。[35]福加奇发送了一封信给奥匈帝国驻罗马大使梅雷，信中强烈地暗示，尽管奥地利不参与战利品的瓜分，但塞尔维亚将被它的邻国分割。[36]

蒂萨坚持认为，在战争爆发之际，必须给几个列强发送一份备忘录，强调"除了战略性需要的边界修正"，帝国不会吞并塞尔维亚的任何领土。这里提到的"战略性需要的边界修正"是对康拉德的一种让步。早在几年前，康拉德就曾建议挺进意大利并且占领其北部一带的四方堡垒防卫地区，同时力劝人人加入针对塞尔维亚的战争。现在的他仍然无愧于一位"军事上的巨人，政治上的侏儒"的名号。在这次会议上，他和战争部部长克罗巴廷的窃窃私语被人无意间听到，"在巴尔干战争期间，列强们还在谈论以前的状况，但后来就再也没有人提起了"。[37]

康拉德对政治事务的认识脱离了现实，而他的同事们则对帝国和皇室军队了解甚少。他们对于战争的了解完全依赖康拉德。但是在会议期间，康拉德丝毫没有透露帝国皇室军队一直要到 8 月中旬才能对塞尔维亚采取军事行动。他也没有披露，他和毛奇的年度参谋长会晤仅限于无意义的泛泛之谈。康拉德天真地以为，当他向塞尔维亚投入大批武力时，德国会派遣他们的军队作为保卫他后方的"一种保证"。贝希托尔德还以为德国这种要求一次快速果断行动的持续热情将会是他所需要的一切支持。德国皇帝在一份 7 月 10 日的电报中旁注道："拖得时间太长了。"

但是康拉德连他自己军队动员计划的实际情况都不了解，更别说他同盟们的计划。就像每一个国家的每一场重要战争的初始阶段，长期的繁荣和平不能提升军事高层人员的能力和想象力。因此失算以及对现实的错误认知就是帝国和王朝军队高层在决策过程中经常出现的。康拉德的整个职业生涯几乎都在倡导战争，因此他决不建议在宣战之前再拖延时间。

在柏林，外交过程中指挥链中的一处弱点变得很明显。当德国皇帝和军方正在敦促维也纳加快速度时，外交部部长雅戈还在体验着家庭幸福，他刚度蜜月回来，却收到了一些令人不安的电报，这让他变得恐慌。他开始口述电报："我们希望将冲突控制在塞尔维亚当地，以免其他列强的干预带来不可估量的后果。"但是，这种警告并没有引起德国驻维也纳大使切尔斯基的重视，他决定鼓励贝希托尔德加入战争。切尔斯基压根就没有把雅戈让事态缓和的意思传达给维也纳当局。

奥地利的照会

直到 22 日，雅戈才从奥地利驻柏林大使佐根尼那里得到奥地利照会的文本，而此时离奥地利将它交给贝尔格莱德不到 24 小时。尽管雅戈后来写道，他发现文本"言辞十分严厉，而且超出了它的目的"，但柏林方面并没有试图改变其内容或将其口吻放缓和。维也纳无疑会拒绝任何这种企图。穆苏林对照会进行了润色，使之"如宝石一般"。其言辞确实苛刻，但又不排除塞尔维亚决定服从的可能性。

一些证据表明，其他一些德国外交官们早就曾试图给塞尔维亚提供一些有用的建议。6月30日，齐默尔曼就曾力劝塞尔维亚对暗杀事件的有关人员进行司法调查。7月8日，新任德国武官抵达贝尔格莱德，并呈递了国书。这意味着贝尔格莱德和德国之间的关系在这个阶段并不紧张。即使到7月20日，帕西奇还请德国斡旋，以影响维也纳"达成和解"。当照会最后递交时，驻贝尔格莱德的德国公使馆都不相信塞尔维亚能接受这样的要求。同时，他们也都不相信塞尔维亚拒绝部分要求就会导致战争爆发。就在几天前，德国与塞尔维亚的关系还笼罩着一层温暖的光环，而现在这种光环正逐渐消退。

7月24日，德国公使在贝尔格莱德无意间碰到一位塞尔维亚政治家，并对他说："你不能接受它。"在巴黎，德国大使舍恩敦促塞尔维亚人要求奥地利"进一步说明"。即便在奥地利最终宣战之后，曾经力劝它走到这一步的盟国，现在却不愿意应维也纳的请求"转交"宣战书，因为奥地利公使已于三天前离开了贝尔格莱德。比洛亲王完美表达当时德国方面出现的一个新说法，他后来写道："奥地利的德国盟友为了哈布斯堡王朝，在哈布斯堡王朝的操纵下卷入了这场最恐怖的战争。"[38]

7月18日，驻贝尔格莱德的亲塞派英国代理公使克拉肯索普发电报称："塞尔维亚政府坚信柏林会对奥地利实施相应的制约。"这位被称作"疯子"的公使在他的报告中丝毫没有掩饰自己的得意之情。早前，他还有组织地禁止领事发表有关塞尔维亚在巴尔干地区暴行的言论。这些报告最终经由黎凡特（地中海东部地区，包括希腊、埃及以及中东诸国及岛屿）领事馆的总部君士坦丁堡到达伦敦。令克拉肯索普气愤的是，这些报告在君士坦丁堡被自动复制并转发。[39]

驻贝尔格莱德的俄国公使哈特维希曾强烈要求塞尔维亚人保持高度警惕，圣彼得堡萨佐诺夫也赞同这一点。哈特维希听到暗杀的消息时曾说："看在上结的君主团体，共同对抗这一明目张胆的恐怖组织。在整个七月危机期间，贝希托尔德和他的顾问们没有打好手中的好牌，反而经常站在国际社会"流动现金"的对立面。因此，贝希托尔德对于他的照会被称为"最后通牒"感到十分沮丧。

贝希托尔德给吉斯尔的附加指示在很大程度上限制了这位外交使节的行动，并且没有给这位奥地利驻贝尔格莱德大使丝毫灵活变通的空间。只有在贝尔格莱德问题上"无条件地接受"照会提出的要求，才能避免两国关系破裂。吉斯尔不能参与任何一个问题的讨论。据吉斯尔所说，他在球形议会厅的大多数同事都想当然地认为塞尔维亚会无条件地接受照会提出的所有要求。[45]

尽管帕西奇一直在想方设法让自己隐姓埋名地前往希腊的萨洛尼卡访问几天，但塞尔维亚并没有浪费照会所限定的 48 小时。[46] 一份紧急电报拦下了帕西奇的列车，这位总理凌晨 5 点返回了贝尔格莱德。他立刻寻求协约国公使馆的建议，但在此危机时刻，各公使馆都人手不够：哈特维希死了；俄国武官阿尔塔莫诺夫正在瑞士度假；英国公使也在度假，公使馆的事务由亲塞派克拉肯索普代管。而法国公使馆从 7 月 4 日开始就没有发出一份电报，新任公使博普仅仅早于帕西奇一个小时抵达贝尔格莱德。

据我们所知，大家的建议似乎一致倾向于无条件接受奥地利提出的要求，避免武装冲突，并且他们起草的第一份草案正是这样做的。直至 25 日凌晨零点半，克拉肯索普给格雷发电报还称奥地利照会里所提的"十点"都将"被无条件地接受"。[47] 然而 25 日早上，一个巨大的变化推翻了克拉肯索普的报告。

塞尔维亚动员：令人印象深刻的塞尔维亚答复

其实早在 12 小时之前，塞尔维亚就已经决定全军总动员。到 25 日凌晨 2 点，贝尔格莱德的军用火炮已经由马车拉着准备上架。凌晨 2 点半，一个骑马出城的塞尔维亚官员在返回住所的途中正好看见了这个场景。塞尔维亚的政治和军事领导人都认为，贝尔格莱德此时的处境会和约瑟夫二世以及尤金王子统治时期一样，在经历短暂的反抗之后终究躲不过被占领的厄运。假如"神牛"上校已获得奥匈帝国的调动计划，塞尔维亚领导人或许还能够稍微放松一点。奥匈帝国和皇室军队大约要到几周以后才能做好挺进塞尔维亚领土的准备，而依照保护波斯尼亚和黑塞哥维那的这个战略前提，奥匈军队肯定会从其他地方发动进攻。

尽管雷德尔背叛了奥匈帝国的战争指令，但是在伦敦、巴黎以及圣彼得堡的人们对于奥地利军队即将实施或者针对塞尔维亚正在实施的行动普遍存在着一种幻觉。这是七月危机尾声期的一种关键的误解，因为世界"梦想与现实"之都维也纳比其他任何地方都更加充分地相信这种错觉。罗伯特·穆西尔提出朦胧的"卡卡尼尔"（即奥地利社会）幻想，在维也纳的决策过程中表现得十分明显。几天之内，穆西尔描述的困乏世界很快被卡尔·克劳斯所写的《人类世界的末日》所代替，后者是对一场战争最辛辣的讽刺。

历史学家一致认为塞尔维亚早期的动员与从圣彼得堡发往贝尔格莱德的电报有关，因为电报中俄国承诺给予足够的支持。俄国沙皇在发给亚历山大王子的电报中也许诺会给予帮助。据见证者讲述，王储在 24 日晚曾前往贝尔格莱德的军官会所，宣读了沙皇承诺给予军事力量支持的电报。[48]

那天，从俄国发往贝尔格莱德的电报让贝尔格莱德确信自己不再孤单。于是，帕西奇从之前几乎无条件接受奥地利照会提出的要求，转变为倾向于一种更加复杂的方法。

我们无法判断塞尔维亚第二版答复文本在多大程度上得到了俄国甚至法国的帮助，也没有任何证明文件表明这两个国家有参与。然而，塞尔维亚的答复直至今日仍然是所有已完成的外交文件起草案例中最优秀的一个，虽然大多数研究七月危机的著作都将其遗忘，但它还是值得仔细分析的。穆苏林男爵曾经起草了奥地利照会，他说这是"我所见过的外交技巧中最值得赞叹的一个实例"。[49]

塞尔维亚答复的成功之处体现在一个简单的事实上，即这个答复一方面假装接受一切，另一方面却避开了承诺以任何有意义的方式满足维也纳的要求。即使在一个世纪后，关于七月危机的权威记述也仍然会提到塞尔维亚接受"奥地利最后通牒中除了一项以外的所有要求"，这不啻对它高质量的一种

弗朗茨·约瑟夫下令动员：库宾中部的大事

为了谨慎起见，皇帝曾下令动员帝国 2/5 的军队。这项行动将会在周日假期后 3 天开始。战争部部长克罗巴廷在巴德伊舍接受了这项命令，他满眼质疑地转向皇帝书房门口，他看到弗朗茨·约瑟夫正看着他，脸上带着一种从未见过的痛苦表情。皇帝只是简单地说："现在就去，我别无他法。"[55] 在这个阶段，还没有给沿俄国边境驻扎在加利西亚的军队下达任何指示。

为了阻止对方就照会条款谈判带来的任何外交压力，贝希托尔德迫切要求对塞尔维亚正式宣战。在这一点上，他无疑是得到了一封电报的帮助，这封电报已经消失很久，但我们知道它的内容，因为其他很多文件都曾引用。从布达佩斯第 4 军总部发来的日期为 7 月 27 日的电报，提及了有关 7 月 26 日发生的事件：

第 4 军团总部现报告，多瑙河轮船上的塞尔维亚部队朝库宾中部的我军开火。冲突升级为大规模战争。伤亡人数不详。[56]

尽管电报已经消失，但它在贝希托尔德拜见弗朗茨·约瑟夫时被曾被引用，且就在 28 日皇帝同意宣战前不久。当天，在一条给罗马尼亚国王卡罗尔的消息中，弗朗茨·约瑟夫说他是被迫对塞尔维亚宣战，而且是"在塞尔维亚未经宣战就挑起冲突之后"。这就是一种政治炸药，因为如果维也纳能证明奥匈帝国曾被攻击，那么与罗马尼亚（秘密地）和意大利（正式地）签署的三国同盟防御条款就被视为生效。

28 日，贝希托尔德利用"库宾中部之战"的报道，为其让所有大使拒绝协约国列强的调解的指令正名。于是，在伦敦的门斯多夫奉命前去通知爱德华·格雷爵士，称调解尝试为时已晚，"因为昨天塞尔维亚方朝我们的驻边部队开了枪"。[57]

贝希托尔德太想利用这个消息了，他甚至将这次交战事件写进皇帝的演讲，以此证明宣战的合法性。尽管哈布斯堡帝国深受困顿和无能的困扰，但值得称赞的是，它仍然拥有很多正直诚实的人民。第二天，贝希托尔德隐约意识到自己被人利用了。随后，很多部门请求获得有关此次交战的详细信息，下一封电报是在第 14 步兵旅陆军中校鲍姆加特纳那儿发现的（这封没有消失）。电报日期为 26 日，并报告道："今天下午第 14 步兵旅部队朝库宾中部一艘塞尔维亚轮船短暂开火。轮船被迫停下，经过搜查后才放行。"[58] 但是这封电报没有提及"大规模的交战"或者"死伤人数"。卡尔·克劳斯的时代已经到来，因为早前前一封电报中对于真相的扭曲将给这位作家的写作提供充足的素材。

我们无从知晓贝希托尔德何时获悉的有关库宾中部发生交战事件的详细信息。但值得称赞的是，他立刻删掉了正在起草的宣战文件中所有提及此次交战的词语。贝希托尔德后来告诉皇帝，"进一步信息"表明发生在库宾中部的事件规模较小，不足以写入到如此重要的文件中，因此他决定"删除"对这一事件的描述。

弗朗茨·约瑟夫完全有理由不悦。据康拉德说，弗朗茨·约瑟夫在 7 月 5 日就曾声明，只要德国支持维也纳，他就同意开战。7 月 25 日，随着外交关系的破裂，弗朗茨·约瑟夫表示："外交破裂并不意味着战争。"两天以后他见到吉斯尔时又重复了这句话。[59] 这位皇帝一直在竭力维护和平，但当他发现这样不符合他个人的帝国荣誉感时，才会选择牺牲和平。

皇家新闻局的西林格上校认为弗朗茨·约瑟夫之前一直拒绝在宣战书上签字，直到贝希托尔德将一封描述"边境事件"的电报读给他听时，他才改变主意。阿尔贝蒂尼引用了 1924 年 8 月 24 日《纽约时报》中西林格的故事。随着事件的不断发展，皇帝发现那些最热衷于战争的人依旧在走捷径。[60]

康拉德下令逮捕普特尼克总司令

世风日下的另一个象征便是康拉德决定逮捕塞尔维亚军队总司令普特尼克将军。普特尼克将军一直在施蒂利亚的格莱兴贝格温泉接受水疗。普特尼克曾试图于 25 日返回塞尔维亚，而这一天恰逢奥地利照会规定期限截止。蒂萨从康拉德那里得知普特尼克将经过布达佩斯，便询问外交部是否可以将其扣留。直到警察突然行动，外交部都一直没有予以回应。后来外交部回应称，两国之间"无战况"，因此这种行为不合法。

当皇帝听到这些事件时，他已经感到失望，于是下令"立即"释放这位将军，并让其在皇帝的保护下乘坐专用列车车厢返回塞尔维亚。在战争开始之前抓住敌军指挥官并不是哈布斯堡帝国在战争中的一贯作风。明智的皇帝并没有在这种重要时刻批评总参谋长，但他给战争部部长克罗巴廷写了一张简短的便条，对康拉德进行了含蓄的谴责。他写道，"不管谁下达了这样的命令"，他完全不赞成这种做法。皇帝继续说，他希望他的高级将领"举止迅速而独立，但不失机智，而且始终慎之又慎"。（康拉德指出留在塞尔维亚的帝国公民也有可能被当作人质，以此来证明自己行为的合法性。而他这种说法和他大多数说法一样缺乏任何现实依据。）[61] 另一个例子也表明皇帝决心光明正大地发动战争。由于帝国与比利时以及英国之间处于交战状态，几个星期后，在康拉德的坚持下，战争部建议修改涉及协约国主权的军团头衔，比如著名的比利时国王第 27 步兵团，英国国王爱德华七世第 12 轻骑兵团，以及印度皇帝等。弗朗茨·约瑟夫暴躁地回答说，他认为这些改变"没有必要"，并下令保留原来的名字。

康拉德缺乏判断力，这一点并不仅在于一些表面细节。已经如他所愿宣战之后，这位奥地利司令官终于宣布任何针对贝尔格莱德的快速行动都没有问题，但至少两星期后才能进攻塞尔维亚。康拉德计划从饱受威胁的波斯尼亚各省腹地发动一场"道恩式"的奥地利大军挺进，他请求给他 14 天的准备时间。结果，这似乎太过于乐观。

康拉德的另一个不切实际的判断是，他让贝希托尔德在 7 月 31 日告诉皇帝，他不仅"有信心引诱意大利实现它对抗法国的同盟义务，还能让其派兵供我们在加利西亚调遣"。[62]

俄国宣布动员

康拉德和贝希托尔德最终合力让皇帝签署了他们国家的死刑执行令。俄国从 7 月 31 日开始进行公开动员（其实在这之前它已经秘密动员了一段时间，至少从 7 月的第二个星期就开始了）[63]，德国想在最后一刻让奥地利人改弦易辙的努力化为泡影。

德国总理贝特曼·霍尔韦格曾敦促奥地利妥协。格雷支持著名的"只进攻到贝尔格莱德"的方案，然而这个方案却未能考虑到这样一个事实：康拉德针对塞尔维亚的"B 计划"（巴尔干计划）并没有涉及占领贝尔格莱德这一传统做法，只包括从波斯尼亚发起一场精心准备的进攻。即使维也纳的政治家们接受了格雷的"只进攻到贝尔格莱德"的建议，康拉德的军事计划也将阻止这项建议的执行。

无论如何，俄国的动员迅速排除了所有调解的可能性。7 月 31 日，奥地利驻柏林武官比纳特中校被毛奇传唤，发现毛奇"从未如此激动过"。[64]毛奇刚从外交部回来，外交部正在全力阻止冲突，因为冲突可能会将英国卷入战争，从而对抗德国。这是他们才意识到的危险，尽管稍微有一点晚。

毛奇告诉比纳特当下正是奥地利立马进行反俄动员的最佳时机，并且这种事态发展将给德国提供加入战争的理由。一份催促行动的电报已经发往维也纳。当这份电报送给贝希托尔德时，另外一份来自贝特曼的电报也同时到达。这份电报则以德国皇帝的名义要求接受伦敦发来的最新调停提议。贝希托尔德毕竟是维也纳培养出来的老手，他目不转睛地看了两份电报几秒钟后厌倦地说道："太奇怪了，有没有人能告诉我这些天柏林究竟是谁在管事？"[65]

正如贝希托尔德的傲慢回答所暗示的那样，现在无论怎么做都太晚了。在这个阶段，维也纳不可能接受调停，因为这涉及帝国的屈服以及威望的破坏。俄国的动员计划打消了奥地利所有调停的念头，俄国的事态发展也给军队带来了新的挑战。康拉德一直称动员的第五天，他必须要知道，俄国是否会因为针对巴尔干的"B 计划"的部署并不妨碍针对俄国的"R 计划"的部署而心怀敌意。

康拉德似乎没有考虑到一旦俄国动员，启动它与法国的盟约关系，将会给德国带来何种政治影响。他认为德国会在反对俄国的战争中提供一些帮助，但他并没有为"施利芬计划"的一些要求做好必要的准备，因为这项计划要求向西展开一次突袭，而这必然会完全暴露德国的东部战线。

柏林敦促康拉德"忘掉塞尔维亚"

为了表示对康拉德的公平，德国也在另一个新的维度开始进行操作。7月31日，毛奇致电康拉德说："通过补偿的形式迫使意大利履行它作为同盟国的义务。"这是在请奥地利放弃特伦蒂诺和的里雅斯特，这个请求对任何一个维也纳人来说都无法接受。这是即将发生的事情的一个迹象，令人非常不安。德国自己的计划从没有对维也纳的利益给予足够的重视，在和平和战争时期都是如此。

几天以后，德国威廉皇帝给弗朗茨·约瑟夫发了一份电报，内容如下：

我已充分准备好履行作为同盟国的义务，立刻与俄国和法国交战。

事实上，同盟国的义务里并没有要求采取这种行动，俄国和法国也没有进攻奥地利。这份电报还称：

在这场艰苦的战争中，最为重要的是奥地利必须将其主力用来对付俄国，而不是兵分两路同时进攻塞尔维亚。在这场严峻的战斗中，塞尔维亚只是在扮演一个次要的角色，只需对其采取防御措施。[66]

虽然没有有关信息描述弗朗茨·约瑟夫看到这份电报后的反应，但是他的答复是可以想象到的。1914年的所有文件中，没有一份比这更加清楚地强调了德国军方一直将奥匈帝国军队视为更大棋局中的一枚棋子。奥地利发动战争的目的是为了消除塞尔维亚这个巴尔干政治中的要素。出于这个目的，奥地利要求德国保护其后方，使其免受俄国的攻击。仅仅过了数天，奥地利却被要求将其所有军力投入到针对俄国的战争中，并且放弃进攻塞尔维亚的计划。

缺乏想象力的康拉德抑或是哈布斯堡军队都没有对形势的此般变化做好准备。即便如此，康拉德仍然起草了一份电报给毛奇，他说："我们请求在清除塞尔维亚时你们能够保护我们的后方，但现在你们却给我们带来了世界大战！"（出于可以理解的原因，这份电报从未发送，格莱斯·霍斯特纳也在其研究奥地利军事档案的巨著中刻意隐瞒了这份电报。）[67]

正如 7 月 13 日吕佐夫伯爵断定的那样，一场针对塞尔维亚的局部战争纯粹是幻想。"向塞尔维亚提出的无理要求"将不可避免地引发一场世界大战，而这场战争也关系着帝国的生死存亡。

第二十二章 奥匈帝国的最后一战

　　奥匈帝国军队还没有做好应对一场大冲突的准备就卷入了这场大战，它的军队已有几代人没有带着愤怒作战了。而它的许多对手——比如布尔战争中的英国人——却在战争中吸取了教训，还有巴尔干战争中的塞尔维亚人，以及最近日俄战争中的俄国人，然而这些都被维也纳忽略了。唯一参与过布尔战争的奥地利军官罗伯特·特里梅尔少校曾就英国人在其伪装技术和战术方面取得的进步提交报告以作警示，但他的报告被当作"无关紧要"之事而遭到摒弃。反驳的理由则是崇高的，帝国总参谋部称奥匈帝国绝不会参与"殖民战争"。此时的最高司令部普遍缺乏一种想象力。1906 年，弗朗茨·约瑟夫看到一辆现代的奥地利装甲车原型，当时他一边观察一边骑上马，神情满是困惑。他说："就这么一个东西，绝不会有任何军事价值。"[1]

　　然而比这种心态更能说明问题的则是，正如我们所看到的，后来所有有关奥匈帝国的作战计划全部被出卖给了协约国。政治和民族主义严重的对抗削弱了军队的凝聚力。鉴于这些情况，同盟国们认为哈布斯堡王朝将在持续的压力下迅速瓦解也是情有可原的。虽然后来的实际情况并非如此，但未来德国与奥地利总参谋部的联络官克拉蒙将军一针见血地指出："奥地利军队有能力向塞尔维亚发动一场战争，但是没有能力向欧洲任何一个主要列强发动战争。"[2]尽管奥地利军费预算已经从1895年的2.62亿克朗上升至1906年的3.06亿克朗，但和其他欧洲强国相比，它在军事方面的开支比例仍然较低。哈布斯堡帝国也是欧洲军事化程度较低的国家。

战争爆发时，该军队已经发展成为一支以步兵为主的军事力量：每1000名士兵中就有700名步兵。每1000位军官中有791位（说德语的）奥地利人、97位匈牙利人、47位捷克人、23位波兰人，以及22位克罗地亚人或塞尔维亚人，其余的是英国人、意大利人、比利时人、斯洛文尼亚人、罗塞尼亚人和阿尔巴尼亚人。[3]德语占据主导优势的现象表明，虽然军队是由多国、多教派的军人组成，但军队中绝不会出现现代意义上的多文化现象。自1906年起，康拉德作为总参谋长就掌握着比他前辈更大的权力。他的职责范围已经涵盖了奥地利地方防卫军以及匈牙利地方防卫军和国民军，但他的参谋人员在组织能力、活力以及民族精神方面都落后于德国同行。[4]

当德国这一台军事机器动员时，康拉德感觉盟友的要求过于强烈，许多其他奥地利将领也感觉到了这一点。奥匈帝国从没想过要和法国或者英格兰交战，但是联盟体系的现实很快打乱了皇帝和驻伦敦大使门斯多夫伯爵的如意算盘。门斯多夫是爱德华七世的表弟，他对英国的感情和态度几乎与他对待奥地利以及匈牙利的无异。在递交正式宣战书时，门斯多夫说："这份将要载入两国百年关系史册的宣战书竟由我，这位奥地利大使中可能最为'亲英'的人物来负责递交。这听起来真是一种莫大的讽刺，且没有道义可言。"[5]

其实并不只有门斯多夫强烈地感觉到了这些事件给两国古老关系与纽带带来的压力。吕佐夫伯爵就曾针对未来可能的危险提醒过贝希托尔德。吕佐夫的母亲是英国人，和大多奥地利贵族一样意识到自己与英国的联系突然中断了。阿尔菲·克拉里对这一众人的情感做出了总结，他回忆说，由于失去了来马里昂温泉和其他地方度假的英国上流社会，许多奥地利人会因此变得

"更加贫穷"。[6]

如今，甚至是弗朗茨·约瑟夫也感受到了这种影响，多年来，弗朗茨·约瑟夫一直将个人现金储蓄存在英国银行，这曾令弗朗茨·斐迪南大公颇为恼火。但幸运的是，主权国家之间都心照不宣地优先履行彼此的财政义务而不是开展外交部的官僚政治。令艾尔·克劳感到十分惊愕的是，他们想加快向奥匈帝国宣战的进程，但行动却遭到了最高层的反对。在伦敦，延迟一周宣战使得英国银行有了时间秘密履行其对哈布斯堡君主的所有义务，并将哈布斯堡君主的所有现金储备返还给他。[7]

鲁道夫·冯·斯拉丁有一个更广为人知的称呼——斯拉丁巴夏。他曾是戈登将军在喀土穆的顾问。尽管他是奥地利国民，但他在英国军队中仍担任将军一职。在他的家乡，他则拥有帝国和皇家后备军中尉的军衔。虽然埃及的英国将领认为他是"不可或缺"的一员，但还是极不情愿地同意让他动身前往他的家乡维也纳，而他则认为那是自己的职责。他向他的英国军官朋友解释道："我有幸能在英国军队里享有将军军衔，但在我的国家遭受危机的时刻，我必须回去支持他们。"而这位英国朋友也向他郑重承诺在战争结束后依然欢迎他再次回归。[8]

英国皇家海军护送门斯多夫到达的里雅斯特，格雷和他整个办公室的人员亲自到维多利亚车站和他道别。皇家海军陆续升起欢迎的友好旗帜，这让大使感到心烦意乱。与此同时，弗朗茨·约瑟夫也向国王龙骑兵卫队的英国军官食堂发去了一封电报，因为他是该团的荣誉上校。弗朗茨·约瑟夫在电报中指出，"他的团和他的国家已经成了交战双方"，对此自己深表遗憾。他还下令，军团的任何成员一旦被俘获，要"像对待他的客人"一样对待他们，直到战争停止。[9] 可惜英国战争部并不允许军团对此做出类似答复，1915 年该团的士兵被责令拆除了帽子和衣领上的哈布斯堡鹰状徽章。[10]

战争思维越来越多地淹没了骑士风度。克劳塞维茨说，战争是外交形式的另一种延续。显然他大错特错。一开始，主张战争的并不是外交家。与柏林和伦敦类似，维也纳的外交官们开始离开决策台。他们的位置逐渐被身穿军装的军官们取代，而这些莽汉们做决策时，首先考虑的就是保障自己手下的安全。维也纳的外交家们对现实情况了如指掌。贝希托尔德告诉他的同事，他打算穿上骑兵军装尝试做一些"有用"的事情。8 月的时候，康拉德在乘火车奔赴前线之前造访外交部去"告别"，但却发现整个大楼里没有一个外交官，尽管他已发通知告知他将在去北站时顺路"看看大家"。令他扫兴的是，球形议会厅现在已经变得破败不堪。在那里，他也没有找到贝希托尔德和他的内阁大臣。他们几个小时前就已离开并前往斯嘉德霍夫附近用餐。康拉德愤愤地写信给他的情人吉娜·赖宁豪斯说："这些装模作样的英雄们在大战临头时还只是一味地沉迷于娱乐。"[11] 事实上，这些外交家比康拉德更深刻地明白对于可预见的未来，他们的工作已经结束了。

奥匈帝国给德军提供炮兵连

为了响应德国提出的向西线提供炮火支援的请求，康拉德提供了两个强劲的炮连，而且都配备有奥地利斯柯达 30.5 厘米口径的榴弹炮。为了德国"施利芬计划"的顺利进行，他们必须尽快减少位于德军和巴黎之间的比利时和法国堡垒的数量，而尽管德国拥有克虏伯军备公司这样强大的军火制造商，但他们的火炮配置仍然胜任不了这项任务。他们还需要奥地利部署在加利西亚前线以及意大利边界的火炮，火炮分别位于克拉科夫和戈里齐亚。这些火炮以及炮兵于 8 月 12 日和 13 日乘火车出发，20 日抵达时正好赶上那慕尔之战，并在其中发挥了极大的作用。[12] 在攻占安特卫普的行动中，他们也起到了极好的效果。如果有人参观过位于伊普尔附近一座名为"垃圾场"小山上的小型博物馆，就会看到当时拍摄的这些火炮及其炮兵沿西线骑马前往战场的照片。虽然将这些火炮从加利西亚撤退付出了很大的代价，但如果没有这些武器，德国火炮根本无法在所谓的"固若金汤"的比利时堡垒防线上撕开一个口子。[13]

将榴弹炮连派往德军西线可能是唯一符合康拉德计划的军队调动行动。在其他地方，按照"R 计划"调遣大部分军队去加利西亚的压力给军队的"技

人也自愿服兵役，并为自己设计了一套实用的美式军装。路斯对奥地利的最终胜利始终持怀疑态度，因为协约国军队拥有设计更加精良的军装，而且还配套有更加实用的绑腿布。在路斯看来，这个配件能更加有效地防治战壕足病。柯克西卡后来回忆说：

> 淡蓝色束腰外衣，白色贴边，红色马裤和镀金头盔让我成了一个好靶子……这套军装十分引人注目。当我骑马外出时，总感觉自己正被一个看不见的敌人暗中监视，而他似乎就隐藏在森林郁郁葱葱的树叶深处。[17]

和路斯一样，康拉德也注重表面的东西。他后来写道，骑兵部队的失误可以完全归结于他们的军官以及"完全不实用的军装和训练"。然而，作为陆军参谋长的康拉德也没有克服骑兵部队对于更为实用的军装的抵制，更重要的是，也没有克服骑兵部队对配备现代化武器的抵制，特别是机关枪。这场战斗打破了许多骑兵神话，而骑兵团也给予了相应的回应。波托·柯雷特是第4龙骑兵团的另一位年轻军官，他亲身经历了康拉德所谓的"幸福的开局"。正如他在回忆录里所说的那样："从今以后，骑兵团把他们的士兵分成了两部分，一半骑兵一半步兵。"[18]

在克拉科夫和普热梅希尔之间，靠近扎莫希奇的地方给奥地利传来了更好的消息，因为奥地利第14军在那儿袭击了俄国一个组织涣散的师，并抓获数千战俘，缴获了60多门火炮。卡莫罗之战是一个了不起的插曲，它几乎预示着整个俄国第5集团军将陷入被包围的孤立境地。但是奥地利并没有带着"普鲁士人的决心"采取行动，总之，俄国人在意识到危险后便迅速撤退了。即便如此，截至8月底，奥地利军队仍旧俘房了2万名俄军官兵，并缴获了100门火炮。

俄军的恢复

不幸的是，这次遭遇完全无法掩盖更东面的糟糕战况。康拉德鼓励第3

集团军继续前进的举措挑起了奥地利军队和俄国军队之间的一场遭遇战。奥地利 91 个营携 300 门火炮对阵俄国的 192 个营和 685 门火炮。双方在人员和火力方面的悬殊使得结果不言而喻。布鲁德曼虽然带领奥匈帝国第 3 集团军的先锋部队冲锋在前，但他 8 个师的兵力最终损失了近 2/3，付出巨大代价之后才成功突围。康拉德不愿相信他的军队在那里面临着如此强大的敌对势力，还重新下令继续进攻。其结果可想而知，就在 8 月 30 日，奥地利军队又损失了 2 万名士兵和 70 门火炮。康拉德在给他的情妇吉娜的信中写道，这是他生命中"最可怕的一天"。[19] 但他又错了，因为更可怕的事情还在后头：伦贝格数天后被攻陷，康拉德的儿子也在战斗中阵亡。

拿破仑在奥斯特利茨发现，俄国步兵的恢复速度远远超过其他西方军队的恢复速度。到 9 月 9 日，俄国军队已经威胁到康拉德与德军之间的交通线。于是康拉德向德国请求帮助。然而德国虽然战绩辉煌，且早在几个星期前还在坦嫩贝格一举歼灭了俄军，给康拉德增派援军倒也不在话下，但对于奥地利的请求，德国皇帝如是说："他当然不能向第 8 集团军提出更多的要求。"[20]

康拉德的将才已经造成了很多灾难性损失。加利西亚的奥匈军——40 万人——损失了近一半，这其中有超过 10 万士兵成了战俘。这位总参谋长在近六年的时间里一直在呼吁发动战争，现在他终于初尝苦果。在不到 6 个星期的时间里，由于他的指挥不当，断送了帝国将近 1/3 的军队。

如果哈布斯堡王朝在巴尔干战线能够坚守住，康拉德或许能得到一些安慰，但那里同样面临着巨大的挑战。在这样一个公认的、充满竞争的领域内，1914 年，波蒂奥雷克紧随康拉德之后，成为第二个被批军事无能的将领。

波蒂奥雷克横渡德里纳河

8 月 12 日，波蒂奥雷克在他的日记中写道，"我的战争今天已经开始了"。当天中午，他向他的最高权力机关军事大臣官邸发去电报，十分自负地宣称："我的团已于早上 7 点横渡了德里纳河下游，在此期间没有遭到明显的抵抗，并成功地占领了塞尔维亚领土！"一行疑似弗朗茨·约瑟夫笔迹的整齐铅笔字写着一句维也纳方言："只有一个营？"然而，波蒂奥雷克的"阅兵"计划因暂时缺乏架桥材料而延迟。当材料准备就绪后，奥匈帝国第5集团军开始大规模横渡德里纳河，不料却遭遇了塞尔维亚的坚决抵抗。[21]

波蒂奥雷克十分清楚，第2集团军一定会被派往加利西亚，但他决定在此之前先充分利用其在巴尔干前线的临时性作用。虽然康拉德手下的陆军最高统帅部已命令第2集团军准备乘火车前往加利西亚，但波蒂奥雷克仍命令其横渡萨韦河，随后占领塞尔维亚领土。在多瑙河舰队的支持下，第2集团军顺利占领了沙巴茨，但塞尔维亚人很快便识破了这一佯攻的计谋。因此，第2集团军在前进过程中遇到的抵抗比之前少，但其实塞尔维亚人已经"乘虚"将他们的兵力调到了前线的另一边，并准备对付波蒂奥雷克真正的"营队"。[22]塞尔维亚意识到哈布斯堡王朝的进攻主要来自奥地利第5和第6集团军，于是对此进行了相应的部署。当奥地利第5集团军朝雅达河谷挺进时，塞尔维亚军队的两个师将攻击它的侧翼。然而塞尔维亚军队总指挥普特尼克则只是想把奥地利军队引到列什尼卡东南部的希尔平原，他希望在那里进行最后的决战。

由普尔捷博斯基将军率领的奥匈帝国第21轻步兵师不幸落入了这个圈套。普尔捷博斯基是战争部前部长舍奈希的女婿，他在战前本就没有什么辉煌的军官声誉，被认为是一个"环城大道将军"（即仅适合散步场所的将军）。

包括康拉德在内，战争对于很多将领来说都是一种完全新奇的经历，当然普尔捷博斯基也不例外。在1914年，大多数军队都面临着同样的情况，但塞尔维亚的军队除外，过去两年在巴尔干地区经历的两次冲突教会了他们太多。他们懂得如何迅速地部署、撤退以及伏击。因此，第21轻步兵师在几个小时内就几乎全军覆没。普尔捷博斯基被迫退休。第29轻步兵师在沙巴茨的状况也不如人意，当塞尔维亚军队赶在他们之前悄然撤退后，他们才发现竟然是自己人在打自己人。然而在一份官方报告中却这样写道："这是我们军队对抗强敌的决定性胜利。"相信卡尔·克劳斯也完全可以在自己的讽刺杰作《人类世界的末日》中写出类似的文字。事实上，此时的第29轻步兵师已经溃不成军，正朝着沙巴茨撤退。[23]

或许是受到他自己宣传的鼓励，波蒂奥雷克命令第5集团军在8月16日占领科卢巴拉高地。事实证明，这项任务是极具挑战性的，正如波蒂奥雷克预测的那样，塞尔维亚军队表现得越来越富有侵略性，远远不如想象中那么容易对付。8月17日，塞尔维亚骑兵部队几乎全歼了第21轻步兵师的残余势力。这个师所能做的就是撤退后进行"重建"，寄希望于用重组的方法在未来的某一天将至少两个旅重新投入战场。

一天后，尽管塞尔维亚军队一次随意的进攻被奥匈军毫不费力地击退了，但波蒂奥雷克的无能加之塞尔维亚部队的频频施压，仍旧使得康拉德原希望部署在加利西亚的第2集团军只能全心致力于波蒂奥雷克的行动。食物等军需资源供给不足以及恶劣的地形，给奥地利军队带来了很多的问题。此前康拉德和波蒂奥雷克计划让奥地利军队从波斯尼亚入侵塞尔维亚，而不是通过贝尔格莱德和伏伊伏丁那平地，这样的行进路线也使得他们的部队陷入了更具挑战的地形之中。与之相对的，塞尔维亚军队则沿着内线作战，巧妙地切断了他们三个集团军之间的通信。8月中旬的天气酷热难当，而塞尔维亚人却懂得如何在这些条件下伪装自己。

随着局势的不断恶化，波蒂奥雷克不得不给康拉德发电报，请求批准第2集团军的所有兵力全部参与行动。为此，康拉德在一处名叫普热梅希尔的伟大战略堡垒大发雷霆，这个堡垒位于距离塞尔维亚前线大约几百英里的加利西亚前线。但在8月21日，波蒂奥雷克说服皇帝的军事枢密院负责人签署了一项命令，授予了他在巴尔干地区的充分自主权。从那时起，康拉德对南部前线的事务就失去了最基本的掌控权。波蒂奥雷克完全可以在不告知普热梅希尔指挥部的情况下行事。康拉德气愤地发电报给维也纳，称"以波蒂奥雷克拥有的兵力对付塞尔维亚的任何进攻都是绰绰有余的"。[24]但皇帝在8月23日写信给他的总参谋长，说"减少巴尔干地区的兵力是不合适的"。

塞尔维亚部队充分利用地形优势使得防守工事牢固可靠，而过于分散且孤立无助的第5集团军在这种情况下就不得不选择撤退。当然，第6集团军的处境也没有好很多。从匈牙利军官处获悉战事情况后，波蒂奥雷克迅速执笔写了一篇评论文章，他写道："我方准备不足，军队分散，正面攻击准备不充分，但敌方却有着牢固的防守阵地。"然而，令波蒂奥雷克感到幸运的是，塞尔维亚部队因战事筋疲力尽，没有对奥地利的撤退进行袭扰。

波蒂奥雷克的部队撤退时，他们以一种可怕的方式将挫败和沮丧发泄到了平民身上，这不禁让人联想到潘都尔兵（18 世纪以残暴著称的克罗地亚士兵）的过激行为。他们不惜破坏军队声誉，在短短几个小时内，以通敌为由，对包括妇女在内的平民进行草率处决。这些记录暴行的报告使协约国在舆论上牢牢占据了上风。老皇帝不得不再次对此进行干预，以阻止暴行的再次发生，并发出警告称这种行为必然"使帝国众叛亲离"。[25]

奥匈帝国军队全线溃退

面对经验丰富的塞尔维亚常规军，帝国与皇家军队之所以表现得漠不关心，其中也有一些高级军官出工不出力的原因。泽特维兹伯爵就拒绝让自己的师掩护奥匈军向沙巴茨撤退。对此，特尔斯扬斯基将军认为，这样的指挥官"缺乏处理紧急情况应有的意志和决心"，他还要求泽特维兹以"临敌畏缩"的罪名接受军法审判。事情虽没能发展到那一步，但泽特维兹也在当天下午被撤职。[26]

泽特维兹的继任者扎纳托尼急于避免重蹈前任的覆辙，于是向他的部队提出了一个要求："时刻准备着，把坚守沙巴茨当作我们的荣誉。"这时，特尔斯扬斯基让第 4 军越过萨韦河去支援扎纳托尼。但是，当他们在 23 日过河时，混乱开始了。原本第 4 军一直在待命，准备乘火车前往加利西亚，因此当他们接到对抗塞尔维亚最前线的消息时，为了履行自己的职责，他们严格采用和平时期演习的方式渡河，不料却遭到了塞尔维亚部队的伏击。正当奥地利军队试图重新编队时，他们又遭到了极具毁灭性的交叉火力攻击，队形变得七零八落。接下来的 20 分钟，他们惊慌溃退，试图在沙巴茨寻求庇护。特尔斯扬斯基当晚下令撤出沙巴茨。这个决定非常及时，因为一天后，塞尔维亚的大炮就摧毁了奥地利的这个桥头堡。

9 月初，奥匈帝国军队的行动在两条战线上都不幸陷入了僵局。开始几周的灾难并没有因为黑山共和国入侵波斯尼亚时被成功击退的消息而获得助益。这两次行动都证明了这个"决定性的结果"难以实现，不仅如此，帝国和皇家军队也已经表明他们还没有做好应对战争的充分准备。从 1878 年开始的很长一段和平时期反倒削弱了军队的战斗能力。正如康拉德所说的那样，军队的阅兵和操练更像是"儿童剧院中的表演"，这让帝国和皇家军队在战争中显得装备不良，力不从心。[27] 另一方面，塞尔维亚军队则在近两次巴尔干战争中吸取了很多有用的教训，而且俄国也从十年前的日俄战争中发现了伪装技术的好处。但是哈布斯堡军队却没有学到相关的经验。尤其是哈布斯堡军队的指挥和控制系统，历来是他们的弱点，但他们没有采取相应措施，反倒暴露出越来越多的不足。

亚得里亚海也给奥匈帝国带来了更多失败。8 月 16 日，古老庄严的轻型巡洋舰"森塔"号在靠近科托尔海湾处被 40 余艘英法战舰击沉。而在 14 年前，这艘巡洋舰的水手还曾和英法军队并肩作战对付过中国人。这支英法舰队由 13 艘战列舰组成，其中包括 3 艘无畏级战舰、5 艘巡洋舰以及 20 艘驱逐舰。面对这种敌我悬殊的不利情况，"森塔"号没有任何胜算，但是它仍然勇敢地战斗了近两个小时，从而使与它随行的"乌兰"号驱逐舰得以趁机逃脱。在安特瓦里之战中，这一英勇之举也让"森塔"号的绝大多数船员失去了生命。协约国海军希望以此挑衅帝国和皇家海军，使其出击保卫"森塔"号，但计划没有成功，英法舰队别无选择，只能退到马耳他。这是因为无论是法国还是英国皇家海军，都没有充分的后勤保障，以使他们能够长时间停留在亚得里亚海上。

这些挫折似乎表明，观察家们有关哈布斯堡王朝将提前瓦解的预言可能会得到印证。然而，他们会为此感到十分失望。其实类似于 1914 年 8 月的挫败也曾发生过。难道玛丽娅·特蕾莎在 1740 年没有面临过溃败？难道弗朗茨皇帝没有经历过拿破仑带来的灾难？其实弗朗茨·约瑟夫在康拉德率领参谋部启程前往普热梅希尔时对他说的一席话就已经暗示了一切："我知道这对我们来说将是一场恶战，但我想要履行我自己的职责。"在哈布斯堡的军事传统中，他们很少在战争一开始就取得胜利。1914 年也没有理由不一样。[28]

随着时间的推移，哈布斯堡王朝将会找到合适的人，以杰出的表现领导他们的军队，而他们也会一如既往地从错误中吸取教训。他们从痛苦的经验中懂得，事物在进步之前很可能会变得更糟。

两条战线普降秋雨，这无疑给帝国和皇家军队带来了不少困难。第 5 集团军在巴尔干战线的不佳表现，加上失去沙巴茨，使得波蒂奥雷克的进攻陷入了停滞状态。在加利西亚，第 3 集团军的损失意味着只有德国的援助能够稳定整个局势。

波蒂奥雷克计划与第 6 集团军一起进攻瓦列沃，以先发制人的方式对付塞尔维亚。而塞尔维亚则打算在雅尼亚袭击敌军，以此将第 6 集团军和第 5 集团军分开。第 21 轻步兵师遭遇不幸后，士气低落的残兵败将按照战时法规进行重组，第 5 集团军司令弗兰克则感到"十分沮丧"，在波蒂奥雷克的说服下，他同意在再次的进攻中继续贡献力量。但弗兰克的沮丧也十分合乎情理，第 5 集团军接近崩溃，而它的山地炮兵在对抗塞尔维亚的大口径法国野战炮时，几乎发挥不了任何作用。七月危机时期，担任驻贝尔格莱德武官的吉利内克少校写了一篇关于"黑手社"的报告，但并没有引起相应的重视。现在他在波蒂奥雷克的参谋部服役，这一次，他写道："我们的山地炮几乎没有任何价值。"[29]

9 月 6 日，当波蒂奥雷克正在等雨停以便再次组织进攻时，塞尔维亚部队却没有考虑恶劣的天气，反而沿着萨韦河开始发动多点进攻。对于塞尔维亚人来说，奥地利军队的第一次失败进攻就已经暴露了他们处于劣势。从这一点来说，如果能尽可能多地拖住奥地利军队，不让他们前往加利西亚前线，就能创造很多机会帮助俄国军队。

久经战场的帝国和皇家第 29 步兵师在接下来的两天里成功地开展了防御性行动，给塞尔维亚的"蒂莫克"师造成了 5500 余人的伤亡。然而在更前线的位置，奥地利军队的进攻则遇到了很多问题：波蒂奥雷克的第 13 军试图横渡德里纳河，最终遭受重创；不幸的第 21 轻步兵师的残余再次遭受了炮轰，士气变得更加低落，雪上加霜的是，他们在浮桥下沉引发的一片混乱之中再一次溃败了。一天之内，尽管第 6 集团军的伤亡人数仅 700 人，但第 5 集团军总共损失了 4400 余人。而波蒂奥雷克继承了佛兰德斯知名将军们的优秀传统，他对于这些伤亡数字漠不关心，继续命令第 5 集团军"必须锲而不舍地进行尝试，直到成功横渡德里纳河"。但换来的结果不是成功，而是更多的死伤。

塞尔维亚入侵匈牙利

一天后，也就是 9 月 10 日，塞尔维亚军队横跨防守较为薄弱的巴纳特，首次占领了匈牙利领土，并迫使匈牙利军队从塞姆林撤退。这个消息立刻在布达佩斯和维也纳引起了恐慌，皇家军事枢密院要求波蒂奥雷克迅速对此事进行"说明"。波蒂奥雷克解释说塞姆林周边的塞尔维亚军队无足轻重，但这种解释根本无法令人信服。一天后，包括地方防卫军在内的 9 个营，均按照维也纳当局的命令被派遣前去驱逐侵略者。

尽管塞尔维亚军队入侵匈牙利领土使得斯雷姆的攻势有所减弱，波蒂奥雷克还是不得不放弃位于富察与维舍格勒之间的德里纳河战线。命运不济的第 21 轻步兵师士气十分低落（超过 150 人以自残的方式逃避作战），因此，波蒂奥雷克再次以怯战为由对他们进行了严格的军法处置。9 月 16 日，该师又有 2000 人伤亡。

第 29 师在 16 日顺利横渡萨韦河后运气变得越来越好，因此继续向查拉克挺进。波蒂奥雷克当即命令第 6 集团军对第 29 师给予支持，并准备掘壕固守。波蒂奥雷克对于进攻的考虑以及桥头堡拓宽的关键都在于阿尔弗雷德·克劳斯将军领导的 33 个步兵营，但这些营队却都陷入了困境。面对越发强劲的炮火，孤立无援的第 6 集团军只能选择撤退。紧接着在雅格登尼亚峰周围发生了一场激烈的白刃战，在这次交锋中奥地利军队曾三度失守顶峰，虽然最终成功坚守，但也付出了 2000 人伤亡的惨重代价。波蒂奥雷克的进攻也陷入了困境。

然而这种停滞不前的状况不可能持续太久。塞尔维亚部队增援不断，而奥地利军队的弹药却即将耗尽。于是，奥地利军队向皇家军事枢密院发了一份紧急电报，要求得到更多的弹药支持，尤其是榴弹炮炮弹。而 9 月 26 日他们得到的答复却是"帝国的弹药库也已经耗尽，现在只能将每天所生产的弹药转运到前线"。波蒂奥雷克不得不想尽办法从遥远的萨拉热窝卫戍部队获得一些炮弹。而他之前总是不断命令进行近乎自杀式的进攻，也因此浪费了大量的弹药。一次由第 8 军执行的进攻被击退，部队伤亡惨重，马特勒在皇家军事档案馆这份记录该战役的报告旁潦草地写道："谁下了这么愚蠢的命令？"[30]

接着，后备营开始补充兵力损耗带来的空缺，但许多缺乏经验的新兵在听到第一声炮响时就逃跑了。因而波蒂奥雷克很快意识到，要想充分利用这些年轻新兵，就必须将他们纳入前线部队，填补阵亡士兵的空缺，以期让经验丰富的战队精神影响这些新加入的年轻士兵。波蒂奥雷克同往常一样，下令让部队执行最严格的纪律，防止任何因"胆怯"而逃避的情况发生。波蒂奥雷克部队的进攻能力正在快速消失。第 5 集团军的现状根本不允许它采取任何进攻行动，而第 6 集团军也正迅速朝这个方向发展。尽管如此，现在波蒂奥雷克将首次也是最后一次展示那些最初为他赢得荣誉的技能。

波蒂奥雷克将塞尔维亚人赶出了波斯尼亚

在一场至今仍被视为"运动战"典范的行动中，波蒂奥雷克派遣并协调了第 6 集团军的几支部队，将塞尔维亚部队从波斯尼亚南部清除出境。这项行动虽然仅进行了十天，但却运用了高超的战术，带来了持续的影响，在接下来的战争中，塞尔维亚军队也一直未能再进入波斯尼亚半步。10 月 18 日至 21日期间，在罗马尼亚高原附近发生了一场为期三天的战斗，波蒂奥雷克巧妙地从三面包围了一支塞尔维亚集团军，然后迫使其越过德里纳河后撤。

这项行动给塞尔维亚的乌齐斯集团军造成了成千上万的人员伤亡，且由于波蒂奥雷克的军队，尤其是第 8 山地精英旅，在数量上明显少于塞军，因而备受关注。奥地利军队本应该乘胜追击，但不幸的是，大雨和第一场雪的到来使他们的行动受阻。几个星期后，有传言称一支 3.5 万人的俄国军队正从东部逼近巴纳特，这使波蒂奥雷克不得不重新考虑他的进攻计划。截至 10 月底，塞尔维亚的攻势已变得很弱。11 月 1 日，波蒂奥雷克得以重新占领沙巴茨。

不幸的是，塞尔维亚的大炮和瓢泼大雨一齐袭来，这使得为这场决定性进攻所做的准备工作暂停了下来。11 月 11 日，在塞门德拉横渡多瑙河的行动也陷入了一片混乱。其实早在战争之初，捷克部队在维也纳普拉特扎营时就已经表现了他们的不满，而在波蒂奥雷克领导军队两个月后，他们则拒绝继续前进，因此还受到了强制的军事处罚。[31]

如今，塞尔维亚军队已经撤退。11 月 15 日，第 5 集团军的一部分兵力抵达了科卢巴拉高地，进入瓦列沃境内，并抓获了 8000 多名俘虏，缴获 42 门火炮和 31 挺机枪。波蒂奥雷克凭借这一"胜利"在匈牙利大受欢迎，但塞尔维亚入侵匈牙利时构成的威胁也让他们回忆起 1894 年的痛苦。如今，波蒂奥雷克迎来辉煌之时恰逢康拉德在加利西亚的运气再次落入低谷。

在那里，俄军再次将位于普热梅希尔的巨大堡垒设为目标，他们在逼近克拉科夫时正威胁着要攻入匈牙利北部。在康拉德这颗明星陨落时，"好极了，波蒂奥雷克！"却成为维也纳和布达佩斯当天的流行语。波蒂奥雷克喜出望外地发现自己成了布雷堡、巴尼亚卢卡以及萨拉热窝的荣誉市民。然而，这些华而不实的称号也将是波蒂奥雷克最后的荣誉。

11 月 16 日，马特勒代表皇帝突然造访，他发现一切都在"最好的和谐"里。波蒂奥雷克利用这个机会概述了他计划的下一步：先进行两天的休整，然后夺取贝尔格莱德，紧接着长驱直入克拉古耶瓦茨。这种攻势会让犹豫不决的保加利亚相信塞尔维亚已经屈膝投降，也会促使索菲亚坚持三国同盟的立场。

波蒂奥雷克不允许自己的士兵在休整的几天内无所事事，他坚持让他们这段时间在科卢巴拉高地完全安顿下来。三天后，大雨引发的洪水淹没了科卢巴拉之外的地区，而期间出现的短暂阳光更加剧了问题的严重性：高地上的积雪在阳光的照射下开始融化。重重困难之下，疾病又侵袭了波蒂奥雷克的部队，

要分享，但至少要让人知道事情的真相。"[34]

马特勒的调查迅速而无情。从大多数高级将领那儿获得说法后，他得出了一个简要的结论："波蒂奥雷克的态度就是一种犯罪行为……如果他出现在他的部队里，他们可能会开枪射杀他。"[35]19日，年轻的军官马特勒一回到维也纳，就立马向皇帝汇报情况。他称，在听说了所有的事情以后，他认为波蒂奥雷克应该对这场灾难负责。"那么，他必须离开"就是皇帝弗朗茨·约瑟夫对所汇报情况的简单回复。尤金大公将接替波蒂奥雷克，克劳斯将军将出任他的参谋长。当这个消息传到波蒂奥雷克那里时，这位败军之将在他的日记里吐露心声说，这对于我来说就像是"一种解脱"。奥匈帝国在对阵塞尔维亚战役中的惨败反倒鼓舞了协约国的军队，但毫无疑问的是，这种行为也将严重危害到奥地利在对付俄国方面所作的努力。正如德国威廉皇帝所说："区区几十万塞尔维亚人竟然改变了历史的进程。"[36]

奥地利军队8月底在东部战线的溃败，不仅让康拉德意识到，更重要的是也让东部地区的德军指挥官鲁登道夫意识到，驻守在加利西亚的奥匈帝国军队将不可能守住自己的防御阵地。9月下旬，一支德国的精锐部队从克拉科夫北部他们的兵站车站向前推进，以期找到俄军的一个侧翼，从而减轻他们盟军的压力。事实上，伊万诺夫领导下的俄国军队已经从桑河地区撤退到了维斯瓦河地区。当康拉德意识到这一点后，他便下决心要加倍努力夺回伦贝格。

奥地利军情机构在帮助康拉德了解敌方意图方面发挥了举足轻重的作用，他们截获了俄国总参谋部的一些命令。情报局的翻译官维克多·凯塞蒂中尉也加入到了康拉德领导的队伍中，而且得益于一位维也纳银行家的慷慨解囊，他还配备了帝国唯一的移动无线窃听工具。这也使得凯塞蒂能窃听到许多俄国的情报信号，并能破译俄国军方的密码。[37]

到11月时，康拉德已经在伊凡格勒对面遭遇过大规模的俄国军队，他曾试图从侧面进攻对方的优势力量，但最终还是被击败了。康拉德8个师的兵力对抗俄军13个师，寡不敌众的他们最终损失4万名战士。康拉德在加利西亚的第二次进攻宣告结束。

第二次进攻结束后，康拉德并不质疑自己的领导能力，反倒将矛头指向他的同盟国德国。他把德军在华沙周围的进攻评判为"一场幼稚的错误进攻"。[38] 德国人当然不乐意听到这样的言论。他们在反驳时提出了一个咄咄逼人的建议，那就是让奥地利第 1 集团军接受德国的领导。对奥地利军方领导层越来越多的批评促使德国皇帝写信给弗朗茨·约瑟夫，信中指出奥地利军队未来最好的出路就是依靠鲁登道夫和弗里德里希大公的"联合指挥"。这项建议是经过一番深思熟虑后提出来的，它一方面能够清除奥地利高级指挥官，另一方面又能从表面上维护哈布斯堡王朝的利益，正所谓一举两得。

皇帝、奥地利最高指挥部以及康拉德都拒绝柏林这种无情的夺权方式。然而这只是柏林迫使奥地利军队从属于德国作战控制的第一步，而这种高压终会逐渐达到一个令人无法忍受的水平。

一道希望之光照亮了加利西亚的阴郁与绝望。奥地利第 3 集团军英勇善战，它的指挥官是一位名叫史维特扎·博罗耶维奇的克罗地亚人，来自边疆地区，此时的他正以可靠又能干的战略家身份而逐渐成名。尤为重要的是，博罗耶维奇是一位现实主义者，他善于用一种康拉德和波蒂奥雷克都不具备的方式来预测风险。虽然博罗耶维奇接受洗礼归入了东正教教会，他的父亲也曾是著名的东正教信徒，但是他仍然把自己当作克罗地亚人。种族和宗教的混杂构成了旧时军事边疆地区的特点，而博罗耶维奇就是其中很好的范例。

为普热梅希尔而战

除了伤亡人数和领导能力受到批评外，康拉德还必须应对新的困难：霍乱和其他疾病的传播开始威胁他的部队。当康拉德的军队撤退到桑河后面时，驻扎着 12 万人卫戍部队的坚固要塞普热梅希尔再次被放弃，但在此之前，要塞里的弹药和物资已被撤退的士兵抢劫一空。这些撤退的军队还将他们的伤员随便丢弃在要塞医院中。而在一个月前，当俄国军队逼近奥匈帝国最重要的要塞并要求其投降时，勇敢的指挥官赫尔曼·库斯曼内克·冯·伯格纳斯坦特将军在反驳时则坚持认为回复俄国这样无耻的要求简直是自己的耻辱。来自特兰西瓦尼亚的库斯曼内克是坚强的萨克森人，他可能是这场战争中最能干的要塞指挥官。尽管第一次围攻仅从 9 月 17 日持续到 10 月 10 日，但它仍然造成了重大的破坏，需要尽快地进行弥补和修复。工作分遣队进入俄国战壕内，稳固好电线并加固了炮台。尽管有以上这些措施，但库斯曼内克的要塞所处的状态仍不比围攻初期。然而，要放弃这个要塞基本不可能。维也纳以及整个帝国的民意都期望普热梅希尔能"紧握在我们手中"（"牢牢掌握在我们手中"，这句话驱使卡尔·克劳斯在《人类世界的末日》中描绘出了一个更为尖刻和绝妙的场景）。

奥地利截获了一份俄国卷宗，该卷宗泄露了俄方的一项计划，即一些亲俄派平民将为俄国挺进加利西亚的道路排除障碍。康拉德因此欣喜若狂，他请求皇帝立即对加利西亚的平民实行军法管制，并大力调查与敌人密谋的所有可疑人员。这些强加的措施给哈布斯堡王朝忠诚而又苦难的加利西亚市民带来的影响可想而知。其实，早在 1914 年 7 月，皇帝曾让过分热情的官员务必停止围捕波斯尼亚的塞尔维亚人，"免得让他们都成为帝国的敌人"。皇帝十分清楚康拉德要的是什么，但是在加利西亚这种紧急的情况下，尽管他也担心康拉德的政策会带来恶果，但年迈的他已无力反对这些措施。没有任何一个地方的"间谍热"会比普热梅希尔要塞内的更严重。在克里米亚战争期间，俄国就已经将此地当作收集情报的基地。19 世纪 70 时代早期，这个巨大的要塞在进行了扩建和现代化后，见证并记录了 1875 年发生的第一件著名的间谍案件——一位热情的邮局官员在一封因未送达而被退回的信中发现了一张要塞的平面图。

到 1914 年时，康拉德对于寻找俄国间谍的痴迷几乎到了病态的程度，可能还会因此而牺牲一些无辜的生命。[39]这个城市的平民被残酷地划分为波兰人和鲁塞尼亚（乌克兰）人，他们处处要为独有的特权而竞争。介于他们之间的是犹太人，到 1914 年，这里的犹太人约占总人口的 1/3。到 9 月中旬，大部分的平民已被疏散。即便是在 10 月 10 日第一次围攻解除后，疏散工作也依旧在继续。普热梅希尔也不仅仅是一个城市化的要塞，一系列规模最为广阔的防御工事包围着这座城市，绵延36英里有余。它的核心结构由内部多面堡组成，这些多面堡经"奥地利的沃邦"弗朗茨·弗雷尔·冯·肖勒之手，于19世纪上半叶建成，它们的周长都是6英里。在1861年至1886年间，在距离城墙几英里远的地方为放置炮台又增建了各种外部防御工事。这些外城墙连同它们的弹药库和住宿的基础建设都由服务于奥地利的瑞士工程师丹尼尔·弗雷尔·冯·萨利斯－索里奥负责修建。萨利斯－索里奥沿着数英里长的环形防线建造了一系列堡垒，并用钢筋和混凝土建造了一条长度和深度都极其可观的防线。现在去普热梅希尔参观的游客不论是欣赏数英里长的堡垒，抑或是走访城市的东部，都受到波兰－乌克兰边界敏感度的限制。在冷战接近尾声的几年间，波兰和苏联之间的边境地带是一个更为平和安静的地方，访客们可以利用几个下午的时间小心穿过意大利画家皮拉内西笔下废墟式的遗址，除了偶然的某个苏联哨兵外，几乎所有人都忽略了这个遗址的砖墙。

萨利斯－索里奥的杰作也得到了他的继任者莫里兹·冯·布伦纳骑士的进一步加固。萨利斯－索里奥和布伦纳的努力也为他们带来了殊荣，有两座外围堡垒分别以他们两人的名字命名。布伦纳给炮台添加了装甲结构，也给炮兵军官的观察台添加了防护设施，便于他们观察炮轰效果。他还创建了受人认可并在其他国家享有盛誉的"奥地利"筑城学派。[40] 由于围城技术的快速发展，要塞进行了多次现代化改造。然而到1914年时，尽管普热梅希尔表明它那些接近废弃的防御工事仍然可以抵挡敌人的攻击，但人们还是认为它已不再现代。

第一次围困中，库斯曼内克了解到了俄军将在何处发动他们的主要进攻，并据此部署了自己的部队。而俄国指挥官迪米特里耶夫则一再低估库斯曼内克所率领卫戍部队的规模。更重要的是，俄国缺乏攻城火炮，他们的步兵在被要塞里的火炮无情击退时显得孤立无援。俄国部队尤其害怕四门口径为30.5厘米的榴弹炮，这点不仅能从有效的防守中看出，同时也能在进攻比利时时得到证明。他们的360公斤炮弹被俄国比作金属瘟疫。[41]

随着康拉德的部队在 11 月 5 日晚的撤退，普热梅希尔面临的第二轮残酷考验开始了。11 月 11 日的调查报道显示，要塞内的驻军包括 130767 名战士和 21484 匹战马。此外，还有 2000 名俄国俘虏和 3 万名平民，这些平民中有 1.8 万人完全依赖军粮为生。这支部队的实力和早期围困中的卫戍部队或多或少有些接近。一支后备军和一支飞行连队也加入了库斯曼内克的队伍。第一次围攻中涌现出了一批奥地利飞行员，其中包括世界长途飞行纪录保持者布拉施克机长。这些飞行员们受指派飞向或飞离这个城市，提供了历史上首次机械化航空邮政服务。

俄国人的动静表明，他们已经从第一次围攻的失败中吸取了一些经验和教训。他们封闭了整个周边地区，以防止各种霍乱战地医院的撤退。能干的库斯曼内克下令展开侵略性巡逻，这一举措使处于防御状态的俄军将他们的步兵活动减少到了最小值。俄军进而开始集中精力建造一条与库斯曼内克牢固的环形防线相对的包围线，并为他们的部队搭建住处。第一个月，库斯曼内克的战术就让奥地利牢牢把握住了战时的主动权。这位卫戍部队指挥官一次又一次命令他的巡逻队挑衅俄军，让对方动起来。库斯曼内克热衷于破坏敌人的计划，这也让敌人常常猜想库斯曼内克会不会打乱他们自己更广泛的军事活动。11 月 14 日，库斯曼内克下令在环形防线最东边的塔潘部署 15 个营、半个骑兵中队和 8 个炮兵连。

这支武装力量的指挥官是库斯曼内克手下的最高级军官阿帕德·塔玛希少将，他取得了一项令人惊喜的突破。这项突破也严重扰乱了俄军，迫使准备袭扰正在朝北撤退的康拉德部队的俄军增援部队匆匆赶回普热梅希尔。塔玛希已经达到了他的目的，并且让部队井然有序地撤回到了环形防线的安全区域。

尽管俄军已经深谙如何在库斯曼内克的窥探下很好地掩饰他们军队的轮换，但是从战俘那里得到的有用情报又带来了新的突破。遗憾的是，随着 11 月的结束，寒冷的冬天即将拉开帷幕，恶劣的天气对库斯曼内克沿着易受攻击的环形防线开展行动的计划造成了严重的破坏。因为他的部队没有配备御寒的军装，许多哨兵甚至因此冻死。12 月初，俄军重新掌握主动权，他们采用了一种更激进的战术，即沿着环形防线寻找防守薄弱的地方，以此引开库斯曼内克的后备队。

当时存有一种近乎偏执的怀疑，那就是俄国已经破解了奥地利的通讯密码，而这种猜想造成普热梅希尔进入了完全中断无线电通信的状态。这样，库斯曼内克就无法获知西面战争的进展，也无法得知普热梅希尔获救的概率有多大。这种怀疑是精心安排的，巡逻队很快从农民那儿得知，俄国人已经告诉他们奥地利军队将进行一场突围行动。但这场计划好的行动最终还是取消了，并且令人沮丧的是，新一轮的间谍热卷土重来。甚至有谣言称库斯曼内克因为不相信任何人，只能亲自译解他接收的信号。[42]

堡垒之内的奥匈帝国军事领导，实则主要是匈牙利军事领导，对第3集团军重新开始的进攻给予持续的支持。但因为与要塞炮兵间协调不够，军队士兵体力不支以及俄国反击战术的改进，都使行动变得更加困难。一次典型的出击可能抓获至少700名俘虏，但意味着同时又要多养活700个人。此外，出击还可能会给自己的部队带来800人的伤亡。

12月一点点地过去，奥地利军队在利马诺瓦－拉帕诺夫喜获胜利的消息大快人心。这是自战争开始以来收到的第一个可靠的好消息。

康拉德转危为安

康拉德在加利西亚首次战败后面临着几乎被取代的危险，但他最终还是选择迎难而上，勇敢面对现实。罗特少将领导的第14军是一支由提洛尔最出色也最强健的人组成的精英部队，被誉为"因斯布鲁克军"。在这支队伍的帮助下，奥地利部队给俄国第3集团军的后方来了一个出其不意的突袭。奥地利的猛烈攻击使俄国军队落荒而逃。康拉德用一个师的匈牙利地方防卫军和一个营的德国预备队巧妙地支援了罗特的行动。来自奥地利第6军的援军则对俄国阵地可能造成的不安全因素进行了较为彻底的排除。几天后，俄国军队撤退，奥匈帝国军队的声誉以及康拉德的职业生涯也都得以保全。

利马诺瓦－拉帕诺夫传来的消息让库斯曼内克内心蠢蠢欲动，他决定策划一场突围行动，从而接应即将到来的援军。12 月 15 日，24 个营和 3 个半骑兵中队越过了位于第 6 和第 3 防区之间的俄国战壕，但奥地利军队的防线整体状况不佳，因而这场计划好的突围变得毫无意义。俄国军队在距离堡垒不到 25 英里处向奥地利第 3 集团军发动了反攻。随着奥地利军队的不断撤退，库斯曼内克只好无奈地将他的人马带回来。

随着圣诞节的临近，俄国军队也加大了进攻的力度。在一个有雾的清晨，俄军凭借一场英勇的战斗差一点夺得了环形防线上的一部分大炮。与此同时，俄国飞机空投了成千上万份传单，劝说当地人赶紧投降。这些传单指出，俄国指挥官希望将这座城市作为东正教圣诞节礼物献给沙皇。然而这只是痴心妄想，12 月 22 日，库斯曼内克虽然损失了 2000 名士兵，但仍然扼守住了他的第 4 防区阵地。而在此之前，由于俄国占领了环形防线中的一个据点，使得第 4 防区阵地一直深受威胁。如今，他的这部分前线力量要等到数周后才会平静一点。尽管守卫者们要守住阵地并不难，但在圣诞节前夕，第 4 防区仍然会成为各种进攻的支撑点。

圣诞期间停火，前线各处都出现了传统的礼物交换活动。俄国人留下了肉和面包，而奥地利人则提供了烈酒和牛奶。他们竭尽所有甚至不惜夸大自己的供给能力，目的在于让对方感觉他们的物资十分丰富。俄国人在第 4 防区对面立了一个标志，上面写着：

我们由衷地希望，你们要塞所有勇敢的守卫者们能拥有一个和平快乐的圣诞节。愿上帝保佑你们向往和平的愿望。这也是俄帝国第十炮兵旅第五炮兵连所有炮手们的愿望。[43]

令库斯曼内克感到十分遗憾的是，停火的时间实在过于短暂。很快，奥军最高统帅部再次要求进行一次突围以支持第 3 集团军。于是库斯曼内克下令开展了一次突围行动，最终损失了 224 名士兵。不管怎样，俄国早已不再把库斯曼内克的这些小打小闹放在眼里了。

库斯曼内克的卫戍部队在渺茫的希望中迎来了 1915 年。12 月 27 日，20 个营在一场突围中失败，此后，库斯曼内克便命令他的部队必须留在环形防线范围内。绞索正在收紧。

第二十三章　白云石山中的刺刀

事实证明，帝国和皇家军队在新的一年里将会面临比 1914 年更多的挑战。帝国从 1914 年两条战线上的惨败之中恢复过来的能力乃至面对新威胁的能力都表明，虽然它只是日渐强大且趋于支配地位的德国军事机构的下级合作者，但它仍然有能力发动战争。这一年，帝国开辟了一条新的战线对抗南部邻国意大利，并部署了两个炮兵连、813 名炮手和 22 名军官前往巴勒斯坦地区，支援土耳其对抗英国的行动。[1]

普热梅希尔的沦陷鼓舞了意大利

从帝国的角度来看，这一年以一件大事为主：意大利的背叛。"史上空前绝后的一次背叛"是弗朗茨·约瑟夫向他的昔日盟友宣战前对这次背叛事件的描述。意大利的背叛似乎是意料之中的事情。

甚至在战争开始之前，毛奇就一直写信给康拉德，力劝他通过"领土让步"让意大利牢牢地成为奥地利的盟国。令皇帝和驻罗马的帝国以及皇家大使感到极其恼怒的是，德国驻罗马大使梅雷伯爵竟然向意大利政府暗示，维也纳正准备在特伦蒂诺地区、提洛尔南部，甚至的里雅斯特做出让步。

德国大使的这种行为激化了这两个盟国之间的矛盾，而矛盾也很快体现在了双方将军以及海军部队间日益紧张的关系上。海军上将豪斯就承受了太多来自德国海军同僚们的压力，他们要他在亚得里亚海采取一种更加激进的海军战略。[2] 而毛奇和康拉德的关系也因奥地利军队在加利西亚的突发事件而进一步恶化。

罗马等着看机遇的骰子在战争中将如何滚动。梵蒂冈坚信意大利应该在战争中保持中立，而它也对意大利的公众舆论产生了强有力的影响。1915 年 3 月，普热梅希尔即将沦陷的消息传出，这对罗马来说似乎是一个探索支持协约国协同效应的好时机。从这个意义上说，1915 年，普热梅希尔在战术军事方面虽已无足轻重，它却成了维也纳战略机遇方面最为灵敏的晴雨表。

库斯曼内克在普热梅希尔的努力尝试不会这么快就结束。年初，要塞司令员从普弗兰泽－巴尔提率领帝国和皇家军队所取得的赫赫战功中获得了些许慰藉。普弗兰泽是一位有着吉卜赛血统的匈牙利人，也是一位天赋极高的军官。他曾乐此不疲地周旋于布科维纳，并在那儿主动而巧妙地赶走了他面前的俄军，这样的聪明才干使他成了 1918 年停火前帝国和皇家军队中最令人钦佩的指挥官之一。

然而普弗兰泽的行动并没有给紧急救援带来任何前景，根据库斯曼内克自己的估计，要塞所剩的食物等必需品仅能维持到 2 月 18 日。事实上，库斯曼内克在 2 月初曾下令屠宰 1 万匹战马，也是通过这种方式他们才又勉强度过一个月。1915 年年初，库斯曼内克还拥有 127811 名士兵和 14546 匹战马。而屠宰战马以充军粮带来的最基本的问题便是他的部队将寸步难行。这也引出了一些令人毛骨悚然的幽默。有一个笑话是这么说的："围攻普热梅希尔和围攻特洛伊有什么区别？在特洛伊，英雄们在马肚子里，而在普热梅希尔，战马在英雄们的肚子里。"[3]

库斯曼内克的部队通过一些临时出击能够获得一些酸泡菜、甜菜根，还有土豆，但是这些东西远远满足不了他们的需求。然而，库斯曼内克相信通过强制所有人节衣缩食，他们一定能够将要塞坚守到 3 月 23 日。不幸的是，患病与死亡的人数都与日俱增。1914 年 12 月初，库斯曼内克登记的病人已经达到 4879 人。到 1915 年 3 月，病人数量已经上升至 12140 人，另外还有 7000人根本不适合执行部队任务。这些数字足以证明一些观察员的说法是错误的，他们曾说这次围困驻军的伤亡并不很严重。[4]

1 月 26 日，一些俄国军官似乎在抱怨奥匈帝国卫戍部队使用"达姆子弹"。于是库斯曼内克利用了这点，他特意邀请那几位俄国军官享用了一顿六道菜的丰盛午餐，并趁机对俄国的弹药加以批评，而席间的菜则是根据库斯曼内克的指示特意烹饪而成，目的在于让对方感觉到这座城市并不缺乏粮食。[5]此后有关这次围攻的一些叙述中也称奥匈帝国军官过着"穷奢极欲"的生活，由此可见，被这样的策略欺骗的不仅仅是俄国军官。[6]

随着条件的进一步恶化，某些步兵团难免会愤愤不平。其中由鲁塞尼亚人组成的第 35 步兵团的士气尤为低落。要塞中有 2.4 万多名士兵被认定为无法正常值岗。同时，俄国人却已经建立了一条高效的环形铁路，这样他们就能更加有效地牵制奥地利巡逻队。

在与特斯臣的第 3 集团军和奥军最高指挥部沟通后，库斯曼内克深受触动，准备最后一次发起挑战。这一次的突围定于 3 月 19 日，不过这无非是一次绝命行动。

当表明库斯曼内克 3 月 19 日行动意图的电文传到维也纳时，皇帝对这场"血腥"行动的必要性表示质疑。大多数被指派参加此次突击的部队其实也抱有同样的观点。一位英国历史学家将后面发生的事情描述为一场"滑稽戏"，[7]但事实上它是痛苦且严肃的。第 23 匈牙利地方防卫军步兵师不到 7 个小时就损失了超过 68% 的补充军，另外几个师也损失了超过 1/3 的兵力。这就是为"荣耀"而付出的惨痛代价。这次失败的进攻也向世人表明，投降其实也是一种光荣的选择，而且这是唯一的选择。3 月 22 日，库斯曼内克给上级发无线电报称他已经销毁了所有密码，并且在引爆电台天线杆之前，他将销毁所有的弹药和防御工事，使堡垒不被敌人所用。

最后一批逃命的飞机中有一架向西飞去，但由于库斯曼内克决定要在起飞 30 秒之后引爆要塞弹药库，因而其他飞机的飞行路线都受到了影响。爆炸使得飞机盘旋着偏离了既定的飞行路线。4 个热气球升空比较平稳，但是一阵东风将它们吹到了俄军防线上。3 月 24 日，普热梅希尔正式投降。9 位将军、93 位参谋、7500 名陆军军官，以及 11.7 万名其他不同级别的士兵军落入了俄军之手。

尽管普热梅希尔已不再具有任何军事意义，但它的沦陷依然对维也纳构成了巨大的舆论威胁。在维也纳，士兵和民众们对这次围困的细节津津乐道。卡尔·克劳斯在下面这段"虚构的"情节中精彩地再现了当时这一幕。这是军事新闻官与一位急于限制负面宣传的总参谋部参谋之间的交流：

> 普热梅希尔的报告您准备好了吗？……没有？难道您还没有醒来？……是啊，这么多了不起的人到场……好了好了，不然你会错过今晚另外一场热闹的宴会……重点是那些防御工事根本算不了什么，那只是一堆没人要的垃圾。绝对是废物……明白吗？你说什么？最现代化的武器装备？你从哪里得到的消息？绝对的废物，对现代战争而言毫无用处（大笑）。[8]

罗马感觉此时正是和协约国谈判的好时机，事实上协约国早就对它垂涎三尺。意大利证明了自己是一位强大的谈判者。他们的要求无休无止，让英国人特别是劳埃德·乔治和爱德华·格雷爵士筋疲力尽。意大利的要求包括获得阿尔卑斯山以南的整个提洛尔地区：特伦蒂诺、戈里齐亚、格拉迪什卡、的里雅斯特和伊斯特里亚。事后又增加了达尔马提亚，一直到内雷特瓦河畔，此外还要求通过阿尔巴尼亚的法罗拉来控制奥特兰托海峡及各个岛屿，且协约国必须郑重承诺不得单独媾和或者允许梵蒂冈进行任何形式的和平斡旋。

这份被奉为 1915 年伦敦秘密条约且"臭名昭著"的文件，在布尔什维克夺取俄国政权后进行了公开，它无疑是除意大利以外所有签署国的耻辱。意大利只是尽其所能抓住一切对它有利的东西，并把所有这些当作是它为战胜从未在战场打败过的敌人而发动的最血腥战争的报酬。

德国和奥地利在罗马的对抗：
特伦蒂诺问题迫使贝希托尔德辞职

谈判还在继续进行，意大利和德国以及奥匈帝国都同时保持着对话。1 月初，德国就派遣令人敬畏的比洛亲王前往罗马。比洛是德国驻罗马的前任大使，与一位意大利女贵族结婚后，被授予安农齐亚塔爵士头衔，从而成了 12 位允许和意大利国王称兄道弟的人之一。每年，比洛都会在罗马平乔山上的"马耳他别墅"过冬。为了迎接他的到来，受德国控制的意大利商业银行特意开设了一个账户，柏林方面向该账户汇入了大量的钱，以确保比洛能胜任他的任务。

在维也纳，比洛亲王的任务让人们感到百感交集。贝希托尔德对此表示支持，并私下提及了有关割让特伦蒂诺的可能性。但新任奥地利驻罗马大使马奇奥男爵的行事则更为谨慎，他选择不去火车站迎接抵达罗马的比洛亲王，而在车站等待的外国使团则由土耳其大使带领。马奇奥奉命密切注视比洛亲王的行动，结果很快证明比洛亲王给意大利提供的远远多于特伦蒂诺。事实上，特伦蒂诺只是"会谈"的诱饵，而当这一切变得广为人知时，贝希托尔德则因随后的骚动丢了官。他终于可以将大礼帽换成骑兵的头盔了。

蒂萨率先向贝希托尔德发难。早先，这位马扎尔人就曾公开批评德国不想"让他们的尖头盔出现在阿尔卑斯山上"，且不想保卫奥地利的后方。他十分清楚如果割让特伦蒂诺，就会为割让匈牙利的特兰西瓦尼亚给罗马尼亚创造先例。蒂萨对贝希托尔德极其不满，1 月 10 日，也就是比洛抵达罗马一周后，他直接去找了皇帝，并要求外交部部长辞职。贝希托尔德之所以愿意在特伦蒂诺的问题上妥协，主要是因为他对征服塞尔维亚的痴迷。他认为只要和意大利签完协议，奥地利就能够部署更多的军队消灭塞尔维亚人。

弗朗茨·约瑟夫决定任命蒂萨为外交部新的部长。精明的老皇帝知道，如果蒂萨接受就意味着马扎尔人愿意为帝国的利益而屈服。但正是由于这个原因，蒂萨拒绝了，转而由他的忠实心腹布里昂男爵接任外交部部长一职。1月14日，布里昂正式从贝希托尔德那里接管外交部。

外交部部长的更换并没能打消德国的妄念。正如塞尔维亚驻雅典全权公使所说："德国正在重塑奥匈帝国的未来，以使其更加完美地符合她自己的计划。"和塞尔维亚不同，特伦蒂诺在德国向东渗透的任何主要计划中都没有发挥作用。因此，柏林也就可以对它的命运漠不关心。

比洛出色地完成了自己的任务。然而他刚到达时曾因"我们怎么可能在这么短的时间内失去了那么多土地"的标语而震惊。[9]罗马街边货摊正在售卖圣母与圣婴的雕像，其中圣婴的手指都被切断。雕像周围写着"野蛮的德国人，请将割占的土地还给我们"。比洛看到这样的场景十分恼怒，他将这视作比利时宣传攻势的结果。

为了尝试解决这个问题，比洛将目光集中在执政的少数人身上。他在马耳他别墅举办的聚会越来越奢华，用英国大使的话说，这些聚会就是"体现我们各自在官场这个股市中升降的晴雨表"。[10]就在这种相互攀比的宴请和"舞会之战"在罗马这个不朽之城继续上演时，柏林则继续向维也纳施压。出生于另一个普鲁士家庭的威德尔伯爵率领代表团正式觐见了奥地利皇帝，并请求割让领土。

事实上，柏林给维也纳的压力非常大，甚至还出现了一个"西里西亚提案"的说法，也就是说把西里西亚划给维也纳，以此作为对奥地利将其南部领土割让给意大利的补偿。为推进这一提案的执行，梵蒂冈、皇位继承人卡尔大公、受过特蕾莎学校教育的耶稣会士将军莱多霍夫斯基伯爵都被动员了起来。3月8日，众多部长在皇帝面前讨论关于将特伦蒂诺割让给意大利的问题，但弗朗茨·约瑟夫皇帝固执地认为决不能割让伊松佐河沿岸的任何土地。因为一再的让步将会使意大利边境过于靠近帝国的重大港口的里雅斯特。这座城市经过近

300 年的发展已经成为欧洲最繁荣的创业型城市之一。[11]

比洛和索尼诺第一次见面时，意大利外交部部长或多或少把的里雅斯特视为他"购物清单"的首项。然而这个要求甚至会影响到德国的利益。柏林因此越发地从自身未来在地中海东部野心的角度来看待奥地利这一重要港口。于是，比洛迅速将谈话内容转回到特伦蒂诺。

割让特伦蒂诺对于柏林而言虽说是一件无关紧要的事情，但它对于维也纳来说却十分棘手，这是因为帝国和皇家军队。一支由提洛尔人组成的皇家神枪手团属于军队的精英编队，前六个月里，他们在加利西亚奋战的每一刻都彰显着他们的勇气和旺盛的战斗精神。他们中的许多人都来自特伦蒂诺。尽管他们可能拥有意大利名字，在家中也都说意大利语，但他们却是最忠诚于奥地利皇帝的士兵。

对于割让土地给意大利王国这件事，弗朗茨·约瑟夫持保留意见，因为他担心这一举动会让将该地视为故乡的士兵们丧失斗志。他们中很少有人瞧得上意大利王国腐败而又低效的行事方式。一直主张向意大利发动预防性战争的康拉德当然十分同意这些观点，他在给新任外交部部长布里昂写信时就表达了"军队"的观点，信中陈述道，与俄国言和比讨好意大利更为明智；将加利西亚东部划给俄国也比割让特伦蒂诺给意大利要好得多。加利西亚作为帝国和皇室枪骑兵的招募基地，从纯粹的军事角度来看很容易成为战争的牺牲品。虽然军队可能会因此损失一些精锐的骑兵团，但军队也会因此而减少大量的塞尼亚人——他们中的很多人至今尚未在战争中证明自己的英勇。

尽管这些观点是可以理解的，但它们仍然再次体现了康拉德在外交上的天真。到 3 月底，随着普热梅希尔的沦陷，俄国无意再进行谈判。军队的失利已经一再证明了奥匈帝国军队的无能。康拉德也建议与塞尔维亚和解，却忘了仅仅数周前，他还要求将劲敌埃伦塔尔的尸体从坟墓中挖出来，"让他看看，他对塞尔维亚采取的和平政策给我们带来了什么"。[12]

康拉德将这些主张和平的观点告知了柏林的军事同僚。普鲁士战争部部长冯·维尔德写道："我曾经就我们同盟国这些弱点的迹象提醒过法尔肯海因……我们无法忍受这些不成熟的想法。凡事都得有规矩，我们明天会将这一切明确告知康拉德，以此彻底照亮他那充满政治狂想的黑暗房间。"（维尔德在 4 月 14 日曾写信给他的妻子，在信中他说："如果意大利将奥地利这头奄奄一息的骆驼的部分生殖器切下来，我们有什么好在乎的？"）[13]

德国人改变了康拉德的主意，但他突然又改变方向转入了另外一个完全不切实际的幻想："在我们赢得这场战争后，奥地利必然会因为胜利而变得更强大，这样就能和德国势均力敌。"[14] 其他德国人的语气比较温和，但也在力劝维也纳做出让步，称这种让步"最终会归还给这场战争的胜利者"。然而为时已晚。4 月 26 日，意大利签署了《伦敦条约》，并开始在靠近阿尔卑斯山东部的地区集中他们的军队。在维也纳，有关这个协议的谣言在签订后的数小时内传遍了大街小巷，尤其是来自他们驻雅典的公使馆。布里昂则在加倍努力。在罗马，马奇奥和比洛一起给意大利政府开出了最后一份了不起的报价：以德语作为界限的整个提洛尔南部、格拉迪什卡、法罗拉和处在自由市状态下的的里雅斯特，外加关于伊斯特拉和达尔马提亚未来状态的谈判。

如果奥地利人和德国人向意大利国王以及主要政治家进行大量贿赂，并以此来辅助上述条件，那么意大利便有可能不参战。但实际上，这项提议被泄露给了意大利媒体，他们几乎都认为这真是"大手笔"。绝大多数意大利人赞成中立，尤其是经商的中产阶级。然而协约国也没有浪费时间。

伦敦部署"货币魔术"

在伦敦，阿尔弗雷德·罗斯柴尔德主动提出愿意充当意大利大使因佩里亚利和英国首相阿斯奎斯的中间人。用英国外交家罗德的话说，在"支持同盟国"这个事情上，罗斯柴尔德是"工作最积极"的官员之一。在这个复杂的赛前竞卖环节，尽管比洛拥有较为雄厚的资金，但他根本无法与其他人进行竞争，总之他的出价太低。

谈到"货币魔术"，伦敦仍像皮特时期那样持有最好的牌。因佩里亚利随后写信给意大利外交部部长圣·朱莉亚诺，向他描述了"一个在这个城市工作的人来拜访他，并出价 2000 万英镑"的情景。[15] 这一价值接近甚至超过今天 10 亿英镑的惊人数字，便是伦敦想迫使奥地利开辟一条新战线所出的价格。

主张干涉主义且支持战争的撒兰德拉政府于不久前辞职。在随后的权力真空期，权力开始转移到君主手中。这次"竞标"是精心安排的。国王担心一旦他任命一个亲德政府，那他自己的王位也将不保，于是他拒绝接受撒兰德拉的辞职书。撒兰德拉的主要竞争对手是焦利蒂，焦利蒂可以轻而易举地组建一个由"中立主义者"构成的政府，但他并不希望违背国王的意愿。国王要求焦利蒂保持低调，甚至让他休假一个星期。很显然，焦利蒂照做了。这种情况下，萨伏依王室得到罗斯柴尔德家族的支持，似乎也将成为 1915 年意大利命运的最终裁决者。尽管意大利军队已于数周之前就进入了动员，但他们仍然在 5 月 20 日进行了公开动员。

5 月 23 日，宣战书递交给了马奇奥男爵，宣战书还有些站不住脚地提到了"意大利民族的希望在目前和将来会面临的威胁"。这一苍白无力的声明与弗朗茨·约瑟夫做出的"意大利国王向我宣战，这是史无前例的违约行为"的著名宣言形成了鲜明对比。[16] 皇帝提到了他年轻时期的伟大胜利：库斯托扎、诺瓦拉和利萨，所有这些名字都会勾起这个新敌人的痛苦记忆。作为现实主义者，意大利人更容易受到来自喀尔巴阡山消息的干扰，出乎大多数人的意料，康拉德最终出了一个高招。

格里茨的突破

早在 4 月初，康拉德就曾向德方要求支援他四个师。令康拉德吃惊的是，法尔肯海因竟然提供了 4 个军，是他要求数量的三倍。康拉德拟订了一份在东部开展决定性行动的计划，这一行动如果顺利，则不仅仅是解救被敌人围困的第 3 集团军了。虽然被部署的军队中奥匈帝国军队比德国军队略多一点，但康拉德同意共同指挥。法尔肯海因任命陆军元帅奥古斯特·冯·马肯森（1849

年至 1945 年）为指挥官，并由当时年轻有为的冯·塞克特上校担任参谋长，以全力支持指挥官的工作。德国的第 11 集团军和帝国与皇室第 4 集团军以独立部队的身份组合成了一个统一指挥系统。未来奥匈帝国统帅部将不得不同意马肯森的参谋提出的所有计划。

康拉德想在喀尔巴阡山脉的格里茨进行一次突破，而设想的这一突破就是这场战争中最有效的突击之一。[17] 康拉德想要给这次进攻设定一个更加雄心勃勃的目标，而最基本的则是能够解救伦贝格。但德国人的目标却没有如此雄心勃勃。在奥地利遭受一连串的失败后，此刻尤为重要的便是证明同盟国军队不可战胜。只有这样，罗马尼亚等正在权衡选择的国家，才会在加入协约国之前反复考量。而一场彻底清除加利西亚中部俄军的战役定会非常有益。

如果说康拉德为这次战役鼓舞了士气、树立了精神，那么德国人则带来了西线的战术经验。这场战役以西线式的进攻开始，首先是对东线进行了四小时的超强度炮轰。俄军只准备了一条战壕，第二条和第三条还没有挖好，一个小时的轰炸就将这些防线全部摧毁。孤立无援的俄军在枪林弹雨的强攻之下试图撤退，不幸遭遇了更多的枪炮袭击。俄军估计在三个小时内落下了 70 万枚炮弹。

这次战役的人员伤亡巨大。在不到一天的时间里，俄国的 25 万人就损失了 21 万人，其中 1.4 万人被俘。这个结果完全超出德国的预期，他们立即请求增援，充分利用了俄军崩溃这一优势。最终，俄军全线溃退。此前，俄国杰出的将军布鲁西洛夫率领军队已经深入到了喀尔巴阡山脉，但现在面临着被敌军从侧翼包围的险境，他不得不组织军队迅速撤往普热梅希尔。当他们到了普热梅希尔，本希望能够停下来休整，但又突然意识到在他们右边的俄国第 3 集团军作为战斗实体早已不复存在。因此，布鲁西洛夫的部队只好继续撤退。

6 月 3 日，巴伐利亚军队夺回普热梅希尔，他们比库斯曼内克及其军官们缴械投降只晚了不到六周。马肯森将军给弗朗茨·约瑟夫皇帝发电报，将"该要塞呈献给陛下"。[18] 普热梅希尔被巴伐利亚军队重新夺回的消息在维也纳引起了一些复杂的反响。为什么奥匈帝国军队没有夺回要塞？

对于意大利人来说，协约国遭受这些巨大挫折的消息来得太迟，他们已经无法重新思考自己的结盟问题。正当意大利国王决定按照祖先的惯例拿起武器对抗讨厌的奥地利人时，奥匈帝国在格里茨赢得巨大胜利的消息传到了罗马。在地理位置上更接近的罗马尼亚十分巧妙地应对了这场战事，它忠诚于奥匈帝国君主的时间要更久一点。

其实从意大利宣战开始就能很明显地看出，这场沿着新的"第三战线"的战争与奥匈帝国其他两条战线的战争将会有截然不同的特点。加利西亚的一位瑞士军事观察员在几周前曾发表评论称："帝国和皇室军队普遍鄙视的一个种族就是意大利人。如果它和意大利交战，我担心它很可能会带着残忍的热情坚定地对付意大利人。"[19]

新的意大利前线

幸好意大利在 1866 年那场战争中有过失利，奥地利才得以在接下来的和平条约中提出新的边界划分要求，从而确保了大部分具有战略意义的凸角和高地牢牢掌握在自己手中。即便是离威尼斯只有 70 英里的的里雅斯特，也有伊松佐河和戈里齐亚要塞（盟军的宣传中极其喜欢称它为奥地利的"凡尔登"）守卫着它的西北路线。

然而，的里雅斯特所处的位置很容易受到西南方向的攻击。意大利在奥地利度假胜地格拉多后面的环礁湖东岸建立了一个强大的空军基地。如果不绕道，这个地方离奥地利的里雅斯特海港仅 10 英里。因此，的里雅斯特附近的奥地利领空保护问题立刻成了当务之急。年轻的杰弗里·班菲尔德（后来改名为戈特弗里德，随后又改名为戈弗雷多）负责指挥的里雅斯特的第一个海军航空站。他后来回忆起那个城市非常原始的防御工事，描述说只有一挺匆匆架设在劳埃德兵工厂塔顶上的机枪。[20] 由于当时威尼斯被意大利当作他们前线物流的中转站，班菲尔德和他的空军中队便参与了几起针对该城市的空袭，他后来回忆说，如果意大利人宣布威尼斯为一个"不设防的城市"，那么那几次空袭便完全没有必要。[21]

虽然军情总局一直给维也纳提供关于意大利军事准备和军事意图方面的准确信息，但就在意大利正式宣战的两天前，康拉德决定将原定派往塞尔维亚的两个军（第 15 和第 16 军）调往奥地利沿海。这两个军将成为一个全新重组的第 5 集团军的核心力量，并由史维特扎·博罗耶维奇将军担任司令，而这位司令的能力和韧性当年已经在加利西亚战场上得到了充分的展示。

博罗耶维奇目前指挥的部队，即受到重创的第 3 集团军，将重新整合成第 7 军，然后将被派往意大利前线，并在名义上接受尤金大公的指挥。除了这些调整外，在卡林西亚州和提洛尔南部边界沿线还仓促成立了两支防守部队，第一支由骑兵上将罗尔率领，第二支则接受骑兵上将丹克尔的领导。

意大利的动员一直十分缓慢，但这一次奥军后勤部门却破天荒地仅在几天之内就将一支强大的防御部队运到了前线。意大利刚一宣称它将违背三国同盟的义务，帝国和皇家海军便立刻开始在亚得里亚沿岸展示其军事实力。这样看来，没有人能指责海军毫无准备。

截至 3 月初，由"联合力量"号"特格特霍夫"号和"尤金亲王"号三艘无畏舰作为先锋的帝国和皇家海军的大部分军舰都已在豪斯元帅的指挥下出海。这一次没有法国或英国舰船参与，而意大利海军则明智地停留在自己的港口。一场旨在最大化地破坏意大利后勤的大型运动已经开始，然而意大利仍然继续往北运送部队和装备。

安科纳港是意大利军队调动的关键点之一，它是一个非常重要的军需站和配送中心。5 月 24 日凌晨 4 点 35 分，也就是在罗马正式向马奇奥男爵下达宣战书的几个小时后，安科纳的居民被一阵震耳欲聋的爆炸声惊醒。三艘无畏舰上的 36 门 30.5 厘米口径的大炮集体开火，造成了毁灭性的后果。几分钟之内，意大利的沿海炮台和信号站就被彻底摧毁。

在无畏级战舰的后面，6 艘"大公"和"哈布斯堡"级的战舰则继续朝着预先分派的目标开火，包括火车站、意大利军营、海军设施和海港内的大部分战舰。就这样，在意大利决定向奥匈二元帝国宣战的几个小时内，帝国和皇家海军就已经证明它能袭击意大利的各个陆军和海军指挥中心。对安科纳港的这次袭击虽然与造成的损害极不相称，但它仍然是一次完全的胜利，同时也证明了哈布斯堡王朝这一战争机器善于精心策划。

这次袭击不仅扰乱了敌军在半岛的兵力调动，严重地打乱了意大利的动员计划，而且使意大利的海军部署在接下来的战争中都陷入了瘫痪状态，对士气的影响则更具毁灭性。海军上校赫伯特·里士满是英国派驻在意大利塔兰托舰队的联络官，他在那次袭击后悲痛地写道：

> 意大利人已经承认，尽管奥地利的海军力量差劲，但还是不战而胜地拥有了亚得里亚海的控制权。他们倒不如卖掉他们的舰队，继续他们的放荡生活，天哪，放荡生活比海战看起来更像他们的职业。[22]

尽管经历了这些破坏和挫折，意大利总指挥官路易吉·卡多尔纳依然保持着镇静。他的父亲是一位将军，半个世纪前被拉德茨基所征服。他集结了3个集团军，试图按照入侵中欧的主要路线之一对广阔的前线构成威胁，即从提洛尔西部到尤利安阿尔卑斯山以及著名的莱巴赫"山口"。

意大利第4集团军在多比亚科的进攻被轻而易举地击退。于是，意大利军队的重心迅速向伊松佐河方向转移。尽管具有人数上的优势，但卡索充满挑战的地势加大了进攻难度，前线部队不得不沿着杜伊诺（几年前，里尔克曾在此作了一首名为《挽歌》的著名曲子）附近的奥地利沿海地区一直到尤利安阿尔卑斯山脉的特里格拉夫山顶才暂时安顿下来。对于总长为450千米的前线来说，这段64千米的部分将成为奥地利军队开展11场激烈防御战的地点。这一系列战斗将给奥地利以及意大利分别造成将近50万人的伤亡。在第12场战斗中，意大利军队防守，但这场战斗同样血腥残暴，同时也让历史铭记了卡波雷托这个名字。

伊松佐河的第一战

起初，奥特拉山脉和亚得里亚海之间的整个战线都被奥匈帝国 128 个营的军队占领，其中许多营都没有满员，共计 22 万人。当伊松佐河的第一战在 7 月爆发时，博罗耶维奇只有 4 个营的后备部队可以支配，也只有两门口径为 30.5 厘米的宝贵榴弹炮。而另一方面，卡多尔纳则拥有超过 100 万的部队，且在火炮方面也有巨大的优势。意大利在伦敦和巴黎的新盟友对当前形势做了较为清晰的思考，他们确信意大利即将取得一次突破性的胜利，对手却是一支到目前为止尚未在任何战线持续立功的帝国和皇室军队。

其实，不仅是其余协约国同意伦敦和巴黎的观点。4 月，康拉德被迫发出警告称，与意大利战争的爆发意味着"意大利将在 5 周以后进入维也纳"。康拉德还牵强地指出："鉴于意大利在军队和大炮的数量上都占有绝对优势，那么他们很快便会攻破我们的堡垒并占领我们的领土。"但幸运的是，康拉德的估计跟以前一样还是错的。[23]

规模相对较小的奥地利军队迅速开始在加利西亚和巴尔干地区部署军队，其中也包括一些奥匈帝国军队中的优秀军团。尽管这些团由于加利西亚的战役而严重减员，但他们仍然保持一种强大的团队精神，且损失的人数也由新预备军进行了补充。最重要的是，他们是在为自己的祖国而战。四个提洛尔卫国团熟悉特伦蒂诺地区的每一座山峰和每一道峡谷。卡林西亚的"凯文胡勒"第 7 步兵团是在阿尔卑斯山东部的卡拉万克山脉中成长起来的，而萨尔茨堡"雷纳"和"比利时国王"格拉茨团也同样熟悉那些与他们家乡城市只隔几座山谷的尤利安阿尔卑斯山脉。尽管和敌军在数量上的悬殊绝不少于 4 比 1，但坚强而老道的他们仍然将证明自己有能力抵挡住敌人的进攻。一名德国联络官指出，与加利西亚的"恐惧俄国"相反，这些帝国军队看起来"丝毫没有恐惧意大利"的端倪。[24]

康拉德曾希望德国能投入一些军力用于支持势单力薄的奥地利防线，但柏林方面仍然对他们在罗马那次代价昂贵且失败的外交魅力攻势耿耿于怀，所以对此极不情愿。经过康拉德的一再劝说，法尔肯海因同意部署一个旅的巴伐利亚部队，番号为"阿尔卑斯军"。但巴伐利亚军队的出现立刻激起了萨尔茨堡和提洛尔地区军队对被称为"巴伐利亚狗"的同伴的蔑视。法尔肯海因义正词严地给康拉德写了一份备忘录提醒他，奥地利那些著名的阿尔卑斯团如今只能被部署在意大利战线，因为他们之前在加利西亚得到过巴伐利亚部队的支援。

7月8日，德国皇帝下令任何德国士兵都不能跨越意大利边界，这一举动使得奥地利与德国的军事关系进一步恶化。弗朗茨·约瑟夫对此暴跳如雷，他下令立即在官方公报中停止使用"手足情谊"这个词。战斗伊始，康拉德就试图从特斯臣精心安排意大利前线。他有限的成功意味着，当他的军队孤立无援地面对卡尔多纳人数占优的进攻时，他也只能旁观。

令奥地利感到庆幸的是，意大利也同样面临着物资不足的问题。他们的机枪没有帝国和皇家军队中使用得那么普遍，而且从一开始，的里雅斯特和普拉附近的奥地利海军航空站就提供了制空权。唯一几架频繁越过奥地利防线的意大利轰炸机几乎没有起到任何作用，奥地利人不久便给他们取了一些像"疯子"或"炸弹壳"这样的维也纳绰号。此外，在陆军上校冯·艾内姆的指挥下，位于瑞士的奥地利军事情报机构经过精心的准备，最终获得了一份关于意大利战争指令的详细信息。

6月23日，卡尔多纳在离的里雅斯特不远的雷迪普吉利亚附近，对伊松佐河防线发动了第一次进攻，但最终被击退，且有1.5万人的伤亡。两周以后发动的第二次进攻也以惨败告终。第三次伊松佐河战斗的结果表明意大利人十分善于即兴应战，并且能将其发挥到更高境界。27名将军随后被解职。若弗尔元帅访问了乌迪内，给停滞不前的意大利攻势注入了新的活力，并带来了一种即将在那场战斗中首次亮相的新武器——短程迫击炮。意大利人利用这种武器给戈里齐亚桥头堡造成了令人恐怖的效果。岩石的爆裂对人员伤害很大，这种大炮对于石灰岩地貌的作用可想而知。部队当时还没有发放金属头盔，因爆炸而头部受伤的士兵数量大幅上升。死伤人员很快污染了河水，供水危机再次威胁到部队的生存。到伊松佐河第二场战斗结束时,交战双方的死伤人数都超过了 4 万。11 月初进行的第三次战斗依旧十分血腥,两天的激战让 10 万人阵亡。此外还有疾病,尤其是霍乱,开始在杀戮战场蔓延。当博罗耶维奇被一位来访的参谋问及战况如何时,他变得异常沉默和严肃,只是简单地回答,至少这次的损失要比一年前在喀尔巴阡山的损失小。

博罗耶维奇保卫伊松佐河

奥地利军队很快就学会了如何将这种特殊的地形变成自身的优势,他们朝卡索(喀斯特)山深入挖掘,并巧妙地在这种地形上建立了防御工事。博罗耶维奇作为防御战指挥官的才能逐渐在此过程中得到淋漓尽致的体现,这让他的敌人们感到十分懊恼——他们认为他过于简朴,与他们不是一路人。而要感谢康拉德的是,至少在这个军事细节中,他这位总参谋长的判断没有令人失望。康拉德高度赞赏了博罗耶维奇的品质和素养,或许是因为南方斯拉夫人体现的这种战士的英勇和韧性,恰恰也是康拉德希望拥有的。不管怎样,康拉德对博罗耶维奇的批评变少了,而且常常维护他。

康拉德知道博罗耶维奇的事例能使部队变得自信而乐观。面对各种不利因素,奥地利人一次次坚守住了阵地,不断挫败卡尔多纳想要通过大规模的刺刀冲锋解决一切的计划。夏去秋来,战场的高山特点对后勤产生的影响越来越大。整条战线越来越高,几乎包含了 4000 米以下的每座山峰。当意大利人为了加强他们的后勤而修建道路时,奥地利人则投入了更多缆车和窄轨铁轨。当 11 月初迎来第一场大雪时,冬天的高山条件开始发威。伊松佐河的第四次战役并没有减轻卡尔多纳在罗马的主人给他的压力,这些压力日渐增加一方面是因为盟友,一方面是因为这场付出了大量鲜血和牺牲最后却无功而返的战争让国内许多家庭支离破碎。尽管采用了西线战术并且安排了猛烈的连续炮轰,但这 38 个师的部队仍然没能给接受了德国一个师支持的 19 个师的奥地利部队造成任何影响。第五次伊松佐河战役一直持续到圣诞节,除了意大利首次在戈里齐亚部署轰炸机外，协约国几乎得不到任何有关战争进展的线索。就像伊松佐河的历次战争一样，这次战斗依然以意大利的失败而告终。就像土耳其人在加利波利牵制住英国人一样，奥地利人到目前为止也轻而易举地牵制住了意大利人。

意大利参战给协约国带来的唯一"成功"就是让奥地利的许多阿尔卑斯精锐团离开了加利西亚前线。如果这些精锐团当初出现在康拉德在格里茨乘胜追击的行动中，那么俄国的溃败将提前一年发生。

不管怎样，格里茨之战收复了伦贝格，同时也或多或少地让俄国进入了全面撤退的局面。这个消息使彼得格勒的反抗者惊慌不已，赶忙全力以赴地推翻了沙皇统治。在接下来的欢欣鼓舞中，草拟的计划都充分利用了俄国前线的胜利，具体是组织一支强大的奥德部队再次对付塞尔维亚，同时发动一场奥地利进攻，即"黑金"（哈布斯堡）团进攻用以击退俄国军队，并确保加利西亚一劳永逸地获得安全。

不过彼得格勒的危机很快就过去了，一场俄国反击战再次沉痛地证明了奥地利最高统帅部的弱点。由于阿尔卑斯山部队被匆匆调去对付意大利人，许多作战单位缺少了精英，因而对战况不够敏感，这进一步反映了奥匈军队的弱点。即便奥匈军队面对的是俄军最具攻击性的指挥官布鲁西洛夫将军，他们也无法打起精神来。布鲁西洛夫的反击从沼泽地开始，这一点完全出乎康拉德参谋人员的意料。经过两个月的强行军和激烈战斗，不断进攻并占领城镇，奥地利第4集团军已经筋疲力尽，根本无法应对布鲁西洛夫的行动。俄国第8集团军将奥地利赶出了卢克镇，罗特将军试图组织该镇的桥头堡进行抵抗，但最终也只能将卢克镇让出。

奥地利在俄国的紧急情况

奥地利军队的差劲表现引起了德国的注意，德国主动提出替换巴尔干地区的奥地利部队，为即将对塞尔维亚的进攻做好准备。但由于这将导致巴尔干地区成为由德国主导的战场，且弗朗茨·约瑟夫一定不会同意此事，因此这项建议最终还是遭到了奥地利的拒绝。然而，帝国和皇家第 4 集团军如今的险境则让他们无法拒绝德国两个师的帮助。而德国帮助东线的条件则让康拉德苦不堪言：第 4 集团军需要完全接受德国的指挥。维也纳注意到了康拉德与德国军事同僚之间越来越严重的矛盾。一位名叫艾德里安的军官在 1915 年 9 月 15 日给布里昂发送了一份报告，其中讨论了康拉德"对法尔肯海因的恶劣态度"。[25] 奥地利军队对德国越来越依赖，这无疑是奥地利抓住的一根救命稻草。

然而"奥地利在俄国的紧急情况"[26] 使奥地利的伤亡人数和被俘虏人数急剧增加。此外，成千上万件武器完整无缺地落入到俄国人手中，这意味着他们可以利用奥地利的这些步枪和弹药武装整整一个师的军队。然而到 1915 年 10 月底，东线已安定下来，因为俄国已经没有能力再发动进攻。奥地利和德国开始将数个月前为了对付塞尔维亚而预留的军队解放出来，这些军中的士兵大部分是德国人。

帝国和皇家军队由于在"黑金"进攻战中的失败而损失了 230886 名士兵，其中有 10 万人成了战俘。东线的奥地利军队也从 50 万兵力减少到了 25 万。用法尔肯海因的话说，"黑金"进攻再次证明了奥地利"绝不可能战胜俄国"。

另外，这些战斗也让康拉德在领导才能和指挥系统方面的缺点得以呈现，过去有太多轻率的进攻和不充分的计划。俄国人作战勇敢，他们的骑兵在祖国沼泽地形中的表现比奥匈帝国龙骑兵和枪骑兵在阅兵场内的表现还要优秀。总之，就这条战线而言，哈布斯堡的战争变成了由德国人指挥的德国战争。

消灭塞尔维亚

1915 年春天的塞尔维亚似乎没有什么异样。1914 年，德国把俄国视为头号劲敌，交战一年后，德国突然改变了主意。现在，处理塞尔维亚的问题成了德国重要的优先事项，因为消灭塞尔维亚能牵制罗马尼亚，威胁希腊，同时也能顺理成章地将保加利亚纳入同盟国的行列。这些目标一旦实现，也将让德国在通往东方的主要陆路沿线产生影响力。

1914 年 8 月，德国皇帝小看了与塞尔维亚的战争。德国军事指挥部的关键人物对塞尔维亚有不同看法，他们想要保证塞尔维亚永久地成为德国的卫星国家。一贯对政治后知后觉的康拉德还希望德国派强大的援兵前往伊松佐河，和意大利相比，他早期过分关注的塞尔维亚已经变得不再重要。事实上，此时的康拉德甚至建议和塞尔维亚达成协议。但法尔肯海因已经不再受约束，主要是因为"这种做法会使奥匈帝国退出列强阵营，而领导权则落入德国手中"。[27] 可怜的康拉德，这只在德国总参谋部周围嗡嗡飞舞的讨厌的苍蝇，将在这次行动之后永远消失。

9 月 6 日，保加利亚和同盟国之间签订了一份带有军事附加条件的协议。这些安排的前提条件就是针对塞尔维亚的战争必须在 30 天之内开始。法尔肯海因坚决主张奥德军队必须由马肯森指挥。康拉德则担任下属的奥地利 – 保加利亚联军的指挥，他因此一脸不快，但除了愤愤不平地遵守别无他法。康拉德认为柏林的观点就是"巴尔干地区不值得牺牲哪怕一名波美拉尼亚掷弹兵的生命"。[28]

然而法尔肯海因正确解读了当时的形势：12 个月的战争已经使奥匈二元帝国沦为了一个二流国家。"黑金"进攻的失败给德国带来了他们所需的道德制高点。蒂萨也再次利用了来自德国的逆风，强烈要求由匈牙利人科威什·冯·科威什哈泽扎担任帝国和皇家军队的指挥官，而不是由康拉德最初所选的卡尔·冯·特尔斯扬斯基。然而这只是装点门面之举，马肯森必须听命于法尔肯海因，67 岁的他也并不打算征求奥地利的任何意见。

三面受敌的塞尔维亚在不到五周的时间就被击败了，他们的部队只能躲到北部内陆地区避难。这次进攻 10 月 6 日开始，11 月 8 日结束。马肯森给 20 世纪带来了第一场闪电战。奥地利第 3 集团军在德国两个师的支持下，于 10 月 6 日越过德里纳河。4 天后，他们占领的贝尔格莱德的卡拉梅格丹城堡响起了"尤金亲王"行军曲。塞尔维亚军队撤退到南部，此时正好赶上保加利亚宣战。14 日，保加利亚开始攻击其后方。保加利亚的行动切断了塞尔维亚与希腊萨洛尼卡之间的一切联系，而大批紧急调派的法国和英国军队还在萨洛尼卡等待。

然而对塞尔维亚人来说，幸运的是天气帮助了他们。10月的这场雨比一年前波蒂奥雷克所面临的更有效地减慢了德军的进度。不断受到阿尔巴尼亚人袭扰的普特尼克剩余部队又饥又累，开始了一场可歌可泣的撤退，纷纷奔向亚得里亚海边，而真正能到达安全地点的人却很少。塞尔维亚，这个巴尔干地区的政治要素，终于被彻底清除。斯洛文尼亚的两个山炮连也得以脱身，从的里雅斯特出发，坐船去巴勒斯坦。他们协助土耳其军队在加沙地带两次战胜英国军队，奥地利的火炮让英军遭受了重大伤亡。

维也纳满意地看着这一切。帝国和皇家军队在所有战线都以不同程度的勇气奋力抗敌，最终成功避免了敌人长期以来希望看到的瓦解。尽管如此，帝国和皇家军队还是遭受了灾难性的损失。"旧军队"如今只是一个朦胧的记忆。截至1915年，二元君主国已经动员了将近560万人。一年后，它失去了5.6万多名军官和士官，以及250万士兵。从比例上来看，帝国和皇家军队是所有参战国中伤亡比率最高的。以前的职业军官阶层几乎被消灭殆尽，取代他们的预备军官来自社会各行各业。到1916年，新军官阶层的10%都是大学生，并且都是犹太人。在此后数年中，直到1918年，超过30万犹太人在帝国和皇家军队中服役。[29]军官这个职业的民族精神十分强烈，因此这些改变绝不会影响军官阶层的凝聚力抑或普通士兵对军官阶层的尊重。所以，在帝国和皇家军事界，反犹太主义一直是一种非常罕见的现象。

帝国和皇家军队得以幸存是因为它依赖德国。随着1916年的到来以及新皇帝卡尔继位，戴上"殉道者之王冠"，关于德国指挥以及奥匈帝国服从等问题都凸显了出来。

第二十四章　旧军队的终结

康拉德的乐观主义

1916 年在一次秘密照会中拉开帷幕。康拉德参加了 1 月 7 日在维也纳举行的部长会议，尽显他一贯的狂妄自大和外交菜鸟的天真本色。这次会议并没有谈及与俄国的单独媾和，以及与意大利或塞尔维亚达成协议的问题。所有这些道具都被兴奋地抛到了一旁，这种兴奋不亚于一个奇迹般站起来的跛子所表现的那般。

康拉德相信，1916 年带来的将不仅仅是战争的结束，应当还有吞并塞尔维亚甚至黑山所造成的敌意的彻底终止。巴尔干的后门已经牢牢关上。只有黑山人依然充满挑衅，康拉德告诉与会部长们，第二天也就是 1916 年 1 月 8 日，将会进行一次海陆联合军事行动，从地图上永久抹去这个小国。

征服黑山

为了显示和塞尔维亚以及俄国的团结一致，黑山于 1914 年宣战。他们立刻加紧发送有关帝国和皇家海军在科托尔海湾部署的无线信息。这个位于黑山王国脚下的壮观峡湾是地中海最大的天然防御海湾。黑山的炮阵位于引人注目的洛夫琴山，这里也是黑山的创立者、素有"诗人国王"之称的涅戈什的陵墓所在地，俯瞰山下，奥地利的军事设施一览无遗。黑山人很快在洛夫琴山建造了一些防御工事，法国也在此建立了一个军用无线电站，另外一个则建立在较远的布德瓦海岸。

奥地利海军迅速行动，对黑山的这些军事设施进行了轰炸，减少了防御工事从上面对他们构成的威胁。1914 年秋天，两艘"君主"级战舰对黑山阵地进行了轰炸，但收效甚微。一年后的 1915 年 10 月，这两艘战舰与"弗朗茨·约瑟夫"号、"卡尔六世"号、"阿斯佩恩"号，以及"布达佩斯"号会合，同时还派出了"美洲豹"号。[1]

奥地利第 19 军奉命沿小路登山，早在几个月前这条道路就由前任奥地利驻黑山首都采蒂涅的武官在地图上标了出来。据传他曾在过去三年的多个晚上与黑山高级军官玩桥牌，以此获得一些详细信息并将细节完善清楚。为了确保进攻不因黑山高地上的大炮而受阻，帝国和皇家海军需要提供火力掩护。而这个任务则落到了"布达佩斯"号身上，这是一艘配备有口径为 24 厘米火炮，但是体型很小而且几近废弃的巡洋舰。射击目标对于船上的大炮来说射角太高，但是船长并没有被这些琐碎的事情击败。他突然想到可以通过给某些船舱注水并且将煤改换船舱，让火炮的射角提高几度，从而击中设置于高处的炮阵。

托尔曼中将率领的军队发现"布达佩斯"号巡洋舰在这次行动中的支援极其重要，因为它制止了一场齐射式炮轰，使部队能在不到 30 个小时便爬上巍峨的洛夫琴山。他们刚到山顶，黑山人就开始逃跑，两个星期后，黑山人请求无条件投降。这次行动被视为陆海联合袭击的范例。

康拉德克服巨大的困难才规劝了皇帝，出于"军事战略原因"不要吞并黑山。部长理事会中除了蒂萨外，其他所有奥地利人均赞成吞并。而蒂萨之所以否决了这份提案，则是因为他警觉地发现君主国的斯拉夫人数在增加。当弗朗茨·约瑟夫考虑到君主国与黑山国王尼古拉休戚与共时，他也开始持同样的怀疑态度。（有报告称，黑山国王在他书房的显眼位置摆放了一幅弗朗茨·约瑟夫的肖像，之后就逃离了位于采蒂涅的小型宫殿。）[2] 弗朗茨·约瑟夫毫无疑问地再次支持了蒂萨。

蒂萨在不久后也回谢了弗朗茨·约瑟夫对他的支持。1915 年年初，一些德国民族主义者利用德国作家弗里德里希·瑙曼所著的名为《中欧》一书中的观点对人们进行煽动，这是一本极有影响力的书，其中暗含了柏林和维也纳之间更大的政治和经济联盟。蒂萨巧妙地帮助弗朗茨·约瑟夫阻止了这些观点对人们的蛊惑。匈牙利公开宣称，只要没有事先对 1867 年匈牙利"协定"进行重新谈判，这样的安排就是不允许的。

1914 年之前，蒂萨一直喜欢利用德国来阻止弗朗茨·斐迪南对匈牙利构成的威胁。现在，当匈牙利的利益再次受到威胁时，他已经能够将德国赶出去。这次的威胁是德国在由它主导的"中欧"地区的潜在优势。每次面对挑战，蒂萨都像老虎般维护着匈牙利人的利益。

弗朗茨·约瑟夫还在为与法尔肯海因共同担任总指挥而产生摩擦的问题闹心，这个挑战的难度对他来说显而易见。法尔肯海因因此毫不掩饰地表示，他认为哈布斯堡王朝的未来就如同 1866 年以后的巴伐利亚维特尔斯巴赫王朝，最后都将服从于霍亨索伦（普鲁士王室家族）。[3] 冯·比洛依然对未能在罗马成功卖出奥地利提洛尔而耿耿于怀，他的说法更加露骨："即使德国战败，它也仍然能通过吞并奥地利而赢得胜利。"[4]

其实这样的事态发展可能只有在弗朗茨·约瑟夫死后才会发生。当他在世时，有关"中欧"的争论几近偃旗息鼓。整个事件再次体现了皇帝把蒂萨尊为帝国最强大、最令人钦佩的政治家。这两个人在他们认为利益吻合的事情上展开了高效的合作。

1916 年年初，黑山的投降无疑给帝国内部和外部都提交了一份圆满的答卷。如果战争就此结束，维也纳和布达佩斯也毫无疑问会完好无损。但是战争的动力总是以不可预知的方式发展。

无论是在西线血拼中身陷困境的德国，还是仍在为达达尼尔海峡的败绩以及意大利军队的平庸表现而忧虑的协约国，均无心谈判。随着塞尔维亚和黑山的灭亡，康拉德像往常一样无视现实情况，认为时机已经成熟，可以发动决定性的进攻来对付意大利。但是，这将需要德国的参与。整个 2 月，法尔肯海因都只重点关注即将在西线凡尔登进行的进攻，并没有在意康拉德的"小插曲"。不管怎样，造成意大利前线休战的不是哈布斯堡王朝的军队，而是冬季。意大利阿尔卑斯山地部队和哈布斯堡提洛尔部队都在阿尔卑斯山东部创造了奇迹，但是在春来雪化之前，无论是哪一方都没有机会发起决定性的进攻。因为对于参与国来说，在这一季节就连沿战线运输火炮和物资都是个挑战。

康拉德的"小插曲"

等康拉德这场筹备良久的战役从提洛尔南部堡垒正式开始的时候，已经到了 5 月，而意大利人早已为这场战斗做好了充分的准备。4 月 18 日，意大利军队在白云石山脉坳迪拉娜山顶埋好了地雷，此地正处科尔蒂纳丹佩佐西南部。意大利人还花数周时间挖了隧道，然后煞费苦心地在山顶下放置了 5500 多公斤的炸药。当这些炸药被引爆后，爆炸物掩埋了驻扎在山顶的第 2 提洛尔神枪手军团两个连队的大多数人，并且诱发了一场布雷和反布雷竞争。现在通过白云石山脉上一些保留下来的隧道和通道，我们依稀可见当时的结果。

爆炸的消息震惊了维也纳，甚至盖过了东线战场重大损失的消息。康拉德一再拒绝根据直接经验来指挥意大利战线——他一直没有离开过位于特申的指挥部，因而对阿尔卑斯山区的战况一无所知。然而康拉德的这种坚持却遭到了高层的质疑。他拒绝接受卡尔大公的一项重要命令，由此激怒了这位一向态度温和的王位继承人。名义上的总指挥尤金大公发了一条义正词严的电报，责问现在是不是到了康拉德亲临白云石山脉的时刻。

康拉德称"没有理由"亲临南方，这一回应惹怒了王朝。康拉德还明确表示，他更愿意与皇帝探讨正在设计的新军装细节。当他把有关军装的一些建议送给弗朗茨·约瑟夫时，皇帝并没有表示赞成。皇帝用一种典型的皇家风格给总参谋长发了一封电报，委婉地表达出他对其领导的不满意。

从战略角度来说，康拉德是正确的。在海拔 2462 米峰顶的失败并没有帮助到意大利。建立的新防线与原防线相距不到半英里，且同样背倚令人望而生畏的希尔夫山。爆炸后的白云石山顶峰在未来几个月内又发生了许多次战斗，由此被意大利人和奥地利人恰当地一致命名该山为"血山"。

5 月 15 日，奥匈军队发动了高山攻势。一支 15.7 万人组成的队伍迎着刺骨的冷风，忍受着严寒，在 20 多厘米积雪的山路上艰难前行。这次袭击以炮击作为头阵，航空监测能很好地调整炮弹的发射。帝国和皇家海军在远处的亚得里亚海域提供支援。军队在空中援助的配合下进行了第二次齐射，直接命中了意大利第 34 师师部。[5]

未来皇帝卡尔的第一道命令

奥地利在每一条战线的进攻都很成功。前一天晚上，未来皇帝卡尔作为第 22 军军长下达了第一道命令，这道命令也是他慈悲人性的典型体现。大公召唤其麾下的高级军官，并下令强调，坚决不能容忍进攻中"不必要"的牺牲，没有正当理由且在无效的正面进攻中造成部队人员伤亡的军官也要"承担相应的后果"。[6]这项命令表达了卡尔的个人信念，他作为交战各国未来领导人中唯一受过专业军事训练的君主，肩负着神圣的使命和责任，任何决定都应该是拯救生命，而不是牺牲生命。

卡尔还下令给第 22 军取名为"雪绒花军"。与康拉德相反，卡尔通过实地考察走访前沿阵地，很快赢得了部队对他的尊敬和爱戴。但这也让参谋对他的安全隐隐担忧，有一次副官强烈反对卡尔的走访，并"毕恭毕敬地"提醒大公要按照皇帝的命令保护好自己的安全。卡尔思索片刻后却笑着回答道："虽然如此，但我认为我们应该继续下去。"[7]

　　意大利部队朝威尼斯平原撤退，撤离了埃斯阿格和蒙特梅莉塔。由于铁路网络的广泛分布，援军很快到达。奥地利军队即将进攻波河附近的平原，却受到战线过长的困扰。经过数周连续的战斗，士兵们早已筋疲力尽。意大利防线固若金汤，奥地利的优势明显减弱。奥地利急忙向伊松佐附近的博罗耶维奇军队甚至是远在东部前线的加利西亚部队求救，但此时奥地利这两条战线的情况都在恶化，没有余力对其进行帮助。在伊松佐战线，博罗耶维奇带领人数处于劣势的手下创造了一系列奇迹，但他也无法给予一兵一马的支持。

布鲁西洛夫的进攻

　　与此同时，布鲁西洛夫在加利西亚又重新夺得了主动权。6月4日，深知意大利战场局势已经岌岌可危的他，发动了一场针对帝国和皇室第4集团军的激烈进攻。第4集团军遭受了东线前所未有的高强度齐射式攻击，在几个小时内就已经溃不成军。第二天，康拉德向德国发出了绝望的恳求，希望德国能提供帮助。但德国无法从正在血拼的西线战场抽调援兵给康拉德，只是回复他称，希望他能够从意大利撤军转而充实奥匈帝国在加利西亚的兵力。

　　布鲁西洛夫在奥地利防线上打开了一个74千米纵深20千米宽的缺口。德国要求迅速将担任第4集团军司令且庸碌无为的约瑟夫·斐迪南大公免职。康拉德同意德国的意见，这也是哈布斯堡王朝军事史上第一次出现这样的情况：一位大公在战役进行过程中被免去现场指挥的职务。

　　然而更换司令——新司令是特尔斯扬斯基中将——也无济于事，毕竟奥地利面临的形势十分严峻。另外，蒂萨当初曾否决任命特尔斯扬斯基为塞尔维亚前线的指挥，现在任命他为第4集团军司令或许是最不恰当的决定，因为第4集团军有一半是匈牙利国民军。随着情势的不断严峻，谁来指挥帝国和皇家第4集团军已经变得越来越无关紧要，因为它已不复存在。第4集团军的鲁塞尼亚团中已经有数以千计的士兵缴械投降。俄国则威胁要全歼普弗兰泽－巴尔提指挥的帝国和皇家第 7 集团军。普弗兰泽手下的鲁塞尼亚军团也开始崩溃，大量鲁塞尼亚士兵逃亡的消息让皇帝怒发冲冠。皇帝派马特勒前往特申指挥部，试图弄清楚事情的具体情况。马特勒即将到来的消息令帝国和皇家总参谋部愁云笼罩。马特勒曾受命解雇了波蒂奥雷克，他被称为弗朗茨·约瑟夫的"心腹执事"。

马特勒把康拉德总参谋部周边混乱不堪的情况称为"特申事态"。布鲁西洛夫指挥的进攻完全出乎身穿绿色军装的参谋们的意料。谁也没想到俄国竟然可以发动这样一场进攻。许多高级将领早已安下心来，开始进行狩猎和社交等春季日常活动。前线最高指挥官们，甚至包括普弗兰泽－巴尔提，都将妻子接到了自己身边。其他人甚至将家人也安顿了下来，他们把加利西亚前线当作是维也纳郊区席津镇的延伸。战争开始后，当奄奄一息的伤员找不到运送的工具时，高级军官们的家人却在那时乘车撤离。这个事实给马特勒提供了他想要的信息。面对这样的情况，弗朗茨·约瑟夫别无选择，只能等待柏林的解决方案。6 月 8 日，康拉德被传唤至柏林而不是维也纳，与法尔肯海因进行一次"紧急会谈"。

法尔肯海因在康拉德面前猛烈抨击了奥匈帝国军事方面的缺点，一位被派去送急件的奥地利低级参谋在打断二人谈话时发现，当时康拉德正"双手托腮，面无表情地盯着地图"，显然是因为那位德国将军专横严厉的普鲁士语气而备受羞辱。[8]康拉德后来回想起这件事时表示，他宁愿"被打十个耳光"，也不乐意重复那天的"谈话"。[9]法尔肯海因明确表示，由德国控制军事领导权才是未来的出路。能干的普鲁士将军亚历山大·冯·林斯恩格将火中取栗，给哈布斯堡军队解围，但前提是，康拉德必须按照德国意愿安排哈布斯堡王朝军队的一切军事行动。奥匈帝国在意大利的所有进攻行动必须停止，同时，奥地利援军将从那个区域转移至加利西亚。

其实法尔肯海因的愤怒是可以理解的，他的部队想要在凡尔登或者索姆河沿岸取得的突破、西线期待已久的胜利，以及他的名声，都因为同盟国第 4

集团军的溃败和无能而受到了严重的影响。但至少康拉德没有听到有关他的第7集团军命运的消息。两天后，普弗兰泽－巴尔提的部队在切尔诺维茨附近受到重创。随着这个集团军的瓦解，哈布斯堡王朝失去了其在东线的军事自主权。康拉德被强制性地告知，从现在开始，冯·塞克特将担任第7集团军的"高级参谋"。奥地利参谋长泽伊内克则"无限期地休假"。一位年轻的奥地利参谋写道："无疑，我们现在已经完全被德国所掌控。"[10]

尽管康拉德强烈抗议，但法尔肯海因依然坚持让马肯森担任普里皮亚季特沼泽以南东线战区的总指挥。做出这个决定后，法尔肯海因在接下来的战争中几乎完全忽略了康拉德的存在。德国和二元君主国之间的权利对等出现了一个新的动向，不可阻挡地使君主国完全屈服于柏林。由于铁路计划安排出错，年轻的匈牙利参谋温迪施格雷茨在火车晚点时沿着铁轨行走，却意外邂逅了德国皇帝。德国皇帝断言，战后的欧洲将由德国主导。当然，弗朗茨·约瑟夫去世后，奥匈帝国将成为其更强同盟国的保护国。温迪施格雷茨听闻此事后十分震惊，他立刻给康拉德写信报告了这一切，但康拉德将信退了回来，并让他"销毁这份报告的所有蛛丝马迹"，还警告他"不能将此事告诉任何人"。[11]

罗马尼亚加入战争

东线溃败的消息震惊了年迈的弗朗茨·约瑟夫皇帝，但事实是不可避免的。布鲁西洛夫让奥匈帝国军队损失了47.5万多人，其中包括22.6万名战俘。哈布斯堡的两个集团军也不复存在：一个是因为逃兵数量激增而灭亡的第4集团军，另一个是战败的第7集团军。看到哈布斯堡王朝军队的差劲表现，罗马尼亚趁机加入了协约国，并对防守薄弱的匈牙利侧面——特兰西瓦尼亚——发动了攻击。残酷的事实摆在面前，弗朗茨·约瑟夫别无选择，只能眼睁睁看着军权从维也纳移交给柏林。

法尔肯海因按照德国皇帝的建议，给奥匈二元帝国提供了一个弄虚作假的办法。即将上战场对付罗马尼亚的新 12 集团军将由马肯森的"南部集团军"和一支新组建的奥匈帝国第 7 集团军组成。法尔肯海因建议可以由卡尔大公担任名义上的司令员,冯·塞克特则担任他的参谋长。这是柏林的一个妙招,因为这样既可以确保哈布斯堡王朝继承人的威信,也可以确保维也纳能够提供的所有援军在接下来的战役中全部听从马肯森的指挥。一旦出现任何困难,维也纳也将千方百计地支持卡尔,避免战败的污名影响到未来皇帝的声誉。

这些事件让人们更加广泛地认识到康拉德的无能。弗朗茨·约瑟夫在仔细研究了马特勒的报告后,十分赞同德国驻特申指挥部的联络官克拉蒙的意见。克拉蒙已经受够了总是不得不在特申各个咖啡馆附近寻找康拉德。通常,德国联络官总会在某个角落的咖啡馆发现他,而他则正和他的情人吉娜·赖宁豪斯手牵着手。一直以来,克拉蒙都认为康拉德是一个"老态龙钟"的"纸上谈兵战略家"。但令克拉蒙的全体同仁感到惊讶的是,克拉蒙反对解除康拉德的职务,因为他考虑到一旦让奥匈帝国军队知道他们的最高军事指挥官被解职,军队的士气势必会更加低落。事实上,康拉德的命运已经卷入了一场更大的游戏之中,这场游戏还涉及兴登堡、鲁登道夫和法尔肯海因。

"一个巨大的阴谋"

一向明察秋毫的弗朗茨·约瑟夫认识到:"一个巨大的阴谋正在酝酿中。"这个"阴谋"则是关于奥地利对于德国的整体联合指挥还能抗拒多久。兴登堡阻止了布鲁西洛夫军队前进的脚步,克拉蒙受命提醒帝国和皇家总参谋部,奥匈帝国应该将它的幸存"再次完全且唯一地归功于德国"。[12]

一份关于声明德国皇帝将担任奥地利、德国、土耳其以及保加利亚所有军队总指挥的文件草案于 8 月 25 日正式制订完毕。哈布斯堡王朝的年轻继承人卡尔也指出了"大阴谋"一事,并禁止冯·塞克特背着他与法尔肯海因私下沟通。像大多数哈布斯堡人一样,卡尔在文化方面对德国人心怀偏见。类似的观点在今天仍然可以碰到。但卡尔作为一名职业军人,深知包括军队生死存亡的一切都必须依赖德国军队，因而他绝不会拿哈布斯堡与柏林的关系来冒险。

当天，本该宣布德国皇帝为总指挥，但康拉德的副官赫伯斯滕伯爵以及弗雷德里克大公一齐觐见了皇帝。随后，弗朗茨·约瑟夫口头传达了一个十分矛盾的通知：

我希望可以实现德国皇帝关于统一最高指挥这一提议。经过与德国统帅部的细心协商，他们允许我方军事统帅部提出一些可以解决问题的建议，但是它们不能与我们的主权尊严以及军队的荣誉冲突，同时也不限制我军最高指挥部和军队的自由活动。[13]

这一通知的措辞显然十分巧妙：很明显是企图争取时间，这也是哈布斯堡的一贯特点。但随着罗马尼亚在8月27日宣战，时间变得十分有限。弗朗茨·约瑟夫意识到自己帝国的未来危如累卵，因此一定的牺牲在所难免。

军队失去独立性之后柏林掌管全局

1916年9月7日，德国皇帝正式担任所有同盟国武装力量的总指挥官，他的所有决定都具有约束力。奥匈帝国军队仅在进入哈布斯堡最后一战的两年内就失去了它的军事自主权，这一悲惨局面则是由其总参谋部造成的。他们始终无法看到奥匈二元帝国的生存面临诸多威胁这一现实，结果让君主国成了以军队为主导的德国的一个卫星国。就像他们不希望看到来自萨拉热窝的线索会从"神牛"上校追踪到柏林那样，他们没有意识到德国所谓的"空头支票"其实是用大量痛苦的条件填写而成。1914年6月28日的事件将会导致1916年9月7日发生的事件，这似乎是一个不可避免的结果。奥匈二元帝国的刽子手将在柏林产生，而不是在贝尔格莱德、彼得格勒或者巴黎。

和一个世纪前的拿破仑一样，鲁登道夫也用了一种过于简单的方式看待哈布斯堡君主国，它成了其他国家争相抢夺的资源。这个国家的男丁们被充分动员起来并派往前线作战，妇女们则竭尽全力地在军工厂工作。哈布斯堡王朝这种简单的方式可能并不适合现代战争的要求，但哈布斯堡有着大量未开发的资源，而普鲁士却能最大效率地利用它们，人力资源则是最重要的部分。最高级别的军事指挥必须被废除，而那些反对德国入侵的平民政治家也会被肃清。

首当其冲的就是奥地利总理施图尔克伯爵。通过清除君主体制内一些古老而又破旧的机构，奥匈帝国将恢复秩序。鲁登道夫的参谋描绘了一幅君主国并入德意志帝国的蓝图，他们甚至比德国皇帝的行动还要快。丝毫感觉不到君主国团结的德国将领们甚至公然询问，为什么他们非得等到老皇帝去世才这样做？奥地利不再拥有反抗的军事实力，而且国家的经济完全由来自德国银行数十亿克朗的贷款支撑。

与此同时，罗马尼亚的三个集团军正在向匈牙利进发。尽管罗马尼亚在数量方面占优势，但在缺乏经验且面对马肯森这位当时最优秀将领之一的情况下，他们几乎没有胜算。另外，罗马尼亚的军官阶层似乎还具有某种女性化特征。当时甚至还盛传，在战争爆发之际，罗马尼亚最高统帅部下达的第一道命令就是只有校级以上的军官才能带妆上前线。[14]

在德国和奥地利的双重攻击下，罗马尼亚很快就撤退了。特兰西瓦尼亚的山口暂时给了他们喘息的机会。但 11 月 23 日，奥德联军、保加利亚和土耳其军队开始向布加勒斯特推进。两周以后罗马尼亚首都被攻陷。在战争进行了短短 25 天后，罗马尼亚被迫投降。俄国也不得不放弃对加利西亚重新发动进攻的所有想法。随着罗马尼亚危机的不断发展，彼得格勒马上调派 20 个师的军队填补俄国南翼出现的防守空缺。马肯森再次诠释了闪电战的艺术。而在一年前，也就是在塞尔维亚战役爆发前，马肯森曾受邀到美泉宫参加晚宴。当时，马肯森的正直以及 67 年内的卓越战绩给老皇帝留下了好印象。弗朗茨·约瑟夫后来对他的一位谋臣说："有了这样的人才，你们绝不会出错。"[15]

弗朗茨·约瑟夫的没落

皇帝逐渐老去，他或许已等不到马肯森消灭罗马尼亚的那一天。军事枢密院的成员们心照不宣地注意到皇帝在会议期间睡着的细节，不过醒来时，弗朗茨·约瑟夫仍然能像从前那样显示出他对于局势本质的了解。

在此刻拜访皇帝的是一位即将被授予一等勋章的年轻王牌飞行员戈特弗里德·班菲尔德。班菲尔德发现老皇帝"极度警惕"。在授衔仪式结束后，他被皇帝叫到一旁进行了长达一个小时的谈话，皇帝表达了他对空战技术细节的极大兴趣。一年以后，班菲尔德再次被卡尔皇帝授予玛丽娅·特蕾莎勋章，但他永远不会忘记与老一代最后一位帝王见面的情景。很多年以后他回忆那段经历时说道："在这漫长的一生中，我经历过很多事情，但唯独这段经历最让我感动。"这位年轻的军官尤其感动于皇帝那几句带有典型旧式哈布斯堡风格的临别赠言："亲爱的班菲尔德，你必须照顾好你自己并好好地活下去。在这次战争结束后，奥地利需要像你这样的人才。"[16]

年轻的王位继承人卡尔在俄国和意大利战线上的英勇无畏令他的参谋和军官们惊讶不已，他后来被调往了特兰西瓦尼亚。这位未来的皇帝赢得了所有接触过他的人的爱戴。他高大英俊、善解人意、纪律严明，而且宽厚仁慈。诺贝尔奖获奖诗人阿纳托尔·法朗士后来写道："奥地利卡尔是整个战争中唯一诚实的人，但他是一个圣人，没有人听从他的话。"[17]

早在梵蒂冈于21世纪为卡尔皇帝举行宣福礼宗教仪式之前，卡尔仁慈和谦逊的故事就一直在军队中流传。那些曾经反对他视察前线战壕的参谋以及懦弱者和意志不坚定的人在与卡尔短暂接触后，都感觉自己在精神和物质方面得到了极大的丰富。许多年轻的军官之所以能够在圣诞节回去看望他们的家人，也是因为大公自愿替他们站岗执勤。像哈布斯堡家族的所有人一样，他没有非凡的才智，但他悟性很高而且善于反思。他对未来面临的挑战不存任何幻想。或许他唯一的过错就是相信那些与他接触的人的好意。"我没有敌人！只有暂时的对手。"这是他最喜欢说的一句话。在这一点上，他和已故的叔叔弗朗茨·斐迪南的观点恰好相反。弗朗茨·斐迪南怀疑所有人，除非他们能自证清白。

卡尔皇帝掌舵

即将掌舵并不意味着大公会自动屈服于帝国年长的政治家们。他很快就与康拉德和蒂萨这两位他认为十分谨慎的前辈有了很大的分歧。蒂萨是唯一一个能使皇帝贬损别人的人。[18]

不管怎样，卡尔的前线生活即将结束，此时正值罗马尼亚战争接近尾声。就在这时，卡尔叔爷病危的消息送到了在锡吉什瓦拉美丽的特兰西瓦尼亚山镇附近的大公手中。几个小时后，大公从锡吉什瓦拉的小站乘坐火车离开，留下的则是平凡生活中的友谊和情感，而这种生活他可能再也体会不到了。

18 个小时后，卡尔和年轻的妻子齐塔到达维也纳。年迈的奥地利皇帝仍然在竭力撑着场面。受命对奄奄一息的皇帝授予宗座遐福的主教被领着进入了皇帝的寝宫，当他到达时惊讶地发现皇帝并不是躺在床上几乎不能说话，而是穿着他的蓝色军装笔直地站在房间的一个角落。第二天，当卡尔和齐塔前来看望他时，年迈的皇帝立即从椅子上站起来迎接卡尔的妻子。皇帝和他们交谈了一个多小时，毫无疑问是在向他们传授他的一些智慧。但很久没见到皇帝的卡尔，马上便注意到了他的衰老。第二天，也就是 21 日，弗朗茨·约瑟夫抱怨着"还有这么多事情要处理，我怎么能生病"，之后他便回他那张军用铁床休息。[19] 两个小时后，一个牧师被传唤前去执行临终圣礼，三个小时后，大约 9 点，皇帝辞世。

弗朗茨·约瑟夫统治的时间达 68 年之久，很多人甚至很难想象没有他的奥地利或者帝国会是什么样子。在服务国家方面，古老的哈布斯堡的王朝意识与约瑟夫式的自我牺牲概念结合到了一起。他时刻铭记他担任角色的尊严和责任，并将一个忠诚天主教徒的奉献意识和帝国的尊严结合起来。当两者产生冲突时，他总是毫不犹豫优先考虑后者。

画家奥斯卡·柯克西卡作为皇帝身边的骑兵军官之一，后来写道：

老皇帝以约瑟夫二世的开明精神所统治的哈布斯堡帝国并不是一个理想的国度。但在第一次世界大战前，政治迫害、酷刑、公开处决、秘密死刑、集中营、驱逐出境和剥夺财产都未曾在这个国家出现过。奥地利没有殖民地，没有奴隶劳动和童工。在这里，反犹太主义也会受到应有的惩罚（和法国或俄国相比）。[20]

卡尔和大多数朝廷官员在弗朗茨·约瑟夫卧室外等候，这位新皇帝允许无冕之后卡塔琳娜·舒卡莎第一个进入已故皇帝的寝宫。弗朗茨·约瑟夫的伴侣静静地在他的胸口放了两朵白玫瑰。[21] 随着"皇帝万岁！"的呼喊声沿着美泉宫走廊响起，这位 29 岁的新君主就必须勇敢地开始面对一项历任先皇都未曾完成的任务。他们从未面对过与受到众多小国支持的英国、法国和俄国交战的局面，也从未面对过盟国德国越来越坚决地将奥地利的未来视为柏林的卫星国这样一个局面。赫伯斯滕伯爵说："君主国从未面临过像现在这样严重的局面，现在我们需要一双能够扭转乾坤、力挽狂澜的大手来处理国内的情况。"[22]

奥地利日益恶化的国内政治形势不言而喻。粮食短缺，加上成千上万的伤者让奥地利的情况十分不乐观。但是在弗朗茨·约瑟夫去世前，这位年迈的皇帝还是得知了施图尔克总理遭暗杀的消息，他把这个事件描述为"比战败还要严重"。老皇帝于是回想起一个早期执政者欧内斯特·冯·科伯，只是事情还得像从前一样继续。但暗杀事件凸显了帝国非匈牙利区多民族框架内日益严重的紧张局势。暗杀施图尔克的人恰好是著名社会学家维克多·阿德勒热爱和平的儿子，这无疑给逐渐恶化的平民生活增加了政治危机。

的"最高指挥权"，但实际上他的帝国和军队已经依赖于柏林。除了意大利战线外，他的军队已不再具有自主行动的能力。政治内战已经使维也纳和君主国其他非匈牙利的部分几乎无法进行有效的政府治理。新任命的总理科培尔没能在维也纳成立一个令人信服的政府。圣诞节前两天，卡尔用克拉姆－马丁尼茨替换了他。

德国人接下来的措施则进一步凸显了他们盟友的脆弱。自 1866 年以来，德国人第一次建立秘密军事情报网，对维也纳进行暗中监视。他们发现，新皇帝根本不符合德国的计划，他不会让哈布斯堡帝国像一个面积更大的巴伐利亚那样屈从于德意志帝国，他的独立思维开始让德国人感到烦心。从那以后，他和妻子齐塔都会被监视，他们的一言一行都将被报告给柏林。[2]

卡尔在布达佩斯加冕

卡尔敏锐地注意到，要使自己的计划和想法得到支持，就需要巩固匈牙利对他的信任。弗朗茨·约瑟夫去世后的第二天，蒂萨立刻觐见了未来的皇帝，并力劝他在布达佩斯举行加冕仪式。这不禁让人想起弗朗茨·斐迪南是如何推迟他的加冕仪式，直到对匈牙利实行了宪法改革后才将加冕仪式提上日程。蒂萨没有怀疑卡尔是否也有类似严重的偏见，毕竟，卡尔能说一口流利的匈牙利语。如果能让卡尔与匈牙利变得密不可分，并且让卡尔当着匈牙利骑兵部队的面公开宣誓将保卫匈牙利的每一寸领土，那么这必然是一个不容错过的有用机会。

在卡尔看来，他不愿效仿那位遇刺身亡的叔叔对马扎尔人不断发动游击战。因此，他和妻子恰好可以在战争时期将对匈牙利的这种感情运用到统治之中。改革则可以稍晚一些进行。尽管卡尔决定维也纳的加冕仪式一切从简，但他还是接受了蒂萨的建议，为 20 世纪这场盛大而又独一无二的庆典设立一个舞台。

1916 年 12 月 30 日，卡尔戴着玛丽娅·特蕾莎曾经佩戴过的皇冠——上面刻有马加什一世和圣斯蒂芬弯曲十字架的图案，骑马飞奔至布达佩斯马加什教堂前面的加冕山。他挥舞着手中闪亮的长剑，决心捍卫王国的四面八方。这座山是用工人们费劲地从广阔的匈牙利领土的每一个角落取来的土建造起来的。那匹铁灰色战马的马镫和钉子都是由实金制成，卡尔的长剑也有将近1000年的历史，而他的个人军刀则被誉为"匈奴王阿提拉"。这一神圣时刻的场景象征着强大的民族精神和热情，也因此被当作匈牙利的标志性图像而保留至今。1988年，一部反映匈牙利加冕仪式的黑白电影在布达佩斯上映，台下座无虚席。影片中，当年幼的王储奥托被人从马车上抱起来目睹父亲宣誓时，电影巧妙地运用了慢镜头进行展示。那时，影院的观众们都笼罩在一种庄严肃穆的沉默氛围之中。

卡尔渴望证明他并没有完全被他的匈牙利主人所摆布，因此，加冕仪式一结束拍完照后，他便立刻和妻子以及儿子奥托赶回了维也纳。之后，他换上军装回到了维也纳附近的巴登军事总部。

即使最后的胜利仍然难以捉摸，但布加勒斯特的垮台，加上意大利和俄国战线的稳定，给新的一年带来了不少慰藉。但是卡尔对此不抱任何幻想。他比他的将领们更清楚地认识到，战争每继续一天，帝国就离崩溃更近一步。匈牙利人可能已经表明他们仍然可以在布达佩斯生活得很好，但维也纳以及帝国的其他地方却是另外一番景象。

12月12日，柏林和维也纳达成协议，经过商定他们觉得应该用"放风筝"的方式测试协约国对谈判可能性的反应。一份发表在维也纳报纸上的照会被递交给了中立国——美国、瑞士和西班牙——并由其转交给协约国。这份照会中提出了一个建议，即通过"和平谈判"的形式避免这场"保卫战"中再出现"更多的流血和杀戮"。条件就是"我国人民的荣誉、生存和发展自由"。如果协约国不同意加入这次会谈，这场战争将被起诉，直到同盟国"胜诉为止"。[3]

协约国拒绝接受哈布斯堡的和平试探

1917年1月5日，协约国明确拒绝了这份照会，他们吹毛求疵地质疑照会的意图，还特别提及了同盟国进行"保卫战"的问题，并用一句话搪塞过去："如果不能恢复受损的权利、自由以及对民族原则的认可……和平就不可能实现。"[4]他们所提及的"民族原则"像是一把匕首插进了哈布斯堡王朝的心脏。破坏哈布斯堡帝国已经成为协约国一种隐性的战争目标，尽管在战争后期以及战争结束之后许多协约国政治家还依然对此矢口否认，但协约国这种政策所带来的恶果已经昭然若揭。

其实早在 1914 年 7 月，奥地利照会尚未送达之时，格雷在和门斯多夫进行简短交谈时就暗示了这一点。格雷很明显地强调了一点，而它将成为这次对话官方记录中的重要内容：

> 如果四个主要大国间发生战争，许多事情将被一扫而空。[5]

然而门斯多夫恰好没有听懂这一点。由于要力挺贝希托尔德和柏林，他更倾向于关注格雷轻率提及的"四个"国家，因为这暗示了伦敦仍然保持中立。[6]1914 年，匈牙利人、奥籍德意志人、捷克人以及柏林都预测哈布斯堡帝国将不战而败，鉴于此，格雷当时语境里提出的警示也是正确的。

乐观是新皇帝能力的一个标志，面对协约国的拒绝，他现在决定将个人的和平使命委托给他妻子的兄弟西克斯图斯亲王。二人从孩提时就已相识。1914 年，西克斯图斯亲王想遵循家庭传统服兵役，但由于法国法律禁止前皇家（波旁王朝）成员服役于法国军队，于是他加入了比利时军队。他的两个兄弟费利克斯和热内则在奥地利军队服役。西克斯图斯和法国精英之间的联系无可指摘。在这很可能成为欧洲历史上王朝外交的最后一次尝试中，卡尔写信给西克斯图斯，他在深知这封信的内容可能会透露给法国总统庞加莱以及法国总理里博的情况下，依然充分表达了他对和平的渴望。卡尔的这封信是对巴黎早前提出的一些关于和平条款商谈的回应。由于那年春天法国军队内部频繁爆发叛乱，巴黎此时正处于混乱和迷茫之中。

1917 年 4 月 17 日，里博会见了英国新任首相劳埃德·乔治，与之讨论奥地利的建议。但是由于《伦敦条约》对意大利做出过让步，这就意味着法国和伦敦都不能采取单独行动。意大利还处在伊松佐一系列血腥的战争中，合作的可能性不大。英法政治家同意将事情移交给罗马，以此确保奥地利的计划失败。战争的结果变化莫测，和平谈判也在协约国的胜利和绝望中徘徊不前。当协约国情况恶化，和平谈判的想法便会涉及太多的让步和妥协，当协约国情况好转，同敌人血战到底的决心又会重新发挥作用。

不管怎样，协约国的许多领导早已同意战争，但都希望战争不能以德国在欧洲大陆完好无损而作为结束。外交艺术能手亨利·基辛格则写道，英国政治家"评判德国总是依据她的能力，而不是她的意图"，为了平衡欧洲大陆的势力，德国的能力必须得到抑制，而这对伦敦显然是有利的。[7]

大众后来受到德国宣传的影响，竟然指责哈布斯堡仅追求"单独媾和"，其实卡尔的观点恰好相反，他只对全面和平感兴趣。1917 年 2 月 13 日，他与德国皇帝讨论了和平计划，德国皇帝对此十分支持，并说道："很好。我同意继续执行这个计划。"事实上，接触西克斯图斯的想法是贝特曼·霍尔维格第一次提出来的。[8]

即使贝特曼·霍尔维格和德国皇帝都同意执行和平计划，但卡尔的努力还是注定会失败。这主要是因为哈布斯堡军队服从柏林的指挥。这种服从不仅仅体现在战场上，而且反应在许多关键的战略问题上。例如 1917 年 1 月，卡尔极力抗议扩大潜艇战的范围，并正确地预测这样做会将美国引入战争。然而当他规劝德国最高指挥部时，却被告知命令已经下达，已经来不及撤回。[9]

卡尔反对列宁潜入俄国

同样，卡尔也强烈反对将列宁从瑞士派往俄国煽动反对沙皇的革命。虽然奥地利皇帝可以确保不让列宁通过哈布斯堡领土，但是他无法阻止德国将列宁安排在臭名昭著的密封火车上。事实再次证明了卡尔的先见之明。他知道俄国的革命对他的帝国意味着什么，而德国最高指挥部的鼠目寸光让他震惊，因为德国竟然不惜以将列宁主义引入到像沙皇俄国这样一个形势动荡的国家为代价，来消灭俄国。[10]

1917 年开始，实际掌管德国的军事独裁政府对和平毫无兴趣，除非是德国胜利而自己强加的和平。卡尔写信给德国皇帝说，"我们必须不惜一切代价在夏末结束这种行为"，但他的观点是无法引起德国最高指挥部的共鸣的。德国最高统帅部越来越等同于帝国和皇家最高指挥部。这些人无视民族主义的威胁，他们正在和斯拉夫人进行一场殊死的战斗。[11] 驻扎在伊松佐的卡尔军队中有 1/10 的军官来自塞尔维亚，但这对柏林来说已经毫无意义。

在 1917 年摇摇欲坠的情况下，俄国沙皇并没有带来和平。起初，克伦斯基政府力图履行它对协约国的义务，但是俄国已经消耗殆尽。如果有一个真正的选择，俄国人可能会反对布尔什维克主义，但其实并没有选择。资本主义已经瓦解，与之紧密联系的工资、管理结构以及工业产出都受到了严重的影响。1917 年的夏天，几乎整个俄国都在罢工。在这些条件下，俄国军队根本无法继续发动战争，所以彼得格勒只能诉诸和平。

正如卡尔预言的那样，共产主义的论点加剧了他士兵中的民族主义。1914年，前几个月的战争表明了几个团的脆弱，尤其是那些由捷克人和塞尼亚人组成的部队。由 95% 的捷克人组成的第 36 步兵团突然袭击了部队的军官，并一同擅自离开了喀尔巴阡山脉前线。该团因此被解散，而且"决不再重组"。有谣言称奥匈帝国第 28 军团，即布拉格团，一路乐队奏鸣旗帜飘扬地朝俄国边境行进，这显然是德国公然反对捷克的一则宣传，事实上它只是无稽之谈。该团某些部队的士兵确实已经当了逃兵，剩下士气低落的部分也被解散。但在伊松佐战线中表现出色的几个连队证明了第 28 军团是布拉格"最好的军团"。他们进行了队伍改编，并在 1917 年的战斗中给了自己一个很好的交代。这些斯拉夫军团的表现继续与协约国的期望相悖，因为协约国永远无法了解他们对王朝的忠诚。

意大利的顽固使西克斯图斯亲王为和平所做的努力严重受挫，即便在卡尔听信谗言表达他愿意代表法国收回阿尔萨斯 – 洛林之后也是这样。卡尔甚至还准备在仍处于殖民状态中的非洲为失去特伦蒂诺做出补偿，当然这是哈布斯堡王朝从未有过的想法。西克斯图斯亲王写信给他的姐夫，指出这种交换的"优势""一个黑人比一个民族统一主义者更有价值"。[12]

这些和平尝试的失败不能完全归咎于意大利。战争的势头带来了战争的动力，奥地利的所有主要人物都情不自禁地被它裹挟着。没人比卡尔的新外交部部长奥托卡尔·泽尔宁更真实。泽尔宁曾经担任驻布加勒斯特公使，在球形议会厅也是一个很具争议性的人物。福加奇在1914年7月曾写信贬低他为"我们驻布加勒斯特那位令人难以置信的公使"。[13]

泽尔宁至少没有像他的前任布里昂一样任蒂萨摆布。和许多波希米亚贵族一样，泽尔宁同情帝国的泛德主义者，他们在文化和愿望方面是真正的奥籍德国人，并指望得到柏林而非维也纳的领导。此外，泽尔宁的自我主义让他希望自己除了掌握外交部部长的权利外，还能在帝国事务中发挥更加主导的作用。泽尔宁个人缺陷和亲德感情的结合将违背君主国的利益。泽尔宁越来越坚信奥地利只能作为德国的一部分而存在。幸好这些想法没有在伊松佐前线蔓延，因为那儿正是体现奥地利和匈牙利爱国主义的地方。

1917年逐渐过去，卡尔的和平尝试陷入了困境。在意大利战线，奋力争取解决僵局的某种军事方法带来的诱惑再次发挥作用。随着冬天的结束，伊松佐河的第十次战役在意大利人近五小时的狂轰滥炸中开始，紧接着他们对戈里齐亚周围的奥地利山丘进行了疯狂的进攻。来自萨尔茨堡和上奥地利州的哈布斯堡军团轻而易举地击退了敌人。到7月5日，意大利已经损失了3.6万人，另外还有9.5万多名伤员。第十次伊松佐之战宣告结束。

一个半月后，卡多尔纳借助法国支援的包括大口径火炮在内的许多新式设备，筹备了一次新的进攻，这次的主要目标是的里雅斯特方向的卡索南部沿线的奥地利阵地。9月4日，经过一场激烈的战斗后，意大利人占领了蒙特－加布里尔高地，并将那里的奥地利伤员和医疗设备一扫而空。炸弹在石灰岩地貌地区附近爆炸，空中满是足以致命的锋利碎片。到9月8日，奥匈帝国的阵地已经开始摇摇欲坠，但唯一可用的援军林茨"皇家"第14团经过最近在尤利安阿尔卑斯山附近的战斗，也在恢复和调整之中。虽然在数量上不占优势，但上奥地利州部队依然稳住了防线，并将意大利人从高地击退。奥地利山炮兵则压制了意大利人发动进一步进攻的想法。在六个星期的战斗中，作战双方的伤亡人数都超过了 10 万。意大利人从战役中感觉不到丝毫的安慰。在两年半的时间里，伊松佐河总共进行了 11 次凶残的战役，在通往的里雅斯特的漫长路途中，意大利只完成了 1/3 的距离。

伊松佐河的第十二次战斗

奥地利人对事态并不十分满意。尽管意大利的进展十分缓慢，但奥匈帝国军事指挥部已经明显地认识到，他们的军队将面临越来越大的威胁。另外一场全面进攻将给防御者带来无法抵抗的压力。因此，奥地利高级将领讨论了关于发动一场规模宏大的奥 – 德进攻的想法。

早在数月前康拉德就曾放出消息称，将要进行一次反攻把意大利军队击退至齐维达莱，但该计划一直被搁置。现在这个计划又被博罗耶维奇的参谋长奥尔兹迅速启用。奥尔兹将位于托尔米因和波韦克之间的盆地作为进攻区域。他坚信这次进攻需要强硬的德国做后盾，于是他写信请求德国最高统帅部增派援军。

而德国也有意向合作。他们指派经验丰富的山地部队指挥官克拉夫特·冯·德尔梅辛根将军对前线进行侦察，并论证奥地利的作战计划是否可行。几天后，克拉夫特满腔热情地同意了计划。由各种精于山地战的巴伐利亚和斯瓦比亚部队组成的德军 7 个师，以及一些大炮、迫击炮和众增援部队都被一同派往波韦克后面的斯洛文尼亚山。这个 14 集团军还增加了 7 个奥地利师，他们从已归于平静的东线过来，尽管正式的休战协议还要等到数月后才会签订。[14]

意大利一方面着手准备即将到来的进攻，一方面派空军对帝国和皇家军队进行监视。在这种情况下，如何使高度集中的军队在狭窄的道路和要隘充分发挥实力，对优秀的帝国和皇家军队来说是一种考验。大部分设备和火炮必须用升降机或让战士背着，在夜深人静的时候将其运输到 1000 多米高的阵地。装载有数万名士兵和一个野炮营的数以千计的列车，将承担难以想象的运输任务。军方还采取了严格的保密措施。他们事先并没有告知士兵们即将到来的战役，当每人领到十张分别用君主国十种语言印有"我很好，很开心"字样的明信片时，他们的焦虑变得越发强烈。

尽管意大利的拦截显示，只是"军队的忠诚"这个词重复出现，但他们还是对无线电通信采取了严格的预防措施。这个词实际上是由鲁登道夫创造的这次行动的代码名称。许多观察家也注意到，在几十列德国火车出发前，德国几个团曾在 50 英里外的格拉茨喧闹地庆祝。

不管怎样，意大利还是非常了解即将发生的事情。进攻开始的三天前，4 名帝国和皇家军官带着有关进攻意大利的消息投靠了意大利，其中有 3 个捷克人和一个罗马尼亚人。尽管很少有人像他们 4 个这么幸运逃脱，但像这样逃亡的个案也并不少见。军方制订了严格的对策追捕逃兵。一年前，班菲尔德在的里雅斯特从空中用机枪扫射了一个意欲坐船逃亡至格拉多的步兵战士。[15]

意大利指挥官卡多尔纳随即视察了第 2 集团军在意大利的前线阵地，但得出的结论是那里"坚不可摧"，至少能等到援军上来支援他们。对于卡多尔纳为什么没有根据奥地利逃兵带来的信息采取更积极的行动，仍然是一个谜。是否卡多尔纳采取的任何措施都可能阻止即将发生的事情，这个问题还有待讨论。伊松佐河的第十二战有一个更加广为人知的名字——"科巴里德战役"，它是以盆地下部的一个小镇命名的。这次战斗将用一种前所未有的方式部署策略和武器。因此，这一战役成了世界各地军事院校至今仍然在研究的必不可少的案例。[16]

化学战

战役创新的主要部分就是在开始的炮轰中使用毒气弹。与西线所有军队相比，毒气的部署在帝国和皇家军队中十分罕见。毒气的使用一直被弗朗茨·约瑟夫皇帝明令禁止，直到他的统治末期才有所放宽。当看到意大利军队使用毒气，皇帝才不情愿地同意自己的部队使用。那时，其他国家已经广泛部署了毒气，不过效果却是参差不齐。

战前，法国已经为宪兵队研制出了各种化学药剂，供他们镇压国内骚乱。[17]1914年战争爆发，法国在8月下旬将这些化学药剂部署在佛兰德斯的沙比斯北部，但效果远远低于预期。1914年秋天在伦敦举行的会谈中，化学药剂的使用成了一个关键议题，人们注意到美国哈蒙德先生发明的装有氢氰酸的炮弹已经申请专利。[18]与此同时，德国总参谋部与勒沃库森的一家大型化工公司（今天的拜耳公司）也讨论了研制毒气榴霰弹的问题。1914年10月，新沙佩勒部署了这种炮弹，但收效甚微。科学家和士兵们很大程度受到西线僵局的鼓舞，继续研发新武器。

到1917年夏天，除了奥匈帝国以外，其他所有大国都研发并使用了毒气武器。法国人于1916年2月22日在凡尔登释放了毒气和白磷弹。这些化学物的一种变体——三氯硝基甲烷——在1916年夏末被俄国人使用。到1917年7月，芥子气已经在英国、德国以及法国得到广泛使用。[19]

三个最大的毒气生产国是德国、法国和英国。德国的产量估计为69090立方吨*，法国为37390立方吨，英国为25400立方吨，奥匈帝国为5770立方吨。1915年12月13日，意大利人将毒气部署在他们的前线。奥地利最高指挥部指出这种毒气会造成人"流泪、呕吐和失去意识"。[20]1916年2月24日，帝国和皇家第44后备步兵师报告称，意大利使用了"毒气弹"。正是这份报告最终说服年迈的弗朗茨·约瑟夫撤回禁止使用毒气武器的命令。

从1916年春天开始，奥地利在不同的地点，包括位于皮尔森的斯柯达工厂和位于波希米亚南部的下奥地利州工厂及乌斯季州（今拉贝河畔乌斯季）工厂，每个月生产100吨毒气。奥地利第62特种兵团接受使用这些武器的训练，1916年6月29日，他们在多贝尔多尝试发动了一次气体"吹袭"，结果对意大利和奥地利都产生了不利的影响。随后在阿萨峡谷的攻击也同样不成功。这

---

* 此处原文就是"cubic tons"，下同。——编注

支新的奥地利部队被转移到东线战场，与德国的生化部队并肩作战。此后，德国和奥地利的生化部队又被运回伊松佐，迎接即将到来的进攻。第 62 特种兵团将直接参与到即将到来的战争中，并受命在战争开展阶段部署化学药剂。

后来协约国攻击卡尔皇帝以个人承诺的方式授权在意大利战线使用毒气，但这纯属协约国的舆论宣传。有趣的是，这种说法一直存在。近 100 年后，当梵蒂冈为这位已故的皇帝举行宣福礼仪式时，这个说法又重新出现在报纸上。事实上，在这次战役中部署毒气具有战略意义，因此冯·比洛在与德国毒气分遣队总指挥普法伊尔少将协商后，是由德国总指挥做出最后的决定。卡尔皇帝承担了作为指挥官的责任，但并没有人就此类战术问题征求过他的意见。

尽管没有人征询他的意见，但毫无疑问的是，卡尔皇帝完全能找到部署毒气背后令人信服的理由。他是第一次世界大战所有国家君主中军事经验最丰富的一位，在战争中为了他部队的安全考虑，他也准备使用这种武器。

卡尔有着任何保守派士兵都会有的疑虑。他禁止奥地利空军使用磷弹，而对手意大利则早已部署了磷弹，甚至还使用了磷子弹。（班菲尔德背部被磷子弹击中，他花了一个月的时间在医院康复。）在妻子齐塔皇后的敦促下，卡尔下令的里雅斯特海军航空站在 1916 年 11 月 11 日至 1917 年 4 月 17 日近六个月的时间内中止对威尼斯的轰炸。[21] 他们总共对威尼斯进行了 42 次轰炸袭击，其中最主要的一次发生在 1917 年 8 月 14 日，班菲尔德从的里雅斯特飞往威尼斯，这次袭击最终毁坏了几件艺术品和几座教堂。（火车站附近赤足教堂中提埃波罗的壁画遭到破坏的事发生在 1915 年，战后意大利人以此为借口索要回了按照 1866 年协定已经归属于维也纳艺术史博物馆的几幅丁托列托的杰作。）

主张在卡波雷托使用毒气的观点占了上风。正如卡多尔纳两天前指出的那样，意大利的防御工事令人敬畏。意大利的火炮和机枪布满了整个卡波雷托盆地，它们被巧妙地布置在盆地狭窄的入口处，奥地利军队在进攻此处时，奥地利传统火炮根本无法对付它们。如果奥地利想拥有任何获胜的机会，就必须尽可能快速有效地让这些防御工事失效。否则，成千上万的奥地利士兵在前进的过程中就会被到处布满的机枪扫射，这在西线已有例证。

奥地利区域：波韦克和托尔米因

奥军要执行的作战计划最为困难，他们必须沿着盆地两侧的山岭前进。奥地利高级指挥官们冷静严肃地接受了此前预测的严重伤亡。但稍显安慰的是，普法伊尔认为，由于盆地狭窄受限，此次毒气进攻会比往常的更加有效。

随着毒气弹的广泛和集中使用，一种全新的深度突破战术正在计划当中。德国军队会在最初的轰炸之后，在山谷下面的意大利阵地中打开一个缺口，他们不等任何一边山峰上的奥军士兵赶上来就先向前推进，而且是尽可能向前推进，以造成意大利军队的混乱和恐慌。

10 月 24 日上午，奥德联合攻击开始了。最初的炮轰经过了巧妙的规划：首先针对意大利指挥中心、炮兵和机枪阵地，用装有氢氰酸（二苯肶酸）的炮弹进行齐射式袭击。这种毒剂虽然不致命，却能穿透防毒面具，并引起咳嗽和打喷嚏，迫使敌人摘下面具。几分钟后，第二轮齐射式炮弹袭击开始，这一次炮弹中则装有磷这种致命性更强的药剂，它会在几分钟内造成呼吸器官的衰竭。这种所谓的彩色火焰十分具有杀伤力。奥地利军官弗里茨·韦伯亲见了这种轰炸的效果，几个小时后，他偶然发现整连的意大利士兵都已经一动不动，从他们死时的姿势来看，他们甚至没来得及戴上他们那效果不佳的防毒面具。[22]

奥德联合轰炸从凌晨 4 点 30 分开始中止了两小时，随后由奥地利和德国炮兵利用所有火炮和迫击炮进行传统武器的轰炸。上午 8 点，步兵团沿着整个伊松佐战线从南部的杜伊诺到北部的洛姆波恩向前推进。

效果是戏剧性的。奥地利和德国军队在抓获了成千上万名意大利战俘后，在傍晚时分到达了意大利第三条防线。在他们向前推进的整个过程中，当时被认为是世界上最优秀的奥地利山地炮兵用他们精准的射击支援步兵前进。10 月 30 日，奥地利和他们的德国盟友到达塔利亚门托河，并收到了新的命令——横渡塔利亚门托河继续前进，到达更远处的弗留利，然后深入威尼斯平原。奥地利先遣部队中最显眼的应数波斯尼亚人。科尔尼诺的一座铁路桥已被撤退的意大利士兵炸毁，来自波斯尼亚－黑塞哥维那第 4 步兵团两个波斯尼亚连队从桥的废墟中穿过，他们的毡帽和手榴弹都让意大利守军心生畏惧。波斯尼亚人在一夜之间重建了一个新的桥头堡，这样他们就能在接下来的 48 小时内抵御反复的进攻。正是这次行动说服卡多尔纳沿着皮亚夫河重建他的防线。[23] 欧内斯特·海明威在《永别了，武器》一书中记录了宪兵无情地逮捕或即刻处死他们发现的正在撤退的军官，试图以此阻止逃跑的趋势。[24]

在意大利看来，什么也无法阻止这次攻击。德国已经表明他们有能力使指挥和控制的部队大幅前进。与德军不一样的是，奥地利指挥官在进度方面远慢于德国指挥官，而且缺乏德军那样的无线通信，这使得他们无法赶上部队的先锋。所以当意大利向西逃跑时，奥军无法控制局面，近 25 万意大利士兵沦为俘虏。意大利最终阵亡 1 万人，俘虏人数为 29.3 万人。

隆美尔作为后来著名的德国军官，在战斗中担任连队指挥。他在他那本经典的步兵战术的著作中写道，成千上万的意大利人向一名军官投降。意大利全线溃退，数千人拥向一个德国军官，乞求投降。

海军部队也在亚得里亚海沿线支持这次攻击。帝国与皇家海军的"维也纳"号和"布达佩斯"号这两艘"君主"级战舰，派出一支海军先遣登陆部队在环礁湖边缘夺回格拉多。但出乎意料的是，先遣登陆部队不仅没有遭遇意大利的抵抗，反而受到了民众正式的欢迎，并且还有乐队演奏"皇帝颂"。[25]

法国 7 个师和英国 6 个师的部队按照 3 月份拟订的计划，乘坐火车或轮船从法国向意大利北部进发。11 月 9 日，卡林西亚部队已到达了萨韦河并做好了充分的过河准备，然而德国最高指挥部却突然宣布进攻行动暂停两周。这一安排没有任何战术原因，因为德军的后勤保障已经远远满足了部队需求。而那些已经越过萨韦河的奥地利部队也被命令返回。

有学者认为，德国人一直不愿意让意大利完全退出这场战争。在柏林的眼中，奥匈帝国一旦消除了意大利前线的压力，并且摆脱了东部战线的战争，便有可能成为一个并不可靠的盟友。如果与意大利签订停战协议，奥地利就会重启与协约国的和平举措，而且这一次它的态度会更加坚决。在这种情况下，

"单独媾和"的可能性似乎更大，而这将造成德国孤军作战。[26]

这种态度与德国在战前和战争期间对待其盟友的行为完全一致。维也纳的处境是时刻服从于柏林的利益。就对待意大利的态度而言，德国需要让意大利感到谦卑，但同时又不将它彻底击败，这才符合柏林的利益，尤其是因为几十万奥匈帝国军队一旦得到解脱，就会促使维也纳抵抗德国的"O 计划"。一年前，德国总参谋部起草了这份臭名昭著的"O 计划"。该计划大胆设想，如果卡尔皇帝以单独媾和的形式让他的帝国退出战争，德国将通过军事手段占领波希米亚，然后再占领奥地利的其余地区。[27]

在盟军的帮助下，意大利在 1917 年 12 月守住了防线，卡尔面临的内部压力开始增大。第十二次伊松佐战役在付出了极大代价后才获得胜利。新上任的意大利指挥官迪亚兹比他的前任卡多尔纳行事更加谨慎，他很乐意等着内部离心力削弱对手的实力。

君主国的政治动荡

时间已经进入 1917 年 5 月，政治动荡的势头在帝国的奥地利地区不断增大。奥地利国会自 1914 年以来的第一次会议于 5 月 30 日举行，会议的气氛非常糟糕。时任卡尔皇帝总理的保守派贵族克拉姆－马丁尼茨伯爵没有讨论让步和自主权，反而强调忠于新君主的必要性。斯拉夫人一方面要忍受饥饿，一方面还要承受一些患有严重狂想症的泛德主义官员和德国宣传所强加的条例，这使斯拉夫人变得十分激进。捷克国家党领导人卡雷尔·克拉马尔因为"叛国"被捕，这一事件无异于火上浇油。为释放克拉马尔，卡尔迅速采取行动，并在 1917 年向政治犯发出大赦的命令，但为时已晚。捷克人、波兰人和其他斯拉夫人等政治阶层的疏离不可阻挡地导致了人们对于更大自主权的要求。

那些看起来孤立的人都在试图传播一些反政府行为的言论。波希米亚的克拉马尔、加利西亚的马尔科夫，或克罗地亚的特鲁姆比奇，都广受欢迎，这也是对于德国对君主国事务加强主导以及柏林对于斯拉夫人"劣性"宣传粗鲁的必然回应。捷克全国委员会和南斯拉夫委员会利用了奥地利议会的停摆现象，填补了这个真空。卡尔已经尽力了，但克拉马尔马上通过宣布建立"捷克斯洛伐克国"来"报答"皇帝。波兰人对柏林提出建立一个独立乌克兰的建议感到紧张，也转而进行积极的反抗。这些消息对军队中的斯拉夫团造成了有害的影响，但多亏了他们的军官，对各种政治家的蔑视使这些人紧密地团结了起来。

有关国籍的争议不再局限于哈布斯堡地区。捷克重要政治家托马斯·马萨里克并不同意帕拉茨基的观点，即中欧各民族需要哈布斯堡帝国的保护，以使他们免受俄国和德国的攻击。虽然在 1914 年之前的几年里，他还一直在君主政治结构中努力工作，但他早就认为君主制即将瓦解。1916 年，当他尝试在巴黎设立捷克国家委员会时，几乎没有得到任何支持。他前往俄国组建捷克斯洛伐克军团——由对政府不满的捷克人和斯拉夫人组成，主要是战俘——同样被认为无关紧要。但随着维也纳对柏林越发地言听计从，也随着奥地利国内泛德势力越发地强大，捷克的不满情绪渐长。最后的催化剂是协约国受美国总统对于"神圣"自决权漠不关心的影响，对于奥匈二元帝国瓜分问题公开表明了其倾向。到 1918 年 8 月 9 日，捷克和斯洛伐克在伦敦被称为"盟国"。哈布斯堡帝国几乎不再得到对手的承认。[28]

在威尼斯平原，战争仍在继续。英国和法国部队的到来大大加强了意大利人的作战能力，奥地利人很快意识到他们面临着更顽固的敌人。法国人和英国人对抗奥地利人已经不是第一次了。根据杰弗里·班菲尔德的回忆，到卡波雷托战役时，驻扎在的里雅斯特、普拉和亚得里亚海沿岸一些地方的 50 艘奥匈帝国和皇家飞艇，面对 150 多架敌机，其中 29 架来自法国，28 架来自英国。[29] 鉴于这种悬殊的力量对比，班菲尔德和他的战友们一直将协约国的空中力量挡在帝国领空之外，直到战争结束。这真是了不起的壮举。（班菲尔德也成功阻止了晃过皇家海军进入亚得里亚海东北部一些地区的敌机，尤其是这些敌机在 1917 年 5 月 24 日还重创了小型重炮舰"彼得伯勒伯爵"号和"托马斯·皮克顿爵士"号。）

康拉德的改革：军用物资的退化

1917 年已接尾声，军队开始实施所谓的康拉德改革。这些改革方案起草于 1917 年 3 月，当时康拉德尚未被解职，方案内容主要是部队的重组。除了对各个团进行重新编号以及确认骑兵部队为下马作战的队伍外，主要的实际改革还包括增强每个团机枪单位的兵力。每个团都配备了八挺重机枪以及迫击炮，而且在适当情况下还给相对较新的电气工兵部队配备了探照灯和电围网。

这些技术细节无法解决奥匈帝国部队捉襟见肘的供应情况。奥匈帝国军队本来希望在威尼斯平原取得突破后能够解决军需问题，然而这一希望却落空了。1918 年 2 月 17 日，博罗耶维奇给康拉德的继任者奥尔兹总参谋长发去紧急电报指出，如果军需品还不能快速供应到位，军队的纪律可能会涣散。士兵们知道在 1918 年 2 月与俄国签订了所谓的"面包和平"条约后，大批来自乌克兰的食物正在向西的运输途中。博罗耶维奇说，士兵们还知道，德军士兵的军需供应情况更好。"我的战士们再也不能忍受任何实验，如果他们要活下去要继续战斗，就需要得到供养。"[30]

博罗耶维奇的判断没有错，而且并不夸张。1918 年春天，帝国范围内爆发了几次叛乱。斯洛文尼亚部队拒绝在施蒂利亚作战，与此同时，在波希米亚的捷克人和在布达佩斯的匈牙利人也都出现了短时间的拒绝服从命令的情况。在佩奇，一支主要由来自旧军事前哨的塞尔维亚人组成的军团也发动哗变。甚至一些波斯尼亚新兵和驻扎在克拉古耶瓦茨附近的斯洛伐克后备营也一起在莫斯塔发动叛乱。在科托尔，长达数月的无所事事让水兵们越来越烦恼，但和其他地方相比，这里的叛乱显得相对温和一些。这是一个奇怪的事件：士兵们彬彬有礼地将军官们软禁在船舱中，哗变的领导者是一名捷克炮兵军官，但他拒绝将帝国舰旗从船上取下来换上红旗。[31]

每次哗变都被以铁的纪律镇压下来，哗变者也都被从严处理。在其中的几个案例中，包括倒霉的捷克海军军官在内的几名头目被处决。多年以来，协约国的宣传者们一直都预言这支多国军队将很快瓦解，帝国将处于一种暂时解体的状态。但令他们惊讶的是，到了夏天，帝国基本又恢复了正常的秩序，他们的期望一再落空。于是他们动用更加无情的手段给年轻的皇帝施压。

克莱蒙梭精心策划的轻率言行损害了奥地利－德国联盟

法国新总统克莱蒙梭长期以来对哈布斯堡帝国都怀有深深的敌意，早期法国政治家们一直为西克斯图斯亲王的和平运动保守秘密，而克莱蒙梭则违背这一承诺，并公开了相关文件。泽尔宁听信谗言，对克莱蒙梭的做法进行了公开嘲笑。法国总理用自己的方法报复了泽尔宁。这已经不是克莱蒙梭第一次表示他对哈布斯堡的敌意。他与弗朗茨·约瑟夫的继承人鲁道夫王储在1889年建立的关系以及其说服王储夺取政权的做法，对鲁道夫产生了致命的影响。根据哈布斯堡家族的说法，鲁道夫拒绝克莱蒙梭的要求后，在梅耶林的狩猎小屋遭到一名职业刺客的暗杀。[32]

克莱蒙梭公开的信函连累到了卡尔。这位皇帝迅速解除了泽尔宁的职务，因为他的行为已经越来越像"一个疯子"。4月13日的某个时刻，皇帝给维也纳警察局局长高耶尔打电话询问是否可以逮捕泽尔宁。高耶尔用一种巧妙的官僚政治逻辑证明，即便处在战争中，奥地利也仍然是一个法治国家。对于皇帝的要求高耶尔有不同的看法："陛下，恐怕我们还不能逮捕他，除非他做了一些非法的事情。"[33]

卡尔在信中代表法国出面调解归还阿尔萨斯－洛林地区一事，但这是柏林无法接受的。德国驻维也纳大使韦德尔几个月以来一直致力于亲德宣传，他不失时机地诽谤皇帝以及其波旁－帕尔马家族的妻子。柏林军政领导层据此证实了自己的偏见，并且开始更加广泛地讨论奥匈帝国整体并入德意志帝国的问题。[34]

有人曾建议卡尔在与德国皇帝会面时亲自为自己辩解。在克莱蒙梭发生不当言行的一个月后，这两位皇帝带着各自的随从人员在斯帕会面。德国人巧妙地利用这种尴尬局面，大方地提出紧密合作的建议。这背后的设想是哈布斯堡王朝在战后处于与巴伐利亚目前在德意志帝国内相同的状态。韦德尔一直在维也纳尽力破坏哈布斯堡王朝在其民众心目中的可信度，而这项计划恰好契合了韦德尔的努力。

　　卡尔展示出了确保哈布斯堡家族在危急时刻转危为安的技巧，他接受了这个致命的拥抱，同时指出只有在同盟国取得战争胜利的情况下才会具体执行。这是哈布斯堡王朝处理不如意的现实所用的经典方法：在迷人伪装和表面的服从下使用推迟和搪塞的手段。腓特烈二世、拿破仑以及后来的俾斯麦都十分清楚哈布斯堡的这些伎俩，同时也很鄙视这些“品质”。德国皇帝坚信他最终能打败这个曾经难倒历史上最伟大军事领袖的哈布斯堡帝国，但他只是竹篮打水一场空。他想象着自己能得到一个实实在在的东西，而且符合柏林的目的，结果得到的只是一个幻影。

　　正当这些外交措施在西线一一到位时，随着南部地区积雪融化，战火重新燃起。有谣言称美国计划派援兵支持意大利，这无疑让那些主张突破威尼斯平原的人有了更多理由。但是奥匈军队现在缺少了德国援军，而博罗耶维奇的部队在经历过又一个严酷的冬季之后，根本不适合发起进攻行动。

　　这些因素驱使博罗耶维奇强烈要求延迟所有计划好的进攻。任何进攻行动都缺乏获胜所需的人数优势，而且向前推进的战线会拉得太长。正如博罗耶维奇所知，敌军利用过去六个月的时间巩固了他们的防守阵地，而他自己的部队还根本没有准备好应战。另外，春天尤利安阿尔卑斯山脉的积雪融化，皮亚韦河洪水泛滥，这也是他们面对的一大障碍。

博罗耶维奇最后一次进攻失败

　　原定的进攻日期为 1918 年 6 月 10 日，但博罗耶维奇要求推迟 10 天，以便让他的部队得到休整。不幸的是，帝国与皇家海军没有正确理解有关延迟的消息，或者说是新任的帝国海军指挥官尼古拉斯·冯·霍尔蒂海军上将忽略了这一信息。霍尔蒂打算配合陆地攻击，对协约国建于 1915 年的奥特兰托堰堤进行一次袭击。

事实证明，堰堤对奥地利潜艇的防御几乎毫无作用，因此奥地利潜艇不费吹灰之力就进入了地中海，然后对盟军航运进行干扰。尽管遭到频繁袭击，但堰堤还是阻止了帝国海军战舰的突围。霍尔蒂希望通过挑衅敌船，将它们引至他四艘强大战舰的火炮之下。这四艘"特格特霍夫"级无畏战舰包括"联合力量"号、"特格特霍夫"号、"尤金王子"号和"圣·伊斯特万"号。但在起航后不久，"圣·伊斯特万"号发生了涡轮机故障，这就意味着它的速度不得不下降到 12 海里 / 小时。

在这种容易遭受攻击的状态下，"圣·伊斯特万"号被两艘意大利 MAS 鱼雷快艇发现了。这两艘快艇都配备有两枚鱼雷和一挺轻机枪。载有 8 名水兵的 MAS15 快艇在里佐中尉的指挥下向"圣·伊斯特万"号发射了两枚鱼雷，两枚都击中船体中部两个锅炉房的分隔区域。战舰建造时的铆接缺陷现在成了致命伤，失去了动力驱动水泵的战舰很快向左侧倾斜了 10 度。皇家和帝国海军在匈牙利的阜姆港建造的第一艘也是最后一艘战舰，两个小时后倾覆，船上的 1094 人损失了 89 名。里佐中尉和他的 8 名水兵仍然逃亡于亚得里亚海域，而非对称性海战时代已经到来。

霍尔蒂已经将"联合力量"号定为旗舰，但"圣·伊斯特万"号的损失驱使他迅速取消了攻击堰堤的行动。突袭的机会已经失去，帝国和皇家海军最后一次出海。

然而如果说对奥特兰托堰堤的失败攻击是海军的最后一次出击，那么陆军还得继续战斗。几天后，博罗耶维奇率领的 24 个师遭遇了掘壕固守的盟军的 27 个师，同时他们还面临着汹涌奔流的皮亚韦河。奥匈帝国的先锋队原本试图在这条河上建造一座桥，却遭到了猛烈的火力，几乎全军覆没。历史学家格莱斯·霍斯特纳指出："横渡皮亚韦河的行动终结了这个军队悠久而又辉煌的历史。"[35]

因为大雨，原本部署第 62 特种部队发动毒气进攻的计划被迫取消。虽然

尽管他们承受了巨大的损失，但军队的传统以及其对王朝的忠诚依然保持不变。即便奥匈二元帝国在政治上已经开始无法发挥效能，而它的军队却还在继续坚持斗争。1918 年 8 月，英国官方正式认可捷克和斯洛伐克为"盟友国"。然而两个月后的 10 月 24 日，当盟军对博罗耶维奇发动大规模进攻时，他的部队英勇战斗了四天，其中也包括几个捷克军团。奥地利军队虽然寡不敌众（1 比 3），但它仍然拒绝将费尔特雷和丰扎索这些战略要塞交予意大利、法国和英国军队。正如一位参谋后来所说："一支军队代表一个不复存在的国家而战，这是史无前例的现象。"[38] 皇帝在最后一场毫无胜算的伟大战斗中动情地对他的士兵说："君主国的所有人已经在军队中找到了一个共同的家。正因为如此，我们的军队才能取得如此大的成就。"[39]

卡尔为其厌战的军队寻求停战

卡尔是一个十足的现实主义者，他认识到战争已经失败，但如果他再不迅速行动他的帝国也将面临灭亡。三个星期前的 10 月 4 日，卡尔在通知了他的德国盟友后，给威尔逊总统发送了一个照会，要求立即停战。几周以后，一个无用的回复传来，其中详述了"捷克斯洛伐克人的权利"。[40] 该信息强调了这样一个事实：协约国和美国其实真正感兴趣的是，只有在哈布斯堡君主国不复存在后，他们才会接受哈布斯堡君主国。

无论他们在意大利战线上表现得多么英勇，这个过程早已在进行过程中。捷克人带领去哪儿，"德意志"奥地利人就跟随去哪儿。10 月 21 日，帝国的德语区代表在维也纳见面，讨论一个新的结构——"说德语的奥地利人"。就在他们进行此番努力的同时，卡尔正在匈牙利试图巩固马扎尔人对他的支持。而马扎尔人出于典型的利己主义，已经命令自己的士兵从意大利战线撤离，转而捍卫圣斯蒂芬的领土。因最后一次战役而出名的匈牙利地方防卫军各团和匈牙利正规军团都已撤退，最高指挥部派遣了几个阿尔卑斯山团接替他们。但其中一个来自萨尔茨堡的团，看到它的匈牙利同胞们高兴地从前线撤回，禁不住诱惑地跟着学。精英团中的这种不满很快成了普遍动乱的先兆。

帝国和皇家陆军终于开始了盟军渴望已久但四年多鏖战都无法实现的进程。10 月 28 日，一个捷克代表团在布拉格的弗朗茨·约瑟夫车站会见了波希米亚州州长康登霍夫－卡尔基伯爵，并恳请他允许他们着手成立捷克斯洛伐克国家。当康登霍夫同意后，他们都十分高兴。然后，他们按照十足的官僚主义形式，满怀歉意十分拘礼地逮捕了他。

当南方斯拉夫人跟随捷克人宣布独立时，匈牙利人也退出了帝国，尽管皇帝试图用其他的方式说服他们。但重要的是，军队的解体只是在帝国不再是一个独立的国家之后才发生。无论从何种意义上来说，军队履行职责的过程堪称典范。停战协议最终于 11 月 3 日签署，此时帝国的领土上没有一个同盟国士兵。那天晚上，一艘意大利舰船运送一些水手在的里雅斯特空无一人的大广场附近的莫洛－圣－卡罗登陆，"收复"这个城市。

博罗耶维奇主动支持卡尔

人们认为哈布斯堡军队会很快消失，但其实这是一个普遍的误解。意大利人操纵着他们与奥地利于 11 月 3 日协商停火时间，然后他们利用这个骗局"俘虏"了帝国与皇家军队的 20 万士兵，但这些士兵在所谓的维多利亚·威尼托战役中大都已经放下武器。即使那样，他们仍然未能消灭博罗耶维奇的集团军。大约 8 万名士兵随博罗耶维奇秩序井然地撤回到卡林西亚和提洛尔，准备誓死捍卫王室领土，使其不受任何侵害。

1918 年 11 月的第一周周末，博罗耶维奇给皇帝发了两次电报，主动提出派遣这支纪律严明且包含多个经验丰富的团的部队占领维也纳，履行军队对王朝的"传统义务"。[41]专列已经准备就绪，维也纳新城前沿基地也由可靠部队安排妥当。博罗耶维奇向克拉根福的主教透露，这些军队"能够使皇帝在看似没有胜算的谈判中拥有使用策略的自由"。出于对律法和指挥的尊敬，他紧接着说了一句颇有宿命色彩的话："但是，只有他命令我，我才会帮助他。"博罗耶维奇就像 1619 年后哈布斯堡的每一位指挥官，如果没有王朝的支持，他什么都不会做。

由于 1918 年 11 月的混乱，我们无法得知卡尔是否收到了博罗耶维奇的电报。各种资料说法不一。我们知道以卡尔的个性，他一定会竭尽全力避免流血事件的再次发生。博罗耶维奇不是被拉德茨基描述为"一把不得滥用的利刃"的海瑙。但如果这位沉默寡言的克罗地亚人率领一支部队抵达维也纳，那只可能导致暴力事件发生，而皇帝下决心避免这种情况发生。

11 月 11 日，也就是博罗耶维奇最后一封电报发出几天后，卡尔发表了以下声明：

我毫不犹豫地恢复宪法生活，我给人民开辟了一条道路，让他们像独立国家那样发展。我将始终如一地热爱我的人民，我不希望反对自由政府。我提前认可德意志奥地利人对其未来形式做出的任何决定。我放弃参与所有国家事务……人民的幸福从一开始就是我最热切祝愿的目标。只有内心的和平可以治愈这场战争带来的创伤。[42]

最后一句话显示了皇帝特有的感受力和根深蒂固的基督教信仰，可以被视为是他对博罗耶维奇电报的正式回复。具有讽刺意味的是，将近 300 年前斐迪南二世曾祈祷士兵能帮助其摆脱维也纳困境，之后，最后一位哈布斯堡王朝皇帝——他的祈祷台通常触手可及，他的所有重大决定都在祷告之后做出——现在确信他的士兵不可能成为任何解决方案的一部分。

卡尔一定知道自己所面临的各种选择，但他把自己作为君主的职责放在自己作为战士的职责之上。他在 11 月 11 日发表的声明宣告了帝国和皇家军队的故事正式结束。1619 年 6 月那天早晨，当皮耶尔的龙骑兵在霍夫堡营救斐迪南二世时，他就与军队建立了一种契约关系，但这种关系如今已经被打破。如果没有王朝来指挥他们，任何哈布斯堡军队都无法存在。

第二十六章 战后余波

君主制的解体以及卡尔皇帝决定退出政治生活这两个原因造成了具有悠久历史的结构的紊乱。这一现象将在20世纪的大部分时间里让中欧痛苦不堪。哈布斯堡王朝的最后一位皇帝给予了中欧各国所要求的自由，结果却在20世纪欧洲历史上的民族主义和社会主义两大运动中充当了催化剂。然而，另外一种忠诚仍然存在。被纳粹党人杀害的奥地利总理恩格尔贝特·陶尔斐斯曾培养了一个奥地利人，用以反对德国爱国主义。他充分利用其在提洛尔区担任帝国步兵团军官时的经验，并试图让奥地利人回想起自己的祖国。

即使在后来德奥合并的黑暗时期，盖世太保密切注视着每一次文化活动，当德国人民剧院表演格利尔巴索的《奥托卡国王的幸福与终结》时，人们仍旧用热烈的欢呼声回应着奥托卡·冯·霍恩克在该剧第三幕中关于奥地利的独白。这段独白也是奥地利反德情绪的杰作："你在哪儿见过这样的比较？奥地利人就是这样快乐、诚实。他们不避讳缺点且公开展现自己的快乐。他不羡慕别人，别人最好应该羡慕他。"[1]

对于帝国和皇家军队的全体官兵来说，多民族古老帝国的瓦解给他们的信仰和事业打上了一个问号。1918 年 11 月的最初几天，感到迷茫的绝不仅仅是军队中的普通士兵。对于军官们来说，伤痛似乎更加剧烈。被称为"伊松佐河雄狮"的博罗耶维奇主动提出要为新成立的南斯拉夫国效力，但遭到了拒绝。他的财产在由火车运往卡林西亚的途中，在卢布尔雅那遭到了抢劫。抢劫者夺走了他所有的衣服和荣誉勋章（其中包括他的玛丽娅·特蕾莎勋章）。而他留在克罗地亚的其余财产也遭到了偷窃，他的财产就这样被无偿充公。当 1918 年 11 月他第一次觐见克拉根福主教时，他只能如实说他唯一的财产就是他的"军装和两块手帕"。[2]

博罗耶维奇与妻子在克拉根福附近的一套三室小公寓定居下来，但新奥地利共和国的通货膨胀使他们的养老金变得越来越不值钱，甚至不足以为生。他之所以还能勉强过活主要是由于皇帝给予了一定量的馈赠（类似于弗朗茨·约瑟夫资助晚年贫穷的作曲家布鲁克纳）。64 岁的博罗耶维奇于 1920 年去世，当时的他几乎身无分文，卡尔皇帝自己掏钱给他在维也纳中央陵园建造了一座精美的纪念碑。卡尔是否后悔曾拒绝博罗耶维奇提供的军事支持呢？不管怎样，卡尔的这种高姿态向君主国指挥官们证实"哈布斯堡的忘恩负义"只是谣传。

1918 年 11 月的一个清晨，的里雅斯特海军航空站指挥官戈特弗里德·班菲尔德在他的办公室静静地等待意大利对手的到来。最终，一个名叫贝雷奇的意大利王牌飞行员前来接管这个基地。当他出现在班菲尔德面前时，这名意大利人态度严肃地致意道："您是班菲尔德？真是幸会。很抱歉我们没能早点见面。"对此，班菲尔德沉稳地回答说："不要抱歉。如果我们早点见面，恐怕我们中的一个今天就不会在这里了。"[3]

不幸的是，这将是班菲尔德在意大利人这里最后一次体验到骑士风范。两天后，他被逮捕并单独监禁，在的里雅斯特的英国和美国领事干预后才得以获释。获释后的班菲尔德被要求在 48 小时内永久离开的里雅斯特。像许多奥地利飞行员一样（其中也包括另外一位与英国有联系的军官弗兰克·林克·克劳福德），在新奥地利共和国正处在社会混乱、金融动荡的阶段，他也只能待业。

如果说飞行员的前景有限，那这种情况在海军军官身上则是不存在的。10 月 31 日，卡尔皇帝签署了一项命令：将海军移交给南斯拉夫地方议会。自尼尔森时代以来，红白红相间的战旗就在地中海为人们熟知。那一天是这面旗帜最后一次被升起。奥地利、捷克、波兰、匈牙利以及意大利的军官们全都开始踏上归途。在接下来的混乱局势中，意大利人在普拉港给"联合力量"号放置了吸附式水雷，随后的爆炸击沉了它。其余的主力舰则由协约国各国瓜分，最终遭到拆解。

在奥地利，帝国身份的丧失所留下的伤痛直到 21 世纪才得以治愈。1934 年 2 月，维也纳爆发了短暂而激烈的"内战"，它验证了已故的卡尔皇帝生前的担忧，那就是当军队卷入政治斗争时，社会会变得动荡不安。客观地评价像陶尔斐斯这样的历史人物：他既是一个自负的奥地利爱国者，又是民主进程和社会主义过程中的敌对分子。他于 1934 年被纳粹党人杀害。但即便是现在，第二共和国仍然对这种客观评价高度敏感。而奥地利在 1934 年面临的激烈分裂直到今天依然无法让我们对其有一个客观公正的评价。

1938 年纳粹德国和奥地利合并后，许多前帝国和皇家军官被并入德国国防军。有 220 名前哈布斯堡军官担任了将军，其中有 3 名军官在德国国防军中已达到上将军衔。但并非所有人都是纳粹党人。卡纳里斯元帅指出他在维也纳的军情局所配备的都是他所称的"爱国的奥地利人而不是奥地利纳粹分子"，并以此为荣。这些人员则是由这位元帅的副手赖豪森－韦夫蒙特负责招募，他还被誉为"哈布斯堡军官的典范"。[4]

希特勒在德国一上台，就千方百计地想要约见当时还在德国求学的卡尔皇帝的儿子兼继承人奥托·冯·哈布斯堡。这位年轻的哈布斯堡真不愧为这个家族的一员：他立刻发现纳粹党与他的家族所支持一切完全背道而驰，于是拒绝和希特勒见面。他的表兄马克斯·霍恩贝格是在萨拉热窝遇害的那位大公的儿子，同样拒绝与纳粹党合作，还因此被送进了达豪集中营。

那些公开拥抱纳粹党理想的军官通常来自于德意志民族主义家庭，而且我们也不能忘记这支军队事后在银幕上得以光荣再现。这也要感谢20世纪20年代主要由奥地利和匈牙利流亡者建立的美国电影产业。伟大的好莱坞电影制片人埃里希·冯·史托洛海姆出色地再现了这支军队的缤纷场景。在彩排期间，当饰演弗朗茨·约瑟夫的演员提前走进布景场地时，一位曾经是奥匈帝国军官的临时演员竟然不由自主地肃然起敬，举手致敬。

20世纪许多中欧知识分子和文化精英都曾在奥匈帝国的军队中服役。有些人，比如1916年曾在的里雅斯特附近担任过炮兵军官的维特根斯坦和欧文·施罗丁格，通过图像理论和量子力学彻底改变了哲学和科学对世界的看法。[9]其他人，比如曾在"战壕中度过六个星期"的小提琴家弗里茨·克莱斯勒，将更多的悲伤注入了他的演奏。[10]现代维也纳建筑的创始人阿道夫·鲁斯曾是步兵中尉。最伟大的表现主义德语诗人赖纳·马利亚·里尔克曾是军事档案馆的军官。甚至被称为20世纪20年代德国音乐"少年狂人"的汉斯·艾斯勒也曾深情地回忆起他在穆斯林波斯尼亚步兵团服役期间担任中尉的岁月。

人们今天会听到一年一度的维也纳新年音乐会最后一首《拉德茨基进行曲》开始前的军鼓滚奏，但很少有人会记得，上了刺刀的施蒂利亚步兵冒着炮火在奥埃费尔塞护城墙前进时，伴随他们的正是这首被维也纳自由主义者称为"反动的马赛曲"的乐曲；也很少有人会记得，在克尼格雷茨战役中，正是吹响了这首进行曲来召集当时伤亡惨重的霍克与德国战神团。在这首进行曲的演奏上，维也纳爱乐乐团凭借军队般的准确性和清脆的乐风，使世界上其他乐团望尘莫及。对他们来说，这首曲子至少有庄重和轻松的双重维度。

帝国和皇家军队对欧洲文化和历史的贡献虽然重大，但这显然不是它的主要目的。它作为一支作战部队的记录虽然仍被人蔑视或忽视，但这个记录在本书中所表现出来的风采却不容小觑。由于这支军队总是把保卫王朝放在首要位置，而不是为了单纯消灭敌人，因此它赢得了大多数战役，非常了不起。

今天，随着中欧新一代军事历史学家的研究让更年轻的读者得以接触到这个故事，人们只能为之前对帝国和皇家军队"战斗素质"低劣这种概论感到惊讶。1918年之后，列宁自然不会颂扬桑河的英勇事迹或普热梅希尔保卫战；

马萨里克领导下的捷克人除了好兵帅克幽默的冒险外也不会有人对其进行研究。拉德茨基的伟大纪念碑依然在布拉格城堡后面的仓库里布满灰尘，而波希米亚 1914 年之前的故事也被小心地束之高阁。那些称为"民族主义"和"自决权"的抽象领域仍然需要全面的重新评估，但毫无疑问的是，人们正在仔细审视这些。其实，这些抽象概念是将近 100 年前威尔逊总统某次大怒时提出的。随着 21 世纪的发展越来越迅速，欧洲各地蠢蠢欲动的种种动力必然不会再允许围绕这个故事形成的肉冻长时间保持完好无损。

中欧的问题依然存在，尤其是如何将不同民族的小实体组织成一体，使他们可以享有帝国和皇家军队所保证的安全和繁荣。他们所效力过的军队与王朝在多个世纪里都提供了一个解决方案。帕拉茨基正确地预测道，一旦哈布斯堡离开中欧，德国和俄国这两个有影响力的国家将填补这个空白。随着中东欧国家作为后继者在 20 世纪纷纷出现，也随着不再是铁幕前最后一站的奥地利重新恢复其与多瑙河盆地的文化和贸易联系，这个百年故事无疑将会迎来积极的评估。

得益于学校提供的知识氛围，这里一直以来也被称为"定制的房间"，它让我更加专注，备受激励。在剑桥，我还要感谢三一学院奥莱利给我的建议，感谢伦敦政经学院的克里斯托弗·布伦南博士，还有待人亲切的 S. R. 利姆女士，她努力让我了解到现代欧洲历史研讨会的最新成果。对我来说，S. R. 利姆就像是剑桥历史系的灰姑娘，默默无闻但却辛勤无私。

我还应当感谢英格兰的 R. D. M. D. 丹内，50 年前他曾是学校里尤其反对哈布斯堡王朝的历史学硕士，他将格莱斯顿自由主义中所有高度开明的思想和极权主义的本性联系在了一起。而南伯恩圣彼得学校历史系的主任玛格丽特·克劳斯夫人，则更加客观地启发她 14 岁的学生们从拿破仑留下的遗产的角度去思考 19 世纪中期的奥地利在德意志和意大利的地位。之后，我还有幸同诺曼教授一起讨论问题，这让我很受启发，因为他总是乐意与我分享他广博的知识和尖锐的见解。

另一个为我的创作提供了巨大支持的人则是克里斯多夫·达菲博士，这位军事历史学家在研究七年战争方面是我们同辈人中最为资深的。我要特别感谢达菲博士强调"1619 年 6 月 5 日"的重要性。此外，我在与他同事的交流中也获益匪浅，他们是桑德赫斯特皇家军事学院的克劳斯·施密德博士和格雷夫·弗里蒙特·巴恩斯博士。安东·温格斯基伯爵则为劳登与俄国将军在库勒斯道夫战役前的讨论补充了许多细节内容。多年来，每当我前往巴伐利亚，安东·温格斯基总会与我开心地分享他对 18 世纪军事历史的喜爱和了解。我也很感谢他的儿子马克斯·雷希贝格能够延续这个传统。他的女婿卡尔·尤金·泽尔宁伯爵则与我建立了长久的友谊，与我分享了很多他对波希米亚历史和奥地利末代皇帝卡尔的了解。我也特别感谢他的妻子菲奥娜·泽尔宁伯爵夫人对我们在恩策斯费尔德和胡代尼采愉快讨论的支持，感谢热心的莱昂内尔·德·罗斯柴尔德男爵帮助我理清了意大利在 1915 年加入第一次世界大战的细节内容，感谢伊利亚·伯克维斯博士，他对于战争动机的研究十分引人注目，还有马丁·博伊科特·伯罗恩博士，他的著作《通向里沃利的道路》广受好评。

在奥地利，如果没有戈特弗里德·皮尔斯先生，我认为本书可能无法与大家见面。戈特弗里德·皮尔斯先生以前是我在格拉茨舒伯特大街的邻居，我与他的友谊已有 35 年之久。正是因为他和他所在的施蒂利亚出版社，我才第一次遇到对帝国和皇家军队有着强烈学术兴趣的奥地利人。还要感谢皮尔斯先生答应了我的请求，为本书提供了大量插图。在格拉茨，我还要感谢已故的彼得·阿尔滕博格博士和已故的彼得·绍尔博士，他们的见解十分独到。

20 世纪 70 年代，在我开始研究哈布斯堡王朝之初，只要提起奥地利帝国的军事历史，除了戈特弗里德·皮尔斯先生外，人们首先想到的名字是约翰·克里斯多夫·艾尔梅耶·贝克博士，他当时是维也纳军事历史博物馆的馆长。20 世纪 80 年代初，我有幸遇到了艾尔梅耶·贝克博士，非常感谢他让我学到了许多他详尽透彻的历史知识。最重要的是，他对概念的把握十分清晰，能够将知识融会贯通。维也纳军事历史博物馆后来的几任馆长也都在他的基础上做出了不同程度的补充，其中很多人也对本书的研究提供了帮助，由于我在二十刚出头时伴着艾尔梅耶·贝克对这段历史的许多解读"长大"，因此，在他基础上做研究的人定能很快分辨出这部分内容。

其他奥地利历史学家，例如霍夫拉特·彼得·布罗切克教授也给予了我很大的帮助。霍夫拉特·布罗切克对于拉德茨基元帅一生百科全书式的知识让我望尘莫及，也让我受益良多。感谢他花时间阅读本书的初稿，并帮我做了很大的改进。我还要特别感谢鲁道夫·耶拉贝克博士在战争档案资料方面对我的帮助，尤其是发现了迄今鲜为人知但很具有启发性的报告，即奥地利帝国 1914 年驻贝尔格莱德武官奥托·杰利纳科少校的报告。已故的教授格奥尔格·艾斯勒是最为爱国的奥地利人，在我们近 25 年的友谊中，他也给我分享了很多有关帝国及皇家的故事（他的父亲汉斯·艾斯勒是作曲家，曾在波斯尼亚步兵团服役）。

战争是很可怕的事情，托尔斯泰曾说："数以百万的人们放弃了他们的人类情感和常识。"军中不论少长，所有人被迫要去做的事实在很难让人感同身受。然而对于冲突和战争的研究反而能很快照亮人性。某种程度上，对个人角色的研究往往比其他形式的历史探究更为直接、更让人信服。另外，在研究过程中去探寻曾经的战场也是研究军事历史的乐趣之一。大多情况下，这些战场早已被人遗忘，很难找到踪迹。然而也有一些地方在精心的管理下呈现出非凡的氛围和美丽。著名的埃斯林谷仓的墙壁、克尼格雷茨附近寂静的斯维普森林、奥斯特利茨和圣马蒂诺的果园、普热梅希尔城的皮拉内西亚废墟等，这些都是集体记忆的贮藏室，能让本书叙述的事件变得鲜活起来。

我还要感谢玛丽安·斯威德和丹尼尔·斯皮克这两位忠实的老友，他们陪伴我探寻了波希米亚"北方军队"的足迹；尼克·本奇·特罗佛载我去到了索尔费里诺；而理查德·哈得孙则和我一样喜欢被埃里克·霍布斯鲍姆描述为"在奥地利拥有无可比拟的优势"的地方，因此他和我开启了很短的一次旅途，去到了伊松佐的山谷。

在军人之中，我要感谢陆军元帅格思里勋爵，他慷慨地将有关帝国皇家军队的藏书给了我，还有已故的中将罗宾·卡内基先生，他是一名出色的骑兵军官，人也完美无缺，他与我围绕德廷根战役和奥地利王位继承战有过多次愉快的讨论。

同时，也要感谢长期以来十分辛苦的代理凯特·霍登和不知疲倦的编辑希瑟·麦卡勒姆、坎迪达·布拉齐尔和塔米·哈利迪，以及最重要的、我的老师兼导师威廉·H.萨拉曼，如果没有他们认真地编辑、审查，这本书就不会问世。女王图画的鉴定员德斯蒙德·沙维还安排我去欣赏了皇家收藏的有关哈布斯堡王朝军队的画作和印刷品。在温莎城堡滑铁卢厅我看到了劳伦斯的作品——卡尔大公、施瓦岑贝格亲王和弗朗茨皇帝的肖像。另外，我还想借此机会感谢我亲爱的朋友雷蒙德·科贝尔博士，他让我可以随意使用他在萨尔茨堡城无与伦比的图书馆。我也要感谢2014年汉娜·兰兹曼在维也纳犹太博物馆以第一次世界大战为主题举办的展览，展览为当年欧洲举办的众多纪念活动贡献了奥地利的一分力量。

生活中，地点和时机总是比出生和等级更能发挥作用。多年来，我非常有幸能够在偶然间与很多人进行交流并从中获益，这些人让哈布斯堡王朝的军队不再仅仅是褪了色的记忆。1979年，我来到了的里雅斯特，那时我从没想到我会和戈特弗里德·冯·班菲尔德成为朋友，他是最后一名健在的玛丽娅·特蕾莎军功勋章的获得者和接受皇帝弗朗茨·约瑟夫授勋的人。1986 年，他离开了人世。另外，冷战期间，我在维也纳和布达佩斯间往来，那时我在匈牙利鲍诺哈尔玛的班尼帝克汀修道院中经常受到修道士的热情款待。我还要感谢档案管理员助理多姆·瓦伦丁，他给我展示了很多基金会图书馆中珍贵的资料。

我还要感谢维也纳的 F. 克里斯托夫·马丁、约翰·尼科尔森、克劳迪娅莱纳 – 约伯斯特博士、格特劳德·安玛丽·费德勒尔、克里斯蒂娜·布兰德纳 – 沃尔夫斯扎恩、伊内斯和马里亚诺·费尔德。感谢萨尔茨堡的莱因霍尔德·盖尔、阿尔弗雷德·米列尔·艾克、托斯奇·阿勒斯 – 陶德斯曼多夫和伊丽莎白·瓦尔德多夫，还有凯瑟丽娜和安德鲁·加蒙、坎贝尔·戈登。在伊施尔，EHZ. 马库斯·冯·哈布斯堡也给我指引了方向。

已故的伯爵拉兹洛·斯扎帕里（他的父亲作为奥匈帝国驻彼得格勒的大使，于 1914 年向沙皇宣战）和已故的夏洛特·斯扎帕里在二十多年里也给了我很大的帮助。同样对我帮助很大的还有已故的斯特拉·穆苏林（其岳父起草了 1914 年著名的"最后通牒"）、已故的伯爵夫人苏菲·诺斯提茨（她的父亲于 1914 年在萨拉热窝遇刺），还有吉恩·治·霍约什，他的父亲是奥地利的外交官，在 1914 年 7 月收到了柏林的"空头支票"。另外，我要感谢维森斯·利希腾斯坦亲王，在他短暂的一生之中，善良热心就是他的标签。1982 年夏天，热心的他同斯特凡·艾莫萨斯一起安排我在他父母的城堡中见到了尊敬的皇后齐塔殿下，那也是 1919 年后皇后首次回到奥地利。

最后，我要感谢我的妻子艾玛·路易丝和我的家人，在假期中这本书耗费了我大量的时间，同每位已婚的作者一样，我对他们永怀感激。

写于"巴扎"内

2014 年 7 月 28 日

注 释

前 言

1.亚当·万德鲁什卡，《哈布斯堡王朝》，伦敦，1964 年，第 15 页。

2.理查德·巴塞特，《奥地利人》，伦敦，1988 年，第 54 页。另见洛德·弗雷德里克·汉密尔顿，《消逝的昨日盛世》，伦敦，1921 年，第 51 页。

3.爱德华·克芮恩克肖，《哈布斯堡家族》，伦敦，1972 年，第 66 页。

4.加布里埃尔·马兹纳·霍尔，《相悖的邻居》，维也纳，2005 年，第 68 页。

5.A. J. P. 泰勒，《德国历史的进程》，伦敦，1945 年，第 218 页。

6.奥托·冯·哈布斯堡，《回到中间》，维也纳，1991 年，第 75 页。

7.M. 哈特利，《拯救奥地利的人》，伦敦，1912 年，第 62 页。

8.路易斯·纳米尔，《冲突：当代史研究》，伦敦，1942 年，第 103 页。

9.A. J. P. 泰勒，《哈布斯堡王朝：1809—1918》，伦敦，1948 年，第 255 页、第 263-273 页。

10.诺曼·斯通，《东部战线》，1977 年，第 71 页。对这部分最新的解释另可参见杰弗里·瓦洛，《疯狂的灾难》，奥斯汀，得克萨斯州，2014 年，其中引用了迈克尔·霍华德先生提及的哈布斯堡王朝军队"真正可悲的表现"。

11.杰弗里·瓦洛，《疯狂的灾难》，奥斯汀，得克萨斯州，2014 年。

12.详细清单见 H. V. 帕泰拉，《在奥地利的旗帜之下》，维也纳，1960 年，第 153 页。

13.爱德华·克芮恩克肖，《哈布斯堡王朝的衰落》，伦敦，1963 年，第 462 页。

14.《世界从不一样：36 个塑造历史的事件》，俄克拉何马城，2011 年。

15.亚当·万德鲁什卡，《哈布斯堡王朝》，伦敦，1964 年，第 35 页。

16.安东尼·梅雷迪思，S. J. 瑟蒙，1994 年 6 月 22 日，伦敦，农场街。威廉·罗珀的《托马斯·摩尔的一生》（1553 年），伦敦，1932 年版，第 70 页给出了不同的说法，省去了费舍尔。另见 R. W. 钱伯斯，《托马斯·摩尔》，伦敦，1938 年，第 287-290 页、第 385-398 页。

17.亚当·万德鲁什卡，《哈布斯堡王朝》，第 127 页。《约瑟夫二世》，第 2 卷，剑桥，2009 年，第 543 页。

18.卡尔·尤金·泽尔宁，《西格图斯事件》，恩策尔斯费尔德，2004 年（第二次再版），第 29 页。

第一部分 哈布斯堡王朝

第一章 恺撒的胸甲骑兵

1.塞顿·沃森，《捷克与斯洛伐克人史》，伦敦，1943 年，第 99 页。

2.卡尔·尤金·泽尔宁，《唯一正义的事业》，恩策尔斯费尔德，2013 年。

3.威廉·拉莫麦尼，《斐迪南二世的美德》，格拉茨，1638 年。另参见 F. E. 冯·赫特·阿曼，《恺撒斐迪南二世及其法兰克福长辈的历史》，沙夫豪森，1850 年，可了解斐迪南与其信徒的关系。

4. R. J. W. 埃文斯，《哈布斯堡王朝的形成》，牛津，1979 年，第 86-109 页。

5.弗兰西斯·沃森，《萨图尔努斯领导下的士兵》，伦敦，1938 年，第 51 页起。

6.同上，第 95 页。

7. H. V. 帕泰拉，《在奥地利的旗帜下》，维也纳，1960 年，第 41 页。

8.同上，第 46 页。

9.彼得·H. 威尔逊，《欧洲的悲剧》，伦敦，2009 年，第 302 页。

10. E. 冯·弗劳恩霍尔茨，《30 年战争时期的军中精英》，慕尼黑，1938 年，共 21 卷，第 105 页。

11.约瑟夫·佩卡，《"比拉霍拉"：布拉格 1922》，第 28-30 页。另见亚洛兹拉夫·梅兹尼克，《约瑟夫·佩卡的历史传奇：皮卡洛夫斯基研究》，布拉格，1995 年。

12. R. J. W. 埃文斯，《哈布斯堡王朝的形成》，牛津，1979 年，第 104 页。

13. 威廉·拉莫麦尼，《斐迪南二世的美德》，格拉茨，1638 年，第 10 页。

14. 彼得·H. 威尔逊，《欧洲的悲剧》，伦敦，2009 年，第 400 页。

15. 同上，第 470 页。

16. 戈特弗里德·赫斯，《格拉夫·巴本海姆》，莱比锡，1855 年。

17. 彼得·H. 威尔逊，《欧洲的悲剧》，伦敦，2009 年，第 491 页。

18. 同上，第 535 页。

19. R. J. W. 埃文斯，《哈布斯堡王朝的形成》，牛津，1979 年，第 10 章。

20. 班尼迪亚克特斯·佩雷拉，SJ，《太阳观察的魔力与天文占卜》，科隆，1598 年。

21. R. J. W. 埃文斯，《哈布斯堡王朝的形成》，牛津，1979 年，第 348 页。

22. 同上，第 349 页。

23. 弗兰西斯·沃森，《萨图尔努斯领导下的士兵》，伦敦，1938 年，第 188 页起。

24. 海因里希·里特·冯·斯尔比克，《华伦斯坦的结局》，维也纳，1920 年。关于皮科洛米尼的作用参见戈洛·曼，《华伦斯坦——讲述他的生活》，1971 年，第 1087 页。

25. G. 洛伦兹，《华伦斯坦的故事》，维也纳，1987 年。艾根贝格官的结构简图另见 H. F. 施瓦尔茨，《17 世纪的帝国枢密院》，剑桥，马萨诸塞州，1943 年，第 227 页。

26. 弗兰西斯·沃森，《萨图尔努斯领导下的士兵》，伦敦，1938 年，第 404 页。

27. 列夫·托尔斯泰，《战争与和平》，第 2 卷，伦敦，1967 年，第 717 页。

28. 赖纳·马利亚·里尔克，《短歌行咏掌旗官基道霍·里尔克之爱与死》，莱比锡，1912 年。

29. 拉依蒙多·蒙特库科利，《论军事艺术》，威尼斯，1657 年。

30. 约翰·谢弗，《约翰·格拉夫·冯·斯波克》，德尔布鲁克，1998 年；另见罗森克兰茨，《约翰·格拉夫·冯·斯波克》，帕德伯恩，1954 年。

31. H. V. 帕泰拉，同前，第 22 页。

32. 罗伯特·弗拉德，《挤压福斯特牧师的海绵》，伦敦，1631 年。

第二章　为上帝与皇帝而战

1. 赖纳·马利亚·里尔克，《短歌行咏掌旗官基道霍·里尔克之爱与死》，莱比锡，1912 年。

2.同上，第5页。另见迈克尔·奥契德林，《奥地利战争的发生：战争、国家与社会，1683—1797》，伦敦，2003年。

3.约翰·斯托耶，《维也纳之围》，伦敦，2000年。

4.同上，第103页。

5.同上，第111页。

6. H. 蒂策，《维也纳的犹太人》，1928年，M. 格林瓦尔德，《1625—1740年维也纳犹太人的历史》，维也纳，1913年。另见《奥地利的1000年与犹太人》，目录，维也纳，1982年。

7.维也纳城国家档案馆，HA9009。

8. M. 格林瓦尔德，《塞缪尔·奥本海默和他的圈子》，维也纳，1928年。文中有关奥本海默的私人资产——"专业知识和组织团体"的内容，见大卫·帕罗特，《战争交易》，剑桥，2012年，第21页。

9.维也纳城历史博物馆，《维也纳的土耳其人》，目录，维也纳，1983年，第79页。

10.同前，第77页。

11. K. 特普利，《维也纳的咖啡馆简介：格奥尔格·弗朗茨·赖茨·科尔席茨基，约翰内斯·迪奥达蒂，伊萨克·德卢卡》（维也纳历史研究贡献），维也纳，1980年。

12.《维也纳的土耳其人》，同前，第88页。

第三章 高贵的骑士

1. H. 贝洛克，《英国六战役》，伦敦，1931年，第116页。

2.安德鲁·惠克罗夫特，《1683维也纳之战》，伦敦，1997年，第11章。

3.见乔凡尼·拜顿，"*Le Aqui li e i Gigli: Una Storia mai scritta*"，米兰，1869年。

4.同上。

5.乔治·麦克芒恩，《尤金亲王》，伦敦，1934年，第99页起。

6. H. 贝洛克，同前，第116页。

7.同上，第146页。

8.塔拉尔·斯宾塞·布伦海姆，《为欧洲而战》，伦敦，2005年，第261页。

9. H. 贝洛克，同前，第171页。

10.鲁道夫·奥滕菲尔德，《1700—1867年的奥地利军队》，维也纳，1895年，第13页。

11.弗雷德里克·科尔劳施，《德国历史》，伦敦，1844年，第538页。

12.乔凡尼·拜顿，同前，第34页起。

13.鲁道夫·奥滕菲尔德，同前，第14页和第56页起。

14.同上，第57—59页。

15.同上，第19页。

16.同上，第45页。

17.安德鲁·惠克罗夫特，同前。

18.鲁道夫·奥滕菲尔德，同前，第30页起。

19.威廉·科克塞，《奥地利王朝史》，第3卷，伦敦，1888年，第83页。

20.A.兰达，《海外的奥地利》，维也纳，1966年，第55页。

21.亚当·万德鲁什卡，《哈布斯堡王朝》，伦敦，1964年，第136页。

22.威廉·科克塞，同前，第3卷，第114页。

第四章　我们的鲜血和生命

1.威廉·科克塞，《奥地利王朝史》，第3卷，伦敦，1888年，第199页。

2.亚当·万德鲁什卡，《哈布斯堡王朝》，伦敦，1964年，第141页。另见路德维希·杰迪卡，《信件与著作中的玛丽娅·特蕾莎》，维也纳，1953年。

3.该声明建立的基础是候选人为斐迪南一世的男性后裔。

4.威廉·科克塞，同前，第242页。

5.同上，第243页。

6.里德·勃朗宁，《奥地利王位继承战》，伦敦，1993年，第33页。

7.麦考利，《腓特烈大帝：生活与工作》，伦敦，1897年，第6卷，第141页，以及第660页起。

8.亚当·万德鲁什卡，同前，第141页。

9.洛林·皮特里，《拿破仑对普鲁士的征服》，伦敦，1907年，第21页。

10.克里斯托弗·达菲，《1756—1763年七年战争：玛丽娅·特蕾莎的军队》，2003年，维也纳，第147页。

11.邓克，"档案文件"，引自克里斯托弗·达菲，《1756—1763七年战争：玛丽娅·特蕾莎的军队》，同前，第151页。

12.同上，第205页。

13. 里德·勃朗宁，同前，第103页。

14. 邓克，引自克里斯托弗·达菲，《1756—1763七年战争：玛丽娅·特蕾莎的军队》，同前，第201页。

15. A. 阿尔内特，《玛丽娅·特蕾莎的故事》，维也纳，1863年，第4卷，第181页。

16. 威廉·科克塞，同前，第252页。

17. 同上，第255页。

18. 罗宾逊·哈林顿，1741年6月28日，引自威廉·科克塞，同前，第3卷，第268页。

19. 席尔瓦·塔罗卡，见Th. G. 冯·卡拉扬，《玛丽娅·特蕾莎与格拉夫·伊曼纽尔·席尔瓦·塔罗卡》，维也纳，1856年。

20. 同上，第269页。

21. 科勒引自拉丁语原文，同前，第269页。玛丽娅·特蕾莎在演讲前几分钟内所修改的稿件现已发布，陈列于维也纳档案局总局，匈牙利档案F427。

22. 路德维希·杰迪卡，同前，第44页。

23. 杰拉尔德·施拉格，《我们的生命和鲜血》，维也纳，1998年，第15页。

24. 安德里亚斯·格斯特里希，《七年战争中的维也纳》，哥廷根，2006年。

25. 鲁道夫·奥滕菲尔德，《1700—1867年的奥地利军队》，维也纳，1895年，第146页。

26. 威廉·科克塞，同前，第256页。

27. 里德·勃朗宁，同前，第278页。

28. 安德里亚斯·图尔海姆，《奥托·阿本斯伯格与特劳恩》，维也纳，1877年。

29. J. J. 凯文胡勒·梅辛，《玛丽娅·特蕾莎的时代：1742—1766》，维也纳，1907年，共4卷，第2卷，第72页。

30. 威廉·科克塞，同前，第283页。

31. 同上。

32. E. E. 莫里斯，《早期汉诺威》，伦敦，1886年，第127页。

33. 克里斯托弗·达菲，《1756—1763七年战争：玛丽娅·特蕾莎的军队》，同前，第158页。

34. 里德·科克塞，同前，第306页。

35. 同上。

36. 克里斯托弗·达菲，《军队》，同前，第158页。

37. 同上，第 159 页。

38. "腓特烈致普鲁士亨利亲王"，《腓特烈大帝的政治通信》，J. G. 德罗伊森等主编，共 43 卷，柏林，1879 年至 1939 年，第 6 卷，第 624 页。（之后数字依次按卷数和页数排序。）

39. 里德·勃朗宁，同前，第 295 页。

40. 同上。

41. 同上，第 356 页。

42. 爱德华·克芮恩克肖，《玛丽娅·特蕾莎》，伦敦，1969 年，第 6 页起，半个多世纪以来，第一份有关皇后的英语类完整研究。

第五章 奥地利的复兴

1. 鲁道夫·奥滕菲尔德，《1700—1867 年的奥地利军队》，维也纳，1895 年，第 78 页。

2. 《1757 年炮兵条例》。

3. 鲁道夫·奥滕菲尔德，同前，第 78 页。

4. 让·巴普蒂斯特·格里博瓦尔，《法国火炮制造规范》，共 3 卷，巴黎，1764 年至 1792 年，第 1 卷，第 122 页。

5. 鲁道夫·奥滕菲尔德，同前，第 81 页。

6. 同上，第 78-89 页。

7. 同上。

8. 维孔特·德·米拉博，《普鲁士军事系统》，巴黎，1788 年，第 25 页。

9. J. 科尼亚佐，《奥地利兵役史》，法兰克福，1799 年，第 106 页。

10. 克里斯托弗·达菲，《玛丽娅·特蕾莎的军队：奥地利帝国的武装力量，1740—1780》，伦敦，1977 年，第 72 页。

11. 康特·奥托·波德维尔斯，《腓特烈大帝与玛丽娅·特蕾莎》，柏林，1937 年，第 37 页。

12. J. 科尼亚佐，同前，第 143-144 页。

13. 《为全体国民制订的规章制度》，前言，1749 年。

14. 康特·奥托·波德维尔斯，同前，第 141 页。

15. 艾斯特哈泽，引自鲁道夫·奥滕菲尔德，同前，第 94 页。

16.克里斯托弗·达菲,《1756—1763七年战争:玛丽娅·特蕾莎的军队》,同前,第21页。

17.亚当·万德鲁什卡,同前,第141页。

18.安德鲁·比塞特主编,《安德鲁·米切尔先生的回忆录与文件》,伦敦,1850年,第2卷,伦敦,第35页。

19.克里斯托弗·达菲,《1756—1763七年战争:玛丽娅·特蕾莎的军队》,同前,第172页。

20.同上。

21.J.科尼亚佐,同前,第177页。

22.同上,第180页。

第六章 战争女王

1."腓特烈致威廉敏娜",1757年10月3日,第398-400页。

2.克里斯托弗·达菲,《玛丽娅·特蕾莎的军队:奥地利帝国的武装力量,1740—1780》,伦敦,1977年,第181页。

3.弗雷德里克·科尔劳施,《德国历史》。伦敦,1844年,第571页。

4.同上。

5.克里斯托弗·达菲,《1756—1763七年战争:玛丽娅·特蕾莎的军队》,同前,第186页。

6.J.阿兴霍尔茨,同前,第188页。

7.弗朗茨·A.J.萨博,《欧洲的七年战争》,哈洛,2008年,第151页。

8.同上,第153页。

9.克里斯托弗·达菲,《1756—1763七年战争:玛丽娅·特蕾莎的军队》,同前,第189页。

10."腓特烈致普鲁士亨利亲王",PCXVII,第217页。

11.弗朗茨·A.J.萨博,同前,第190页。

12.威廉·科克塞,《奥地利王朝史》,共3卷,第1卷,伦敦,1853年,第395页。

13.同上,第392页。

14.威廉·拉克索尔,《柏林王朝回忆录:德累斯顿,华沙与维也纳,1777—1779》,伦敦,1800年,第387页。

15.弗朗茨·A. J. 萨博，同前，第 203 页。

16.同上，第 204 页。

17.维也纳战争档案馆，《内阁文书》，1759 年 7 月 24 日。

18."腓特烈致普鲁士亨利亲王"，PCXVIII，第 627 页。

19."腓特烈致普鲁士亨利亲王（以及亨利之后的评论）"，编号 PCXVIII，1759 年 12 月 14 日。

20.同上，"腓特烈致福克"，PCXIX，第 432 页。

21．J. 阿兴霍尔茨，《在德国的七年战争史》，法兰克福，1788 年，第 2 卷，第 42 页。

22.安德鲁·比塞特主编，《安德鲁·米切尔先生的回忆录与文件》，伦敦，1850 年，第 2 卷，第 133 页。

23.希尔德布兰特，《腓特烈大帝的生活轶事》，共 6 卷，哈尔贝施塔特，1829 年，第 36 页。

24."腓特烈致阿戎斯"，1760 年 8 月 27 日，PCXIX，第 191 页。

25.弗雷德里克·科尔劳施，同前，第 592 页。

26．J. 阿兴霍尔茨，同前，第 2 卷，第 106 页。

27.弗朗茨·A. J. 萨博，同前，第 322 页。

28."普鲁士军队的关系"，11 月 6 日，PCXX，第 52-55 页，No.12467。

29."腓特烈致芬肯施泰因"，1761 年 12 月 10 日，PCXXI，第 112-113 页，No.13332。

30.腓特烈，《给维尔纳将军的指示》，1762 年 4 月 13 日，PCXXI，第 367-369 页，No.13608。

31.克里斯托弗·达菲，《1756—1763 七年战争：玛丽娅·特蕾莎的军队》，同前，第 205 页。

第七章 军队和约瑟夫的开明专制

1.克里斯托弗·达菲，《玛丽娅·特蕾莎的军队：1740—1780 年的奥地利帝国的武装力量》，伦敦，1977 年，第 214 页。另见 J. 约布斯特，《新城与奥匈帝国特蕾莎亚军事学校》，维也纳，1908 年，第 274 页。

2.爱德华·克芮恩克肖，《玛丽娅·特蕾莎》，伦敦，1969 年，第 285 页。另见帕加内尔·卡米洛，《约瑟夫二世的故事》，米兰，1843年，第82页起。

3. 爱德华·克芮恩克肖，同上，第29页。

4. 帕加内尔·卡米洛，《约瑟夫二世的故事》，米兰，1843年，第117页。

5. 同上，第143页。

6. 迈克尔·奥契德林，《奥地利战争的发生：战争、国家与社会，1683—1797》伦敦，2003年，第276页。

7. 德里克·比尔斯，《约瑟夫二世的历史》，第2卷，第196-203页。另见约瑟夫·卡尼尔，《恺撒·约瑟夫二世的宽容政策》，盖林根，1986年。

8. 同上，第543页起。

9. 同上，第144页。

10. 鲁道夫·奥滕菲尔德，《1700—1867年的奥地利军队》，维也纳，1895年，第187页。

11. 布兰，《约瑟夫二世的开明专制》，哈洛，1994年，第1278页。

12. 艾尔梅耶·贝克，《约瑟夫二世时期的军队事务》（目录条目见"约瑟夫二世和他的时代"国家展览），梅尔克，1980年。

13. "拉西的规章"，引自鲁道夫·奥滕菲儿德，同前，第169页。

14. 见维克多·阿德勒，同前，第43页。

15. 鲁道夫·奥滕菲尔德，同前，第193页。

16. 艾尔梅耶·贝克，同前，第46页。

17. 同上，第48页。

18. 亚当·万德鲁什卡，《哈布斯堡王朝》，纽约，1964年，第147页。

19. 弗雷德里克·科尔劳施，《德国历史》，伦敦，1844年，第610页。

20. F. H. 鲍尔，《后轮卡宾枪系统研究》，维也纳，1977年。

21. A. 多雷切克，《奥匈帝国的刀具与轻武器》，维也纳，1894年。

22. 帕加内尔，同前，第120页。

23. 纳撒尼尔·威廉·拉克索尔，《柏林王朝回忆录》，伦敦，1800年，第348页。

24. 艾尔梅耶·贝克，同前，第49页。

25. 同上，第49页。

26. 同上，第50页。

27. 威廉·科克塞，《奥地利王朝史》，共3卷，第1卷，伦敦，1853年，第523页。

28. 同上，第528页。

第二部分　革命与反动

第八章　奥地利军队与法国大革命

1.亚当·万德鲁什卡，《哈布斯堡王朝》，纽约，1964年，第160页。

2.鲁道夫·奥滕菲尔德，《1700—1867年的奥地利军队》，维也纳，1895年，第256页。

3.同上。

4.弗雷德里克·科尔劳施，《德国历史》，伦敦，1844年，第304页。

5.吉贝特，《战术通论》，巴黎，1773年，第122页和142页，第14版。

6.拿破仑的提议一向"没有想象力"，这个提议包括瓜分奥地利、让日后的波希米亚国王担任法国大元帅。

7.卡尔大公，《论将领的战术》，维也纳，1796年。

8."迪特里希施泰因亲王致图古特"，引自A.维夫诺特，《1797年的图古特、克莱费特和维尔姆泽》，维也纳，1870年。

9.马丁·博伊科特·伯罗恩，《通向里沃利的道路》，伦敦，2001年，第237页起。

10.同上，第240页。

11.拿破仑的信件，编号257，巴黎，1859年。引自马丁·博伊科特·伯罗恩，同前，第242页。

12.A.德比多尔，《执行内阁的法律汇编》，共4卷，巴黎，1910年，第787页。

13.同上，第787页。

14.卡尔·A.罗伊德，《图古特男爵以及奥地利对法国大革命的回应》，普林斯顿，1987年，第387页。

15.同上，第6页起，包括了图古特的来历以及关于他的各类传闻。

16.A.维夫诺特，同前，第56页起。

17.A.沃伊科斯维奇，《卡斯蒂廖内》，克拉根富特，1997年。

18.马丁·博伊科特·伯罗恩，同前，第257页。

19.古列尔摩·费列罗，《一场赌博：1796—1797年在意大利的波拿巴》，伦敦，1939年，第208页。

20.同上，第289页。

21.同上，第281页。

第九章 从马伦戈到奥斯特利茨

1. A. B. 罗杰，《第二次联合战争》，牛津，1961 年，第 162 页。

2. 拉德茨基伯爵，《奥地利陆军元帅拉德茨基伯爵：其口述自传》，赫尔旺德主编，斯图加特，1858 年，第 34 页。

3. A. B. 罗杰，同前，第 166 页。

4. 同上，第 234 页。

5. 拉德茨基伯爵，同前，第 48 页。

6. 同上，第 51 页。

7. 詹姆斯·阿诺德，《马伦戈和霍恩林登》，伦敦，1999 年，第 72 页。

8. 马歇尔·A.马尔蒙，《马尔蒙元帅回忆录》，第 2 卷，巴黎，1857 年，第 131-135 页。

9. 卡尔·姆拉斯，"炮兵司令 1800 年在意大利纪实"，《奥地利军事杂志》，第 5-9 卷，维也纳，1822 年。

10. 拉德茨基伯爵，同上，第 54 页。

11. 同上，第 54 页。

12. 詹姆斯·阿诺德，同前，第 182 页。

13. A. B. 罗杰，同前，第 246 页。

14. 汉斯·马根沙伯，《卡尔大公》，格拉茨，1995 年，第 111 页。

15. 同上，第 114 页。

16. 同上，第 115 页。

17. E. 皮卡德，《1899 年的阿勒芒战役》，巴黎，1907 年，"茨魏布吕肯致麦克斯·伊曼努埃尔的信"，第 375 页。

18. 詹姆斯·阿诺德，同前，第 256 页。

19. 同上，第 256 页。

20. 同上，第 257 页。

21. 克里斯托弗·达菲，《1805 年的奥斯特利茨》，伦敦，1977 年，第 31 页。

22. 同上，第 32 页。

23. 奥斯卡·雷吉勒，《陆军元帅马克》，维也纳，1968 年。

24. 亨利·伦茨主编，"*Correspondencede Napoleon Ier,publié e par ordre de L'Empreur Napoleon III*"，共 7 卷，巴黎，1858 年至 1970 年，第 6 卷，

巴黎，1860 年。

25.克里斯托弗·达菲，同前，第 50 页。

26.同上，第 50 页。

27.同上，第 51 页。

28.西格尔男爵，《塞居尔伯爵回忆录》，共 3 卷，第 2 卷，伦敦，1825 年，第 451 页。

29.朗格荣伯爵，《朗格荣伯爵回忆录：奥斯特利茨，俄国战役与柏林之战》，巴黎，1895 年，第 289–360 页。

30.克里斯托弗·达菲，同前，第 146 页，引自苏尔特的一位参谋，《圣夏曼伯爵将军回忆录》，巴黎，1896 年，第 27 页。

第十章 打破神话

1.克里斯托弗·达菲，《1805 年的奥斯特利茨》，伦敦，1977 年，第 162 页。

2.洛兰·皮特里，《拿破仑征服普鲁士》，伦敦，1907 年，第 301 页。

3.赫尔曼·巴尔，《维也纳》，1912 年，第 39 页。

4.汉斯·马根沙伯，《约翰大公》，格拉茨，2008 年，第 183 页。

5.洛兰·皮特里，《拿破仑和卡尔大公》，伦敦，1909 年，第 27 页。

6.鲁道夫·奥滕菲尔德，《1700—1876 年的奥地利军队》，维也纳，1895 年，第 172 页。

7.洛兰·皮特里，同前，第 191 页。

8.弗雷德里克·博纳尔，《1809 年的兰茨胡特》，巴黎，1888 年，第 67 页。另洛兰·皮特里，同前，第 28 页。

9.宾德尔·冯·克里格尔斯坦，《1809 年奥地利对拿破仑的战争》，柏林，1906 年，第 252 页。

10.洛兰·皮特里，同前，第 268 页。

11.同上，第 269 页。

12. H. V. 帕泰拉，《在奥地利的旗帜下》，维也纳，1960 年，第 137 页。

13.洛兰·皮特里，同前，第 290 页。

14.《一位骑兵军官的书信：从战争科学的角度回忆与普鲁士的战争》，第 2 卷，第 24 页。

15. H. V. 帕泰拉，同前，第 54 页。

6.卡尔·普里德姆，《科苏特和马扎尔地区》，伦敦，1851年。

7.戈尔德·霍勒，《为斐迪南伸张正义》，维也纳，1986年。

8.已故的乔治·艾斯勒教授和莱因霍尔德·盖耶先生向我提及了此件轶事，我对此深表感激。

9.奥图·斯特拉达尔，"拉德茨基是共济会会员吗？"，引自《鲜为人知的拉德茨基》，维也纳，1971年。另见路德维希·杰迪卡，《从旧奥地利到新奥地利》，圣珀尔腾，1975年。卜洛瑟教授称在美国发现了拉德茨基的会员资料。

10.路德维希·杰迪卡，同前，第20页。

11.在美国发现的文件和贬低梅雷嘉丽女士在拉德茨基生命中的重要性的企图矛盾：比如，有参考文献仅仅把她称作"一名洗衣女工"。见阿伦·斯科德，《拉德茨基：帝国胜者和军事天才》，伦敦，2011年，第112页。

12.同上，第29页，1853年11月23日的信件。

13.拉德茨基伯爵，《奥地利陆军元帅拉德茨基伯爵：其口述自传》，赫尔旺德主编，斯图加特，1858年，第99页起。

14.路德维希·杰迪卡，同前，第40页起。

15. M.哈特莱，《拯救奥地利的男人》，伦敦，1927年，第73页。

16.同上，第86页。

17.路德维希·杰迪卡，同前，第50页。

18. H. V.帕泰拉，《在奥地利的旗帜下》，维也纳，1960年，第74页。

19.同上，第83页。

20.霍伊努夫日前"重回"奥地利军事博物馆。他的一幅巨型肖像画现在挂在一楼的墙上。让人惊讶的是，此举并没有任何引发隐射他的臭名声以及成就了他一番事业的各类争辩。

21.路德维希·杰迪卡，同前，第53页。

22.同上，第54页。

第十四章 从马真塔和索尔费里诺到图佩尔和厄沃塞

1.菲利普·圭达拉，《第二帝国》，纽约，1922年，第273页。另见贺瑞斯·朗博尔德爵士，《十九世纪的奥地利官廷》，伦敦，1909年，第194页。

2.里特·冯·格鲁恩多夫，《一位奥地利将军副官的回忆录》，斯图加特，1913

年，第 73 页。

3. 恩斯特·乌尔姆布兰德伯爵，《为老奥地利奋斗终生》，维也纳，1988 年，第 205 页起。

4. 同上，第 207 页。

5. 奥斯卡·雷吉勒，《战地大元帅贝内德克与前往柯尼希格拉兹之路》，维也纳，1960 年，第 38 页。

6. H. V. 帕泰拉，《在奥地利的旗帜下》，维也纳，1960 年，第 91 页。

7. 里特·冯·格鲁恩多夫，同前，第 205 页。

8. H. V. 帕泰拉，同前，第 92 页。

9. 爱德华·克芮恩克肖，《俾斯麦》，伦敦，1982 年，第 46 页。

10. H. V. 帕泰拉，同前，第 93 页。

11. 同上，第 96 页。另见伊斯特凡·迪亚克，《奥匈帝国的军官：1848—1914》，维也纳，1991 年，第 66 页。

12. G. 瓦洛，《普奥战争：1866 年奥地利同普鲁士和意大利的战争》，剑桥，1996 年，第 21 页。

13. W.H. 拉塞尔，"我见过的最精良的骑兵"，《泰晤士报》，1866 年 7 月 11 日。

第十五章 奥地利－普鲁士战争

1. J. H. 安德森，《1866 年的战争》，伦敦，1908 年，利奥波德·爱默里注，作者典藏。

2. 弗雷德里克·博纳尔，《1866 年的那场战争》，伦敦，1904 年。

3. H. 弗里德永，《围绕德国统治权的战斗》，共 2 卷，1897 年至 1898 年，斯图加特，第 1 卷，第 174 页。

4. 总参谋部战争史处，《德国 1866 年的炮兵司令》，柏林，1867 年，第 2 章。

5. 海因里希·里特·冯·斯尔比克，《阿尔贝里希大公、贝内德克与奥地利过去的士兵勇气》，萨尔茨堡，1949 年。

6. 《泰晤士报》，1866 年 6 月 6 日。

7. G. 瓦洛，《普奥战争：1866 年奥地利同普鲁士和意大利的战争》，剑桥，1996 年。

8. H. 博纳尔，《1809 年兰茨胡特的策略》，巴黎，1905 年，第 39 页。

9. 格里维基奇，维也纳战争博物馆，KA/AFA/18662296。

7. 欧内斯特·鲍尔，同前，第 45 页。

8. 威廉·弗拉维尔·莫尼彭尼和乔治·厄尔·巴克，《迪斯雷利的生活》，伦敦，共 6 卷，1910 年至 1920 年，第 6 卷，第 250 页和第 372 页。

9. 伊斯特凡·迪亚克，同前，第 81 页。

10. 爱德华·克芮恩克肖，《哈布斯堡王朝的衰落》，伦敦，1969 年，第 174 页。

11. 欧内斯特·鲍尔，同前，第 50 页。

12. 伊斯特凡·迪亚克，同前，第 81 页。

13. 沃纳·夏辛格，《波斯尼亚人的到来》，格拉茨，1989 年，第 12 页。

14. 这里有一块精美的尖碑，它由布维尔·冯·阿苏拉男爵主持设计，以纪念在施蒂利亚的伤亡人员。

15. 伊沃·安德里奇，《德里纳河上的大多数》，贝尔格莱德，1945 年，第 102-103 页（作者译）。

16. 贺拉斯·兰伯尔德，同前，第 118 页。

17. 也可参见的杰弗里·瓦洛所著《疯狂的灾难》中的例子。《疯狂的灾难》，奥斯汀，得克萨斯州，2014 年。"奥匈帝国内部腐朽已经多年，并被镇压所掏空……"，卡洛伊执政期间总提出一些富有想象力的观点。事实上，威廉姆森在 1900 年和 1913 年间指出，奥匈帝国的国民生产总值惊人地增长了 42%，而工业劳动力也翻了一番。见塞缪尔·威廉姆森，《奥匈帝国和第一次世界大战的起源》，伦敦，1991 年。

18. 欧内斯特·鲍尔，同前，第 130 页。

19. 戈特弗里德·比尔森（与 G. 马丁和尤金·布里克森合著），《奥地利的军乐队》，格拉茨，1982 年。

第十八章 建立一支 20 世纪的海军

1. 特奥多尔·冯·温特海德，《在中国的战斗》，维也纳，1902 年，第 200 页注脚。
2. 彼得·弗莱明主编，《围攻北京城》，牛津，1984 年。
3. 亚历山大·佩奇曼主编，《北京 1900 年》，维也纳，2001 年，第 22 页。冯·纳色恩夫人给出的数字是 420。
4. 威廉·恩理格，《维塔的孔子道德原则》，格拉茨，1687 年。
5. 亚历山大·佩奇曼主编，同前，第 12 页。
6. 同上，引用自纳色恩，第 54 页。

7.同上，第57页。

8.同上，第58页起。

9.同上。

10.另见沃尔纳，《锡的过去和现在：锡制玩具士兵周年纪念目录》，维也纳，2012年。

11.波普尔是将希伯来文译成德语方面的一位天赋异禀的译者。1933年他被一辆电车撞倒后身亡。因为维也纳大学针对犹太学生引进了入学限制条款，作为维也纳大学荣誉博士的波普尔将这个荣誉退还给维也纳大学。参见《世界末日》，维也纳犹太博物馆目录（JMW1914年展会，维也纳，2014年，第224页）（文章由奥利弗特鲁雷所作）。

已故海军历史学家大卫·里昂认为维也纳战列舰模型将成为20世纪最好的模型。

12.保罗·坎普，《奥地利海军》，伦敦，1991年，第83页。

第十九章　军事情报局与雷德尔上校

1.马克斯·荣格，《战争和工业间谍活动》，维也纳，1930年，第14页。

2.同上，第19页。

3.同上。

4.同上，第20页。

5.博基切维奇继续进行奥地利外交部部长果鲁霍夫斯基所支持的暗杀行动。见M.博基切维奇，《战争的起因》，阿姆斯特丹，1919年，第16页。果鲁霍夫斯基企图筹划一场与德国公主之间的王室婚姻，但遭到了奥布廉诺维奇家族轻蔑的拒绝。

6.埃里奇·费格尔，《卡尔皇帝》，维也纳，1984年，第7-26页。我在1983年采访费格尔先生时聊到了这个话题。他详尽地提供了很多具有说服力的证据，尽管王储奥托在评价他母亲的事件时说法更加谨慎，但这是可以理解的（作者访谈：1983年1月28日，埃里奇·费格尔；1983年11月12日，奥托·冯·哈布斯堡）。另见伯莎·塞普斯，《我的生活和历史》，伦敦，1938年。

7.20世纪90年代非常杰出的驻伦敦大使的父亲——保罗·加利。

8.斯蒂芬·茨威格，《昨日的世界》，斯德哥尔摩，1944年。

9.梅里·德尔·瓦尔，《庇护十世回忆录》，伦敦，1924年，第19页。也可见丹尼尔·罗普斯，《基督教会史》，共9卷，《为上帝而战》，纽约，1966年，第9卷，第240页。

10. 阿瑟·尼科尔森，1909 年 3 月 27 日。见 F. R. 布里奇，《奥匈帝国和英国的外交》，伦敦，1979 年，第 17—18 页。也可见 A. E. 普里布拉姆，《奥匈帝国和英国：1908—1914》，牛津，1951 年，第 84—85 页，第 232 页。

11. 也可见扎拉·施泰纳，《战争的决策》，伦敦，1984 年。

12. 乔伊斯·G. 威廉斯，《豪斯上校和爱德华·格雷爵士》，纽约，1984 年。

13. 卡尔·楚匹克，《弗朗茨·约瑟夫皇帝的统治》，伦敦，1930 年，第 399—400 页。

14. 罗尔，《妄想还是设计》，伦敦，1973 年，第 29 页。弗里茨·菲舍尔，《应对世界大国》，杜塞尔多夫，1962 年，第 236 页。

15. 同上，第 22 页。

16. 同上。

17. 乔治·马库斯，《雷德尔事件》，维也纳，1984 年，第 129 页。

18. 同上，第 130 页。

19. 同上，第 131 页。

20. 在布尔战争期间，伦敦只有维也纳一个朋友。令德国外交官感到惊愕的是，弗朗茨·约瑟夫常说，"在这种情况下，我完全是英国人"。见贺拉斯·朗博尔德伯尔德，《19 世纪的奥地利宫廷》，伦敦，1909 年，第 358 页。事实上，奥匈帝国支持驻扎在南非的英国军队，甚至进一步向英国提供捷克的攻城炮和他们的船员。

爱德华七世过度解释了这一点，并在巴德伊舍艰难游说维也纳与柏林分离，弗朗茨·约瑟夫觉得有必要提醒他"我是一个德国王子"。见奥地利国家小组，《奥地利与德国的声明》，维也纳，1976 年。

21. 同上。

22. 莱利奥·斯班诺奇，《战争日记》，1909 年，乔治·马库斯引述，同前，第 26 页。

23. M. 博基切维奇，同前，第 25 页。

24. 马克斯·荣格，同前，第 91 页。

25. 同上，第 83 页。

26. 阿尔菲·克拉里·阿尔德林，《一个奥地利老艺术家的故事》，维也纳，1984 年，第 97 页。

27. 埃贡·欧文·基希，《来势汹汹的记者》，布拉格，1929 年。

28. 马克斯·荣格，同前，第 85 页。

29. 同上，第 86 页（乔治·马库斯对此颇有争议），同上，第 244 页。

30. M. 博基切维奇，同前，第 43 页。

31. 乔治·马库斯，同前，第 246 页。

32. 温斯顿·丘吉尔，《世界危机》，第 1 卷，伦敦，1929 年，第 202 页。

33.《布达佩斯佩斯蒂报》，1914 年 6 月 3 日。乔治·马库斯引述，同前，第 247 页。

34. 伊斯特凡·迪亚克说明了这一点：《奥匈帝国的军官：1848—1918》，维也纳，1991 年，第 216 页。1912 年至 1914 年间，证务局军官人数已经从 28 个增至 42 个。

35. 欧文·施米德尔，《奥匈帝国军队中的犹太人：1788—1918》，引自《犹太文物集刊》，艾森斯塔特，1989 年。另见伊斯特凡·迪亚克，同前，第 207 页。

36. 欧文·施米德尔，同前，第 49 页，引自帝国和皇家总参谋部与俄国最高统帅部的通信，1905 年。

37. 同上，第 123 页。另见马库斯·帕特卡主编，《世界末日：第一次世界大战中犹太人的生死存亡（目录）》，维也纳，2014 年。

38. 这些话经常直接归因于弗朗茨·约瑟夫，但实际上是皇帝对鲁伊格后来特点的描述。

理查德·S. 吉尔主编，《由我决定谁是犹太人》，引自《卡尔·鲁伊格博士论文》。华盛顿，1982 年。鲁伊格传记详情请参见，约翰·W. 博耶，《卡尔·鲁伊格：把基督教社会政治作为一种职业》，维也纳，2010 年。

39. 亚瑟·施尼茨勒，《维也纳的年轻一代》，维也纳，1968 年，第 146-147 页。

40. 欧文·施米德尔，同前。

41. 同上，第 76 页。

42. 约瑟夫·罗斯，《拉德茨基进行曲》，科隆，1979 年。

43. 奥托·冯·哈布斯堡，《回到中心》，维也纳，1991 年，第 148 页。也可见欧文·施米德尔，同前，第 74 页起。关于德国军队中的对比情况可参见，比洛，《回忆录》，伦敦，1931 年，第 401-402 页。

第二十章 通往萨拉热窝的军事之路

1. 格尔德·霍莱尔，《哈布斯堡德斯特的弗朗茨·斐迪南大公》，维也纳，1991 年。

2. 弗拉基米尔·德迪耶尔，《通往萨拉热窝之路》，纽约，1966 年，第 317 页。

3. 冈瑟·罗滕伯格，《弗朗茨·约瑟夫的军队》，西拉斐特，1998 年。

4. 卡尔·巴尔多夫，《旧奥地利的士兵》，耶拿，1938 年，第 177 页。

5. 冈瑟·罗滕伯格，同前，第 153 页。

6.约瑟夫·格拉夫·施图尔格，爱德华·里特·冯·斯坦尼茨，《弗朗茨·约瑟夫二世回忆录》，柏林，1931年，第269页。

7. A. J. P. 泰勒，《第一次世界大战》，伦敦，1967年，第17页。

8.格尔德·霍莱尔，同前。另可参见戈登·布鲁克·谢菲尔德，《萨拉热窝的受害者》，伦敦，1984年。

9. F. R. 布里奇，《英国和奥匈帝国的外交史：1906—1914》，伦敦，1972年，第127页。另见路易吉·阿尔贝蒂尼，《1914年战争起源》，共3卷，米兰，1942年至1943年。

10. F. R. 布里奇，同前，第199页。

11.德意志帝国的战争早在1908年爱德华七世前往伊舍访问弗朗茨·约瑟夫时就已经爆发，这次访问是他此前已经向奥斯蒂亚承诺过的，是康拉德担任总参谋部指挥时发起的。见卡尔·巴尔多夫，同前，第91页。

12.拉约什·温迪施格雷茨，《我的冒险与不幸》，伦敦，1965年，第43页。

13.弗朗茨·康拉德·冯·赫岑多夫，《战术研究》，维也纳，1912年。

14.哈特维希，引自 S. 麦克米，《第一次世界大战在俄国的起源》，剑桥，2011年，第53页。

15.雨果·汉楚曼，《利奥波德·格拉夫·贝希托尔德》，格拉茨，1963年。

16.弗拉基米尔·德迪耶尔，同前，第86页。

17.奥托卡·泽尔宁，《在世界大战中》，伦敦，1921年。

18.布鲁克·谢菲尔德，同前，第289页。

19.同上。

20.弗拉基米尔·德迪耶尔，同前，第367页。

21.1982年8月21日，R. B. 与皇后齐塔的谈话。布鲁克·谢菲尔德，同前，第235页。

22.亚当·万德鲁什卡，《哈布斯堡王朝》，纽约，1965年，第175页。

23.奥斯瓦尔德·威德尔，《德奥外交关系：1908—1914》，牛津，1934年。

24.弗拉基米尔·德迪耶尔，同前，第127页。

25.拉约什·温迪施格雷茨，同前，第63页。

26.塞缪尔·威廉姆森，《奥匈帝国和第一次世界大战的起源》，纽约，1990年，第158页。

27.戈特利布，《第一次世界大战期间的秘密外交研究》，伦敦，1957年，第45页。

28.塞缪尔·威廉姆森，同前，第149页。

29.彼得·布鲁切克，《卡尔皇帝一世》，维也纳，1997年，第43页起。

30.弗拉基米尔·吉斯尔·冯·吉斯林，《中东二十年》，爱德华·里特·冯·斯坦尼茨主编，柏林，1927年。

31.弗拉基米尔·德迪耶尔，同前，第421页。

32.同上，第386页。

33.当奥地利向塞尔维亚宣战时，"神牛"上校十分惊恐。 M.博基切维奇回想起"神牛"上校说的话："我的上帝！我的上帝！我们做了什么？"见 M.博基切维奇，同前，第16页起。

34.《战争档案》，1914年，样品 KA47/4/16-40。

35.同上，18.I.1914。

36.同上，10.V.1914。

37. M.博基切维奇，同前，第14页。

38.1914年，样品 KA47/4/16-40。

39.同上。

40.梅里·德尔·瓦尔，《庇护十世回忆录》，伦敦，1924年，第19页。也可见 D.H.罗普斯，《为上帝而战》，纽约，1966年，第9卷，第240页。

41.样品 KA47/4/16-40，同前，1915年5月25日。

42.样品 KA47/4/16-40，同上，1914年7月21日。

43.弗拉基米尔·德迪耶尔，同前，第396页。

44.斯托亚迪诺维奇，引用自弗拉基米尔·德迪耶尔，第416页。

45.冯·比洛，《回忆录》，伦敦，1931年，第396-397页，"密切关注与塞尔维亚的关系"。

46.戈特利布，同前，第260页。

47.同上。

48.拉普，《大德意志与小德意志》，慕尼黑，1922年，第285页。

49.亨利五世韦翰·斯蒂德，《哈布斯堡王朝》，伦敦，1930年，第109页。

50. E.莱温，《德国的向东之路》，伦敦，1916年，第255页。

51.弗拉基米尔·德迪耶尔，同前，第416页。也可见波特兰公爵，《男人，女人和东西》，伦敦，1932年。克拉里副本里波特兰题词："我亲爱的阿尔菲"，为作者典藏。

52.伊迪丝·达勒姆，《萨拉热窝罪行》，伦敦，1925年。

53. 布鲁克·谢菲尔德，同前，第229页。

54. 罗尔，《妄想还是设计》，伦敦，1973年。

55. 雨果·汉楚曼，同前，第2卷，第545-566页。

56. 《欧洲内阁总集》，第39卷，第367页。引自弗拉基米尔·德迪耶尔，同前。

57. 同上。另见冯·比洛，同前，第397-399页，"关于弗朗茨·斐迪南对抗柏林"。

58. 罗伯特·库珀，《国家的分裂》，伦敦，2003年。

59. 乔治·布坎南，《我前往俄国的使命》，伦敦，1923年。

60. S. 麦克米，同前，第33页。

61. 奥托卡·泽尔宁，同前，第74页。

62. 鲁道夫·耶拉贝克，《波蒂奥雷克：萨拉热窝阴影下的将军》，格拉茨，1991年，第27页起。

63. 同上，第45页。

64. 奥托卡·泽尔宁，同前，第78页。

65. 耶拉贝克，同前，第29页。

66. 同上，第43页。

67. 同上，第45页。

68. 同上，第82页。也可见布鲁克·谢菲尔德，同前，第241页，企业所得税。

69. 鲁道夫·耶拉贝克，同前，第84页起。这显著的启示并没有将最近的研究从重复的谣言中拯救出来。谣言称，访问受伤军官瓦夫罗的想法是由弗朗茨·斐迪南提出来的，《疯狂的灾难》，第105页。也可见克里斯托夫·克拉克，《梦游者》，伦敦，2013年。

70. 鲁道夫·耶拉贝克，同前，第85页。

71. 同上，第86页，引用波蒂奥雷克的证据。

第二十一章 军队与七月危机

1. 马古蒂，《老皇帝：1922年的维也纳》；另见戈登·布鲁克·谢菲尔德，《萨拉热窝的受害者》，伦敦，1984年；也可见作者与KZ的谈话，1982年8月21日。

2. 弗拉基米尔·德迪耶尔，《通往萨拉热窝之路》，纽约，1966年，第87页。

3. 路易吉·阿尔贝蒂尼，《1914年战争的起源》，米兰，1942年至1943年，第2卷，第9页起。

4.韦翰·斯蒂德，《哈布斯堡王朝》，伦敦，1930 年，第 212 页。

5.雨果·汉楚曼，关于贝希托尔德的论文：《利奥波德·格拉夫·贝希托尔德》，格拉茨，1963 年，第 85 页。

6.同上，第 85 页。

7.米洛斯·劳彻斯坦纳，《双鹰之死》，格拉茨，1993 年，2014 年修订版，关于弗朗茨·约瑟夫角色的截然不同的观点。

8.埃米尔·路德维希，《1914 年 7 月》，伦敦，1929 年，第 36 页。

9.路易吉·阿尔贝蒂尼，同前，第 137 页。

10.冯·比洛，《回忆录》，伦敦，1931 年，第 154 页。

11.作者与戈特弗里德·班菲尔德的谈话，1979 年 1 月 28 日。

12.塞缪尔·威廉姆森，《奥匈帝国和第一次世界大战的起源》，伦敦，1991 年，第 139 页。也可见巴拉巴拉·杰拉维奇，《奥地利所知道的黑手社》，维也纳，1991 年，第 136 页。另见《奥地利历史年鉴》，第 22 卷，明尼苏达州，1991 年。

13.埃米尔·路德维希，同前，第 36 页。另见冯·比洛，同前，第 158 页，关于弗朗茨·约瑟夫对这种战术形式的讨论。

14.奥斯瓦尔德·威德尔，《奥德外交关系：1908—1914》，牛津，1934 年。

15.路易吉·阿尔贝蒂尼，同前，第 141 页起。

16.同上，第 147-152 页。也可见作者与吉恩·乔治·霍约什伯爵的谈话，1984 年 10 月 8 日。

17. HHSAOE-V-VIII9966。

18.吉恩·乔治·霍约什伯爵提供给作者关于他父亲的信息，1984 年 5 月 18 日，霍拉布伦城堡，下奥地利州。

19.塞缪尔·威廉姆森，同前，第 193 页。

20. H. V. 施泰纳，《战争的决策》，伦敦，1984 年，第 36 页。

21.斯特拉·穆苏林（儿媳）与作者的谈话，1984 年 5 月 6 日，沙佩里·拉兹罗（儿子），1983 年 9 月 9 日，下奥地利州。

22.吉斯尔·吉斯林，《中东的二十年》，冯·斯坦尼茨编辑，柏林，1927 年，第 161 页起。

23.路易吉·阿尔贝蒂尼，同前，第 151-155 页。

24.吉恩·乔治·霍约什，《英德对立及其对巴尔干政治政策的影响（匈牙利厄斯特赖西）》，柏林，1922 年，第 12 页起。

25.路易吉·阿尔贝蒂尼，同前，第167-173页。

26.同上，第177页。

27.同上，第170-171页，以及第177页。

28.康拉德·冯·赫岑多夫，《私人记录》，维也纳，1983年，第44页。

29.海因里希·吕佐夫伯爵，《在奥匈帝国外交部》，维也纳，1971年，第158页。

30.同上。

31.路易吉·阿尔贝蒂尼，同前，第170页，"外交成功是不实的"。

32.同上，第281-282页。

33.同上，第282页。阿尔贝蒂尼通过克拉肯索普强烈暗示贝尔格莱德的代理部长。

34.弗拉基米尔·德迪耶尔，同前，第89页。

35.路易吉·阿尔贝蒂尼，同前，第179页。

36.引自汉希的一封福加奇致梅雷的信，同前，第2卷，第592页。"接下来会发生什么还是一个疑问"。

37.同上，第258页。

38.冯·比洛，同前，第155页。

39.《有利的变化：从20世纪90年代伦敦强大的亲塞立场看布伦丹·西姆斯》，伦敦，1998年。

40.吉斯尔·吉斯林，同前，第253页。"吉斯尔致阿尔贝蒂尼"，阿尔贝蒂尼，同前，第151-152页。吉斯尔一封来自萨尔茨堡日期为1932年8月18日的原信传真件在最初意大利版本中被插入到第151页和第152页之间，而此处恰好得到了引用。

41.吉斯尔·吉斯林，同上，第167页及以下。这些注意事项表明了奥地利-德国之间和谐假象的脆弱以及对塞尔维亚的伪善：例见，克里斯托夫·克拉克，《梦游者》，伦敦，2013年。但该作品全然忽略了吉斯尔的著作。

42.同上，第376-367页，关于吉斯尔写给阿尔贝蒂尼第二封信的传真。

43.吉斯尔·吉斯林，同上，第260页。

44.斯特拉·穆苏林，《球形议会厅》，慕尼黑，1924年，第222页起。

45.吉斯尔·吉斯林，同前，第256页。也可见斯特拉·穆苏林，同前，第226页。

46.作为俄国情报中心的萨洛尼卡，它的重要性在这一时期也得到了充分的认可。见利奥波德·爱默里，引自朱利安·艾默里，《临近的3月》，伦敦，1977年，第156页起。作者与JA在1991年11月11日的谈话。

47.弗拉基米尔·德迪耶尔，同前。

48.斯特拉·穆苏林,同前,第241页。另见A. E. 普里布拉姆,《奥匈帝国和英国,1908—1914》,牛津,1951年,第238页。

49.《2013—2014年间的收获》,克拉克,黑斯廷斯,瓦夫洛等。

50.路易吉·阿尔贝蒂尼,同前。第368-369页,关于手写塞尔维亚的答复传真文本。

51.路易吉·阿尔贝蒂尼,同上,引用威廉旁注,第377页起。

52.弗拉基米尔·德迪耶尔,同前,第387页。

53.斯特拉·穆苏林,同前,第244页,关于其矛盾的分析。也可见路易吉·阿尔贝蒂尼,同前,第384-385页。

54.克罗巴廷,引自冯·斯坦尼茨主编,《弗朗茨·约瑟夫一世回忆录》,柏林,1931年,第325页。

55.米洛斯·劳彻斯坦纳,同上,格拉茨,第92页。

56.路易吉·阿尔贝蒂尼,同前,第455页起。

57.同上,第457页。

58.路易吉·阿尔贝蒂尼,同上,第376-381页,第462页,以及第648-650页。

59.《纽约时报》,1924年8月24日。

60.康拉德,《私人记录》,维也纳,1977年,第386页。

61.路易吉·阿尔贝蒂尼,同前,第3卷,第272-273页。

62.莫里斯·帕雷奥洛格,《一个大使的回忆录:1914—1917》,巴黎,1925年,第29页。也可见S. 麦克米,《第一次世界大战在俄国的起源》,剑桥,马萨诸塞州,2011年,第27页。

63.路易吉·阿尔贝蒂尼,第2卷,同前,第668页。

64.同上,第669页。

65.HHSAOeVA,第3卷,编号11125,第944页。

66.布鲁切克与作者的谈话,2012年12月1日,维也纳。也可见路易吉·阿尔贝蒂尼,同上,第3卷,第501页起。

67.埃蒙德·格莱斯·霍斯特纳主编,《奥匈帝国的最后一战:1914—1918》,维也纳,1929年。

第二十二章　奥匈帝国的最后一战

1.马库斯·帕特卡主编,《世界末日:第一次世界大战中犹太人的生死存亡(目录)》,

维也纳，2014 年。J.M.W.《大限》目录，第 218-225 页，关于犹太人给奥匈帝国军事力量的技术发展做出的贡献。也可见彼得·荣格，《第一次世界大战中的奥匈帝国军队》，共 2 卷，波特利，2003 年，第 24 页。

2. 奥古斯特·冯·克拉蒙，《世界大战中的奥匈帝国盟军》，柏林，1922 年，第 20 页。

3. 伊斯特凡·迪亚克，《奥匈帝国的军官们：1848—1914》，维也纳，1991 年，第 219-221 页。另见冈瑟·罗滕伯格，《弗朗茨·约瑟夫的军队》，西拉斐特，1998 年，第 127 页。

4. 冈瑟·罗滕伯格，同前，第 125 页。

5. F. R. 布里奇，《奥匈帝国和英国的外交》，伦敦，1979 年，第 214-218 页。同时也可参阅作者与图斯基·格拉夫·梅斯多夫－普伊的谈话，1983 年 1 月 18 日，维也纳。

6. 阿尔菲·克拉里·阿尔德琳，《一位奥地利老艺术家的故事》，维也纳，1984 年，第 108 页。

7. 卡尔·巴尔多夫，《旧奥地利的士兵》，耶拿，1938 年，第 169 页。另见 F. R. 布里奇，同前，第 217-218 页。

8. 布鲁克·谢菲尔德，《两旗之间》，伦敦，1972 年。也可见理查德·希尔，《斯拉丁·帕沙传》，牛津，1965 年，第 118 页起。

9. 信被女王的龙骑护卫队军官保存在沃尔芬比特尔。1989 年 11 月 15 日被作者发现。另请参阅《军团日报》第一期文章《女王的龙骑兵团》，第 1 卷，编号 8，1966 年。

迈克尔·曼，《女王首支龙骑军团的历史》，伦敦，1993 年。同时 1924 年桑赫斯特《RMC》杂志也提到过一个龙骑兵团军官，他称自己在被奥地利抓获后受尽非人的虐待，而原因仅仅是他戴着印有哈布斯堡鹰徽章的帽子！1915 年的这项报道可能加速陆军部重新给军团佩戴徽章的决定，尽管在当时的战争阶段，英国和奥地利直接参与对抗，彼此的军队规模都将受限于巴勒斯坦。

10. 迈克尔·曼，同前，第 352 页。

11. 吉娜·赖宁豪斯，《我与康拉德在一起的时光》，莱比锡，1935 年，第 59 页。

12. 米洛斯·劳彻斯坦纳，《德普莱迪斯之死》，格拉茨，1997 年，第 98 页。

13. C. 奥特纳，《奥匈帝国的炮兵部队》，维也纳，2007 年，第 37 页起。

14. 诺曼·斯通，《东部战线》，伦敦，1974 年，第 27 页。也见劳彻斯坦纳，同前，第 116 页。

15. 同上，第 81 页。

16. 米洛斯·劳彻斯坦纳，同前，第 127 页，这个事件的时间确定为 8 月 20 日。

17. 奥斯卡·柯克西卡，《我的生活》，伦敦，1971 年，第 134 页。

18. 波托·柯雷特，《成长在深秋》，维也纳，1976 年，第 76 页。

19. 吉娜·赖宁豪斯，同前，第 63 页。

20. 诺曼·斯通，同前，第 90 页。

21. 鲁道夫·耶拉贝克，《波蒂奥雷克：萨拉热窝事件阴影下的将军》，格拉茨，1991 年，第 119 页。

22. 同上。

23. 同上，第 121 页。

24. 米洛斯·劳彻斯坦纳，同前，第 134 页。

25. 同上，第 128-131 页。

26. 耶拉贝克，同前，第 128 页。

27. 吉娜·赖宁豪斯，同前，第 82 页。

28. 康拉德，《私人记录》，维也纳，1977 年，第 79 页。

29. 耶拉贝克，同前，第 142 页。

30. 同上，第 154 页。

31. 安东尼·蒙克顿夫人 1914 年在维也纳的日记（未发表），伦敦。

32. 日沃因·米西奇，《一场艰巨而持久的战争》，贝尔格莱德，1987 年。

33. 舒皮克，《弗朗茨·约瑟夫皇帝统治时期》，伦敦，1930 年，第 487 页起。

34. 鲁道夫·耶拉贝克，同前，第 194 页。

35. 同上，第 196 页。

36. 日沃因·米西奇，同前，第 47 页。

37. 彼得·荣格，同前，第 110 页。

38. 米洛斯·劳彻斯坦纳，同前，第 167 页。

39. 弗朗茨·福斯特纳，《普热梅希尔：奥匈帝国最重要的堡垒》，维也纳，1987 年，第 127 页。也可见彼得·荣格，同前，第 102 页。

40. 马克斯·荣格，《战争与工业间谍活动》，维也纳，1930 年，第 88 页。

41. 弗朗茨·福斯特纳，同前，第 180 页。

42. 同上，第 211 页。

43. 同上，第 220 页。

第二十三章　白云石山中的刺刀

1.这种部署在很大程度上是出于声望的考虑，因为奥地利在耶路撒冷长期享有强有力的领事存在，它在邮电业(奥匈帝国黎凡特邮递)拥有独一无二的优势。在巴勒斯坦，军乐队和身着军装部队的完美配合，让他们无论走到哪里都会吸引一大批围观的民众。截至1914年，已有9000名来自奥匈帝国的犹太人移民到耶路撒冷，这是奥地利领事馆在该地区需要负责犹太人安保的最多人数。（马库斯·帕特卡主编，《世界末日：第一次世界大战中犹太人的生死存亡》，维也纳，2014年，第110-125页）。

2.米洛斯·劳彻斯坦纳，《双鹰之死》，格拉茨，1997年，第175页。

3.弗朗茨·福斯特纳，《普热梅希尔：奥匈帝国最重要的堡垒》，维也纳，1987年，第214页。

4.诺曼·斯通，《东部战线》，伦敦，1974年，第114页。

5.弗朗茨·福斯特纳，同前，第220页。

6.诺曼·斯通，同前，第115页。

7.同上，第115页起。

8.卡尔·克劳斯，《人类世界的末日》，第1卷，维也纳，1964年，第211页。场景16：一位将军（出现并走向电话处）——那么你完成了有关普热梅希尔的报告吗？——还没有？那你不要休息，继续负责完成，否则又将会有不断的争吵。

9.戈特利布，《第一次世界大战期间的秘密外交研究》，伦敦，1957年，第283页。

10.同上，第285页。

11.安娜·米罗，《权力精英》，的里雅斯特，1983年。

12.吉娜·赖宁豪斯，《我与康拉德在一起的时光》，莱比锡，1935年，第127页。

13.米洛斯·劳彻斯坦纳，同前，第229页。

14.戈特利布，同前，第260页。

15.引自戈特利布的外交文档，编号370，第203页。另可见戈特利布，同上，第227页。

16.《宣战布告》，1915年5月24日（作者收集）。

17.诺曼·斯通就这一问题曾说过三句话，详见诺曼·斯通，同前，第178页。另见M.劳彻斯坦纳，同前，第212页起。

18.米洛斯·劳彻斯坦纳，同前，第283页起。

19.同上，引述自《波德上校》，第217页。

20.乔治·奥盖拉，《的里雅斯特的那些年》，戈里齐亚，1994年。也可见戈特弗里德·班菲尔德，同前引，第55页。

21.作者与戈特弗里德·班菲尔德的谈话，1979年1月21日和1983年4月5日。

22.保罗·坎普，《奥地利海军》，伦敦，1991年，第87页。

23.米洛斯·劳彻斯坦纳，同前，第244页。

24.同上，第245页。

25.同上，第293页。

26.诺曼·斯通，同前，第122页。

27.法尔肯海因，引自M.劳彻斯坦纳，同前，第307页。

28.同上，第307页。

29.欧文·施米德尔，《奥匈帝国军队中的犹太人：1788—1918》，艾森斯塔特，1989年，第144页。

第二十四章　旧军队的终结

1.保罗·坎普，《奥地利海军》，伦敦，1991年，第11页。

2.劳彻斯坦纳，《双鹰之死》，格拉茨，1997年，第318页。

3.同上，第314页。

4.加布里埃莱·马兹纳－霍尔泽，《友好的邻国》，维也纳，2005年，第68页。

5.劳彻斯坦纳，同前，第338页。

6.彼得·布鲁切克，《卡尔皇帝一世》，维也纳，1997年，第386页。

7.KZ致作者的信，1982年。

8.米洛斯·劳彻斯坦纳，同前，第339页起。

9.康拉德，《私人记录》，维也纳，1977年，第355页。

10.同上，第357页。

11.拉约什·温迪施格雷茨，《我的冒险和不幸》，伦敦，1965年，第143页。

12.米洛斯·劳彻斯坦纳，同前，第359页。

13.同上，第366页。

14.几十年来，诺曼·斯通和阿纳托尔·利芬一直以这个看似真实的轶事来取悦我。根据很多传统来源的文献证实，它其实是不合逻辑的。

15.约瑟夫·瑞德利奇，《弗朗茨·约瑟夫传》，伦敦，1926年，第179页。

16.戈特弗里德·班菲尔德致作者的信，1979 年 1 月 23 日，的里雅斯特。

17.阿纳托尔·法朗士，《来往函件》，巴黎，1924 年。

18.赫伯特·维维安，《卡尔皇帝的一生》，伦敦，1929 年，第 63 页。

19.卡尔·楚匹克，《弗朗茨·约瑟夫皇帝的统治》，伦敦，1930 年，第 494 页起。

20.奥斯卡·柯克西卡，《我的生活》，伦敦，1971 年，第 82 页。

21.琼·哈斯利普，《皇帝和女演员》，伦敦，1985 年，第 270 页。

22.赫伯斯滕，引自 M. 劳彻斯坦纳，同前，第 383 页。

第二十五章　奥地利的终结？

1.沃尔夫·冯·席尔布兰德，《奥匈帝国：一个多语种的帝国》，纽约，1917 年，第 273 页。

2.齐塔皇后与作者的谈话，1982 年 8 月 21 日，瓦德斯泰因城堡。也可见冯·比洛，同前，第 153 页，关于柏林的观点。

3.新自由法新社，1916 年 12 月 12 日。

4.同上，1917 年 1 月 5 日。

5.《本生的灰暗岁月》，伦敦，1914 年 7 月 23 日，引自皇家文书局（H.M.S.O.），《1914 年之战：惩治塞尔维亚人》，伦敦，1999 年，第 18 页。

6.同上，第 14 页。

7.亨利·基辛格，《外交活动》，伦敦，1992 年，第 294 页，以及第 810 页起。

8.卡尔·尤金·泽尔宁，《西克斯图斯事件》，恩策尔斯费尔德，2004 年。这并没有阻止德国对背叛行为的指控。也可见冯·比洛，同前，第 153 页。

9.布鲁克·谢菲尔德，《最后的哈布斯堡王朝》，伦敦，1968 年，第 241 页。

10.作者与 KZ 的谈话，1983 年 8 月。

11.同上。

12.布鲁克·谢菲尔德，同前，第 84 页。

13.雨果·汉楚曼，《利奥波德·格拉夫·贝希托尔德》，格拉茨，1963 年，第 594 页。

14.诺曼·斯通，《东部战线》，伦敦，1974 年，第 282 页。

15.详见海军航空基地，《战争日记》，1916 年 11 月 5 日，的里雅斯特。也可见彼得·舒皮塔，《奥匈帝国的海上飞行员》，维也纳，1983 年，第 192 页。

16.米洛斯·劳彻斯坦纳主编，《战争：1917 年伊松佐河的 12 次战斗》，维也纳，

2007 年,《弗朗茨·费伯鲍尔关于毒气的部署》,第 13-33 页。

17.沃尔夫冈·泽查,《面具之下:第一次世界大战期间奥匈帝国战区的毒气》,维也纳,2000 年,第 16 页起。

18.迪特尔·马丁内斯,《1914—1918 年间的毒气战:化学战剂的开发、制造和使用》,波恩,1996 年,第 100 页。

19.米洛斯·劳彻斯坦纳主编,同上,第 45 页。

20.沃尔夫冈·泽查,同前,第 73 页,克拉克一世和克拉克二世都是毒气的钟爱者(尤其是氯砷战剂)。

21.彼得·舒皮塔,同前,第 180 页。

22.弗里茨·韦伯,《伊松佐的人墙》,维也纳,1932 年。

23.欧内斯特·鲍尔,《伊松佐的龙潭虎穴》,格拉茨,1987 年,第 99 页。

24.欧内斯特·海明威,《永别了,武器!》,纽约,1929 年。

25.弗朗茨·费伯鲍尔,引述自 M. 劳彻斯坦纳主编,同前,第 29 页。

26.理查德·菲斯特,《卡尔皇帝的政策以及世界大战的转折点》,柏林,1926 年,第 186 页。

27.齐塔皇后和尤金·泽尔宁都知道了这个情况。马克斯·鲍尔上校是德国总参谋部的一个军官,他曾频繁地提及这一点,尤其关于德国占领布拉格一事。参见马克斯·鲍尔,《伟大的战争》。也可见埃里奇·费格尔主编,《卡尔皇帝》,维也纳,1984 年,第 183 页。也可见马克斯·荣格,《战争和工业间谍活动》,维也纳,1930 年,第 345 页起。

28.埃德蒙·格莱泽－霍斯特瑙,《灾难》,维也纳,1928 年,第 221 页起。另见埃里奇·费格尔主编,《卡尔皇帝》,维也纳,1984 年,第 183 页。克里斯托弗·布伦南,《奥匈帝国的变革:卡尔一世的国内政策》(未出版的博士论文,伦敦政治经济学院,伦敦,2012 年)。

29.彼得·舒皮塔,同前,第 196 页。

30.欧内斯特·鲍尔,《伊松佐的龙潭虎穴》,同前,第 76 页。

31.彼得·菲尔德,《幽默的帝国》,维也纳,1969 年,第 148-153 页。

32.埃里奇·费格尔,同前,第 7-15 页。也可见伯莎·塞普斯,《我的生活和历史》,伦敦,1938 年,第 46 页;以及 KZ 与作者在 1983 年 8 月 25 日的谈话,瓦德斯泰因城堡,施蒂利亚州。

33.卡尔·尤金·泽尔宁,同前,第 22 页。

34.大学神学教授彼得·布鲁切克的演讲，2004年2月19日，《维也纳：大政治家卡尔皇帝》。

35.格莱斯·霍斯特纳，同前，第223页。

36.欧内斯特·鲍尔，《伊松佐的龙潭虎穴》，同前，第102页。

37.格莱斯·霍斯特纳，同前，第136页。

38.同上，第341页。

39.同上，第344页。

40.费格尔，前引书，第314—316页。

41.弗里德里希·丰德，引述自欧内斯特·鲍尔，《伊松佐的龙潭虎穴》，同前，第126页。

42.布鲁克·谢菲尔德，《最后的哈布斯堡王朝》，伦敦，1968年，第241页和第186页。

第二十六章　战后余波

1.弗兰克·鲁道夫主编，《格利尔巴索文选》，莱比锡，1890年，第3卷，第346页，"奥托卡国王的幸福与终结"，第3幕。

2.欧内斯特·鲍尔，《伊松佐的龙潭虎穴》，格拉茨，1987年，第128页。

3.作者与戈特弗里德·班菲尔德的谈话，1979年1月28日，的里雅斯特。

4.理查德·巴塞特，《希特勒的间谍头目》，伦敦，2005年，第149页。

5.英格玛·帕斯特，《炮火中的奥地利》，格拉茨，2013年。

6.布鲁克·谢菲尔德，《最后的哈布斯堡王朝》，伦敦，1968年，同前，第267页。

7.欧文·施米德尔，《奥匈帝国军队中的犹太人：1788—1918》，艾森斯塔特，1989年，第150页。

8.军事历史博物馆最好的出版作品以及展览，"亚历山大·波克——以军事绘画为职业"，维也纳，2012年。

9.埃尔温·薛定谔，《生命是什么？》，剑桥，2001年。

10.弗里茨·克莱斯勒，《战壕中的六个星期》，纽约，1916年。

参考文献

第一部分 哈布斯堡王朝

主要参考文献

维也纳档案馆

Feldakten

Hofkriegsrätliche Akten: Allgemeine Korrespondenz des Hofkriegsrates

Kabinettsakten: Persönliche Korrespondenz zwischen Maria Theresia und ihren Offizieren (incl. FM Daun)

M.M. T. O. Archiv

Neustädter Akten: Schriftstücke

Ungarische Akten

维也纳、豪斯、霍夫及国家档案局

Bratislava Ŝtátny Ustredný Fond Pálfy-Daun

Budapest Hadtörteneti Intézet és Múzeum

Hadik Lévéltár

Staatskanzlei Vorträge: Kaunitz Memoranden

FM Lacy Nachlass

Wiener Stadt und Landarchiv

(MA8)HA9009ZurBelagerungWiens

帕农哈尔马（圣马丁斯贝格）匈牙利

Speculum Christiani Hominiset Jesuitaesive Vitaet Virtutes P. Gulielmi Germam Lamormaini.1619—1632

奥地利军队的官方出版物

Generals-Reglement. Vienna, 1769

Regulament und Ordnung des gesammten Kaiserlich-Koeniglichen Fuss-Volcks, 2 volumes. Vienna,1749

Regulament und Ordung für Gesammte Kaiserl. Koenigl. Husaren Regimenter. Vienna, 1751

Reglement für das Kaiserlich Königlich Gesammte Feld-Artilleriecorps. Vienna, 1757

Reglement für die sämmentlich Kaiserlich Königlich Infanterie. Vienna, 1769

回忆录

Archenholz, Johann Wilhelm von, *Geschichte des siebenjährigen Krieges in Deutschland.* Vols 1–2.Frankfurt, 1788

——Gemälde der preussichen Armee vor und in dem siebenjährigen Krieg. Osnabrück, 1974

Arneth, Alfred (ed.), *Briefe der Kaiserin Maria Theresa an ihre Kinder und Freunde.* Vienna, 1881

Bisset, Andrew (ed.), *Memoirs and Papers of Sir Andrew Mitchell.* London, 1850

Cognazzo, J., *Freymütiger Beytrag zur Geschichte der Oesterreichen Militärdienstes.*

Frankfurt, 1789

Lamormaini, Wilhelm S.J., *Virtutes Ferdinand II.* Graz, 1638

Lehman, Max, *Friedrich der Grosse und der Ursprung des sieben Jährigen Krieg.* Leipzig, 1894

Ligne, Prince Karl Joseph, Mélanges militaires. Leipzig, 1754

Memoirs of the House of Taaffe. Vienna, 1856

Militaerische Correspondenz des Koenigs Friedrich des Grossen mit dem Prinzen Heinrich von Preussen.Berlin, 1851—1854

Podewils, Count Otto, Friedrich der Grosse und Maria Theresa. Berlin, 1937

Politische Correspondenz Friedrich der Grosse (ed. J. G. Droysen u.a.). Berlin, 1879—1939, Vols1-43

Prittwitz und Gaffron, Christian Wilhelm, Unter der Fahne des Herzogs von Bevern. Berlin, 1955

Roper, William, Life of Thomas More. London, 1553

Tempelhoff, Georg Friedrich von, Geschichte des siebenjährigen Krieges in Deutschland, Vols 1–6,Berlin, 1783—1801

Wraxall, Nathaniel William, Memoirs of the Courts of Berlin, Dresden, Warsaw and Vienna 1777—1779.London, 1800

Wrede, Alphons Frh. von, Geschichte der k.u.k. Wehrmacht von 1618. Vienna, 1898

次要参考文献

Adler, Viktor, Protokoll der Internationale Arbeiter Congress zu Paris. Vienna, 1890

Allmayer-Beck, J. C. , *Die kaiserlichen Kriegsvoelker 1479—1718.* Munich, 1978

——Der Aufbau des Oesterreichischen Heerwesens (Catalogue 'Maria Theresa und ihre Zeit'). Vienna,1980

——*Das Heer unter dem Doppeladler 1718—1848.* Munich, 1981

——*Das Heerwesen unter Josef II* (Catalogue Josef II). Melk, 1980

——Die K. (u.) K.-*Armee 1848—1914.* Vienna, 1974

Arneth, A. Geschichte, *Maria Theresia,* Vols 1–19. 1869—1879

Badone Giovanni, *Le Aquili e i gigli: una Storia mai scritta.* Milan, 1869

Balbinus, Bohuslaus, *Epitome rerum Bohemicarum.* Prague, 1677

Barker, Thomas M., *Double Eagle and Crescent: Vienna's Second Turkish Siege.* New York, 1967

Bassett, Richard, *The Austrians.* London, 1988

Bauer, F.H. *Der Hinterlad Carabin System Crespi.* Vienna, 1977

Beales, Derek, *A History of Joseph II,* Vol. 2. Cambridge, 2009

Belloc, Hilaire, *Six British Battles.* London, 1931

Benedikt, H., *Als Belgien Oesterreich war.* Vienna, 1965

Blanning, Timothy, *Joseph II and Enlightened Despotism.* Harlow, 1994

Blau, Friedrich, *Die deutschen Landsknechte.* Görlitz, 1882

Bobič, Pavlina., *War and Faith: The Catholic Church in Slovenia 1914—1918.* Boston, 2012

Boehm, Bruno, *Prinz Eugen als Feldherr* (bibliography). Vienna, 1943

Braubach, Max, *Prinz Eugen von Savoy.* Vienna, 1963

Broucek, Peter, *Der Schwedenfeldzug nach Niederoesterreich 1645/1646.* Vienna, 1967

Browning, Reed, *The War of the Austrian Succession.* New York, 1993

Caspar, M. and van Dyck, W. (eds), *Johannes Keppler in seinen Briefen.* Munich, 1930

Chambers, R.W., *Thomas More.* London, 1938

Christoph, Paul, *Maria Theresia und Marie Antoinette, Ihr Geheimer Briefwechsel.* Vienna, 1952

Cognazzo, J., *Freymütiger Beytrag zur Geschichte des Oesterreichen Militärdienstes.* Frankfurt, 1789

Coreth, Anna, *Pietas Austriaca.* Munich, 1982

Coxe, William, *A History of the House of Austria,* Vols 1–3. London, 1853

Craig, Gordon A. , 'Command and Staff problems in the Austrian Army 1740—1866', in The Theory and Practice of Wars: Essays presented to Capt.Basil Liddell Hart. London, 1965

Crankshaw Edward, *The Fall of the House of Habsburg*. London, 1963

——*The Habsburgs*. London, 1971

——*Maria Theresa*. London, 1969

Czernin, K.E., *Die Einzig gerechte Sache*. Enzersfeld, 2013

——*Die Sixtusaffaire*. Enzersfeld (second reprint), 2004

Dolleczek, Anton, *Geschichte der oesterreischischen Artillerie von den früehesten Zeiten bis zur Gegenwart*. Vienna, 1887

——K. u. K. Blank und Handwaffen. Vienna, 1894

Droysen, J.G. (ed.), *Politische Korrespondenz Friedrich der Grosse*, Vols 1–43. Berlin, 1879—1939

Duffy, Christopher, FM Browne. Vienna, 1966

——Sieben Jahre Krieg. *Die Armee Maria Theresias*. Vienna, 2003

——*The Army of Maria Theresa: the Armed Forces of Imperial Austria 1740—1780*. London, 1977

——*The Military Experience in the Age of Reason*. London, 1987

——*The Wild Goose and the Eagle*. London, 1964

Egg, Erich, *Der Tiroler Geschutzguss 1400—1600*. Innsbruck, 1960

Eickhoff, Ekkehard, Venedig, *Wien und die Osmanen, 1645—1700*. Munich, 1970

Evans, R. J. W., *The Making of the Habsburg Monarchy*. Oxford, 1979

——Rudolf II and his World. Oxford, 1986

Fludd, Robert, *The Squesing of Peter Foster's Sponge*. London, 1631

Frauenholz, E. von, *Das Heereswesen in der Zeit der Dreissigjährigenkrieg*, Vols 1-2. Munich, 1938

Gestrich, Andreas, *Das Wiener Diarium in sieben jährigen Krieg*. Göttingen, 2006

Gindely, Anton, *Rudolf II und seine Zeit. Prague*, 1868

Gribeauval, Jean Baptiste, *Réglement concernant les fonts et les constructions de l'artillerie de France,* Vols 1–3. Paris, 1764—1792

Grillparzer, Franz, *Grillparzers Werke: ed. Rudolf Franz*, Vol. 3. Vienna, 1903

Grünwald, M., *Samuel Oppenheimer und sein Kreis*. Vienna, 1928

——Geschichte der Juden in Wien 1625—1740. Vienna, 1913

Gunther, Franz, *Von Ursprung und Brauchtum der Landsknechte: Institut für Oesterreischische Geschichts Forschung*. Vienna, 1953

Habsburg, Otto von, *Zurück zur Mitte*. Vienna, 1991

Hamilton, Lord Frederick, *The Vanished Pomps of Yesterday*, London, 1921.

Hartley, M., *The Man Who Saved Austria*. London, 1912

Haythornthwaite, Philip, *The Austrian Army 1740—1780*. London, 1991—1795

Henderson, Nicholas, *Prince Eugen*. London, 1964

Hess, Gottfried, *Graf Pappenheim*. Leipzig, 1855

Hildebrandt, C., *Anekdoten und Characterzüge aus dem Leben Friedrichs der Grosse*, 6 vols. Halberstadt,1829

Hirtenfeld, Jaromir, *Der Militaer-Maria Theresien Orden und seine Mitglieder*. Vienna, 1857

Historisches Museum der Stadt Wien, *Catalogue to the 82nd special exhibition: Die Türken vor Wien*.Vienna, 1983

Höbelt, Lothar, Böhmen. Vienna, 2013

Hochedlinger, *Michael, Austria's Wars of Emergence: War, State and Society in the Habsburg Monarchy 1683—1797*. London, 2003

——'Mars ennobled: the ascent of the military and the creation of a military nobility in mid 18th century Austria', *German History XVII* (1999), 141

Hoehn, Reinhard, *Revolution Heer*. Darmstadt, 1944

Hoyos, Philipp, *Die Kaiserliche Armee 1648—1650*. Vienna, 1976

Hurter-Ammann, F.E. von, Geschichte Kaiser Ferdinands II und seiner Eltern bis zu dessen Krönung in Frankfurt. Schaffhausen, 1850

Jedlicka, Ludwig, *Maria Theresia in ihren Briefen und Staatsschriften*. Vienna, 1955

Jobst, J., *Die Neustadter Burg und die k. u. K. Theresianische Militärakademie*. Wiener Neustadt, 1908

Kallbrunner, Josef, *Maria Theresia's Politisches Testament*. Vienna, 1952

Karajan, Th.G. von, *Maria Theresa und Graf Emmanuel Sylva-Tarouca*. Vienna, 1856

Karniel, Josef, *Die Toleranzpolitik Kaiser Josephs II*. Gerlingen, 1986

Kessel, Eberhard, 'Beiträge zu Loudon's Lebensgeschichte', in Mitt. Des Instituts für Oest.Geschichtsforschung, Vol. LIV. Vienna, 1942

Khevenhueller-Metsch, J.J., *Aus der Zeit Maria Theresas 1742—1766*, Vols 1-4. Vienna, 1907

Klopp, O., *Corrispondenza epistolare tra Leopold Imperatore*, ed. P. Marco d'Aviano, Vol. 1., Graz, 1888

Kohlrausch, Frederick, *A History of Germany*. London, 1844

Kotasek, Edith, *FM Graf Lacy*. Horn, 1956

Kriele, Johann, *Schlacht bei Kunersdorf*. Berlin, 1801

Krones, F., *Ungarn unter Maria Theresa und Josef II*. Graz, 1871

Kunisch, Johannes, *FM Laudon: Jugend und erste Kriegsdienste*. Vienna, 1972

Lamormaini S.J., Wilhelm, *Virtutes Ferdinand II Romanorum Imperatoris*. Graz, 1638

Leitner von Leitnertreu, T.I., *Ausführliche Geschichte der Wiener Neustädter Militaerakademie.*Hermannstadt, 1852

Loraine Petrie, F., *Napoleon's Conquest of Prussia 1806*. London, 1907

Lorenz, G., *Quelle zu Geschichte Wallensteins*. Vienna, 1987

Ludwigstorff, George, *Der Militär Maria Theresien Orden* (Stolzer und Seeb Oesterreichs Orden vom Mittelalter bis zur Gegenwart, Graz, 1996)

Lützow, Count Francis, *Bohemia*. London, 1919

Macaulay, Lord, *Essay on Frederick the Great*. Vol. VI of Life and Works (pp. 645 et seq.). London, 1897

Macmunn, George, *Prince Eugene*. London, 1934

Mann, Golo, *Wallenstein: Sein Leben erzähl*t. Frankfurt, 1971

Matzner-Holzer, Gabriele, *Verfreundete Nachbarn*. Vienna, 2005

Mention, L., *L'Armée sous l'ancien régime*. Paris, 1900

Millar, Simon, *Kolin 1757: Frederick the Great's First Defeat*. Oxford, 2001

Mirabeau, Vicomte de, *Système militaire de la Prusse*. Paris, 1788

Mitranov, P. von, *Josef II*. Vienna, 1910

Montecuccoli, Raimondo, *Dell'arte militare.* Venice, 1657

Morris, E. E., *The Early Hanoverians.* London, 1886

Namier, Lewis, *Conflicts: Studies in Contemporary History.* London, 1942

Naude, Albert, *Zur Schlacht bei Kunersdorf: Forschungen zur Brandenburgishen und* Preussichen Geschichte, Vol. 6. Berlin, 1893

Ottenfeld, Rudolf, *Die Oesterreichische Armee von 1700 bis 1867.* Vienna, 1895

Paganel, Camillo, *Storia di Giuseppe Secondo.* Milan, 1843

Parrott, David, *The Business of War.* Cambridge, 2012

Patera, H. von (with Gottfried Pils), *Unter Oesterreichs Fahnen.* Vienna, 1960

Peball, Kurt, *Die Schlacht bei St Gotthard 1664.* Vienna, 1964

Pekař, Josef, 'Bila hora': Prague, 1922 (reprinted in Jaroslav Meznik, Josef Pekař a historicke myty.Pekajovske Studie. Prague, 1995)

Pereira S.J., Benedictus, *De Magia de observatione somniorum et de divination astrologia.* Cologne, 1598

Pesendorfer, Franz, *FM Loudon: Der Sieg und sein Preis.* Vienna, 1989

Poetner, Regina, *The Counter Reformation in Central Europe: Styria 1580—1630.* Oxford, 2001

Randa, Alex, *Das Weltreich: Wagnis und Auftrag Europas in 16 und 17 Jahrhundert.* Vienna, 1962

——Oesterreich in Uebersee. Vienna, 1966

Regele, Oskar, *Der Oesterreischiche Hofkriegsrat 1556—1848.* Cologne, 1949

Rilke, Rainer Maria, *Die Weise von Liebe und Tod des Cornets Christoph Rilke.* Leipzig, 1912

Robitschek, Norbert, *Hochkirch: Eine Studie.* Vienna, 1905

Rops, Daniel H., *History of the Church of Christ in The Church in the Eighteenth Century*, Vols 1–9,Vol. 7. London. 1964

Rosenkranz, G.J., *Graf Johann Sporck.* Paderborn, 1954

Rothenberg, Gunther E., *Die Oesterreichische Militärgrenze in Kroatien 1522—1881.* Vienna, 1970

Schefers, Johann, *Johann Graf von Sporck.* Delbrück, 1998

Schlag, Gerald, *Unser Leben und Blut.* Vienna, 1998

Schmidl, Erwin, *Juden in der k.* (u.) k. Armee 1788—1918. Eisenstadt, 1989

——*Habsburgs Jüdische Soldaten 1788—1918.* Vienna, 2014

Schmidt, Georg, Bibliographie Literatur Wallensteins. Graz, 1884

Schmieder, K.C., *Geschichte der Alchemie.* Halle, 1832

Schuschnigg, Kurt von, *Helden der Ostmark.* Vienna, 1937

Schwarz, H.F., *The Imperial Privy Council in the 17th Century.* Cambridge, Mass., 1943

Seton-Watson, R.W., *History of the Czechs and Slovaks.* London, 1943

Sokol, Hans, Die k.u.k. Militärgrenze. Vienna, 1967

Spencer, Charles Blenheim, *Battle for Europe.* London, 2005

Srbik, Heinrich Ritter von, *Wallenstein's Ende.* Vienna, 1920

Stadtmuseum Vienna, *Catalogue to Exhibition 300 Jahrfeier der Entsatz Wiens.* Vienna, 1983

Stone, Norman, *The Eastern Front.* London, 1974

Stoye, John, *Siege of Vienna.* London, 2000

Sturminger, W., *Bibliographie und Ikonographie der Türkenbelagerungen Wiens 1529 und 1683.* Graz, 1955

Svoboda, J., *Die Theresianische Militärakademie zu Wiener Neustadt und ihre Zoeglinge.* Vienna, 1894

Szabo, Franz A.J., *The Seven Years War in Europe.* Harlow, 2008

——*Kaunitz and Enlightened Absolutism 1753—1780.* Cambridge, 1994

Taylor, A.J.P., *The Habsburg Monarchy.* London, 1948

Teply, K., *Die Einführung des Kaffees in Wien: Georg Franz Kolschitzky.* Vienna, 1980

Thadden, F.L., *FM Daun.* Munich, 1961

Thuerheim, Andreas, *FM Otto Ferdinand von Abensperg und Traun.* Vienna, 1877

Tietze, S., *Die Juden Wiens.* Leipzig, 1933

Tolstoy, L.N., *War and Peace*, Vols 1-2. London, 1964

Valentinisch, Helfried, F*erdinand II, die Inneroesterreichischen Länder und der*

Gradiskanerkrieg 1615—1618. Graz, 1975

Wandruszka, Adam, *The House of Habsburg*. New York, 1964

Watson, Francis, *Soldier under Saturn*. London, 1938

Wawro, Geoffrey, *A Mad Catastrophe: The Outbreak of World War One and the Collapse of the Empire of the Habsburgs*, Texas, 2014

Wheatcroft, G., *Enemy at the Gates*. London, 1997

Wilson, Peter H., *Europe's Tragedy*. London, 2009

Zoellner, Erich and Moecke, Hermann (eds), *Oesterreich im Zeitalter des aufgeklärten Absolutismus*.Vienna, 1992

第二部分 革命与反动

主要参考文献

Feldakten

Haus Hof und Staatsarchiv (HHSA)

Kabinettsakten

Kriegsarchiv Vienna (KA)

Kriegswissenschaftliche Mémoires

Krieg 1809, 4 vols. Vienna, 1907—1910 (KA)

Oesterreichische Militärische Zeitschrift (ÖMZ), Vols 1-8

Oesterreichische Feldakten in 1866 (k.k. Generalstabsbureau für Kriegsgeschichte) Vienna, 1867 Public Record Office (PRO)

The Times, June 1866 (London Library, Times Room）

次要参考文献

Anon., Schreiben eines Offiziers der Cavallerie: Memoires Kriege gegen Preussen II. Vienna, 1791

Allmayer-Beck, J.C., Der Feldzug der oesterreischichen Nord Armee nach Königgrätz in Entscheidung 1866. Stuttgart, 1966

——Die K. (u.) K. *Armee 1848—1914*. Munich, 1974

——'Der Tiroler Volksaustand im Kriegeschehen 1809', in Der Donauraum, Vol. V, 1960

Amstaedt, Jakob, Die k.k. *Militärgrenze 1522—1888*. Würzburg, 1969

Anderson, J. H. *The Austro-Prussian War in Bohemia 1866*. London, 1908

Angeli, Moritz von, *Zur Geschichte des k.k. Generalstabes*. Vienna, 1876

Anger, Gilbert, *Illustrierte Geschichte der k.u.k.* Armee. Vienna, 1886

Archduke Charles (EZH Carl), Gruendsaetze der Strategie 1796. Vienna, 1804

Arnold, James, Marengo & Hohenlinden. London, 1999

——*Napoleon Conquers Austria*. London, 1995

Bahr, Hermann, *Wien*. Vienna, 1912

Bancalari, Gustav, *Quellen der oesterreichischen Kriegs und Organisations Geschichte Nr 2*. Vienna,1872

Bartsch, Rudolf, *Der Volkskrieg in Tirol*. Vienna, 1905

Barus, Martin (Komitet pro udrzovani pamatek z valky roku 1866), Das Denkmal des Kavalleriegefechtes bei Strezetice. Hradec Králové, 2009

Benedek, Ludwig, *Benedeks nachgelassene Papiere*. Leipzig, 1901

Bieberstein, Marshall Oskar von (ed.), *Die Memoiren des general Rapp, Adjutanten Napoleon I*. Leipzig,1902

Bleibtreu, Karl, *Das Geheimnis von Wagram und andere Studien. Dresden*, 1887

Bonnal, H., *La Manoeuvre de Landshut 1809*. Paris, 1905

—— Sadowa. London, 1907

Bowden, Scott (with Chas Tarbox), *Armies on the Danube*. Chicago, 1990

Boycott Brown, Martin, *The Road to Rivoli*. London, 2001

Brehm, Bruno, *1809: Zu früh und zu spät*. Salzburg, 1958

Carman, W.Y., *Headdress of the British Army: Yeomanry.* London, 1970

Castle, Ian, *Aspern and Wagram 1809.* London, 1994.

Craig, Gordon A., *Königgrätz.* Vienna, 1966

Crankshaw, Edward, *Bismarck.* London, 1981

Criste Oscar: *Erzherzog Carl von Oesterreich.* Vienna, 1912

——*FM Johannes Fürst von Liechtenstein.* Vienna, 1905

Daniel-Rops, H., *History of the Church of Christ,* Vols 1–9. London, 1965

Deák, István, Der k. (u.) k. *Offizier: 1848—1914.* Vienna, 1991

Debidour, Antonin, Etudes critique sur la Révolution. Paris, 1886

——*Recueil des Actes du Directoire Executif,* Vols 1–4. Paris, 1910

Dirrheimer, Gunther, *Die k.k. Armee des Biedermeiers.* Vienna, 1975

Drimmel, Heinrich, *Franz von Oesterreich.* Vienna, 1982

Duffy, Christopher, *Austerlitz 1805.* London, 1977

Ferrero, Guglielmo, *The Gamble: Bonaparte in Italy 1796—1797.* London, 1939

Friedjung, Heinrich, *Der Kampf um der Vorherrschaft in Deutschland.* Stuttgart, 1897

Geehre, Richard S. (ed.), 'I decide who is a Jew': The Papers of Dr Karl Lueger. Washington, DC, 1982

Gentz, Fr., *Briefe an Pilar.* Vienna, 1868

Gestrin, F., *Slovensk Zgovina 1813—1914.* Ljubljana, 1950

Gill, John, H., *Thunder on the Danube: Napoleon's Defeat of the Habsburgs,* Vols 1–3. Barnsley, 2010

Glaise Horstenau, Edmund von, Franz-Josef 's Weggefährte: Das Leben des Generalstabschefs Grafen Beck. Zurich, 1930

Gogg, Karl, *Oesterreichs Kriegsmarine 1848—1918.* Salzburg, 1967

Groote, W., *Napoleon und das Heerwesen seiner Zeit.* Freiburg, 1968

Grosser Generalstab, *Der Feldzug von 1866 in Deutschland.* Berlin, 1867

Gruendorf, W. Ritter von, Memoiren eines Oesterreichischen Generalstäblers. Stuttgart, 1913

Guibert, François Apolline comte de, Essai général de tactique. Vols 1–3. Paris, 1773

Gunther, Martin, Der Heldenberg. Vienna, 1970

Hartley, M., *The Man Who Saved Austria*. London, 1927

Haslip, Joan, *Imperial Adventurer*. London, 1971

Haswell Miller, A. E. *Vanished Armies*. London, 2009

—— (and N.P. Dawnay), *Military Drawings and Paintings in the Royal Collection*. London, 1966

Holler, Gerd, *Gerechtigkeit für Ferdinand*. Vienna, 1986

Hormay zu Hartenburg, Josef, *Lebensbilder aus dem Befreiungskriege*. Jena, 1841

Horsetzky, Adolf von, *Kriegsgeschichtliche Übersicht der Feldzuege seit 1792*. Vienna, 1914

Hüffer, Herman, *Quellen zur Geshichte des Krieges von 1799*. Leipzig, 1900

Jedlicka, Ludwig, *Erzherzog Carl, der Sieger von Aspern*. Vienna, 1962

——Von alten zum neuen Oesterreich. St Pölten, 1975

——*Hoch und Deutschmeister: 700 Jahre. V*ienna, 1944

Kodek, Gunter K., *Von der Alchemie bis zur Aufklärung: Chronik der Freimaurerei in Oesterreich und das Habsburgischen Kronländer,* Vols I–IX. Vienna, 1998

Kohlrausch, Frederick, *A History of Germany*. London, 1844

Krieglstein, Binder von, *Der Krieg Oesterreichs gegen Napoleon 1809*. Berlin, 1906

Kriegsgeschichtliche Abteilung des grossen Generalstabs, *Der Feldzug von 1866 in Deutschland*. Berlin,1867

Langeron, comte, *Mémoires: Austerlitz, campagne de Russie et battaille de Berlin*. Paris, 1895

Lecomte, F., *Relation historique et critique de la campagne d'Italie en 1859*. Paris, 1860

Lentz, Thierry (ed.), *Correspondence de Napoleon Ier publiée par ordre du l'empreur Napoleon III,*Vols 1–7. Paris, 1858—1970

Lettow Vorbeck, Oscar, *Geschichte des Krieges in Deutschland in 1866*. Berlin, 1896

Loraine Petrie, F., *Napoleon and the Archduke Charles*. London, 1909

——*Napoleon's Conquest of Prussia 1806*. London, 1907

Lorenz, Reinhold, *Volksbewaffnung und Staatsidee in Oesterreich (1792—1797)*.

Leipzig, 1926

Loy, L., *La Campagne en Styrie en 1809*. Paris, 1908

Magenschab, Hans, Andreas Hofer. Graz, 2002

——Erzherzog Johann. Graz, 2008

Malcolm, Neill, Bohemia, 1866. London, 1912

Malnig, Helmut W., *Venedig 2 Juli 1849: Die Erste Kombinierte Militär Operation der Welt in Pallasch*.46 June 2013.

Marmont, Marshal A., *Mémoires de Maréchal Marmont duc de Raguse*. Paris, 1857

Miller, Frederick, *A Study of the Italian Campaign in 1859*. London, 1860

Mollinary, Anton Frh. von, *Sechshundvierzigjahre in Oesterreich-Ungarischen Heere*. Zurich, 1905

Moltke, Helmuth, *Krieggeschichtlichen Arbeiten*. Berlin, 1904

Montgomery Hyde, H., 'Geschichte des Feldzuges in Italien 1800', Mexican Empire. London, 1946

Mras, Karl, 'Geschichte des Feldzuges in Italien 1800', Oesterreichische Militär Zeitschrift (OMZ). Vols5–9. Vienna, 1822

Neuhold, Helmut, *Oesterreichs Kriegshelden*. Graz, 2012

Ottenfeld, Rudolf, *Die Oesterreichische Armee von 1700—1867*. Vienna, 1895

Pardoe, Miss, *The City of the Magyar*. London, 1840

Parkfrieder, Joseph Gottfried, *Der Heldenberg im Park zu Wetzdorf. Augsburg*, 1858

Picard, E. *La Campagne de 1800 en Allemagne*. Paris, 1907

Pridham, Charles, *Kossuth and Magyar Land*. London, 1851

Radetzky, Graf, Der k.k. oesterreichische Feldmarshall Graf Radetzky: eine biographische Skizze nach den eigenen Dictaten, etc., ed. Heller von Hellwand. Stuttgart, 1858

Rapp, Jean Georges, *Mémoires*. Paris, 1821

Rauchensteiner, Manfried, Kaiser Franz und Erzherzog Carl. Vienna, 1972

——Die Schlacht bei Deutsch-Wagram am 5 und 6 Juli 1809 (Militär Historische Studien (MHS)Nr 11). Vienna, 1977

——Das sechste oesterreischiche Armeekorps im Kriege 1809 (Mitteilungen des Oesterreichischen Staats

Archiv (OSA) Vol XVII). 1965

Regele, Oskar, FM Mack. Vienna, 1968

——*FZM Benedek und der Weg nach Königgrätz*. Vienna, 1960

Regimental Histories:

Geschichte des k.u.k. Peterwardeiner Infanterieregiment Nr 70. Peterwardein, 1898

Geschichte des k.u.k. Infanterieregiment Nr 4 Hoch und Deutschmeister. Vienna, 1908

Geschichte des k.u.k. Infanterieregiment Nr 27 Koenig der Belgier (2 vols). Graz, 1924

Reinalter, Helmut, Aufgeklärter Absolutismus und Revolution: Zur Geschichte des Jakobinertums.Vienna, 1980

Ritter, Gerhard, *Staatskunst und Kriegshandwerk*. Munich, 1965

Rodger, A. B. , *War of the Second Coalition*. Oxford, 1961

Roider, Karl A., *Baron Thugut and Austria's Response to the French Revolution*. Princeton, 1987

Rössler, Helmuth, Oesterreichs Kampf um Deutschlands Befreiung. Hamburg, 1940

Rothenberg, Gunther, *The Army of Francis Joseph.* West Lafayette, 1998

——*The Emperor's Last Victory*. London, 2004

——*Napoleon's Great Adversaries: The Archduke Charles and the Austrian Army.* London, 1982

——*The Military Border in Croatia 1740—1881*. Chicago, 1966

Rumbold, Horace, *The Austrian Court in the Nineteenth Century*. London, 1904

——*Recollections of a Diplomatist*. London, 1902

——*Final Recollections of a Diplomatist*. London, 1905

Saint-Chamans, comte, *Mémoires du Général Comte de Sant-Chamans*. Paris, 1896

Schemfil, Viktor, *Das k.k. Tiroler Korps im Kriege 1809* (Tiroler Heimat, Vol. XXIII). Innsbruck, 1959

Schoenbichler, Herbert, *Radetzky's Stellungnahme zu den politischen Vorgängen 1847—1856.* Vienna,1950

Schreiber, Georg, *Des Kaisers Reiterei: Oesterreichische Kavallerie in vier Jahrhunderten*. Vienna, 1967

Schrödinger, E., *What is Life?*. London, 1946

Schroeder Paul W., *Metternich's Diplomacy at its Zenith 1820—1823*. Austin, Texas, 1962

Scomparini Caesar, Der Berufsoffizier der Jetztzeit: Sein Wissen seine Thätigkeit und seine soziale Stellung, Pressburg, 1890

Scotti, G., *Lissa 1866*. Trieste, 2004

Ségur, Baron, *La Campagne de Russie*. Paris, 1936

——*Mémoires de comte de Ségur*. London, 1827

Ségur, *Louis Philippe comte de, Memoires,* Vols 1–3. Paris, 1824

Sked, Alan, *Radetzky: Imperial Victor and Military Genius*. London, 2011

Sokol, A. E. , *Seemacht Oesterreich: Die k.u.k. Seemarine*. Vienna, 1972

Srbik, Heinrich Ritter von, *Aus Oesterreichs Vergangenheit*. Salzburg, 1949

——*Geist und Geschichte vom deutschen Humanismus bis zur Gegenwart*. Munich, 1950

——*Metternich*, 2 vols. Munich, 1925

Steinacker, Harold, *Der Tiroler Freiheitskampf von 1809 und die Gegenwart*. Brunn, 1943

Steiner, Hertha, *Das Urteil Napoleons I über Oesterreich*. Vienna, 1946

Stradal, Otto, *Der andere Radetzky*. Vienna, 1971

Strobel, Ferdinand, *Die Landwehr Anno Neun*. Vienna and Leipzig, 1909

Sybel von Heinrich, Geschichte der Revolutionszeit, Vol. 1. Düsseldorf, 1853

Tapié, Ludwig von, *Die Völker unter dem Doppeladler*. Graz, 1975

Taylor, A.J.P., *The Habsburg Monarchy*. London, 1941

Tritsch, Walter, *Franz von Oesterreich*. Leipzig, 1937

——*Metternich und sein Monarch*. Darmstadt, 1952

Vivenot, A., *Thugut, Clerfayt und Wurmser*. Vienna, 1870

Voykoswitch, A., *Castiglione*. Klagenfurt, 1997

Vriser, Sergej, *Uniforme v Zgodovini.* Ljubljana, 1987

Wagner, Walther, V*on Austerlitz bis Königgrätz: Oesterreichs Kampftaktik,* etc. Osnabrück, 1978

Wallisch, Friedrich, *Die Flagge Rot Weiss Rot.* Graz, 1956

Wandruszka, Adam, *The House of Habsburg.* New York, 1964

Wawro, Geoffrey, '*Austria versus the Risorgimento',* *European History Quarterly* (EHQ, January 1996)

——*The Austro-Prussian War: Austria's War with Prussia and Italy 1866.* Cambridge, 1996

Wilhelm, John, *Erzherzog Karl: der Feldherr und seiner Armee.* Vienna, 1913

Winter, Eduard, *Der Josephismus.* Berlin, 1962

Wurmbrand, Ernst Graf von, *Ein Leben für alt-Oesterreich.* Vienna, 1988

Zimmer, Frank, *Bismarcks Kampf gegen Kaiser Franz Joseph.* Graz, 1996

Zorzi, Alvise, *Venezia Austriaca 1798—1866.* Bari, 1985

Zwehl, Hans Karl, *Der Kampf um Bayern.* Munich, 1939

Zwiedeneck-Suedenhorst, Hans von, *Erzherzog Johann von Oesterreich im Feldzüge von 1809.* Graz,1892

——Zur *Geschichte des Krieges von 180*9 in Steiermark. Graz, 1892

第三部分 帝国和皇室

主要参考文献

Akten der Militaerkanzlei Seiner Majestaet

Akten der Militaerkanzlei des Thronfolgers EZH Franz Ferdinand

Akten des Evidenzbüros

Akten des k.u.k. Generalstabes

Alexander Freiherr von Krobatin Nachlass

Armeeoberkommando: Operationakten

——Detailabteilung

Detailbeschreibung von Serbien 1905 (mit Nachtrag 1909)

Dispatches Major Otto Gellinek Belgrade May 1914 (KA)

Feldakten:

Glaise-Horstenau Papers

Kriegsarchiv (KA) Vienna

Nachlass Erzherzog Franz Ferdinand (Austrian State Archives)

Oskar Potiorek Nachlass

E. Spannocchi Diaries

外交文件

Haus-Hof-Staatsarchiv (HHSA)

Oe-U series

OeVA series

Foreign Office Documents Series 7/708

Public Record Office London

Szapáry Papers (Dobersberg Lower Austria)

次要参考文献

Albertini, Luigi, *Le Origini della Guerra del 1914: le relazioni europee dal Congresso di Berlino all' attentato di Sarajevo*, Vols 1–3. Milan, 1942—1943

Andrassy, Julius, *Diplomatie und Weltkrieg*. Berlin, 1920

Andrič, Ivo, *Na Drini Curprija: Most na Drin*i. Belgrade, 1945

Auffenberg-Komarow, *M. Frh von, Aus Oesterreichs Hoehe und Niedergang*. Munich, 1921

Baker, Kenneth (with Sergio degli Ivanissevich), La Presenza Britannica a Trieste. Trieste, 2004

Banfield, G. de, *L'Aquila di Trieste*. Trieste, 1984

Bardolf, Carl Frh. von, *Soldat in alten Oesterreich*. Jena, 1938

Bauer, Ernest, *Glanz und Tragik der Kroaten*. Vienna, 1969

——*Die Löwe von Isonzo*. Graz, 1985

——*Drei Leopardenköpfe in Gold: Oesterreich in Dalmatien*. Vienna, 1973

——Der letzte Paladin des Reiches: General Oberst Sarkotic von Lovčen. Vienna, 1988

——*Zwischen Halbmond und Doppeladler*. Vienna, 1971

Benedikt, Heinrich, *Monarchie der Gegensätze*. Vienna, 1947

Bittner, Ludwig (ed. u.a.), *Oesterreich-Ungarns Aussenpolitik von der bosnischen Krise 1908 bis zum*

Kriegausbruch 1914: Diplomatische Aktienstücke des Oesterreich-Ungarischen Ministeriums des Äussern, ed. Luwig Bittner, Alfred Francis Pribram, Heinrich Ritter von Srbik and Hans Übersberger,8 vols. Vienna, 1930

Bled, Jean Paul, *Franz Joseph*. Vienna, 1988

Bobič, Pavlina, *War and Faith: The Catholic Church in Slovenia 1914—1918*. Boston, 2012

Bogičevič, MiloŠ, *Dragoutin Dmitrievitsch*. Paris, 1918

——*Kriegsursachen*. Amsterdam, 1919

Boroevič, Svetozar von, *Proti Italij*i. Ljubljana, 1923

Boyer, John W., *Karl Lueger: Christlichesozial Politik als Beruf.* Vienna, 2010

Brennan, Christopher, 'Reforming Austria-Hungary: Beyond his Control or Beyond his Capacity? The Domestic Policies of Emperor Karl I November 1916—May 1917'. Unpublished Ph.D thesis LSE,London, 2012

Bridge, F.R., *Great Britain and Austria-Hugary, 1906—1914: A Diplomatic History.* London, 1972

Brook-Shepherd, G. *Between Two Flags*. London, 1972

——*The Last Habsburg*. London, 1968

——*Victims at Sarajevo*. London, 1984

Broucek, Peter, *Ein Generaal in Zwielicht: Die Errinerungen Edmund Glaise-Horstenau.*

Vienna, 1980

——*Ezherzog Franz Ferdinand und sein Verhältnis zur Chef des Generalstabes Franz Frh. Conrad v.*Hötzendorf. Prague, 1995

——*Kaiser Karl: der politische Weg des letzten Herrschers.* Vienna, 1997

Buchanan, Sir George, *My Mission to Russia.* London, 1923

Bülow, Prince Bernard, *Memoirs.* London, 1931

Churchill, Winston, *The World Crisis,* Vols 1–5. London, 1923—1931

Clark, Christopher, *The Sleepwalkers.* London, 2013

Clary, Aldringen Alfons, *Geschichten eines alten Oesterreichers.* Vienna, 1984

Cooper, Robert, *The Breaking of Nations.* London, 2003

Coreth, Botho, *Aufwachsen in Spätherbst.* Vienna, 1976

Cornwall, Mark, 'Morale and Patriotism in the Austro-Hungarian Army in State, Society and Mobilisation' in Europe during the First World War. Cambridge, 1997

——*Review of Die Loewe von Isonzo in South Slav Journal*, London, 1988

Cramon, August von, *Unser Oesterreichische-Ungarische Bundesgenosse im Weltkrieg.* Berlin, 1922

Crankshaw, Edward, *The Fall of the House of Habsburg.* London, 1963

Czernin, K.E., *Gaswaffeneinsatz Oesterreich-Ungarns im Ersten Weltkrieg.* Enzersfeld, 2004

——*Die 'Sixtusaffaire'.* Enzersfeld, 2004

Czernin, O., *In the World War.* London, 1919

Damanski, Josef, *Die Militärkapellmeister Oestereich-Ungarns.* Prague, 1904

Daniel-Rops, H., *A Fight for God, Vol. 9 of History of the Church of Christ.* London, 1965

Dedijer, Vladimir, *The Road to Sarajevo.* New York, 1966

Drzdowski, Georg, *Militärmusik: Geschichte in Moll und Dur.* Klagenfurt, 1967

Feigl, Erich (ed.), *Kaiser Karl: Personliche Aufzeichnungen, Zeugnisse und Dokumente.* Vienna, 1984

Feldl, Peter, *Das verspielte Reich.* Vienna, 1968

Fester, Richard, D*ie Politik Kaiser Karls und die Wende des Weltkrieges*. Berlin, 1926

Fischer, Fritz, *Griff nach der Weltmacht*. Düsseldorf, 1962

Fleming, Peter, *The Siege at Peking*. Oxford, 1984

Forstner, Franz, *Przemyśl: Oesterreich-Ungarns bedeutendste Festung*. Vienna, 1987

France, Anatole, *Corrrespondence*. Paris, 1924

Giesl von Gieslingen, *Wladimir, Zwei Jahrzehnte im Nahen Orient*, ed. Eduard Ritter von Steinitz.Berlin, 1927

Glaise Horstenau, Edmund, *Die Katastrophe*. Vienna, 1928

——(ed.) *Oesterreich Ungarn's letzte Krieg 1914—1918*. Vienna, 1929

Gottlieb, W.W., *Studies in Secret Diplomacy during the First World War*. London, 1957

Habsburg, Otto, *Zurück zur Mitte*. Vienna, 1991

Hantsch, Hugo, *Leopold Graf Berchtold*. Graz, 1963

Haslip, Joan, *The Emperor and the Actress*. London, 1985

Hastings, Max, *Catastrophe 1914: Europe goes to War.* London, 2013

Hemingway, Ernest, *A Farewell to Arms*. New York, 1929

Herdtrich, S.J. Wilhelm, *Principii Confucia Vita*. Graz, 1687

Hill, Richard, *Slatin Pasha*. Oxford, 1965

Holler, Gerd, *Erzherzog Franz Ferdinand von Oesterreich-Este.* Vienna, 1991

Horvat, J., *Prvi Svjetski Rat*. Zagreb, 1967

Hötzendorf, Conrad Franz von, *Aus meiner Dienstzeit 1906—1918,* Vols 1–5. Vienna, 1921—1925

——Private Auzeichnungen, ed. *Kurt Peball.* Vienna, 1977

——*Zum Studium der Taktik*. Vienna, 1912

Hoyos, F.A., *Der Deutsch-Englisch Gegensatz unf des Einfluss auf der Balkanpolitik Oesterreich-Ungarns.*Berlin, 1922

Jelavich, Barbara, *What Austria Knew about the Black Hand*, Austria History Yearbook. Vol. XXII,Minnesota, 1991

Jeřabek, Rudolf, *Potiorek: General im Schatten von Sarajevo*. Graz, 1991

Jung, Peter, *Austro-Hungarian Forces in World War I*. Botley, 2003

——*L'Esercito Austro-Ungarico nella Prima Guerra Mondiale*. Gorizia, 2014

Kemp, Paul J., *The Austrian Navy*. London, 1991

Kisch, Egon Erwin, *Der Rasende Reporter*. Prague, 1929

Kissinger, Henry, *Diplomacy*. London, 1992

Kiszling, Rudolf, *Oesterreich-Ungarns Anteil am Ersten Weltkrieg*. Vienna, 1958

Klessmann, Eckhart, *Napoleon und die Deutschen*. Berlin, 2007

Kober, Josef, *Anniversary Catlaogue: Zinnsoldaten einst und jetzt*. Vienna, 2012

Kokoschka, Oskar, *My Life*. London, 1971

Kraus, Karl, *Die letzten Tage der Menschhei*t. Vienna, Vols 1–2. Munich, 1964

Kreisler, Fritz, *Six Weeks in the Trenches*. New York, 1916

Lernet-Holenia, Alexander, *Die Standarte*. Vienna, 1934

Lewin, E., *Germany's Road to the East*. London, 1916

Ludwig, Emil, July 1914. London, 1924

Lussu, Emilio, *Un anno sull'Altopiano*. Milan, 1938

Lützow, Count Heinrich, *Im diplomatischen Dienst der k.u.k. Monarchie*. Vienna, 1971

McMeekin, S., *The Russian Origins of the First World War*. Cambridge, Mass., 2011

Mann, Michael, *Regimental History of The 1st The Queen's Dragoon Guards*. London, 1993

Markus, Georg, *Der Fall Redl*. Vienna, 1984

Martinetz, Dieter, *Der Gaskrieg 1914/18: Entwicklung, Herstellung und Einsatz chemischer Kampfstoffe*.Bonn, 1996

Merry del Val, Card., *Memories of Pius X*. London, 1924

Meyer, Hermann Frank, *Blutiges Edelweiss*. Berlin, 2008

Millo, Alma, *L'Elite del Potere a Trieste*. Milan, 1989

Misič, Živojin, *Une Lutte dure et permanente*. Belgrade, 1987

Moneypenny, William Flavell (with George Earle Buckle), *Life of Disraeli*, Vols 1–6. London, 1910—1920

Musulin, Alexander Freiherr von, *Das Haus am Ballplatz*. Munich, 1924

Novak, Karl F., *Der Weg zur Katastrophe*. Berlin, 1919

Ortner, C., *Oesterreich Ungarns Artillerie*. Vienna, 2007

Paleologue, Maurice, *An Ambassador's Memoirs 1914—1917*. London, 1973

Patka, Marcus G. (ed.), *Welt Untergang: Judisches Leben und Sterben im Ersten Weltkrieg. Catalogue of exhibition. Jüdisches Museum Wien* (JMW), Vienna, 2014.

Peball, Kurt (ed.), *Conrad von Hötzendorf: Private Aufzeichnungen*. Vienna, 1977

Pechma, Alexander (ed.), *Peking 1900* (Paula von Rosthorns Errinerungen). Vienna, 2001

Pepernik, A., *Doberdob slovenskih fantov grob*. Celje, 1936

Pieri, Piero, *l'Italia Nella Prima Guerra Mondiale*. Turin, 1965

Pils, G. (with E. Brixen and G.Martin), *Das war Oesterreichs Militärmusik*. Graz, 1982

Portland, *Duke of, Men, Women and Things: Memories of the Duke of Portland K.G.G.C.V.O.* London,1937

Pribram, A.F., *Austria-Hungary and Great Britain 1908—1914*. Oxford, 1951

——*England and the International Policy of the European Great Powers*. Oxford, 1931

Proks, Petr, *Habsburkove & Velka Valka*. Prague, 2011

Ranitovic, Branko (with Vanda Ladovic), *Zagreb 1900*. Zagreb, 1974

Rapp, Adolf, *Gross-Deutsch Klein-Deutsch*. Munich, 1922

Rauchensteiner, M., *Tod des Doppeladlers*. Graz, 1997

——(ed.), Waffentreue: *Die 12 Isonzoschlacht 1917*. Vienna, 2007

Redlich, Joseph, Franz Josef. London, 1926

——*Das politische Tagebuch 1908—1914*. Graz, 1953

Regimental Histories:

Geschichte des k.und k. Peterwardein Infanterie Regiment Nr. 70. Peterwardein, 1898

Reininghaus, Gina, *Mein Leben mit Conrad von Hötzendorf*. Leipzig, 1935

Rodd, Sir J. Rennell, *Social and Diplomatic Memories 1902—1919*. London, 1922

Rohl, J. C. G., *Delusion or Design?* London, 1973

Ronge, Max, *Krieg und Industrie Spionage*. Vienna, 1930

Rops, Daniel H., *A Fight for God*. New York, 1966

Roth, Joseph, *Radetzkymarsch*. Cologne, 1979

Rothenberg, Gunther, *The Army of Francis Joseph*. West Lafayette, 1998

Rumbold, Horace, *The Austrian Court in the Nineteenth Century*. London, 1909

Sazonov, S., *Fateful Years*. London, 1928

Schachinger, Werner, *Die Bosniaken kommen*. Graz, 1989

Schalek, Alice (pseud. Paul Michaely), *Am Isonzo: Maerz bis Juli 1916*. Vienna, 1916

Schierbrand, Wolf von, *Austria-Hungary: The Polyglot Empire*. New York, 1917

Schmidl, Erwin, Juden in der k.(u.) k. *Armee 1788—1918*. Eisenstadt, 1989

Schnitzler, Arthur, *Jugend in Wien*. Vienna, 1968

Schoenherr, Max, *Carl Michael Ziehrer: Sein Leben und seine Zeit*. Vienna, 1974

Schroedinger, E., *What Is Life?*. Cambridge, 2001

Schupita, Peter, *Die k.u.k Seeflieger*. Koblenz, 1983

Scomparini Caesar, *Der Berufsoffizier der Jetztzeit: Sein Wissen seine Thätigkeit und seine sozialeStellung*, Pressburg, 1890

Sema, Antonio, *La Grande Guerra sull fronte dell' Isonzo*. Gorizia, 1995

Simms, Brendan, *Unfinest Hour*. London, 1998

Singer, Ladislaus, *Ottokar Graf Czernin*. Graz, 1965

Slovenec (1915) 3.4.15. Ljubljana, 1915

Slovensko (Anon.), *Slovenski liberalei in loza*. Ljubljana, 1893

Stationery Office London, *War 1914: Punishing the Serbs*. London, 1999

Steed, Henry V. Wickham, *The Habsburg Monarchy*. London, 1930

——*Through Thirty Years*. London, 1930

Steiner, Zara, *Decisions for War*. London, 1984

Steinitz, G. Eduard Ritter von (ed.), *Zwei Jahrzehnte im Nahen Orient: Aufzeichnungen des Generals der Kavallerie Baron Wladimir Giesl*. Berlin, 1927

——(ed.), *Erinnerungen an Franz Josef II*. Berlin, 1931

Suklje, F., *Iz mojeh Spominov*, Vol. 3. Ljubljana, 1929

Szeps, Bertha, *My Life and History*. London, 1938

Taylor, A.J.P., *The First World War*. London, 1967

Tolstoy, L.N., *War and Peace*. London, 1957

Vivian, Herbert, Life of Emperor Charles. London, 1932

Voghera, Giorgio, *Gli Anni di Trieste*. Gorizia, 1989

Wandruszka, Adam, *The House of Habsburg*. New York, 1964

Wawro, Geoffrey. *A Mad Catastrophe*. Austin, Texas, 2014

Weber, Fritz, *Menschenmauer am Isonzo*. Vienna, 1932

Wedel, Oswald, *Austro-German Diplomatic Relations 1908—1914*. Oxford, 1934

Williams, Joyce G., *Colonel House and Sir Edward Grey*. New York, 1984

Williamson, Samuel, *Austria-Hungary and the Outbreak of the First World War*. London, 1991

Windischgraetz, Lajos, *My Adventures and Misadventures*. London, 1965

Winterhalder, *Th. Ritter von, Kämpfe in China*. Vienna, 1902

Zecha, Wolfgang, *Unter der Maske: Giftgas auf den Kriegschauplatzen Oesterreich-Ungarn im Ersten Weltkrieg*. Vienna, 2000

Zweig, Stefan, *Die Welt von Gestern*. Stockholm, 1944